Gelebte Gnade Grundriß einer Theologie der Evangelisch-methodistischen Kirche

하나님의 은혜를 실천하는 사람들의 신학
감리교회 신학

W. 클라이버, M. 마르쿠바르트 지음 | 조경철 옮김

kmc

Gelebte Gnade
Grundriß einer Theologie der Evangelisch-methodistischen Kirche

by Walter Klaiber, Manfred Marquardt

Copyright © 2006 by Edition Ruprecht
Postfach 1716, 37007 Göttingen
All rights reserved.

Translation rights © 2007 The KMC Press, Seoul, Korea
This edition is published by arrangement with Edition Ruprecht.

이 책의 한국어판 저작권은 독일의 Edition Puprecht와의 계약으로
도서출판 KMC에 있습니다.
저작권법에 의해 대한민국 안에서 보호를 받는 저작물이므로
허락 없이 복사, 인용, 전재하는 것을 금합니다.

이 책은
웨슬리 정신으로 모범적인 목회를 통하여
아름다운 감리교회로 성장하고 있는
연수제일교회(담임 김종복 목사, 중부연회 연수동지방)의
후원으로 번역되었습니다.

| 제1판 저자서문 |

"감리교회는 다른 교파들을 향해서뿐만 아니라 감리교인들을 향해서도 감리교회의 독특한 신학에 관해 정확히 설명해야 할 과제가 있다." 지난 몇 해 동안 감리교인들은 이와 비슷한 말을 한 번쯤은 들었을 것이다. 물론 그렇게 자주 들은 것은 아니다. 일반적으로 감리교인들은 어떤 특별한 신학을 내세우는 사람들이 아니라 오히려 부흥회, 교회 조직, 사회 참여, 혹은 개방적인 에큐메니칼 운동에 특별한 관심을 쏟는 사람들로 인정받아 왔기 때문이다. 감리교인들 스스로가 그러한 인상을 심어 왔다. 감리교인들은 "우리에게 독특한 점이 있다면 그것은 우리가 별로 독특한 것을 가지고 있지 않다는 것이다."라는 말을 자주 해 왔기 때문이다. 몇 년 전 독일 개신교회(약칭: EKD)와 오스트리아 개신교회, 그리고 독일 감리교회(약칭: EmK – 이 호칭에 대해서는 25쪽 각주 5를 보라: 역자 주) 사이에 강단과 성만찬의 교류를 결정한 일이 있었는데, 그때 우리는 '바로 이 시점이 EmK의 독자적인 신학을 알려야 할 때가 아닌가?'라는 물음을 보다 강하게 제기할 수 있었다.

로이엔베르크(Leuenberg) 합의로써 루터주의 신학이나 개혁주의 신학의 독특한 발전이 종결된 것이 아닌 것처럼, 종교개혁적인 교회들과 EmK 사이의 강단과 성만찬의 교류 선언으로 감리교회의 독특한 신학적 특징이 빛을 바랜 것은 아니다. 오히려 그 반대다. 복음에 관한 공통적인 이해를 선언함으로써, 독일어권 유럽에서는 종교개혁적인 메시지에 관한 '웨슬리적인 강조점'이 이전보다 훨씬 더 큰 관심의 대상이 되었음을 확인하는 기회가 되었다. 이러한 상황에서 교회 연합과 일치에 대한 높아진 관심과 더불어 중요한 과제가 되는 교회의 자기 정체성을 신학적으로 규명해야 한다. 물론 그것이 다른 교파에 대한 선을 긋는 작업이 되어서는 안 된다. 오히려 우리는 감리교회의 전통이 보여 주는 특징을 보다 분명히 함으로써, 다른 교파들이 보여 주는 전통과의 근본적인 공통성을 인정하게 될 것이다. 이러한 과제는 감리교적인 방향으로 전개되는 신학에서는 새로운 것도,

특별한 것도 아니다. 이것이 웨슬리 시대에서부터 오늘에 이르기까지 감리교회 신학의 특징이기 때문이다.

이 책이 독일의 감리교회(감독감리교회 + EmK)가 합동된 지 25년이 되는 해에 출판된 것은 여러 외적 상황 때문이지 원래부터 의도했던 바는 아니었다. 하지만 그렇다고 결코 우연이라고만 할 수도 없다. 연합 후, 조직적인 문제를 해결하거나 새로운 출발을 의식적으로 강조하는 데 여러 해를 보낸 교회는 그 후 지난 10~15년 동안 공통적인 신학 전통의 의미에 대해 집중적으로 새로이 음미하였다. 그리고 이 재조명의 과정은 아직 끝나지 않았다. 독특한 자기 정체성에 대한 물음이 끊임없이 제기되었다. 이러한 물음은 때때로 회의적이어서 포기하자는 부정적인 기운을 띠기도 했고, 때로는 희망으로 가득 차서 힘차게 전진하는 모습을 보이기도 했다. 우리는 이 책이 신학적인 음미의 차원에서 이 물음에 대한 공동의 답을 찾아가는 중요한 한 걸음으로서 그 역할을 하기 바란다.

이 책의 저술은 이미 고인이 된 한 목사님과 그의 부인에게서 시작되었는데, 자신들의 이름이 드러나는 것을 원치 않았기에 여기서 밝히지는 않겠다. 그들은 1982년 당시 스티허(H. Sticher) 감독에게 찾아와 감리교회 신학을 위한 기금을 마련해 줄 것을 요청했다. 그러한 책이 감리교회에 시급하다고 생각했기 때문이었다. 깊이 있는 논의를 한 후, 기금 관계자들은 저술을 위하여 상당한 액수의 기금을 마련했고, 그 작업을 이 부부에게 위탁했다. 10년 동안 저술에 매진할 수 있게 한 것이다.

스티허 감독은 기금 관계자들과 협의하여 이 작업을 돕고 평가할 위원회를 구성했다. 이 위원회의 위원으로는 Chr. Grüneke, U. Jahreiß 목사와 A. Jetter 출판사 영업 담당자, 그리고 H. Nausner 오스트리아 감리사, K. H. Voigt 감리사 및 L. Schiek 교수가 선출되었다. 1989년 스티허 감독은 은퇴를 했고, W. Klaiber가 그의 후임으로 선출되었으며, 당시 동독 감리교회의 감독이던 R. Minor 박사가 스티허 감독의 천거로 이 평가위원회의 회장직을 이어받았다.

10년이 지난 1992년 원고는 완성되었고, 감리교회 신학에 합당한 작품임을 확인한 평가위원회는 만장일치로 출판을 결정했다. 동시에 출판을 위해 일련의 교정이 필요함을 충고하였는데, 교정 작업 대부분은 저자들(Klaiber, Marquardt)에 의해 이루어졌다. 이러한 과정은 이 책의 성격에 관해서도 어느 정도 말해 준다. "감리교회 신학의 개요"라는 제목은, 이 책이 감리교회의 교리와 선포에 구속력이 있는 신학을 주장한다는 의미가 아니다. 이 책은 총회(UMC)의 의결을 거친 것도 아니요, 또 EmK 실행부 위원회가 검증한 것도 아니다. 총회의 의결과 실행부의 검증을 거친 신학 책을 저술한다는 것은 감리교회 교리의 범위 안에서는 의미 없는 일로서 시도될 가치도 없다.

그럼에도 우리는 "감리교회 신학의 개요"라는 제목을 택했다. 그것은 이 책이 두 명의 감리교 신학자들의 개인적인 신학적 지식을 서술하는 것 이상의 가치가 있음을 보여 주기 위해서였다. 그래서 평가위원회는 기금 관계자들의 의견에 따라 이 책의 질에 관해서뿐만 아니라, 감리교회의 일치된 신학을 서술하고 있는지에 대해서도 논의하고 결정하였다.

그러므로 이 책은 두 가지를 목표로 한다: 첫째, 이 책은 가능한 정확하게 감리교회 신학의 성서적인 토대를 서술하고자 했으며, 이와 관련해 웨슬리 형제의 신학을 조직적으로 정리한 초교파적인 유산을 함께 고려했다. 특히 교회가 매우 중요시하는 문헌들에서 찾을 수 있는 유산과 근래에 표명된 총회의 견해들, 그리고 감리교회 전통이 갖는 현대 신학적인 책임을 위해 도움이 되는 문헌들이나 견해들도 함께 참조했다. 둘째, 이 책은 20세기 말을 살아가는 유럽 대륙의 사람들을 위하여 감리교회 전통을 개인적으로 책임 있게 종합하고 새롭게 표현하고자 했다. 이는 신학적으로 사고하는 다른 사람들, 곧 감리교인이든 아니면 다른 교파에 속한 그리스도인이든 그들이 감리교회 신학의 이 "모형적 개요"를 통해 그들 자신의 신학적인 뿌리를 내리게 도움을 주려는 시도다.

이로써 이미 이 책이 어떤 독자들을 염두에 두고 있는지를 언급한 셈이다. 우리는 이 책의 독자들을 가능한 넓게 생각한다. 이 책은 신학적인 관심이 있는 모든 사람에게 감리교회의 선포와 교리에 관해 안내하고자 한다. 특히 감리교인들에게는 우리에게 전해진 "교훈의 본(롬 6:17)"의 독자적인 특징을 분명하게 제시하고, 동시에 독일어권에 있는 신학 전문가들에게는 감리교회의 신학 형성에 관한 기본적인 정보를 제공하고자 한다. 이를 통해 우리는 초교파적인 대화를 위해서뿐만 아니라, 몇몇 논란이 되는 신학적인 문제들을 다루는 데 새로운 동기를 제공하려 한다. 각주의 언급들은 특히 이러한 전문가들을 위한 것이다. 우리 두 사람은 공동 작업을 하면서 각기 장들을 분담하였고, 그런 후에 서로 나누어 읽으면서 수정하였다. 그러므로 이 책은 우리 두 사람의 공동 책임으로 돌려질 것이다.

감리교회 신학을 서술할 때, 학문적인 대화보다 중요한 것은 기독교의 가장 기본적인 체험에 대하여 신학적으로 숙고하는 것이었다. 이 기본적인 체험을 우리는 이 책의 제목인 "하나님의 은혜를 실천하는 삶"으로 요약했다. 이 은혜는 두 가지 의미가 있는데, 하나는 개인적으로 체험된 은혜이며, 다른 하나는 다른 사람들과 더불어 나누며 또 다른 사람들을 위하여 살아감으로 실천된 은혜다. 그러므로 우리는 신학적으로 반성된 형태인 이 책이 은혜와 그 은혜로 말미암은 삶의 선포 - 이것이 우리에게 부여된 사명이다- 가 갖는 역동성을 표현하기를 희망한다.

감사의 말씀을 드려야 할 분들이 참으로 많다. 평가위원회의 위원들은 이 책의 교정을 위하여 수많은 건설적인 조언을 아끼지 않았다. 특히 U. Jahreiß와 K. H. Voigt는 그들의 깊은 지식으로 의견을 제시해 줌으로써 많은 도움을 주었다. 마부르크 대학의 W. Härle 교수도 이 책을 꼼꼼히 읽고 많은 충고를 해 주어 개선할 수 있게 하였다. 신학생이었던 Chr. Klaiber는 편집 차원에서 이 책을 읽어 주었고, 책 뒤의 목록을 만들어 주었다. 자연과학도인 J. M. Klaiber도 이 책을 읽고 교정하는 데 도움을 주었다. B. Schieker 부인은 컴퓨터 작업을 통해 출판을 준비했다. 슈투트가르트(Stuttgart)의 기독교출판사 사장님과 직원들도 다방면으로 이 책이 나오기까지 수고를 아끼지 않았다. 이들 모두에게 충심으로 감사를 드린다.

안식년이나 휴가도 없이 우리에게 맡겨진 업무를 하면서 틈틈이 책을 저술하였기 때문에, 이 작업은 아내와 가족에게는 함께해야 하는 수많은 시간의 포기를 의미했다. 그럼에도 그들은 우리의 작업에 큰 이해와 관심으로 동참해 주었고 도와주었다. 그렇지 않았다면 이 책은 시간에 맞추어 출판될 수 없었을 것이다. 그들에게도 감사를 드린다.

하나님께 감사드리는 것이 저자 서언의 형식에 어울리지 않는 것일지라도, 우리는 이것을 빠뜨릴 수 없다. 하나님은 우리에게 이 작업을 할 수 있는 건강과 힘을 주셨다. 그러므로 우리는 우리의 생각 속에 하나님의 영을 통한 감화가 역동하였음을 감히 믿음으로써 희망한다.

발터 클라이버
만프레드 마르쿠바르트

| 제2판 저자서문 |

"Gelebte Gnade"(이 책의 원 제목이다. 직역하면 "삶으로 실천된 은혜"라고 할 수 있다 -역자 주)라는 표현을 우리는 "감리교회 신학의 개요"에 제목으로 붙였다. 그 사이에 이 표현은 독자적인 생명을 얻게 되었고, 그래서 "Gelebte Gnade"는 감리교회의 신학과 믿음의 실천의 본질을 일컫는 짤막한 표현으로 자주 일컬어진다. 그러나 더 나아가 우리는 이 책이 감리교회의 신학의 면모와 특징이 어디에 있는지를 더 잘 이해시키고 말할 수 있기를 바라고 있다.

다양한 측면에서 우리는 이러한 희망을 가질 수 있게 되었다. 이 책을 많은 교회에서 성경공부 시간에 읽고 공부하였다. 과연 소명을 받아서 감리교회에 오게 된 것인지에 대해서 묻는 많은 젊은 신학자들은 이 책을 진지하게 연구하였다. 다른 개신교회에 속한 신학자들도 이 책을 읽고 논평함으로써, 그들이 우리의 관심을 이해하게 되었다고 밝혔다. 또한 이 책은 국제적인 관심을 끌기도 했고, 그래서 지금까지 포르투갈어, 불가리아어 그리고 영어로 번역되었다.

그러므로 제1판이 품절된 후에 우리는 제2판을 내야 한다는 생각을 하게 되었고, 감사하게도 이렇게 제2판을 출판할 수 있게 되었다.

이 책을 저술하면서 우리가 가지고 있었던 목표는 제1판에서와 동일한 것이고, 그것은 다음과 같이 요약할 수 있다.

첫째, 우리는 감리교회 신학의 본질을 다른 교회들에게도 이해시키고자 하였으며, 그러므로 의도적으로 감리교회의 특별한 자산으로는 볼 수 없는 기독교 교리학의 영역도 참조하게 되었다. 우리에게 중요한 것은, 감리교회 신학은 "성화"라는 주제를 특별히 상세하게 해설하는 데 있을 뿐만 아니라, 기독교적인 신앙론의 전체적인 영역을 포괄하고 있다는 사실을 분명하게 하는 것이었다. 감리교회의 신학은 성서 문헌들의 신학 안에 서 있으며, 하나님 이해, 창조 이해 및 기독론에 있어서 고대 교회에서 형성된 교리를 따르고 있고, 구원론에 있어서는 많은 점에서 종교개혁적인 신학의 통찰들을 따르고 있다. 그러나 감리교회 신학은 이 모든 주제들을 그리스도 계시의 핵심적인 내용 곧 하나님은 사랑이시고, 이것이 모든 차원에서 창조와 구원 사건을 결정하고 있다는 내용에서부터 출발해서 생각한다.

둘째, 그러므로 우리는 교회일치를 위한 우리의 대화 상대방들에게 감리교회 신학의 특징과 내용에 대한 정보를 제공하려고 한다. 웨슬리적이고 감리교회적인 전통이 말하는 내용 어디에서 신학적인 통찰을 보여 주고 있는가, 다시 말해서 신약성서의 관심사를 새로운 빛으로 드러내고 또 여전히 우리 시대를 위한 추동력을 줄 수 있는 그런 신학적인 통찰이 발견되고 있는지를 분명히 해야 한다.

셋째, 더 나아가서 우리는 이 책을 통해서 우리 시대의 신학적인 대화에 상당한 공헌을 할 수 있기를 바라고 또 전문 신학자들이나 다른 교파에 속해 있으며 (혹은 교회 이외의 영역에 있으면서) 신학에 관심을 가지고 있는 사람들도 기독교적인 가르침의 특정한 물음에 대한 대답을 찾고자 할 때, 이 책을 읽을 수 있기를 바란다. 물론 그런 경우에 그들은 루터교회, 개혁교회, 혹은 로마-가톨릭교회의 교리학을 공부할 수 있는 것처럼, 감리교회 신학을 위해서는 이 책을 읽을 수 있기를 바란다.

이 책의 본질적인 내용은 제1판에서와 동일하다. 감리교회 신학 안에서 진행된 더 많은 토론, 그리고 중요한 주제들에 대한 우리들 자신의 다른 연구도 내용에 큰 변화를 가져다주지 못했다. 단지 교회론을 다루고 있는 제4장에서 기독교 전체에서 새롭게 전개되고 있는, 특히 세례와 입교인의 관계를 비판적으로 설명하였다. 전체 교회의 규정에 보다 더 근접하게 다가가고 있는 공동적인 교회질서를 인정하는 독일어권 연회의 결정을 참조하기도 하였다. 오히려 더 많은 변화는 각주에서 일어났다. 우리는 각주에 더 많은 최근 자료들을 수용하였고, 그 대신에 과거의 문헌들을 삭제하였다. 그 사이에 영어권에서 신학 전반의 주제를 웨슬리적인 원리로 다루고 있는, 그러므로 이 책과 비교될 수 있는 여러 문헌들도 각주에 반영하였다.[1] 참고문헌 목록에는 감리교회 신학에 대한 문헌들만 온전한 서지사항을 통하여 제시하였고, 각주에서는 저자와 제목의 주요 개념이나 표현만을 사용하였다. 감리교회 신학에 직접 관련된 문헌들 이외의 다른 문헌들의 서지사항은 참고문헌 목록에 제시하지 않고, 처음 나오는 각주에 제시하였다. 인쇄 오류

---

1) 특히 우리는 R. Maddox와 T. Runyon의 저술들을 언급할 수 있겠다. 역자 주- 이 역서에서는 제2판의 이러한 각주 변화를 그대로 수용할 수 없었기 때문에, 변화된 문헌들을 문헌목록에 제시하는 것으로 만족할 수밖에 없었다.

와 다른 여러 부분들도 당연히 수정되었다. 그러나 우리는 문장을 크게 개선하려고 하지는 않았다.

이 책이 저술되게 된 과정에 대해서는 여기서 다시 언급하지 않을 것이다. 그것을 알고자 하는 사람은 제1판의 서문을 읽어야 한다. 그러나 제2판이 나오는 데 많은 도움을 주신 분들에게 감사의 말을 드려야 마땅할 것이다. 엄청난 출판비용을 감당하며 이 책을 저술하게 한 분들은 은퇴한 감리교회의 목사님과 사모님인데, 그분들은 이름이 알려지기를 원하지 않았고, 그 사이에 하늘나라로 돌아갔다. 제2판이 나오는 데 도움을 주신 분인 **Karl Heinz Grüneke** 목사님은 지난해 하나님의 부르심을 받았다. **Rosemarie Wenner** 감독님과 **Reinhard Theysohn** 감리사님은 독일감리교회(EmK)의 출판 작업의 책임을 맡고 계신 분들로서 이 책이 나오도록 무조건 동의해 주셨다. Edition Ruprecht 출판사는 내용적인 작업을 기꺼이 감당했다. 그들 모두에게 감사를 드린다.

우리는 특히 하나님께 감사를 드린다. 하나님의 은혜로 우리는 최근에 은퇴한 사람들로서 이 책의 작업을 통하여 우리의 긴 사역의 교제를 새롭게 다시 살아나게 할 수 있었다. 우리는, 이 책이 감리교회의 내부와 외부의 사람들에게 믿음과 삶의 방향을 설정할 수 있기를 바란다.

발터 클라이버
만프레드 마르쿠바르트

| 한국어판 저자서문 |

우리는 "Gelebt Gnade"가 한국어로 출판되는 것에 대하여 큰 기쁨과 감사로 환영한다. 우리가 이 책에서 말하는 내용이 한국의 그리스도인들이 감리교회 신학을 이해하는 데 도움이 되기를 바란다.

한국의 독자들에게는 이 책이 나오게 된 시각이 처음에는 생소할 수도 있을 것이다. 우리는 독일 감리교회를 영적인 고향으로 두고 있는 신학자들로서 이 책을 저술하였다. 독일 감리교회는 전 세계의 연합감리교회의 일부이며, 그러므로 이 감리교회의 기초적인 문헌들은 우리의 신학적인 가르침을 위해서도 근본적인 척도가 된다. 동시에 우리는 독일어권의 개신교 신학 전통과 일생 동안 대화를 나누며 살고 있다. 특히 마틴 루터와 같은 종교개혁자들, 그리고 아돌프 슐라터, 칼 바르트, 디트리히 본회퍼와 같은 신학적인 스승들이 우리의 중요한 대화 상대방들이고, 그들은 우리의 사상과 교리를 형성하는 데 중요한 역할을 하였다. 그러나 우리는 우리 스스로를 특히 성서적인 신학자들이라고 이해하고 있다. 우리의 신학을 위한 기준과 척도는 성서의 증언이다. 전통의 목소리, 세계 기독교의 경험, 그리고 이성적인 사고의 노력 등이 성서의 말씀들을 이해하도록 우리를 도와준다. 그러나 우리가 항상 거듭해서 물어야 할 가장 중요한 물음은, 하나님께서 그의 말씀을 통하여 우리에게 무엇을 말씀하고 계시느냐 하는 것이다.

감리교회 신학에 대한 이러한 이해가 한국의 그리스도인들에게도 커다란 도움이 될 수 있기를 우리는 희망하고 또 기도한다. 이 책은 미국에서 영어로, 브라질에서 포르투칼어로, 그리고 불가리아에서도 번역되었다. 이러한 사실은, 우리의 생각이 다른 문화권의 사람들에게도 적용되고 있다는 증거이다. 한국에서도 그렇게 되기를 바란다.

우리는 이 책에 "Gelebte Gnade"(삶으로 실천된 은혜)라는 제목을 붙였다. 그럼으로써 우리는 감리교회의 영성과 신학의 원리를 말하려고 한 것이다: 하나님의 은혜는 하나님의 자유로운 선물로서, 우리의 잘못된 과거를 씻어줄 뿐만 아니라, 동시에 우리의 삶과 미래를 형성하는 힘과 방향을 주기도 한다. 이 책을 통해서 우리는 그러한 은혜로 말미암는 삶으로 독자들을 인도하고 싶다.

나의 공동 저자인 Manfred Marquardt 박사와 함께 나의 제자이자 친구인 조경철 박사에게 감사한다. 그는 번역의 수고를 기꺼이 감당해 주었다. 또 이 책을 출판해 준 기독교대한감리회 도서출판 KMC에도 깊은 감사를 드린다.

우리는 이 책이 한국의 독자들에게 많은 관심을 끌게 되기를 바라며 또 그들이 이 책을 통하여 신학적인 사고와 선포를 하는 데 많은 도움이 되는 동력을 얻게 되기를 바란다.

2007년 3월
독일 튀빙엔에서

은퇴 감독 발터 클라이버 박사
(Bischofi. R. Dr. Walter Klaiber)

차 례 Contents

005 제1판 저자서문
009 제2판 저자서문
012 한국어판 저자서문

I. 책임적인 선포 감리교회 신학의 토대   018

하나님의 자기 계시 – 그의 사랑의 표현 027   하나님은 예수 그리스도 안에서 자신을 가장 분명히 드러내셨다 034   하나님은 말씀으로 자신을 계시하신다 037   하나님은 창조세계를 통해 자신을 계시하신다 044   삼위일체 하나님과 계시의 선교적 차원 067

신학의 토대 – 성서 071   성서의 기원 071   정경의 의미 076   교회사에서 성서의 의미 079   성서 – 인간의 말로 기록된 하나님의 말씀 090

감리교회의 믿음 이해 – 실천을 위한 신학 096   감리교회 성서 해석의 원리 096   감리교회의 교리는 생생한 삶을 통해 형성되었다 100   감리교회 믿음의 지표가 되는 문서들 102   이 책의 기본적인 내용들 106

II. 보편적인 구원 하나님은 온 세상을 사랑하신다   114

하나님의 사랑 – 창조 116   세상 창조에 나타난 하나님의 사랑(자연과학과 창조신학) 118   하나님의 동일형상 창조에 나타난 하나님의 사랑(현대인의 인간관과 하나님의 사랑) 126   창조 세계를 지키는 하나님의 사랑 141

하나님의 사랑 – 화해 156   죄와 그 결과 156   언약에 신실하신 하나님 191   그리스도 안에서 일어난 세상의 화해 209   화해의 사자(使者) 231

하나님의 사랑 – 새롭게 하시는 성령의 활동 236   세상에서 성령의 활동 237   하나님의 영은 인간을 새롭게 변화시킨다 242   보충설명 : 성령 받음과 성령세례 244   세상의 완성 260

Ⅲ. 개인적인 믿음 개인의 구원 체험   276

인간은 하나님의 말씀을 듣고 회개한다 279   하나님의 지속적인 관심과 배려 – 선행(先行)하는 은혜 279   인간이 하나님을 떠나 있음을 각성한다 286   하나님을 향한 전환 – 회개 291   하나님께 머무름 – 믿음 303

하나님으로부터 오는 삶을 위한 갱신 323   새로운 하나님 관계 – 의롭다 인정함 326   하나님으로 인한 새로운 삶 – 거듭남(혹은 再生) 348   사랑을 위한 해방 – 성화(聖化) 361   보충설명 : 사랑의 완성 – 그리스도인의 완전 382

Ⅳ. 온전한 그리스도인 사랑의 실재   394

하나님은 세상에 계셔서 세상을 새롭게 변화시킨다 396   사랑 – 하나님이 함께 계시면 나타나는 활동과 표시 397   사랑 – 성령의 열매 399   사랑 – 삶의 실천을 위한 기본 규범 401

교회 – 하나님의 사랑의 피조물 406   교회 – 그리스도의 몸 408   교회 – 삶과 섬김의 공동체 424

교회 – 하나님의 선교 439   개별적인 그리스도인 – 증인들 443   교회 – 복음의 사회적인 형태 453   교회의 파송(사명) 459

세상 속에서의 교회 466   세상 – 하나님 통치(나라)의 장소 469   교회의 섬기는 사명 475   교회의 윤리적인 사명 486   궁극적인 완성을 희망하면서, 종말 바로 직전을 사는 그리스도인의 행동 515

524 요약을 대신하여
528 부록
587 역자 후기

I. 책임적인 선포

감리교회 신학의 토대

01 하나님의 자기 계시 – 그의 사랑의 표현

02 신학의 토대 – 성서

03 감리교회의 믿음 이해 – 실천을 위한 신학

I. 책임적인 선포 감리교회 신학의 토대

감리교회는 다른 모든 교회들과 함께 성서에 증언된 하나님의
계시라는 토대 위에서 복음을 선포하고 신학을 한다.
"소위 감리교회라고 부르는 교회는 옛 종교,
곧 성서의 종교, 초대교회의 종교, 영국교회의 종교다. …
이 옛 종교는 사랑 이외의 다른 무엇도 아니다 : 하나님을 사랑하고 온 인류를 사랑하는.…"
— 웨슬리의 설교
"우리는 구약과 신약에 있는 하나님의 말씀이 신앙과 실행의 충분한 표준이 됨을 믿으며"
— 1930년 기독교대한감리회의 교리적 선언 제5조
"우리는 성령의 감동으로 기록된 하나님의 말씀인 성경이 구원에 이르는 도리와 신앙생활에
충분한 표준이 됨을 믿습니다."
— 1997년 기독교대한감리회 신앙고백 제4조

신학은 교회를 돕는다. 교회는 무엇 때문에 이 세상에 존재하는가? 이에 대한 전문가들의 답변은 길고 복잡하다. 이 책 전체가 그 답변일 수도 있다. 그러나 일반적인 대답은 간단하다. 이 세상을 구원하고자 하시는 하나님의 뜻을 세상 사람들에게 선포하는 것이 교회가 존재해야 할 이유다. 하나님을 떠난 사람들이 어디로 가야 할지 모르고 헤맬 때 그들에게 가야 할 길을 제시하고, 그 길로 사람들을 이끌어 가는 것이 교회의 사명이다. 어두운 바닷길에서 방향을 잃은 뱃사람들에게 등대와 같은 것이 교회인 것이다. 이러한 사람들이 헤매면서 묻는 말을 철학자 칸트는 이렇게 대변하였다.

나는 무엇을 알 수 있는가? 나는 무엇을 행해야 할 것인가? 나는 무

엇을 희망할 수 있는가?[1]

이것들은 인간 삶에 대한 기본적인 물음이다. 정보화 시대를 사는 우리는 "나는 무엇을 알 수 있는가?"라는 첫 번째 물음을 단순히 피상적으로 지적인 물음, 곧 인터넷 등으로 접근 가능한 정보에 대한 물음으로 이해하기 쉽지만, 그 뒤에는 보다 심각한 물음이 있다. 과연 나는 무엇을 확신할 수 있는가? 과연 나는 누구에게, 무엇에게, 어디에 내 인생을 맡길 수 있는가? 나는 무엇을 신뢰할 수 있는가? 나는 무엇을 믿을 수 있는가? 이는 단순히 피상적인 정보나 지식에 대한 물음이 아니라, 인생의 본질에 대한 물음이다. 교회의 사명은 바로 이러한 물음들에 대답을 주는 것이라고 할 수 있다.

칸트는 철학이 이 물음에 답변해야 한다고 했다. 그러나 대학의 철학과에 학생들이 거의 모여들지 않는 현대를 살아가는 사람들은 이 물음을 철학이 아니라 종교에게 던지며, 종교로부터 그 답을 듣고자 한다. 감리교인으로서 우리는 당연히 감리교회가 이 물음에 대한 진정한 답을 줄 수 있기를 간절히 기대한다. 다른 교파의 교회를 다니는 사람들, 혹은 다른 종교에 속한 사람들은 그들이 속한 교회나 종교가 그 물음에 대답할 수 있기를 기대할 것이다. 영리하고 똑똑한 것처럼 보이는 현대인들은 실제로는 갈 길을 잃어버린 지 오래다. 종교는 필요 없고 오로지 과학과 기술만 있으면 행복하리라 여겨지는 우리 시대에도 사람들은 여전히 교회를 찾는다. 그들이 교회에 나오는 이유도 그러한 질문에 대한 답을 듣기 위해서라고 할 수 있다. 교회에 대해 매우 비판적인 그리스도인들이나 아예 교회에 다니지 않는 사람들도 깊은 내면에서는 동일한 질문을 하고 있다. 아니, 교회를 비판하는 것이 교회로부터 그런 답을 듣고 싶어 하는 열망의 표출이라고 할 수 있다. 그러므로 교회에 대한 비판이 거셀수록 교회에 거는 기대가 크다는 뜻이기도 하다. 그러한 비판마저 없이 사람들의 관심과 대화의 밖으로 버림을 받는 교회는, 마치 애인에게 버림을 받고 버려진 사람과 같이 비참할 것이다. 예수의 말대로 하자면, 짠 맛을 잃고 버려져서 밟히는 소금일 것이다. 그러나 아직 현대인들은 교회에 기대를 걸고 있다. 매스컴에 나오는 교회에 대한 비판의 소리들이 그런 기대의 산

---

[1] I. Kant가 1793년 5월 4일에 Carl Friedrich Stadlin에게 보낸 편지에서 그렇게 묻는다(Gesammelte Schriften 11, 1922², 429).

물이다. 나는 내 인생의 집을 어디에 세워야 하는가? 내 행동 기준은 무엇인가? 나 자신과 이 세상을 위하여 나는 무엇을 희망할 수 있는가? 그러므로 교회는 이 질문들에 대한 답변을 끊임없이 줄 수 있어야 하고, 주려고 노력해야 한다. "너희 속에 있는 소망에 관한 이유를 묻는 자에게는 대답할 것을 항상 예비"해야 한다(벧전 3:15). 이것이 교회의 사명이다.

독일의 신학자 위르겐 몰트만(J. Moltmann)은 그의 책 『십자가에 달리신 하나님』에서 이를 "믿음의 정체성과 유효성"의 문제라고 했다.[2] 교회는 자기의 정체성을 분명히 해야 하고, 그래야만 교회가 서 있는 역사와 사회에서 유효 적절한 역할을 할 수 있다는 말이다. 그럴 때에만 교회는 그 역사 안에서 필요한 존재가 될 것이다. 교회가 사람들의 물음에 아무런 답도 주지 못한 채 그저 망연자실하게 서 있다면, 그 교회가 거기 있어야 할 이유와 목적이 무엇이겠는가? 그 때에는 교회가 존재해야 할 이유가 없을 것이다. 교회가 사람들의 이러한 물음에 효과적으로 답변할 수 있게 도와주는 것이 바로 신학의 중요한 과제다. 등대가 어둠 속에서 빛을 잘 비추게 도와주는 것이나 혹은 고장 난 등대를 진단하여 수리하는 것이 신학의 역할이다. 신학은 신학 자체를 위하여 존재하지 않는다. 건전한 신학은 교회를 건전한 교회가 되게 하기 위하여 존재한다.

그렇다면 신학이란 무엇인가? 이 질문에 대한 전문가들의 답변은 역시 길고도 복잡할 수 있다. 그러나 우리는 보통 사람들이 이해하기 쉽게 일반적인 정의와 과제로부터 출발해 보자. 일반적으로 사전의 뜻풀이에 따르면, 신학은 "종교적인 신앙 진술들을 조직적으로 반성하여 전개하는 이론"이다. 신학과 비슷하면서도 다른 것이 종교학이다. 종교학은 모든 종교를 인간의 종교성에 관하여 원리적으로 '동등한' 것으로 보지만, 기독교 신학은 기독교 고유의 역사와 전통이 보여 주는 '진리'로부터 출발한다.[3] 신학은 이미 주어진 확신(믿음)으로부터 종교(교회)라는 현상을 반성하는 학문이다. 그러므로 기독교 신학은 예수에 근거해서 하나님을 믿는 신앙을 방법론적으로 정확하게 반성하고 설명하는 학문이다. 기독교가 말하는 진리는 오로지 신앙 안에서만

---

[2] J. Moltmann, Der gekreuzigte Gott. Das Kreuz Christi als Grund und Kritik christlicher Theologie, 1987⁵, 12ff.
[3] 다른 종교들도 그들 나름의 신학이 있다. 그러나 이 책에서 우리가 '신학'을 말한다면, 그것은 기독교 신학을 의미한다.

전제되지만, 다른 학문들과의 비판적인 논쟁을 통해 기독교 자신과 다른 사람들에 대해 책임적이어야 한다. 이를 기독교 신학의 변증이라고 한다. 이러한 신학의 정의로부터 다음과 같은 결론을 내릴 수 있다.

첫째, 신학은 전제가 없는 학문이 아니다. 신학의 전제가 무엇인지를 분명하게 밝혀야 신학이 학문이 될 수 있다. 전제 없는 학문은 불가능하기 때문이다. 신학은 교회가 선포하고 믿는 기본적인 내용으로부터 출발해서 그것들을 방법론적으로 분명하고 가능한 방식으로 반성하고 서술한다. 그러므로 기독교 신학자는 교회가 선포하고 믿는 내용에 대한 입장을 전제로 해야 한다. 물론 그 내용을 개인적으로 믿지 않고도 신학을 할 수는 있겠지만, 그런 사람의 신학은 앞에서 말한, 교회를 돕는 신학이 될 수 없을 것이다.

둘째, 이러한 반성과 서술 작업으로서의 신학은 다음과 같은 몇 개의 분야로 나뉘어 진행된다. **성서신학**은 이스라엘의 역사(구약), 그리고 나사렛 예수와 초대교회의 역사(신약)에 나타난 하나님의 말씀과 행동에 관한 증언들을 연구한다. 성서신학은 기독교 신학의 가장 기초적인 출발이다. **역사신학**은 신약성서에 이어지는 사도 이후 시대에서 시작하여 현재에 이르기까지 교회의 역사에서 복음의 퍼져 나간 길을 따라가면서 각가지 사건들과 교리의 발전을 연구한다. 역사신학은 성서뿐만 아니라 성서 이후의 역사에서도 하나님이 살아서 활동하고 있음을 전제한다. 조직신학은 성서신학과 역사신학이 밝혀낸 기독교 신앙과 우리 시대의 사상을 연결시키는 분야다. 이 둘 사이의 대화를 통해 성서 메시지의 기본 진술들이 현대인의 신앙과 사상, 행동에 어떤 의미와 결과를 갖는지를 연구한다. 넓게는 여기에 기독교윤리 분야도 포함된다. 위의 세 분야가 주로 이론적인 차원에서 진행되었다면, 이 이론의 실제 적용을 반성하는 것이 실천신학이다. 실천신학은 선포의 방식(설교학), 목회적인 대화와 예전(목회학과 예배학), 신앙 교육(기독교교육), 교회 형성과 확장(선교학) 등에 관해 검증하며 그것들을 발전시키고, 나아가 심리학(상담학)이나 사회학을 통해 인간과 사회를 분석한 결과에 대해 신학적으로 씨름하면서 교회의 다양한 실천을 반성한다. 그러나 신학 각 분야의 이러한 모든 과제가 명심해야 할 것은, 선포와 신앙을 항상 함께 고려해야 하며, 그 선포와 신앙의 내적인 정당성을 검증하고, 또 신학의 다른 분야들과의 일치 여부를 검증해야 한다는 것이다.

셋째, 신학은 자기 자신과 다른 사람에 대해 책임적이다. 신학자는 자신의 작업을 하나님 앞에서 책임적으로 수행해야 한다. 하나님 앞에서 책임적이라는 말은 '다른 사람' 앞에서, 다시 말해 기독교 신앙 안에 있는 사람은 물론이요, 그 바깥에 있는 사람들에 대해서도 책임적이어야 함을 뜻한다. 물론 교회의 선포와 삶이 성서와 교회의 기본적인 신앙 진술들, 그리고 그것들이 말하고자 하는 원래의 관심과 얼마나 일치하는지를 검증하고 확인하는 일은 신학의 핵심적인 과제에 속한다. 그런 의미에서 교회의 선포와 선교는 항상 신학적인 사고를 거쳐야 하며, 또 교회는 신앙 메시지를 그 시대의 사람들에게 잘 정리된 사고와 언어로 설명하고 전달해 주어야 한다. 독일 튀빙엔 대학의 조직신학자 융겔(J. Jüngel)이 말한 바와 같이 "모든 신학적 문장은 매 시대에 새롭게 표현되어야 한다. 하나님과 인간에 관한 성서의 고정된 이해는 매 시대에 이해될 수 있게 (새롭게) 표현되어야 한다."[4] 이것이 신학의 책임적이고 본질적인 과제다.

넷째, 신학은 교회와 교회의 선포에 대해 비판적인 책임을 수행한다. 물론 기독교 신앙의 근본적인 토대를 비판하는 것이 아니다. 예를 들어 하나님이 존재한다는 사실을 부정하거나 비판해서는 기독교 신학이 될 수 없다. 그러한 토대는 신학이 출발하고 가능할 수 있는 전제와 원리다. 물론 하나님이 존재한다는 사실이 무엇을 의미하는지에 대해서는 다양한 의견을 말할 수 있다. 그러나 하나님의 존재 자체를 부정하는 것은 신학 스스로 자신이 서야 할 토대를 무너뜨리는 것과 같다. 그러나 신학은 교회의 선포가 성서가 말하는 복음의 내용과 일치하는지를 검증하고, 또 이 복음을 적절하게 실천하려는 진지한 씨름을 위해서는 비판적인 반성을 해야 한다. 성서가 말하는 복음을 찾아내기 위해서는 성서 자체에 대한 비판적 연구를 해야 한다. 물론 신학자 쪽에서도 스스로를 비판할 수 있어야 하고, 또 교회나 다른 바깥으로부터 오는 비판을 기꺼이 받아들이는 개방적인 자세를 갖추어야 한다. 비판적으로 신학을 하는 목표는 오늘 우리를 위한 하나님의 뜻이 무엇인지를 찾는 것이다. 그러므로 이러한 비판은 공동체적인 성화의 과정에서 매우 중요한 요소다. 교회(설교자)든 신학(교수)이든 이러한 자기 비판적이고 상호 비판적인 성

---

4)J. Jüngel, Der Gott entsprechende Mensch. In:Entsprechungen:Gott - Wahrheit - Mensch, 1980, 290-317(인용은 290에서). K. Barth, Kirchliche Dogmatik IV/3, 121도 참조.

화 작업을 거부하면, 복음의 본질에서 멀어지는 자기우상으로 전락할 가능성이 있다. 오직 하나님 한 분만이 완전할 뿐 이 세상 누구도, 어느 신학도, 그리고 어느 교회도, 어느 설교가도 완전할 수 없다는 겸손만이 비판을 자기 성화의 과정으로 인정하고 기꺼이 받아들이게 한다. 이런 비판 작업을 겸허하게 해 나가는 개인이나 공동체만이 항상 하나님을 향해 초점이 맞추어진 개인과 공동체가 될 수 있다.

여기서 먼저 '선포'에 대한 정의부터 하자. 우리는 단순히 언어적인 설교만을 선포로 말하지 않는다. 그보다 훨씬 넓은 의미를 생각한다. 다시 말해 선포는 설교를 포함하여 신앙 교육, 신앙 고백, 그리스도인의 행위 등을 포괄하는 광범위한 의미로 사용한다. 그러므로 선포는 목회를 의미할 수도 있지만 목회가 주로 목사들의 행위를 일컫는다는 점에서, 목사와 평신도들을 망라하는 교회의 전체적인 활동을 생각하는 선포는 목회보다 더 넓은 의미를 말한다. 다시 말해 설교, 교육, 봉사, 친교 등으로 일컬어지는 교회의 제반 활동을 포괄하여 우리는 선포라고 한다. 물론 그 중에서도 가장 중요한 것은 설교임이 분명하다. 지금까지 언급한 대로 신학과 교회의 선포는 밀접하게 연결되어 있다. 모든 신학 작업은 선포로 이어져야 한다. 신학은 선포를 돕는 하인이다. 선포는 신학 작업의 목표다. 하나님은 선포를 통해 인간에게 말씀하신다. 그러므로 신학이 추구하는 최대의 목표는 하나님이 인간에게 말씀하시게 하여 하나님과 인간을 만나게 해 주는 선포를 가능하게 하는 것이다. 하나님과 인간이 만나면, 그 곳에서 믿음이 싹이 트고 자라난다. 그러므로 그 만남을 주선하는 선포가 있는 곳에서만 믿음이 생겨난다. 그러나 신학은 선포를 통해 생겨난 이러한 신앙을 촉진하고 강화하기도 하지만 동시에 의심스럽게도 만들며 불확실하게도 만들 수 있다. 그런 점에서 신학과 선포는 반드시 일치하지 않는다. 신학은 믿음을 촉진하고 강화하는 방향으로 나아가야 한다. 신학은 선포를 준비한다. 그러므로 올바른 선포를 하고자 하는 사람은 신학을 해야 한다.

물론 여기서 신학을 한다는 것이 반드시 신학대학을 다니는 것을 말하지는 않는다. 신학을 하는 길은 여러 가지다. 신학에 의해 바르게 준비된 선포는 듣는 사람들을 복음과 만나게 한다. 그런데 복음은 잘못된 해석이나 오해의 가능성이 크기 때문에, 그러한 오해나 잘못으로부터 반드시 보호되어야 한다. 신학은 복음이 선포를 통해 순수하게, 그리고 이해될 수 있게 전파되게 돕는다. 경우에 따라서는 신학이 직접 선포가 될 수도 있다. 신학을 통해 하나님을 만날 수도 있고, 그래서 믿음이 생겨날 수 있기 때문이다. 그러나 신학은 복음의 선포 그 자체는 아니다. 단순하게 말한다면, 신학은 복음의 해석이지 선포 그 자체는 아니라는 것이다.

그러나 복음은 반드시 신학을 통해 해석되어야 하기 때문에, 현대인은 신학을 통해 복음을 올바로 이해할 수 있게 된다고 말할 수 있다. 신학은 한 곳에 머물지 않는다. 다시 말해 어떤 해석이 모든 시대를 초월해서 영원히 타당한 해석이 될 수 없다. 신학은 새로운 시대의 선포를 위하여 항상 새로운 해석을 찾아 나선다. 그러므로 신학은 순례자의 신학(theologia viatorum)이다. 신학은 하나님의 말씀에 대한 여러 가지 가능한 응답들 중 하나의 방식이다. 신학은 하나님이 먼저 우리에게 베푸신 사랑에 대한 우리의 여러 반응들 중의 하나다. 신학 이외의 다른 반응들로는 신앙 고백, 기도, 찬양, 그리고 예수를 따르는 삶 등이 있다. 신학은 그리스도인의 존재 토대들의 의미를 생각하고, 또 기독교적 신앙의 핵심적인 내용들을 설명하면서 그리스도인들을 그리스도인답게 살게 하며, 다른 사람들의 물음에 응답할 수 있는 힘을 길러 준다. 이러한 기능을 통해 신학은 다른 반응들과 함께하면서 동시에 그것들을 보충한다.

신학의 본질에 대한 이러한 설명의 범위 안에서 **감리교회의 신학은 다음과 같은 두 가지 과제가 있다.** 첫째, 감리교회의 신학은 모든 기독교적 신학과 동일한 과제를 수행하며, 우리의 신앙이 어디에 근거한 것이며, 교회의 선포와 행동을 근거하고 규정하는 것이 무엇인지에 대해 생각해야 한다. 둘째, 동시에 감리교회의 신학은 감리교회의 장정과 교리, 그리고 신학적인 유산이 복음 선포와 실천의 어떤 점에 특별히 강조점을 두고 있는지를 밝혀내야 한다.

이 책 저술의 출발점은 중부 유럽에 위치한 독일의 감리교회가 고백하고 내세우는 신앙적 확신이다. 물론 우리는 이러한 확신들을 신학적인 토대의 틀 안에서 다루게 될 것이다. 이 신학적인 토대는 연합감리교회(UMC)에 의해 발표된 것으로, 물론 여기에는 전 세계 모든 감리교회에서 일어난 신학적인 토론도 함께 고려되어야 하며, 더 나아가 감리교회 운동의 뿌리와 역사를 배경으로 논의되어야 한다.

감리교회는 18세기 영국에서 출발했으며, 그 후 특히 북미 대륙에서 널리 확산된 대각성 운동에서 태어난 옥동자다. 이 시대의 위대한 복음 운동가들 중 한 사람이 존 웨슬리(John Wesley)였다. 그는 선포를 통하여 사람들을 뒤흔들어 깨워서 복음의 메시지와 만나게 했을 뿐만 아니라, 이렇게 일깨워진 사람들을 끊임없는 노력과 위대한 조직력으로 하나의 공동체로 결집함으로써 각성 운동이 흐지부지 끝나지 않게 하였다. 이로써 1784년 미국에서는 감독 감리교회(Bischöfliche Methodistenkirche)가 성장했으며, 이들의 노력으로 다른 지역에서도 감리교회가 생겨나기 시작했고, 독일에서는 두 갈래로 생겨났다. 1968년에 이 두 갈래의 감리교회가 합동하여 지금의 독일 감리교회(EmK)가 되었다.[5]

이 감리교회 운동의 다양한 갈래들이 매우 초기에 독일에 건너왔으며, 독일로부터 다시 스위스와 오스트리아로 퍼져 나갔다. 이 운동을 확산시킨 것은 대부분 영국이나 미국에서 이 새로운 형태의 기독교와 메시지를 접한 후 고향으로 돌아와서 그것을 전하고 싶어 했던 사람들이었다. 그 외에, 친지들에게서 받은 서신을 통하여 이 운동을 접한 이들이 설교자들과 선교사들을 독일에 보내 줄 것을 요청하기도 했다. 그래서 1831년 런던에서 돌아온 뮐러(Christoph Gottlob Müller)가 뷔템베르크 주의 빈넨덴(Winnenden)에서 선교하기 시작했으며, 1849년에는 야코비(Ludwig Sigismund Jacoby)가 미국의 감독 감리교회의 파송을 받아 브레멘에서 선교의 첫발을 내딛었다. 그 후 링크(Johann Conrad Link)가 1851년에, 비숍(Christian Bischoff)이 1869년에 선교를 시작했다.[6] 신학적으로 볼 때, 독일어권 영역에서의 선교 활동은 (다른 유럽이나 미국에서와 같이) 종교개혁과 경건주의의 유산을 강하게 물려받은 것이었다. 물론 이러한 유산은 이미 이 운동 초기의 존과 찰스 웨슬리 형제들의 선포 활동에도 매우 중요한 영향을 끼치고 있었다.

20세기가 시작된 이후로 미국의 감리교회는 신학적으로 점점 개신교적인

---

5) 독일 감리교회에 끼친 존 웨슬리의 영향에 대해서는 1953년에 1권이 나오고 1966년에 2권이 나왔다가 1987년에 3권으로 다시 출판된 M. Schmidt, John Wesley를 참조. 감리교회의 역사에 대해서는 EKL III, 1992, 391-402;TRE 22, 1992, 666-680을 참조. (역자 주) 독일 감리교회의 독일어 약칭 EmK는 Evangelisch-methodistische Kirche의 첫 자를 딴 것이다. 이를 흔히 한국에서는 '복음주의 감리교회'로 번역하여 오해의 여지를 남긴다. 이는 독일어 'evangelisch'에 대한 오해에서 온 것이다. 이 단어는 가톨릭과 대비되는 개신교라는 의미가 있을 뿐 '복음주의'를 의미하는 것은 아니다. 즉 EmK는 본문에서 언급한 두 갈래 감리교회가 하나로 합치면서 생겨난 호칭으로서, 영어의 United Methodist Church(UMC)와 같은 뜻으로 사용된다.
6) 거의 비슷한 시기에 비슷한 방식으로 노르웨이, 스웨덴, 핀란드, 덴마크 및 이전의 유고슬라비아 등에서도 감리교회의 선교가 시작되었다.

자유주의에 개방적이었다. 반면에 대륙의 감리교회는 개혁교회와 경건주의 형태 -이는 아돌프 슐라터(A. Schlatter)와 칼 하임(K. Heim)으로 대표되었다- 를 띤 온건한 성서주의에 가까웠다. 그러다가 1950년대에 이르러 바르트(K. Barth) 학파와 불트만(R. Bultmann) 학파, 그리고 폰 라드(G. von Rad) 그룹의 영향을 받아 역사비평적인 신학 작업을 수용하게 되었다. 1968년에 교회가 연합한 이후에는 대서양의 이쪽과 저쪽에서 감리교회의 근본 유산에 대하여 새로운 신학 작업이 시작되었고, 그 작업은 지금도 여전히 진행 중이다. 이러한 짧은 개관에서 이미 우리의 과제, 즉 감리교회 신학 서술의 두 가지 측면이 분명히 드러났다. 감리교회 운동의 신학과 선포는 모든 기독교의 모태라고 할 수 있는 성서와 고대교회의 교리에 뿌리내리고 있다. 웨슬리는 이 모태를 영국 성공회의 유산을 통해 물려받았다. 그러므로 감리교회 운동의 신학과 선포는 복음에 대한 종교개혁적인 재발견이 가져온 기본적인 확신과 밀접하게 연결되어 있으며, 그 이전 2백 년 동안 모든 개신교가 걸었던 길을 함께 걷고 있다. 많은 개혁자들과 마찬가지로 웨슬리 역시 '새로운 종교'를 만들려는 생각은 추호도 없었다. 1777년 런던의 새로운 예배당(New Chapel) 기공식에서 웨슬리는 다음과 같이 말했다.

> 소위 감리교회라고 부르는 교회는 옛 종교, 곧 성서의 종교, 초대교회의 종교, 영국교회의 종교다. … 이 옛 종교는 사랑 이외의 다른 무엇도 아니다: 하나님을 사랑하고 온 인류를 사랑하는 … [7]

그러나 바로 이 말 속에 감리교회의 새로운 강조점이 드러나 있으며, 또 감리교회 운동이 왜 종교개혁 이후 최초로 커다란 교회를 형성하게 되었는지 그 이유가 들어 있다. 그러므로 우리가 감리교회 신학의 토대가 무엇이냐고 묻는다면, 이에 대한 답변은 모든 기독교 신학이 서 있는 토대에 관한 것일 수밖에 없다. 그러나 더 나아가 감리교회의 역사, 교리, 그리고 실천을 통해 감리교회의 신학을 규정하고 형성할 수밖에 없었던 조건이나 과정에 대해서도 물어야 할 것이다. 이러한 감리교회 신학이 다른 교회들의 신학과 공통으로 서 있는 토대가 무엇인지에 대해 먼저 물어 보자.

---
7) 설교 78("새 교회의 초석을 놓음에 있어"), II, 1.

1. 하나님의 자기 계시 – 그의 사랑의 표현

신학은 하나님에 관해 말한다. 하나님이 세상과 인간을 사랑하셨고, 지금도 여전히 사랑하고 계시며, 또 앞으로도 지속적으로 사랑하실 것임을 말한다. 이것을 복음이라고 할 수 있다. 우리는 이 복음을 다음과 같이 요약할 수 있다고 생각한다.

> 우리는 하나님께서 인간을 사랑하시고, 인간에게 관리하게 맡기신 창조세계를 사랑하시며, 그래서 그들에게 구원의 길을 주셨음을 믿는다. 그러므로 우리는 인간이 하나님을 찾아갈 수 있음을 믿는다. 우리는 이 구원이 모든 인간에게 주어졌음을 믿는다. 그러므로 모든 사람은 믿음으로 구원을 받을 수 있으며, 또 그로 말미암아 전적으로 새로운 사람이 될 수 있다. 그러므로 우리는, 하나님께서 자신에게서 멀어져 간, 그래서 인간의 죄로 인하여 훼손된 창조세계를 완성하실 수 있다고 믿는다.

그렇지만 우리는 어디에서, 어떻게 하나님을 알 수 있는가? 우리는 어디에서 하나님이 세상과 인간을 사랑하신다는 위대한 진리를 알 수 있는가? 아니, 우리는 어떻게 하나님에 관한 진리를 알 수 있는가? 많은 현대인들은 그렇게 묻기보다는 오히려 하나님이 계시다는 사실 자체를 의심하거나 부정하려고 한다. 하나님의 존재를 인정하더라도, 그 하나님에 관해 무언가를 알 수 있다는 사실을 의심한다. 하나님이 존재한다고 하더라도, 인간의 지극히 제한된 언어를 가지고 과연 하나님의 어떤 것을 설명할 수 있을까? 도대체 우리는 어디에서 어떻게 하나님을 알 수 있는가? 이것은 모든 신학의 출발점이고 토대일 수밖에 없다. 이 문제에 답하기 위하여 우리는 하나님의 자기 계시에 관하여 물어야 한다. 하나님에 관해 말하는 기독교 신학은, 하나님께서 자기 자신을 드러내 보여 주신다는 하나님의 자기 계시를 전제한다. 다시 말해 하나님이 먼저 인간에게 자신을 열어 보여 줄 때, 비로소 인간은 하나님에 관해 알 수 있고, 말할 수 있다. 하나님께서 자기 자신을 드러내 보여 주지 않으셨다면 우리는 하나님에 관해 아무것도 알 수 없다. 죄인이며 유한한 인간의 힘으로는 영원하신 창조자 하나님을 찾을 수도, 만날 수도 없으며, 그러므로 하나님에 관해 말할 수 없다. 하나님이 먼저 자신을 우리에게 보여 주셔야만 우리는 그 하나님을 알 수 있고, 말할 수 있다. 그러므로 하나님의 자기 계시는 인간에게 베푸시는 하나님의 엄청난 은혜다. 인간이 하나님에 관하여 말할 수 있다는 것보다 더 큰 기적이 어디 있겠는가? 그보다 더 큰 감격이 무엇이겠는가?

그렇다면 먼저 계시가 무엇인지를 알아보자. 우리는 감추어졌던 것이 드러나는 것을 계시라고 한다. 계시는 의도적인 사건일 수 있다. 누군가가 의도적으로 자신을 드러내고, 자신을 다른 사람에게 위탁하거나 무언가 중요한 것, 지금까지 감추어졌던 것을 밝히 드러내는 것이다. 그러나 계시는 무의식적인 사건일 수도 있다. 자기의 행동이나 출현, 혹은 언어를 통해 우연히 자신을 드러내기도 하기 때문이다. 어쨌든 '계시하다'는 감추어진 어떤 것에 도달할 수 있는 길을 여는 것을 의미하며, 감추어진 어떤 것을 완전히, 혹은 부분적으로 들추어내는 것을 뜻한다. 우리는 어디에서 이러한 하나님의 계시를 만나는가? 신학자들은 당연히 "성서로부터."라고 말할 것이다. 칸트는 간명하게 말했다: "성서 신학자는 하나님이 성서에서 말씀하셨다는 사실에 근거해서 하나님이 계심을 입증한다."[8]

그러나 오늘날 하나님에 대해 묻는 사람들은 그러한 대답으로는 결코 만족하지 못한다. 이러한 대답에 그들은 되물을 것이다. 하나님이 성서를 통해 말씀하고 있고, 코란이나 다른 종교의 경전을 통해서는 말씀하지 않는다는 사실을 어떻게 알 수 있는가? 혹은 이 질문은 더 근본적인 점을 물을 수 있다. 그러한 하나님의 현실이 과연 존재하며, 그래서 하나님의 '말씀'이나 '행동'과 같은 말이 의미 있다고 전제하더라도, 인간의 언어가 과연 하나님의 현실과 말씀의 어떤 것을 전달해 줄 수 있다는 말인가?

이러한 질문에 기독교 신학이 줄 수 있는 답변은 "우리는 성서로부터 하나님과 그의 말씀과 행동에 관해 안다."는 말뿐이다. 왜냐하면 성서는 이스라엘의 역사와 예수라는 인물 속에 나타난 하나님의 자기 계시를 증언해 주기 때문이다. 하나님께서 자기 자신을 '계시' 해 주지 않으셨다면 우리는 하나님의 활동과 말씀에 관해서는 아무것도 알 수 없었을 것이다. 그러므로 우리가 하

---

8) I. Känt, Der Streit der Fakultäten, 1798, A16. 물론 칸트는 이를 약간 익살스럽게 표현해서 이렇게 말한다. "하나님 자신이 성서를 통해 말씀하신다는 사실은 역사의 문제이기 때문에 성서 신학자는 그 사실 자체를 입증할 수 없다. 그것은 철학과의 소관 사항이다."

나님에 관해 하는 말은 하나님이 우리에게 자신을 드러내 보이신 사건이나 인물들에 근거할 수밖에 없다. 하나님을 인식할 수 있는 다른 가능성들, 예를 들어 자연을 통해서나 인간의 양심을 통해 하나님을 알 수 있는 가능성들을 말할 수 있을 것이다. 그렇지만 기독교 신학의 가장 분명한 토대는 성서 문헌들이 증언해 주는 하나님의 자기 계시다.

구약과 신약으로 된 성서는, 하나님이 자신을 드러내 보이시는 계시의 사건들에 관해 말한다. 물론 하나님의 계시를 내용적으로 말하는 성서의 언어는 다양하다. 성서는 '계시하다'라는 한 단어로 하나님의 계시 사건을 말하지는 않는다. 하나님의 계시 사건은 어떤 특정한 개념으로 표현할 수 없는 매우 포괄적인 사건이다. 구약성서에는 하나님이 자신을 드러내는 사건을 표현하는 다양한 말들이 있다. 예를 들어 자신을 나타내 보이게 하다, 자신을 들추어내다, 자신을 알리다, 말하다, 보이다 등이 그렇다. 하나님은 자신을 드러내기 위하여 다양한 수단과 방법을 사용하신다. 경우에 따라 환상으로, 음성을 듣는 것으로, 꿈이나 말할 수 없는 황홀한 체험(엑스타시)으로 자신을 드러낼 수도 있다. 이러한 다양한 경우들이 공통으로 말하고자 하는 것은, 하나님께서 자신의 감추어진 모습을 인간에게 드러내 보이신다는 것이다.

그러나 하나님께서는 인간의 보고, 듣고, 체험하는 내적인 사건들을 통해서만 자신을 드러내시지 않고, 외적인 사건, 곧 번개나 나무의 바스락거림(삼하 5:24), 바람의 속삭임(왕상 19:12)과 같은 사건을 통해서도 드러내신다. 하나님은 천사나 여행객으로 나타나시기도 한다(창 16:7; 18:2). 구름기둥과 불기둥 속에서 그의 백성을 인도하시기도 했다(출 14:24). 하나님은 성막이나 성전의 지성소에 있는 법궤의 보좌에 계시며(출 25:22; 왕상 8:12-13; 대하 6:41 등), 그 곳에서 인간을 만나신다고 생각되기도 했다(사 6장). 그러므로 하나님의 계시는 특정한 지역이나 시간, 혹은 특정한 사건으로만 국한되어 일어나지 않는다. 다른 말로 하면, 사람이 하나님을 만나는 시간과 장소가 별도로 정해져 있지 않다는 것이다. 자기 계시의 시간과 장소는 하나님 자신이 결정하실 뿐이고, 인간은 그 계시를 오로지 수동적으로 받을 수 있을 따름이다. 이 모든 계시의 사건들을 통하여 하나님이 의도하는 목표는 하나님의 뜻과 본질을 사람들에게, 즉 구약에서는 선택받은 백성 이스라엘에게 알리는 것이고, 그 이스라엘을 통하여 세상 모든 민족에게 전달되게 하는 것이다. 그래서 세상 모든 사람에게 하나님의 이름을 알게 하여 그를 예배하게 하며, 하나님의 뜻을 알게 하여 그 뜻에 순종하는 삶을 살게 하려는 것이다. 하나님의 자기 계시는 십계명 시작 부분에 있는 소위 '자기소개 어투'에 잘 요약되어 있다: "나는 너를 애굽 땅 종 되었던 집에서 인도하여 낸 너의 하나님 여호와다."(출 20:2; 신 5:6).

특히 예언자들은 항상 새롭게 드러나는 하나님의 자기 계시를 이스라엘에게 전달하는 중계자들이었다. 그들은 하나님과 만나는 것이 심판이 될 수도, 혹은 구원이 될 수도 있음을 선포한다. 그들 스스로는 하나님과 직접 만나고 있는 것처럼 말한다("주의 말씀이 나에게 임하였다." 렘 1:4 등). 그 만남에 근거해 그들은 하나님의 이름으로 권위 있게 말한다("주께서 이렇게 말씀하신다." 암 1:3 등). 그들은 환상이나 환청을 통해 그들이 선포해야 할 메시지를 받기도 하지만, 일상적인 사건들이 하나님의 말씀으로 깨달아지기도 한다(렘 1:11 이하; 18장 등을 참조). 이처럼 하나님께서 자기 백성에게 직접 하시는 말씀 속에 하나님의 본질, 하나님의 하나님 되심이 드러난다. 하나님의 본질은 모든 인간의 척도를 뛰어넘는 사랑으로 계시된다.(호 11:9)[9]

신약성서 역시 구약성서와 마찬가지로 하나의 일관된 계시 개념이 존재하지 않는다. 하나님의 자기 전달은 이야기나 선포를 통해 매우 다양한 방식으로 이루어진다. 예수는 귀신들린 자를 해방시켜 주는 자신의 행동 속에서 하나님 나라의 현재, 곧 하나님이 현재적으로 나타나 다스리고 계심을 본다(눅 11:20). 예수의 비유들은 듣는 사람에게 하나님 나라의 본질을 가르쳐 주며, 그의 모든 행동은 '미성숙한 사람들', 곧 스스로의 지혜로는 하나님의 본질을 알 수 없는 사람들을 위한 '계시'가 된다(마 11:25; 참조. 고전 1:18-2:16). 바울에게 있어서는 예수의 죽음에서 하나님의 의(義)가 드러났으며, 이 하나님의 의는 예수 그리스도에 관한 복음의 선포를 통해 모든 믿는 사람에게 드러났다(롬 3:21; 1:16-17). 그러므로 신약성서에서 가장 중요한 것은 어떤 사건이 아니라, 그리스도 자신이 하나님의 계시라는 사실이다. 예수 그리스도 안에서 하나님은 자기를 가장 분명하게 드러내셨다. 이 비밀은 사도의 선포를 통해 드러났다.(골 1:25 이하; 엡 3:3 이하; 롬 16:25 이하)

예수 그리스도의 나타나심을 말할 때, 신약성서는 희랍어 '에피파니(출현)'

---

9) H. Hübner, Biblische Theologie I, 1990, 135-136 참조.

를 사용한다. 이 용어는 헬라세계에서는 계시를 나타내는 핵심적인 개념이며, 종교적인 전문 용어로서 "감추어졌던 신성이 사람의 모양으로나 아니면 다른 능력의 표징으로 자기 존재를 드러내는 것"[10]을 의미한다. 하나님은 예수라는 인물 속에서 그의 영광을 드러내셨다(고후 4:6 참조). 예수 안에서 드러난 이 영광은 역사의 종말에 최종적으로 나타날 하나님의 세계를 미리 보여 준다. 이러한 궁극적인 하나님의 세계는 아직 이루어지지 않았다는 것을 신약성서는 항상 의식한다(요일 3:2도 참조). 이 궁극적인 사건을 가장 집중적으로 생각하며 계시하는 책은 요한계시록이다. 계시록의 중심에 서 있는 인물은 예수 그리스도다. 그러므로 계시록의 완전한 제목은 '예수 그리스도의 계시'가 되어야 하지만(계 1:1), 일련의 환상을 통해 계시를 받아 전달한 사람의 이름을 따라 '요한의 계시'라고 불린다.

지금까지 간략히 살펴보았듯이, 성서에 따르면 하나님께서는 매우 다양한 방식으로 자신을 드러내신다. 때로는 역사적인 사건을 통해, 때로는 인간과의 만남을 통해, 때로는 비유 이야기를 통해, 때로는 내적인 체험을 통해 하나님의 한 부분, 한 측면, 혹은 한 특징이 인간에게 밝혀진다. 인간이 곧바로 접근할 수 없고, 또 세상의 어떤 것처럼 그렇게 인식할 수 없는 하나님의 세계를 우리는 하나님의 자기 계시를 통해 알 수 있게 된다. 하나님은 자기 계시를 인간이 이해할 수 있게 하기 위하여 인간적이고 세상적인 여러 가지 것들을 매개체로 사용하신다. 하나님의 자기 계시는 이러한 매개체를 통해 이루어진다. 이 매개체는 근본적으로 인간이 접근하고 이해할 수 있는 것이지만, 하나님의 세계를 나타내는 표식이나 징표로 보일 수 있어야 한다. 하나님의 초월적인 세계, 곧 인간이 접근 가능한 세상의 한계를 뛰어넘는 세상은 그러한 매개체들을 통해 우리가 들을 수 있고, 볼 수 있고, 느낄 수 있고, 인식할 수 있는 실재가 된다.[11] 하나님은 자신을 드러내 인간이 자신을 알 수 있게 함으로써 인간과 만나신다. 그러므로 하나님의 자기 계시는 인간에게 베푸시는 하나님의 최고의 은혜다. 신약성서의 메시지에 따르면, 하나님과 인간의 이러한 만남은 나사렛 예수라는 인물과 그의 삶과 죽음에서 가장 근본적으로 일어났다.

---

10) W. Bauer, Wörterbuch zum Neuen Testament, K./B. Aland편, Berlin 1988, 615.
11) 세상의 조건의 틀 속에서 하나님의 계시 활동의 조건에 관해 묻는 철학적인 물음에 대해서는 감리교 신학자 W. J. Abraham의 책 Divine Revelation and the Limits of Historical Criticism(Oxford 1982)이 특히 영국의 논의를 배경으로 상세히 논하고 있다.

이러한 계시 이해에서 우리는 신학의 한계와 본질을 다시 알 수 있다. 신학이 말하는 하나님은 하나님 그 '자체', 혹은 온전한 하나님 전부가 아니라, 하나님이 자기 자신을 알 수 있게 열어 주시는 범위 안에서 우리가 알 수 있게 된 하나님이다. 그러므로 신학은 하나님 그대로를 말하는 것이 아니라, 자신을 드러내시는 하나님에 관해서만 말할 수 있다. 그러므로 신학이 다루어야 할 물음은 "하나님이 계시는가?"가 아니라, "우리에게 자신을 계시하시는 하나님은 누구이신가?" 혹은 "하나님은 우리에게 자신의 무엇을 계시하시는가?"다. 계시 바깥에 있는, 곧 계시되지 않은 하나님, 즉 하나님의 실재는 인간의 연구와 관찰, 정의와 규정의 대상이 될 수 없다. 여기에 하나님 앞에서 신앙과 신학이 겸손해야 할 이유가 있는 것이다. 어떤 신학도 하나님을 온전하게 말한 적이 없다. 그러므로 신학은 여러 신학들 중의 하나(a)이지, 유일한 (the) 신학일 수 없다. 바로 여기에 신학끼리의 대화와 보충의 가능성과 당위성이 있는 것이다.

그런데 성서에 따르면, 하나님은 자신을 계시하는 것으로 그치지 않고, 그것을 받은 사람들에게 적절한 응답을 요구하신다.[12] 하나님의 계시에 대한 인간의 가장 적절한 응답은 바로 믿음이다. 그러므로 계시와 믿음은 신학의 핵심 토대다. 계시 없이는 신학도 없으며, 믿음이 없는 신학은 불가능하다. '계시'와 '믿음'은 모두 역동적인 사건이다. 계시는 하나님이 자신을 드러내시는 사건이고, 믿음은 계시에 의해 사람 안에서 불러일으켜진 사건이다. 하나님의 계시 없이는 믿음이 생겨나지 않는다. 그러므로 믿음은 단순히 사람들의 행위나 결단이 아니고, 그에 앞서 하나님이 계시를 통하여 가능하게 해 주신 은혜다. 다른 한편으로 계시는 하나님이 드러내 주신 어떤 내용이고, 믿음은 그 계시를 인간이 받아들인 내용이다. 그러므로 계시와 믿음은 매우 밀접하게 결합되어 있다. 계시는 믿음을 일깨우며, 믿음은 오직 계시를 통해서만

---

12) 이에 대해서는 G. Ebeling의 논문집 'Wort und Glaube' 참조(I, 1967³; II, 1969; III, 1975). 1권의 서론에서 에벨링은 루터의 말을 다음과 같이 인용한다. "하나님은 … 달리 인간에게 행동하지 않으셨다. 그리고 지금도 하나님은 약속의 말씀 이외의 다른 방식으로 인간에게 행동하지 않으신다. 반대로 우리는 약속의 말씀에 대한 믿음 이외의 다른 방식으로 하나님께 행동할 수 없다(Von der babylonischen Gefangenschaft der Kirche, WA 6, 516)." "계시의 제공과 계시의 받음이라는 양극성"이 성서적 계시 개념의 본질임을 주석적으로 연구한 사람은 H. Hübner다(Biblische Theologie I, 107, 172, 177, 226 등). 그는 H. Fries, Fundamentaltheologie, 1985, 165을 인용한다. "계시와 신앙은 하나다. 그것들은 서로 의존되어 나누어질 수 없다. 신앙은 응답된 계시다. 받아들여진 계시가 신앙이다. 신앙은 목표에 도달된 계시다."

참된 믿음이 된다. 다시 말해 참된 믿음은 하나님의 계시 활동을 통해 생겨난다. 그것들은 내용 면에서도 서로 상응한다. 사람들이 믿는 믿음의 내용은 하나님이 계시하여 주신 내용이다. 그러므로 믿음의 내용과 계시의 내용은 일치할 수밖에 없다.

참된 믿음은 창조주 하나님을 긍정하며, 또 그 믿음이 하나님에 의해 주어진 것임을 안다. 참된 믿음은 인간의 보호자이며 아버지이신 하나님을 신뢰한다. 그러므로 이 믿음을 통해 인간은 하나님과 새로운 관계를 시작한다. 물론 인간은 의지적으로 이 새로운 관계를 받아들인다. 이는 계시자 하나님과 계시를 받은 인간 사이에서 일어나는 인격적이고 상호적인 사건이다. 믿음 안에서 우리 인간은 하나님을 우리 삶의 기원이요 근본으로 인정하며, 우리의 모든 삶에서 그 하나님을 지향한다. 그러므로 이러한 믿음은 하나님의 뜻을 알고 행하여 순종하는 것(윤리)과 별개의 것이 아니다. 순종은 믿음에 덧붙여지는 부가적인 것이 아니라, 항상 믿음 그 자체에 속한다. 순종은 믿음의 인간적인 행동에 관련된 측면이다.[13]

지금까지 우리는 성서가 가르쳐 주는 계시 이해의 기본적인 구조를 간략히 살펴보았다. 물론 성서는 계시에 관한 논리 정연한 이론(소위 계시론)을 제시하지는 않는다. 성서는 단지 역동적인 계시의 역사, 계시의 사건들을 증언할 뿐이다. 기독교는 창조 이래로, 특히 이스라엘 역사에서 펼쳐진 모든 계시의 역사가 예수 그리스도를 통한 하나님의 계시에서 그 정점에 이르렀다고 믿는다. 그러므로 여기에서 중요한 물음들이 생겨난다. 그리스도 안에서 일어난 하나님의 계시와 성서가 말하는 계시의 역사는 어떤 관계인가? 하나님의 계시 행동과 말씀은 성서에 문자로 기록된 내용과는 어떤 관계인가? 성서의 계시와는 달리 창조세계나 인간의 내면에 나타날 수 있는 하나님의 계시에 대해서는 어떻게 생각해야 할 것인가? 대답이 쉽지 않은 물음들이지만 하나씩 답해 보자.

---

[13] 이에 대해서는 본회퍼(D. Bonhoeffer)의 대단히 인상적인 말을 참조하라: "오직 믿는 사람만이 순종한다. – 이는 신앙 안에서 순종하는 사람에게만 말해졌다; 오직 순종하는 사람만이 믿는다. – 이는 순종 안에서 믿는 사람에게만 말해졌다."(Nachfolge, 40).

1) 하나님은 예수 그리스도 안에서 자신을 가장 분명하게 드러내셨다

앞에서도 몇 차례 언급했듯이, 하나님은 예수라는 인물 안에서 자신을 가장 분명하게 드러내 보이셨다. 예수를 보는 사람은 하나님을 본다는 말이다. 히브리서 1:1-2는 이렇게 말한다.

> 옛적에 선지자들로 여러 부분과 여러 모양으로 우리 조상들에게 말씀하신 하나님이 이 모든 날 마지막에 아들로 우리에게 말씀하셨으니.

하나님은 아들 안에서 말씀하신다. 그렇다고 히브리서는 단지 예수의 말씀만을 하나님의 말씀이라고 하는 것은 아니지만, 예수의 인격, 삶, 행동, 죽음과 부활을 통해 하나님은 자신이 누구인지를 "이 모든 날 마지막에" 곧 궁극적으로, 최종적으로 드러내셨다고 한다. 그러므로 예수 그리스도는 그의 활동 전체를 통해 "하나님의 영광의 광채시오, 그 본체의 형상(히 1:3)"이다. 이런 의미에서 예수 그리스도는 하나님의 계시의 핵심이며 총체다. 동시에 예수 그리스도는 하나님의 계시가 무엇인지를 판단하는 척도이며 기준이다.

신약성서는 바로 위의 마지막 문장이 말하는 원리를 다양한 방식으로 전개한다. 먼저 복음서들, 특히 처음 세 복음서들(마태, 마가, 누가)은 예수의 지상에서의 삶과 활동을 서술하면서, 하나님은 예수의 신적인 본질이나 활동에서뿐만 아니라, 나사렛 사람 예수의 인간적인 측면에서도 동일하게 나타나 계심을 분명하게 말한다. 그러므로 복음서는 십자가의 고통을 어렵게 인내하는 인간 예수의 고난을 감추려 하지 않고 오히려 상세하게 말한다(막 15:39). 이러한 인간적인 차원도 하나님의 계시 활동에 속한다. 두려움과 체념에 빠진 제자들에게 나타나 새로운 믿음을 주는 부활하신 분의 나타남에 관한 말씀뿐만 아니라, 이러한 인간적인 측면에도 하나님이 계시되어 있기 때문이다. 처음 세 복음서(공관복음)가 예수를 하나님의 계시라고 말하는 가장 분명한 대목은, 예수가 가난한 사람들과 죄인들에게 하나님의 나라를 단호하고 권위 있게 선포하고, 병자를 치유하는 등 갖가지 기적을 행했다고 말하는 부분이다. 예수는 유대인 랍비들과는 달리 하나님만이 하실 수 있는 언행을 서슴없이 행한다. 유대인의 믿음에 따르면, 죄의 용서는 오로지 하나님만이 하실 수 있는 것이지만, 예수는 단호하게 죄의 용서를 선언하고 약속한다. 그는 율법이나 성서 등 어느 다른 권위에도 의지하지 않고, 오로지 그 자신의 인격에 의지하여 선포한다("그러나 나는 너희에게 말한다." 마 5:21-48 참조). 구약성서에서 오로지 하나님만이 하실 수 있는 각종 기적 행위들을 예수는 스스로 행한다.

이 모든 것은 예수 안에 하나님이 계신다는 것을 말한다. 예수는 사람의 모습으로 나타난 하나님 자신이다. 마태복음은 아기 예수의 탄생을 예고하며 그 아기의 이름을 '임마누엘'이라고 한다. 이는 "하나님이 함께하신다."라는 뜻이다. 물론 이것을 부정한 유대인들은 예수를 하나님을 모독하는 자라는 죄목으로 십자가에 매달아 죽였다.

신약성서의 서신들, 특히 사도 바울의 서신들은 예수의 죽음과 부활을 하나님의 계시 활동의 핵심이라고 말한다. 예수의 죽음과 부활에서 하나님은 죄와 죽음의 세력에 떨어진 인간에게 그의 의와 사랑을 보여 주신다(롬 1:16-17; 3:21 이하; 8:31-39). 골로새서 2:9는 예수의 인격에 집중하여 이렇게 강조한다. "그 안에는 신성의 모든 충만이 육체로 거하시고." 이는 육신으로 된 사람 예수 안에 하나님의 성품이 충만하게 나타났다는 말이다. 빌립보서 2:6-11은 예수를 하나님과 동등한 본체라고까지 한다.

예수 안에서 하나님이 나타났다는 언급들의 마지막 결론은 요한복음이다. 요한복음은 그 시작부터 신적인 말씀(로고스)이 인간이 되는 길(성육신)을 서술하면서 계시의 역사를 간략히 요약한다. 요한복음의 이러한 서론은 한 문장에 집중된다.

> 말씀이 육신이 되어 우리 가운데 거하시매 우리가 그 영광을 보니 아버지의 독생자의 영광이요 은혜와 진리가 충만하더라.(요 1:14)

그래서 제자 도마는 부활하신 예수를 보고 "나의 주, 나의 하나님"이라고 고백한다(요 20:28). 나사렛 사람 예수 안에서 하나님은 인간이 만나고 체험할 수 있는 존재가 되었다. 그 하나님은 "은혜와 진리"의 실재로서 체험될 수 있다(요 1:14, 17). '은혜와 진리'는 구약성서에서 하나님을 말하는 표현이다. 특히 이 표현은 하나님의 친밀감, 선하심, 인자하심, 흔들리지 않는 성실하심과 진실하심을 말한다(출 34:6-7). 우리가 말하는 '은혜'에 해당하는 히브리어와 희랍어 단어에는 인격적인 측면이 강하게 담겨 있다. 은혜는 단순히 법적으로 '은전을 베풀어 석방하다.'라는 생각보다는 인격적인 차원을 더 많이 포함한다. 구약에서 모세가 하나님의 은혜와 진리를 증언하는 율법을 주었다면, 이제는 예수 그리스도를 통해 하나님이 사람이 되셨다(요 1:17). 예수 그리스도는 우리 사람들 안에서 우리를 위하여 사신 하나님의 은혜와 진리이며, 끝없는 선하심과 신실하심이다. 자기 사람들을 위해 자기 목숨을 내어 놓기까지 끝까지 사랑하신 분으로서 예수는 하나님이 사랑이심을 드러내셨다(요 13:1; 요일 4:10, 16). 그러므로 예수는 "나를 본 사람은 아버지를 본다."라고까지 말할 수 있다(요 14:9). 그는 진리를 증거할 뿐만 아니라(18:37), 하나님에 이르는 길을 말하기도 하며, 더 나아가 그 스스로 진리이며 길이다. "내가 곧 길이요 진리요 생명이니(요 14:6)." 그러므로 인간은 예수를 만남으로써 살아 계신 하나님을 만난다.

이것이 성서가 말하는 계시의 본질이다. "성서의 증언에 따르면, 하나님의 드러나심은 하나님이 인간과 더불어 가시는 역사다. 이 역사에서 하나님은 인간과 함께하시며 … 계시는 … 교제를 시작하는 것이다: 하나님께서 인간에게 오셔서 인간을 인간에게 맡기지 않으시고, 인간이 오직 인간 자신이나 세상과만 더불어 살지 않게 하신다."[14] 계시 사상이 예수 그리스도에게 집중됨으로써 분명해진 것이 있다면, 그것은 계시는 인간의 하나님을 알고자 하는 노력의 산물이 아니라, 인간이 어떤 노력을 하기도 전에 먼저 인간을 찾아오신 하나님 그 자신의 자기 계시의 근원이며 내용이라는 점이다. 웨슬리의 말을 빌리자면, 여기서 우리는 "선행은총"을 말할 수 있을 것이다. '아들 안에서' 일어난 하나님의 계시는 아들의 짧은 지상생활로 국한되지 않는다는 것이 신약성서의 증언이다. 아들을 통해 하나님은 세상을 창조하셨다(히 1:2; 고전 8:6); 아들은 모든 세상보다 먼저 나신 첫 열매다(골 1:15-16); 그러므로 육신이 되신 말씀은 하나님께서 태초에 만물을 창조하셨던 바로 그 말씀이다(요 1:1-2; 창 1:1). 예수 그리스도는 "육신이 되신 영원한 말씀"이며, 그가 이미 태초에 아버지와 함께 계셨다 함은 그가 태초부터 하나님의 본질에 속했음을 드러내는 것이다.

---

14) W. Joest, Dogmatik I, 1984, 17.

하나님의 계시는 예수 그리스도 안에서 정점에 이르기는 했지만, 아직 최종 목표에 도달하지는 않았다. 기독교는 아직 "우리의 크신 하나님 구주 예수 그리스도의 영광이 나타나심"을 큰 소망 가운데 기다리고 있다(딛 2:13). 그러나 마지막에 계시될 하나님은 "우리를 위하여 자기 자신을 주신 분(딛 2:14)"에게서 계시된 바 있는 하나님과 다른 하나님이 아니다. 그러므로 요한의 계시에 나타난 이 세상의 미래는 "죽임을 당한 어린 양"이 하나님의 일을 승리로 이끄시기에 합당한 분으로 나타난다(계 5장). 그리스도 안에 나타나신 하나님의 계시와 마찬가지로, 마지막에 그리스도 안에서 나타나실 하나님의 계시는 하나님에 관한 단순한 지식이나 정보의 드러남이 아니라, 그리스도의 모습으로 계시될 하나님과 인간의 인격적인 만남과 교제임을 요한계시록은 이렇게 말한다.

> 볼지어다. 내가 문 밖에 서서 두드리노니 누구든지 내 음성을 듣고 문을 열면 내가 그에게로 들어가 그로 더불어 먹고 그는 나로 더불어 먹으리라.(계 3:20)

성서의 계시 이해는 '예수 그리스도가 누구냐.' 라는 기독론을 통해 집중적으로 나타난다. 하나님의 계시는 그 본질과 핵심에서 어떤 우연하거나 임의적인 사건에 관한 소식이 아니라, 하나님께서 인간과 세상과 더불어 가시는 구원의 길을 여는 것이다. 하나님의 계시 안에서 "인류에게 예수 그리스도를 통해 영원한 생명이 제공된다."[15]

2) 하나님은 말씀으로 자신을 계시하신다

예수 그리스도라는 인격적 계시에 이어서 우리가 생각할 수 있는 계시의 매체는 말씀이다. 하나님은 말씀을 매체로 사용하셔서 인간에게 자신을 드러내신다. 이미 앞에서 보았듯이, 역사적인 사건들이 하나님을 계시할 때, 혹은 예언자들이 어떤 환상을 통해 메시지를 받았을 때, 항상 하나님이 **말씀하신**

---
15) 이 책 부록에 있는 감리교회의 신앙고백 제4조를 참조.

다 혹은 하나님의 **말씀**이 나타났다고 한다. 계시 사건에서 말씀이 특별한 역할을 하는 것은 말씀이야말로 계시를 서술할 수 있는 가장 적절한 표현 수단이기 때문이다. 말씀보다 확실하고 이해할 수 있게 하나님을 나타낼 수 있는 매체는 인간에게 없다. 물론 환상이나 꿈과 같은 매체를 통해 계시가 일어날 수도 있지만, 그것이 계시로 이해되고 설명되기 위해서는 반드시 말씀 사건으로 변화되어야 한다. 계시의 사건은 단순한 역사적 사건이나 혹은 엄청난 신의 출현을 보는 것으로 끝나는 것이 아니라, 그러한 계시 행동을 통해 하나님은 사람들에게 말씀하고자 하시며, 또 그 말씀에 대한 사람들의 응답을 기다리신다. 여기서 우리는 호렙 산에서 엘리야가 하나님을 만나는 사건이 보여 주는 깊은 상징성을 생각할 수 있다(왕상 19:11-13). 하나님은 강한 바람이나 지진을 통해서가 아니라 "세미한 음성"을 통해 엘리야에게 자신을 드러내신다.

성서는 하나님을 계시하는 다양한 말씀을 말한다. 그 중에서도 가장 중요한 핵심은, 앞에서 보았듯이, 예수 그리스도를 육신이 되신 하나님의 말씀이라고 말하는 것이다. 바울이 예수 그리스도의 십자가 죽음에서 하나님의 화해하시는 행위의 사건만을 본 것이 아니라, '화해의 말씀'이 주어진 것으로 본다거나(고후 5:18 이하) 혹은 십자가에 관한 말씀을 선포하도록 부름을 받은 것으로 보았을 때(고전 1:18 이하), '말씀'에 관한 또 다른 영역이 생겨난다. 복음, 곧 화해에 관한 메시지는 하나님의 구원 활동을 이어 가는 도구다; 예수의 속죄 죽음에서 단번에 드러난 하나님의 구원하시는 의(롬 3:21)는 복음의 말씀(메시지) 안에서 날마다 새롭게 드러나서 사람들에게 구원하는 믿음을 갖게 한다(롬 1:16-17). 사도의 메시지 안에서(고후 5:20), 그리고 이 메시지를 계속 선포하는 설교자들의 말씀 안에서 하나님 자신이 사람들에게 말씀하신다. 그러므로 하나님은 오고 오는 시대의 모든 설교자들의 설교를 통하여 자신을 드러내신다.

고린도후서 1:20에 따르면 '하나님의 모든 약속'은 예수 그리스도 안에서 실현되었다. 하나님께서 마지막 날에 아들을 통해 말씀하신다는 사실은 하나님께서 "옛적에 선지자들로 여러 부분과 여러 모양으로 우리 조상들에게 말씀하신" 내용을 부정하는 것이 아니라(히 1:1), 오히려 그 효력을 확인하고 성취한다. 구약성서의 시편 기자가 한 말이 기독교에게도 여전히 타당하다: "여호와의 말씀은 정직하며 그 행사는 다 진실하다(시 33:4)." 이 때 우리가 주의해야 할 것은, 시편 기자가 말하는 "주의 말씀"은 아직 문헌과 같이 고정된 형태로 제한되어 있지 않았다는 것이다. 그의 시대에는 히브리 성서이든 기독교 성서이든 아직 지금의 문헌 형태로 존재하지 않았다. 그러나 동시에 우리가 분명히 알아야 할 것은, 우리는 "주의 말씀"을 —구약성서이든, 신약성서이든— 성서라는 문헌의 형태 이외의 다른 형태로는 가지고 있지 않다는 점이다. 우리가 하나님의 말씀에 대해 물을 때면 당연히 성서에 기록되어 있는 말씀에 대해 묻는다. 칼 바르트(K. Barth)는 이러한 '하나님의 말씀'의 복잡한 현상을 "하나님의 세 가지 말씀"으로 설명한다.[16] 그의 구분에 따르면, (1) **선포된** 하나님의 말씀은 교회의 설교와 성례전, 그리고 신앙 교육을 말한다. (2) **기록된** 하나님의 말씀은 일어난 계시의 기억으로서의 성서를 말한다. (3) **계시된** 하나님의 말씀은 "말씀이 육신이 되었다."는 문장을 통해 가장 근본적으로 설명되는 계시 사건 자체, 곧 예수 그리스도를 말한다. 이를 일어난 순서대로 단순화하면, 가장 먼저 하나님의 계시 사건 자체로서 사람이 되신 하나님의 말씀인 예수 그리스도 사건이 있고(3), 그 사건에 대한 기록인 신약성서가 뒤따르며(2), 마지막으로 이 신약성서를 본문으로 해서 일어나는 선포 사건이 있다(1). 하나님은 이러한 세 가지 형태의 말씀을 통해 오늘도 여전히 우리에게 말씀하신다. 이 때 중요한 것은 하나님 말씀의 이러한 세 가지 유형 사이에 있는 내적인 일치와 상호 의존성을 아는 것이다. 우리는 계시된 말씀(예수 그리스도)을 오직 기록된 말씀, 곧 성서를 통해서만 안다; 그리고 기록된 말씀(성서)은 교회의 선포를 통해 우리에게 열린다. 반면에 선포된 말씀(설교)의 근거는 기록된 말씀, 곧 성서에서만 찾을 수 있으며, 기록된 말씀은 그것이 증언하는 하나님의 계시로부터 그 권위를 받는다.[17]

"감리교회 교리의 토대와 신학적 사명"이라는 문헌은 대체로 그와 유사하게, 그러나 바르트의 구분을 인용하지 않으면서 '하나님의 말씀과 성서'에 대해 다음과 같이 말한다.[18]

---

16) K. Barth, KD I/1, 89-128.
17) Barth, aaO. 124를 참조.
18) 부록 528-559쪽을 참조.

성서를 통해 우리는 살아 계신 그리스도를, 구원하시는 은혜의 체험 안에서 만난다. 우리는 예수 그리스도가 우리 가운데 계시는 하나님의 살아 계신 말씀이심을 믿는다. 우리는 살든지 죽든지 이 하나님을 믿는다. 성령에 의해 조명된 성서의 기자들은 그리스도 안에서 세상이 하나님과 화해되었음을 증언한다. 성서는 예수 그리스도의 삶, 죽음, 그리고 부활에서 하나님의 자기 계시가 드러났음을 확신 있게 증언한다. 그러나 동시에 성서는 하나님의 창조 행위에서도, 이스라엘 백성의 순례의 길에서도, 그리고 인간 역사 속에 있는 성령의 활동에서도 하나님의 자기 계시가 있음을 증언한다. 우리는 마음과 뜻을 열어 성령에 의해 영감이 주어지고, 인간의 말로 기록되어, 우리에게 전해진 하나님의 말씀을 받아들임으로써, 우리의 신앙이 생기고, 성장하며, 우리의 이해가 깊어지고, 세상의 변혁을 위한 가능성을 바라본다.

이러한 근본적인 선언에 대해 우리는 여전히 다음과 같은 세 가지를 첨가해서 설명해야 한다.

① 궁극적이고 본질적인 의미에서 하나님의 말씀은 영원한, 그리고 육신이 되신 하나님의 말씀이신 **예수 그리스도** 안에서 우리에게 주어진 말씀이며, 또 그 말씀 안에서 그의 깊은 본질, 곧 그의 영원한 사랑을 우리에게 보여 주셨다. 이 말씀이 하나님의 말씀에 관한 모든 인간적인 증언의 토대요 원인이다. 하나님의 말씀은 인간의 증언보다 앞서며, 또 그 증언을 비로소 가능하게 한다.

② 우리는 **오직 성서에 증언된 말씀**을 통해서만 하나님의 계시된 말씀에 관해 안다. 구약성서의 증인들은 암암리에 혹은 공개적으로, 대담한 예견적 선취로서 혹은 구원사적인 거리를 둔 채 예수 그리스도 안에서 일어날 하나님의 계시에 관해 증언하고, 신약성서의 사도들과 스승들은 예수의 활동과 삶, 죽음 속에 있는 하나님의 활동을 우리에게 증언해 주며, 예수를 하나님이 보내신 그리스도라고 선포하며 증언한다.

감리교 신학의 토대로서 성서가 차지하는 특별한 의미 때문에 우리는 성서의 기원과 해석에 관한 문제를 별도의 장에서 다루게 될 것이다(아래의 1.2를 보라). 그렇지만 이미 여기서 우리는 성서와 계시의 관계에 대해 원칙적인 언급을 하지 않으면 안 된다. 다른 기독교파의 교회들과 함께 감리교회는 다음과 같은 확신을 한다.

> 구약과 신약성서는 예수 그리스도 안에서 드러난 하나님의 구원의 계시에 관한 예언자적이며 사도적인 증언이다. 성령이 우리로 하여금 이 증언을 하나님의 말씀으로 이해하게 가르치며 신앙과 삶의 표준으로 사용하게 가르친다.[19]

바르트가 말한 위의 세 가지 종류의 말씀과 그 상호 연관성에 관해 좀더 상세하게 살펴보자.

a) 하나님의 계시 사건(예수 그리스도 사건)은 기록된 하나님의 말씀인 성서보다 앞선다; 성서는 이미 일어난 계시 사건에 관한 증언이다. 예를 들어 예수 그리스도 사건은 신약성서가 기록되기 이전에 이미 일어났다. 신약성서는 이미 일어난 예수 그리스도 사건에 관한 증언이다. 일어난 계시가 나중에 성서에 문자로 기록되고, 증언되고, 보존되며, 전달된다. 일어난 계시에 관한 가장 근접한 권위 있는 증언으로서의 성서는 그 이후 시대의 교회에게는 다시 계시가 된다. 그러므로 성서를 통해 우리는 하나님을 알게 된다.

b) 하나님의 계시는 항상 구원을 위한 계시다. 그러므로 계시의 증언인 성서 역시 구원을 위한 문헌이다. 그러므로 우리는 성서를 지리책이나 역사책처럼 읽거나 사용할 수도 있겠지만, 구원을 위한 하나님의 계시에 관한 증언이라는 성격에 합당하게 읽는 것이 가장 중요하다. 그래야 성서를 통해 하나님을 바로 알게 된다.

c) 앞에서도 언급했듯이, 계시와 성서는 동일하지는 않지만 서로 분리될 수도 없다. 성서의 증언으로 검증을 받지 않고 하나님에 관해 말하는 사람은 잘못될 가능성이 크다. 예를 들어 혼자 산에서 기도하다가 특별한 계시 사건을 경험했을 경우, 그 사건이 성서에 분명한 근거가 있어야 한다. 그렇지 않을 경우 잘못된 방향으로 나아간 사례들을 우리는 교회사의 갖가지 이단들에게서 분명히 찾을 수 있다. 또 성서를 이해하고자 하는 사람은 성서에서 하나님의

---

[19] 복음공동체의 신앙고백 제4조(부록 537쪽을 참조).

말씀을 깨달을 수 있다는 기대를 가지고 읽어야 한다. 일어난 계시를 증언하는 성서는 하나님의 행동, 특히 예수 그리스도 안에서 일어난 하나님의 궁극적인 계시를 증언한다. 그러므로 계시와 성서는 항상 상호 연관되어야 하며, 이러한 상호 관계 속에서 성서와 계시는 교회의 신학과 교리와 선포의 원천이며 기준이다. 성서가 기록되기 이전에 일어난 계시가 없는 성서는 죽은 문자에 불과하며(고후 3:6), 성서가 없는 계시는 (자기)기만일 수 있다. 이러한 상호 연관성 속에 있는 계시와 성서는 우리의 신학적인 작업과 목회적인 활동의 기준(Canon)이다.

성서의 말씀들을 통한 하나님의 계시는 믿음의 반응을 요구한다. 다시 말해 성서의 말씀들은 독자들에 의해 믿음으로 수용되기를 원한다. 그렇게 믿어지고 받아들여질 때에만 과거에 기록된 말씀이 현재의 독자와 청중들에게 유효하고 실제적인 말씀이 될 수 있다. 성서에 근거하고 전승을 통해 전달된 기독교의 증언도 개인에 의해 이해되고, 그래서 개인적으로 수용되지 않는다면 별 효력이 없을 것이다.

③ 오늘날 *설교자들에 의해 선포된 말씀*도 하나님의 계시의 말씀이다. 그 설교를 통해 하나님 스스로가 인간에게 말씀하시며, 그들 안에서 믿음을 일깨운다. 그럴 때에만 우리는 우리의 증언이 사람들의 가장 깊은 내면을 감동시켜서, 연약한 인간의 말을 통해 살아 계시는 구원의 하나님을 만나게 할 수 있다는 소망을 가질 수 있다.

오늘날 강단에서 선포된 하나님 말씀의 권위를 잘못 인식함으로써 많은 설교자들이 자신에게 주어진 능력과 중요성을 과소평가하게 했으며, 설교의 책임을 가볍게 여기게 만드는 우를 범했다. 하나님은 인간을 통해 말씀하기를 원하신다는 사실은 매우 중대한 소명이다. 이 소명에는 권능이 부여되어 있으며, 그러므로 설교자들은 극도의 조심성과 성실성으로 하나님의 말씀을 선포해야 한다. 그러나 '하나님의 선포된 말씀'은 단지 설교를 통해서만 말해지는 것이 아니라, 성례전과 예배, 그리고 기독교 교육과 개인적인 증언을 통해서도 말해진다.

우리가 선포한 말씀은 기록된 말씀, 곧 성서에 근거할 때, 그리고 성령의 활동을 통해 하나님 말씀으로서의 권능을 얻게 된다. 성령은 문자적으로 고정된 성서 증인들이 과거에 행한 메시지를 오늘 우리를 위한 현재적인 말씀이 되게 하여, 우리의 믿음을 일깨우고, 우리를 의롭게 하는, 그래서 생명을 살리는 하나님의 말씀이 되게 한다. 말씀과 영의 관계는 이러한 맥락에서 매우 중요한 문제다.

종교개혁자들, 특히 루터는 소위 열광주의자들과의 싸움에서 설교라는 '외적인' 말씀과 성령의 증언의 매우 밀접한 연관성을 중요하여 여겼다. 감리교회 운동가들은 훨씬 더 강하게 사람 내면에 있는 성령의 활동에 주목했다. 이러한 내면적 성령의 활동을 통해 메시지는 듣는 사람들에게 효력을 발휘하게 되며, 그래서 그들에 의해 실존적으로 받아들여질 수 있게 된다. 성령의 활동이 십자가의 메시지와 강력하게 결합되어 있다는 점이 중요하다. 그리스도 안에 있는 하나님의 사랑이 극히 개인적으로 나를 향한 사랑이며, 또 그의 피의 효력이 나의 생명을 구원하고, 또 나를 전적으로 새롭게 변화시킨다는 사실을 실존적으로 확신하게 하는 것 – 바로 이것이 성령이 '계시하는' 것이다.[20]

그러므로 감리교회의 신학은 기원후 2세기부터 요한복음 14-16장에 근거해 기독교 역사에 자주 나타난 바 있는 잘못된 이해와는 분명히 다르다. 그에 따르면, 성령은 교회에게 새로운 계시의 전망을 열어 주며, 이것은 내용적으로도 그리스도의 계시를 능가할 수 있다고 한다.

그러나 이미 요한복음 14:26; 16:13-15에는 성령의 활동과 예수 그리스도(기독론)가 굳게 결합되어 있다. 그에 따르면, 성령은 예수의 말씀과 행위를 새로운 방식으로 현재화하며, 그 의미를 가르치기는 하지만, 그렇다고 그리스도를 능가하는 새로운 메시지를 계시하지는 않는다.[21]

성령의 활동과 기독론은 교회의 실천에서 성서의 기록된 말씀이 선포된 말씀(설교)의 내용적 근거가 된다는 점에서 여전히 굳게 결합되어 있다. 우리가 고린도후서 3:3-6에 근거해 "새로운 언약"에서는 '문자'가 아니라 '영의 섬김'만이 있다는 점을 말할 수 있다고 할지라도, 초대교회는 -그리스도를 확실하게 붙잡기 위해- 그리스도에 관한 증언을 문자적으로 고정해야 한다는 것을 알고 있었다. '말씀이 교회에 대하여 갖는 독자성과 독립성, 그리고 말씀

---

20) 이는 특히 찰스 웨슬리의 노래들에 분명히 나타난다: "믿음의 영이여, 오셔서 하나님의 일들을 가르치소서. 우리에게 하나님을 알게 하소서. 피로써 증언하소서(Hymn 83,1)." 그 외에도 Hymn, 85; 93, 5; 194, 4; 244, 3 등을 참조.
21) W. Rebell, Erfüllung und Erwartung. Erfahrungen mit dem Geist im Urchristentum, 1991, 69: "성령이 예수와 밀접하게 결합되어 있다는 점에서 요한복음의 신학은 어떤 종류의 영지주의, 즉 오늘날의 어떤 영지주의 형태와도 구별된다."

의 자유로운 힘'은 말씀의 이러한 '성서적인 합당성'에 달려 있다.[22]

그러나 성서의 이러한 비판적인 측면이 육신이 된 말씀이신 예수 그리스도를 위해 분명해지게 하기 위해서는 '오직 성서로만(sola scriptura)'이 순전히 형식적으로 이해되어서는 안 된다. 그렇지 않으면 성서의 메시지는 닫힌 계시 체계에 관한 정보로 굳어질 수 있으며, 그래서 결국은 죽이는 문자로 변질될 수 있다. 오늘날 극단적인 보수주의 교회가 주장하는 문자영감설이나 문자무오설 등이 그런 형식적인 이해의 전형이라고 할 수 있다. 오히려 sola scriptura는 오늘날의 설교의 근거로서 항상 새롭게 이해되어야 한다. 이를 위하여 성령의 활동이 있다. 오늘날의 설교는 성서가 증언하는 그리스도 메시지로부터 권위를 받아서, 하나님의 이름으로 현대인들에게 말할 수 있으며, 그럼으로써 선포는 하나님이 오늘날의 사람들에게 직접 말씀하시게 하는 도구가 된다. 이로써 선포된 말씀(설교)은 계시 사건으로서의 중대한 의미를 얻게 된다. 선포된 말씀 안에서 현대인들과 하나님의 인격적인 만남이 이루어진다. 또 그럼으로써 하나님의 계시는 그 첫 번째 목표, 곧 인간과의 만남이라는 목표에 도달하게 된다.

3) 하나님은 창조세계를 통해 자신을 계시하신다

하나님이 자신을 드러내 보이시기 위하여 사용하는 또 다른 중요한 매체는 그의 창조세계다. 기록된 계시인 성서가 없을 때에도 사람들은 하나님을 알고 있었다. 오늘날도 많은 사람들이 풍성한 영성으로 아름답고 신비한 자연의 현상에서 하나님을 발견한다. "참 아름다워라. 주님의 세계는…." 기독교인들이 즐겨 부르는 찬송가의 노랫말이 그것을 보여 준다. 그렇다면 성서 없이 알 수 있는 하나님은 어떤 하나님일까? 특히 감리교회는 이러한 일반계시에 대해서는 개신교의 어느 다른 교회들보다도 긍정적이고 적극적이다.[23] 그런 점에서 감리교회는 가톨릭교회와 가깝다고 할 수 있다. 이러한 계시를 인정하는 것이 '오직 성서로만' 혹은 '오직 그리스도로만'이라는 개신교회의

---

22) K. Barth, KD I/1, 107.
23) H. Ray Dunning, Grace, Faith and Holiness. A Wesleyan Systematic Theology, 1988, 161-170을 참조.

신학적 원리를 부정하는 것일까? 성서라는 특수계시를 통해서만 하나님을 알 수 있다고 생각하는 사람들은 창조세계를 통하여 하나님을 알 수 있다는 소위 일반계시를 부정하려고 한다. 과연 그것이 정당한가? 이 문제를 세 가지로 나누어 살펴보고자 한다.

성서 외에서 찾을 수 있는 하나님 지식은 어떤 내용인가? 어떻게 그런 지식이 생겨났는가? 이러한 '일반적인' 하나님 지식의 의미가 기독교 신학의 시각에서는 어떻게 받아들여질 수 있는가?

(1) 체험적인 세계에서 알게 되는 하나님

체험적인 세계로는 자연세계, 인간의 양심, 인류의 역사, 개인의 삶이라는 네 영역이 있다. 바로 이러한 영역에서 우리는 어느 정도 하나님을 알 수 있다.

① 감리교회의 창시자인 존 웨슬리는 이에 관하여 매우 간단하지만 분명하게 말한다.

> 우리를 둘러싼 세상은 하나님께서 자기를 드러내 설명한 매우 강력한 책이다. 자연의 책은 모든 사람이 각자 자기의 언어로 읽을 수 있는 보편적 언어로 기록되었다.

창조주의 완전성과 위대함, 그의 능력과 지혜, 그리고 그의 사랑과 분노까지도 우리는 **자연으로부터** 읽을 수 있다. "다시 말해 자연의 모든 부분은 우리에게 자연의 하나님을 가르쳐 주고 있다."[24] 독일의 감리교회가 최근에 발표한 교리에 관한 신앙 서적「그리스도와 더불어 가는 길」은 웨슬리와 매우 유사하게 다음과 같이 말한다: "하나님의 창조세계는 창조주를 증언하고 있다."[25] 창조세계는 하나님의 무한한, 지칠 줄 모르는 생명력을 보여 줄 뿐만 아니라, 그분의 영광, 은총, 지혜, 신실, 불변성, 다 이해할 수 없는 불가해성을 보여 준다. 왜냐하면 자연은 하나님을 드러낼 뿐만 아니라, "동시에 하나님을 감추고 있으며, 하나님의 본질에 관한 비유와 함께 비유될 수 없는 하나님의 본질을 보여 주며, 하나님의 말씀뿐만 아니라 많은 모순도 보여 주기 때

---

24) J. Wesley, A Survey of the Wisdom of God in the Creation: or a Compendium of Natural Philosophy, 1775, 1777³.
25) Unterwegs mit Christus. Glaubensbuch der EmK, EmK heute 72, 1991, 36.

문이다." 그러나 역자가 알기로는 한국의 감리교회는 아직 이러한 교리적 선언, 혹은 공식적인 신앙 고백을 한 바가 없다. 더욱이 창조의 보전이라는 시대적인 사명을 생각할 때, 이러한 신앙 고백은 하루 속히 나와야 한다고 생각한다. 우리가 자연에서 하나님에 관하여 배울 수 있다는 사실은 성서 여러 곳에서 찾을 수 있다. 그 중에서도 특히 욥기 12장은 아주 분명하게 말한다.

> 이제 모든 짐승에게 물어 보라. 그것들이 네게 가르치리라. 공중의 새에게 물어 보라. 그것들이 또한 네게 고하리라. 땅에게 말하라. 네게 가르치리라. 바다의 고기도 네게 설명하리라. 이것들 중에 어느 것이 여호와의 손이 이를 행하신 줄을 알지 못하랴. 생물들의 혼과 인생들의 영이 다 그의 손에 있느니라.(7-10절)

시편의 많은 노래들은 자연의 놀라운 질서를 보고 창조주를 찬양하라고 촉구한다.(8:4-5; 19:2-4; 104)

신약성서는 이에 대해 다양하게 진술한다. 사도행전 17:22-31에는 바울이 아덴의 아레오바고 광장에서 행한 설교가 있다. 그에 따르면, 하나님은 자연의 질서를 통해 자신을 알 수 있는 가능성을 인간에게 주셨다. 그리고 한 희랍 저술가의 말을 인용해 인간이 이러한 하나님을 알 수 있음을 말한다. 물론 이러한 지식은 인간이 우상들을 섬기면서 어두워졌다. 그렇지만 자연세계를 통하여 하나님을 알 수 있는 가능성은 여전히 남아있는데, 그 가능성이 그리스도의 선포와 만날 때, 어두운 비늘을 벗고 분명하게 하나님을 알 수 있게 된다. 로마서 1:19-23과 고린도전서 1:21에서 바울은 훨씬 더 분명하게 이 문제에 대해 언급한다. 인간은 자연에서 일어난 하나님의 창조적인 행동을 통해 창조주를 인식할 수 있고 또 인식해야 했음에도, 인간과 동물의 형상으로 된 신들을 섬김으로써 창조주가 있어야 할 자리에 피조물을 놓았다. 그 결과 인간은 자기 자신을 섬기게 되었다. 그래서 하나님을 알지 못하게 되었다. 자연을 통해 하나님을 알 수 있다는 가능성에 근거해서 바울은 하나님을 떠난 인간을 비난할 수 있었다. 창조세계의 기적을 보면서 인간은 하나님에 대해 묻는다. 그러나 인간은 자신을 신으로 만듦으로써 참된 하나님을 알지 못하게 되었다. 그러므로 자연세계를 통해 하나님을 알지 못한다면, 그것은 자연세계에 책임이 있는 것이 아니라, 인간 자신의 눈이 무디어졌기 때문이다. 이 무 뎌진 눈이 그리스도를 만나 떠지게 되면 자연세계 안에서도 하나님을 분명히 볼 수 있게 된다.

현대적인 자연과학의 등장으로 자연과 창조세계로부터 하나님을 아는 문제는 해결되었다. 케플러(J. Kepler)나 뉴턴(I. Newton)과 같은 기독교적인 자연과학자들이 자연법칙의 조화 속에서 창조주의 지혜와 위대함을 찬양했던 데 반하여, 19세기 초부터는 세상의 기원을 설명하기 위해 반드시 필요했던 '작업가설'로서의 하나님 사상은 더 이상 필요 없게 되었다. 종의 기원을 설명하기 위해서는 다윈의 진화론이 창조주 하나님을 믿는 신앙보다 좋은 것으로 보였다. 그러나 특이한 점은 지난 몇 년 동안 진화론과 우주 기원에 관한 현대적인 이론의 배경에서 창조의 기원을 설명하기 위해 하나님을 인정하는 것이 반드시 필요하다거나 혹은 자연 속에서 하나님을 인식할 수 있느냐는 물음들이 다시 분명하게 제기되고 있다는 것이다. 더구나 이러한 물음들은 기독교인이 아닌 학자들에 의해 행해지고 있다.[26] 물론 이러한 학자들은 자연과학의 연구에 의해 생겨나는 신이 성서가 가르쳐 주는 하나님과 반드시 일치하는 것이 아니라고 토를 단다.[27]

하나님에 대한 물음은 단지 자연의 아름다움과 경이로움에 직면해서만 제기되는 것은 아니다. 성서는 자연에 대한 부정적인 체험도 알고 있다. 바로 이 부정적인 체험들도 하나님에 대한 질문을 제기한다. 모든 피조물의 생명과 마찬가지로 인간 생명의 무상함, 궁핍과 고통, 모든 노력의 무의미함과 허무함 등 앞에서 인간은 이러한 체험들이 과연 어디에서 오는 것이며 인간 존재의 의미는 무엇인지를 묻는다.[28] 이러한 물음에 대한 답을 인간 스스로는 줄 수가 없다. 인간 너머에서 오는 답을 기다린다. 단순한 대답이 아니라, 그러한 문제들을 해결할 수 있는 변화를 일으킬 수 있는 어떤 분이 계신다는 사실을 인정한다. 왜냐하면 이런 물음들은 지식의 문제도, 호기심이나 순전히 이론적인 인식 노력에서 생겨나는 문제도 아니며, 오히려 그러한 물음들을 외면할 수 없게 만드는 심각한 실존적이고 현실적인 삶 속에서 인간은 그러한

---

26) J. Eccles, Das Rätsel Mensch, 1982; P. Davies, Gott und die moderne Physik, 1986; C. Bresch/S. M. Daecke/H. Riedinger, Kann man Gott aus der Natur erkennen? Evolutuon als Offenbarung, QD 125, 1992² 등을 참조.
27) 특히 P. Davies(aaO. 286)와 C. Bresch(aaO. 169)를 참조.
28) 사 40:6-8; 전 1:2; 롬 8:19-22 등.

물음을 제기하기 때문이다.

② 인간은 인간 스스로의 힘으로 해결할 수 없는 많은 문제들 앞에서 인간 이외의 존재, 곧 하나님에 대해 묻고 또 하나님을 찾는다. 그 외에도 창조세계 안에는 우리가 하나님을 찾을 수 있게 만드는 또 다른 체험의 영역들이 있다. 바로 양심이라는 영역이다. 많은 사람들은 **양심의 소리**를 인간 밖에서 오는 것으로 생각한다. 그러므로 이 소리를 결코 잠재울 수 없다. "우리는 누군가에 의해 감시되고 있으며 마지막 부분에 이르기까지 철저히 꿰뚫어 보이고 심판 받고 있다는 것을 느낀다. 우리를 지배하고 있으며 모든 것을 알고 계시며 어디에나 계시는 하나님 이외의 누구이겠는가?"[29] 현대에는 심리분석적인 연구에 의해 양심의 기원과 기능에 관한 새로운 지식이 생겨났다. 그러나 그러한 현대적인 지식도, 양심은 우리가 회피할 수 없는 고발 기관이며, 그 양심의 요청을 결코 회피할 수 없다는 이전의 지식을 부정하지는 못한다. 우리가 양심의 소리를 회피하면 인간의 존엄과 아름다움을 상실할 위기에 처하게 된다.

그러나 양심의 소리가 하나님의 말씀과 동일하다고 말할 수는 없다. 더구나 양심 자체가 잘못될 수도 있다. 특히 요즘은 전혀 양심의 가책을 느끼지 못하는 사람, 양심이 마비된 사람들이 늘어나고 있다. 그러므로 양심이 우리 행동을 구속하고 결정하는 절대적인 규범이라고 말할 수 없다. 그렇지만 양심에서 우리가 알게 되는 것은, 인간은 근본적으로 무언가를 요청받고 있는 존재라는 것이다. 물론 이 모습은 여러 가지 형태를 띨 수 있다. 그러나 시대를 넘어 그러한 존재 자체에는 변함이 없다. 인간은 양심의 요청에 어떻게든 응답해야 한다. 존 웨슬리는 양심을, 인간 속에 미리 와 있는 하나님의 은혜가 작용하는 표식이라고 한다.[30] 인간의 마음에서 활동하시는 하나님에 대해 바울은 로마서에서 분명히 말한다.

> 무릇 율법 없이 범죄한 자는 또한 율법 없이 망하고 무릇 율법이 있고 범죄한 자는 율법으로 말미암아 심판을 받으리라. 하나님 앞에서는 율법을 듣는 자가 의인이 아니요 오직 율법을 행하는 자라야 의롭다 하심을 얻으니, 율법 없는 이방인이 본성으로 율법의 일을 행할 때

---

29) Th. Spörri, Der Mensch und die frohe Botschaft. Christliche Glaubenslehre, 2.Teil, 1952, 69.
30) 이에 대해서는 II 장 2)의 (1)과 III 장의 2)를 보라.

는 이 사람은 율법이 없어도 자기가 자기에게 율법이 되나니 이런 이
들은 그 양심이 증거가 되어….(2:12-15 a)

사람이 −이방인이나 유대인, 그리고 그리스도인 모두에게 마찬가지로− 자신의 행동을 통해 하나님의 뜻을 실천하지 않고, 오히려 하나님을 부정하고 대항하며 하나님 대신에 인간 자신을 섬긴다고 할지라도, 그는 하나님에 관해 적어도 부분적으로라도 알 수 있음은 분명하다. 그러므로 하나님이 성서 바깥에서도, 곧 인간의 일상적인 체험세계에서도 인식될 수 있다는 것은 분명하다.

③ 창조세계와 인간의 양심 외에 또 다른 체험 영역은 **인류의 역사**다. 인류의 역사에서도 우리는 하나님이 행동하신 흔적들을 감지할 수 있다. 여기서 말하는 역사는 구원의 역사(Heilsgeschichte)가 아니다. 구원의 역사는 당연히 하나님이 직접 쓰시는 역사이기 때문이다. 여기서 의미하는 것은 인류와 민족들의 일반적인 역사(History)다. 우리는 부정적인 역사와 긍정적인 역사를 함께 체험한다. 어느 역사든 우리는 그 속에서 하나님이 활동하고 계시는 흔적을 발견할 수 있다. "인간은 자기가 뿌린 것을 거두어들인다(自業自得)." 하나의 표어가 된 이 말은 사도 바울의 갈라디아 서신에서 볼 수 있다.

스스로 속이지 말라. 하나님은 만홀히 여김을 받지 아니하시나니 사
람이 무엇으로 심든지 그대로 거두리라.(6:7)

모독은 반드시 보복을 받으며, 불의는 그에 합당한 형벌을 받고, 다른 사람에게 행한 바는 다시 자신에게 돌아온다는 인과응보는 흔히 하나님의 행동으로 이해되었다. "하나님의 맷돌은 천천히 돈다. 그러나 정확하게 맞출 것이다." 악행에 대한 늦은 보복을 체험하게 될 때 하는 말이다. 그래서 역사를 하나님의(His) 이야기(Story)라고 말하기도 한다.

인류의 역사라는 광범위한 영역 외에 좁은 차원에서 한 인간의 생애에서도 하나님을 체험할 수 있다. 한 개인이 그에 합당한 보응을 받게 되는 삶에서도 하나님을 체험할 수 있다. 하나님은 선한 삶을 사는 사람에게는 그에 합당한 복을 주신다. 반대로 악을 행하는 사람에게는 그에 상응하는 벌을 내린다. 그

러나 이것은 기계적인 인과응보론이 아니다. 거기에는 하나의 확신이 있는데 그에 따르면, 역사의 진행은 단지 원인과 결과의 원리로 계속되거나 인간의 행동을 통해서만 움직여지는 것이 아니라, 끝내는 정의가 이기게 하는 역사와 개인의 삶의 주인이신 '보좌에 앉으신 분'에 의해 움직인다는 것이다.[31] 바로 이런 생각을 기반으로 제기되는 심각한 물음이 있다. 다시 말해 선에게 상이, 그리고 악에게 벌이 내려져야 하는 인과성이 인식되지 않는 곳, 즉 악행이 그에 걸맞은 보복을 받지 않거나 그 반대로 부지런하고 선한 사람이 이해하기 어려운 고통을 당하게 되는 곳에서도 역사와 개인의 삶을 움직이시는 하나님의 정의가 있으며, 또 있다면 그것은 과연 무엇이냐는 물음을 제기한다. 이해할 수 없고, 해결할 수 없는 갖가지 인간과 인류의 문제들 앞에서 우리는 어쩔 수 없이 하나님에 대해 묻지 않을 수 없다.

그러나 역사에 대한 이러한 모순된 체험으로부터는 일관된 하나님 사상이 나올 수 없다. 그러므로 그러한 모순된 역사 체험을 하게 되는 사람들은 일반적으로 믿고 인정했던 하나님에 대한 견해를 의심하게 된다. 그래서 스푀리(Th. Spörri)는 "역사의 꿰뚫어 볼 수 없는 어둠"을 말한다.[32] 인류의 역사이든 개인의 역사이든 우리는 역사에서 하나님의 활동을 읽을 수는 있지만, 그렇게 읽어낸 하나님의 모습은 희미하고 불충분하다.

④ 마지막으로 우리는 자신의 삶이나 혹은 다른 사람의 삶에서 일어나는 **깊은 전율**을 말할 수 있다. 이러한 두려운 체험들은 항상 궁극적인 실체에 대해 묻게 한다. 여기서 말하는 것은 이름도 없고, 목적도 없는 어떤 막연한 그리움이거나 혹은 결코 극복할 수 없는 실존의 두려움에 관한 체험들이다. 이것들은 궁극적인 성취나 감추어짐에 대해 묻게 한다. 무서운 고난을 겪거나 위협적인 무의미성이 엄습할 때에 궁극적인 실체에 대해 묻는 것은 단지 믿음의 사람들뿐만은 아니다. 하나님에 대해 전혀 묻지도 않으며, 더 나아가 하나님을 거부하고 결코 알아본 적도 없는 사람들도 삶에서 그러한 상황에 처하게 되면, 체험적인 현실을 넘어서는 물음들을 묻게 된다. 그러한 깊은 전율은 지금까지 우리가 이미 언급한 바 있는 체험들과 연관이 될 수 있다. 그러한 전율의 체험들은 결코 피할 수 없는 새로운 차원의 인식과 통찰을 가져온다. 물론

---

31) 바로 여기에 칸트의 소위 "도덕적 하나님 증명"이 근거되어 있다. 이 하나님 증명은 그의 실천이성비판에서는 "실천적 이성의 가설"이다(10권으로 된 칸트 전집, W. Weischedel편, VI, 254-263).
32) Th. Spörri, Der Mensch und die frohe Botschaft, II, 59.

여기서 하나님에 대한 긍정적인 인식이 생겨, 사람들이 그들의 하소연과 분노, 혹은 간구를 하나님께 드리는 것은 아니다. 여기에는 오로지 물음만이 남는다. 이는 다른 사람들이나 이 세상의 어떤 기관에게는 제기할 수 없는 물음이다. 사람뿐만 아니라 세상 모든 것도 자신들의 삶의 깊은 위협과 개인적인 곤경에 빠져 있기 때문에 도움을 베풀 수 없는 존재들일 뿐이다. 그러므로 그렇게 남아 있는 물음은 오직 하나님을 향한 것이다.

(2) 타종교들에서도 하나님을 알 수 있는가?

타종교들도 하나님을 드러내는 계시의 매체가 될 수 있는가? 역자의 생각으로는, 이는 다원 종교들 속에서 살아야 하는 한국의 기독교인들에게는 피할 수 없는 심각한 물음이 아닐 수 없다. 현실적으로도 너무나 민감한 물음이다.

종교학적 연구는 오랫동안 종교의 기원에 관한 설득력 있는 이론을 찾아왔지만 아직은 확실한 대답이 어려워 보인다. 단지 이 지구상에 인간의 흔적이 있던 그 때부터 종교의 흔적도 함께 있어 왔다는 것을 확인하는 정도다. 그러나 구체적으로 어떤 체험이나 관찰들 때문에 인간이 초인간적인 세력이나 신성을 숭배하게 되었는지에 대해서는 오늘날까지도 확실하게 알 수 없다. 이러한 물음이나 체험들은 모든 시대의 사람들이 그들의 세상 체험의 한계 너머를 보게 했던 체험들과 별반 다르지 않을 것이다. 인간은 특별한 행운을 체험할 때면 자긍심을 느끼고, 그러한 체험이 어디서 오는지 그 근원에 대해 생각하며, 삶의 궁핍과 고통에 처했을 때는 슬퍼하며, 그러한 고통을 극복하기 위한 힘에 대해 묻는다. 초세상적인 어떤 것과의 만남은 열광적이면서도 동시에 두려운 것으로 보였다. 이러한 만남에 대한 무서움은 종교적 예배의 다양한 형태로 발전하였다. 종교를 어떤 식으로 구분하든지, 종교는 '인간 삶의 원래적인 표현'으로 보일 수 있다는 공통점이 있다.

그러나 성서를 기록한 사람들은 자신들이 오직 유일하며 참된 하나님 신앙을 가지고 있으면서, 다른 신들을 섬기는 주변세계에 살고 있다고 생각한다. 이러한 주변 종교들은 성서의 기자들, 예언자들, 사도들에게 부정적인 영향력을 발휘했을 뿐만 아니라, 상당수의 성서 본문에 긍정적인 영향을 끼치기도 했다. 예를 들어 창세기 1-2장에 있는 세상 창조에 관한 기사는 창세기의 기록보다 더 오래된 창조 이야기로부터 주제와 표현을 빌려 왔음이 이미 밝혀졌다. 성서의 지혜문헌들은 고대 이집트의 풍부한 지식을 개작한 것이며, 신약성서에도 예를 들어 '가정규범(골 3:18-4:1; 엡 5:22-6:9)'은 헬라주의 유대교를 거쳐 스토아 철학의 생활 규칙을 받아들인 것이다.[33] 그렇다고 성서 기자들이 무작정 이러한 이방 종교들의 자료들을 받아들인 것은 아니다. 창조기사 자체가 그것을 보여 준다. 창조기사는 다른 종교들에서 발견한 주제들을 수정하기도, 혹은 부정하기도 한다.

이스라엘의 예언자들과 초대교회의 복음 선포자들은 이방신을 믿는 신앙을 격렬하게 비난했다. 그 중에서도 이사야 40-41장에서 가장 격렬한 비난을 읽을 수 있다.

> 그런즉 너희가 하나님을 누구와 같다 하겠으며 무슨 형상에 비기겠느냐. 우상은 장인이 부어 만들었고 장색이 금으로 입혔고 또 위하여 은사슬을 만든 것이니라. 궁핍하여 이런 것을 드리지 못하는 자는 썩지 않는 나무를 택하고 공교한 장인을 구하여 우상을 만들어서 흔들리지 않도록 세우느니라.(사 40:18-20; 41:6-7)

이스라엘이 믿는 하나님은 이러한 흔들리는 우상들과 근본적으로 다르다.

> 두려워 말라. 내가 너와 함께함이니라. 놀라지 말라. 나는 네 하나님이 됨이니라. 내가 너를 굳세게 하리라. 참으로 너를 도와주리라. 참으로 나의 의로운 오른손으로 너를 붙들리라.(사 41:10)

십계명의 첫 번째 계명도 다른 종교들에도 하나님이 현존하신다는 점을 거부할 수밖에 없게 만드는 것처럼 보인다. 제1계명은 일단 *이스라엘에게는* 다른 신들이 있어서는 안 된다는 점을 말하고 있다. 이러한 확신은 이미 구약성서에서 계시의 역사가 진행되는 동안 점점 일반적으로 굳어져 갔다. 제2이사야가 이 점을 아주 분명하게 말했다.

> 나 여호와가 말하노라. 너희는 나의 증인, 나의 종으로 택함을 입었

---

[33] 이에 대해서는 조경철, 「설교자를 위한 에베소서 주석」, 389-406 참조.

나니, 이는 너희로 나를 알고 믿으며 내가 그인 줄 깨닫게 하려 함이라. 나의 전에 지음을 받은 신이 없었느니라. 나의 후에도 없으리라.(사 43:10) [34]

이방 민족들의 신들은 사람의 손으로 만든 '우상'이고 형상에 불과하다. 그러므로 그것들은 힘이 없다. 이러한 논쟁적인 생각은 초기 유대교와 신약성서에 의해서도 수용되고 발전되었다. 바울은 이 논쟁을 새로운 차원으로 전개시켰다. 그는 로마서 1:19-23에서 창조주 대신에 피조물을 섬기고, 그럼으로써 궁극적으로는 인간 자신의 능력과 영광을 신격화하는 우상 숭배를 '이방인들'의 근본적인 죄라고 말한다.

그렇다면 기독교 이외의 다른 종교는 모두가 우상 숭배에 불과하고, 그러므로 오로지 타파되어야 할 대상인가? 현대인들은 이에 대한 새로운 문제들을 제기하며, 다른 종교들의 자기 해석을 존중하여 귀 기울여 듣고자 한다. 그럼으로써 많은 점에서 과거와는 다르게 상당히 깊이 있는 종교적 통찰력을 얻게 되었다. 게다가 현대인들은 이슬람교라는 성서 이후에 생겨난 또 다른 유일신교를 알게 되었다. 이슬람교는 많은 점에서 유대교나 기독교보다 제1계명과 2계명을 훨씬 엄격하게 지킨다. 다른 종교인들은 각기 자기들이 믿는 신을 다르게 생각할지라도 결국은 모든 종교가 동일한 하나님을 섬기는 것이 아닐까? 성서적으로 말해 하나님은 오직 유대인과 기독교인의 하나님뿐인가? 하나님은 모슬렘, 힌두교, 불교나 그 밖에 다른 어떤 식으로 신을 알고자 하는 종교들의 하나님도 되시지 않을까? 이런 질문들은 현대에 들어 제기된 것들이다. 여기에 대해 기독교는 하나의 일관되고 확실한 견해가 있는 것은 아니다. 기독교 안에서도 다양한 목소리들이 들려온다.

그러나 원칙적으로 말해, 하나님은 어느 특정 부류의 사람들만의 하나님은 아니다. 하나님은 천지만물을 창조하셨고, 인류를 만드셨다. 하나님은 기독교인들만의 하나님은 아니다. '이방인들', 다시 말해 모든 사람의 하나님이시며, 다른 종교들의 신봉자들뿐만 아니라 심지어는 무신론자들의 하나님도 되

---

[34] H. Wildberger, Der Monotheismus Deuterojesajas. In: ders., Jahwe und sein Volk, ThB 66, 1979, 249-273을 참조.

시며, 그러므로 종교를 가지고 있느냐의 여부와는 상관없이 모든 사람의 하나님이시다. 그러므로 우리가 유대교나 기독교 등 성서에 나오는 종교 이외의 다른 종교를 평가할 때, 너무 성급하게 하나님을 들먹이는 것은 바람직하지 않다.[35]

그러나 우리는 물어야 한다. 인간이 자기가 믿는 종교 안에서 행하고, 믿고, 기도하는 그 모든 것(종교성)이 우리가 믿는 예수 그리스도의 하나님과는 어떤 관계가 있는가? 이런 점에서 사도행전에 나오는 바울의 아레오바고 연설을 주목할 필요가 있다(행 17:22-31). 바울은 연설에서 우상의 형상들에게 예배하는 것을 비판하면서도, 같은 맥락에서 희랍인들의 종교성에 대한 긍정적인 언급을 한다. 아레오바고의 제단에 있는 "알지 못하는 신에게"라고 쓰인 비문을 바울은 보았다. 이 비문에서 바울은 모든 인간이 진정한 신을 추구하고자 하는 종교성을 보았다. 이러한 신에 대한 지식과 그러한 지식의 추구는 희랍종교의 다신론적인 모습에도 남아 있다. 사도행전의 바울은 이 대목에서 스토아 철인이며 시인인 아라트(Arat)의 말을 인용한다. "우리는 그의 후손이다."[36] 이 표현을 긍정적으로 인용했다는 것은 바울이 성서의 하나님과 희랍인들의 제우스를 동일시했다는 의미가 아니다. 긍정적인 인용을 통해 바울은 희랍인들의 신에 대한 특정한 형태의 사고가 참되고 실재적인 하나님에 관하여 어느 정도 예측하고 있음을 말한다. 이는 희랍인들의 종교성을 단순히 인정하는 것이 아니다. 그들의 종교 형태에 대해 바울은 여전히 날카로운 비판을 가한다. 이방 종교의 형태는 부당한 것이지만, 신을 알고자 하고 예배하고자 하는 종교성 자체에 대해서는 긍정적으로 평가한다. 그리고 바로 이런 긍정적인 종교성과 연결해 바울은 복음을 전하고, 예수 그리스도의 복음이야말로 그러한 이방인들의 관심에 가장 적절한 응답이라고 말한다.

모든 종교는 몇 가지 공통적인 특징들을 보여 준다. 모든 종교는, 초월적인 세상이 인간 세상으로 내려왔음을 믿는다. 초월적인 세상이 인간과 만남으로써 인간에게 복을 주기도 하고, 폐해를 주기도 하며, 인간이 그것을 인정하기도 하고, 혹은 거부하기도 한다. 특정한 장소나 대상(나무, 돌, 제의적 장소),

---

[35] U. Wilckens는 롬 3:29를 주석하면서 '종교 간의 대화'를 강조한 바 있다(Brief an die Römer, EKK VI/1, 1987, 251). 그는 이 구절의 의미를 "교회를 비기독교적인 세계와 구별해서 종교적으로 특권을 받는 무리로 이해하려는 교회의 일반적인 경향에 반대하는 것"으로 본다.
[36] 행 17:22-31에 대해서는 W. Klaiber, Ruf und Antwort. Biblische Grundlagen einer Theologie der Evangelisation, 1990, 100-102를 참조.

혹은 사람과 같은 세상적인 것이 신적인 계시를 받는다고 믿는다. 신과 인간 사이에는 항상 일정한 질서가 있다고 믿는다. 신은 우월해서 인간에게 은혜를 주거나 벌을 주는 역할을 하며, 반대로 인간은 그 신에게 의존하며, 각종 제의들을 통하여 예배를 드린다. 모든 종교는 신의 계시가 중립적인 정보를 제공하는 것 정도로 여기지 않고, 생명을 주는 사건으로 믿는다. 그러므로 계시 받음과 계시 받은 사람의 삶의 변화는 분리될 수 없다. 이로써 이러한 계시의 정당성에 대한 물음이 제기될 수밖에 없음은 분명하다. 이에 대해서는 나중에 다시 논의하게 될 것이다.

어쨌든 감리교회의 신학자이든 다른 교회의 신학자이든 대다수는 그러한 종교들에 관한 연구가 매우 의미 있는 일이라는 점에 대해서는 의견의 일치를 보고 있다. 물론 그 이전 수십 년 동안 적어도 유럽에서는 (그리고 역자의 견해로는, 지금의 한국교회 매우 넓은 영역에서는) 기독교적인 신앙의 토대에 있지 않은 어떤 종류의 종교적인 행위도 잘못된 것이고, 더 나아가서는 죄악된 것이라는 견해가 지배적이었다. 그러한 생각을 위해 19세기와 20세기의 종교 비판과 변증적 신학이 기이한 연합 전선을 형성하기도 했다. 그러나 오늘날에는 타종교를 일언지하에 거부하는 대신에 보다 개방적으로 보려는 시각이 상당히 자리를 잡게 되었다. 그 결과 종교를 절대자에 의한 무조건적인 붙잡힘(폴 틸리히)이라거나 혹은 인격-정체성, 그리고 예측할 수 없게 되어버린 세상의 전달로 이해하게 되었다. 이러한 견해를 좀더 자세히 살펴보기에 앞서 유대교적-기독교적인 전승으로부터 출발하지 않으면서 하나님을 아는 제3의 방식에 대해 살펴보자.

(3) 생각을 통해 하나님 알기

초월적인 존재와 만나는 체험은 다양한 형태의 종교적인 경배로만 나타나는 것이 아니라, 이미 매우 초기부터 인간의 사상을 형성해 왔다. 전체적인 인식의 세계나 표상의 세계를 이해하고 정리하고자 하는 이성이 하나님을 실재로 인식할 수 있느냐는 문제는 의심의 여지가 있다. 그러나 이성이 하나님에 대한 물음을 제기하고, 현실의 실재로부터 이 실재를 초월하는 실재에로 이르는 길을 가시적이고 반복 가능한 방식으로 걸어갔다는 것은 분명하다.

그러나 그리스도인들은 하나님의 실재에 대한 물음이 인간의 사상적인 물음이 아니라, 하나님의 자기 계시로 소급되는 문제라는 점을, 다시 말해 하나님에 대한 물음은 어떤 식으로든 하나님의 실재와 만남으로써 제기될 수 있으므로 이 만남 없이는 결코 제기될 수 없는 문제라는 점을 먼저 분명히 해야 한다. 그런 후에라야 그러한 이성의 길을 걸어갈 수 있을 것이다. 왜냐하면 우리는 예측할 수 없고, 생각할 수 없는 것에 관해서는 물을 수 없기 때문이다. 그러므로 신적인 실재에 관한 인간의 이성적인 사고는 그 신적인 실재의 활동을 이미 전제한다.

유럽의 고대 고전철학(플라톤, 아리스토텔레스 등)과 그보다 앞선 동양의 고등문화에서는 다신론적인 종교세계에도 불구하고 일관적인 신적 실재에 대한 신념이 점점 더 설득력을 얻어 갔다. 우리가 이미 앞에서 언급한 바와 같이, 사도 바울도 그러한 인식의 가능성을 철저히 인정했다. 그러므로 늦어도 중세기 이후 기독교 신학에서는 현실적인 실재의 인식과 분석을 통해 신적인 실재로 나아가고자 하는 다양한 방법들이 연구되었다. 대체로 신의 증명으로 표현되는 이러한 사고방식들은 오늘날까지도 논란이 되고 있다. 그에 관한 논쟁은 자연으로부터 신을 인식할 수 있다거나 그렇지 않다고 싸우는 자연과학자들만을 분열시킨 것이 아니라, 신학자들 사이에서도 뜨겁게 진행되고 있다.[37] 이 문제에 대해 가장 분명하게 입장을 표명한 것은 로마 가톨릭교회다. 제1차 바티칸 공의회(1870년)는 다음과 같은 교리를 말한 바 있다.

> 한 분이신 참된 하나님, 우리의 창조주와 주님을 창조된 세계를 통해 이성의 자연적인 빛으로써 확실하게 인식할 수 없다고 말하는 사람은 출교되어야 한다.[38]

이미 어거스틴(Augustin)은 다음과 같이 확신했다: 내적인 불안 가운데 있는 인간은 하나님 안에서 안식을 찾을 때까지 하나님을 추구하게 창조되었

---

[37] Q. Huonder, Die Gottesbeweise. Geschichte und Schicksal, Urban Bücher 106, 1968; R. Swinburne, Die Existenz Gottes, 1987(영어판은 1979); J. L. Mackie, Das Wunder des Theismus. Argumente für und gegen die Existenz Gottes, 1985(이 책은 Swinburne에 대한 반대 논리를 전개한다); J. Clayton, Gottesbeweise II/III, TRE 13, 1984, 724-784 등을 참조.
[38] J. Neuner-H. Roos, Der Glaube der Kirche in den Urkunden der Lehrverkündigung, Regensburg 1986¹², 45단락.

다.[39] 중세시대의 가장 대표적인 신학자인 아퀴나스(Thomas von Aquin, 1225-1274)도 이렇게 말했다.

> 인간은 본성적으로 하나님의 실재에 관한 다소 불특정한 생각을 가지고 태어날 수밖에 없다. 왜냐하면 모든 피조물과 마찬가지로 인간도 성취를 추구하기 때문이다. 인간적인 피조물로서의 참된 성취는 오직 하나님에 대한 완전한 지식 안에서만 이루어질 수 있다.[40]

인간에게는 하나님에 관한 잠정적인 생각이 있기 때문에 처음부터 목표를 향하여 나아갈 수 있다. 인간이 순수한 인식과 사고를 통해 감각적인 체험세계로부터 하나님의 실재를 말할 수 있는 여러 가지 방식을 아퀴나스는 그의 잘 알려진 "다섯 가지의 길"로 말한다.[41] 이 다섯 가지 모두가 아퀴나스가 처음으로 언급한 것은 아니지만, 그의 기록과 요약을 통해 역사적으로 큰 영향을 끼치게 되었다. 여기서 그것들을 간략히 언급해 보자.

이 다섯 가지 길 모두는 체험에서 시작하여 이 세상에서 관찰되는 사건이나 상태를 충분히 설명할 수 있는 마지막 원인을 찾아 나간다. 이 마지막 원인이 찾아진다면, 그것은 '하나님' 이라고 불려진다. 아퀴나스는 세상 모든 것의 운동이나 변화로부터 시작하여 그것을 일으키는 운동으로 소급해 가는데, 그 원인이 되는 운동은 다시 다른 운동의 원인이 된다. 이러한 소급은 끝없이 계속될 수는 없기 때문에 아퀴나스에 따르면, 어떤 다른 것에 의해서도 움직여지지 않은 제일 처음의 운동자가 있을 수밖에 없으며, 바로 이 처음 운동자가 하나님이다.

아퀴나스가 말하는 두 번째 길은, 우리의 세상에는 원인들의 질서가 있다는 사실로부터 출발한다. 이 원인들 중 어느 것도 자기 자신의 원인이 아니다. 이러한 원인들도 역시 무한정으로 소급될 수 없기 때문에, 처음의 원인이 상정될 수밖에 없다. 이 처음 원인을 사람들은 하나님이라고 부른다. 세 번째 길은 우연적인 것으로부터 필연적인 것으로 나아간다. 세상 내적인 것은 어느 것도 그 자체로는 필연적이지 않기 때문에, 자체로부터 필연성을 가지고 있

---

39) Augustinus, Confessiones I, 1.
40) W. Joest, Fundamentaltheologie, 1988³, 76(Thomas von Aquin, Summa Theologiae I, q², a1).
41) Summa Theologiae I, q², a3.

는 어떤 것이 있다고 생각할 수밖에 없다. 그것을 사람들은 하나님이라고 부른다. 네 번째 길은 모든 존재 속에서 찾게 되는 연속적인 단계로부터 출발한다. 다시 말해 어떤 것이 다른 것에 대해 상대적으로 상위에 있다는 전제로부터 출발해서 마지막 최고의 단계를 하나님이라고 부른다. 다섯 번째 길은 모든 자연의 목적 지향성으로부터 출발해서, 그로부터 목적은 우연에 의해서가 아니라 특정한 의도에 의해 이루어진다는 결론에 도달한다. 모든 자연적인 것을 목적 지향적으로 정돈하는 지적인 본질만이 그것을 이룰 수 있고, 이것을 하나님이라고 부른다. 이 모든 사고방식의 공통점은 연관성을 말함으로써 이성이 생각할 수 있는 범위에서 그 전제와 근원인 하나님을 찾고자 한다는 것이다. 아퀴나스 스스로도 이러한 사고방식들을 엄격한 의미에서 하나님 증명으로 이해한 것이 아니라, 오히려 그것들과 이성적인 하나님 인식을 신앙의 전제로 보았다.

켄터베리의 안셀름(Anselm von Canterbury, 1033/34-1109)은 이와 비슷하지만 기도의 형식으로 '하나님 증명'에 관해 말했다. 안셀름이 말한 하나님 증명은 아마도 가장 유명한 것으로 오늘날까지도 철학자들과 신학자들 사이에서 가장 흔하게 논의되고 있는데, 소위 존재론적인 하나님 증명이다. 물론 안셀름은 엄격한 의미에서 이것을 하나님의 실존 증명으로 생각하지는 않았다.[42] 안셀름의 사고 과정은 다음과 같이 간략히 설명할 수 있다: 하나님은 그 이상 더 큰 어떤 것이 생각될 수 없는 바로 그것이다. 만일 내가 이 개념을 생각할 수 있다면, 그 개념은 더 이상 생각 속에만 존재하지 않는다. 그렇지 않다면 그보다 더 큰 어떤 것이, 다시 말해 생각뿐만 아니라 실재로도 존재하는 가장 큰 것이 생각될 수 있을 것이기 때문이다. 그러므로 하나님은 다른 어떤 것에 의해서도 능가될 수 없는, 생각뿐만 아니라 실재의 현실로 받아들여지는 바로 그 실재일 수밖에 없다. 이러한 하나님 증명은 이미 안셀름 생전에도 비판을 받았으며 철학사와 신학사에서도 날카로운 지적을 받아 왔지만, 동시에 많은 동조자를 얻기도 했으며 근래에 들어서도 적극적인 동조가 이어지고 있다.[43]

종교개혁적인 신학에서는 일반적인 하나님 인식의 가능성이 부정되지는

---

42) Anselm von Canterbury, Proslogion; in: Opera omnia I, 1938, 89-139.
43) 예를 들어 K. Barth, Fides quaerens intellectum. Anselms Beweis der Existenz Gottes im Zusammenhang eines theologischen Programs, 1931(GA Abt. II 13); H. G. Hubbeling, Einführung in die Religionsphilosophie, Göttingen 1981, 78-87. Hubbeling의 결론은 이렇다: "존재론적인 하나님 증명은 매우 큰 설득력이 있기는 하지만, 그렇다고 절대적인 확신을 주는 것은 아니다."

않았지만 크게 후퇴되었다. 루터에 따르면, 인간에게는 창조주에 의해 하나님의 존재, 그의 전능하심과 자비하심 및 그의 계명들에 관한 어떤 지식이 주어졌다.[44] 존 웨슬리는 인간에게 있던 하나님의 형상이 죄로 인해 파괴되었음을 확신했음에도, 인간은 그 능력 범위 안에서 이성을 사용할 수 있으며, 그래서 하나님에 관해 어느 정도 알 수 있다고 단언했다.

> 이성을 포기하는 것은 종교를 포기하는 것이다. 종교와 이성은 손을 맞잡고 함께 간다. 모든 비이성적인 종교는 잘못된 종교다.[45]

이처럼 그리스도인의 신앙과 삶에서 이성의 의미를 매우 높이 평가했던 웨슬리는 원죄에 관한 그의 설교에서[46] 다음과 같이 강조한다. 우리는 "가시적인 것으로부터 불가시적인 영원한, 그리고 권능 있는 본질이 있음"을 알며 하나님이 계심을 안다; 그러나 그로써 우리가 하나님을 실재로 아는 것은 아니다.[47] 우리가 성서적인 계시를 통해 알고 있는 하나님의 본질을 생각을 통해 알지 못한다 할지라도, 우리가 확신할 수 있는 것은 우리 존재의 근원이요 토대이며 목적인 하나님에 대한 물음은 이미 생각을 통해 제기되었으며 또 제기될 수 있다는 것이다; 소위 하나님 증명들이 보여 주는 것은, "모든 존재들의 근원이요 목적인 한 분 하나님을 믿는 것이 결코 비이성적이거나 어리석은 것이 아니라는 점이며"[48] 또 참된 하나님 인식은 비록 초이성적이기는 하지만 그렇다고 반이성적은 아니라는 점이다.

이로써 우리는 이 문제 전반에 대해 잠정적인 생각을 피력하였다. 물론 근본적인 물음은 아직 남아 있다. 우리는 자연적인 하나님 인식에서 무엇을 기대할 수 있는가? 자연적 하나님 인식은 무엇을 할 수 있고, 또 할 수 없는가? 어디에 그 한계점이 있는가?

---

44) "모든 창조세계는 가장 아름다운 책이거나 성서다. 그 속에는 하나님이 기록되어 있으며 그려져 있다 (WA 48, 201, 5-6)." 그러나 루터는 다음과 같은 비판적인 말도 했다: "모든 피조물은 하나님의 얼굴이요 외모다. 그러나 하나님과 그 외모를 구별하는 지혜가 필요하다. 세상은 이 지혜를 가지고 있지 못하다. 그러므로 세상은 하나님을 그 외모와 구별할 수 없다"(1531년 갈라디아서 해석, H. Kleinknecht편, 1980, 70 = WA 40, I, 174, 13-15).
45) 루터포드 박사(Dr. Rutherford)에게 보낸 서신에서 웨슬리는 그렇게 말했다(Telford편, Letters, V, 364).
46) 설교 44("원죄").
47) 설교 44("원죄"), II, 3.
48) Th. Spörri, Der Mensch und die frohe Botschaft, II, 60.

(4) 자연적인 하나님 인식의 진리와 의미

하나님에 대해 묻는 것은 인간적인 삶의 특징으로서, 창조주와 그의 동일 형상으로 피조 된 인간이 존재적으로 결합되어 있다는 표시다.[49] 피조 된 존재는 스스로 창조주를 향하여 눈을 돌린다. 예배와 기도, 경건한 행위와 하나님을 향한 물음 등에서 그러한 존재적 결합성은 매우 다양하게 표출된다. 하나님은 창조세계를 결코 한순간이라도 외면하지 않고 지키신다. 창조세계의 어디에나 계시는 이러한 하나님의 현존이 인간의 종교적인 삶을 가능하게 하는 조건이다. 때로는 혼란스러울 정도로 다양한 종교들은 인간 속에 깊이 뿌리내리고 있는 하나님을 향한 질문이며, 인간 삶의 대상에 대한 물음이며, 모든 존재의 의미와 근거에 대한 물음이다. 그러나 인간 삶의 불확실성에 관해, 그리고 자연과 우주의 기원과 질서에 관해 생각할 때, 그러한 질문은 비종교적인 형태로 제기되기도 한다.

이로부터 우리는 몇 가지 신학적인 결론을 이끌어 낼 수 있다:

① 하나님을 믿는 신앙은 하나님의 자기 계시에 의해 가능하다. 하나님 신앙의 기원은 하나님의 행동에 있으며, 그에 대한 인간의 진지한 응답으로 나타난다. 하나님에 관한 가장 작은 생각이라도, 그것이 인간의 자기 소원이나 꿈의 투영이 아니라면, 하나님이 그 생각을 인간의 마음에 허락하지 않는다면 가능하지 않다는 것을 신앙은 안다. 그러므로 신앙의 과제는 종교들을 참된 종교와 거짓된 종교로 나누는 것이 아니라, 진실과 거짓을 구분하는 것이다. 이런 구분은 기독교를 포함한 모든 종교에 해당된다. 역사적인 실체로서의 기독교 교회도 하나님 지식을 파괴하고, 그리스도인이 하나님의 뜻에 따라 살지 못하게 방해하는 죄의 영향을 벗어나지 못한다.

하나님의 실재에 관한 서로 모순되는, 그리고 배타적인 견해들이 존재하는 한, 종교적인 다원주의를 받아들인다고 할지라도, 진리에 대한 물음은 여전히 제기되어야 한다.[50] 신앙의 영역에서도 서로 대립적인 모순은 해결되어야 한다. 대립적인 진술들은 동일한 방식으로 참될 수 없기 때문이다. 그렇다면 우리는 어떻게 정당한 판단에 이를 수 있을까? 이 질문은 상이한 종교들과 하

---

49) J. Schempp는 그의 교의학(Dogmatik, 38)에서 인간에게 태생적으로 주어진 '종교적 성향'에 관해 말한다: "인간의 종교적 성향 안에서 우리는 하나님과 인간을 결합시키는 내적인 혈연관계를 확인한다. 종교는 하나님의 근원적인 본질계시이지만, 동시에 인간의 영적 삶의 근본적인 한 부분이기도 하다." 그러나 이 문제의 '종교적 성향'이라는 생각은 오늘날 더 이상 설득력이 없다.

50) '다원주의 논쟁'에 대해서는 P. F. Knitter, Ein Gott - viele Religionen, 1988; R. Bernhardt, Der

나님에 관한 다양한 이해들이 존재하기 때문만이 아니라, 그리스도인들은 다원 종교적이고 세속적인 사회에서 살면서 증언해야 할 의무와 더불어 설명해야 할 의무도 있기 때문에 제기되는 것이다.

지금까지 우리가 언급한 생각이 옳다면, 우리는 기독교 신앙과 다른 유형의 하나님 인식이 절대적인 대립관계에 있다는 생각으로부터 출발할 필요는 없을 것이다. 오히려 우리의 논의는 참된 하나님 인식이 있는 곳에서, 그 인식은 오직 하나님이 그의 창조세계와 (혹은) 인간에게 자기 자신을 드러내심으로써만 가능했다는 점으로부터 출발해야 한다. 하나님의 계시는 하나님 자신으로부터 시작된 사건이다. 이 하나님의 사건은 비록 인간에 의해 수용될 수는 있지만, 사람이 마음대로 할 수 있는 것은 아니다. 우리는 하나님께서 유대적인-기독교적인 전통 이외의 다른 장소, 다른 시간, 다른 사람들에게도 자기를 드러내 보이셨음을 부정할 수 없다; 그것은 위에서 논의한 내용에서도 확인할 수 있으며, 더 나아가 기독교 밖에 있는, 기독교와 상관없는 곳에서도 하나님과 세상에 관한 기독교적인 가르침과 일치되는 언급들을 찾을 수 있다는 사실에서도 확인된다.[51)]

② 그러므로 철학적이고 종교적인 하나님 인식과 기독교적인 하나님 인식 사이에는 결코 무시할 수 없는 형식적인, 그리고 내용적인 병행 진술들이 있다. 절대다수가 이슬람교도이고, 힌두교도이며, 혹은 불교도인 나라에서 소수 종교인으로 사는 그리스도인들은 절대적인 기독교 전통에서 사는 유럽인들에게 다른 종교들에도 진리의 요인이 있음을 알게 해 주었다. 반대로 많은 지역의, 그리고 여러 시대의 기독교 교회나 단체들에서 찾아볼 수 있는 하나님 이해가 복음을 통해 우리에게 알려진 하나님 이해와 일치되지 않을 수도 있음을 우리는 부정할 수 없다. 다른 종교인들에게 해당되는 시금석은 바로 우리 자신에게도 해당되어야 한다.

성서적인 하나님 계시의 근거에서 볼 때, 이 시금석은 오직 예수 그리스도 하나뿐이다. 모든 사람이 차별 없이 하나님과 교제하게 부름 받았기 때문에,

---

Absolutheitsanspruch des Christentums. Von der Aufklärung bis zur pluralistischen Religionstheologie, 1990을 참조. 그 외에도 EvTh 49, 1989(Heft 6, 491ff.)에 있는 "종교들 간의 대화"에 관한 문헌을 참조. 세계교회협의회(WCC)의 대화 논쟁에 대해서는 S. J. Samartha, Courage for Dialogue. Ecumenical Issues in Inter-Religious Relationships, 1981을 참조. 이 문제에 대한 웨슬리의 입장에 대해서는 설교 114("하나님의 섭리에 대하여"), 16; 설교 106("사랑에 대하여"), I, 3 등을 참조.
51) 행 17:28을 참조.

모든 사람을 조건 없이 초대하는 하나님의 복된 나라에 관한 예수 그리스도의 메시지는 진리와 효능을 주장하는 모든 종교적인 진술들, 입장들, 실천들을 평가하는 척도가 된다. 이 척도는 한편으로는 분명하고 확실하지만, 다른 한편으로는 구체적인 경우에 적용한다는 것이 결코 쉽지 않다; 이를 위해서는 정확히 듣고 분별해야 한다. 그래야 문화적이거나 사회적, 혹은 다른 특징들을 그리스도의 복음과 동일시하는 잘못을 범하지 않을 것이다.

이는 이미 기독교적인 메시지에 해당한다. 기독교의 메시지는 그것이 선포되는 곳이면 어디에서나 구체적인 −다시 말해 받아들이는 사람 각각이 이해할 수 있는− 메시지가 된다. 사람들은 복음을 듣고 똑같이 이해하지 않고, 그들 각자의 이해력에 따라 듣는다. 다양한 기독교 유형들의 진리에 대해 묻고, 또 교리, 제의, 혹은 실천을 통해 변조되는 해석의 한계를 묻고자 할 때, 우리는 항상 기독교 신앙의 이러한 '문화화(Inkulturation)'를 고려하지 않으면 안 된다.

우리는 기독교적인 전통 밖에서 만나게 되는 하나님에 관한 진술에 대해서도 비슷한 과제를 갖게 된다. 물론 이는 매우 어려운 것이다. 여기서 일단 우리는 우리의 하나님 관계와 관련이 없는 진술들은 제외시킬 수 있다. 다시 말해 세상 그 자체나 세상의 역사, 세상의 법칙성, 혹은 그 비슷한 것에 대한 판단은 진리일 수도 있고 아닐 수도 있다 − 그에 대해서는 복음의 척도로 판단할 수 없다. 종교적 진술들의 내용이 예수 그리스도 안에 있는 하나님의 자기계시와 일치될 수 없는 곳, 하나님이 우리가 예수 그리스도의 선포, 삶, 고난, 죽음 및 부활을 통해 알게 되는 하나님과 다른 하나님으로 소개되고, 믿어지고, 숭배되는 곳에서 우리는 단호한 한계선을 그어야 한다.

그러나 그것이 −이미 앞에서 언급한 대로− 기독교 밖에는 하나님에 관한 참된 인식이나 언급이 없으며, 그러므로 바른 하나님 경배도 없다는 것을 뜻하는 것은 아니다. 또한 그리스도인들만이 하나님의 실재에 관해 참된 것을 말할 수 있다거나 다른 사람들의 영원한 운명에 관해 판단할 수 있다는 것을 뜻하지도 않는다. 다만 예수 그리스도 안에서 나타난 진리에 어긋나는 것을 진리로 인정할 수 없다는 것을 뜻한다. 그러므로 선교와 대화는 배제되어서는 안 될 뿐만 아니라, 오히려 시급히 요청된다. 사람을 구원의 복음과 만나게 인도하는 것이 선교라면, 하나님이 위탁해 주신 이 땅에서 서로 다른 종교적

인 신앙으로 살아가는 사람들이 함께 어울려 살게 도와주는 것이 대화다.[52]

③ 그렇지만 이 문제의 또 다른 측면을 더 고려해야 한다. 종교적인 실천은 언제나 죄로 물들어 있으며, 또 죄로 인해 위협받고 있다. 인간의 인간됨 속에는 하나님을 아는 지식을 교만과 욕심, 불신앙으로 변질시키는 철저한 악이 활동하고 있다. 성서의 첫 부분(창 3장 이하)이 그것을 말하며, 교회와 종교들의 역사적 체험 또한 그것을 확인해 준다. '자연적인 종교'와 비기독교적인 종교라는 이유 때문에 그들이 하나님과 선을 알지 못하는 것은 아니다. 그러나 그들은 그들의 생각이나 실천에서 여러 가지로 오류를 범하게 되며, 또 그들에게 주어진 것을 악용한다.

이 점을 안다는 것은 그리스도인들도 오류를 범할 수 있고, 또 기독교적인 요청과 실재를 혼동할 위험에 처해 있음을 깨달으라는 경고이기도 하다. 바울은 로마서 1:18-31에서 그의 시대의 이방적인 종교성과 도덕성을 날카롭게 비판한다. 그러나 곧이어 2장에서는 '성서적인 종교'의 대표자들이라고 할 수 있는 유대인들을 향하여 무서운 비난을 퍼부으면서, 서로 다른 잣대로 평가하지 말며 하나님과 하나님의 뜻을 알고 있다는 사실로 스스로 특권을 가지고 태어났다고 착각하지 말라고 경고한다. 물론 그가 여기서 비판하는 사람들은 유대인들이다. 그러나 그의 경고는 승리에 도취되어 절대적 독선을 내세우는 기독교에게도 해당된다는 사실을 잊어서는 안 된다. 바울은 오히려 우리 모두가 하나님의 은혜로만 살 수 있으며, 모든 것이 그 은혜를 힘입고 있음을 분명히 알아야 한다고 경고한다.[53]

웨슬리는 로마서 2:14-15의 말씀에서 하나님이 다른 종교를 믿는 사람들을 받아들일 것인지에 대해 내릴 궁극적인 판단을 우리가 내려서는 안 된다는 경고를 읽을 수 있었다. 반면에 그는 예수 그리스도 안에 계시는 하나님을 구세주와 주님으로 선포하는 것이 우리의 사명임을 분명히 했다.[54]

---

[52] 바로 이것이 세계교회협의회(WCC)가 대화의 주제에 대해 표명한 공식적인 입장이다; Mission und Evangelium. Eine ökumenische Erklärung, 1982, 25-26; J. Wietzke(Hg.), Dein Wille geschehe. Mission in der Nachfolge Jesu Christi, Darstellung und Dokumentation der X. Weltmissionskonferenz in San Antonio 1989, 141-144; Im Zeichen des Heiligen Geistes. Bericht aus Canberra 1991, 104-109 등을 참조.

[53] 롬 11:17-34에서 바울은 그와 비슷하게 이방 그리스도인들에게는 유대인들에 대해 교만해서는 안 된다고 경고한다.

[54] 이에 대해서는 설교 96("복음의 보편적 전파"), 22를 참조. 여기서 웨슬리는 선교를 막는 최대의 방해물이 제거되기를 바란다. 다시 말해 그리스도인들이 이방인의 마음에 새겨진 잣대를 자신들의 행동을 위해 충분한 것으로 만족하지 않기를 희망한다.

우리 인식의 불완전성 때문에 생겨나는 오류들과 우리에게 주어진 가능성들을 악용하게, 그리고 그로 인해 교만해지게 유혹하는 죄가 우리의 신앙을 파괴하지 못하게 하기 위해, 또 그런 오류와 죄가 예수를 따르는 삶을 방해하지 않게 하기 위해, 우리에게는 신앙인들과의 교제가 필요하다. 이 교제 속에서 우리는 그리스도 안에 머물수 있게 서로 도움을 줄 수 있다. 그러나 이러한 교제를 위해서는 우리를 명료하게 진리로 인도하는 성령의 능력이 필요하다. 예수 그리스도의 영이 지배하는 교제의 특징은 다른 생각을 가진 사람들에 대해 겁을 먹고 울타리를 치는 것이 아니며, 또 흥분해서 자기를 방어하는 것도 아니다. 오히려 내적인 자유와 포근함, 다른 사람들을 향한 애정과 그들의 관심사에 귀를 기울여 듣는 개방성 등이 이러한 교제에서 찾을 수 있는 특징이다. 이 안에서 내려질 수 있는 긍정이나 부정은 사람에 대한 것이 아니라, 단지 복음과 일치될 수 없는 견해나 판단, 행동에 대한 것일 뿐이다. 그러한 긍정과 부정은 다른 견해를 가진 사람들을 그리스도 신앙으로, 그리고 그 신앙 안에서 선물되는 구원으로 초대해야 한다. 종교적인 광신주의는 진정한 기독교 신앙과는 결코 일치될 수 없다.

한 가지를 더 생각해 보자. 비록 하나님께서 자신을 우리에게 계시하신다고 하더라도 하나님의 실재는 어디까지나 우리가 이해할 수 없는 비밀로 남는다. 하나님의 실재의 비밀은 풀릴 수 있는, 언젠가 단번에 풀릴 수 있을 수수께끼가 아니다. 하나님께서 우리에게 자신을 열어 보이셨으며, 그래서 그의 본질을 알 수 있게 하셨다고 하더라도, 이해할 수 없는 것, 즉 영원하신 분이 우리를 사랑하시고 자신과 사귐을 갖게 하셨다는 사실이 더 이해될 수 있게 된 것은 아니다. 철저히 하나님을 신뢰하는 신앙은 하나님과 만남으로써 생겨난다. 이러한 만남에서 하나님 인식의 불확실성이 해소되며, 역사의 과정에서 깨달아질 수 있을 하나님 인식이 갖는 의문점이 복음의 빛을 통해 극복된다. 하나님과의 만남에서 의미를 찾아 가는 시도는 확실한 방향을 얻게 된다. 인간이 하나님에 관해 무엇을 어디에서 알게 되든지 구원의 복된 교제는 오직 하나님을 향한 신뢰 안에서만 가능하며, 또 전적으로 하나님에 의해서만 주어질 수 있다. 우리가 그리스도 안에서 듣게 되는 하나님의 말씀이 그것을 말한다.

④ 끝으로 제기되는 물음은, 성서 이외의 다른 근원에서 생겨난 종교적이

고 세계관적인 표상들이 얼마나 기독교적인 선포와 연결될 수 있겠느냐 하는 것이다. 1930년대에 바로 이 문제를 둘러싼 논쟁이 불붙었다. 어느 시대에나 선교를 해야 하는 상황에서는 기독교의 메시지를 전해 주고자 하는 대상자들에게 접근해 가기 위한 어떤 연결점을 찾기 마련이다. 이는 기독교가 퍼져가기 시작했던 제1세기에도 그랬고, 오늘날도 마찬가지다. 성서를 많은 언어로 번역하고 사람들의 문화세계로 가져가며, 또 각 시대의 사고 모형이나 세계관들과 철학적-신학적 논쟁을 벌일 때에도 마찬가지다. 사람들을 향한 선포는 자기만의 언어로 전달되어서는 안 되고, 또 그럴 수도 없다.

선포가 사람들에게 이해되기 위해서는 그들이 이해할 수 있는 말로 전달되어야 한다. 언어는 그것을 사용하는 사람들이 살아가는 표상세계와 분리될 수 없다. 그럼에도 하나님에 관한, 하나님에 대한 인간과 세상의 관계에 관한 구체적인 표상들을 받아들여서 그것들을 검증하고 수정하는 것이 별로 중요하게 보이지 않는 것 같다. 오히려 더 중요한 것은 이러한 표상들 속에서 어떤 기대나 희망, 체험이나 동경이 인식될 수 있느냐에 대해 묻는 것이다. 그래서 이 물음에 대한 답을 복음에서 찾는 것이다. 그리스도인들은 사람들을 가르치는 종교적인 교리 선생이 아니라, 그들에게 새로운 생명에 이르는 길을 보여 주어야 하는, 그리스도에게 이르는 길을 보여 주어야 하는 그리스도의 사자들이다. 그리스도 안에서 그리스도인들 스스로도 영원한 생명을 찾았다.

⑤ 이로써 우리는 자연적인 신학의 의미에 대한 원칙적인 물음에 부분적인 답을 내렸을 뿐이다. 성서 전통과는 상관없이 인간이 하나님에 관해 말하고 행동하는 것들 모두를 인정하지는 못한다고 할지라도, 그것들을 진지하게 받아들여야 하며 일언지하에 거절해서는 안 된다.

그러나 이로써 기독교적인 신앙론의 한 독자적 분야인 '자연신학'에 관해 어떠한 평가도 내려진 것은 아니다. 자연신학에서 우리는 구원과 은혜의 메시지를 선포하기 위한 토대와 전제를 발견할 수 있다. 왜냐하면 자연신학은 성서적인 계시와는 상관없이 모든 인간에게 접근 가능한 '원계시'와 연결되기 때문이다. 토마스 아퀴나스는 자연신학이 가톨릭의 교리학에 대해 갖는 의미를 "은혜는 자연을 해소시키는 것이 아니라 완성한다."는 말로 표현했다. 그래서 가톨릭 교리학에서 자연신학은 오늘날까지도 여전히 하나의 표준이다.[55]

---

55) Summa Theologiae I, q1, a8, ad2 : "gratia non tollit naturam, sed perficit."

성서 신학자들이었던 루터와 칼빈은 그러한 일반적인 계시의 의미를 명백하게 거부했다. 반면에 멜랑히톤 이래로 종교개혁 이후의 신학은 일반 계시의 의미를 다시 조심스럽게 긍정하였다. 초기 칼 바르트는 자연신학을 단호하게 거부하였으나, 폴 알트하우스(Paul Althaus)나 에밀 부룬너(Emil Brunner)와 같은 신학자들은 하나님에 대해 어느 정도 알 수 있는 인간의 가능성에 관해 긍정적으로 생각했다.[56] 웨슬리의 말에도 이러한 긴장은 반영되었다. 이미 앞에서 보았듯이, 웨슬리는 우리가 이성을 통해 하나님의 존재를 추측할 수는 있으나 실제로 알지는 못한다고 했다.[57] 그는 어떤 곳에서는 이방인들도 하나님의 존재와 본질을 알며, 또 선과 악을 구분할 수 있음을 전제하면서도, 다른 곳에서는 하나님에 관한 우리의 지식이 얼마나 보잘것없는 것인지를 강조한다.[58] 또한 이성이 하나님을 입증할 수 없으며, 참된 종교는 오직 성서 말씀에 의지하여 세워질 수 있다고 확신했다.[59]

그는 에베소서 2:12에 의거해서 다음과 같은 매우 날카로운 말을 하기도 했다: "우리 모두는 본성적으로는 세상에서 무신론자다."[60]

19세기의 감리교회 조직신학자들은 웨슬리의 이러한 노선에 충실했다. 그들은 타종교들이나 자연 관찰, 혹은 철학적인 사고를 통해 하나님을 알 수 있다는 가능성을 전적으로 거부하지는 않았다. 인간은 자신이 하나님의 형상으로 창조되었으며, 완전히 부패하지 않았다는 사실을 안다. 그러나 이 감리교회 신학자들은 이러한 하나님 인식이 불충분하며 오염되어서 그러한 지식을 신앙과 직접 연결시킬 수 없음을 분명히 했다.[61]

이 문제에 관한 여러 영역들의 연구나 성서 주석적인 연구 결과로 볼 때, 우리는 그러한 판단에 동의하지 않을 수 없다. 소위 '자연신학'의 배후에 있는 물음은 진지하게 다루어져야 한다. 하나님의 활동은 우리가 성서적 선포 활동 영역이라고 말할 수 있는 범위로 제한될 수 없다. 하나님의 현존은 이 세상 모든 사람에게 해당된다. 그러므로 우리는 하나님의 현존이 드러나는 증거들

---

56) K. H. Miskotte, RGG³ IV, 1960, 1322-1326; Ch. Link, EKL³ III, 1992, 631-634 등 참조.
57) 설교 44("원죄"), I, 3 참조.
58) 설교 111("우리 자신의 구원을 성취함에 있어서"), I; 설교 101("인간 지식의 불완전함"), I.
59) 설교 17("마음의 할례"), I, 6; II, 1ff.
60) 설교 100("믿음의 분요에 대하여"), 7; 설교 44("원죄"), II, 4.
61) R. Watson, Theological Institutes, vol. I, 1855, 15-35; W. B. Pope, A Compendium of Christian Theology, vol. I(2판), 1880, 49-61; J. J. Escher, Christliche Theologie, Bd. I, 1899, 2-3; Th. Spörri, Leitfaden für den Katechismusunterricht, 1965⁶, Fragen 6-8 등을 참조.

을 거듭해서 발견하게 될 것이다.

그러나 어떤 기독교 신학도 그러한 자연신학 위에 세워질 수는 없으며, 신학의 어떠한 일부도 -그것이 신학의 본질적인 부분이 아니라고 할지라도- 신앙을 제외한 일반적인 계시로부터 도출될 수는 없다. 선포자이며 신학자로서 우리는 하나님의 자기 계시에 관한 성서적인 증언에 온전히 의지해야 한다.[62]

4) 삼위일체 하나님과 계시의 선교적인 차원

성서의 증언에 따르면, 하나님의 본질은 자신을 계시하신다는 것이다. 우리는 하나님의 세계나 본질에 관한 닫힌 체계와 만날 수 없다. 우리가 하나님에 관해 체험하는 것은 세상이나 인간과 만나고자 하는 하나님의 뜻과 결코 분리될 수 없다.

하나님은 스스로를 위해 존재하는 하나님, 창조주가 아니라, 이 세상과 그리고 특별히 사람과 상대하시는 분이다. 그는 그의 자녀들과 관계를 맺기를 원하시며, 그래서 그들을 항상 새로이 찾아오시고 모성애적으로 돌보시며 동행하시고 감싸 안으시는 아버지이시다.

그는 아들의 모습으로 인간 세상에 오신 구세주이시다. 이 아들은 인간의 죄와 고통을 대신 짊어지며 많은 형제와 자매들을 위한 첫 열매로서 하나님 앞에서 참된 인간이 되는 길을 열었다. 하나님께서 아들을 통해 세상을 창조하셨고, 아들은 태초에 하나님 곁에 계셨으며, 하나님 자신이셨다는 말은 창조주와 구세주 사이에는 어떠한 본질의 차이도 없음을 강조하는 것이며, 또 자신으로부터 벗어나서 창조적이며 구원적인 말씀을 통해 자신을 드러내 보이시는 것이 하나님의 본질임을 강조하는 것이다.

---

[62] 이 문제에 대한 융겔(E. Jüngel)과 판넨베르크(W. Pannenberg) 사이의 신학적인 근접성을 보는 것은 흥미 있는 일이다. 융겔은 그의 논문 "자연신학의 딜레마와 그 문제의 진리. 판넨베르크와의 대화를 위한 생각들(Das Dilemma der natürlichen Theologie und die Wahrheit ihres Problem. Überlegungen für ein Gespräch mit Wolfhart Pannenberg, in: Entsprechungen, BEvTh 88, 1980, 158-177)"에서 '하나님'이라는 단어가 갖는 보편적인 요청이 자연신학이 내세우는, 그리고 계시신학에서도 논의되고 답변되어야 하는 문제라고 지적한다(aaO.174-175). 판넨베르크는 그의 조직신학(Bd. 1, 1988)에서 자연신학에 대한 비판을 수용하면서도(108-121), 하나님에 관한 '자연적인' 지식이나 이 지식의 실제성과 모호성에 있어서의 종교적인 관계가 갖는 신학적인 의미에 대해 묻는다. 이러한 자연적 하나님 지식의 실제성과 모호성의 문제는 우리가 주장하는 이해와 많은 점에서 일치한다(121-205).

하나님은 인간의 삶을 늘 새롭게 하시고 완성하시며, 또 성령을 통해 인간의 삶에 현존하시는 분이다. 성령은 구원의 복된 교제를 가능하게 하며, 그래서 하나님과의 완전한 교제로 인도해 간다.

이와 같이 하나님 계시의 본질에 대한 성서의 증언을 요약한다면, 어쩔 수 없이 삼위일체적인 구조가 드러날 수밖에 없다. 신앙 고백적인 삼위일체 교리는 성서에는 명시적으로 등장하지 않는다. 그러나 삼위일체적인 하나님에 대한 말씀은 기독교적 계시 증언의 토대다. 왜냐하면 삼위일체적인 하나님 진술은 "하나님은 사랑이다."라는 문장 속에 들어 있는 하나님의 본질 규정이 가져다주는 피할 수 없는 없는 결론이기 때문이다.[63]

요한일서 4:8, 16의 "하나님은 사랑이다."라는 말씀은 하나님의 중요한 특성을 말할 뿐만 아니라, 하나님의 본질을 근본적으로 규정한다. 이 본질의 역동성은 하나님의 삼위일체적인 활동에서 드러난다. 하나님의 사랑은 '그 스스로, 그리고 자기 자신을 위하여' 존재하는 사랑이 아니라, 대상을 향한 사랑이다. 사랑받는 사람을 위하여 자신을 내어주는 사랑이다. 사랑하는 교제를 나누는 사랑이다. 이 교제는 완전한 하나 됨을 목표하며, 그러므로 나-너의 관계로 끝나지 않는다.

하나님은 창조와 구원과 완성 안에 있는 '이 세상의 비밀'이다. 그러므로 삼위일체 안에서 파악된 계시는 '하나님의 선교(Missio Dei)'를 말한다. 다시 말해 삼위일체적인 하나님이 세상으로, 그리고 인간에게로 오고 계시는 움직임의 표현이다. 그러므로 Missio Dei는 인간이 행하는 모든 선교의 힘이요 근거다.

하나님의 계시는 한계를 뛰어넘는다: 하나님의 계시는 영원한 것을 세상적인 것으로 표현하며, 하나님의 은혜를 사람의 형상 안에서 살게 한다. 그러므로 기독교의 선교와 선포는 그 본질상 한계를 뛰어넘는다.

하나님의 계시는 대화를 목표로 한다. 다시 말해 하나님의 계시적 행동이 일으키는 사건에 뛰어든 사람들의 반응을 목표로 한다. 마찬가지로 선교와 선포는 인간의 응답을 추구한다.

기독교 역사에서 웨슬리의 신학보다 더 분명하게 하나님이 사랑이며, 그러

---

[63] 이에 대해서는 E. Jüngel, Gott als Geheimnis der Welt, 1986⁶, 특히 430이하와 505이하; J. Moltmann, Trinität und Reich Gottes, 1986², 72이하 참조.

므로 사랑이 기독교라는 '종교'의 내용이 된다는 진술을 핵심으로 삼았던 신학은 아직 없다. 바로 이 점이 웨슬리 신학의 계시 이해를 규정한다.[64]

전체적으로 볼 때, 삼위일체론은 감리교회의 신학에서는 큰 비중을 차지하지 않는다. 물론 감리교회의 신앙 고백은 삼위일체론을 기본적으로 말하며, 존 웨슬리도 그에 관한 설교를 했다.[65] 웨슬리는 고대교회의 삼위일체론에 관한 모든 언급을 전적으로 인정하지만, 삼위일체와 그리스도의 본성에 관한 비밀을 서술하고 개념적 근거를 세우기 위한 세세한 시도를 하고 싶지 않다는 점을 분명하게 말한다. 찰스 웨슬리는 삼위일체에 대한 노래들을 담은 작은 책자를 발간하기도 했다.[66] 하나님의 계시를 이해함에 있어 삼위일체가 어떤 의미가 있는지는 이 노래들과 또 다른 노래들에 분명히 언급된다. 이를 살펴보자.

출발점은 성령의 활동이다. 성령은 '신적인 일들'을 계시하며, 신성을 알리는 활동을 한다. 성령을 통해 우리는 '하나님 자신을 통한 하나님'을 알게 되며, '신적인 사랑의 깊이'를 알 수 있다. 왜냐하면 '하나님 홀로 하나님의 사랑을 알기' 때문이며, 그러므로 하나님의 사랑은 하나님을 통해서만 우리에게 계시되어야 한다.[67] 그런데 성령의 과제는 그리스도의 죽음 속에 있는 하나님의 사랑을 증언하며 확실하게 하는 것이다. 성령이 계시하는 '신적인 일들'은 십자가에서 드러난 하나님의 사랑이다. 신성을 알린다는 것은 예수의 피로써 증언하는 것, 그리고 예수의 능력에 관해 증언하는 것이다.[68] 성령의 증언과 예수 그리스도의 피를 통해 우리는, 예수 그리스도 안에서 자신을 계시하신 하나님 이외에 다른 하나님이 존재하지 않는다는 것을 확신한다. 인간이 간절하게 묻고 찾는 감추어진 하나님은 그리스도 안에서 우리를 사랑하시는, 그리고 이 점을 성령을 통해 우리에 확신시키는 명백한 하나님이시

---

64) 이를 가장 분명하게 드러낸 것은 찰스 웨슬리의 찬송가 "씨름하는 야곱"이다(Hymn 136 = UMH 387). 여기서 찰스는 창 32:30에 근거해서 알지 못하는 어떤 이와 씨름하는 사람에게 이렇게 묻게 한다: "당신의 이름이 사랑인지를 나에게 말해 주세요." 그리고 이어 대답이 나온다: "그것은 사랑! 그것은 사랑! 당신은 나를 위하여 죽으셨습니다. 나는 내 마음으로 당신의 속삭임을 듣습니다. 아침이 열리고 어둠이 물러가네요. 당신은 참된 그리고 보편적인 사랑입니다: 당신의 자비하심은 나에게, 모든 사람에게 옵니다. 당신의 본성, 당신의 이름은 사랑입니다"(제7절; 이어지는 6개의 절들은 모두 위의 마지막 문장으로 끝난다).
65) 설교 75("삼위일체에 대하여").
66) Hymns on the Trinity, 1767(Hymn 244-255를 참조).
67) Hymn 83, 1; 93, 4; 85, 4; 141, 3.
68) Hymn 83, 1; 93, 5; 127, 1; 194, 4.

다.⁶⁹⁾ 웨슬리 형제에게 계시는 하나님의 실존을 묻는 물음에 대한 대답이 아니라, '우리를 위한 하나님'을 묻는 물음에 대한 하나님의 응답이다. 그러므로 계시는 항상 삼위일체적이며, 인간과 세상의 구원을 지향하는 구원론적인 계시로 이해된다. 계시는 계시 자체를 위한 하나님의 에피파니(현현)가 아니라, 인간을 위한 계시다. 이 점이 바로 찰스 웨슬리의 노래들에 분명하게 표현되어 있다. 또 그의 노래들은 복음적인 선포가, 사랑으로 자신을 드러내 보이시는 하나님의 구원 사건을 각 상황과 시대에 맞추어 이야기해 주며, 뒤따라 실천하는 것 이외의 다른 것이 아님을 분명하게 보여 준다.⁷⁰⁾ 이것이 계시의 원천이며 증언인 성서를 대하는 매우 중요한 입장이다!

고린도후서 말미(13:13)에 있는 바울의 축복문은 하나님의 계시에 관한 이러한 이해를 간략하게 요약해 준다고 할 수 있다: 주 예수 그리스도의 은혜 – 이는 그리스도가 우리를 위하여 실천한 하나님의 복된 사랑을 말한다.

하나님 아버지의 사랑 – 이는 세상에 대한 하나님의 창조적인 긍정을 말한다. 하나님은 이 긍정을 창조와 구원에서 표현하셨다.

성령의 교통하심 – 이는 성령이 주시는 하나님의 사랑에 참여하는 것을 말하며, 또 성령이 가능하게 하는 상호간의 사귐이다.

우리 모두와 더불어 그리고 모든 사람들에게 – 이는 그리스도인들뿐만 아니라, 모든 사람에게 해당된다.

---

69)Hymn 244, 1-4.
70)특히 Hymn 9, 2-3을 참조.

2. 신학의 토대 – 성서

앞에서 살펴보았듯이, 감리교회의 설교와 신학이 다른 교회들과 공통으로 서 있는 첫 번째 토대는 하나님의 자기 계시다. 그런데 하나님의 자기 계시가 가장 분명하게 나타난 곳이 예수 그리스도라는 인물이다. 그러나 이 예수 그리스도는 오로지 성서 안에서만 만날 수 있다. 예수가 살기 이전에 기록된 구약성서도 그렇다. 오로지 예수 그리스도와 연결될 때에만 구약이든 신약이든 계시된 하나님의 말씀일 수 있다. 그러므로 성서는 모든 기독교의 설교와 신학의 토대가 된다. 그런데 성서는 해석을 통해서만 하나님의 계시를 드러내 보여 준다. 그러므로 성서를 어떻게 이해하고 해석할 것이냐는 물음은 항상 신학적 논란의 초점이다. 그러므로 우리가 감리교회 신학의 토대에 관해 말하고자 한다면, -앞에서 언급한 것처럼- 계시와 성서의 관계에 대해 원칙적인 언급으로 끝나서는 안 되고, 더 나아가 우리의 성서 해석의 지표가 되는 성서 이해에 관해서도 말해야 한다. 이러한 성서 이해는 성서의 기원, 그리고 성서 정경의 확정에 관한 우리의 지식과 연결해 얻어진다.

1) 성서의 기원

성서는 과연 어떻게 생겨났을까? 성서의 기원에 대해 먼저 살펴보자. 그리스도인은 성서를, 이스라엘의 역사와 나사렛 예수의 삶에 나타난 하나님의 자기 계시를 증언해 주는 문헌으로 받아들인다. 물론 이 문헌은 금고에 보관된 귀중한 역사적 문헌들처럼 안전하게 보존되어 있는 것은 아니다. 성서는 매일 읽혀지며 해석됨으로써 기독교 공동체 안에 살아 있다. 성서의 메시지는 수천 년을 통해 인간에게 구원을 가져다주었고, 또 결정적인 도움과 위로를 주는 메시지로 입증되었으며, 인간의 역사에 혁명을 불러일으켰고, 인간에게 생명의 기반을 제공해 주었다. 인류 역사에서 성서만큼 인류에게 영향을 끼친 문헌은 없다. 그러므로 성서는 수많은 책들 중의 하나(a)의 책이 아니라, 바로 그(the) 책이다. 모든 책 중의 바로 그 책이다. 성서와 그 문헌들은 생겨난 이후부터 지속적으로 필사되었으며, 수없이 인쇄되어 반포되었다. 성서의 어떤 문헌의 원본도 우리 손에는 없다. 그러나 매우 초기의, 그리고 수많은 전승들을 통해 다른 어떤 고대 문헌보다도 확실하게 성서의 원본에 가까운 형태를 복원할 수 있게 되었다.

성서가 보여 주는 이러한 생생한 역사는 바로 성서의 내용과 기원에 따른 것이다. 성서는 어떤 체계적인 신학을 말하는 것이 아니라, 하나님의 말씀과 행동을 말한다. 성서 속의 개개 문헌들 자체도 그들 나름의 역사가 있다. 성서는 통째로 하늘에서 떨어진 것도 아니고, 단숨에 받아 적은 것도 아니다. 기나긴 형성 과정을 거쳤다. 그러므로 주의 깊은 독자는 성서의 역사를 주목해야 한다.

(1) 구약성서의 형성

성서의 첫 부분을 '구약성서'라고 부른다. 구약성서는 유대인이나 그리스도인 모두에게 정경으로 받아들여진다. '구약'이라는 표현이 마치 낡은 것이라는, 그래서 '신약'보다 가치가 덜한 것이라는 인상을 줄 수 있다. 그래서 어떤 이들은 '구약성서' 대신에 '히브리어 성서'라고 바꾸어 부르기도 한다. 그러나 적어도 초대교회는 히브리어로 된 구약성서가 아니라 희랍어로 된 구약성서(셉투아긴타 LXX, 혹은 70인 역 성서)를 표준적으로 사용하였기 때문에, 그러한 명칭 변경은 그리스도인들에게는 정당하지 않다. 우리가 '구약성서'라는 표현을 사용한다면, 그것은 부정적인 평가를 하려는 것이 아니다. 이는 예수와 바울, 그리고 전체 초대교회가 하나님의 계시를 담고 있는 신적인 권위를 가진 것으로 인정하고 사용했던 성서다.

구약성서의 문헌들이 정경으로 수집되기 시작한 것은 바벨론 포로기 이후의 시대(B.C. 6세기)로 거슬러 올라간다. 예루살렘 성전의 파괴, 국가적 독립성의 상실, 그리고 백성의 지도층 대부분이 포로로 잡혀간 사건이 이스라엘 사람들에게 만든 깊은 주름살로, 제도나 구전 전승의 기능이 더 이상 당연한 것으로 여겨지지 않게 되었다. 유대인들은 이미 일찍이 문헌으로 기록된 바 있는 민족의 기원에 관한 이야기들과 여러 다양한 율법 수집물들을 하나로 묶어 가기 시작했다. 그 결과 다섯 권으로 된 문헌이 생겨났다. 유대인들은 이 문헌을 '토라(교훈, 율법)'라고 불렀으며, 오늘날 우리는 이를 '모세오경'이라고 부른다. 에스라가 율법을 낭독했을 때(느 8장; B.C. 450년), 그것이 이미 지금과 같은 분량의 모세오경이었는지 우리는 확실히 알지 못한다. 그렇지만 모세오경의 최종적인 형태는 늦어도 B.C. 4세기에 갖추어졌음이 분명하다. 왜냐하면 B.C. 4세기 말경에 예루살렘 제의공동체와 분리된 사마리아인들이 동일한 형태의 모세오경을 가지고 있었기 때문이다.

예언자들의 말씀은 부분적으로는 이미 그들 생전의 활동 시기에 수집되었다(사 8:16; 렘 36장 등을 참조). B.C. 587년에 남 왕국 유대는 바벨론에게 패망하였고, 지도자들은 바벨론의 포로가 되어 잡혀갔다. 이미 예언자들에 의해 예언된 바 있었던 이 비극적 사건이 그대로 현실이 되자 그것을 예언한 예언자들의 말씀은 신적인 권위를 얻게 되었고, 그래서 수집되고 읽혀졌다. 포로기에 이르기까지의 백성의 역사도 과거의 기록과 이야기들에 근거해 정리되었으며, 타락과 심판의 역사로, 또 회개와 하나님의 도우심의 역사라는 신학적인 의미로 이해되었다. 바로 이러한 신학적인 연관성 때문에 역사서들(여호수아, 사사기, 사무엘서, 열왕기서)과 예언서들(이사야, 예레미야, 에스겔 및 12 소예언서들)이 '예언자들'이라는 개념 아래 하나로 묶여 편찬되었다. 구약성서의 이 두 부분(모세오경과 예언자들)은 예수와 사도들의 시대에 이미 유대인 공동체 성서의 핵심을 이루고 있었다. 신약성서에 많이 나오는 "율법과 예언자들"이라는 표현이 그것을 말한다.(마 7:12 참조)

그 밖에도 '성문서'라는 제목으로 요약되는 구약성서의 다른 문헌들도 귀중히 읽혀지고 있었다. 특히 시편, 욥기 및 다니엘서가 그랬다. 성문서의 범위에 대해서는 아직도 논란이 있으며, 쿰란에서 발견된 자료들을 통해서도 그 논란은 그치지 않고 있다. 구약성서의 범위에 대한 의견은 오늘에 이르기까지도 완전히 일치된 것은 아니다. 초기 기독교 공동체들은 거의 예외 없이 구약성서의 희랍어 번역본인 소위 셉투아긴타(LXX)를 사용했다. 그들은 셉투아긴타에 수록된 시락서, 마카베어서, 유딧트와 토비아서, 그리고 에스더와 다니엘서의 추가 부분 등을 구약성서에 포함하였으나, 그 구체적인 범위는 아직 확정된 것은 아니었다.

그러나 아람어를 사용하는 팔레스타인 유대인들은 예루살렘이 파괴된 이후 히브리어로 전승된 문헌들만을 정경으로 받아들였다. 그래서 그들은 셉투아긴타에 수록된 많은 문헌들과 역시 높이 평가받던 묵시문학적인 문헌들을 정경에서 제외시켰다. 그러나 아가서, 에스더서와 같이 논란이 되던 문헌들은 정경으로 받아들였다. 희랍정교회와 로마 가톨릭교회는 희랍어 내지는 라틴어로 전승된 문헌들을 정경으로 받아들인 반면, 종교개혁자들은 히브리어 정경만을 인정했다. 루터는 성서를 번역하면서 많은 문헌들을 '외경'이라고 하여 구약과 신약성서 사이에 놓았다.(이들은 한국어 번역 성서 중에서 가톨릭과 개신교가 공동으로 번역한 공동번역 성서에만 수록되었다.)

존 웨슬리 역시 루터와 마찬가지로 이 외경 문헌들을 정경에서 제외시켰다. 이는 그의 출신 교회인 영국 국교회와는 다른 것이었다. 영국교회는 지금의 공동번역 성서처럼 외경을 구약과 신약 사이에 놓고 있었다. 그렇지만 감리교회의 신학은 이들 외경 문헌에 대한 어떤 논쟁도 벌인 적이 없다.

(2) 신약성서의 형성

예수와 초대교회가 성서로 사용한 것은 구약성서다. 구약성서는 초대교회의 성서였다. 초대교인들은 구약성서에서 예수의 삶과 죽음, 그리고 의미에 대한 예언을 찾았으며, 그 안에서 일상의 삶을 위한 교훈을 찾고자 했다. 물론 초대교회 성도들은 예수의 영이 교회가 가야 할 올바른 길을 보여 줄 것으로 확신했다.

사도들은 부활의 증인들로서, 그리고 복음을 선포하도록 위임받은 사람들로서 교회의 선포가 예수 그리스도의 복음과 일치를 이루게 노력했다. 그렇지만 의견의 불일치는 피할 수 없었다. 바울은 그의 서신들을 통해 그러한 노력을 했다. 그는 자신의 서신들이 신약성서의 일부분이 될 것이라고는 생각하지 않았을 것이다. 그런 생각은 처음에는 필요하지도 않았고, 또 의미 있는 일도 아니었다(고후 3:3-6 참조). 그러나 사도들과 그들의 제자들이 죽고 난 이후에는 상황이 달랐다. 구약성서 이외에 무엇이 기독교적인 신앙과 선포의 토대와 척도가 되어야 할까? 이 물음에 대한 답변으로 250여 년 동안이나 계속된 논란의 과정을 통해 신약성서의 정경이 생겨났다. 이 과정을 셋으로 나누어 다음과 같이 말할 수 있다.

① A.D. 2세기 중엽까지는 구약성서와 함께 '주의 말씀들'이 최고의 권위가 있었다(이미 바울에게서 찾아볼 수 있다; 고전 7:10, 25를 참조). 지금은 복음서들에 속해 있는 이 말씀들은, 그 당시에는 아직 특정한 복음서 문헌의 본문으로 인용되지 않은 자유로운 말씀들이었다. 그와 함께 사도들의 권위가 등

장했다. 이 사도적 권위는 사실상 바울의 말씀으로 대표되었다. 그의 서신들은 일찍부터 수집되어 읽혀졌으며(벧후 3:15-16 참조), 사도적 권위의 총체가 되었다.

② 2세기 말경에 상황은 근본적으로 변화되었다. 여기에는 아마도 구약성서를 거부하고, 그 대신 성서를 기독교적인 '문헌'으로 대체하려고 했던 마르시온(Marcion) 운동이 결정적인 영향을 끼쳤을 것이다. 마르시온 운동에 반대하여 구약성서가 확고부동하게 수호되었으며, 또 기독교 성서의 두 번째 부분으로 네 개의 복음서들, 14개의 바울서신들(히브리서를 포함), 사도행전 및 베드로와 요한의 처음 두 서신들이 등장하게 되었다. 그러므로 이 때 신약성서 정경의 핵심이 이미 생겨난 것이다. 물론 아직 정경이 확정되지는 않았다. 그래서 이 핵심적 문헌들은 점점 위험스럽게 등장하기 시작하는 영지주의와의 싸움에서 교회의 신학적 토대로 사용되었다. 이들 이외의 어떤 다른 문헌들이 정경에 속하느냐는 문제는 여전히 논의되어야 했다.

③ 그 이후 150여 년은 이러한 신학적 논의를 하는 데 집중되었다. '바나바 서신'이나 '사도들의 교훈(디다케)' 혹은 '헤르마스의 목자'와 같은 문헌들은 많은 사람들에게 매우 높이 평가를 받았으며, 부분적으로는 고대 성서사본들에 포함되어 있기도 하다. 그러나 그들은 끝내 정경으로 받아들여지지 못했다. 그것은 이들 문헌에서 하나님의 말씀을 들을 수 없기 때문이 아니라, 그 문헌들을 예배에서 낭독해야 하는 사도의 메시지로 간주하지 않았기 때문이다. 그러나 이것들은 개인적으로 읽게 추천되었다. 지금의 신약성서 정경 중에서 특히 요한계시록은 로마제국의 동쪽에서 논란이 되었다. 왜냐하면 사람들이 이 문헌의 저자와 묵시적인 메시지에 의문을 품었기 때문이다. 그에 비해 서방에서는 히브리서에 대한 논란이 있었다. 이는 히브리서의 저자가 불분명했기 때문이 아니라, 두 번째 회개의 가능성을 거부하기 때문이었다.(히 6:4-6)

정경 결정은 극히 가벼운 동기에서 이루어졌다: 알렉산드리아의 감독이었으며 모든 교회의 존경을 받았던 아타나시우스(Athanasius)가 367년에 이집트의 교회들에게 보내는 39번째 부활절 서신에서 정경의 범위를 확정했다. 히브리서와 요한계시록을 포함한, 신약성서 27권을 정경으로 규정함으로써 오늘날 일반적으로 인정되고 있는 정경의 범위를 확정한 것이다. 그러한 결정을 공식적으로 인정해야 할 때가 무르익어 갔다. 특별한 공의회의 결정 없이도 제국 내의 모든 교회가 그러한 정경을 받아들였기 때문이다. 단지 시리아나 에티오피아와 같은 주변 지역에서 약간 다른 결정이 내려졌을 뿐이었다.

2) 정경의 의미

성서 문헌들의 수집이 교회와 신앙에 갖는 의미는 대단히 크다. 정경화 작업을 통해 교회의 선포와 행동을 위한 토대와 척도가 마련된 것이다. '척도' 혹은 '표준'을 의미하는 희랍어 '카논(Kanon, 정경)'이 성서를 칭하는 전문 용어가 된 것은 결코 우연이 아니다. 이러한 사실이 역사에서는 다양하게 평가되었기에, 이 과정을 세 가지 면에서 살펴보자.

(1) 누가 정경을 만들었나?[71]

성서 문헌들의 수집은 유대적, 혹은 기독교적 공동체의 영역에서 이루어졌다. 그럼에도 교회가 정경을 만들었다고 말한다면, 그것은 옳지 않다. 근본적인 점에서 정경은 교회에 주어진 것이다. 정경은 하나님 앞에서 살아가는 삶을 위한 근본적인 토대였던 하나님의 -이전에 주어진- 말씀을 기억하고 숙고함으로써 생겨났다. 먼저 정경이 무엇이냐는 정의가 있었고, 그 정의에 따라 정경적인 것이 어떤 것인지를 검증한 것이 아니다. 정확하게 그 반대였다. 교회의 삶을 위해 표준적인 증언으로 형성된 것을 먼저 인정하였고, 그런 표준적인 증언으로부터 기준을 얻어 교회는 몇몇 의심스러운 문제들의 경우에 정경의 한계를 결정할 수 있었다. 신앙을 판단함에 있어서는 인간적인 측면이 철저히 인식되고 설명될 수 있는 과정 속에서 성령의 활동이 있었다. 이 성령을 통해 하나님은 앞으로 있을 모든 선포와 교리를 위한 토대와 척도로서 정경을 교회에게 주셨다.

이러한 과정을 거쳐 정경을 결정하는 결론에 이르게 됨으로써 교회는 매우 중요한 자기 겸손과 자기 한계를 설정한 것이다. 이로써 교회는 -의식을 했든

---

[71] H. Fr. v. Campenhausen, Die Entstehung der christlichen Bibel, BHTh 39, 1968을 참조. 보수적인 견해에 대해서는 G. Maier(Hg.), Der Kanon der Bibel, 1990을 참조.

의식하지 못했든지 간에- 교회 스스로가 지향해 가며, 교회 스스로를 평가할 수 있는 어떤 대상이 필요함을 인정한 것이다. 물론 기독교 교회의 가장 결정적인 대상은 주님이신 예수 그리스도다. 그러면 예수 그리스도는 어떻게 교회의 삶에 대해 말씀하시며, 또 그의 생생한 뜻을 어디에서 들을 수 있는가? 정경에서 들을 수 있다. 교회는 그 스스로 최고가 아니라, 오로지 주님이신 예수 그리스도의 말씀을 들을 수 있는 정경으로 비판받고 검증을 받아야 한다. 그런 점에서 정경은 교회의 자기 겸손과 한계의 표현인 것이다.

정경을 형성하고 그 권위를 인정함으로써 (비록 처음부터 그렇게 분명하게 의식된 것은 아닐지라도) 근본적으로 분명해진 것이 있는데, 그것은 주님의 말씀을 교회 안에서 드러나게 하고 실천하기 위해서는 감독의 권위나 현실적인 선포의 소리, 혹은 살아 있는 전승의 계승만으로는 충분하지 않다는 것이다. 이 점을 분명히 하기 위해서는 구약성서적인 약속과 예수 그리스도에 관한 근원적인 증언들을 분명하게 기록한 말씀이 필요했다.

(2) 정경의 확정을 위한 기준

성서의 문헌들을 수집함에 있어 교회에는 두 가지 과제가 있었다. 부정적인 과제로는 잘못된 교리에 관한 문헌들, 예를 들어 후기 영지주의적인 복음서들을 교회에서 사용하지 못하게 배제하는 것이었고, 긍정적인 과제로는 어느 문헌이 교회를 위한 표준적인 문헌에 속하는지, 다시 말해 교회의 예배에서 어느 문헌들이 낭독될 수 있으며 또 낭독되어야 하는지를 결정하는 것이었다. 그 외에도 개인적으로 읽으면 유용하지만 예배에서 사용하기에는 적절하지 못한 많은 문헌들도 있었다.[72] 그러므로 정경 확정에는 하나님의 말씀과 인간의 말씀을 엄격하게 구분하는 것이 중요하지 않았다. 고대교회 사람들은 하나님께서는 성서 안에서도 사람을 통해 말씀하시며, 또 더 후대의 교회 선생들의 말씀 속에서도 말씀하신다는 점을 분명히 알고 있었다. 중요한 것은 초대교회의 근원적이고 교회 형성적인 선포를 구분해 내는 것이었다. 신약성서에서 그것은 **사도성**(사도적인 출처와 권위)이라는 기준이었다. 그렇다고 사도가 직접 기록한 문헌만을 정경으로 인정했다는 의미는 아니다. 마가나 누

---

[72] 구약성서의 외경들이 많고 또 소위 '사도적인 교부들'이 있다. 이 교부문헌으로는 이그나티우스, 폴리캅, 클레멘스와 바나바의 서신들 및 '헤르마스의 목자'가 있다.

가가 기록한 문헌들도 매우 초기에 교회에서 사용되었다. 바울이 저자인지에 대해 항상 논란이 되는 히브리서도 사도적인 문헌으로 여겨졌다. 히브리서가 원래적인 그리스도 선포의 중요한 측면을 담고 있기 때문이다. 이렇게 한 문헌의 역사적인 진술의 신빙성이 그것이 정경에 속하는지를 결정하는 결정적인 요소가 아니라 진정성, 곧 그 문헌이 말하는 그리스도 증언의 원래성과 직접성이 결정적인 요소였다.

(3) 구약성서의 고수

기독교적인 성서의 외적인 범위를 확정하는 데 중요한 원인을 제공한 사람은 2세기에 살았던 마르시온이라는 이름의 그리스도인이었다. 그는 구약성서를 거부했다. 왜냐하면 구약성서에서 알게 되는 하나님이 예수 그리스도의 아버지로서 알고 있는 하나님과 다르다고 생각했기 때문이다. 그로 인해 교회에는 격렬한 싸움이 일어났고, 결국은 구약성서를 고수하는 것으로 결정되었다. 구약성서는 오늘날까지도 많은 비판을 받아오고 있다. 구약성서가 보여 주는 하나님 모습의 많은 부분들이 우리에게는 생소하게 느껴지기 때문이다.

그럼에도 교회가 구약성서를 고수하기로 결정한 것은 매우 중요하다. 구약성서를 고수한다는 것은 창조주 하나님을 고수한다는 것이며, 세상에서 멀어지지 않고 하나님의 창조세계인 세상에서 책임적으로 살려는 것이다. 더 나아가 하나님을 역사의 하나님으로, 즉 초월적인 관념으로서 하나님을 경배하는 것이 아니라, 역사 속에서 활동하시는 하나님의 행동을 주목하면서 경배한다는 것을 의미한다. 그럼으로써 이스라엘 속에서 활동하시는 하나님을 믿는다는 것이며, 유대인에 대한 하나님의 특별한 관계를 존중한다는 것이다. 그러므로 하나님이 이스라엘과 관계하시는 역사는 불가피하게 되었다. 구약성서를 고수함으로써 신약성서적인 선포의 특정한 기본 특징들도 보존하게 되었다. 예를 들어 심판과 같은 주제가 일방적인 해석을 통해 부정되거나 희미해지지 않게 된 것이다.

물론 구약성서의 무엇이 '옛 것'으로서 예수 그리스도를 통해 극복되었으며, 무엇이 성취되어 영속적으로 유효한지를 밝히는 것은 기독교적인 해석의 중요한 과제다.

3) 교회사에서 성서의 의미

정경이 확정된 이후부터 성서와 그 해석은 오랜 역사를 이루어 왔다. 성서와 오늘날의 관계를 규명하고자 하는 사람은 이 역사에 관해 알아야 한다. 이 역사의 과정을 아는 사람은 성서가 교회 안에서 항상 대단한 주목을 받아왔음을 발견하게 될 것이다. 성서는 결코 잊혀지지 않았다. 그러나 항상 교회의 지배적인 교리에 지배를 받음으로써 경직될 위기에 빠지기도 한다. 바로 이 점에 대해 성서는 비판적인 기능을 발휘한다. 성서로부터 종교개혁의 동력이 생겨났으며, 또 성서는 교회가 예수 그리스도 안에 있는 교회의 뿌리에 대해 항상 돌이켜 생각하게 촉구한다.

(1) 종교개혁 시대까지

고대교회는 성서와 더불어, 그리고 성서로부터 살았다. 삼위일체 교리나 기독론적인 교리의 표현들이 성서적 진술을 넘어서는 것이기는 했지만 그런 것들은 희랍적, 혹은 라틴적인 사고의 개념으로써 성서가 증언하는 하나님의 실재를 말하고자 한 것일 뿐이다. 그러므로 설교와 학문적인 주석을 통한 성서 해석은 고대교회의 생활과 가르침의 중요한 특징이었다. 이는 원칙적으로 중세시대에도 마찬가지였다. 이 때에도 성서는 필사되어 확산되었으며, 끊임없이 사용되었다. 그렇지만 성서적 메시지의 활동이 점점 퇴보되는 몇 가지 잘못된 발전이 있었는데, 그것을 다음과 같이 정리할 수 있다.

철학, 특히 아리스토텔레스 철학에 대한 지대한 관심 때문에 성서적 진술들은 성서와는 다른 전혀 새로운 설계도에 따라 건축된 신학적 체계를 위한 건축 자재로 변질되고 말았다. 교황 교회의 점점 강화되는 제도화는 성서를 교회 권력 형성의 방패막이가 되게 하였을 뿐, 성서는 더 이상 교회의 비판적인 자기 검증을 위해서는 사용되지 않았다. 알레고리적인 해석이 지배함으로써 성서적 진술들의 의미가 모든 자의적인 입맛에 맞추어 해석되었다.

일반 대중은 희랍어나 라틴어를 할 수 없었고 교육받을 기회도 별로 없었기 때문에, 성서에 대한 지식이 전혀 없었다. 그렇기에 성서 번역이 필요했음에도 교회는 이를 추진하지도 않았고, 오히려 방해하거나 심지어 금지하기까지 했다. 종교개혁 이전의 모든 개혁 운동은 – 특히 평신도들에 의해 추진되던 개혁 운동은 - 성서에 의지해 일어났기 때문에 교회 조직이 성서 확산을 방해한 것이다. 아씨시의 프란체스코, 발덴스 사람들, 존 위클리프, 요한네스 후스 등을 생각해 보아도 이 사실을 확인할 수 있다.

(2) 종교개혁적인 성서 이해

종교개혁자들은 그들의 새로운 신학적 통찰의 근본 토대를 그 어떤 다른 영적 권위가 아닌 성서라는 권위 위에 세웠다. 그러나 그것은 그 이전이나 동시대의 다른 많은 운동들과는 달리 '율법적' 성서주의는 아니었다. 율법적 성서주의란 기독교적이고 교회적인 삶의 모든 형태가 외면적으로도 성서의 규칙이나 관습에 따라 이루어져야 한다는 생각이다. 특히 루터에 따르면, 성서의 메시지는 성서의 핵심, 곧 오직 믿음으로 말미암아 의롭다 함을 얻는다는 복음에 의해 해석되어야 한다. 종교개혁적인 신학의 '형식 원리'인 '오직 성서로만(sola scriptura)'은 내용 원리인 '오직 그리스도로만(solus Christus)'을 통해 해석되었다. 성서에 근거한 것만 유효해야 한다. 그러나 성서의 다양한 증언들에서 '그리스도를 증언하는 것'을 들을 수 있어야 한다.

그러므로 루터는 독일어로 번역한 신약성서의 첫 번째 판 서문(1522년)에서 신약성서 몇몇 문헌들의 사도성에 대해 강한 의문을 제기했다(특히 히브리서, 야고보서, 유다서, 요한계시록 등이다. 루터는 이들을 의도적으로 정경의 마지막에 위치시켰다). 그의 비판은 역사적이라기보다는 신학적인 것이었다. 물론 그렇다고 이들 문헌의 권위를 근본적으로 뒤흔들려는 것은 아니었다. 루터는 단지 성서에서 중요한 것이 무엇인지를 바르게 규정하려고 했을 따름이다.

(3) 종교개혁 이후 시대의 발전

루터가 성서의 권위를 특히 내용적으로 근거하려고 했다면, 다시 말해 성서가 선포하는 메시지로 성서의 권위를 규정하려고 했다면, 그 이후의 루터적인 정통주의와 개혁적인 정통주의에 속한 신학자들은 성서의 권위를 형식적으로 확보하려고 했다. 이들은 문자 영감설이라는 교리로 성서에 있는 모든 문자, 모든 단어가 하나님의 영에 의해 감동되었다고 확신했다. 그 결과 심지어는 히브리어의 모음 표시까지도 영감으로 되었다고 주장하였다. 그러나 히브리어 모음 표시가 기원후 9세기와 10세기에 와서야 - 그러므로 정경이 확정된 오랜 후에 – 생겨난 것임을 알게 될 때, 그런 주장이 얼마나 터무니없는 것인지가 드러난다.

더욱이 문자 영감설이라는 원리는 그런 경우에만 터무니없는 것이 아니다. 개개 단어에 영감이 들어 있다는 교리는 다양한 성서적 진술의 독특성과 중요성을 무시하고 평준화하는 것으로, 결국 루터가 발견한 성서적 메시지의 역동성을 잃어버리게 되었다. 그 결과 성서는 개별적인 신앙 진리들의 모음집으로 퇴락하였고, 이 개별적 신앙 진리들은 교회의 정통성을 표현하기 위한 교리로 체계화되고 말았다. 성서 메시지가 가진 살아 있는 말씀의 성격이 제거되고, 교리의 경직된 체계 속에 갇혀 버리게 된 것이다. 살아 있는 말씀으로서의 성서는 특정한 역사적 상황으로부터 듣고 읽는 사람들에게 살아 있는 말씀을 전달한다. 반면에 경직된 교리 체계는 모든 상황을 무시하고 강요하는 일종의 변형된 율법주의와 같은 것이다.

경건주의는 바로 이런 점 때문에 문자 영감설을 강력하게 비판했다. 경건주의는 성서의 진리성과 확실성에 대해서는 위에서 말한 정통주의와 같은 생각이다. 그러나 성서에서 독특한 신학적 체계를 위한 증거 구절들(dicta probantia)을 찾지 않는다. 오히려 경건주의는 인간의 마음에 말씀하시는, 그래서 사람들의 신앙을 확실하게 만들고, 그들의 개인적인 삶을 인도할 수 있는 하나님의 말씀을 추구한다. 그러므로 경건주의적인 예배 시간은 특히 성서를 공동으로 공부하는 시간이다. 이 시간에 성서 메시지에 감동받은 사람들이 서로 성서를 이해하게 돕는다.

(4) 웨슬리와 초기 감리교회에서 성서[73]

웨슬리의 성서 이해는 경건주의의 성서 이해에 가깝다. 성서의 신빙성을 전적으로 확신함으로써 구원에 대한 문제를 해결하는 데 도움을 얻게 된다. 이는 그의 표준 설교집 서문에 있는 말씀에서 매우 분명하게 드러난다.

> 나는 진실하고 이성적인 사람에게 내 마음의 가장 깊은 생각을 드러내는 것을 두려워하지 않는다. 나는 내가 삶을 관통해서 흐르는 화살과 같은 하루살이 피조물이라고 생각한다. 나는 하나님으로부터 와

---

[73] 이에 대해서는 조경철, "존 웨슬리의 성서 이해와 감리교적 성서 해석의 정신", 「신학과 세계」 제49호 (2004년 봄), 25-51 참조.

서 하나님께로 돌아가는 영혼으로서 지옥의 심연 위에서 흔들거리고 있다. 나는 아직 몇 순간들을 살고 있을 뿐, 더 이상은 존재하지 않는다. 나는 변하지 않는 영원 속으로 떨어진다. 나는 오직 한 가지를 알고 싶을 뿐이다. 곧 하늘에 이르는 길이다; 내가 어떻게 저 복된 구원의 바닷가에 이를 것인가, 바로 그것을 알고 싶다. 하나님께서는 이 길을 가르쳐 주시기 위해 스스로 내려오셨다. 바로 그것 때문에 하나님은 하늘로부터 내려오셨다. 그는 그 사실을 한 책에 기록하셨다. 오, 내가 무슨 대가를 지불하더라도 그 책을 나에게 주옵소서: 나에게 하나님의 책을 주소서! 나는 그 책을 여기 가지고 있다. 이 책 속에는 나에게 충분한 지식이 있다. 나는 오직 **한 책의 사람**(homo unius libri)이 되고 싶을 뿐이다. 거기서 나는 모든 인간사에서 떠나 있다. 나는 홀로다. 오직 하나님만이 여기 계신다. 그의 현존 앞에서 나는 그의 책을 열어 읽는다. 하늘에 이르는 길을 발견하기 위하여.[74]

성서를 구원의 메시지에 대한 증언으로 이처럼 날카롭게 이해하는 것이 웨슬리가 성서를 보는 특징이다. 그는 성서 안에서 살았다. 그의 설교와 저서들은 무수히 많은 성서 구절들의 인용과 암시로 뒤덮여 있다. 그는 성서에서 초대교회의 '진정한 종교', 곧 마음의 종교를 보았고, 성서를 통해 '성서에 합당한 성화'가 무엇을 의미하는지를 이해하게 되었다.

그 밖에 웨슬리의 성서 이해는 별로 독창적인 것이 없다. 그의 신앙 신조는 영국교회의 신앙 고백에서 관련된 조항들을 거의 그대로 받아들였다(감리교회의 신조 5항과 6항을 참조). 그렇게 함으로써 웨슬리는 종교개혁적으로 결정된 정경을 인정했으며, 또 계시의 원천으로서 성서 이외의 다른 것을 받아들이지 않았다. 하나님의 말씀인 성서에 대한 특별한 고백은 하지 않았다; 단지 구약성서가 예수 그리스도의 구원을 증언하는 동등한 메시지임을 분명하게 밝혔다.(제6조) 웨슬리는 성서의 무오성을 확신하며, 다음과 같이 말했다.

만일 성서에 하나의 오류가 있다면, 천 개의 오류도 있을 수 있을 것이다. 만일 성서에 약간의 오류가 있다면, 성서는 진리의 하나님으로

---

[74] Works 1(Abingdon), 104-105.

부터 오지 않았을 것이다.[75]

신약성서에 관한 해설서(Explanatory Notes upon the New Testament) 서문에서 그는 성서 전체는 하나님의 영감을 받은 말씀이라고 하면서, 그 의미를 다음과 같이 요약한다.

구약과 신약성서는 신적인 진리의 매우 신빙성 있고 고귀한 체계다. 성서의 모든 부분은 하나님께 적절하며, 또 모든 것이 합하여 완벽한 전체를 이룬다. 그러므로 빠진 것도 없고, 불필요한 것도 없다.

물론 이런 견해가 웨슬리로 하여금 그 시대 최고의 언어적 수단으로 신약성서의 본문을 연구하고 번역하는 일을 거부하게 한 것은 아니다.
19세기의 감리교회 조직신학자들도 웨슬리의 이러한 확신에 충실했다. 그래서 그들은 -당시 시작되던 성서에 대한 역사비평적인 해석에 반대해- 웨슬리적인 영감론을 주장했다. 그럼에도 감리교회에서는 좁은 의미에서의 근본주의가 전개된 적은 없다. 거기에는 다음과 같은 여러 가지 요소들이 작용하고 있었다.[76]
성서의 권위는 특히 구원의 선포에 입각해 생각되고 주장되었다(신조의 제5조를 참조: "성서에는 구원에 필요한 모든 것이 들어 있다"). 그러므로 예를 들어 자연과학적인 지식을 위해 성서를 사용하는 것은 감리교회 신학자들의 관심 사항이 아니었다.
웨슬리도 성서의 여러 부분들은 신앙에 대해 각기 상이한 중요성이 있다고 말한 바 있다. 그는 많은 시편의 진술들을 '기독교회의 노래로는 매우 적절하지 못한 것'으로 보면서, 그것들을 감리교 예배에서 사용되지 않게 빼버렸다.[77] 특히 미국에서 살았던 독일계 미국인 빌헬름 나스트(W. Nast)[78]는 종교

---

75)Journal(ed. Curnock) 6, 117.
76)이에 대해서는 Ph. S. Watson, Die Autorität der Bibel bei Luther und Wesley, BGEmK 14, 1983; J. T. Clemons, John Wesley - Biblical Literist? RelLife 46, 1977, 332-342; R. L. Shelton, John Wesley's Approach to Scripture in Historical Perspective, WThJ 16, 1981, 25-50; W. Abraham, The Concept of Inspiration in the Classical Wesleyan Tradition. In: A Celebration of Ministry, ed. K.C.Kinghorn, 1982, 33-47; K. Steckel, Die Bibel im deutschsprachigen Methodismus, BGEmK 25, 1987 등 참조.
77)Watson, aaO. 17.
78)나스트(1807-1893)는 튀빙엔의 개신교 기숙사(Evangelischer Stift)에서 공부했다. 그는 자신의 신앙적

개혁적인 성서 해석을 따르면서 기능적인 그리고 본문에 합당한 영감론을 주장했다. 그는 성서의 근본적인 권위를 지지하면서도 본문이 서 있는 역사적인 뿌리에 억지를 가하지도 않았다.[79]

이러한 배경에서 20세기 초에는 감리교회도 역사비평적인 성서 해석에 관심을 보이기 시작했다. 그렇지만 루터교회나 개혁교회와는 달리 감리교회에서는 역사비평적인 성서 해석이 교회의 공식적인 차원에서는 심각한 논쟁으로 발전하지 않았고, 더구나 성서 문제로 인한 교회 분열이 일어나지도 않았다. 단지 개별적인 주제에 관한 신학적인 토론이나 교회 안에서 상이한 성서 이해가 크고 부담스러운 작용을 한 것만은 부정할 수 없다.[80]

(5) 역사비평적인 성서 연구의 도전

역사비평적인 성서 해석은 새로운 시대, 정확히 말해 계몽주의의 산물이다. 이 해석의 원리는 철저히 긍정적인 관심에서 출발하는데, 성서의 원래적인 메시지에 가해진 후대의 교리적인 껍질을 벗겨내서 그 본래의 메시지를 다시 밝혀내고자 한다. 그러므로 역사비평의 대상은 성서가 아니라, 성서에 덧입혀졌다고 생각되는 정통주의라는 교리의 옷이다. 그렇지만 이미 초기에 역사적 연구의 도구는 성서적 진술에 대해서도 사용됨으로써 기독교 신앙을 비판하는 무기가 되었다. 헤르만 라이마루스(H. S. Reimarus)와 프리드리히 슈트라우스(F. Strauß)가 그랬다. 예를 들어 예수의 부활과 같은 가장 기본적인 신앙 고백적 진술들을 역사적인 이성의 이름으로 의심하게 된 것이다. 다른 한편으로는 역사비평적인 방법의 연구를 통해 많은 학자들은 성서를 해석하는 데 획기적인 발전을 이루었다. 성서 본문을 매우 정확하게, 언어적이고 객관적인 능력으로 연구할 수 있었기 때문이다. 지금 우리가 알고 있는 성서와 그 주변세계에 대한 매우 중요한 지식들은 그들의 도움으로 가능했다. 물론 그들은 성서 본문들의 구체적이고 시대적인 형태를 신앙을 위해서는 별로 중요하지 않은 것으로 제쳐 놓고 그 속에서 합리적인, 그리고 영원한 진리의 무시간적인 핵심을 찾아내려고 하는 위험에 빠지기도 했다. 그러한 시도를

위기 때문에 미국으로 이민을 갔으며, 거기서 감리교인이 되어 독일어 선교 사역을 했다.
[79] 이에 대해서는 K. Steckel, Die Bibel 19-28; Abraham, aaO 등 참조.
[80] 그러므로 최근 들어 두 명의 감리교회 신학자들이 성서의 영감에 대한 이해를 율법적인 근본주의의 이면에서 전개시키고자 했음은 결코 우연이 아니다. I. H. Mashall, Biblische Inspiration, 1986; W. Abraham, The Divine Inspiration of Holy Scripture, 1981.

가장 극렬히 반대하고 나선 것은 소위 케리그마 신학이었다. 이 신학의 대표자는 구약학자 폰 라드(G. von Rad)와 신약학자 불트만(R. Bultmann)이었다. 그들과 그 제자들은 성서의 진술들은 특히 신앙 고백이며, 그러므로 그 진술들이 자리한 역사적 조건과 특성 안에서 해석되어야 한다고 주장했다. 그 결과 이 신학자들은 역사적으로는 깊은 의심을 품고 있었음에도 성서 본문에서 하나님의 말씀을 들을 수 있었다.

그렇게 함으로써 그들과 더불어 역사비평적인 성서 해석은 전통적인 자유주의 신학의 영역을 뛰어넘어 교회의 사상에 광범위하게 영향을 끼칠 수 있게 되었고, 그것은 감리교회에서도 마찬가지였다.

물론 그 동안 방법론은 더욱 발전되었다. 현재는 다음과 같은 두 가지 형태의 역사비평적인 해석 유형을 말할 수 있다.

① 좁은 의미에서 역사비평적인 방법은 신학자이며 철학자인 에른스트 트뢸취가 역사적인 연구의 표준으로 말한 다음과 같은 세 가지 범주에서 작업된다.[81]

첫째, 방법론적인 의심으로서의 비평: 어떤 진술들이 말하고 있는 그것이 정말 그랬을까?

둘째, 역사적인 사건의 기본 조건으로서의 상관성: 모든 사건은 자연적인 원인과 결과의 관계 속에서 일어난다.

셋째, 역사적인 사건을 평가하기 위한 마지막 척도로서의 유비: 역사적인 인식과 설명은 과거 사건들에 관한 개연성 판단을 내림에 있어서 인간의 일반적인 체험과의 유비에 근거한다.

여기에는 닫힌 세계상, 다시 말해 하나님의 사건이나 예수의 부활과 같이 인간의 일반적인 체험과 유비될 수 없는 사건들이 허용될 자리가 없는 세계상을 전제하고 있음을 어렵지 않게 알 수 있다. 물론 이런 방법으로 연구를 하는 사람이라도 연구 가능한 현세적인 원인 결과의 관계 속에서도 하나님이 활동하고 계심을 부정하는 것은 아니다. 또 그가 역사적으로 받아들일 수 없는 그런 보도들 속에서 영원히 유효한 신앙 진술들에 대한 고대적인 표현 형태들을 볼 수도 있다.

---

81) E. Troeltsch, Über historische und dogmatische Methode in der Theologie, In: ders., Gesammelte Schriften II, 1913, 729-753.

② 넓은 의미에서 역사비평적인 방법은 언어학적이고 역사적인 개별 방법들(예를 들어 본문비평, 양식비평, 문헌비평 등)과 동일하게 작업될 수 있다. 그렇더라도 이것들을 과거 사건들을 해석하고 평가하는 닫힌 체계로 만들지는 않는다. 이 작업은 -오늘날의 세속적인 역사와 비슷하게- 고대 본문들의 신빙성을 원칙적으로 인정하면서 출발한다.[82] 이 방법의 비판적인 동기는 성서에 있는 서로 모순되는 진술들을 구분하는 것이며, 그럼으로써 그러한 진술들을 신학적으로 해석하는 것이다. 문제가 되는 사건을 향한 질문은 "과연 그것이 가능한가?"가 아니라, 해당되는 진술들(예를 들어 막 5:21-43과 마 9:18-26에 있는 야이로의 딸의 소생에 관한 진술을 참조)의 상호 비교로부터 출발한다. 예수의 부활과 같이 비교될 수 없는 사건들은 역사적으로 입증될 수 없음을 인정한다. 그렇지만 부활절 아침에 하나님이 아무 일도 일으키지 않았을 것이라는 점도 입증되지 않는다는 것을 알아야 한다.

오늘날은 일반적으로 성서 해석을 위해서는 역사비평적인 문제 제기가 필연적임을 점점 인정하고 있다. 왜냐하면 성서는 역사적인 사건들을 진술하고 있기 때문이다. 그렇지만 모든 역사적인 방법은 본문을 과거 사건으로 해석함으로써 이를 오늘의 독자들로부터 멀어지게 할 위험에 빠진다. 그러므로 역사비평적인 성서 해석은 성서의 말씀과 오늘의 독자 사이에 개인적인 관계를 촉진하는 방법을 통해 보충되어야 한다. 이를 위해 묵상적인 방법이 도움이 된다. 이는 독자들이 성서의 사건이나 인물들과 자신을 인격적으로 동일시하게 촉진하는 해석의 방법이다. 특히 본문의 의미에 관해 다른 사람들과 집중적으로 대화하는 것이 도움이 될 것이다.[83]

감리교회 운동에서는 목회자 그룹이나 교회 안에서는 공동 성서 연구를 통해 메시지의 현재적 의미를 찾는 데 도움이 되었으며, 또 너무 일방적인 개인적 해석을 수정하는 데 대단히 중요한 도움이 되어 왔다. 개인적 해석은 말씀을 개인의 욕구나 바람에 맞추어 자의적으로 해석할 위험이 크기 때문에, 공동 성서 연구가 중요하고 필요하다.

성서 본문을 '습득' 하게 도와야 하는 모든 방법론은 본문과 우리 사이의 비

---

82) 예를 들어 P. Stuhlmacher, Vom Verstehen des Neuen Testaments. Eine Hermeneutik, 1986², 222-257 참조.
83) 성서 해석의 '양자택일적' 인 방법에 대해서는 H. K. Berg, Ein Wort wie Feuer. Wege lebendiger Bibelauslegung, 1991 참조.

판적인 거리나 우리의 해석에 내재된 무의식적인 전제들을 감추거나 제거해서는 안 될 것이다. 이러한 거리감은 반드시 필요하다. 그래야 성서는 자기 고유의 말을 할 수 있다.

(6) 현대적인 성서 이해의 유형들

올바른 성서 이해를 둘러싼 현재의 논의를 주의 깊게 관찰해 본 사람은 대체로 세 가지의 서로 대립되는 기본 유형을 볼 수 있을 것이다.

그 첫째가 '근본주의적' 성서 이해다.[84] 이 이해는 성서는 하나님의 말씀이라는 확신으로부터 출발해서, 이 확신을 모든 성서 문헌이 문자적인 영감으로 기록되었으며, 또 모든 점에서 전적으로 무오하다는 분명한 생각으로 발전시킨다. 이러한 이해의 장점은 현대에 이르기까지 이 문제에 관한 기독교적인 교리에 대해 광범위하게 의견이 일치하고 있음을 그 근거로 내세울 수 있다는 것이다. 그러나 대체로 고대에는 당시의 일반적인 세계상과 성서적 진술들이 일치되었다면, 이 진술들은 오늘날의 자연과학적인 지식들과 분명하게 상반될 수도 있다. 그렇다면 이 성서 이해는 전혀 새로운 비중과 강조점을 갖게 될 것이다. 근본주의가 성서에 관해 말할 때는 성서의 구체적인 본문과 그 역사로부터 출발하는 것이 아니라, 하나님의 말씀이 어떻게 그 본질에 합당한 특징을 가져야 하느냐 하는 자기들이 세워 놓은 전제로부터 출발한다. 그러므로 근본주의는 실제로 성서 본문을 해석할 때, 자기 전제를 지탱하기 위하여 본문의 많은 부분을 상대화할 수밖에 없으며, 또 역사비평적인 해석보다 더 자주 성서 본문들에 대해 문자적인 해석을 하지 않는다. 그렇게 함으로써 근본주의는 성서 본문들이 보여 주는 불일치성을 외면한다. 그렇지만 성서가 보여 주는 신학적으로 상이한 진술들은 구원사적인 방향의 흐름에 따라 정리되어야 하며, 이를 위해서는 필연적으로 '비판적인' 구분 작업을 할 수밖에 없다.

근본주의는 성서에 증언된 하나님의 뜻을 매우 진지하게 성취하고자 하지만, 북아메리카의 사회적인 상황에 맞추어 성서의 계명들을 선택적으로 다루

---

[84] 성서의 무오성에 관한 1978년의 시카고 선언에서 이 유형의 가장 분명한, 그리고 문헌적으로 접할 수 있는 주장을 본다(N. L. Geißler, inerrancy, 1980, 493ff.). 독일어권에서는 E. Schnabel, Inspiration und Offenbarung, 1986 참조. 이에 대한 비판적인 입장에 대해서는 J. Barr, Fundamentalismus, 1981 참조. '근본주의적' 성서 이해와 '성서주의적' 성서 이해는 구별되어야 한다. 후자는 전자의 근본적인 확신에 동의하지만, 영감론이라든가 철저한 무오성과 같은 확고부동한 체계를 내세우지는 않는다.

는 위험을 피할 수 없다. 그래서 성서가 말하는 사회적 규범이나 性的인 규범의 영속적인 의미가 매우 상이하게 평가된다. 근본주의는 그 추종자들에게 높은 안정감을 줄 수는 있으나, 복음을 하나의 교리법으로 변질시킬 위험을 안고 있다.

두 번째는 '자유주의적' 성서 이해다.[85] 이 이해는 성서는 -다른 모든 종교적인 문헌들과 마찬가지로- 하나님과 하나님의 행동에 관한 인간의 진술이라는 확신으로부터 출발한다. 이러한 인간의 진술들이 역사적인 요인들과 결합되어 있기 때문에, 이들은 비판적으로 검증되어야 한다. 이를 위해 역사비평적인 방법이 엄격하게 적용되어야 한다. 이러한 회의적인 기본 입장에도 불구하고, 이 유형의 추종자들은 성서가 인간의 모든 종교적 문헌들 중에서 하나님의 본질을 가장 명료하게 보여 준다는 확신에 도달한다. 자유주의적인 해석은 사랑의 계명을 인간의 행동을 위한 기본 규범으로 받아들일 수 있지만, 구체적인 책임적 행동을 위해서는 그 내용을 비판적으로 검증해야 한다고 주장한다.

첫 번째 이해 유형과 마찬가지로 이 유형도 역시 사상적인 폐쇄성으로 오염되어 있다. 다시 말해 자기들이 제시한 전제에 갇혀 있는 것이다. 이 유형은 그 추종자들에게 매우 높은 정도의 개인적 결단의 자유를 주지만, 성서의 요청에는 별로 정당하지 못하다.

세번째는 '케리그마적' 성서 이해다.[86] 이 이해는 하나님은 성서의 증인들을 통해 말씀하셨고, 또 그들을 통해 오늘날도 여전히 말씀하시기를 원하신다는 확신으로부터 출발해서, 해석을 통해 메시지(케리그마)를 드러내고자 하는 주목적으로 향한다. 여기에는 종교개혁자들, 특히 루터의 원리가 수용되어 있다. 이 유형은 성서의 역사적인 형태를 중요시하며, 특히 개방적이고 넓은 의미의 역사비평적인 방법으로 연구를 한다. 자연과학적인 진술이나 역사적인 진술들과의 일치가 중요한 것이 아니라, 세상을 창조하시고 예수 그리스도를 통해 인류를 구원하시는 하나님에 관한 메시지의 내적인 능력이 중요하다. 기독교적인 행동을 위한 기본적 계명은 사랑의 계명이다. 이 계명으로부

---

85) E. Troeltsch, aaO.
86) E. Käsemann, Zum gegenwärtigen Streit um die Schriftauslegung, in: ders., Exegetische Versuche und Besinnungen II, 1970³, 268-290과 그의 제자이면서 보수적인 견해를 내세우는 P. Stuhlmacher, Vom Verstehen des Neuen Testaments; ders., Schriftauslegung auf dem Wege zur biblischen Theologie, 1975를 비교해 보라.

터 사랑의 구체화라고 할 수 있는 다른 개별적인 계명들은 그 의미를 얻게 된다. 그렇지만 계명들이 율법으로 이해되지는 않는다. 그러므로 -루터의 경우에서처럼- 성서의 개별적인 진술들에 대한 내용적인 비판이 가능하다. 그렇지만 성서의 진술들은 원칙적으로 결코 의심되지 않는다. 이 유형의 문제점은 성서적 메시지의 진리와 그 진리를 표현하고 있는 역사적 진술들의 신빙성 사이의 관계가 분명하지 않다는 것이다. 그러므로 이 이해 유형은 추종자들에게 말씀의 진리에 대해 의심하지 말고 외적인 증거가 없더라고 믿으라는 신앙의 용기를 요구한다.

이상의 세 가지 성서 이해 모델은 수많은 모델들을 간략히 정리한 것이다. 그렇게 해서 비교적 분명하게 개관해 보고자 한 것이다. 이 유형들을 서로 연결하고 절충하는 수많은 시도들이 있다. 경건주의와 초기 감리교회의 성서주의는 첫 번째와 세 번째 유형의 중간에 서 있다.[87] 칼 바르트는 이 두 유형의 경계를 이루며, 불트만은 케리그마적인 이해와 자유주의적인 이해 사이에 존재한다. 이러한 다양한 의견들 속에서 방향을 잡고자 하는 사람들에게 우리는 '성서에 충실한' 성서 이해를 위한 기준을 다음과 같이 정리해서 말해 줄 수 있다.

a) 하나님께서 자기 백성과 온 세상의 구원을 위하여 하신 행동과 말씀에 관해 말하고 있다는 성서의 주장을 진지하게 받아들이며, 해석의 길잡이로 삼아야 한다.

b) 정경과 그 문헌들에 내재된 인간적인 측면이나 그 진술들의 시대적 상황성을 반드시 고려해야 한다.

c) 성서 본문의 의미는 그 당시 상황을 위한 메시지로 끝나지 않는다. 그것은 현대인의 상황과도 관계되어야 한다.

성서의 '케리그마적' 해석이 성서에 충실한 성서 이해라는 목표에 가장 근접해 있음은 분명하다. 그러므로 우리는 이 해석 유형을 앞으로 언급할 논의의 근거로 삼을 것이다. 물론 그렇다고 해서 다른 이해 유형들을 거부하는 것은 아니다. '근본주의적' 유형은 복음을 형식적인 율법주의의 사슬에 묶어 둘

---

[87] A. Schlatter, Das christliche Dogma, 1923²(1977³), 364-380; ders., Atheistische Methoden in der Theologie, in: ders., Zur Theologie des Neuen Testaments und zur Dogmatik, 1969, 134-150. 최근의 경건주의에 대해서는 G. Maier, Biblische Hermeneutik, 1990; 감리교회의 성서 이해에 대해서는 I. H. Marshall, Biblische Inspiration, 1986을 참조.

위험이 있다. 그리고 '자유주의적' 유형은 성서 메시지를 구속력이 없는 고대의 종교적인 증언으로 해소시켜 버리는 위험에 빠질 수 있다. 그렇지만 이러한 방법론으로 성서를 연구하는 해석자들도 복음의 메시지를 인식하며, 또 선포할 수 있다. 복음의 메시지는 어떤 인간적인 해석의 유형들보다도 강하기 때문이다.

4) 성서 – 인간의 말로 기록된 하나님의 말씀

지금까지의 논의에 근거해서 이제 우리는 성서 고유의 증언과 형태에 합당한 성서 이해를 찾아보려고 한다. 종교개혁적이며 감리교적인 유산이 주는 요인들을 수용하면서, 또 성서 말씀을 들어야 하는 오늘날의 상황도 고려하면서 찾아보자.

(1) 성서적인 메시지의 자기 증거

성서 메시지의 의미와 힘을 깨닫기 위해 우리는 우선 성서를 주의 깊게 읽고 들어야 한다. 다시 말해 성서 안의 증인들이 하는 말씀을 읽고 듣는 사람은 그 말씀을 자기 자신에게 하는 말씀으로 읽고 들어야 한다. 반드시 사전에 성서에 대한 특정한 이해가 있어야 하는 것은 아니다. 하나님께서 성서 말씀 속에서 우리에게 말씀하신다는 확신은 우리의 생각이 아니라 하나님이 주시는 선물이다. 그런 확신은 성서의 말씀 속에서 만나는 사건의 힘으로부터 생겨난다. 다시 말해 하나님이 자기 백성에게 베푸시는 구원과 심판의 행동, 그리고 나사렛 예수의 삶과 죽음 및 부활 속에 있는 하나님의 구원하시는 행동의 힘이 성서 독자들에게 그런 확신을 가능하게 한다. 그런 확신은 성령의 활동으로 생겨난다. 하나님은 성령을 통해 성서를 읽고 듣는 사람을 감동시키시며, 그 말씀이 지금도 읽고 듣는 사람을 위하여 여전히 유효하다는 사실을 깨닫게 하신다. 후에 감리교회로 통합된 복음공동체의 신앙 고백 제4조는 다음과 같이 말한다.

우리는 구약과 신약성서가 예수 그리스도 안에 있는 하나님의 구원의 계시에 관한 예언자적이고 사도적인 증언임을 믿는다. 성령은 우리가 이 증언을 하나님의 말씀으로 이해하고 신앙과 삶의 표준으로 이용하게 가르친다.[88]

(2) 성서의 언어 속에서 하나님이 말씀하신다

하나님의 영이 마음과 귀를 열어 그의 말씀을 들을 수 있게 해 주는 사람은, 다시 말해 예수라는 인물과 그의 메시지의 내적인 힘에 감화를 받은 사람은 성서 말씀에서 하나님의 음성을 듣는다. 그것은 성서 본문과 한 인간 사이의 인격적인 관계를 형성해 주는 것이며, 그것은 성서 문헌들 속에 있는 하나님의 말씀과 인간의 언어 사이의 관계에 관한 어떠한 이론과도 아무런 상관이 없다. 그러한 인격적 관계의 근원은 성서를 읽는 독자 자신의 이해 능력에 있는 것이 아니라, 하나님의 말씀이라는 성서의 본질에 근거한다.

성서 본문에 있는 하나님의 말씀과 인간의 언어의 관계를 간략히 파악하는 것은 결코 쉬운 일이 아니다. 예를 들어 "성서는 하나님의 말씀이다."라는 문장은 성서 전체가 하나님의 행동과 말씀에 관한 증언이라는 사실을 적절히 말해 준다. 그러나 이 문장은 하나님은 매우 다양한 형태로 말씀하신다는 것과 성서는 극히 의도적으로 인간의 반응하는 말 –믿음의 응답일 수도 있고, 믿지 않는 거부일 수도 있으며, 절망과 비통의 탄원일 수도 있고, 혹은 감사와 찬양의 노래가 될 수도 있다– 을 포함한다는 사실을 드러내지 못한다.

거꾸로 "성서는 하나님의 말씀을 담고 있다."라는 문장은 성서에 들어 있는 하나님의 말씀은 비판적인 작업을 통해서나 혹은 "이는 하나님의 말씀이다."라는 분명한 문자 규정에 근거해 인간의 말과 구별될 수 있다는 생각으로 오도될 수 있다. 이러한 생각은 하나님 말씀의 역동성에 대해 너무 정적이다. "이는 하나님의 말씀이다."라는 문자 규정을 통해 우리에게 전해진 것도 우리는 사람의 입을 통해 알게 된다. 다른 한편 하나님은 우리에게 무언가를 말씀하기 위해 인간의 긍정적인 응답이나 부정적인 응답을 사용하기도 하신다.

성서 문헌들을 기록한 사람들이 자신들을 통해 하나님이 말씀하고자 하는 것을 어떻게 기록하게 되었을까? 이 물음은 교회사에서 흔히 성서 기자나 문헌들의 영감론을 통해 답변되는 경우가 많았다. 이러한 과정을 가능한 정확

---

[88] J. Wesley, Notes NT(딤후 3:16에 대한 주석 부분)에서도 그렇다.

하게 이해하기 위해 다양한 이론들을 개발했으며, 이들을 문자적(알파벳적)인 영감론, 단어적인 영감론, 혹은 실질적(내용적)인 영감론 등으로 불렀다. 오늘날의 근본주의는 단어적인 영감론의 강력한 변호인이라는 점에 대해서는 앞에서 이미 언급한 바 있다. 이는 또 개신교 정통주의와 존 웨슬리도 주장하였다. 그렇지만 그러한 비교적 기계적인 사고방식은 하나님에 관해, 그리고 하나님을 향해 말하는 성서의 다양한 진술들에 적절하지 않다는 것이 거듭 밝혀지고 있다. 또 그러한 생각은 예를 들어 디모데후서 3:16이 증언하는 성서적인 영감 계시론의 핵심에도 적절하지 않다.

> 모든 성서는 하나님의 감동으로 된 것으로 교훈과 책망과 바르게 함과 의로 교육하기에 유익하니.

여기서 "모든 성서"는 구약성서의 문헌들을 말한다. 그것들이 하나님의 영에 의해 형성되었고 이루어졌다는 것이다. 그렇지만 영의 활동과 성서 기자들의 활동 사이의 관계가 정확하게 규명되고 있지는 않다. 구약성서에 대한 이러한 본질 규명은 후에 신약성서의 문헌들에도 적용되었다. 그러나 디모데후서 3:16이 말하고자 하는 근본적인 목적에 대해서는 별로 관심을 기울이지 않았던 것도 사실이다. 성서 문헌들이 영감을 받았다는 것은 성서 문헌들의 특별한 성질을 말하려는 것이 아니라, 이 문헌들의 기능을 말하는 것이다. 성서는 하나님의 뜻을 사람들에게 가르치고, 그들의 행동을 바르게 인도하며, 그들이 하나님과 더불어 살게 촉진한다. 존 웨슬리는 그의 "신약성서 해설(Notes NT)"의 디모데후서 3:16에 대한 해설에서 이를 매우 적절하게 말한다.

> 하나님의 영은 성서 문헌들을 기록한 사람들에게만 영감을 준 것이 아니라, 진지하게 기도하며 성서를 읽는 사람들에게도 항상 영감을 주신다.[89]

영감을 이처럼 기능적으로 이해하는 것이 성서의 본질에 합당하다. 성서는

---

[89] 영감과 성서 이해에 대한 찰스 웨슬리의 몇몇 노래들에서 비슷한 이해를 볼 수 있다. 예를 들어 Hymn 247; 85:1-2. 성서 해석자의 영감에 대해서는 M. Welker, Gottes Geist. Theologie des Heiligen Geistes, 1992, 257-258을 참조. 그는 칼빈의 비슷한 말들을 인용한다.

개별적인 하나님 말씀들의 수집물이 아니라, 하나님이 인간과 함께하신 역사의 증언이다. 이 역사는 한 방향을 향하여, 그리고 한 핵심을 향하여 흐른다. 그러므로 이 역사는 원(原)역사로부터 이스라엘 역사를 거쳐 예수 그리스도의 이야기로 이어지며, 다시 하나님과 인간의 교제가 궁극적으로 완성될 역사를 예고한다. 원역사는 하나님 앞에서 인간이 어떤 존재인지를 말하며, 하나님의 백성 이스라엘의 역사는 하나님의 상대인 인간을 위하여 하나님께서 어떻게 싸우시는지를 모범적으로 보여 준다. 그리고 예수 그리스도의 삶과 죽음 속에 있는 하나님의 역사는 인간의 곤궁과 죄 가운데에 하나님의 사랑이 현존함으로써 정점에 이르고 있음을 보여 준다.

이러한 역사의 흐름은 성서 문헌들에 다양하게 나타나는데, 여러 번 반복적으로 강조되는 것들이 많다. 예를 들어 이스라엘이 애굽의 종살이에서 해방된 사건이 구약성서의 하나님의 백성에게 무슨 의미가 있는지, 또 예수의 부활이 신약성서의 복음에 어떤 의미가 있는지 등이 반복적으로 강조되는 것이다. 또 어떤 것들은 상이하게 보도되기도 하는데, 예를 들어 예수의 삶과 선포가 네 개의 상이한 복음서들을 통해 기록된다. 인간의 행동과 삶에 관한 수많은 이야기들이 이 역사의 흐름 속에 들어오기도 한다. 이 경우 하나님의 영감은 어떤 구체적인 경우에 관련되어 확정되는 것이 아니라 전체, 핵심과 관련해서, 그리고 하나님의 은혜로우신 사랑 –나사렛 예수 안에서 궁극적으로 표출된– 에 관련해서 확정되어야 한다. 이것을 하나의 예를 들어 설명해 보자. 욥의 친구들의 말은 하나하나 보면 그 속에 대단히 값진 내용이 들어 있다. 그렇지만 그것들은 욥기서 전체 속에서는 '정당한' 신학이 어떻게 비참하게 잘못될 수 있는지를 보여 주는 역할을 할 뿐이다. 그들이 우리에게 부정적인 예로 제시됨으로써, 하나님의 영은 욥의 친구들의 말을 통해 우리를 "교훈하고 책망하고 바르게 하며 의로 교육시키도록(딤후 3:16)" 역사한다. 이 때 욥의 친구들의 말 한 마디 한 마디에도 하나님의 영감이 작용하고 있느냐는 물음에 대한 답변은 부질없는 것이 될 것이다.

(3) 성서적인 메시지의 인간적인 측면

예수 안에 있는 신적인 본성과 인간적인 본성의 관계를 신학적으로 규명할 때, 아마도 역설이라는 말 이외의 다른 말로는 표현하기 어려울 것이다. 예수는 참 하나님이며 참 인간이다. 성서에 대해서도 어느 정도 비슷하게 말할 수 있다. 성서는 그 안에 있는 모든 것이 인간에 의해 말해지거나 기록되었다는 점에서 전적으로 인간의 말이다. 하나님에 관한, 하나님을 향한 –혹은 하나님을 반대하는– 인간의 말이 인간에게 말씀하시는 하나님의 말씀의 '운반자'가 된 것이다. 그러므로 성서의 이러한 인간적인 측면은 하나님의 말씀을 둘러싸고 있는 제거되어야 할 '지저분한 먼지'가 아니다. 오히려 이는 인간에게 주신 하나님의 뜻을 인간의 언어로 표현한 것이며, 인간 세상에서 말씀하기 위해 하나님이 내려오셨음을 표현하는 것이다. 이는 말씀이 육신이 되신 것과도 유사하다. 이러한 하나님의 내려오심의 표현은 외형적으로만 인간에게 동화되는 것을 말하지 않는다. 마치 식민지 시대에 백인 정복자가 원주민의 사상세계와는 만나지 않고, 단지 통역을 내세워 말하고자 하는 그런 식이 아니다. 인간의 체험과 고통 속으로 하나님의 말씀이 실제로 잠겨드는 그런 의미로 하나님 말씀의 인간적인 측면은 이해되어야 한다. 하나님 말씀의 이러한 위대함과 낮아짐, 아름다움과 난해함을 누구보다 가장 적절하게 표현한 사람이 마틴 루터다.

> 성서는 모든 지혜로운 사람들과 영리한 사람들을 바보로 만들며, 그리스도가 말씀하신 바(마 11:25)와 같이, 오직 작은 사람과 보잘것없는 사람에게만 열려 있다. 그러므로 당신의 생각과 느낌을 버리고 가장 높고 가장 순수한 성소이며, 파고 또 파도 다 팔 수 없는 무한히 풍성한 보물 창고인 이 성서를 존중하라. … 당신은 여기서 그리스도가 누워 있는 보자기와 구유를 발견할 수 있을 것이다. … 그 보자기는 보잘것없는 싸구려이지만 그 안에 누워 있는 그리스도는 값진 보물이다.[90]

그러므로 우리는 '성서 안에서(구약과 신약성서 안에서)'를 말한다. 왜냐하면 '성서 안에서' 우리는 세상을 구원하시려는 하나님의 행동에 관한 증언을 듣고 있기 때문이다. 우리는 '성서 안에서' 그리스도에 관한 증언을 발견하기 때문이다. 원래적인 계시에 관한 증언이 '성서 안에서' 우리에게 왔다. 성서

---

[90] 구약성서 서문, 1523(Luthers Vorrede zur Bibel, hg.v. H. Bornkamm, 1967, 32).

본문의 저자들과 편집자들, 번역자들과 해석자들은 우리가 오늘 하나님의 말씀을 읽고 듣고 이해할 수 있게 하기 위해 하나님에 의해 사용된 사람들이다. 이러한 일들이 미래에도 가능할 수 있게 번역자와 해석자는 앞으로도 계속 존재해야 할 것이다. 물론 그들이 비록 제한되고 불완전한 방법으로 작업을 할지라도 그들은 하나님이 주신 사명 아래서, 하나님의 영의 인도를 받아, 살아 있는 말씀을 지속적으로 듣고 읽을 수 있게 한다. 하나님의 말씀은 그것을 듣고 읽었던 사람들에 의해 우리에게 전달된다. 우리는 오직 그렇게 해서만 하나님의 말씀을 '갖게 된다.'

3. 감리교회의 믿음 이해 – 실천을 위한 신학

웨슬리와 초기 감리교인들은 자신들이 성서와 초대교회가 증언하는 단순 명료한 진리를 선포하고 있다고 확신했다. 물론 이러한 이해가 논란이 되는 것은 당연하다. 조지 윗필드(George Whitefield)를 중심으로 한 그룹은 같은 전제로부터 출발하면서도 예정론 문제에서는 웨슬리 형제와는 전혀 다른 결론에 도달하기도 했다. 또 그리스도인의 삶에서 율법이 어떤 의미가 있느냐는 물음을 둘러싼 논쟁들이 같은 그룹 내부에서 일어나기도 했다.

그러므로 감리교회 운동 역시 다른 종교개혁적인 교회들과 같은 체험을 할 수밖에 없었다. '오직 성서로만(sola scriptura)'이 로마-가톨릭교회가 내세우는 전통 원리에 종교개혁적인 교회들이 공통으로 대항하는 중요한 원리였다. 그러나 종교개혁적인 교리 자체를 긍정적이며 시대의 요청과 관련해 이해하고 설명하는 데에는 여러 가지 문제들이 제기되었고, 그래서 다음과 같은 문제들을 해결하지 않으면 안 되었다.

첫째, 성서는 어떻게 해석되어야 하는가?

둘째, 누가 가르치는 권위를 행사해야 하며, 해석이 다양할 때에는 누가 결정권을 갖는가?

셋째, 어떤 문헌들이 일단 인정된 진리를 미래를 위해서도 확실하게 보존할 것인가?

다음에서 감리교회의 신학이 이러한 세 가지 물음에 어떻게 답변하는지를 살펴보고자 한다.

1) 감리교회 성서 해석의 원리

웨슬리는 자기의 성서 해석 방법을 "표준 설교집"의 서문에서 요약적으로 밝힌다. 이미 앞에서 인용한 바 있는 성서와 성서의 효력에 대한 고백에 이어 웨슬리는 다음과 같이 말한다.[91]

---

91) Works 1(Abingdon), 104.

> 내가 읽은 것에 대해 조금의 의심이라도 있는가? 애매하고 혼란스러운 점이 드러나는가? 그러면 나는 나의 마음을 빛의 아버지에게 엽니다. 주여, 당신은 말씀하지 않습니다: '너희 가운데 누구에게 지혜가 부족하다면, 그는 하나님께 기도하는가?' 당신은 '기꺼이 주시며 모든 사람을 사랑으로 만나십니다.' 당신은 말씀하십니다: '누군가가 당신의 뜻을 실천하고자 한다면, 그는 알게 될 것이다.' 나는 당신의 뜻을 실천하고자 합니다: 나로 하여금 알게 하소서!

성서의 말씀이 애매할 때, 해석의 첫 단계는 기도하며 성령의 인도를 믿는 것이다. 그러나 그에 이어 –이것이 웨슬리 사상의 매우 큰 특징이다– 웨슬리는 가능하면 수동적으로 성령의 조명이 오기를 기다리라고 충고하는 것이 아니라, 실천적인 해석을 위하여 구체적인 단계를 밟아가라고 권한다. 기도와 성령의 인도, 그리고 학구적인 주석은 웨슬리에게는 서로 배타적인 것이 아니다. 그는 다음과 같이 언급한다.

> 그럴 때 나는 성서의 병행구절들을 찾아 생각하며 '영적인 사람들을 위한 영적인 것들'을 해석한다. 그에 대해 나는 –나의 이성이 할 수 있는 범위 안에서– 매우 주의 깊고 진지하게 묵상한다. 그래도 어떤 의심이 여전히 남아 있다면, 나는 영적인 문제들에 경험이 많은 사람들에게 묻는다; 그들이 이미 죽은 사람들이라면 그들이 쓴 문헌들을 통해 그들에게 묻는다. 이런 식으로 배운 것들을 나도 다른 사람에게 가르친다.

웨슬리 스스로 자기의 네 가지 해석학적인 원리를 간략히, 그러나 정확히 요약한다. 이 원리들은 그의 설교들이나 주석적인 문헌들에 반복적으로 나오며, 감리교회의 신학에서는 성서, 전통, 이성, 체험이라는 표어 아래서 해석학적 '사중주'라고 알려졌다.[92] 이 네 가지 표어가 각기 무엇을 말하는지에 대해 좀더 상세히 알아보아야 한다.

---

92) 교리의 토대는 이 책의 부록에 수록되어 있다. 이 네 가지 표어를 '사중주(Quadrilateral)'라는 개념으로 묶은 것은 웨슬리가 아니다. 웨슬리가 한 네 가지 비교될 수 있는 표현들을 아우틀러(A. Outler)와 그가 주관한 위원회가 조직적으로 요약한 것이다. 이 위원회는 "감리교회의 교리와 신학적 사명의 토대"라는

첫째, **성서 자체**가 성서 해석을 위한 가장 좋은 조력자다.[93] 성서는 성서를 통해 해석되어야 한다. 예를 들어 이해하기 어려운 구절들은 우리가 이해할 수 있는 구절들을 통해 해석되어야 한다. '신앙에 합당하게',[94] 다시 말해 가장 명료하게 인식될 수 있는 성서의 근본적인 신앙 선포를 고려해 해석되어야 한다.

둘째, 초대교회의 해석이 성서를 이해하는 데 또 다른 도움을 준다. 왜냐하면 콘스탄티누스 황제에 의해 기독교가 로마의 국교가 되는 변화가 있기 이전까지의 -웨슬리는 이 변화에 대해 매우 비판적이다- 처음 3세기 동안의 교회는 성서의 원래적인 이해에 매우 근접해 있으며, 더 나아가 성서의 증언 그 자체에 속하기 때문이다. 그 외에도 웨슬리는 후대의 교부들, 종교개혁자들과 영국교회의 문헌들에서 성서 해석을 위한 도움을 받았다. 그러나 그는 이를 매우 신중하게 사용했으나 그것들을 교회 전승의 총체적인 증언으로 묶지는 않았다.[95]

1972년도에 나온 "감리교회의 교리와 신학적 사명의 토대"라는 문헌이 비로소 전통이라는 개념을 여기에 첨가하였다. 이 때 전통은 여러 세기를 통해 발전되고 전개된 기독교적 증언들 모두를 포괄한다. 그러므로 이 전통은 성서의 해석뿐만 아니라, 성서적인 메시지를 시대에 맞추어 새롭게 표현한 것들까지도 포함한다. 이 때 분명하게 밝혀야 하는 것은 전통의 증언은 오직 성서로부터 도출된, 혹은 성서에 의거된 권위만이 있을 뿐이라는 것이다. 1988년에 나온 위 문헌의 새로운 버전은 이 점을 보다 분명하게 강조했다.

셋째, 웨슬리는 인간의 사고능력, 곧 이성을 하나님의 은사로 보았다. 하나

문헌 저술을 준비하기 위한 것이었다(1972년). 이에 대한 참고 문헌들은 다음과 같다: A. Outler, The Wesleyan Quadrilateral - In John Wesley. In: Thomas A. Langford(ed.), Doctrine and Theology in The United Methodist Church, Nashville 1991, 75-90; Ted A. Campbell, The "Wesleyan Quadrilateral" : The Story of a modern Methodist Myth, aaO. 154-161; P. Borgen, Biblical Authority and the Authenticity of the church in relationship th auxiliary keys such as reason, experience and social contexts, Epworth Review 8, 1981, 71-81; W. J. Abraham, The Wesleyan Quadrilateral. In: Th. Runyon(ed.), Wsleyan Theology Today, 1985, 119-126; W. Klaiber, Gibt es eine methodistische Exegese? TfP 14, 1988, 1-13.

93) 종교개혁적인 원리를 참조하라: "성서는 자기 자신의 해석자다 (sacra scriptura sui ipsius interpres)." 이는 마틴 루터의 신명기 강의에 나온 원리다(1523/24, WA 14, 556, 26-29). 이에 대해서는 H. Karpp, TRE 6, 1980, 71을 참조.

94) 롬 12:6; 웨슬리의 설교 113("믿음의 유비에 따라"), 2.

95) T. Campbell, aaO. 160; ders., John Wesley on Christian Antiquity. Religious Vision and Cultural Change, 1991등을 참조.

님의 영은 이성이라는 은사를 사용해 성서 해석을 돕는다. 이 때 이성은 하나님의 말씀을 판단하는 심판자가 되는 것이 아니라, 오히려 말씀들을 정리하고 그 맥락을 살펴 성서 말씀들의 의미를 이해하며 다른 사람들에게도 이해할 수 있게 만드는 인간적인 능력을 말한다. 오늘날 성서의 말씀들이 어떻게 실현되어야 할 것인지를 물을 때에도 시대 상황의 요청이나 행동의 가능성에 관한 합리적인 사고가 큰 역할을 한다.

넷째, 웨슬리는 자주 체험이 성서 해석의 도구라고 했는데, 그 의미는 두 가지였다. 첫째로 그는 특정한 해석이 그에 상응하는 체험을 통해 확인될 수 있는지를 물었다. 그는 하나님께서는 바른 이해를 위해 그런 체험적인 표식을 주신다는 점을 확신했다. 그가 오직 믿음으로만 의롭다 함을 얻는다고 확신한 것은, 성서가 그렇게 증언하고 있기 때문만이 아니라 의롭다 하시는 은혜를 체험했다고 그에게 말하는 많은 사람들이 있었기 때문이다. 이것을 그는 1738년 5월 24일에 있었던 그의 '회심'에서 직접 체험함으로써 확인했으며, 그의 선포의 열매로서 다른 사람들의 삶에서도 확인했다.

두 번째 의미는 이렇다: 성서의 가르침을 실천적으로 실현하고 "하나님이 오늘 나에게 무엇을 원하실까?"라는 물음에 응답해야 할 경우에 웨슬리는 결단을 내리게 돕는 체험의 역할을 높이 평가했다. 성서의 계명은 나의 행동의 방향을 제시해 준다. 그리고 구체적인 목표를 설정할 때에는 체험에 대한 합리적이고 객관적인 사고와 평가가 큰 도움을 준다.

그러므로 이 네 가지 개념들은 서로 동등한 가치가 있는 독립적인 계시의 원천을 말하는 것이 아니라, 살아 있는 성서 해석의 역동적인 과정을 의미한다. 이러한 살아 있는 성서 해석에서는 성령이 인간적인 도구를 통해 활동한다. 이러한 측면들이 언급되고, 의식적으로 연관된다는 사실에서 감리교적인 성서 주석이 특별히 삶과 실천 지향적임을 알 수 있다. 물론 이러한 측면들 속에는 새로운 해석의 틀도 내포되어 있다. 성서 해석의 새로운 방법들이 이 틀 속에서 비판적으로 검증되어야 하고, 또 긍정적으로 수용될 수도 있다.[96]

---

96) 예를 들어 심층심리학적인 해석을 체험의 범주에 넣을 수 있을 것이다. 그러나 동시에 이러한 심층심리학적인 해석은 본문의 역사적인 메시지가 갖는 해석학에 의해 평가되어야 한다.

2) 감리교회의 교리는 생생한 삶을 통해 형성되었다

해석의 원리가 분명해졌다고 하더라도 교회 활동이나 선교 활동을 해야 하는 곳에서는 용의주도한 성서 해석만으로는 모든 문제에 답할 수 없고, 결정을 해야 할 문제들이 여전히 남아 있기 마련이다. 감리교회에서는 누구에게 이러한 결정의 권한이 있는가? 1744년, 즉 대중 선교 활동이 시작된 후 5년쯤 지나 웨슬리는 그의 가장 중요한 동역자들을 연례적인 회의(연회)로 소집하여 다음과 같은 문제들을 다루게 했다.[97]

첫째, 우리는 무엇을 가르칠 것인가?
둘째, 우리는 어떻게 가르칠 것인가?
셋째, 우리는 무엇을 행할 것인가?

다시 말해 우리는 어떻게 우리의 교리, 조직, 그리고 실천을 서로 규정하고 결정할 것인가?

선포할 내용, 선포의 실천적인 방법, 그리고 운동의 실천적인 삶이 문제가 되었다. 감리교회 운동은 선포의 형태와 내용을 조직과 봉사적인 행동과 일치시켜야 했다. 복음적인 선포를 지향하며 신학적인 독특성을 크게 주장하지 않았던 감리교회 운동에서 '교리'에 대한 문제가 주제적인 논의의 핵심이 된 것은 특이하게 보인다. 선교적 실천은 신학적으로 반성되며, 신학적 반성은 선교적인 실천의 도전과 체험과 결합된다. 더구나 이러한 결합에는 복음적, 봉사적, 공동체 형성적인 차원이 있다. 바로 여기에 감리교회적인 교리 형성과 신학의 원리가 있을 것이다.

연회에서 논의된 결과는 정리되어 발표되었고, 이후 감리교회 운동의 교리적인 원리가 되었다. 역사적으로 볼 때 이 과정에서는 '협의적'인 요소가 별로 중요한 역할을 하지 못했다. 왜냐하면 주로 대답을 한 사람은 웨슬리 한 사람이었기 때문이다. 그러나 웨슬리는 '연회'라는 체제를 감리교회에 만들어 줌으로써, 그의 사후에도 각 시대의 요청들에 대해 연회에서 공동으로 대처할 수 있게 했다. 미국과 같이 감리교회가 감독 체제로 변화된 곳에서도 연회는 최고의 기관으로서 목회자들이 (후에는 평신도 지도자들도 참여) 공동으로 교회의 교리적 권위를 결정하고 집행하는 곳이 되었다. '연회'는 지금도 감리

---

[97] 1744년 6월 25일자 Minutes, Works³ Ⅷ, 274.

교회의 중요한 조직적 특성으로 남아 있다.[98]

신학대학이 -감리교회의 신학교가 세워진 것은 훨씬 후의 일이다- 아니라 선교 활동을 하던 '순회 설교자들'의 연회가 초기 감리교회의 신학이 결정되는 삶의 자리였다. 연회에서 선교로서의 교회가 형성되었고, 연회에서 교회는 선교적인 실천에 요구되는 여러 가지 도전이나 요청들과 씨름하면서, 또 비판가들과 논쟁을 벌이면서 신학을 형성해 갔다. 감리교회의 신학은 실천으로부터 생겨난 신학이며, 실천을 위한 신학이었다. 그러면서도 비판적인 반성의 차원을 포기하지 않았다. 이를 영국에서는 '실천 신학(Practical Divinity)'이라는 말로 간략히 요약한다. 바로 이것이 감리교적인 신앙론의 본질을 말한다.[99]

시대가 흐르면서 연회는 이러한 신학적인 과제를 제대로 수행하지 못하는 경우가 많았다. 연회는 점차 조직적인 문제에 대해 논의하고 결정하는 것을 과제로 삼았으며, 신학적인 작업은 학자들에게 맡기게 되었다. 늦어도 19세기 말경에 이르러서는 앵글로 섹슨 지역의 감리교회 신학은 일반적인 개신교의 학문적인 신학에 참여하게 되었다. 많은 신학자들이 학문적인 영역에서나 감리교회 내에서 많은 의미 있는 활동을 하기 시작했다. 그렇지만 그러는 동안 감리교회의 신학은 분명한 감리교회적인 특색을 잃어버리는 경우가 많았으며, 그래서 감리교회가 교회적으로 중요한 역할을 수행하는 곳에서조차도 감리교회의 신학적인 목소리가 별로 들리지 않게 되었다.[100]

그 결과 1968년 교회가 연합된 이후 연합된 교회의 '교리와 신학적 과제의 토대'에 대한 물음이 제기되었는데, 이를 새로이 규정하려는 시도가 있었음은 전혀 이상한 일이 아니다. 1972년 총회에서 이 주제에 대해 통과시킨 문건이 신학적인 다원성 -이러한 다원성의 전망은 '사중주'와 '지표가 되는 문서

---

98) 이에 대해서는 아래 Ⅳ장의 2)의 (4)를 보라.
99) 이에 대해서는 Thomas langford, Practical Divinity. Theology in The Wesleyan Tradition, 1983을 참조. 이는 감리교회의 신학의 역사를 간략하게 서술하고 있다. Practical Divinity라는 표현은 1779년에 나온 "감리교인들이라 불리는 사람들이 사용하는 찬송가 모음"이라는 책자의 서문에 있는 웨슬리의 언급에서 나왔다. 이 책자를 웨슬리는 "a little body of experimental and practical divinity"라고 부름으로써 수집된 노래들의 과제가 기독교적인 종교의 가장 중요한 진리들을 설명하고, 그것들을 성서와 이성을 통해 입증하고, 그리스도인들의 체험에 합당하게 표현하는 것이라고 했다. 감리교회 신학의 이러한 구도에 대해서는 E. Cushman, John Wesley's Experimental Divinity. Studies in Methodist Doctrinal Standards, 1989를 참조.
100) 감리교회 신학의 역사에 대해서는 Thomas A. Langford, Practical Divinity; ders., Wesleyan Theology. A Source Book, 1984; K. Steckel, Die Geschichte der EmK, 1982, 243-276등을 참조.

들'에 지배적으로 나타나 있다고 하면서- 을 강조하고 있다면, 1988년에 나온 개정 신판은 이러한 유산을 통해 제시된 방향을 더 강하게 따르고 있다.[101]

그러나 감리교회의 신앙론은 정당한 표현의 문장들이 통과됨으로써 완성된 것이 아니라, 책임적인 사람들이 교회적인 실천을 함께 심사숙고하여 논의하면서 선교적인 실천을 위한 신학을 형성해 냄으로써 완성되었다.

3) 감리교회 믿음의 지표가 되는 문서들

교리적인 의견에 관해 논쟁을 벌이는 것은 별로 의미 있는 일이 아니라고 웨슬리는 자주 강조했다. 그리스도인들이 실존적으로 확신하는 기본적인 것에 동의하는 것이 중요하다고 했다(에큐메니칼 정신에 관한 39번 설교에 따르면 "당신의 마음이 나의 마음과 같으냐?"라는 물음이 가장 중요하다). 그 밖에도 "생각하고 생각하게 하라."는 표어가 중요한 역할을 했다.[102] 여기서 웨슬리가 보여 준 초교파적인 범위가 드러난다. 그는 가톨릭교회의 교리에 문제가 많다고 보았음에도 로마-가톨릭교회의 그리스도인까지도 포용했다. 웨슬리가 가장 중요한 교리적인 확신 -웨슬리는 이를 '기본적인 것(fundamentals)'이 아니라 '핵심적인 것(essentials)'이라고 표현한다.- 에 관해 말하는 것은 극히 드물다. 그는 영국교회의 성직자들에게 편지를 보내 평화적으로 함께 일하자고 호소하면서 세 가지를 말한다: 1. 인간은 처음부터 죄를 범한 죄인이다. 2. 믿음으로 의롭다 함을 얻는다. 3. 마음과 삶의 거룩함.[103]

그렇다고 해서 웨슬리가 설교자들과 교회에 일치되고 분명한 교리를 요청하지 않은 것은 아니다. 윗필드가 예정론을 고수했음에도 웨슬리가 그와 협

---

101) 이에 관한 논쟁에 대해서는 Th. A. Langford(ed.), Doctrine and Theology in The United Methodist Church, 1991을 참조.
102) 적어도 설교 39("관용의 정신")에서 웨슬리에게 중요했던 것은 기독교 교리학의 핵심적인 물음에서 교리적인 일치가 아니라, 하나님과 인간에 대한 원칙적인 입장의 일치였다. 39번 설교 외에도 "감리교인의 특색(M. Maquardt hg., BGEmK 11, 1981)", 7을 더 참조: "기독교의 뿌리에 해당되지 않는 모든 문제에 관하여 우리는 다음의 규칙을 지킨다: 생각하고 생각하게 하라." 웨슬리가 교리적인 의견(Opinions)으로 간주한 것으로는 교회 조직의 문제, 유아 세례와 성인 세례를 물을 뿌려서 할 것인가 아니면 물에 잠기게 할 것인가 및 예배의 문제 등이다(설교 39, II, 2). 예정론의 문제도 그런 의견에 속했다(1765년 5월 14일자 John Newton에게 보낸 편지; Letters<ed. Telford> Ⅳ, 297-300).
103) 1761년 4월 6일자 George Downing에게 보낸 편지(Telford편, Letters Ⅳ, 146)와 1764년 4월 19일자 "여러 성직자들"에게 보낸 편지(aaO. 237). A. C. Outler, Das theologische Denken John Wesleys.

력할 수 있었다면, 다른 한편으로 그는 그의 추종자들에게 하나님의 자유로운 은혜를 설교하게 했다. 왜냐하면 하나님의 자유은총만이 성서적이며 의미 있는 것으로 인정될 수 있다고 생각했기 때문이다. 또 그는 그의 생애를 통해 수많은 교리 설교들을 출간해 냈으며, 이 설교들이 다른 설교자들과 교회를 위한 지표가 되어야 했다.[104]

이미 1763년에 그는 감리교회의 집회 장소 사용에 관한 "모범 규정"에서 이러한 장소의 관리인들(평신도)에게 웨슬리 자신의 발표된 설교들과 그의 "신약성서 해설(Notes upon the New Testament)"에 일치되는 사람들에게만 설교를 허용하게 규정했다.[105] 웨슬리는 자기의 교리가 모든 사람을 행복하게 만들거나 잘못이 없다고는 생각하지 않았다. 그렇지만 그의 교리를 하나님이 감리교인들이라 일컫는 사람들에게 맡겨 두었으며, 또 그것을 통해 큰 깨우침의 복을 주신 은사라고 확신했다. 그러므로 그의 교리는 충실하게 따를 가치가 있었다.

1784년에 감리교회 운동이 미국에서 독자적인 교회를 형성하게 되었을 때, 웨슬리는 미국교회에 25개 조항으로 된 간략한 신앙 고백을 전달했다.[106] 여기에는 특별히 감리교회적인 신앙 내용이 들어 있었던 것이 아니라, 영국교회의 39개 조항을 –매우 독특하게– 축약한 것이었다. 영국교회의 39개 조항은 종교개혁적인 유산을 물려받은 것이었다. 복음공동체도 이 39개 조항을 약간 변경해서 받아들였지만,[107] 그 후 이를 새롭게 만들어 갔다(마지막 판은 1962년에 나왔다). 반면에 감독 감리교회는 이미 1808년 총회에서 신앙 고백을 더 이상 변경하지 않을 것과 기존의 교리 규범에 어긋나는 어떠한 새로운

ThStBeitr 4, 1991, 28을 참조. "감리교인의 특색"에서 웨슬리는 성서의 영감, 신앙과 삶의 문제에서 성서만의 유일한 권위, 그리스도의 영원하고 진정한 신성을 감리교인의 근본적이고 구별되는 특징이라고 했다. 물론 이 특징은 외적인 한계에 해당될 뿐이다(aaO. 7). 이에 대해서는 G. Wainwright, Lehre und Meinungen. In: A. Birmele(Hg.), Grundkonsens - Grunddifferenz, 1992, 155-168을 참조.
104) Sermons on Several Occasions I-Ⅳ, 1777(1. A. I- Ⅲ 1746); V-Ⅷ 1788.
105) Large Minutes(Works³, Ⅷ, 331). "신약성서 해설"은 1754년에 출판되었다. 표준 설교로 여겨진 것은 I-Ⅳ 권이었다. 각 판의 내용이 다르기 때문에 "표준 설교"가 44편 혹은 52편 혹은 53편인지에 대해 의견이 다르다. WJW 1, Sermons I에 대한 A. Outler의 서문을 참조(1984년, 38-45).
106) 이 책의 부록에 있는 감리교회의 신앙 고백을 보라. Th. C. Oden, Doctrinal Standards in the Wesleyan Tradition, 1988은 이 신조들이 전체 웨슬리 전통에서 어떻게 수용되었는지를 논한다; R. E. Cushman, Experimental Divinity; Th. A. Langford(ed.), Doctrine and Theology 등을 참조. 그 외에도 웨슬리가 축약한 공동 기도서인 "북아메리카에서의 주일 예배"라는 문헌도 참조할 수 있다. "이는 영국교회의 규정에 의거해 만든 세 직분, 곧 집사목사, 장로목사, 감리사의 안수 예문을 포함하고 있다" (Ward, TRE 22, 669).
107) 부록 536쪽을 참조. "최후의 심판에 관하여"라는 조항이 첨가되었다.

교리 규범도 만들지 않을 것을 결의하였다.[108]

이것은 지금의 감리교회(EmK)에도 그대로 해당된다. 감리교회는 위에서 언급한 세 가지 문건들과 함께 교회의 선포와 행동을 위한 다음의 세 가지 방향을 고수한다.
1. 웨슬리의 53개로 된 표준 교리 설교들에 있는 선포를 위한 기준
2. 웨슬리의 "신약성서 해설"에 있는 성서 해석을 위한 기준
3. 신앙 고백들에 있는 종교개혁적인 형제교회들과의 일치를 위한 기준.[109]

이러한 문건들이 16세기 종교개혁적인 교회들의 신앙 고백들과 동일한 기능을 하는 것은 아니다. 왜냐하면 이들은 교리적으로 감리교회를 다른 교회들로부터 구별해 내는 데 사용되지 않기 때문이다. 감리교회의 목사들은 안수 받을 때 이들 문서들을 세밀하게 지켜야 할 의무를 부여받는 것은 아니다. 이 문서들은 하나의 방향을 가르쳐 주는 의미가 있을 뿐이기 때문이다. 다시 말해 이 문서들은 하나님의 사랑의 계시에 관한 증언인 성서로부터 우리가 살고 있는 시대에서 어떻게 기독교적인 책임의식을 가지고 선포하고 행동해야 하는지를 가르쳐 주는 것이다.[110]

이는 1743년에 웨슬리가 그의 공동체들에게 주었으며, 1784년 이후에는 감리교회의 장정에 인쇄된 소위 "일반적인 규칙들"에도 해당된다.[111] 이 규칙들은 감리교회 회원들을 위한 주로 윤리적인 교훈들이다. 이들은 분명하고도 간단한 교회와 신앙 교육의 모범이며, 감리교 안에서 신앙의 확신과 윤리적인 삶의 실천 사이의 밀접한 관계를 보여 준다. 그 후 1908년의 "사회적 신앙 고백(사회신경)"은 그러한 방향을 계속 이어나간다.[112]

모든 문서들이 지향하는 목표는 감리교회를 "굳어진 교리 체계에 매어 두거나 책임적이고 지적인 자유를 억압하는 것"이 아니다; 오히려 이들은 "교리에 넓고 유동적인 틀을 제공함으로써 교회 내에서 논란이 되는 문제들이 그

---

108) 이러한 소위 첫 번째 제한적인 규정(EmK의 장정 16조)에 대해서는 Oden, aaO. 53-54; Grundlagen der Lehre 23; H. Nausner, Methodistische Tradition, MSGEmK 5, 1984/1, 4-26 등을 참조.
109) N. Burwash(ed.), Wesley's Doctrinal Standards, 1881, p. XI(Oden 23에서 인용).
110) 1972년에 나온 교리의 토대와 신학적 사명에 관한 첫 번째 판에서는 이 문서들을 "지표 문서들(Landmark documents)"이라고 칭했다. 다시 말해 방향을 설정해 주고, 성서의 관점에서 우리의 상황을 서술할 수 있게 도움을 주는 문서들이라는 것이다. 1984년에 나온 신판에서는 "기본 문서들(Foundation documents)"로 그 명칭이 바뀌었다.
111) 이 책의 부록 541쪽을 참조.
112) Soziale Grundsätze der EmK, 1988년 신판, EmK heute 64, 1989.

자유로운 틀 안에서 논의되게 하려는 것이다. 이러한 교리 규범들은 교리적인 극단주의로부터 감리교인들을 보호하고, 감리교회의 평신도들에게는 교리 규범들을 평가하는 새로운 역할을 부여해 주었다. 교리 문제에 대해 이런 식의 방향 제시는 전체 기독교를 통틀어 감리교회가 유일하였다. 이로써 감리교인들은 성서의 계시를 토대로 삼았지만, 이 계시를 문자적으로 요약하지는 않았다. 감리교회의 신학은 확실한 핵심에 뿌리내리고 있지만, 동시에 발전되어 가는 역사 속에서 큰 자유를 누릴 수도 있었다."[113]

독일어권 감리교회에서는 또 다른 문헌들이 커다란 영향을 끼쳤다. W. Nast와 Th. Spörri의 교리문답집(감독 감리교회)과 J. J. Escher와 J. Schempp의 교리문답집(복음공동체)이다.[114] 이들은 –비록 강도 면에서 차이는 있었지만– 모두 감리교회적이며 종교개혁적인 유산을 통합했으며, 쉽게 익힐 수 있는 교리문답 문장들로 되어 있었다. 그러므로 이것들은 우리에게도 여전히 유용할 수 있다. 이들을 통해 여러 세대의 감리교인들이 기독교의 기본적인 문제들과 개념들에 관한 관용적인 표현들을 배우게 되었다. 이 표현들은 지적으로만이 아니라 실존적인 삶에서도 매우 중요한 의미가 있었다.

'감리교회의 신학'을 서술하고자 하는 이 책은 그런 교리문답적인 길을 갈 수는 없다. 이 책의 목표는 우리의 신앙과 교리의 토대에 관한 정보를 이해할 수 있는 형태로 서술함으로써 감리교인들과 또 다른 교회의 사람들에게 그들의 신앙에 관해 분명한 변증을 할 수 있게 하려는 것이다. 그러므로 이 책은 지금까지 독일어권 감리교회에서 나온 신학 서적들 중에서 J. J. Escher와 A. Sulzberger의 문헌들에 상응한다고 할 수 있다. 이 신학자들은 기독교 신앙의 전체적인 내용을 감리교회적인 시각에서 서술했다. 반면에 Th. Spörri의 저서는 독자적인, 그러나 매우 감리교회적인 원리로부터 출발해서 신학을 논하기는 하지만 신학의 서론(Prolegomena) 이상을 넘어서지 못했다.[115]

---

113) Der theologische Auftrag der EmK(1972⁷⁶), EmK heute 27, 1978, 6-7; 1988년 신판에는 이 단락이 삭제되었다.
114) W. Nast, Der kleine Katechismus für die deutschen Gemeinden der BMK, Cincinnati 1868; ders.(hg.), Der größere Katechismus, Cincinnati/Bremen 1889; Th. Spörri, Leitfaden für den Katechismusunterricht, Frankfurt 1950(1965⁶); J. Escher, Katechismus der Evangelischen Gemeinschaft. Ein Inbegriff der christlichen Religionslehre, Stuttgart 1883; ders., Kleine Katechismus, Stuttgart 1888; J. Schempp d. J., Christenlehre für die Jugend der Evangelischen Gemeinschaft nach dem Katechismus von J. J. Escher, Stuttgart 1938(1957⁴).
115) J. J. Escher, Christliche Theologie. Eine Darstellung biblischer Lehre vom Standpunkt der

4) 이 책의 기본적인 내용들

여기서 지금까지 논의한 감리교회의 신학에 대한 전제적인 생각들을 요약하면서 몇 가지 기본적인 내용들을 정리하여 서술해 보자. 이들은 이어지는 단락들에서 구체적으로 논의될 내용의 지표가 될 것이다. 1988년에 나온 "교리의 토대"는 다음과 같이 말한다.

> 우리는 감리교인들로서 모든 시대, 모든 민족의 그리스도인들과 공동적인 유산에 함께 참여한다. 이 유산은 구주이시며 주님이신 예수 그리스도에 관한 사도적인 증언에 근거한 것이다; 이 증언은 모든 정당한 기독교적 교리의 원천이며 척도다.[116]

그러므로 이하의 단락들에서 논의될 '감리교회의 신학'은 감리교회를 다른 교회들로부터 분리해 내는 신학적인 진술들을 요약하는 것이 아니라, 보편적인 기독교 신앙론을 감리교회적인 시각에서 서술하는 것이다. 감리교회는 적에 관한 어떠한 밑그림도 그리지 않는다. 그렇지만 우리는 본질적인 내용에서 복음과 합치될 수 없는 것으로 보이는 특정한 견해들에 대해서는 – 직접적으로든 혹은 간접적으로든 – 한계선을 분명하게 긋는다. 하지만 그렇더라도 그런 견해를 주장하는 사람들에 대해서는 어떠한 판단도 하지 않는다. 우리 모두는 하나님의 판단 아래 서 있고, 우리의 신학은 오류를 범할 수 있으며, 그러므로 용서를 구해야 할 때도 있다. 우리의 신학은 한정된 인식능력과 판단력을 가진 인간의 신학이며, 우리의 언어는 전체적으로 우리의 이해를 능가하는 것을 적절히 설명하기에는 충분하지 못하기 때문이다. 그러므로 하나님에 관해, 하나님과의 관계 속에 있는 세상에 관해 말하고자 하는 사람은 그에 관해 단지 불충분하게 말할 수 있을 뿐이라는 사실을 분명히 알아야 한다.

이러한 전제 아래서 성령의 인도를 확신하며, 가능하면 단순하게, 그리고 본질적으로 중요한 부분에 집중하면서, 우리는 유럽 중앙에 위치한 우리 감

Evangelischen Gemeinschaft, I-Ⅲ, 1899-1901; A. Sulzberger, Christliche Glaubenslehre, I-Ⅲ, 1898³; Th. Spörri, Der Mensch und die frohe Botschaft. Christliche Glaubenslehre, I-Ⅲ, 1939-1956.
116) Grundlagen der Lehre 5.

리교회에서[117] 전반적으로 인정받고 있는 신학적인 확신들을 서술하려고 한다. 또 우리가 서술하고자 하는 이 '감리교회의 신학'은 우리 시대의 산물이다; 이 '감리교회의 신학'은 성서의 메시지가 전개되는 오랜 전통 속에 서 있으며, 그러므로 성서의 메시지 없이는 생각될 수 없다; 우리의 이 책은 성서의 메시지를 우리 시대의 지식과 체험에 상응하게 독자적인 방식으로 전개시키고자 한다. 다양한 지식과 체험은 복음의 부요함을 반영하지만, 하나님이 우리에게 주시는 근본적인 멜로디를 전개할 때는 같은 음색을 낸다. 긴장과 부조화는 결코 회피될 수 없으며, 또 간과되어서도 안 된다. 그러한 긴장과 부조화는 우리를 침묵하게 하며, 우리 자신의 목소리를 높이기 전에 선한 목자의 음성을 주의 깊게 들을 것을 요구한다. 그러면서 공통적인 것이 무엇이며, 감리교회적인 전통에서 특히 분명하게 강조되는 것이 무엇인지가 드러나게 될 것이다.

다른 교파에 속하는 그리스도인들과 감리교인들이 공통적으로 고백하는 것은 감리교회 운동이 시작되면서부터 교리와 선포에서 대단히 중요한 위치를 점하고 있었다. 그에 대한 가장 분명한 예 중의 하나가 바로 "기독교 총서"다. 이것은 웨슬리가 편집한 50권으로 된 기독교 서적 시리즈를 말한다. 그는 오랜 세월 동안 여러 교회 출신의 저자들이 쓴 책들을 압축하여 출간함으로써 많은 독자들이 읽을 수 있게 하였다. 이런 작업을 하면서 웨슬리가 중요하게 생각한 것은 "다양한 소리를 내는 증인들의 조화였다. 이 도서들을 통해 상이한 신앙 유형들을 융합시키게 도와주고자 했다. 가장 내면적인 차원, 곧 개인적인 신앙에서의 일치 – 바로 이것이 웨슬리가 무언중에 의도한 계획이었다."[118] 새로운 문서 "교리의 토대"에서는 기독교의 공통적인 것에 관해 다음과 같이 언급된다.

> 모든 그리스도인과 더불어 우리는 예수 그리스도 안에 있는, 또 예수 그리스도를 통한 구원의 신비를 믿는다. 구원에 관한 복음의 핵심은

---

117) 우리는 이런 지역적인 제한이 필요하다. 전 세계의 감리교회에서 인정받고 있는 '표준들'이 있다. 예를 들어 웨슬리의 표준설교들, 신약성서에 대한 웨슬리의 해설, 일반적인 규정들이 그것이다. 그렇지만 이 '표준들'의 해석이나 구조, 선포, 봉사 등에의 적용은 각 지역의 교회들에 따라 다양할 수 있기 때문이다.

118) M. Schmidt, John Wesley II : Das Lebenswerk John Wesleys, Zürich u.a. 1966, 328. 특히 323-331에 웨슬리의 기독교 총서 계획이 상세히 논의되어 있다.

하나님께서 나사렛 예수 안에서 인간이 되셨다는 것이다. 성서는 예수의 삶과 가르침 속에 있는 하나님의 구원하시는 사랑, 예수의 화해하시는 죽음, 부활, 역사 속에 무제약적으로 계시는 그의 현존, 악과 죽음의 세력에 대한 그의 승리 및 그가 약속하신 재림을 증거하고 있다. 우리의 고의적인 죄에도 불구하고 하나님께서 우리를 참으로 사랑하시기 때문에 그는 우리를 심판하시기도 하고, 회개로 부르시기도 하며, 또 용서해 주시기도 하고, 그리스도 안에서 우리에게 주시는 은총을 통해 우리를 용납하시고, 영원한 삶을 향한 희망을 주신다.[119)]

존 웨슬리 자신에게로 소급될 수 있는 감리교회 신학의 특별한 강조점들은 다음과 같다: 하나님의 은혜를 선행적인 은혜로, 의롭다 하시는 은혜로, 그리고 성결하게 하시는 은혜로 강조하는 것; 의인(義認)과 거듭남; 사랑으로 활동하는 신앙의 확신; 하나님 형상의 갱신으로서의 성화; 사랑 안에서의 성장; 만인을 향한 선교와 봉사의 의무 등이다.

이러한 강조점들을 고려해 볼 때, 감리교회의 신학을 서술하고자 하는 이 책은 다음과 같은 구조로 이루질 것이다.

첫째(Ⅱ장). 창조와 구원에 관한 성서의 메시지는 하나님의 보편적인 사랑에 근거되어 있다. 하나님께서 세상과 인간을 창조하셨다는 것은 하나님의 사랑의 표현이며 행동이다. 인간은 죄를 지음으로 하나님과의 원래의 교제를 파괴하였다. 그러나 그럼으로써 인간에게 자신과의 사귐을 보증해 주기를 원하시는 하나님의 뜻까지 파괴된 것은 아니었다. 예수 그리스도 안에서 하나님의 사랑은 죄의 세력을 극복하고 인간과 화해하셨다.

하나님의 무조건적인 사랑은 모든 창조세계에 해당된 것이며, 그의 구원은 모든 인간에게 제공된 것이다. 그러므로 그리스도 안에서 온 세상이 하나님과 화해하게 된 것이다. 성서 메시지의 이러한 우주적-보편적인 측면이 Ⅱ장에서 ***"보편적인 구원 - 하나님은 온 세상을 사랑하신다"***라는 제목으로 논의될 것이다.

둘째(Ⅲ장). 온 세계를 포괄하는 하나님의 행동은 동시에 모든 개인에게도 해당된다. 하나님의 행동은 개인을 억압하거나 비인격화하지 않는다. 하나님

---

119)Grundlagen der Lehre 7.

의 구원은 스며드는 것이 아니라, 새로운 현실을 연다. 하나님의 구원은 개인을 해방하여 독자적인 응답을 할 수 있게 한다. 개인은 이러한 하나님의 행동을 하나님의 사랑에 대한 신뢰 속에서 체득하며 수용한다. 이는 신앙 안에서 일어난다. 그러므로 믿음은 인간적인 행위의 업적이 아니라, 우리를 위한 하나님의 행동과 선물을 받아들이는 것이며, 동시에 자신을 하나님께 맡기는 확실한 신뢰다. 신앙 안에서 사람들은 하나님께서 그들의 삶을 받아들이고, 의롭다 인정해 주신다는 것을 체험한다. 하나님께서 자신들의 삶을 가능하게 하고 거룩하게 한다는 사실도 신앙 안에서 알게 된다. 인간들은 신앙 안에서 하나님께서 그들의 삶을 완성하실 것이며, 완전한 사랑으로 채우실 것을 희망한다. 그리스도를 통해 선물된 교제의 특징은 거룩함과 행복이다. 거룩함과 행복은 하나님과 함께 사는 새로운 삶의 표식이며, 실천된 은혜의 특징들이다. Ⅲ장은 이런 점들을 **"개인적인 믿음 – 개인의 구원 체험"**이라는 제목으로 논하게 될 것이다.

셋째(Ⅳ장). 사랑이 그리스도인의 존재적인 특징이며 내용이라면, 그 사랑으로부터 그리스도인에게는 사귐과 책임이 주어진다. 사귐은 동일한 사랑으로 붙잡히고 채워진 사람들(즉 같은 그리스도인들)과의 사귐을 말한다. 책임의 방향은 다양하다; 복음의 메시지와 실천적인 도움이 필요한 이웃에 대한 책임, 기독교적인 사회라고 할지라도 실제로는 하나님의 뜻을 따르지 않는 사회에 대한 책임, 죄와 고통으로 일그러져 있을지라도 여전히 하나님의 사랑을 받는 창조세계인 세상에 대한 책임 등이다. 이러한 책임적인 행동은 하나님께서 모든 개개 그리스도인들뿐만 아니라, 세상 전체를 하나님이 정하신 목표를 향하여 인도하고 계신다는 사실을 분명하게 알 때 가능해진다. **"온전한 그리스도인 존재 – 사랑의 실재"**라는 제목의 이 책 마지막 장(Ⅳ장)에서 바로 그 점에 관해 말하고자 한다.

이 때 매우 중요하게 생각해야 할 것은 마지막 두 장(Ⅲ/Ⅳ)에서 논의될 내용은 상호 뗄 수 없는 밀접한 관계에 있느냐는 것이다. 복음의 인도를 받는 그리스도인 존재는 사적인 영역의 삶에 제한되어 머물지 않는다. 그리스도인 존재는 개인의 가장 깊은 인격과 내면의 세계를 공동체적인, 그리고 전 세계적인 차원과 결합시킨다. 기독교 신앙에서는 결코 갈라질 수 없는 이러한 결합은 모든 감리교회 신학의 가장 근원적인 관심이다. 웨슬리는 이렇게 말한적이 있다.

> 그리스도의 복음에서 개인적 종교(solitary religion)는 발견할 수 없다. … 그리스도의 복음은 오직 공동체적이고-사회적인 종교(social religion)만을 그리고, 공동체적이고-사회적인 성화만을 알고 있다. '사랑으로 역사하는 믿음' 이야말로 그리스도인의 완전의 넓이요, 높이요, 깊이다.[120]

매우 개인적인, 그렇지만 사회적인, 매우 집중적으로 믿는 사람 개인에게 관심하지만 그러면서도 다른 사람들을 위한 봉사를 위해 넓게 열려 있는, 마음의 가장 깊은 내면에 뿌리내리면서도 동시에 온 창조세계에 관심하는 – 바로 이러한 긴장이 감리교회적인 선교 운동의 내적인 동기다. 이러한 감리교회 운동은 그 시초부터 선포와 목회를 통해, 봉사와 사회적 실천을 통해, 신앙인들의 모임과 파송을 통해 하나님이 주시는 구원을 증거하고 전파하였다.

감리교회적인 신앙 선포의 이러한 세 가지 핵심 요소에 근거해 '감리교회의 신학'에 관한 우리의 책의 내용과 구조가 결정되었다. 기독교의 교리에는 이 책이 집중적으로 다루는 것들 외에도 다른 중요한 영역들이 있다. 예를 들어 신론이나 기독론 등이 그것이다. 그러나 이런 영역들에 대한 감리교회적인 선포에는 내용적으로 어떤 새로운 것이 있었던 것은 아니었다. 단지 성서의 진술을 고대교회가 받아 발전시킨 내용을 그대로 물려받았다. 그것들이 감리교회적인 교리의 핵심적인 부분이라는 사실을 분명히 밝히기 위해 우리는 그때그때의 자리에서 그것들에 관해 언급하게 될 것이다. 그렇지만 그런 것들이 감리교회적인 은혜의 신학의 기본적인 내용과 전혀 어긋나지 않는다는 사실도 드러나게 될 것이다.

---

120) 웨슬리 형제 등이 편집한 Hymns and Sacred Poems의 서문(1739), Works³, XIV, 321.

II. 보편적인 구원

하나님은 온 세상을 사랑하신다

01 하나님의 사랑 – 창조

02 하나님의 사랑 – 화해

03 하나님의 사랑 – 새롭게 하시는 성령의 활동

II. 보편적인 구원 하나님은 온 세상을 사랑하신다

감리교회는 하나님께서는 모든 사람을 구원하기를 원하신다고 믿는다.
"하나님이 세상을 무척 사랑하셔서 독생자를 주셨으며,
누구든지 그를 믿으면 구원을 받는다."
- 요 3:16
"복음은 모든 믿는 사람들에게 구원을 주시는 하나님의 능력이다."
- 롬 1:16
"하나님은 모든 사람이 구원을 받으며 진리를 아는 데 이르기를 원하신다."
- 딤전 2:4

죄인이 하나님의 사랑을 받는다면, 그것은 은혜 중의 은혜다(요 1:16). 하나님께서는 우리에게 항상 새로운 복을 주시며, 모든 복 중의 복인 구원을 우리에게 주기를 기뻐하신다면, 그에 대해 우리는 다음과 같은 말 이외의 다른 무슨 말을 할 수 있을 것인가: 하나님이시여, 말로 다 할 수 없는 당신의 은사로 인해 감사를 받으소서! 사실이 그렇다. 우리가 아직 죄인이었을 때 우리를 구하시기 위해 그리스도가 우리를 위하여 죽으셨다는 사실에서 우리를 향한 하나님의 사랑이 입증되었다.

이는 "믿음으로 말미암는 구원"이라는 존 웨슬리의 설교 중 한 부분이다.[1] 웨슬리는 이 설교를 필두로 해서 그의 표준설교들을 수집하기 시작했다. 하나님을 배신한 인간과 세상을 향한 하나님의 신실하심은 세상을 보존하고 인

---

1) 설교 1("믿음으로 말미암는 구원"), 3.

간에게 구원의 길을 열어 주시는 하나님의 자유로운 은혜에서 입증된다. 하나님의 사랑은 그의 형상을 따라 창조된 모든 인간을 향한 사랑이다. 누구도 이 사랑에서 제외되지 않으며, 하나님은 누구도 편애하지 않으신다. "하나님이 세상에 계신다는 사실, 바로 그것이 곧 은혜다. 하나님의 본질은 은혜다; 은혜는 하나님 그 자체다."[2] 웨슬리의 구원론에는 인간은 하나님의 은혜에 전적으로 의존되어 있다는 것과 인간은 하나님의 말씀에 응답해야 한다는 책임성이 결합되어 있다.

하나님의 *미리 주어진* (선행적인) 은혜는 "우리에게 하나님의 마음에 들고자 하는 첫 번째 소원을 갖게 한다." 앞서 주어진 은혜는 "하나님의 뜻을 이해하는 첫 번째 불꽃을 일으킨다." 선행적인 은혜는 우리 안에서 "죄와 죽음으로부터의 해방을 향한 간절한 소원을 일으키며, 그래서 우리를 회개와 신앙으로 인도해 간다." '회개하며 믿는 사람'을 하나님은 *의롭다고 인정하시는* 은혜로 대하신다. 그래서 그를 사랑으로 안아 주시고 자유를 선언해 주신다. 하나님의 *성결하게 하는* 은혜는 "하나님을 아는 지식과 하나님의 사랑 안에서, 그리고 이웃을 향한 사랑 안에서 우리를 영적으로 자라나게 한다." 오직 하나님의 은혜가 "믿음으로 응답하며 그리스도를 뒤따르는 삶의 전제들을 성취해 준다."[3]

우리는 이장에서 모든 인간을 향한 하나님의 이러한 은혜에 관해 설명하고자 한다. 세상의 창조와 보존 속에서, 인간과 세상의 화해와 갱신 속에서 어떻게 하나님이 자신을 사랑의 하나님으로 입증해 보이시는지가 감리교회 신학의 핵심적인 내용이며, 동시에 모든 개인이 구원을 체험하는 토대가 된다. 하나님의 이러한 사랑을 체험하는 것이 그 사랑을 받은 사람들이 사랑을 실천해야 하는 근거다.

---

2)Gnade um Gnade 7.
3)Grundlagen der Lehre 10-11.

1. 하나님의 사랑 - 창조

다음에서 논하고자 하는 것은 산상설교에 아주 분명하게 표현되어 있다. 의식주 문제로 염려하지 말라고 권하면서 예수는 다음과 같이 말한다.

> 공중의 새를 보라. 심지도 않고 거두지도 않고 창고에 모아들이지도 아니하되 너희 천부께서 기르시나니 너희는 이것들보다 귀하지 아니하냐? 너희 중에 누가 염려함으로 그 키를 한 자나 더할 수 있느냐? 또 너희가 어찌 의복을 위하여 염려하느냐? 들의 백합화가 어떻게 자라는가 생각하여 보라. 수고도 아니하고 길쌈도 아니하느니라. 그러나 내가 너희에게 말하노니 솔로몬의 모든 영광으로도 입은 것이 이 꽃 하나만 같지 못하였느니라. 오늘 있다가 내일 아궁이에 던지우는 들풀도 하나님이 이렇게 입히시거든 하물며 너희일까 보냐? 믿음이 적은 자들아, 그러므로 염려하여 이르기를 무엇을 먹을까 무엇을 마실까 무엇을 입을까 하지 말라. 이는 다 이방인들이 구하는 것이라. 너희 천부께서 이 모든 것이 너희에게 있어야 할 줄을 아시느니라.(마 6:26-32)

전원시와 같은 이 구절들이 말하고자 하는 핵심은 하나님의 사랑이다.[4] 하나님의 사랑으로 세상은 창조세계가 사는 생명의 영역이 된다. 더 정확히 말해, 하나님의 "있으라!"는 말씀이 하나님께서 사랑의 대상을 창조하시는 사랑의 행위다. 창조주 그리스도(요 1:1; 골 1:16), 그리고 하나님의 영(창 1:2) -삼위일체의 하나님- 이 세상을 창조하셨으며, 이 세상을 신적인 사랑으로 감싸 안으려고 하신다. 세상은 하나님이 아니라 하나님의 소유물이다. 그러므로 하나님은 세상 안에 거하신다. 그러므로 이런저런 신적인 존재들을 섬기는 것 -그것이 하나님을 향한 그리움에서 나왔을 수도 있지만- 은 하나님의 실재를 보여 주기보다는 오히려 감추는 것이다. 존재하는 모든 것은 유일하신 하나님께 속한 것이다. 구약성서의 언어로 말하면, 하나님은 '하늘과 땅'을, 온 우주를 창조하신 하나님이다.

---

[4] 이 성서 단락의 의미에 대해서는 조경철, 「예수와 하나님 나라의 윤리」, 2006, 249-265 참조.

땅과 거기 충만한 것과 세계와 그 중에 거하는 자가 다 여호와의 것이
로다.(시 24:1)

하나님이 창조한 피조물들의 가치는, 그것들이 우리를 위해 이루거나 혹은 이루지 못한 목표로 결정되는 것이 아니다. 그것들은 하나님의 창조로서 이미 고유한 가치가 있다.[5]

창조주 하나님을 향한 신앙 고백은 이스라엘이 하나님께 고백한 신앙의 첫 번째 조항이 아니다. 이스라엘의 신앙 고백 첫 줄에는 속박과 억압으로부터 해방된 체험과 새로운 삶을 위한 영역으로 인도를 받는 백성의 체험이 나온다. 노아, 아브라함, 모세와 계약을 맺으신 이 하나님은 사랑과 신실의 하나님으로서, 동시에 우리가 사는 세상의 창조주이시며 보존자이시다. 새로운 계약의 백성인 기독교인들도 이러한 이스라엘의 고백에 동참했으며, 그 안에서 매우 중요한 신앙의 공통적인 요소를 발견했다.

> "모든 교파의 그리스도인들은 삼위일체 하나님을 창조주, 보존자, 그리고 구원자로 고백한다. … 우리 그리스도인들은 모든 창조세계가 예수 그리스도 안에 나타난 하나님의 사랑에 의해 움직이고 있음을 믿는다."[6]

이러한 주제가 교파들 사이에서는 별로 논란이 되지 않지만, 결코 간과되어서는 안 될 문제들이 있다. 창조신앙과 자연과학을 둘러싼 논쟁(1.1), 인간에 대한 물음과 하나님과 다른 피조물 '사이'에 선 인간의 지위에 대한 물음(1.2), 인간을 통해 전 세계적으로 파괴되고 있는 창조세계의 보전이라는 과제(1.3) 등이 그것이다. 이런 주제들에 대해 차례로 살펴보자.

---

[5] 인간 이외의 창조세계가 가지고 있는 이러한 고유의 가치를 깊이 사고하는 창조신학적인 측면은 1970년대 이후 특히 강조되었다. C. Link, Schöpfung, Band 2(=HSTh 7/2), 1991, 358ff.을 참조.
[6] 1988년의 슈투트가르트 선언, 4장 1조.

1) 세상 창조에 나타난 하나님의 사랑(자연과학과 창조신학)

자연과학적인 지식을 모르고는 창조신학[7]에 관해 말할 수 없다. 마찬가지로 성서에 대한 주석의 지식 없이는 창조신학은 논의될 수 없다. 창조신앙에 관한 성서의 증언은 성서 주석을 통해 우리 시대에 이해될 수 있게 되며, 동시에 잘못된 해석을 방지할 수 있다. 세상 창조를 생각할 때 -신앙이나 현실에 관한 학문적인 지식에 다같이 정당하기 위해서는- 우리는 두 가지 측면을 하나로 합해야 한다. 이 때 우리는 과거 교회나 이데올로기화한 개발 이론이 범했던 오류를 피해야 한다. 명백한 자연과학적인 지식이 자연사적인 이론을 바꾸어 놓은 지금에도, 성서의 창조 이야기 시대나 그 이전에 알려져 있던 세상 기원에 관한 견해를 여전히 고수해야 할 신앙의 조항으로 주장하는 것은 교회의 잘못이다. 반면에 자연과학이 범한 잘못은 세계관을 해석하면서 방법론적으로 하나님에 대한 물음을 배제했을 뿐만 아니라, 하나님의 존재까지도 부정했다는 것이다.[8]

이러한 세계관의 오류는 민족적 사회주의(나치즘)와 그들이 주장하는 강자의 권리론을 통해 최악의 상황으로 나아갔다. 존재하기 위한 투쟁이 윤리적인 원리로 받아들여졌으며, 결국 이 원리는 다른 나라들을 정복하는 것뿐만 아니라, 유대인들을 말살하는 것까지도 정당화시켰다. 여기서 우리는 세계의 기원에 관한 여러 가지 상이한 이해들을 상세히 설명하려고 하지 않는다. 단지 그러한 이해들의 정당성에 대해서만 물어 보려고 한다.

창조에 관한 가장 중요한 본문들을 찾을 수 있는 구약성서에는 "창조주와 창조에 관한 다양한 말들이 있다; 창조의 과정은 일회적으로 고정되지 않는다. 창조의 과정은 그런 식으로 고정될 수 없고, 단지 각 시대가 이해할 수 있는 창조의 과정이 있을 뿐이다. 그러므로 구약성서에는 창조에 관한 보도가 하나만 있는 것이 아니라 여러 개 있다."[9] 창세기 1장과 2장에 있는 가장 중

---

[7] 창조신학에 관한 최근의 논의에 대해서는 C. Link, Schöpfung; J. Moltmann, Gott in der Schöpfung. Ökologische Schöpfungslehre, 1985; O. Bayer, Schöpfung als Anrede, 1990; A. Ganoczy, Schöpfungslehre, 1987; D. Sölle, Lieben und arbeiten. Eine Theologie der Schöpfung, 1985; E. Wölfel, Welt als Schöpfung. Zu den Fundamentelsätzen der christlichen Schöpfungslehre heute, TEH 212, 1981 등을 참조.
[8] 다원주의자 Ernst Haeckel(1834-1919)은 하나님을 조롱하여 "가스유형의 척추동물"이라고까지 말했다.
[9] C. Westermann, Schöpfung, 1971, 14-15.

요한 두 개의 창조 이야기들은 구전전승의 과정을 거쳐 형성된 것이며, 성서 바깥에도 그와 유사한 이야기가 있다. 예를 들어 흙으로 사람을 짓고 입김을 불어넣어 생명이 활동하게 되는 것, 홍수, 첫 타락, 형제 살인, 탑 건설 등과 같은 원역사(창 1-11장)에 나오는 주제들은 지중해 지역의 높은 문화권에서 처음으로 나온 것이 아니라, 원시문화로까지 소급되는 오랜 전승에도 등장한다. 그러므로 성서의 창조 이야기는 매우 광범위한 문화사적인 배경 속에 있다; 그러므로 우리는 다음과 같이 말할 수 있다: "맨 처음에 관한 이야기에는 모든 인류에게 공통적인 어떤 것이 들어 있다. … 세상과 인간에 관한 이해가 그것이다. 이 이해의 주요 특징들은 매우 초기에 이 세상에 살았던 인종들, 민족들, 여러 인간 그룹들에 공통적이었다."[10] 물론 베스터만의 마지막 언급에 대해서는 의문을 제기할 수도 있고 반박할 수도 있을 것이지만,[11] 구약성서의 창조 이야기가 무엇을 핵심적으로 말하고자 하는지에 대해서는 분명해진다. 다시 말해 구약성서의 창조 본문[12]이 말하고자 하는 핵심은 두 가지다. 첫째, 하나님이 창조하신 세상은 창조주의 지배를 받고 있다. 둘째, 그 세상을 보존하고 가꾸는 일이 인간에게 위탁되었다.

신약성서, 특히 예수의 선포와 바울의 서신들은 구약성서의 창조신앙을 받아들인다. 물론 신약성서에서는 죄의 실재와 종말론적인 유보가 훨씬 큰 비중을 차지하고 있는 것은 사실이다. 창조의 즐거움과 부활에서 이루어질 창조의 갱신을 바라는 희망이 신약성서가 말하는 창조에 관한 기초적인 요소들이다. 그리스도 안에서 일어난 하나님의 구원 행동은 모든 피조물에게 해당된다. 그리스도인들은 하나님의 자녀들로서 세상으로 말미암아 살지는 않지만, 세상 안에서 산다. 그들은 하늘에 계신 아버지의 자녀들로서 모든 창조세계의 행복을 위하여 노력한다.[13]

성서의 이러한 말씀들과 현대 자연과학적인 지식들은 어떤 관계에 있는가? 마틴 루터는 신앙 고백 제1조를 설명하면서 다음과 같이 말한다. "나는 모든 피조물과 더불어 나를 창조하신 하나님, 나에게 몸과 영혼, 눈과 귀, 그리고

---

10) AaO., 22.
11) 창세기의 세상 창조에 관한 이야기는 고대 근동지역의 창조 이야기나 다른 신화들에서는 유례를 찾을 수 없는 독특한 방식으로 전개되었다는 사실은 특이한 점이다.
12) 창세기 1장과 2장; 시편 104편; 욥기 38-39장 등.
13) 롬 8:19-20; 벧전 2:11-12; 마 22:15-22 등.

모든 지체들, 이성과 모든 의미를 주시고, 또 지금까지 보존해 주신 하나님을 믿는다." 이 고백이 정당한 것은 인간이 어떻게 생겨나며, 또 나 자신이 어떻게 생겨났는지를 내가 알고 있기 때문이 아니다. 이 고백은 동일한 사건(한 인간의 태어남)을 자연과학적인 관점과는 다른 관점에서 말한다. 그렇다고 자연과학적인 관점이 틀린 것도 아니다.

자연과학적인 방법론으로는 하나님의 존재를 알 수 없으며, 또 하나님의 존재에 관해 말할 수도 없다. 그렇다고 하나님은 존재하지 않는다거나 또는 하나님의 존재가 자연과학적으로 거부될 수 있다는 결론을 허용하는 것은 아니다. 자연과학의 '방법론적인 무신론', 다시 말해 '하나님' 없이 세상과 세상의 현상, 혹은 관계들을 설명하려는 시도는 다윈에 의해 처음으로 시작된 것은 아니다. 코페르니쿠스(1473-1542), 갈릴레이(1564-1642), 브루노(1548-1600) 등[14]의 발견들은 수백 년 된 세계관을 신학적인 교리에 구애받지 않고 변경시켜 버렸다. 그 이후 유성의 궤도를 설명하고, 지상에서 일어나는 자연과정을 설명하기 위해 하나님의 활동을 인용하는 일은 점차 사라져 갔다. 이러한 지식들은 부분적으로 수정되기도 하고 확장되기도 하면서 결국 오늘날은 매우 당연한 것으로 받아들여지게 되었다. 인간의 의식이 이러한 발견들에 점차 지배를 받게 됨으로써 매우 중대한 일이 일어나게 되었다. 정직의 열광자라고 조롱받는 프리드리히 니체(1844-1900)는 다음과 같이 말했다. "코페르니쿠스 이래 인간은 중심으로부터 무로 굴러 떨어진다." 그것은 "지금의 자연과학이 낳은 허무주의적인 결과다."[15] 진화론은 인간이 다른 생물에 대해 가지고 있던 특별한 지위를 부정했으며, 인간을 오랜 발전의 사슬 중 마지막 단계가 되게 함으로써 인간이 가지고 있던 중심과 의미가 상실되었고, 허무주의는 피할 수 없는 것처럼 보였다. 코페르니쿠스적인 질병에 이어 그보다 훨씬 인간을 병들게 한 것은 진화론이었다.

세계관의 이러한 심각한 변화는 다양한 입장들 사이에 격렬한 싸움을 불러일으켰고, 이 싸움은 점점 치열한 양상을 띠게 되었다. 변화의 시대는 불확실성의 시대다; 불확실성은 공격적이 되게 한다. 어떤 이들은 전통적인 것을 고수하고("그래도 성서는 옳다"), 또 다른 이들은 성서의 창조 본문을 일종의 동

---

14) 특히 태양 중심의 천체, 지구의 자전, 그리고 부분적으로는 독자적인 태양계를 가진 항성의 발견은 가히 혁명적이었다.
15) Der Wille zur Macht, Edition Schlechta, 1977, 882.

화로 간주해 버린다. "인간은 원숭이로부터 출발했다(혹은 그렇지 않다)."는 주장 아래서 논쟁은 계속되었으며, 이 싸움에서는 객관적인 통찰보다는 어떻게 해서든 승리를 거두는 일이 중요하게 되었다. 양 진영의 중간에는 성서의 창조신앙을 고수하면서도 과학 연구의 결과를 간단히 부정할 수 없었던 그리스도인들도 있었다. 이들은 종종 비기독교인들로부터는 비웃음을 받았고, 동료 기독교인들로부터는 신앙이 없다는 의심을 받았다. 그러나 점차 새로운 차원의 이해가 드러나기 시작했는데, 이는 각기 자신의 입장을 자기 비판적으로 고찰함으로써 가능하게 되었다. 자연과학자들은 그들의 학문적인 성과들에 대해 보다 비판적이었다. 수많은 문제들이 대답되지 못한 채로 남아 있을 뿐만 아니라, 대답마다 새로운 문제들을 야기한다는 사실을 그들은 분명히 의식하기 시작했다. 더구나 자연과학으로 답변될 수 없는 문제들이 가장 중요한 것들이었다. 반면에 그리스도인들은 성서의 창조 본문들을 다른 식으로 읽는 법을 배웠다. 그들은 성서 본문을 세상의 맨 처음에 어떤 일이 일어났느냐를 말하는 기록으로 읽는 것이 아니라, 이 세상을 창조하고 창조적 의지로 이 세상을 유지하시는 하나님에 대한 신앙 고백으로 읽기 시작했다. 최근 들어 다시 제기되고 있는 창조주 하나님에 대한 기독교적인 신앙 고백과 자연과학적인 지식이 원칙적으로 일치될 수 없다는 주장을 우리는 거부할 수밖에 없다. "과학이냐 신앙이냐." 이러한 양자택일은 좋은 과학이나 좋은 신앙 모두에게 결코 타당할 수 없다.

물론 창조신앙을 전혀 고려하지 않는 자연과학자들도 있는 것이 사실이다. 그들의 자연과학적인 지식으로 창조신앙을 입증할 수 있느냐는 둘째 문제다. 왜냐하면 불신앙이나 의심을 위한 근거들도 많기 때문이다. 종합과 구분의 문제에 대해 칼 프리드리히 바이체커(C. F. Weizäcker)는 다음과 같이 분명하게 말한다. "오늘날의 자연과학자들은 자연법칙에 대한 종교적인 해석에 대해서는 기껏해야 자기 사상의 개인적인 의견을 첨가하여 말할 수 있을 뿐이다. … 그러나 그는 이 때 논리적으로는 자연법칙의 개념 자체와 필연적인 어떠한 맥락도 제기할 수 없다. 아무리 좋은 생각과 종교적인 열정도 이러한 발전을 퇴보시킬 수는 없다."[16] 그러므로 창조주신앙에 대해서는 자연과학자들과는 다른 접근이 필요하다. 그 접근은 자연과학적인 연구의 성과가 아니다.

---

16) Schöpfung und Weltentstehung. In: Die Tragweite der Wissenschaft. 1. Band, 1964, 28.

그리스도인 생물학자인 요아킴 일리에스(Joachim Illies)가 증명한 바에 따르면, 혈통론은 "오늘날 현대 생물학에서 제거될 수 없다. … 그것은 수없이 입증되고 있다."[17]

그릇된 자연과학의 위험은 어디에 있는가? 다윈은 식물과 동물의 진화를 돌연변이와 도태라는 요소를 들어 설명했다. 후대의 '다윈주의자들(E. Haeckel, J. Huxley, J. Monod)'은 진화의 마지막 근거는 우연이라고 주장했다. 그러나 학문적인 설명이 불가능한 다른 경우에는 무엇을 의미하는가? '우연'은 결코 설명할 수 있는 것이 아니다. 존재의 근거를 우연으로 보는 것은 결코 학문적인 진술이 될 수 없고, 단지 허무주의에 대한 개인적인 고백일 따름이다. 그러므로 "특별한 피상적인 제약이 있는 지구의 생성은 어떠한 통계적인 개연성에도 반대한다. 마찬가지로 생명의 시작과 완전하지 못한 존재인 인간이 지금까지 생존해 있다는 사실까지도 통계적인 개연성에 반대하고 있다."는 폰 오펜[18]의 확신에 동의할 수 있다.

반대로 신학이 성서 구절들을 인용하면서 과학적인 성과들이 전통적인 세계관에 어긋난다고 해서 금지하거나 '부정'하려 한다면, 그것은 신학의 과제를 너무 단순화하는 것이 될 것이다. 성서가 옳다거나 과학이 옳다거나 하는 대립은 문제의 핵심을 놓치고 만다. 이는 인간 창조의 예에서 다시 한 번 분명하게 드러난다. 유전학, 생화학, 의학, 인체생물학 등은 인간의 기원에 관한 많은 정보들을 종합하여 보여 준다. 그러나 인간으로서의 나는 지금 어떤 존재인가? 나는 어떤 유전인자 프로그램의 생물학적-구체적인 전개인가, 아니면 하나님의 피조물인가, 그것도 아니면 그 둘 모두인가?

우리는 비슷한 질문을 인간이라는 유형의 기원에 대해 던질 수 있다. 인간은 변형된 유전질을 가지고 환경에 잘 어우러지는 발전의 어느 새로운 단계인가, 아니면 하나님께서 그와 동일형상으로 만드신 새로운 피조물인가? 성서적인 관점이 옳다느니 혹은 자연과학이 옳다느니 하는 양자택일은 문제의 본질에 적절하지 않다. 이에 대해 일리에스의 말을 다시 한 번 인용해 보자. "지구상에 있는 모든 생명체는 오랜 시간동안 점차적으로 높은 단계로 발전해 왔다는 사실, 단세포로부터 다세포가 되었다는 점, 아메바로부터 곤충들

---

17) Glaube konkret Nr. 16.
18) Dietrich von Oppen, Moral, 1973, 29.

이, 그리고 그로부터 마침내 포유류 -어류, 파충류, 포유동물, 그리고 마지막으로는 인간- 가 발전했다는 것은 생명의 역사가 '어떻게' 이루어져 왔는지를 학문적으로 설명하는 것이다. 그로부터 또 다른 질문, 곧 생명에 대한 '왜'라는 질문이 시급히 제기된다." 결국 일리에스는 -지금은 더 이상 놀라운 것이 되지 않을- 결론에 이르게 된다. "한 분 창조주에 대한 신앙에 이르는 길은 진화에 대한 현대적인 지식에 의해 거부되는 것이 아니라, 오히려 새롭게 열린다." 일리에스의 말이 찬성만을 받은 것이 아니고, 또 모두가 그처럼 말하지는 못한다고 할지라도 그의 말에서 우리는 분명한 것을 읽을 수 있다. 즉 자연과학적인 지식들이 그리스도인이 되는 길을 방해하는 것이 아니며, 또 창조주 하나님에 대한 신앙이 하나님의 창조세계에 대한 학문적인 연구의 자유를 제한하는 것도 아니라는 것이다. 그러나 창조세계에 대한 연구의 자유는 창조세계의 보존을 위한 더 큰 책임성과 결부되어 있다. 그리스도인과 자연과학자 모두에게 해당되는 것은 성서의 창조 이야기의 저자들에게도 그대로 해당된다. 그들은 창조주 하나님에 대한 신앙을 세상 기원에 관한 그들 시대의 지식과 사고방식과 결합시켜서 말하고 있다는 것이다.

  창조 이야기는 비록 성서 첫머리에 놓여 있지만 성서의 가장 오래된 본문은 아니다. 이스라엘이 처음으로 만나게 된 하나님은 자신들을 이집트의 노예생활에서 해방시켜서 약속의 땅으로 인도하시고, 그 곳에서 당신의 백성으로 복을 주신 하나님이었다. 약속의 땅에 와서야 비로소 창조주에 대한 신앙이 고백되었다. 이름이 알려지지 않은 한 저자가 창세기 2장에 있는 가장 오래된 본문을 기록하였다(창 2:4a-25). 그는 아마도 솔로몬 시대에 살았던 인물로서, 하나님이 처음 인간을 흙으로 만들어 생명을 불어넣었다고 말했다. 하나님은 그를 깊은 잠에 빠지게 한 다음 갈비뼈 하나를 취해 그것으로 여자를 만들었다. 그리고 그 인간에게 하나의 정원을 만들어 주면서 그에게 그 정원을 가꾸고 돌보게 위임하였다. 인간이 흙먼지로 창조되었고, 하나님의 입김으로 생명이 생겨났다는 사실은 고대의 이야기들에서만 읽을 수 있는 것이 아니다. 그 속에는 수많은 생각들이 들어있다. 인간은 죽음 이후에 흙으로 돌아가며, 밑 부분에 있는 갈비뼈들이 더 짧으며, 남자와 여자는 피를 나눈 사람들보다도 더 친밀하게 결합되어 있음을 말한다. 그리고 하나님께서 이 모든 것을 창조하셨다. 우리의 생명은 이 하나님의 덕택이며, 하나님은 우리에게 생명의 영역을 맡기심으로써 그의 선물을 사용하고, 누리며, 지키게 하셨다. 만일 우리가 이 자유를 무책임하게 사용한다면, 그것은 곧 우리에게 해악이 된다. 하나님의 좋은 선물은 남용될 수 없다. 하나님의 선물을 악용할 때는 창조주가 욕을 먹을 것이며, 인간이 죄를 범하는 것이고, 자유는 상실된다. 두 번째 창조 기사가 주는 이러한 말씀들은 오늘날까지도 여전히 유효하며, 어떠한 자연과학도 그 말씀을 흔들 수 없다.

성서에 나오는 첫 번째 창조 이야기는 두 번째 이야기보다 후대에 기록되었는데, 근본적인 점에서 비슷하면서도 약간 다르다. 하나님께서는 그림을 그리는 예술가나 정원지기, 혹은 외과 의사처럼 손으로 세상을 창조하지 않는다. 그 대신 말씀으로 세상을 창조하신다. 그가 말씀하시자 그렇게 되었다. 그의 창조에는 아무런 전제가 없다. 그는 홀로 그 자신 안에 생명을 가지고 계시며(요 5:26), 무에서 창조하신다(롬 4:17).[19] 본문은 매우 정교하게 구조되어 있다(창 1:1-2:4a). 당시의 수많은 자연과학적인 지식들이 첨가되어 있고, 이 지식들은 오늘날의 자연과학으로도 확인된다. 그렇지만 여기서도 근본적인 문제는 세상의 기원이 아니라 하나님과 세상의 관계, 인간과 하나님의 관계다. 세상이 신격화되지 않는다. 오직 하나님만이 신이시며, 그 이외의 어느 누구도 신이 아니다(제1계명). 온 세상은 하나님께 속해 있으며, 우리는 하나님의 눈을 피해 어디로도 도망갈 수 없다(시 139편). 인간은 하나님의 동일형상으로 창조되었다(창 1:27). 인간에게는 명예와 노동, 자유와 책임이 부여되었다.

이제 우리가 해야 할 과제는 다양한 형태의 창조 본문들에서 가장 중요한 핵심을 찾아 이해하는 것이다. 창조 본문들은 인간의 하나님 관계와 하나님의 인간 관계, 그리고 세상 관계에 대해 무엇을 말하는가? 이러한 성서의 증언들과 현대적인 지식들을 연관시키는 것이 중요하지, 두려움과 불확실성, 그리고 몰이해에서 비롯된 잘못된 대립이 중요한 것이 아니다. 물론 학문에 대해서는 비판적이어야 하며 학문의 한계를 넘어가지 않게 주의해야 한다. 이 때 신앙의 관심뿐만 아니라, 학문의 관심도 주목해야 한다. 학문들도 그들 자신의 성과에 대해 비판적이며, 또 그래야 한다. 예를 들어 상대성이론과 양자론은 고전적인 물리학이 말하는 많은 부분들을 수정하거나 잘못된 것으로

---

[19] 무로부터의 창조(creatio ex nihilo)에 대해서는 E. Wölfel, Welt als Schöpfung 20-35를 참조.

입증했다. 그래서 오늘날에는 학문의 객관성에 관해 말하는 경우가 드물다. 이제는 오히려 연구자와 그의 관점이 우주의 생성과 법칙들에 대한 이론과 연관되어 있다. 자연과학적인 이론은 자연 현상들에 관해 이성과 체험으로 얻어진 항상 제한되고 잠정적인 진술이다. 인간의 이해 능력을 넘어서는 위대한 비밀들, 다시 말해 세상의 궁극적인 기원과 의미를 현대 과학은 찾아내지 못한다. 이에 대해 호주의 한 천체물리학자는 이렇게 말했다: "창조의 비밀은 여전히 밝혀지지 않았다. 20억 년이 지났으나 항상 -언제나 그렇듯이- 그렇게 시작뿐이다. 세상의 의미에 대해서도 학문은 아무것도 말할 수 없다."[20] 그러므로 세상에 대한 학문적인 고찰 방법은 현실을 고찰하는 하나의 관점일 뿐이다. 그것은 결코 유일한 하나가 아니다. 그러므로 다른 관점들을 진지하게 받아들이며, 그것들 모두는 각기 현실에 대한 제한된 면만을 이해할 수 있다는 점을 아는 것이 중요하다. 실재하는 것 전체는 자연과학이나 신학적인 지식이 보여 주는 것 그 이상이다. 기독교의 창조론은 자연과학적인 지식의 효용성을 부정하지 않는다. 그러나 기독교의 창조론은 모든 자연적인 과정을 "하나님의 창조적인 손안에 근거된, 그리고 한정된 것으로"[21] 이해한다.

성서적인 창조 증언은 세상 한가운데에 계시는 초월자를 우리에게 보여 준다. 그는 세상의 창조주로서 세상에게 존재와 의미를 주신다. 그러므로 성서 첫 부분에 이 창조주에 대한 신앙 고백이 있다는 것은 매우 의미심장하다. 이 창조주는 자신이 창조한 인간이나 세상과 교제하기를 원한다. 창조세계와 만남으로써 우리는 창조주를 안다. 그러므로 자연과학이 이 세상의 원인들 중에서 -제1 원인으로라도- 하나님을 발견할 수 없다는 것은 옳다. 만약 하나님이 세상의 원인들 속에 한 부분을 점하고 있다면 신론은 더 이상 불필요할 것이다. 그러나 하나님으로부터 모든 존재가 출발했으며, 그러므로 하나님은 모든 존재자를 능가하며, 그들과는 구별되지만 사랑 안에서 그들 존재와 결합되어 있다. 존재하는 모든 것은 하나님의 창조적인 의지에 힘입고 있을 뿐이다.[22]

---

20) Robert Hanwury-Brown, Aus einem Vortrag, abgedruckt in Dienste in Übersee, 15, 1979, Heft 3, 14.
21) C. Schwöbel, Theologie der Schöpfung im Dialog zwischen Naturwissenschaft und Dogmatik, in: W. Härle u.a.(Hg.), Unsere Welt - Gottes Schöpfung, 1992, 199-221(219).
22) 이 점을 분명히 하기 위해 자연과학자이며 철학자인 찰스 버치(Charls Birch)가 "신앙, 과학, 그리고 미래"라는 회의에서 욥기서 38-42장에 있는 하나님의 말씀에 입각해 하나님께서는 현대의 질문자에게 무엇을 답할 수 있을 것인가에 대해 언급한 것을 참조. 그의 언급은 1979년 8월 5일 자 Deutsches Allgemeines Sonntagblatt에 실려 있다.

창조신앙은 자연과학이 대답하지 못하는 물음에 대답한다. 다시 말해 "세상과 인간, 그리고 나 자신의 삶이 어디에서 와서 어디로 가며 왜 존재하는가?"라는 물음은 오직 창조신앙만이 답할 수 있다. 자연과학적인 세상 연구로는 세상의 의미를 밝힐 수도 없고, 우리가 필요로 하는 자유를 보장해 주지도 못한다. 우연이란 눈이 먼 것일 뿐이다. 우연이라는 시각으로는 세상은 더 이상의 의미 체계가 있을 수 없으며, 인간은 스스로에게 의미를 부여하고, 또 모든 사건의 척도와 목적이 되지 않으면 안 될 것이다. 그러나 인간은 인간의 주인이 될 수 없으며, 인간의 행동은 이상과 좋은 목적을 통해서만 유발되는 것이 아니다. 그러므로 여기서 우리는 죄의 실재에 대해 생각해야 한다. 죄를 무시하는 것은 현실을 외면하는 것이다. 인간이 창조주에게서 떠나 그로부터 소외되어 산다면 자유와 삶의 의미는 있을 수 없다. 창조세계는 우리가 살아가는 삶의 장이다. 그 속에는 선한 것도 악한 것도 있으며, 성공과 실패, 행운과 절망, 삶과 죽음이 있다. 그리스도인들도 죄인이며, 의심과 공포의 위협을 받고 있지만, 그리스도인들은 하나님이 우리를 사랑하고 있음을 안다. 우리는 우리를 사랑하시는 하나님께 물을 수도 있고, 그는 우리의 물음에 답을 주시기도 한다.[23]

2) 하나님의 동일형상 창조에 나타난 하나님의 사랑(현대인의 인간관과 하나님의 사랑)

인간이 하나님의 동일형상이라는 것은 기독교 신학에서는 근본적인 생각이다. 그러나 이 생각은 우리 시대의 사람들에게는 대체로 익숙하지 않다. 그런데도 그런 말이 여전히 의미 있게 사용될 수 있을까? 그리고 그런 말을 통해 하나님의 사랑을 밝히 설명할 수 있을까? 이 물음에 답하기 위해 먼저 인간에 관한 우리 시대의 생각이나 지식에 대해 알아보자.

(1) 인간 – 자기 자신에 대한 물음
우리 시대만큼 인간에 관해 잘 아는 시대는 없었다. 금세기에 들어 인문과

---

23) "죄와 그 결과"라는 주제에 대해서는 II장 156쪽 이하를 참조.

학들은 인간 삶의 심리적, 신체적, 사회적 환경을 명료하게 밝혀냈을 뿐만 아니라, 그 이전에는 감히 생각도 못했던 영역들까지도 발견해냈다(예를 들어 '무의식'이나 '초자아'). 그래서 이제 이들의 연구를 더 강하게 발전시킬 수 있게 되었다. 그렇지만 동시에 금세기에 들어 인간은 이해할 수 없고 이전에는 알지도 못했던 수많은 일들을 일으키기도 했다. 아우슈비츠와 같은 집단 수용소에서는 수백만 명의 유대인들이 학살당했으며, 히로시마와 나가사키에서는 원자폭탄 때문에 무수한 인간과 동식물들이 죽어 갔다. 또 제3세계 나라들에서도 수많은 생명들이 죽음으로 내몰렸고, 도저히 이해할 수 없는 테러들과 전쟁들이 세계 도처에서 여전히 자행되고 있다.

우리 시대의 인간은 할아버지 세대에는 불가능하게 보였던 수많은 업적들을 행하였다. 달나라로의 '비행'이나 모든 생명체의 유전 구조를 밝혀낸 것 등이 이에 속한다. 그렇지만 동시에 인간은 지구상 모든 생명체의 기반을 위협하고 있으며, 또 결국은 모든 삶의 영역의 파괴로 결말이 날 ―이미 돌이킬 수 없을지도 모르는― 외길을 걷고 있다. 인간은 ―적어도 현대 산업사회에 살고 있는 인간은― 하나님을 믿는 신앙과 하나님의 뜻에 따르는 삶으로부터 멀리 떠나 '해방되어' 있다. 그럼으로써 모든 것을 판단하고 검증하며 결정하는 하나님의 자리에 스스로를 앉혀 놓았다. 그래서 인간은 구원의 가망이 없을 정도로 스스로를 과대평가했으며, 그러한 교만의 결과로부터 빠져나올 출구를 찾아 헤매고 있다.

그러나 인간이 누구냐는 물음은 인간적인 행동의 파괴적인 결과들을 인식함으로써 비로소 시작된 것이 아니다. 그러한 물음은 ―역사가 보여 주듯이― 인간 존재 그 자체에 속한다. 인간을 다른 유한한 생명체들과 구별하는 것은, 인간이 자기 자신에 대해 물음을 제기한다는 것이다. 우리는 우리가 누구인지를 의식한다. 우리는 당연히 우리가 아니다. 우리는 다른 사람들의 모습이나 행동과의 만남 ―동시대를 같이 사는 사람들과의 직접적인 만남이나 역사, 문학, 예술 속의 인물들과의 간접적인 만남― 을 통해 우리가 그들과 동일하거나 비슷하거나 아니면 다르다는 것을 안다. 다른 사람들은 ―그들이 다르다는 사실을 통해― 우리에게 질문을 제기하게 한다. 그래서 우리는 우리가 과연 누구인지, 우리가 무엇을 행하고 무엇을 원하는지를 찾아가게 된다. 이러한 물음의 과정은 인문과학에서는 방법론적이고 조직적인 입장에 따라 수행된다. 철학은 고대로부터 지금에 이르기까지 인간존재 그 자체에 대해, 인간의 본성과 다른 존재자들과의 관계에 대해 물어 왔다.

그러므로 인간으로서의 우리가 인간존재에 해당되는 모든 진술들의 원천이자 동시에 시금석이다. 모두에게 해당되는 것은 우리 자신에게도 해당되어야 한다. 하지만 반대의 경우는 전자만큼의 타당성이 없다. 우리는 개인으로부터 모두에게로 즉각 결론을 맺어갈 수 없다. 예를 들어 우리 자신으로부터 인간존재 전체로, 혹은 우리의 일회적인 체험들로부터 체험 그 자체로 결론을 맺어서는 안 된다. 개별적인 지식은 그것을 보편화할 수 있는지에 입각해서 검증되어야 한다. 그것은 우리의 하나님 체험에 있어서도 마찬가지다. 모두에게 참된 것은 우리에게도 참되어야 한다. 혹은 부정적으로 말해, 우리에게 해당되지 않는 것은 모두에게도 참되지 않을 수 있다. 거꾸로 말해, 우리가 우리 자신을 위해 참된 것으로 인식하는 것은 어느 경우든 인간적인 것이다. 물론 그렇다고 해서 인간존재 그 자체가 참되다는 말은 아니다. 한 사람이나 몇 사람, 혹은 대다수의 사람들에게 해당되는 개체적인 체험이나 견해가 있을 수도 있다. 예를 들어, 항상 백인들 틈에서 사는 사람은 다른 피부색을 가진 사람을 만나기 전까지는 하얀 피부색을 인간의 특징으로 볼 수 있다. 모국어 이외의 다른 언어를 들어본 적이 없는 사람은 모국어를 오직 유일한 인간의 언어로 볼 것이고, 다른 언어를 듣게 될 때에는 몹시 놀라게 될 것이다.

자기 자신에 대해 생각하는 것이 내가 누구냐는 물음에 대한 답을 찾는 것으로, 인간 삶의 수수께끼를 풀려는 노력으로 이해될 수 있다. 테오필 슈페리(Theophil Spörri 1887-1955)는 그의 "기독교 신앙론"을 다음과 같은 제목의 단락으로 시작하였다. "인간적인 현존과 그 수수께끼." 우리의 현존은 스스로 그 의미를 보일 수 없다. 전체적인 세계 사건은 의미와 목적이 있느냐는 물음에 대답하지 않는다. 우리의 체험세계는 '모순의 세계'로서, 인간이 '모든 수수께끼 중의 수수께끼'로 드러난다. "모순은 단지 인간의 운명 속에만이 아니라, 그 자신 속에, 그 자신이 가지고 있는 본질의 분열 속에 있다." 그러므로 인간에 대한 물음, 곧 우리 자신에 대한 물음을 충족시키는 의미 있는 답은 '우리 너머의 저편'으로부터 와야 한다.[24]

우리 자신과 인간존재에 대한 이러한 물음을 우리는 우리 자신에게나 혹은

---

24) Spörri, Der Mensch und Die frohe Botschaft I, 36-46.

다른 사람에게, 예를 들어 인간존재에 관해 다른 사람들보다 더 잘 아는 인문과학의 전문가들에게나 혹은 인간에 대해 우리 자신보다 더 잘 안다고 생각되는 사람들에게 제기할 수 있다. 그러나 서로 모순되는 지식과 체험들이 조화를 이루지 못한다면, 우리의 물음은 명료해지기보다는 더 큰 절망 속으로 빠질 것이다. "나는 누구인가?"라는 시에서 디트리히 본회퍼는 자기의 인식과 타인의 인식 사이에 있는, 언뜻 보아서 더 확실해 보이는 자기 인식과 깊은 자기 회의 사이에 존재하는 차이를 다음과 같이 분명하게 노래한다.

> 남이 말하는 내가 참 나냐?
> 나 스스로 알고 있는 내가 참 나냐?
> …
> 나는 누구인가? 이것인가, 아니면 저것인가?
> 오늘은 이 사람이고 내일은 저 사람인가?
> …
> 나는 누구인가? 이 고독한 물음은 나를 끝없이 희롱한다.
> 내가 누구이든, 당신은 나를 아십니다. 나는 당신의 것입니다. 오! 하나님.[25]

자기 자신에 대한 물음의 특징은 그 물음이 궁극적으로, 그리고 완전하게 답변될 수 없다는 점과 그 답변이 불확실하다는 점이다. 인간은 "그런 식으로 자기 자신에 대해 물을 수 있다는 것을 그의 존재의 훌륭한 점으로 느낀다. 그렇지만 인간은 이 물음에 대해 첫 번째 대답을 시도하면서 이 물음에 답할 수 없음을 인정하게 된다. 인간은 자기 자신에 대해 물어야 하는 필연성으로 인한 해소될 수 없는 긴장과 그 물음에 답할 수 없는 무능함 사이를 오가며 산다."[26]

그러므로 인간 자신의 물음을 좀더 상세히 규정하기 위해서는 한 걸음 더 나아가야 한다. 폴 틸리히와 더불어 다음과 같이 말하자: "인간이 제기하는 물음은 자기 자신이다. 인간은 그 물음을 제기할 것이냐 말 것이냐는 물음을

---

[25] D. Bonnhoefer, Widerstand und Ergebung, Neuausgabe 1970, 381. 전문 번역은 허혁 역, 「나를 따르라」(대한기독교서회), 5-6에 있음.
[26] E. Biser, Der Mensch im Spannungsfeld von Größe und Ohnmacht, in: E. Stammler(Hg), Wer ist das eigentlich - der Mensch?, München 1974, 127-128.

제기한다. 인간은 이 물음을 회피할 수 없다. 인간의 존재 자체가 그 물음이기 때문이다."[27] 인간은 자기 스스로를 유한한 존재, 유한한 자유 속에서 두려워하는 존재로 체험한다.[28] 인간은 자기 자신과 무의식적인 동의 속에서 사는 것이 아니라, 시도할 수 있는 그리고 죄 있는, 책임적인 그리고 거부하는 존재로 살아간다. 인간은 할 수 있음과 해야 함, 노력과 과중한 부담, 성공과 좌절 사이를 오가며 산다.

이와 같이 인간의 정체를 규명할 수 없는 유동성을 고려해 볼 때[29] 신학의 과제는 인간 삶의 의미와 궁극적인 방향에 대한 물음을 확실하게 인식하고, 성서의 메시지에서 그 답을 찾아내는 것이다. 인문과학이 인간존재를 원인 결과적인 의존성의 배경에서 연구하는 반면에, 신학은 인간의 절대적인 하나님과의 관계성으로부터 출발한다. 하나님이 인간을 용납하신다는 사실은 자신이 하나님의 손안에 있다는 점을 알려고 하지 않는 현대인들에게도 해당된다. 복음에 근거한 인간관은 인간의 하나님 관계성, 다시 말해 하나님에 의해 사랑받고 있는 존재임을 본다.

인간은 삶의 물결에 아무런 물음도 없이 자신을 내맡겨 흘러가는 존재가 아니라, 자기 자신에 대해 물으며, 또 그 시대에 제시된 인간성에 따라 끊임없이 행동해 나가는 존재라는 점을 이제까지 살펴보았다. 결코 중단될 수 없고, 또 원리적으로 완결될 수 없는 자기 자신에 대한 물음은 진정한 인간존재에 해당된다. 그러나 자기 자신에 대한 물음, 곧 자기의 현존과 의미에 대한 물음은 깊은 위기에 빠질 수 있다. 이 위기 속에서 인간은 자기 삶의 가치를 더 이상 보려 하지 않으며, 자신을 우연이나 실패한 가족 계획의 산물로 보려고 한다. 우리는 "태어날 것인가 혹은 살기를 원하는가?"라는 물음을 받으며 태어나지 않는다. 우리는 태어나 살도록 강요받았는가? 원치 않는, 그리고 사랑받지 못하는 삶을 버리는 것이 더 좋지 않겠는가? 스위스의 시인 쿠르트 마르티[30]는 이 문제를 다음과 같은 시로 노래했다.

---

27) P. Tillich, Systematisch Theologie II, 20.
28) AaO. 40-41.
29) 행동자세에 대한 현대적인 연구의 창시자인 Konrad Lorenz는 이를 "특별화할 수 없음에로의 특별화"라고 말하기도 한다.
30) K. Marti, Der Vorsprung Leben, 1989, 89.

출생
나는 나의 잉태의 때에 질문 받지 않았다.
나를 잉태한 사람들도 그들의 잉태의 때에 질문 받지 않았다.
누구도 질문 받지 않았다.
오직 한 분 이외에는.
그리고 그분은 말씀하셨다.
좋다라고.

나는 나의 출생 때에 질문 받지 않았다.
나를 낳은 그분들도 그들의 출생의 때에 질문 받지 않았다.
누구도 질문 받지 않았다.
오직 한 분 이외에는
그리고 그분은 말씀하셨다.
좋다라고.

(2) 인간 - 하나님의 동일형상

인간의 삶이란 -그것이 개인의 삶이든 모든 인류의 삶이든- 하나님의 허락으로 시작하고 유지된다. 다른 모든 피조물에게도 마찬가지이지만, 인간에게는 특별한 존엄과 책임성이 부여되어 있다. 이러한 존엄과 책임성은 인간이 하나님의 동일형상이라는 말에 표현되어 있다. 이 표현은 구약성서와 신약성서[31]의 몇몇 구절들에서 인간을 특별한 하나님과의 관계, 세계와의 관계, 그리고 자신과의 관계 속에서 말하기 위해 사용된다. 하나님의 동일형상으로서 인간은 전체 창조세계 속에서 특별한 위치와 사명이 있다. 인간은 창조세계의 한 부분이면서 동시에 창조세계와는 구별된다. 하나님은 인간을 자신의 파트너로 창조하셨으며, 인간을 자신과 사귐을 갖게 규정하셨고, 또 인간에게 땅을 가꾸고 보존하는 사명을 맡기셨다.[32]

하나님은 인간을 들을 수 있고 응답할 수 있는 존재로 만드셔서 인간에게 말씀하신다. 인간을 그의 창조와 보존 행위에 참여하게 했으며, 그에게 자유

---
31) 창 1:27; 9:6; 고전 11:7(남자); 약 3:9.
32) 창세기 2장과 시편 8편을 참조.

와 책임을 주셨다. 인간은 다른 모든 생물처럼 하나님의 피조물이기 때문에 창조세계에 속한다. 그러나 인간은 하나님의 동일형상으로서 '하나님보다 못하지 않으며', 창조세계 속에서 하나님을 대리하기 때문에 하나님의 편에 속하기도 한다. 이것이 고대 동방의 사상을 배경으로 해서 '동일형상'이 갖는 의미다. 그렇다고 인간이 하나님을 대체한다는 뜻은 아니다. 오히려 하나님께서 사랑으로 창조세계를 돌보시듯이 인간은 그 하나님께 의존하며, 하나님과 또 그의 창조세계와의 사귐 속에서 살아야 함을 뜻한다. 하나님의 동일형상은 모든 인간에게 주어진 선물이며, 동시에 인간의 특별한 본분이기도 하다.

이로부터 두 가지 결론이 나온다. 첫째, 모든 인간은 하나님의 동일형상이다; 인간은 무관계적인 존재가 아니라, 하나님 및 그의 창조세계와 사귀는 관계 속에 있는 존재다; 인간의 존엄은 절대적인 것은 아닐지라도 결코 상실될 수 없는 것이다; 인간의 존엄을 해치는 사람은 동시에 인간의 창조자를 해치는 것이다. 둘째, 인간이 하나님의 동일형상이기 때문에 하나님과의 관계나 다른 피조물들과의 관계를 바르게 인식할 때에만 인간은 창조세계와 역사 속에 있는 자신의 바른 자리를 찾게 된다. 잘못은 언제든지 가능하다. 하나님 앞에서 취해야 할 바른 입장이나 그 하나님과의 관계로부터 도출되는 다른 창조세계나 인간 자신과 바른 관계를 맺지 못할 때, 인간은 창조자와의 바른 관계를 깨뜨리게 된다. 그렇다고 해서 인간의 하나님 형상이 상실되는 것은 아니지만, 어긋난 하나님과의 관계는 인간 자신이나 행동 및 여러 다른 관계들에 매우 심각한 영향을 끼치게 된다.

존 웨슬리는 인간의 하나님 동일형상(image of God)에 관한 그의 이해를 새로운 탄생에 관한 그의 설교[33]에서 아주 분명하게 피력했다. 인간에게 거듭남은 반드시 필요하다. 하나님의 동일형상으로 창조된 인간은 원래적인 사랑, 의, 자비, 진리, 정결을 반역적인 행위를 통해 상실했으며, 교만과 자기 의지는 사탄과 유사하게 되었으며, 감각적인 쾌락과 욕망으로는 동물에 근사해졌으며, 결국은 불행하고 속된 존재가 되어 버렸기 때문이다.

하나님은 인간을 그의 형상에 따라 창조하셨다('자연적 본성' natural image). 다시 말해 하나님은 인간을 이성과 의지의 자유, 감정을 가진 정신적인 본질로 창조하셨으며, '더 하급' 세계를 지배하는 '정치적인 형상(political

---

[33] 설교 45("신생").

image)'으로, 사랑, 의, 정결과 거룩함으로 가득 찬 '도덕적 형상(moral image)'으로 창조하셨다.

그러나 인간은 변하는 존재다; 인간은 복종하지 않으려는 의지적인 행동을 통해 자기의 고상한 지위에서 떨어졌고, 결국 하나님으로부터 오는 삶을 상실했다. 그래서 인간은 하나님에 대한 사랑 대신에 두려움을 갖게 되었으며, 저속하고 불행하게 되었고, 교만과 자기 의지('악마의 형상') 속으로, 감각적 쾌락과 욕망('짐승의 형상') 속으로 빠지게 되었다. 이러한 반역의 결과, 아담의 모든 자손은 영적으로 죽은 채 세상으로 오게 되었으며, 그래서 그들은 악마와 짐승의 동일형상을 지니게 되었다. 이것이 바로 인간의 '자연적인 상태'다. 이러한 인간은 눈이 있지만 보지 못하며, 귀가 있지만 듣지 못한다. 인간은 하나님을 알지도 못하며 하나님과 관계를 맺지도 못한다. 인간으로서는 살지만, 그리스도인으로는 살지 못한다.

이러한 인간은 새로운 탄생을 통해 비로소 인식의 눈을 열게 되며, 하나님의 내적인 음성을 듣고, 성령의 활동을 느끼며, 하나님 안에서 기쁨을 누리며, 하나님께 사랑을 바치게 된다. 이 때에서야 비로소 우리는 산다는 말을 할 수 있다. 그리스도 안에서 새로이 태어난 사람 안에서 하나님의 동일형상도 새로워진다. 세상에 대한 사랑은 하나님에 대한 사랑으로 변화되며, 교만은 겸손으로, 사나움이 온유함으로, 미움과 질투와 사악함이 진지하고 부드럽고 이타적인 인간 사랑으로 변화된다. 하나님의 동일형상 -이것은 그리스도가 보여 준 삶이다- 이 인간의 마음에 새겨진다. 이 때부터 성화가 이루어진다.

웨슬리는 이 설교에서 인간의 하나님 형상은 전적으로 상실된 것이라고 말한다. 하나님의 파트너로서 인간이 가지고 있는 것으로 피조물들을 향하여 선언된 그 형상의 지극히 작은 부분도 남아 있지 않다. 그러나 웨슬리는 다른 곳에서[34] 다음과 같이 말하기도 한다. 거듭나지 못한 사람들도 흠 없이 살 수 있다; 정직과 순결은 '이방인들'에게서도 찾을 수 있다; 하나님의 앞서 주시는 은혜가 포기해 버린 인간은 없다; 그러므로 모든 인간에게는 선을 행할 가능성이 있다. 물론 웨슬리는 하나님의 새롭게 하시는 은총 없이는 인간은 하나님이나 자기 자신을 참으로 알 수 없다는 점을 분명히 한다. 그렇지만 '타락한 이후'의 인간의 상실성에 대한 극단적인 표현은 웨슬리가 항상 반복해

---

[34] 예를 들어 설교 2("명목상의 그리스도인"); 설교 3("잠자는 자여 일어나라").

서 강조하는 하나님의 선행은총에 대한 가르침과 분명한 긴장 관계에 있다. 이 두 가지 모순되어 보이는 평가는 실제로 우리의 체험 속에서도 입증되며, 그러므로 그렇게 어려운 것은 아닐 수도 있다; 그러나 이것을 신학적으로 표현한다는 것은 결코 쉬운 일이 아니다.

성서 본문들을 다시 한 번 연구하고, 신학적인 인간론의 전체적인 맥락을 반성해 보면 우리는, 인간이 하나님의 동일형상이라는 언급에 관한 이러한 해석은 원리적으로는 유지될 수 없지만 개별적인 입장에서는 유효한 것으로 견지될 수 있음을 알게 된다.

인간이 하나님의 동일형상을 상실했다는 견해는 성서 본문에서는 어떠한 근거도 발견할 수 없기에 근래의 개신교 신학에서는 더 이상 주장되지 않는다. 신약성서에서는 인간이 비록 죄인이지만 여전히 하나님의 동일형상(약 3:9; 고전 11:7 -여기서는 남자에 대해)이다. 구약이나 신약성서 어디에도 하나님의 동일형상이 죄의 결과로, 그리고 죄를 통해 파괴되었다는 말은 없다. 우리 시대의 대다수 신학자들은 인간에게 있는 하나님의 동일형상이 죄로 말미암아 파괴되었다고 보아야 하느냐는 물음에 대해 그렇지 않다고 답한다.

초기 유대교에 뿌리를 두고 있는 견해, 곧 "인간은 하나님의 동일형상을 상실함으로써 동물이 되었다; 다시 말해 그러한 상실과 함께 인간은 하나님을 아는 지식과 윤리적인 통찰도 함께 상실했다."[35] 는 견해는 교회사에서 많은 사람들의 호응을 받았으며,[36] 특히 종교개혁 시대와 계몽주의 시대에 격렬한 논쟁을 불러일으켰다. 처음 창조 기록(창 1:26)에 나오는 '형상(라틴어: imago)'과 '유사성(라틴어: similitudo)'이라는 두 표현을 하나님의 동일형상의 두 가지 상이한 요소로 이해하였다; imago는 인간의 영, 혹은 인간적인 영혼으로 이해되었는데, 이는 인간의 범죄 이후에도 여전히 인간에게 남아 있다; 이성, 의지, 올바른 인생길 등이 타락한 인간에게도 여전히 남아 있는 하나님의 동일형상의 한 부분이라는 것이다. 그에 반해서 similitudo는 거룩함과 의를 말하는데, 이는 인간이 죄를 범한 이후 상실되었다. 그러므로 원래의 동일형상 중에서 일부분만이 아직 남아 있는 셈이다. 그러나 성서 구절들에 대한 더 정확한 해석이나 하나님의 형상에 관한 이론(Imago-Dei-Lehre)에 대

---

35) J. Jervell, TRE 6, 497.
36) L. Scheffczyk(Hg.), Der Mensch als Bild Gottes, 1969; A. Peters, Der Mensch, 1979; G. Ebeling, Dogmatik des Christlichen Glaubens I, 1979, 404-414.

한 일치된 교리적 해석에 의하면, 이러한 전통적인 이론은 견지될 수 없다. 이미 16세기 종교개혁자들이 하나님의 형상을 두 부분으로 구별하는 것에 반대했으며 그 이후, 특히 20세기에 들어 보다 정확한 성서 주석에 근거해 하나님의 동일형상은 인간의 특별한 하나님 관계를 말하는 것으로 이해되었다.[37]

　인간은 하나님의 동일형상을 스스로 창조한 것이 아니며, 그러기에 자기 자신과 창조세계에 신실하신 하나님의 뜻을 거슬러 그것을 파괴할 수 없다. 이로써 동일형상이 인간에게서 상실되었다는 견해를 완화하거나 무마하려는 것이 아니다. 오히려 그 반대다. 인간이 하나님을 거슬러 죄를 범했을지라도 여전히 하나님과의 독특한 관계를 계속 유지하고 있기 때문에 우리는 인간의 반역이나 소외 등에 관해 말할 수 있으며, 또 인간에게 해명을 요구하시는 하나님께 대하여(창 3:9; 4:9) 인간이 무한 책임을 지고 있다고 말할 수 있다. 창조주의 구원 행위는 바로 이 점에서 시작되는 것이다. "하나님의 동일형상과 인간의 인격성은 … 인간의 반역적 범죄에도 불구하고 하나님에 의해 보호되고 있다."[38] 예수 그리스도의 복음에 비추어 인간은 자기 자신과 만나게 되고, 그런 만남의 체험에 근거해 자신이 죄인임을 깨닫게 되며, 하나님의 약속에 근거해 인간 자신의 존엄성이 하나님에 의해 여전히 인정받고 있음을 알게 된다. 인간이 하나님을 떠났으나 그것은 하나님의 사랑으로 극복되었다. 하나님의 판단을 신뢰함으로써 인간은 자신에게 주어진 약속이 참됨을 알 수 있다. 인간은 죄로부터 자유를 선언 받았고, '하나님의 자녀'로 인정되었다(갈 4:1-7; 롬 3:21-28 등). 그러므로 하나님의 동일형상은 "인간에게 본래부터 있는 영광의 표현이 아니라, 하나님의 영광에 참여하게" 하나님으로부터 부름 받았다는 표현이다.[39] 이처럼 새로워진, 그리고 신앙 안에서 효력을 발휘하는 하나님과의 관계(稱義)는 동시에 새로운 삶의 시작(거듭남/新生)을 말한다. 바로 이 새로운 삶에서 인간은 본래의 인간이 된다. 하나님에 대한 신앙을 고백한 이후, 인간의 생각과 의지는 항상 하나님의 동일형상, 곧 —삶 전체에 방향과 목표를 부여하는— 하나님 관계에 일치되는 것이 아니다. 인간은 하

---

[37] 이에 대해서는 E. Jüngel, Der Gott entsprechende Mensch, 특히 309-310을 참조: "인간은 언어를 통해 구성된 존재다. 인간은 들음으로써 인간이 되고 … 인간은 들음으로써 하나님과 관계를 맺고, 그럼으로써 하나님과 일치하게 된다."
[38] W. Härle, aaO. 97.
[39] G. Ebelling, aaO. 414.

나님의 파트너로서 다른 인간들과 창조세계에 대해 창조주 하나님이 우리 인간들과 창조세계를 대하시는 사랑의 방식으로 대할 때에만 하나님의 동일형상과 그 존엄성, 그리고 책임성에 부응하는 것이다. 하나님의 원래적이고 거짓 없는 동일형상이 되시는 그리스도 안에서 이 사랑은 역사적 인물의 형태로 나타났다. 그리스도의 영은 하나님이 그의 파트너로 창조하셨고, 그의 변화시키는 사랑을 부어 주신 사람들을 내면으로부터 새롭게 형성하는 힘이다.[40]

(3) 인간 – 인격

인간에게 있는 하나님의 동일형상은 인간적인 실존의 핵심적 구조, 곧 인간의 인격성에서 나타난다. 이 인격성은 자기 자신, 다른 사람들, 인간 이외의 다른 창조세계, 그리고 하나님과의 관계에서 특별한 성격이며, 이를 통해 인간은 다른 모든 생물과 구별된다. 인격성을 좀더 구체적으로 규정하면, 어느 행동을 선택할지를 미리 알거나 계획하며 그 선택에 합당한 근거를 제시할 수 있는 능력이라고 할 수 있다. 의도적으로 이루어진 선택이 어떻게 평가받게 될지, 그 선택이 주도면밀하게 준비되었고, 정당한 윤리적 기준에 따른 것이며, 또 일관성 있게 수행되었는지 등은 물론 아직 검증되어야 한다. 왜냐하면 "인격은 자신의 행동을 헤아릴 수 있는 주체이기 때문이다."[41] 현실적인 세계 관계, 자기 관계, 하나님 관계는 철저히 오류, 거짓, 좌절, 범죄의 가능성을 내포하고 있기는 하지만, 그러한 선택적 행동과 의미 있는 결단의 능력을 부정하는 것이 아니라 오히려 전제한다. 인간은 '세계를 향하여 개방되어 있으며', 본능적으로는 자기 행동을 수정할 수 없고, 또 근거에 입각해서 선택할 수 있는 능력이 있다. 바로 이러한 능력은 인간에게 책임을 부여한다. 하나님 앞에서의 책임, 다른 인간들 앞에서의 책임, 다른 피조물들에 대한 책임, 그리고 인간 자신에 대한 책임이다. 그러므로 이러한 능력과 책임의 구조는 인간적인 실존 그 자체의 특징이며, 그런 점에서 하나님의 동일형상의 성격이라고 할 수 있다. 하나님의 동일형상과 마찬가지로 인격적인 특성은 인간을 관계 속에 있는 존재로서 인식하게 된다. 웨슬리도 역시 인간에 관해 그렇게 말한다. 그는 인간의 관계 능력, 다른 사람에 대한 의존성과 다른 사람들에

---

40) M. Marquardt, Imago Christi als Leitbild der Heiligung, in: TfP 18, 1992, 17-35도 참조.
41) I. Kant, Metaphysik der Sitte, Einleitung IV.

대한 실제적이고 가능한 관계에 관한 주제를 논의한 바 있다.[42] 인간의 인격적인 특성은 다른 사람들을 사랑함으로써 하나님의 사랑의 체험과 의지에 부응하게 된다. 이것이야말로 거듭난 인간의 본질적인 특징이다. 거듭난 인간의 근원은 하나님의 사랑과 하나님을 향한 사랑 속에 있다. 그럼으로써 거듭난 인간은 (다시) 그의 피조적인 본분에 상응하게 된다. 하나님과 인간의 근본적인 관계를 인간에게 이미 주어진, 그래서 인간을 비로소 인간이 되게 하는 실재로 인식하지 않는다면, 인간은 바르게 이해될 수 없다.

인간의 인격성이 지고의 존엄성이 있다는 사실은, 인간이 다른 사람들과 대화할 수 있을 뿐만 아니라 하나님의 말씀을 들을 수 있게 창조되었다는 점에서 드러난다. 인간은 "그의 피조적인 본질에 근거하여 … 하나님을 만날 수 있으며, 하나님을 위한, 그리고 하나님과의 관계 속에서 하나의 인격체, 곧 하나님이 한 분이듯이 그렇게 고유한 하나의 인격이 될 수 있다."[43] 자기 인식과 자기 책임성 속에서 인간은 창조주 앞에 서는 것이다. 그러면 하나님은 인간에게 침묵하지 않고, 오히려 인간을 그의 대화와 교제의 상대로 높여 주며, 사랑으로 창조된 인간을 그의 사랑의 행위 안으로 끌어안으신다.

관계적 존재라는 인간의 인격적인 구조는 양심 속에서 더할 나위 없이 분명해진다. 양심은 여러 가지로 구분된다. 인간론적인 불변요소이고, 윤리적인 기준에 따라 판단할 수 있게 모든 사람에게 주어진 능력이며, 개개 인간들 사이나 혹은 인간 그룹들, 그리고 문화나 종교들 사이에 다양하게 존재하는 규범들의 구체적인 당위성이다. 첫 번째 언급에서 중요한 것이 하나님의 창조적 사랑에 관해 생각하는 것이고, 두 번째 언급에서는 윤리와 성화가 핵심이다.

우리는 흔히 양심을 싸움과 갈등의 장소로 체험한다. 필수적인 지식과 규범에 어긋나게 행동할 때면, 양심의 고동소리가 울려나서 우리의 죄책을 고발한다. 우리는 침묵하거나 또 그럼으로써 우리의 인격성의 핵심을 상처 입게 함으로써 양심의 소리를 외면할 수 없다. 그러나 양심은 우리가 잘못된 행위를 행하기 이전에도 벌써 활동하며, 그래서 아직 행하지도 않은 행동에 대해 우리에게 경고하여 행하지 못하게 한다. 양심에는 인격적 존재를 구성하

---

[42] 특히 인간의 의지와 책임에 대한 강조, 인간의 하나님 동일형상을 인간 타락 이전과 이후의 인간존재나 하나님에 의한 거듭난 인간을 이해하기 위한 결정적인 열쇠로 보는 견해 등을 주목해야 한다.
[43] K. Barth, KD III /2, 474.

는 다음의 세 가지 능력이 결합되어 있다. 첫째, 가능한 행동에 대한 내적인 선취의 능력, 둘째, 그 행동에 대한 윤리적인 평가의 능력, 셋째, 그 행동을 하거나 그만두는 결단의 능력 등이다.

'양심(희랍어: ουνειδησις, 라틴어: conscientia)'이라는 개념을 이미 초기 희랍철학은 자기 자신을 아는 의식의 표시로 사용하였다. 이 개념은 곧이어 윤리적인 내용으로 집중되었고, 인간의 회개를 불러일으키는 하나님의 도구 (Philo)나 인간의 감시자(Stoa)로 이해되었다. 사도 바울이 이 개념을 기독교 신학의 용어로 도입했다. 그에 따르면 양심은 윤리적인 요청 앞에 서 있는 인간의 태도를 평가하지만, 그렇다고 해서 곧바로 하나님의 음성과 일치되는 것은 아니다. 윤리적인 요청은 율법으로부터 나오지만, 인간의 마음에 새겨질 수도 있다(롬 2:14-15). 양심은 인간 안에서 일어난 행위를 판단하는 기능이 있을 뿐만 아니라, 아직 일어나지 않은 행동에도 관여하여 선과 악의 지식에 근거해 그 행동을 평가하기도 한다. 어떤 요청에 대해 양심은 오류를 범할 수도 있다. 그리스도인은 어떤 제물도 먹어서는 안 된다고 생각했던 고린도 교인들의 양심이 그런 오류를 범했다.

그러나 객관적으로는 잘못된 양심이라도 그 사람 자신에게는 구속력이 있으며, 그러므로 한 인간의 양심의 결단은 다른 사람에 의해서도 존중되어야 한다. 그러므로 양심의 보호는 인간의 권리에 속한다. 구속력이 있는 양심은 항상 자기 자신의 양심이다; 어떻게 평가하든 양심의 판단은 자신의 행동에 책임을 져야 하는 그 양심의 주체에게 해당된다. 자기 양심의 속박을 받고 있는 사람을 다른 사람이 그 속박으로부터 풀어 줄 수 없다; 그의 양심이 자유를 선언할 때, 그 판단은 다른 사람에게는 해당되지 않는다.(고전 4:3-4; 10:29)

존 웨슬리는 양심이라는 주제에 관해 특별한 설교를 했다.[44] 양심이라는 개념이 그 당시에 특히 불확실하게 사용되고 있다고 생각했기 때문이다. 웨슬리의 이해에 따르면 양심은 "인간의 가슴 속에 있는 법정"이며, "우리가 우리 자신의 생각이나 언어, 행위, 그리고 이들의 공적이나 결핍, 혹은 이들이 선하다거나 악하다는 것을 의식하게 되는 능력"이다.[45] 이러한 기능이 있는 양심은 (선행을 한 후에) 행복감을 느끼거나 (악행을 한 후) 불안을 느끼게 함으로

---

44) 설교 131("양심에 대하여").

써 판단의 증인이요 심판자이며 집행자가 된다. 더 정확하게 말해, '자연적인 양심'은 하나님이 우리에게 사용하게 맡겨 주신 선물이다. 양심 속에 있는 하나님의 은총의 도움을 받아 인식하게 되는 하나님의 뜻에 불복종함으로써 잘 못된 양심의 형태들이 생겨난다. 너무 민감하고 소심한 양심과 자극을 점점 더 인식하지 못하는 굳어진 양심이 그런 잘못된 것이다. 성령의 도움을 받지 않고는 누구도 선한 양심을 가질 수 없다; 그러나 양심 그 자체는 —하나님의 선행적인 은총에 힘입어— '자연적인', 즉 불신앙의 사람 속에서도 활동한다. 양심 없는 사람은 없다. 다시 말해 선과 악을 인식하는 능력과 도덕적인 규범이나 덕에 대한 어떤 평가를 하지 않는 인간은 없다. 그러므로 모든 인간은 책임적이며 윤리적인 척도를 주장할 수 있다; 인간의 행동은 그러한 윤리적 척도에 따라 바르게 될 수 있다.

현대에 들어 양심이라는 주제는 더 많은 변화를 겪었다. 특히 칸트(I. Kant)와 프로이드(S. Freud)를 통해 그랬다. 칸트에 따르면, 양심은 인간의 내적인 기관으로서 실천이성이 윤리적인 질과 관련해 행동을 검증했는지 여부를 판단한다. 그러므로 양심은 형식적인 과제를 성취할 수 있으며, 도덕률에 근거해 내용적인 준거들을 제기하는 것은 실천이성이다. 프로이드는 양심을 특별히 초자아의 기능이라고 말한다. 이 초자아는 유아적인 사회화 속에서 형성되며, 대체로 무의식적으로 기능하고, 또 내면화된 부모-자아로서 인간 안에 일어나는 죄책감의 원인이다.

지금까지 논의한 바에 따라 양심에 관하여 우리는 다음과 같이 신학적으로 규정할 수 있을 것이다. 그것은 모든 인간에게는 양심이 존재하고 있다는 사실과 그 양심이 채워야 할 내용 사이를 구분해야 한다는 것이다.

모든 인간에게 존재하는 양심은 인간적인 인격 구조의 부분이다. 이 양심은 행위 혹은 존재를 향한 윤리적 요청 그 자체를 인식할 수 있는 능력을 말한다. 양심이 채워야 할 내용은 —최소한의 정도를 제외하면[46]— 인간의 사회화로부터 생겨난다. 사회화를 통해 형성된 규범의 내용은 원칙적인 것이지만, 개인 마음대로 변경될 수 있는 것은 아니다; 양심은 삶의 과정에서 새로이 형성될 수 있으며, 과거의 모습을 변경하거나 지워 버리기까지 한다. 그러한 점

---

45) 설교 131("양심에 대하여"), I, 3.
46) 전혀 무의식적으로 활동하는 소위 '생물학적인 양심'을 말한다. 가장 간단한 자제기능이 여기에 속한다 (W. Furrer, Psychoanalyse und Seelsorge, 1972²).

에서 인격적인 인간은 그의 양심과 양심의 요청에 대해 책임적이며, 다른 한편으로는 그 양심에 담겨 있는 규범에 대해 책임을 져야 한다. 우리는 양심의 이러한 양면적인 측면들을 하나로 묶으면서 다음과 같이 말할 수 있을 것이다: 양심은 한 인격이 그의 존재와 윤리적인 확신으로써 행한 태도가 일치하느냐 혹은 일치하지 않느냐에 관한 자기의식이다.[47]

양심을 가진 인간이 성서의 계명들, 특히 사랑의 계명과 만남으로써 두 가지 기능이 생겨나는데, 첫째로 성서의 계명을 만난 양심은 인간이 하나님과 그의 뜻에서 얼마나 멀리 떨어져 있는지를 밝혀 준다. 자신의 존재와 행동에서 하나님의 뜻에 따르려고 열심히 노력하는 사람은 자신의 분열된 모습을 체험하기 때문에(롬 7:14-25a), 하나님을 떠난 인간의 모습은 결코 부정될 수 없다. 나는 내가 아니다. 인간은 하나님으로부터 떠나 있음을 자기 소외에서 체험하며, 이러한 난관으로부터 스스로의 힘으로는 도저히 벗어날 수 없다는 무능력에서 경험하게 된다.

둘째, 해방된 양심은 자기 형성으로 나아가야 한다. 성서의 확신에 따르면, 그러한 자기 형성은 자신이 무조건적이고 완전하게 받아들여졌다는 사실을 체험할 때에만 가능하다. 그럴 때에만 양심은 자기 고소로부터 해방되며, "위로를 받으며(루터)", 자유하게 된다. 하나님께서 인간에게 정체의식을 선물로 주시고, 이것이 성장함으로써 양심도 변화를 경험한다. 양심은 점차 초자아의 기능을 상실해 가며, 또 그만큼 나의 일부분, 곧 나의 인격적인 양심이 된다. 물론 우리가 살아 있는 한 초자아적 양심의 잔재는 상당히 크게 남아 있지만, 우리는 이 잔재를 감당할 수 있다. 왜냐하면 은혜로 의롭다 함을 받은 결과로 형성된 선한 양심은 이 '양심'의 고소에 맞서 저항할 수 있기 때문이다.[48]

기독교의 선포, 교리 및 교육은 이러한 맥락 속에 서 있다. 하나님은 특히 용서와 해방을 선언하시고, 나 자신을 나에게 선물로 주셨으며, 그럼으로써 다른 사람들과 사랑으로 가득 찬 삶을 살도록 자유하게 해 주셨다는 약속 안

---

[47] 신약성서에 따르면, 인간에게 요청된 윤리적인 입장과 태도의 근본은 이웃 사랑이다(마 22:37-40 병행; 요 13:34-35; 15:9-17; 롬 13:8-10 등). 이웃 사랑은 구체적인 개체 계명들을 통해 해석된다.
[48] 양심에 관한 설교에서 웨슬리는 계명과 행동이 일치되었다는 확신에 근거해 '선한 양심'의 가능성에 관해서도 말했다(설교 131, I, 12); 이러한 일치는 성령의 활동 없이는 불가능하다. 성령은 우리에게 하나님의 뜻과 우리의 행동을 인식하게 가르치며 상응하는 행동을 하게 능력을 준다(I, 13-14). 그러나 웨슬리는 하나님 관계 밖에 있는 양심에 관해서는 어떠한 긍정적인 판단의 가능성도 언급하지 않는다.

에서 기독교의 선포와 교육이 일어난다. 교회의 선포와 교육은 사람 안에 선한 양심을 형성해 줌으로써, 그를 잘못된 죄책감으로부터 벗어나게 하며, 실질적인 죄책을 깨닫게 하고, 윤리적인 선택을 검증할 때 인격적이고 신율적인 양심이 활동하게 하며, 그래서 선한 행동을 실천하게 이끌어 간다. 그러한 양심이 강하게 형성될수록 인간은 더욱 강하게 자기 자신과 일치하게 되며, 사랑 안에서 궁극적인 자유를 책임적으로 인식할 수 있게 된다.

3) 창조세계를 지키는 하나님의 사랑

하나님의 창조는 아직 끝나지 않았다. 하나님은 그의 창조세계와 동행하시면서 창조를 계속하신다. 인간의 잘못된 행동이나 악마의 파괴적인 힘도 창조세계를 향한 하나님의 신실하심을 어찌하지 못했다. 하나님은 이 신실하심으로 생명의 토대를 창조적으로 보존하신다.(창 8:22)

(1) 하나님의 창조하시는 능력
성서의 몇몇 시편들이 하나님의 창조 능력을 매우 인상적으로 표현한다.

> 중생의 눈이 주를 앙망하오니 주는 때를 따라 저희에게 식물을 주시며 손을 펴사 모든 생물의 소원을 만족케 하시나이다.(시 145:15-16)

시편 104편은 그 전반부에서 창조세계의 시작을 언급한 후에 이렇게 이어 나간다.

> 여호와께서 샘으로 골짜기에 솟아나게 하시고 산 사이에 흐르게 하사 들의 각 짐승에게 마시우니 들나귀들도 해갈하며 … 저가 그 누각에서 산에 물을 주시니 주의 행사의 결과가 땅에 풍족하도다. 저가 가축을 위한 풀과 사람의 소용을 위한 채소를 자라게 하시며 땅에서 식물이 나게 하시고 사람의 마음을 기쁘게 하는 포도주와 사람의 얼굴을 윤택케 하는 기름과 사람의 마음을 힘 있게 하는 양식을 주셨도

다.(10-11, 13-15절)

창조세계 안에서 하나님의 활동은 마침내 이 시인에게 그의 창조주를 찬양하게 한다.

> 나의 평생에 여호와께 노래하며 나의 생존 동안에 내 하나님을 찬양하리로다.(33절)

경이로운 하나님의 창조를 찬양하는 노래 속에는 허무와 고통의 깨달음 역시 없는 것은 아니다. 같은 시편은 이렇게 노래한다.

> 주께서 낯을 숨기신즉 저희가 떨고 주께서 저희 호흡을 취하신즉 저희가 죽어 본 흙으로 돌아가나이다.(29절)

시편 90편의 몇 구절들은 잘 알려진 것들이다.

> 주께서 사람을 티끌로 돌아가게 하시고 말씀하시기를 너희 인생들은 돌아가라 하셨사오니 주께서 저희를 홍수처럼 쓸어가시나이다. 저희는 잠간 자는 것 같으며 아침에 돋는 풀 같으니이다. … 우리의 연수가 칠십이요 강건하면 팔십이라도 그 연수의 자랑은 수고와 슬픔뿐이요 신속히 가니 우리가 날아가나이다.(3, 5, 10절)

그렇지만 이러한 경험들을 기도의 형식으로 말하는 이 구절들도 하나님을 향하여 하는 말이며, 깊은 신뢰 가운데서 하나님의 사랑을 기원한다(1, 12-17절). 이것은 신앙적인 통찰의 특징이기도 하다. 이 통찰은 계속되는 하나님의 창조 활동과 그의 창조세계를 위한 사랑을 알고 있다. 하나님이 언약에 신실하시다는 것은[49] 하나님께서 다음과 같은 약속을 지키신다는 점에서 입증된다.

> 땅이 있을 동안에는 심음과 거둠과 추위와 더위와 여름과 겨울과 낮

---

49) 이 주제에 대해서는 이 책 191쪽 이하에서 상세하게 다루게 된다.

과 밤이 쉬지 아니하리라.(창 8:22)

비록 인간이 거듭 반복해서 잘못된 행동을 함으로써 하나님의 일을 위협하고 인간 자신의 삶까지도 위협하지만, 하나님은 그의 창조와 피조물들에 대해 신실하시다. 우리가 살고 있는 세상의 어느 부분도 하나님의 창조적 능력 밖에 있지 않다. 하나님의 창조 능력은 살아 있는 모든 것의 삶을 가능하게 하며, 또 세상이 허무함 속에서도 하나님의 손에서 벗어나지 않게 한다. 우리의 현실을 지탱하는 유일하고 궁극적인 근거는 하나님의 실재, 창조주 하나님의 선하심과 창조적 능력이다. 하나님께서 그의 세상을 돕고 계시고, 인간의 죄악에도 세상을 보존하시며, 세상을 구원과 완성으로 나아가게 결정하셨다는 점에서 하나님의 신실하심이 입증된다. 우리가 체험한 세상 어느 부분도 이러한 포괄적인 사실에서 제외되지 않는다. 심지어 죄 때문에 그 본질이 전적으로 왜곡되었으며 하나님에 반대하는 것이라 할지라도 그렇다. 하나님으로부터 가장 멀리 떨어져 있는 것이라도 하나님의 영향권을 벗어날 수 있는 것은 없다. 가장 보잘것없고 연약한 피조물일지라도 하나님의 관심 안에 있다. 이것이 바로 믿음이다; 믿음은 그 자신뿐만 아니라 창조세계도 하나님의 손 안에 있음을 안다.

(2) 하나님의 섭리

하나님께서 그의 창조세계를 돌보고 지키신다는 확신은 이론적인 필요 때문에 생겨난 것이 아니라, 공포와 염려 가운데서 하나님의 지키고 베푸시는 임재에 대한 체험으로부터 생겨났다. 이미 앞에서 시편 구절들을 통해 보았듯이, 이러한 확신은 일반적인 지식을 일차적으로 말하는 것이 아니라, 창조세계를 결코 위기에 내버려두지 않으시는 하나님에 대한 신뢰를 말한다. 하나님의 배려하심에 관해 말하는 신약성서의 많은 구절들에도 이와 비슷한 언급들이 있다. "그러므로 두려워하지 말라(눅 12:7)." 혹은 "그러므로 염려하지 말라(마 6:25)."와 같은 말씀들이 그렇다.

이러한 맥락을 생각하면서 하나님의 섭리에 관한 가르침이 생겨나게 되었다. 섭리론이 존 웨슬리가 즐겨 사용하던 주제들에 속한다는 것은 이상스러운 일이 아니다. 예를 들어 그는 "너희의 머리털까지도 모두 세신 바 되었다(눅

12:7)."라는 말씀에 관해 45회 이상이나 설교했다. 114번 설교 "거룩한 섭리에 대하여"[50]는 이 주제에 관한 그의 견해를 요약하고 있는 것으로 보인다. 이 설교의 서두에 곧바로 이런 말이 나온다.

> 제아무리 작고 보잘것없는 것일지라도 하나님의 돌보심과 섭리의 대상이 아닌 것이 없다; 어떤 것이라도 그의 피조물의 행복에 관련되는 한 하나님 앞에서 사소한 것이라고는 없다. 모든 것을 아시고 모든 것에 은혜를 베푸시며 모든 것을 창조하신 하나님으로서 그는 그것들을 지키시기도 한다. 그는 모든 것과 함께하시며 모든 창조세계를 보고 계신다. 그는 모든 것을 아시며 그의 피조물 중 어느 것도 멸시하지 않으신다.

웨슬리는 인간에 관해 "우리는 그의 자녀다."라고 말할 수 있다.[51] 그러므로 하나님은 그것들을 잊지 않으시고, 그 모든 것을 돌보시는데, 특히 인간을 돌보신다.

세상의 사악함과 비참함이 하나님의 섭리에 대한 이러한 확신을 의문스럽게 만든다는 사실에 대해서도 웨슬리는 결코 침묵하지 않는다. 하나님께서는 죄와 그 사악함, 그리고 그 결과들을 제거할 수 있지 않았을까? 또 하나님은 그것들을 제거해야만 했지 않았을까? 하나님은 세상에서 고통을 제거해야 했지 않았을까? 이 물음들에 대하여 웨슬리는 분명한 답을 잘 알지 못한다는 것을 일단은 인정한다. 그러나 그는 하나님의 지혜와 선하심, 그리고 능력은 결코 별개가 아니라는 것을 확실하게 믿었다. "하나님께서는 그의 모든 힘을 그

---

[50] 설교 114("하나님의 섭리에 대하여"). 웨슬리의 논증과 그의 설교의 내용은 기독교 일반의 고전적인 가르침과 구별되는 새로운 것은 아니다; 여기서 우리는 웨슬리가 그 자신이 받아들일 수 있는 일반적인 기독교의 전통이 문제가 될 때에는 새로운 것을 말하려고 하지 않았다는 예를 다시 발견하게 된다. 웨슬리가 이 섭리론을 즐겨 받아들인 것은 이 가르침이 그의 목회적인 활동뿐만 아니라, 그의 사회적, 의료적, 그리고 사회봉사적인 작업에도 중대한 의미가 있었기 때문이다.

[51] 설교 114("하나님의 섭리에 대하여"): 하늘에 계시는 하나님께서 "불쌍한 땅의 거민들"에 관심하지 않는다는 것은 불가능하다. "우리 자신이 아니라 그분이 우리를 만드셨다; 그러므로 그는 그의 손으로 만든 작품을 멸시할 수 없다. 우리는 그의 자녀들이다." 이런 하나님의 자녀 됨과 그리스도를 믿음으로써 받게 되는 하나님의 자녀 됨 사이의 관계는 어떤 것이냐는 다양한 물음에 관해 웨슬리는 다루고 있지 않은 것으로 보인다. 그러나 그것들을 구분해야 한다는 것은 성서적으로나 교리적으로 논란의 여지가 없으며, 웨슬리의 표준설교에서도 밝혀질 수 있다(참조 설교 1: "믿음으로 말미암는 구원", II, 7; 설교 5: "믿음에 의한 칭의", IV, 9 등).

가 창조하신 모든 것을 지키시고 인도하시는 데 사용하고 계심에 대하여 어떠한 의심도 할 수 없다."

그렇지만 웨슬리가 하나님의 지키시는 활동에도 불구하고 사악함과 파괴가 존재하고 있다는 점에 관해 설명을 시도하지 않았다면, 결코 웨슬리가 아니었을 것이다. 그의 조심스러운 해석은 이렇다.

> 하나님은 스스로를 부인할 수 없다; 그는 세상으로부터 죄를 제거하기 위해 창조를 되돌릴 수 없었고, 인간의 하나님 형상을 지워 버릴 수 없었다; 그렇지 않았다면 그는 자기 스스로에 모순되었을 것이다. 하나님은 인간을 자유하게 만드셨다; 이 자유가 없었다면 어떠한 사악함도 없었겠지만, 동시에 어떠한 덕스러움도 없었을 것이다. 그러므로 하나님이 인간의 이성과 의지, 자유를 파괴하는 대신에 인간이 삶의 목표에 도달하게 인도하고 자유 안에서 구원을 추구해 가게 인도하는 데에서 하나님의 섭리가 드러난다.(설교 114, 15)

그러나 이러한 일반적인 섭리(general providence)에 관한 가르침은 일부분에 지나지 않는다. 다른 한 부분은 인간 개개인을 위한 하나님의 인격적인 돌보심과 관계되는 특별한 섭리다(particular providence). 웨슬리의 설교는 바로 이 부분을 강력하게 강조한다. 웨슬리에게 일반적인 섭리에 관한 가르침은 인간 개개인을 향한 하나님의 특별한 관심에 관해 가르치기 위한 신학적인 배경이라고 할 수 있다. 이러한 맥락에서 웨슬리는 창조세계를 향한 하나님의 개입을 믿는 성서의 신앙을 받아들이며, 자연의 법칙까지도 깨뜨리는 하나님의 기적 행위에 대한 성서적인 신앙을 변호한다. 창조주로서 하나님이 베푸시는 배려가 그리스도인들에게만 해당되는 것이 아니라 모든 인간에게 해당된다면, 하나님의 특별한 배려는 그를 전적으로 의지하는 사람들에게만, 그리고 그가 사명을 부여한 사람들에게만 해당된다. 그는 한 설교에서 이렇게 말하기도 한다.

> 만일 하나님께서 그의 종들 중 한 사람을 보호하기를 원하신다면, 돌이 그 위에 떨어지지 않을 것이고, 불이 그를 태우지 않을 것이며, 홍

수가 그를 삼키지 않을 것이고, 혹은 하나님의 천사가 그 손으로 그를 모든 위험에서 지킬 것이다.[52]

웨슬리는 그의 시대의 대다수 사람들과 마찬가지로 하나님께서는 그가 창조한 자연의 법칙들을 통해 세상을 다스리신다고 생각했지만, 또한 예외적으로 이 법칙들을 깨뜨리실 수도 있다고 믿었다. 그는 하나님께서 기도를 들으신다는 성서의 약속을 굳게 믿었으며, 그래서 단지 일반적인 섭리와 자연법칙들의 예외 없는 효력을 인정하는 계몽주의의 모든 공격(예를 들어 D. Hume, A. Pope)에 맞서서 특별한 섭리에 대하여 확신하였다. 이러한 확신을 굳게 붙잡으려는 웨슬리의 관심은 단지 성서의 말씀을 굳게 붙잡으려는 데에만 있는 것이 아니라, 특히 가장 보잘것없고 연약하고 가난한 사람들까지도 하나님의 돌보심 안에 있다는 그의 확신에 근거한다. 이러한 인간적인 범주들은 하나님의 눈에는 전혀 중요한 것이 아니다. 하나님은 마치 한 사람을 돌보시는 것처럼 모든 사람을 돌보신다. 마치 모든 인간이 단 한 사람인 것처럼 모두를 돌보신다.[53] 웨슬리의 설교는 이렇게 결론을 맺는다.

하나님을 전적으로 신뢰하고, 그의 보호와 돌보심에 감사하며, 자신의 삶을 겸손하게 하나님과 밀착하여 살아가야 한다. 하나님을 신뢰하지 못하는 사람들의 상황은 서글프지만, 하나님을 신뢰하는 사람은 복되다.[54]

웨슬리의 이론적인 생각들을 전적으로 따른다는 것은 우리 시대의 많은 사람들에게는 대단히 어려운 일이다. 세상을 설명하려는 이론을 위하여 하나님의 섭리를 말하며, 또 그럼으로써 하나님을 일종의 '작업가설(Laplace, 1749-1827)'로 받아들이기에는 우리가 세상의 여러 가지 연관들에 대하여 너무 많이 알고 있는 것이 아닐까? 하나님은 세상사에 영향을 미치는 여러 가지 요인들 중 하나인가, 아니면 세상을 자기 식민지로 생각하는 절대군주적인 왕인가? 그렇게 생각한다는 것은 오늘날 인정받고 있는 합리적인 세계관에서는

---

52) 설교 114("하나님의 섭리에 대하여"), 21.
53) 설교 114. 26; Augustin, Bekenntnisse, III, 11.
54) 설교 114, 27-29.

불가능한 것이 아닌가? 또 그런 식의 시도는 별 도움이 되지 못하거나 하나의 웃음거리가 아닐까?[55]

성서 저자들이 가지고 있던 기적의 표상들이 그 사이에 낡아 버린 인과적-메카니즘 세계상에는 어울리지 않은 것은 확실하다. 그들의 기적 표상들은 그러한 세계상에서 생겨난 것이 아니다. 기적이라는 개념은 그보다 훨씬 광범위하다. 왜냐하면 개별적인 과정이나 세계관적인 질서에 정향되었다기보다는 오히려 "얻을 만한 공적 없는, 그리고 상상할 수 없는 가능성의 체험 - 기대와는 달리 실현된 체험"[56]에 맞추어져 있기 때문이다. 기적은 개인에게 일어나기는 하지만 그렇다고 곧바로 개인적인 체험만으로 돌려서는 안 되고, 오히려 철저히 객관적으로는 기대할 수 없는 사건을 말한다. 몇몇 기적 이야기들은 고대의 세계상과 그 시대의 결핍된 지식에 기인한 것이 확실하다; 그럼에도 기적적인 치유나 죽음의 위기에서 구원받은 많은 체험들은 과학적으로는 이해할 수 없는 과정들이 실재하고 있음을 말해 주는 강력한 논증이다. 이것들은 -흔히 기도의 응답으로, 그러나 전혀 기대와는 다르게- 하나님의 도와주시는 개입으로 체험되고 이해된다. 그러므로 우리는 기적을 믿는 것이 아니라, 기적적으로 인간과 창조세계를 돌보시는 하나님을 믿는다고 말하는 것이 적절할 것이다. 이 믿음은 고통의 체험들이 멈추지 않고 죽음의 운명이 제거되지 않는 곳에서도, 창조세계의 허무성과 유한성이 너무 고통스럽게만 체험되는 곳에서도 여전히 믿어진다. 하나님을 믿는 신앙과 그의 선하심에 대한 신뢰는 그러한 고통스런 체험들을 -하나님을 향한 신뢰를 근본적으로 파괴하지 않고- 받아들일 수 있게 돕기도 한다. 왜냐하면 신앙인은 세계사나 자신의 삶의 체험의 배후에 서 있는 것이 맹목적인 운명이나 차가운 무(無)가 아니라, -세계사나 삶의 체험들이 개별적으로 매우 고통스러울지라도- 세상을 사랑하셔서 그의 손으로 붙잡고 계시는 창조주이심을 믿기 때문이다. 우리가 끝이 없어 보이는 바닥으로 추락한다고 할지라도 그런 믿음에는 변화가 없다. 우리의 삶은 다소 우연적인 사건들의 연속이 아니라, 하나님이 우리를

---

[55] 이런 모든 생각에서 중요한 점은 신학과 자연과학의 상이한 관점들이 항상 의식되어야 한다는 것이다: "과학자들이 하나님과 무관하게 어떻게-물음에 답할 수 있다면, 하나님을 세상에서 배제시켰을 것이라고 생각하는 것은 비극이다. 우리는 세상이 어떻게 움직이는지를 잘 알게 될 수록 하나님의 자리가 점점 작아진다고 생각한다. 하나님은 우리 지식의 점점 작아지는 공간 속으로 내몰린다."(Robert J. Berry, God and Evolution, London 1988, 20).
[56] W. Trillhaas, Dogmatik, 1972, 169.

창조세계 안에서 보존하시는 활동의 영역이고 체험의 공간이다. 하나님은 이 삶의 영역을 형성하게 우리를 만드시고 힘을 주셨다.

(3) 하나님의 선하심과 고통의 체험

그러나 이 세상 현실에서 일어나는 헤아릴 수 없는 비참함과 이해할 수 없는 사악함을 생각한다면, 감당할 수 없는 불의와 죄 없어 보이는 사람들이 겪는 전혀 이해할 수 없는 고통을 생각한다면, 앞에서 언급한 하나님의 섭리에 관한 생각들은 너무 피상적이거나 가벼운 것이 아닐까? 하나님은 그러한 체험들 배후로 사라지는 것이 아닐까? 그리고 우리는 하나님 없는 세상에서 살고 있다고 생각해야 하지 않을까? 시편 73편은 하나님을 믿었지만 그러한 체험들 때문에 깊은 절망에 빠진 사람의 기도다.

> 내가 내 마음을 정히 하며 내 손을 씻어 무죄하다 한 것이 실로 헛되지 않습니까?

기도자는 이렇게 하나님께 묻고, 이어 말한다.

> 나는 종일 재앙을 당하며 아침마다 징책을 보았습니다.

반면에 교만한 사람들과 하나님을 부정한 사람들은 잘 살고 있다. 그들에게는 아무런 고통도 없고, 그들은 건강하고 고생도 하지 않는다.
이 기도를 하는 사람은 여전히 하나님을 향하여 묻는다; 그러나 일반적으로 사람들은 하나님을 반대하여 이러한 물음을 제기하며, 그래서 하나님을 믿는 신앙을 부정하거나 그런 믿음의 근거가 무엇인지를 묻는다. 그런 후에야 비로소 하나님과 세상을 향한 하나님의 돌보심에 관해 말하는 사람들을 변호하게 된다. 혹은 끝에 가서야 하나님이 변증되어야 할까?
완전히 선하며 전능하신 하나님을 인정한다면, 이 하나님을 믿는 신앙은 이 세상에서 죄를 덜 지은 사람이 받는 고난을 보면서 무슨 말을 할 수 있을까? 이 물음은 하나님이 감추어져 계신다는 것보다도 깊은 물음이다. 감추어져 있으면 다시 드러날 수 있다. 그러나 이 물음은 인간을 벙어리가 되게 하는 하나님의 침묵을 비난할 뿐만 아니라, 이러한 성서적인 의미에서 하나님에 관해 말한다는 것이 근본적으로 가능한 것이냐 혹은 하나님이 과거 언젠가 계셨다가 이제는 하나님이기를 포기하거나 오래전에 이미 죽은 것이 아니냐는 물음이기도 하다.

완전히 선하고 전능하신 하나님에 관한 말씀과는 어울리지 않아 보이는 세상의 고난에 관한 문제에 대해 무신론은 하나님이 계시지 않기 때문에, 그래서 하나님이 지배하시지 않기 때문에 이러한 문제는 존재하지 않는다고 말한다.[57] 고난은 선하고 전능하신 하나님을 믿는 신앙을 무너뜨리는 '무신론주의의 반석(Buchner)' 이다. 이러한 무신론적인 해결책과 반대되는 것은 모든 것, 심지어 세상의 해악까지도 모두 하나님과 그의 행동으로 돌려야 한다는 생각이다. 그 결과 야누스의 얼굴을 가진 하나님이 생겨나는데, 그 하나님은 우리에게 악을 베풀 것인지 선을 베풀 것인지 알지 못하는 신이다. 그것은 성서의 본문에 근거된 것이기도 하다. 아모스는 이렇게 말한다. "여호와의 시키심이 아니고야 재앙이 어찌 성읍에 임하겠느냐?"(암 3:6b)

이러한 두 가지 이해의 중간에 이원론적인 해결책도 있다. 하나의 신과 그에 반대하는 신이 있는데, 하나는 선하고 다른 하나는 악하다. 고대교회(2세기)의 신학자였던 마르시온은 창조신과 예수 그리스도의 아버지이신 신을 구분하였다. 또 다른 경우에는 반(反)하나님을 마귀와 동일시한다. 그렇지만 하나님과 反하나님을 동일한 등급으로 인정한다면, 그 하나님은 더 이상 하나님이 아니다. 왜냐하면 그 하나님은 다른 하나님과 힘을 나누어 가져야 하기 때문이다.

끝으로 우리는 그러한 물음을 제기하는 것 자체를 거부하고 바울과 함께 "이 사람아, 네가 뉘기에 감히 하나님을 힐문하느뇨?(롬 9:20)"라고 되물을 수도 있다. 실제로 많은 사람들은 하나님에 대한 이러한 물음을 제기하는 것 자체를 부당한 것으로 여긴다. 왜냐하면 우리는 그리스도의 십자가 앞에서 불의한 고난에 관해 말하는 것을 중단할 수밖에 없기 때문이다.[58] 그리스도보다 더 불의한 고난을 받은 사람이 누구이겠는가? 그리스도는 그런 불의한 고난 중에서도 하나님을 흔들림 없이 완전하게 믿고 자신을 내맡겼다.

---

57) 예를 들어 A. Camus, Die Pest 등을 참조.
58) 예를 들어 E. Brunner, Dogmatik, Band 2, 1972, 200.

이러한 여러 입장들 중에서 우리는 마지막에 제시한 해결책을 따르고 싶은 바람이 커진다. 그러나 이 문제를 필요 이상으로 너무 안이하게 다루고 싶지는 않다. 그래서 우리는 우리의 신앙과 세상 체험의 토대 위에서 그러한 고난으로부터 생겨나는 긴장에 대해 논의하고자 한다. 우리가 이러한 수고를 마다하지 않는 것은 궁극적으로는 목회적인 관심 때문이다. 하지만 여기서 두 가지 입장에 대해서는 주목하지 않을 것이다. 이들은 대단히 중요할 수 있겠으나, 우리가 여기서 다루고자 하는 물음의 핵심에 속하기보다는 그 배경에 속하기 때문이다. 그 하나는 우리 인간이 행복을 주장할 수 있느냐는 것이고, 다른 하나는 우리에게 무엇이 좋은 것이고 나쁜 것인지를 인간이 결정할 수 있느냐는 것이다; 아픔과 고난이 없는 삶이 과연 바람직한 삶이 될 수 있을까? 우리는 나중에 두 번째 물음에 대해 다시 한 번 언급할 수 있을 것이다.

고난의 원인은 세 가지 방향으로 구분할 수 있다. 첫 번째는 우리 존재의 유한성과 죽음이고, 두 번째는 인간의 사악한 행동, 세 번째는 우리가 어찌할 수 없는 물리적인 원인이다. 우리는 죽어야 할 존재이며, 우리의 세상 삶에는 끝이 있다는 사실 때문에 사실상 우리의 세상 삶은 회의적인 것이 되고 만다. 우리 자신이나 우리가 행한 모든 것은 덧없는 것이기 때문이다. 인간이 다른 인간에게 불의를 행함으로써 아마도 가장 심각한 고통이 일어날 것이다. 우리가 사는 시대에도 무수한 사람들이 죄악 된 행동의 결과로 고통을 받는다. 웨슬리는 이러한 식으로 그의 설교에서 답변한다. 인간적인 가능성들을 잘못 사용하여 해악을 끼치게 하는 것은 하나님께서 우리에게 주신 자유다. 그러나 하나님의 선하심과 전능하심을 가장 날카롭고 심각하게 회의하게 만드는 것은 다른 사람들보다 나쁘지 않은 사람들이 겪는 물리적인 피해, 육체적인 고난이다. 젊은 사람이 암으로 죽는다든지 자연재해로 무차별하게 죽어 가는 과정들에서 우리는 거듭 전율하게 되며, 분노에 차서 하나님의 의에 대해 묻게 된다. 우리의 신앙은 그러한 물음에 무엇을 말할 수 있는가?

먼저 그리스도인들은 그러한 고통스런 해악을 진지하게 받아들이며, -극동아시아의 종교들처럼- 그러한 현실을 부정하지 않는다. 그리스도인들은 하나님이 선하고 전지전능하시다는 것도 확신한다. 그리스도인들이 성서에서 만나는 하나님은 그러한 하나님이시기 때문이다. 그런 다음 그리스도인들은 우리도 한 인간을 사랑하거나 그에게 관심이 있을 때, 그에게 필요 없이 어떠한 고통도 더하지 않는데, 하물며 하나님께서 어떻게 그러한 고통을 주셨으며 혹은 그가 주시지 않았다면 어떻게 허락하실 수 있었는지 묻는다.

기독교의 신앙에서 답변을 찾기 전에 우리는 먼저 고난이 인간의 삶에서 갖는 의미에 관해 잠시 생각해 보고자 한다. 고난을 원하는 사람은 심리적인 환자이거나 영적으로 교만한 사람일 것이다. 그럼에도 인간은 더 높은 목표에 이르기 위한 고난을 알고 있다. 건강을 되찾기 위해 필요하다면 우리는 고통스러운 수술을 자발적으로 받는다. 원하는 목표에 도달하기 위해 우리는 수고를 감수한다. 수치와 고통이 따르더라도 한 인간에게 가까이 가기 위하여 우리는 인내한다. 특히 발전과 성숙에는 고난의 시간들이 필요함을 체험적으로 알 수 있다. 우리 삶에서 일어나는 중요한 변화의 과정들이 고통 없이 일어나는 경우는 드물다. 이러한 고통의 감수가 정당하다는 사실을 영국의 소설가 알더스 헉슬리는 그의 "아름다운 신세계"에서 역설적으로 검증했다. 고난이 없는 세계는 인간의 비인간화로 이어진다.

이로써 모든 고난이 정당화되는가? 인간과 그의 삶의 용기를 파괴하는 고난은 없는가? 많은 고난이 우리에게 선이 된다는 부분적인 진리를 일반화해 고난은 어떠한 경우에도 의미심장하다고 말할 수 있는가? 고난 없는 삶이 세계와 인간에 관한 현대적인 이해 속에서도 결코 바람직하지 않다고 할지라도, 모든 고난이 의미 있다고 할 수는 없다. 그러므로 선하고 전능하신 하나님을 믿는 우리 신앙의 정당성에 대한 물음은 세상에 있는 고난에 직면하여 그 답변을 찾지 못한다. 언뜻 사소하게 보이는 구분을 시도하는 것이 여기서는 도움이 될 것이다. 다시 말해 하나님이 모든 것을 일어나게 하신다는 것과 하나님이 홀로 일어나게 하신다는 것을 구분하는 것이다. 창조주는 전능하시기 때문에 하나님은 모든 것을 하실 수 있다.

그러나 창조에서 하나님은 자기 스스로를 제약하셔서, 인간에게 자유의 영역과 개인적인 활동의 자유를 나누어 주셨다. 그러므로 역사에서 일어나는 사건이 무엇이든지 우리는 하나님의 모든 작용에 관해 말할 수는 있지만, 하나님 홀로 작용했다고 말할 수는 없다. 그러므로 물리적인 해악이 인간을 통해 야기되었다는 점에서, 인간에게 자유를 주심으로써 하나님 스스로가 자기를 제약했다는 데에 그 간접적인 원인이 있다고 할 수 있을 것이다. 이렇게 생각함으로써 우리가 문제를 제기할 수 있는 영역이 축소될 수 있겠지만, 여전히 문제 자체는 답변되지 못한 채 남아 있다.

  고통 체험이 신앙인들에게는 무엇을 의미하는지에 대해 물으면서 우리는 답변에 좀더 가까이 다가가려고 한다. 이미 앞에서 언급한 성서 구절들에 덧붙여서 여기서는 욥기를 생각해 보는 것이 의미 있을 것이다. 그러나 그것도 여기서는 쉽지 않다. 그렇다면 고난의 의미에 대한 물음과 고난에 직면하여 제기되는 하나님의 정당성에 대한 물음은 이론적으로는 답변될 수 없다고 말하는 것이 좋을 듯하다. '하나님을 인간적인 방식으로 변호하는' 일치된 기독교적인 세계상을 제시하려는 시도는 매력적이다. "감추어진 아버지, 다시 말해 하필이면 고통을 당하는 사람, 곧 십자가에 달리신 분께서 -그에게 세상의 파멸적인 세력들이 특별히 날뛰어 발광했다- 그의 뜻을 밝혀내야 하는 아버지보다 다른 어떤 것을 더 신뢰"[59]하려는 시도는 이해할 만한, 그러나 커다란 유혹이다. 욥의 친구들은 그들의 설명을 통해 이 문제를 간과해 버렸다. 왜냐하면 자기 자신의 고난이든 가장 가까운 사람의 고난이든지, 고난을 통해서만 이 문제에 답변할 수 있는 가능성이 열리기 때문이다. 이 가능성은 개인적으로 하나님을 만나는 것과 밀접하게 결합되어 있다. 이 만남 밖에서는 우리가 의미 없는 것으로 보게 되는 고난은 어떠한 의미도 갖지 못한다. 하나님과 만남으로써 욥은 하나님께서 그를 버리신 것이 아님을 체험할 뿐만 아니라, 고난에 대한 그의 항변과 하나님의 의에 대한 그의 물음에 대한 -간접적이기는 하지만 매우 분명한- 답변을 듣는다. 또한 하나님은 욥을 모든 것을 포괄하는 현실 안으로 받아들인다. 바로 이 현실에 욥의 고난도 자리 잡고 있다. 처음에는 하나님의 엄청난 힘에 압도되어 침묵하던 욥은 하나님의 선하심을 새로이 체험하며 자유롭게 하나님을 찬양할 수 있게 된다. 욥이 재를 뒤집어 쓰고 고난을 당하지 않았다면, 그는 하나님을 찬양할 수 없었을 것이다. 그의 운명은 고난 중에서 하나님을 향하여 묻는 사람들에게 하나님의 선하심은 결코 끝난 것이 아니라고 말한다. 우리가 그 선하심을 체험하지 못한다 할지라도, 그의 선하심은 여전히 우리에게 베풀어진다.

  우리가 하나님의 창조적 능력과 선하심을 믿는 신앙을 세상에서의 고난 속에서도 어떻게 확신할 수 있는지를 또 다른 고난 받은 그리스도인이 가르쳐

---

[59] H. und W. Hemminger, Jenseits der Weltbilder, 266.
[60] K. H. zur Muhlen, Gotteslehre und Schriftverständnis in Luthers Schrift 'De servo arbitrio", JBTh 2, 1987, 210-225.

준다. 그는 '감추어진 하나님'에 관해 말한 마틴 루터다.[60] 루터가 이룬 공적은 보편적인 하나님 인식이라는 그 시대에 널리 알려진 가르침을 배경으로 해서 이 문제를 진지하게 논의했다는 것이다. 하나님의 뜻은 알기도 어렵고 연구할 수도 없다. 하나님의 말씀은 죄인의 죽음을 반대하고 있음에도, 하나님은 죄인의 죽음을 원하시는 것처럼 보인다. 숨겨진 하나님(deus absconditus)은 우리에게 알려져 있지 않은 하나님의 현실을 위한 중요한 한계 개념이다. 우리에게 감추어져 있는 한, 하나님의 뜻에 관해 아무런 말도 할 수 없다. 우리는 하나님에 관해 모든 것을 알고 있는 것은 아니며, 그러므로 그리스도인일지라도 모든 이해할 수 없는 고난을 설명할 수 있다고 생각해서는 안 된다. 이 맥락에서 루터는 그 자신의 전제에 따라 말할 수 있는 것보다 더 많은 것을 말하려고 했다. 그는 이중적인 얼굴을 가진 숨겨진 하나님에 관해 내용적으로 설명하였다.[61]

여기서 덧붙여야 할 또 다른 중요한 입장은, 기독교 신학은 근본적으로 십자가의 신학이라는 것이다. 하나님은 죄 없는 예수를 고난당하게 하셨고, 예수 안에서 하나님 스스로 고난을 받으셨다. 예수의 고난과 죽음에서 하나님은 사랑이라는 그의 가장 근원적인 본질을 드러내셨다. 가장 위대한 사랑은 예수가 하신 것처럼 친구와 원수를 위하여 생명을 내놓는 것이다. 전체적으로 볼 때 고난이 없는 사랑은 존재하지 않는다. 그러므로 그리스도인들이 세상에서의 고난 문제에 대하여 말할 수 있는 것은 십자가의 신학이라는 차원에 이미 들어 있다. 이러한 확신 속에서 사도 바울은 이렇게 말할 수 있다.

> 죽음이나 생명도 … 우리 주 예수 그리스도 안에 있는 하나님의 사랑으로부터 우리를 떼어놓을 수 없음을 나는 확신한다.(롬 8:38-39)

하나님은 우리를 위하시며 또 우리를 위하여 그 자신의 아들을 주셨기 때문에, 그리스도 안에서 실제가 된 이 사랑이 고난 중에서도 우리를 우리의 창조주와 결합시킨다. 이로써 악이나 고난을 무시하려는 모든 시도를 부정한다. 그러한 시도들은 이해할 수 없을 뿐만 아니라, 너무 자주 무서운 결과를

---

61) 다시 말해 루터는 하나님은 죄인의 죽음을 비난하거나 제거하지 않고, 알 수 없는 뜻에 따라 그것을 원했다고 말한다. De servo arbitrio, WA 18, 685.

가져올 뿐이다. 또 모든 교육적이거나[62] 전략적인[63] '설명'도 이 문제의 심각성을 간과하는 것이다. 예수가 인간의 고난에 동참했다는 점에서 우리는 세상에서의 고난을 이해할 수 있는 길을 발견한다. 하나님은 고난 받는 사람들에게 가까이 오시는 분이며, 또 고난 속에서 다가오시는 분이다. 이 하나님의 가까이 오심만이 우리의 물음을 잠재울 수 있다.[64]

이로써 세상에서 죄 없는 사람들이 받는 고난의 문제와 하나님의 정당성에 대한 물음이 이론적으로 아직은 해결된 것이 아님을 인정해야 할 것이다. 그러나 여기서 그리스도인들은 고난 중에서 하나님께로 돌아가며, 고난 중에서 하나님의 다가오심을 체험함으로써 우리를 사랑하시는 전능하신 하나님을 증언하고 신뢰할 수 있게 된다고 말할 수 있다. 그러한 증언은 믿을 수 있고 스스로 체험될 수는 있지만, 아직 증명될 수는 없다. 궁극적으로 이 신앙은 하나님의 완성을 향한 희망으로 남게 된다. 이러한 완성에서 모든 눈물이 씻겨질 것이고 악이 극복될 것이다. 고난의 문제에 대한 해결책이 없다고 할지라도, 그 해결을 위한 근거 있는 희망은 있다. 그리고 세상의 실존적인 조건 하에서 살고 있는 우리에게는 이러한 희망으로도 충분하다. 이러한 종말론적인 전망이 없이는 어떠한 희망도 없을 것이고, 희망이 없이는 악을 극복하기 위한 하나님의 미래적인 행동을 신뢰할 수 없다.[65] 그러나 이 희망은 거듭하여 효과적인 것으로 입증되었다. "(하나님의) 선하심과 (인간의) 고난이라는 모순은 수수께끼와 같이 해결되지 않는다. 하나님 스스로 그 모순을 짊어지신다."[66] 문제는 여전히 남겠지만, 예수 그리스도의 하나님을 신뢰함으로써 해결될 수는 있다. 이 단락의 서두에서 언급한 바 있는 시 73편의 시인도 하나님과 만남으로써 그의 물음에 대한 답변을 체험한다.

오해를 불러일으키지 않기 위하여 여기서 덧붙여야 할 말이 있다. 그러한 고난을 감수한다고 해서, 인간에 의해 야기된 부당한 고난에 맞서 대항할 수 있는 어느 곳, 어느 때에나 그 원인을 제거할 필요가 없다는 말이 아니며, 또 우리가 고난당하는 사람들에게 가서 그들을 도와주며 고난의 결과를 완화시

---

62) 형벌 혹은 교육적 수단으로서의 고난.
63) 그리스도인들의 고난이 다른 사람들을 믿음으로 인도한다.
64) D. Bonhoeffer의 시 "그리스도인과 이방인"도 참조(Widerstand und Ergebung, 382).
65) "종말론 없이는 神政論도 없다"(W. Härle, Leiden als Fels des Atheismus? 143).
66) C. Link, Schöpfung, Band 2, 582.

키기 위해 모든 것을 시도할 필요가 없다는 말도 아니다. 창조세계를 고난을 통해서도 지키시는 선하신 하나님을 믿는 믿음은, 세상에서 일어나는 모든 것을 마치 하나님의 뜻으로서 하나님께 전혀 모순되지 않는 것으로 받아들이는 운명론에 **빠져서는** 안 된다.

설교와 목회에서 중요한 것은 설명하거나 이론적으로 대답하는 것이 아니라, 고난 중에 있는 사람들에게 다가가 그들의 하소연을 하나님 앞으로 가지고 가서 그들과 더불어 −그것이 불가능할 경우에는 그들 없이라도, 그러나 그들을 위하여− 하나님께서 깊은 고난 중에 있는 그들을 만나 주시기를 간절하게 기도하는 것이다. 또 우리는 고난당하는 사람들과 함께 침묵하며, 그들의 하소연과 우리의 비참함을 인내하고, 성서의 호소하는 시편들에서 하소연하는 새로운 언어를 배움으로써, 하나님이 우리에게 말씀하시게 하는 것도 목회에 속하는 중요한 차원이다. 고난 중에 있는 사람들에게 강요하거나 그들을 외면하는 대신, 우리는 그들에게 다가가 그들이 하나님을 만날 수 있는 공간을 만들어 주고, 또 위로받고 힘을 얻어 그들의 삶을 계속할 수 있기를 바란다.

하나님은 그의 창조세계와 더불어 길을 가신다. 하나님의 보존하시는 창조 행위는 그의 창조세계와 함께 시작된다. 창조세계는 하나님 없이는 존속될 수 없다. 이러한 하나님의 활동은 새로운 세상을 가져올 새 창조의 완성으로 끝이 나게 된다. 하늘과 땅은 없어질 것이다. 이 창조세계는 시간적이며, 그러므로 유한하다. 이 세계가 사라짐으로써 하나님의 자기 한계도 제거된다. 하나님은 창조 때에 인간에게 그의 자유를 나누어 주심으로써 자기 한계를 스스로 짊어지셨던 것이다. 또 파괴와 죽음의 세력도 그리스도 −그를 통해 하나님은 만물을 자신과 화해시키셨다(골 1:20)− 에게 굴복할 것이다. 그러나 세상의 완성은 그러한 과거가 제거되는 것으로 체험되지는 않는다. 하나님의 창조세계로서 이 세상은 처음부터 규정되었던 것으로 성취될 것이다. 다시 말해 세상은 하나님과 교제하는 장이 될 것이다.(계 21:1-4)

2. 하나님의 사랑 – 화해

성서의 메시지와 기독교의 선포는 하나의 공통적인 기본 전제로부터 출발하는데, 그것은 하나님께서 창조하신 복되고 신실한 관계, 곧 하나님과 인간의 관계가 인간에 의해 심각하게 파괴되었다는 것이다. 그래서 인간은 더 이상 하나님에 대한 원초적인 신뢰 속에서 살지 않는다. 그럼으로써 인간의 자기 자신에 대한 관계, 다른 인간에 대한 관계나 전체 창조세계에 대한 관계까지도 그 뿌리째 파괴되었다. 이러한 단절을 복원하기 위해서는 하나님의 새롭게 하시는 사랑과 화해의 행동이 필요하다. 성서의 역사는 하나님의 이러한 행동의 역사다.

1) 죄와 그 결과

성서는 하나님과 인간의 관계를 파괴시킨 원인으로 죄를 말한다. 이에 사용되는 언어는 –특히 구약성서에서– 다양하다. 창세기 3장의 범죄 이야기는 '죄'라는 개념을 전혀 사용하지 않고서도 그 내용을 말한다.

성서의 메시지가 죄를 이해하는 두 가지 기본적인 흐름을 찾아내는 것은 결코 어려운 일이 아니다. ① 죄는 하나님에 대한 신뢰 관계를 파괴시킨 인간의 행위다. ② 죄는 인간의 삶을 지배하고 파괴시키는 힘이요 운명이다.[67]

그에 반하여 오늘날 비신학적인 언어 사용에서 '죄'라는 단어는 전혀 중요한 역할을 하지 못하며, 오히려 별로 심각하지 않게 사용된다. 사람들은 교통법규 위반죄에 관해 이야기하며, "사랑이 죄가 될 수 있냐?"고 비꼬는 듯 묻는 시대가 지난 지도 이미 오래다.

그러나 오늘날의 사람들도 내적인 파괴와 인간실존의 방향 상실이나 뿌리 잘림을 깊이 체험한다. 이러한 인간의 하나님으로부터의 '소외'가 너무 깊어져서, 인간은 하나님과의 사귐에서 떨어져 나왔음에도, 하나님을 전혀 알지 못하는 상황에 이르게 되었다. 그러나 이 세상의 참혹함 앞에서 제기되는 하나님을 향한 항변에서 현대인은 아직도 여전히 하나님과의 무너진 관계를 표

---

[67] 이미 창 4:7에 암시되어 있다.

현하고 있는 것이다. 그럼에도 성서적인 신학은 죄와 그 결과에 관해 말해야 한다. 신학은 사람을 위하여 죄에 관해 말해야 한다. 그럼으로써 신학은 하나님 앞에 선 인간의 상황을 가능한 정직하게 진단할 수 있고, 또 하나님의 사랑을 강력하고 적절하게 선포할 수 있다.

(1) 처음부터 죄는 보편적이었다

대단히 불행하게도 독일어의 신학적인 언어 전통에서 '원죄(Erbsünde - 유산으로 물려받은 죄)'라고 일컬어지는 것은 영어의 신학 용어로는 '원래의 죄(Original Sin)'에 해당한다. 이에 상응하는 독일어 단어로는 Ursünde나 ursprüngliche Sünde가 더 적절할 것이다.[68] 이 개념을 통해 말하고자 하는 내용은 웨슬리에게 특별히 중요했다. 기독교 신앙의 핵심(essentials)에 관하여 말할 때마다 그는 '원죄'에 관해 말했다. 이를 주제로 많은 신학적인 글들을 썼고, 그 성과는 그의 표준설교에 집약되어 있다.[69] 웨슬리는 원죄의 교리에서 "기독교의 교리와 높은 문화를 가진 이방종교 사이의 근본적인 차이"를 보았으며, 또 "이 교리를 거부하는 사람은 -그가 이 교리를 '원죄'라고 부르든지 아니면 달리 부르든지 간에- 기독교를 이방종교와 구분하는 근본적인 점에서 아직 이방인이다."[70]라고 말했다. 왜냐하면 원죄를 거부하는 것은 인간이 구원받아야 한다는 근본적인 필요성을 부정하는 것이기 때문이다.

100여 년 이후에 살았던 덴마크의 종교철학자이며 신학자였던 키르케고르는 같은 의미에서 다음과 같이 말했다.

> 기독교를 질적으로 가장 결정적으로 이방종교와 구분시키는 개념은 바로 죄, 죄에 관한 가르침이다; 그러므로 기독교는 이방종교나 자연적인 인간은 죄가 무엇인지를 알 수 없다는 것을 전적으로 인정한다. 기독교는 죄가 무엇인지를 알기 위해서는 하나님의 계시가 필요하다고 믿는다. 화해에 관한 교리가 이방종교와 기독교의 질적인 차이라

---

68) 라틴어로는 peccatum originale. W. Joest, Dogmatik Bd. 2, 405는 "인간의 근본적인 죄(Grundsünde der Menschen)"를 말한다.
69) A. C. Outler, Das theologische Denken John Wesleys, ThStBeitr 4, 1991, 83(A.25-26)을 참조; 더 나아가 J. Wesley, The Doctrine of Original Sin: According th Scripture, Reason and Experience, Works³ IX, 191-464; 설교 44("원죄")를 참조.
70) 설교 44("원죄"), III, 2.

는 피상적인 관찰과 같은 그런 것이 아니다. 결코 그렇지 않다. 처음이 좀더 심각하게 되지 않으면 안 된다. 기독교에서와 같이 죄에서, 죄에 관한 교리에서 그렇게 되어야 한다.[71]

성서가 말하는 하나님의 은혜의 위대함과 보편성을 체험할 수 있는 것은, 인간이 하나님을 떠나 있는 실재가 얼마나 깊고 처절한 것인지를 인식하는 곳이다. 바울 이후에 이 점을 가장 분명하게 보고 새롭게 표현한 첫 번째 사람은 어거스틴이다. 그가 '원죄'를 특히 (성적인) 욕망으로 규정하고, 그 '유전'을 잉태 행위로 돌린 것은 비록 성서적인 진술에 일치된 방식은 아니었지만, 그는 죄에 관한 가르침을 통해 선을 행하고자 하는 인간적인 능력이 뿌리째 파괴되었다는 점을 전적으로 확신했다.[72] 종교개혁 신학이 이러한 성서적인 진리를 다시 발견해 새로이 강조하였다. 어거스틴의 신학적 적대자였던 펠라기우스를 기꺼이 변호하였던 웨슬리도 바로 이 점에서는 그 자신이 '펠라기우스적이거나 반(牛)펠라기우스적으로' 생각하지 않는다고 분명히 말한다.[73] 원죄 교리를 위한 성서의 기본 본문은 로마서 5:12-21이다. 12절에서 바울은 말한다.

> **한** 사람으로 말미암아 죄가 세상에 들어오고 죄로 말미암아 사망이 왔나니 이와 같이 모든 사람이 죄를 지었으므로 사망이 모든 사람에게 이르렀느니라.

이 문장에는 두 가지 진술이 포함되어 있다. 죄와 그 결과는 **한 사람**, 곧 아

---

71) Sören Kierkegaard, Die Krankheit zum Tod, L. Richter 편, S. Kierkegaard 전집, IV, 1962, 85.
72) W. Pannenberg, Systematische Theologie II, 1991, 277 이하를 참조.
73) '펠라기우스적'과 '반펠라기우스적'이라는 개념은 수도사 펠라기우스(418년 이후 사망)에게서 나온 것이다. 펠라기우스는 후기 어거스틴의 가르침에 반대하여 '원죄' 개념을 거부하고 그 개념을 아담의 범죄적인 관습과 모방이라는 개념으로 대체하였다. 본성적으로 인간에게는 하나님의 법을 성취할 수 있는 가능성이 주어졌다. 이 때 구약성서의 율법과 신약성서의 율법은 단지 계명의 내용을 통해 구별된다(R. Lorenz, RGG³ V, 206-207을 보라). '어거스틴의 은혜론과 예정론에 대한 반대'를 半펠라기우스사상이라고 말한다. "이는 원죄를 인정하기는 하지만 신앙 결단의 자유와 모든 인간을 위한 구원의 가능성을 확신한다(Lorenz, aaO., 1690)." 웨슬리는 펠라기우스의 가르침에 동의하지는 않았지만, 그럼에도 가끔 펠라기우스를 변호하였다. 왜냐하면 펠라기우스가 어거스틴의 그늘에 가려져 부당하게 정죄되었다고 생각하였기 때문이다(WJW 2, 555-556 참조). 펠라기우스 사상에 대한 감리교회의 비난에 대해서는 감리교회의 신앙고백 7조를 참조(부록 531쪽을 보라).

담의 범죄로 인하여 **모든 인간**에게 임한 운명이다(15-19절도 참조). 한 사람의 죄는 모든 사람이 죄를 지었고 또 짓고 있기 때문에 치명적으로 작용한다. 여기서 바울은 두 가지를 말하고자 했음이 분명하다. 첫째, 모든 인간은 죄인으로 존재한다. 죄의 세력이 모든 사람을 붙잡고 있기 때문이다. 둘째, 그러나 어느 인간도 그에게 부과된 운명의 희생자만은 아니다. 모든 사람은 스스로 죄를 지음으로써 죄의 세력에 떨어졌다. 요한복음 8:34는 이를 전형적으로 간단하게 말한다.

> 예수께서 대답하시되, 진실로 진실로 너희에게 이르노니, 죄를 범하는 자마다 죄의 종이니라.

이와 같이 바울에게도 죄는 개별적인 행위만이 아니라(이 개별적인 죄 행위를 바울은 〈율법의〉 '어김' 이라고 말한다),[74] 오히려 인간 역사의 처음부터 인간을 지배하고 있는 힘이다. 죄의 기원과 본질을 바울은 '불순종(롬 5:19)' 으로, 혹은 더 예리하게 '하나님에 대한 원수(롬 5:10; 참조 롬 8:7)' 라고 설명한다.

원죄에 관한 바울의 설명은 창세기 3장에 등장하는 처음 인간들의 죄에 관한 이야기에 근거한다. 소위 타락에 관한 이야기는 죄론을 전개하지는 않지만, 어떻게 해서 하나님과 인간의 교제가 깨지게 되었는지를 독특한 이야기체로 말하고 있으며, 그럼으로써 죄의 본질을 분명히 밝힌다. 아담과 하와는 "하나님 앞에 선 인간의 자세를 예시적으로 보여 주는" 개인으로 나타난다.[75] 더 나아 그들은 인류의 대표자들로서 역사 속에 있는 인류의 운명을 대신한다.[76] 하나님과의 교제 안에서 가지고 싶은 모든 것을 가지고 사는 인간을 말한다. 그러나 피조물로서 인간에게는 한계가 있고, 그 한계는 선악을 알게 하는 나무의 열매를 먹지 말라는 금명을 통해 밝혀진다. 이 금명은 그것을 어기고자 하는 유혹을 불러일으키고, 이 유혹은 뱀의 형상으로 의인화된다.[77] "하

---

[74] 바울의 언어 사용에 대해서는 갈 3:19; 롬 5:13-17, 20-21 참조.
[75] W. Zimmerli, Grundriss der alttestamentlichen Theologie(ThW 3, 1972), 148; H. J. Kraus, Systematische Theologie, 1983, 241-242 참조.
[76] Wesley, Notes NT(롬 5, 12, 14, 19에 대해).
[77] 뱀의 형상에 대해서는 Westermann, Genesis 322-324를 참조; 뱀이 하나님의 피조물로 언급됨으로 이 원론적으로 악의 기원을 설명하는 것은 아니다.

나님이 말씀하시더냐?"라는 미심쩍은 질문은 과장된 금기("만지지도 말라!")로 이어지고, 절반의 진리를 가진 유혹의 음성으로 발전한다. 인간이 금지된 열매를 먹음으로써 하나님과 같이 되고 선과 악을 알게 된다는, 인간에게 주어지는 약속이 이 유혹의 핵심이다.[78]

하나님의 금명을 어기고 금지된 열매를 먹는 외적인 단계는 훨씬 깊은 내적인 사건, 다시 말해 자신의 피조적인 존재의 한계를 넘어서며 하나님과의 관계에서 벗어나고자 하는 인간의 시도를 표현하는 것이다. 자신에게 부여된 한계를 넘어섬으로써 인간은 '자기 자신을 초월하고자' 한다. 다시 말해 인간은 자신의 실존의 의미를 초인간적으로 끌어올리고자 한다.[79] 창세기 3장이 말하듯이 '원죄'는 하나님의 계명에 대한 불순종이며, 동시에 하나님의 약속을 신뢰하지 못하며 자기 삶의 근거와 결정적인 방향점인 하나님을 제쳐놓은 불신앙이다. 창세기 3장에 따르면 인간의 기본적인 잘못은 "야웨로부터 스스로를 해방시켜 자율적으로 자신의 삶을 규정하려는 노력"이다.[80] 그러므로 창세기 3장이 정신사에서 적지 않은 해석자들에 의해 '죄의 타락'이 아니라 '인간화'를 향한 근본적인 단계로 이해되고 있다는 사실은 결코 놀랄 일이 아니다.[81]

그러나 성서의 이야기는 이 사건의 결과를 다르게 규정한다. 뱀이 예언했던 것이 실제로 일어났다. 그래서 인간들의 눈이 열렸다. 그러나 눈이 열린 인간들이 처음으로 알게 된 것은 자신이 벌거벗었다는 것이다. 그들은 서로 벌거벗은 채로 서 있으며, 그들의 성적인 차이를 더 이상 견딜 수 없었고, 그래서 다른 사람의 눈에서 스스로를 보호하지 않으면 안 되었다. 하나님과의 단절은 하나님 앞에서 숨고자 하는 욕구로 드러났다. 스스로를 변명해야 한다

---

78) "선과 악을 안다."는 성서적인 언어 용법으로 볼 때 "모든 것을 안다."를 의미한다. von Rad, 1. Mose 72; Westermann, Genesis 337을 참조.
79) Wesley, 설교 45("신생"), I, 2; 설교 90("인류의 타락에 대하여"), I, 1-2 참조.
80) O. H. Steck, Die Paradieserzahlung, BSt 60, 1970, 105; E. Haag, Der Mensch am Anfang. Die altt. Paradiesvorstellung nach Gen. 2-3, TrThSt 24, 1970, 27-28; Wesley, 설교 45("신생"), I, 2도 참조.
81) 이미 많은 영지주의 도식들이 그렇게 보았다. K. Rudolph, Die Gnosis, 1977, 113-114; E. Pagels, Adam-Eva und die Schlange. Die Theologie der Sünde, 1991을 참조. 지식과 죄책의 필연적인 관계에 대한 변증법적인 서술에 대해서는 G. W. F. Hegel, Vorlesungen über die Philosophie der Religion, SW 16⁴(1965), 263ff.(E. Drewermann, Strukturen des Bösen III, 85ff. 참조); E. Fromm, Ihr werdet sein wie Gott, 1980. 신학적인 측면에서는 특히 P. Tillich가 '타락'의 양면적인 성격을 강조했다. 그는 "중요한 요인을 본질적인 존재로부터 실존적인 존재로의 과정에서" 설명한다(Systematische Theologie II, 1973⁴, 43ff.).

는 두려움과 부끄러움, 그로부터 생겨나는 책임 전가는 죄에 빠진 인간의 상황을 말해 준다.[82] 하나님과의 관계 파괴는 인간의 공동생활의 파괴와 자기 자신과의 관계 파괴로도 이어진다. 하나님께서 인간의 행위에 부과한 '저주(창 3:15-19)'는 인간을 그의 실존의 한계에 고착하게 한다. 인간실존의 파괴는 출산의 행복과 고통 안에서, 성적인 소속감과 의존성의 쾌락과 비참함에서, 일용할 양식을 위한 투쟁의 성취와 피곤함에서, '양면적이 된' 자연에서, 그리고 특히 피할 수 없는 죽음에서 거듭 새로이 체험하게 된다. 창세기의 이어지는 원역사는, 특히 첫 번째 살인(창 4장)과 홍수세대의 타락 이야기(창 6장), 그리고 바벨탑 이야기(창 11장)는 인류의 삶에 죄가 가져온 또 다른 결과들을, 그리고 죄의 보편성과 인간에게 주는 치명적인 위협을 잘 보여 준다. 웨슬리는 죄가 일으킨 이 모든 결과를 "하나님 형상의 상실"이라는 말로 요약했다.[83] 이 때 웨슬리에게 중요한 것은 하나님에 대한 사랑의 상실이다. 이 사랑의 상실로 인해 인간은 하나님과의 교제에서 떨어졌으며, 하나님이 인간에게 부여한 정의와 거룩함을 상실했다. 이것이 바로 로마서 3:23에서 모든 사람이 죄를 범함으로써 잃어버렸다고 말하는 영광(doxa), 곧 하나님의 본질의 광채다. 이로써 인간은 스스로의 삶에서 하나님 자신을 상실해 버렸다. 죄 안에 있는 인간은 세상에서 하나님 없이 사는 자들이다. 이 표현은 에베소서 2:12에서나 웨슬리에게서나 모두 하나님을 부정하는 이론적인 무신론자들을 염두에 둔 것이 아니라 인간의 실존적인 상태, 곧 '하나님으로부터 오는 삶에서 소외되었고', 또 그러므로 하나님에 관한 실제적이고 효과적인 지식을 가지고 있지 못한 인간을 두고 한 말이다. 이러한 인간은 삶의 공포에 대처하시는 하나님의 사랑에 안기는 행복을 체험하지도 못하며, 하나님의 사랑하시는 뜻으로 채워진 거룩한 삶을 살지도 못한다.[84]

82) Wesley, 설교 90("인류의 타락에 대하여"), I, 2.
83) 설교 45("신생"), I,2; II, 6; 설교 91("타락한 인류를 향한 하나님의 사랑"), 1; 설교 84("그리스도의 오신 목적"), I, 10 참조. 이 주제에 대한 현대적인 연구에 대해서는 위의 1.2).(2)를 보라. 하나님의 형상을 소유가 아니라 기능으로 이해하는 곳에서 웨슬리의 관심이 받아들여진다. W. Joest가 다음과 같이 적절하게 말했다: 하나님의 형상은 "실천이 왜곡될 때 전적으로 잘못된다." 인간의 본분과 인간에 대한 하나님의 신실하심에 의해 다음과 같이 말할 수 있다: "그는 '그의 형상대로' 창조된 인간으로 상실되지 않고 남아 있다"(Dogmatik II, 419).
84) Wesley, 설교 44("원죄"), II, 3ff.; 설교 45("신생"), I, 2. Ch. Gestrich은 죄가 인간에게 주는 근본적인 결핍은 '하나님 결핍'이라고 한다(Die Wiederkehr des Glanzes in der Welt. Die christliche Lehre von der Sünde und ihrer Vergebung in gegenwartiger Verantwortung, 1989).

이러한 실천적인 '무신론'이 인간을 우상 숭배로부터 막아 주지 못한다. 오히려 정반대다. "소외된 인간은 … 그의 삶의 본분과 성취를 더 이상 그의 창조주에게서 찾지 않고, 그 스스로와 창조된 세상 안에서" 찾기 때문에, 자신을 신으로 만들어 그 신에게 마음을 두고 그 신의 매력과 세력에 빠진다.[85] 바울은 이러한 과정을 로마서 1:20 이하에서 상세하게 말하는데, 특히 동방과 헬라주의 종교들에서 그의 소재를 찾아 설명하는 데 이용한다. 웨슬리는 그의 시대의 '우상 숭배'를 설명하면서 돌이나 나무로 만들어지지 않은 우상에 대해 말하는데, 이는 자기 자신과 세상에 대한 사랑이다. 이러한 우상은 자만, 이기주의, 혹은 욕망을 통해, 그리고 미적인 가치나 인간적인 업적을 절대화함으로써 나타난다.[86]

그러므로 자기 자신을 위한 공포가 죄의 핵심이며 거듭 반복하여 죄를 짓게 하는 동기다. 이 공포는 인간의 창조주에 대한 파괴된 관계로부터 나온 것이며, 자기애의 욕망으로 이어진다. 바울은 공포로부터 욕망으로 빠져드는 인간의 피조성을 '육'이라는 개념으로 설명하곤 한다. '육'이라는 성서적인 개념은 세상적인, 인간적인, 육체적인 영역을 말하는 전적으로 중립적인 개념이다. 물론 이러한 영역의 특징은 허무함이다(사 40:6-7 참조). 그러나 인간의 본질에 속한 이러한 측면을 거부함으로써 '육'은 하나님에 맞서 반란을 일으키는 행동의 근거와 시발점이 되었다. 어거스틴은 죄의 핵심을 자신의 삶에 대한 공포 때문에 유발된 자기 사랑이라고 보았다. 이 사랑은 자신의 실존을 변명하고 확고히 하고자 하며, 그 결과로서 하나님을 증오하게 된다.[87] 이러한 배경에서 루터는 자기 사랑에 빠져 죄를 범한 인간을 "자기 안에서 기형이 된 인간(homo incurvatus in se ipse)"이라고 했다.[88] 결과적으로 이러한 자기중심주의를 문제라고 보는 모든 주장을 거부하면서 죄의 '무신론주의'는 하나님에 대적이 된다.[89]

---

[85] J. Kraus, Systematische Theologie 238; Wesley, 설교 44("신생"), I, 7: 무신론 자체가 우리를 우상 숭배에서 보호하지 못한다.

[86] 설교 44("신생"), I, 7-11; 웨슬리는 루터가 대교리문답에서 제1계명을 해석하면서 제기했던 이해와 내용적으로 같은 이해를 주장한다. "당신이 당신의 마음을 두고 의지하는 것이 바로 당신의 신이다."(BSLK 560).

[87] W. Pannenberg, Systematische Theologie II, 279-280.

[88] Vorlesung zum Römerbrief, WA 56, 365-366.

[89] 롬 5:10; 8:7 참조. W. Pannenberg, aaO. 287.

이러한 죄의 현실은 구원받지 못한 인류의 현실이다. 모든 개인은 이 현실 안에 살면서 스스로 죄를 범함으로써 이 현실을 거듭 반복하여 자신의 실존적인 현실이 되게 한다. 시편 51:5는 인류의 '죄에 빠짐'을 이렇게 말한다.

> 내가 죄악 중에 출생하였음이여 모친이 죄 중에 나를 잉태하였나이다.

여기서는 임신이나 잉태, 출산을 죄악 된 행위나 원죄를 전달하는 것으로 이해하는 것이 아니라, 죄가 인간됨의 근본적인 본질이라는 점을 강조하는 것이다.[90]

그러나 인간은 하나님 없이도 그가 처한 이러한 새로운 상황을 어느 정도로 인식할 수 있는가? 인간의 상황을 어느 정도로 인간에게 깨우칠 수 있을까? 예수 그리스도의 복음 안에 나타난 하나님의 의에 관해 아무것도 모르는 (알고 싶어 하지 않는) 사람도 '하나님의 진노'가 나타난다는 것을, 다시 말해 "사람들의 모든 경건치 않음과 불의"에 대하여(롬 1:18) 내리는 하나님의 단호한 거부를 분명하게 인식하고 있는가?

이 물음에 성서와 기독교 전통이 주는 대답은 엇갈린다. 로마서 3:20에서 바울은 "율법으로는 죄를 깨닫는다."라고 말한다. 바로 이런 이유 때문에 웨슬리는 율법 설교를 기독교적인 선포의 포기할 수 없는 요소라고 보았다.[91] 그러나 바울 자신은 또다시 율법은 인간이 하나님 앞에서 그의 진정한 상황을 깨닫지 못하게 가로막을 수 있다고 증언하기도 한다. 왜냐하면 인간은 외적으로 볼 수 있게 율법을 어김으로써만 죄인으로 판명되는 것이 아니기 때문이다. 율법을 잘 지키면서, 그러므로 스스로를 '흠 없는' 사람으로 산다고 여기는 사람도 -그럼으로써 자기 의를 추구하는 한- 하나님을 떠나 살고 있으며, 또 하나님에 반대하여 살고 있다.

그러므로 근래의 교리학에서는 이와 관련된 진술들을 종합해, 죄를 실제로 인식하는 것은 복음 안에 있는 하나님의 은혜를 만남으로써 비로소 가능해지는 것이라고 말한다. 인간이 처해 있는 어둠이 얼마나 깊은지는 하나님께서 그의 빛을 인간의 삶에 보내 줄 때에 비로소 측량될 수 있다. 웨슬리도 이 점

---

[90] 창 8:21; 욥 14:4; 15:14; 25:4; 시 143:2 참조.
[91] 설교 34-36을 참조; 이것은 율법의 신학적인 용도(usus theologicus)에 관한 종교개혁적인 가르침에도 상응한다.

을 강조하여 말했다.

> 인간이 자연적인 이해의 몽매함에 머물러 있는 동안 그는 자신의 영적인 결핍을 느끼지 못한다. 그렇다. 인간은 그가 어떤 결핍이 있는지를 전혀 알지 못한다. 그러나 하나님이 그에게 마음의 눈을 열어 주시면, 그 즉시 그가 이전에 처해 있던 상황을 알게 된다.[92]

물론 그에 맞서서 판넨베르크가 한 다음의 말은 옳다.

> 인간이 죄인이라는 기독교의 가르침은 인간 삶의 모든 현상을 확실하게 규정할 때, 그리고 하나님의 계시의 전제 없이도 –비록 그 본래적인 의미는 하나님의 계시를 통해 비로소 밝혀질 수 있을지라도– 인식될 수 있는 실상과 연관될 때에라야 비로소 실재에 합당한 가르침이 된다.[93]

이러한 맥락에서 웨슬리는 "우리의 일상적인 체험이 확인해 주는 바와 같이 인간 마음의 모든 것은 악하다. 그것도 언제나 악하기만 할 뿐"이라고 말한다. 물론 웨슬리에 따르면 '자연적인 인간'은 이것을 알지 못한다.[94]

실제로 인간 실존의 붕괴성은 간과할 수 없다. '소외'라는 성서적인 개념이 정신사에서 가장 중요한 흐름을 형성했다는 사실은 결코 우연이 아니다.[95] 마르크스주의와 같은 세속적인 사상에서도 이 소외 개념은 원래의 본분에서 떨어진 인간의 상황을 말하며, 그럼으로써 온전한 삶을 살고 있지 못함을 의미한다.

인간의 내적이며 외적인 불행의 한 원인이 되는 오만은 현대 세상을 지배하고 있는 힘이 낳은 결과가 무엇인지를 분명하게 보여 준다. 「하나님 콤플렉스. 인간이 전능하다는 확신의 태동과 위기」라는 주목할 만한 저서에서 심리

---

[92] 설교 44("원죄"), II, 2. Weber, aaO. 652: "용서에서 비로소 죄는 죄로 '인식' 된다"(K. Barth, KD II/2, 860ff.; IV/1, 395-458).
[93] W. Pannenberg, aaO. 271.
[94] 설교 44("원죄"), II, 2(창 6:5에 대해).
[95] P. Tillich, Syst.Theologie II, 1973, 52-86; W. Pannenberg, Systematische Theologie II, 1991, 207을 참조. 이 개념의 성서적인 뿌리는 엡 2:12.19; 4:18에 있다.

치료학자 리히터(Horst Eberhard Richter)는 이러한 발전의 원인을 연구하였다.[96] '하나님 콤플렉스'는 하나님처럼 되고자 하는 인간의 노력으로써, 중세기 말 이래로 의식적이든 무의식적이든 현대적인 해방 추구의 배경이 되었다. 하나님 콤플렉스에서 벗어나기 위하여 리히터가 제안한 처방은 성서적인 메시지의 처방과 일치하지는 않는다. 그러나 그의 진단은 중요한 원리 면에서 인간과 죄의 본질에 대한 성서적인 분석과 일치한다. 심층심리학적인 연구는 공포가 인간 행동의 무의식적, 혹은 의식적인 동기라는 사실을 밝혀냈다.[97] 인간은 이러한 공포로부터 벗어나 그의 삶을 확실하게 하거나 구출하기를 원한다. 그러나 많은 경우에 인간은 자신의 삶이나 다른 사람의 삶을 파괴할 정도로 잘못되어 있다.

그러므로 하나님 없는 인간의 '상실성'은 인간적인 실존의 현상이다. 이 현상의 증후들이 하나님과 복음의 메시지에 관해 전혀, 혹은 거의 알지 못하는 사람들까지도 압박한다. 그럼에도 그 가장 깊은 원인, 곧 인간의 깨어진 하나님 관계를 그들은 인식하지도 않고, 혹은 이해할 수도 없다. 그렇지만 복음을 듣는 사람들에게 이러한 증후들을 말해 주는 것은 성서적인 선포의 '생명력'에 속하며, 또 감리교회가 행하는 설교의 특징이었다. 여기서 우리가 분명히 알아야 할 한 가지 사실이 있다.

그리스도 안에 있는 하나님의 구원 행동이 반드시 필요하다는 사실과 그러한 구원 행동이 인간을 위해 가지고 있는 의미는 인간의 결핍 체험으로부터는 인간에게 확실하게 보여 줄 수 없다는 것이다. 이를 위해 복음 스스로가 말하지 않으면 안 된다.

(2) 행위로서의 죄

앞 단락의 서두에서 우리는 성서적인 죄 이해의 두 가지 기본 흐름을 확인하였다. 행위로서의 죄와 힘으로서의 죄가 그것이다. 원죄에 관해 말할 때는, 당연히 두 번째 측면을 강조하는 것이다. 이는 웨슬리에게서도 마찬가지다. 그가 이 맥락에서 죄를 인간의 전 존재를 오염시키는 "치명적인 질병"[98]이라

---

96) Der Gotteskomplex. Die Geburt und die Krise des Glaubens an die Allmacht des Menschen, 1979년 (포켓판은 1986년에 나왔다).
97) G. Condreau, Angst und Schuld als Grundprobleme der Psychotherapie, 1976.
98) 설교 44("원죄"), II, 11.

고 말한 것은 매우 인상적이다. 물론 이 질병은 교만, 자기 자랑, 세상 자랑, 욕망, 명예욕 등과 같은 구체적인 증후들을 통해 표출된다. 그에 반하여 그리스도 안에 있는 하나님의 구원 행동은 심령의 치유, 곧 "그렇게 심하게 병든 영혼을 위한 하나님의 치유 행동"[99] 이외의 다른 것이 아니다. 그리스도 안에서 나타났으며, 영을 통해 인간의 마음에 주어지는 하나님의 사랑은 이 질병이 나타나는 모든 형태에 대한 효과적인 치유 수단이다. 왜냐하면 하나님의 사랑은 이기주의적인 자기 사랑과 그로 인한 세상 사랑의 해악을 그 뿌리에서부터 치유할 수 있기 때문이다.

그러나 웨슬리가 언제나 죄를 인간의 작위적인 행위로 보고 있다는 것도 분명하다. 이미 처음 인간의 범죄에서 그렇게 보았다. 웨슬리는 이 처음 범죄를 "의도적인 불순종의 행위"라고 말했다. 그러나 웨슬리는 "잘 알려진 율법을 의도적으로 어기는 것"이라고 정의했던[100] 죄 일반에 대해서도 그렇게 말할 수 있었다. 이처럼 강하게 의도적인 행위에 정향된 죄 개념을 -웨슬리는 비고의적인 범죄의 성격과 관련하여 이를 해명하는 데 커다란 어려움을 겪었다- 선택한 것은 결코 우연이 아니다. 이러한 죄 개념을 통해 그리스도인은 죄의 행위로부터 자유로울 수 있음을 웨슬리는 입증해 보이고자 했다. 우리는 다음에 이러한 웨슬리의 견해에 대해 더 자세히 논하게 될 것이다. 여기서는 우선 그가 다른 종교개혁적인 신학자들보다도 강하게 행위로서의 죄의 성격을 밝히려고 했음을 확인하는 것으로 만족한다.

이로써 웨슬리가 성서적인 전통에 서 있음은 분명하다. 특히 구약성서에서 죄는 "거의 전적으로 행위, 다시 말해 계명들을 어기는 행위로 이해되었다." [101] 구약성서의 저자들은 율법을 어기는 잘못된 태도의 상이한 측면들을 표현하기 위하여 여러 개념들을 구별하여 사용하였다.[102] 그러나 신약성서에서도 죄(하마르티아)가 복수형으로 사용되는 곳에서는 대체로 구체적이고 개별적인 잘못된 행위들을 의미한다. 바울은 죄의 이러한 측면을 위해 비교적 일관되게 '범죄(paraptoma)'라는 말을 사용했다. 따라서 죄의 죄악 된 성격은 구

---

99) 설교 44("원죄"), III, 3.
100) 설교 45("신생"), I, 2; 설교 90("인류의 타락에 대하여"), I, 1; 설교 107("완전에 대하여"), II, 9에서도 비슷하게 말한다.
101) W. H. Schmidt/G. Delling, Wörterbuch zur Bibel, 1971, 542.
102) R. Knierim, Die Hauptbegriffe für Sünde im Alten Testament, 1967² 참조.

체적인 범죄 행위에서 특히 분명하게 드러난다.

죄와 범죄에 관한 기독교적인 진술이 갖는 두 가지 중요한 전제들을 밝혀 주는 것은 역시 구약성서다.

① 인간에 대한 범죄와 하나님에 대한 범죄는 원리적으로 구별할 수 없다. 내가 하나님의 계명을 어기는 곳에서 나는 단지 하나님에게만 죄를 짓는 것이 아니라, 항상 다른 사람에게도 죄를 범하는 것이다. 바꾸어 다른 사람들의 생명 권리에 대한 모든 침해는 계명을 통해 인간의 생명을 보호하고자 하시는 하나님에 대한 범죄다. 하나님에 대한 죄를 고백하는 사람은 다른 사람에 대한 죄를 하나님에 대한 죄 고백을 통해 외면하지 않으면서도 하나님에 대한 범죄라는 측면을 보다 강력하게 의식할 수 있다.[103]

개인이나 공동체를 보호하는 규범들이 강하게 상대화되어 더 이상 하나님의 계명과 동일시되지 않고 있는 오늘 우리의 상황에서 그러한 관계에 관해 말한다는 것은 결코 쉬운 일이 아니다. 그렇다고 해서 다른 사람의 삶의 영역, 생명권, 생존의 수단을 빼앗거나 파괴함으로써 드러나는 죄의 실재가 덜 위협적이라는 것은 아니다. 또한 그러한 범죄로 말미암아 하나님, 모든 존재의 근원, 그리고 모든 삶의 질서와의 관계까지도 파괴된다는 사실을 인간에게 말해 주는 것은 결코 포기할 수 없는 과제다.

신약성서에서는 주기도의 다섯 번째 간구가 하나님의 용서와 인간의 용서의 관계를 매우 분명하게 강조하고 있으며, 그럼으로써 간접적으로 범죄의 내적인 관계까지도 강조한다. 마태복음은 '빚'이나 '빚진 자'를 의미하는 희랍어 단어를 사용함으로써 어기는 행위나 잘못된 행위와 같은 범주로는 충분히 말할 수 없는 죄와 범죄의 차원을 밝힌다. 우리가 다른 사람들에게 무언가를 빚짐으로써 범죄 행위가 일어나기도 한다.

② 구약성서가 사용하는 언어에 근거해 범죄와 형벌의 깊은 내적인 관계에 관한 또 다른 중요한 관찰을 할 수 있다. 성서적인 의미에서 '형벌' –부분적으로는 범죄와 동일한 단어로써 사용되는데– 은 범죄적인 행동과 무관하게 주어지는 징벌이 아니다. 성서적인 의미에서 형벌은 범죄 행위에 들어 있는 파멸의 잠재력인데, –하나님께서 은혜로운 개입을 통해 죄의 결과들을 죄인에게서 거두어들이시지 않는 한– 이 잠재력은 죄를 범하는 사람 자신에게로

---

103) 창 39:9; 삼하 12:13; 시 51:6 참조.

되돌아간다. 구약성서에서 범죄의 이러한 효력은 단순히 개인주의적-개인적으로만 이해되지 않고, 범죄가 일어나게 되는 공동체에게도 해당된다. 그 범죄가 보복되거나 속죄되지 않을 경우에는 범행의 오염시키는 잠재력이 공동체로 되돌아가서 공동체의 삶을 파괴한다. 이는 특히 살인의 경우에 그렇다.

언뜻 보면 이러한 견해가 낯설어 보일지도 모르지만, 여기에는 심오한 진리가 내포되어 있다. 어떤 범죄가 더 이상 추적되지 않거나 보복되지 않는 사회에서는 -법을 악용하는 권력 제도가 있는 곳이나 외적 혹은 내적인 이유 때문에 사법적인 힘이 너무 연약하게 된 곳이나- 어디에서나 범죄 행위가 개인뿐만 아니라, 공동체를 파괴한다는 진리의 효력을 알게 된다.

신약성서에서는 로마서 1:20-32에서 죄와 형벌의 상관성을 가장 분명하게 볼 수 있다. 바울이 24-31절에서 나열하는 범죄들은 하나님이 인간들을 그들의 불신앙과 무법성에 '내어준' 결과다. 그런 점에서 그 범죄 행위들은 죄이면서 동시에 형벌이다. 이 곳과 그의 서신들의 다른 구절에서 바울은 죄의 두 가지 측면을 서로 결합해서 말한다. 하나는, 죄가 인간 상호간의 삶과 하나님 관계에 미치는 구체적인 결과라는 것이다. 이 결과는 소위 '악덕 목록'에 매우 분명하게 서술되어 있다. 다른 하나는, 하나님과의 파괴된 관계와 '육'에 대한 신뢰, 곧 자신의 삶을 위한 자기중심적인 염려인데, 이는 인간적인 죄의 깊은 차원이다.[104]

웨슬리의 신학과 선포는 행위로서의 죄의 의미를 강하게 강조하는데, 이는 감리교회 설교의 강점이면서 동시에 위험이기도 하다. 행위로서의 죄를 강조함으로써 인간 삶에 있는 매우 구체적인 문제들을 들추어내며, 또 그럼으로써 사람들에게 그들을 짓누르고 있는 죄악들을 고백하게 하고, 용서를 약속하며, 또 행위를 치유하는 목회 활동을 통하여 감리교인들의 삶을 실천적으로 변화시킬 수 있는 가능성을 줄 수 있다는 점에서 강점이다.

죄에 관한 이러한 설명이 어떤 면에서는 위험하다는 것도 분명하다. 특히 구체적인 죄악들을 언급하는 방향으로 나아가고자 할 때에는 특정한 도덕법에 상투적으로 고착하려는 위험, 겁주는 형벌적인 설교의 위험, 그리고 죄가 실제로 인간실존의 어느 깊이까지 침투해 있는지에 대한 인식을 상실해 버릴 위험이 도사리고 있다. 그러나 웨슬리에게서 적어도 놓쳐서는 안 될 점은, 그

---

104) W. Schrage, Ethik des Neuen Testaments, NTD E4, 1989⁵, 193f. 참조.

가 –널리 알려진 복음주의적인 설교 전통과는 달리– 신약성서의 악덕 목록에서 성적(性的)인 죄악을 강조해 들추어내기보다는 오히려 사회적인 죄악을 강조했다는 사실이다. 그런 이유로 웨슬리는 강한 공격을 받아야 했을 정도였다.[105]

그러나 그것은 웨슬리가 성적인 욕망과 그 결과들을 보지 않았다는 것을 의미하는 것은 아니다. 마태복음 5:28의 일곱 번째 계명에 대한 예수의 해석을 웨슬리는 원죄에 관한 설교에서 인간의 상황을 평가하는 매우 중요한 척도로 인용한다. 그러나 예수의 이 말씀으로부터 웨슬리가 이끌어낸 결과는 매우 특이하다.

> 그러므로 우리는 무엇에 대하여 가장 기이하게 생각해야 할 것인지를 알지 못한다. 모든 사람이 그들의 가슴 속에 느끼고 있는 욕망에 압도당한 다른 사람들에 관하여 경멸적으로 말한다면 인간의 무지에 관해 기이하게 생각해야 하는가, 아니면 인간의 몰염치에 관해 기이하게 생각해야 하는가? 모든 종류의 감각적인 욕망에 대한 욕구는 – 그것이 무해한 것이든 아니든 간에– 본질적으로 모든 인간 속에 들어있기 때문이다.[106]

그러므로 성서에 근거된, 그리고 감리교회적인 전통에 정향된 죄론은 매우 구체적인 범죄적 태도를 거론해야 하며, 목회자는 공개적으로 죄악 된 현실에 관해 말해야 한다. 그러나 이러한 죄론을 말할 때는 극도의 세심성이 요구되며, 다른 사람들의 행위에 관한 상투적인 판단을 해서는 안 된다. 인간은 언뜻 보는 것과는 전혀 다른 곳에서 죄를 범하는 경우가 많다. 그럼에도 일방적인 상황 윤리의 의미에서 규범들을 전적으로 상대화하는 것은 감리교회 신학의 주된 흐름은 아니다.

요즘 구체적인 범죄 규정에 대해 개신교회에는 독특한 분열 현상이 지배하고 있다. 죄론을 개인주의적으로 말하며, 십계명을 시민적인 도덕에 정향해서 적용하는 것으로 제한하고자 하는 사람들이 있다. 이들은 죄의 구조적인

---

105) "From N.D. 1749년 4월 15일" 그리고 "To N.D. 1749년 5월 27일"의 서신을 참조. In: WJW 26, Letters II, 349-351, 358-360.
106) 설교 42("사탄의 계략들"), II, 9.

원인의 가능성에 대해서는 어떠한 암시도 거부한다. 한편 또 다른 사람들은 죄의 영역을 거의 전적으로 사회적인 불의로 한정하며, 개인적인 잘못을 제외하고자 한다. 왜냐하면 그들은 개인적인 차원의 죄를 말함으로써 과거의 도덕주의로 후퇴할 위험을 보기 때문이다.

여기서도 구약성서가 모범이 될 수 있다. 구약성서는 사회의 의와 불의에 대한 공동 책임을 강조한다. 그와 함께 개인적인 범죄에 대한 물음 역시 기본적인 중요성이 있다. 웨슬리는 사회적인 문제를 바라볼 때, 항상 두 가지 차원을 강조한다. 하나는 인간이 필요한 삶의 영역을 찾지 못하는 사회를 위한 책임이고, 다른 하나는 개인적인 범죄다. 바로 이 점에서 전형적인 웨슬리적인 실용주의가 작용하여 개인적인 변화를 촉구한다.[107]

다음 두 가지 측면을 의식하게 하는 것은 현대인들에게나 또 죄와 범죄라는 현상을 바라볼 때 대단히 중한 의의가 있을 수 있다. 그 하나는 현대인들은 쉽게 벗어날 수도 없고 또 부정하거나 외면할 수도 없는 범죄의 구조 안에서 맞물려 있다는 것이며, 다른 하나는 개인적인 책임이다. 현대인들은 이러한 개인적인 책임의 촉구 앞에서 항상 좌절을 경험한다.

(3) 죄와 율법

죄와 율법은 특히 바울 신학에서 중요한 주제이며, 그래서 여러 차원에서 결부되어 있다. 갈라디아서 3:19에서 바울은 다음과 같이 말한다.

> 그런즉 율법은 무엇이냐 범법함을 인하여 더한 것이라.

이는 율법이 마치 죄의 확산을 방지하기 위한 일시적인 시도로서 평가되는 것처럼 들린다. 이는 몇 구절 뒤에 율법이 마치 '보호막'과 같은 것으로 언급된다는 점에서 더더욱 그렇다.

> 우리가 율법 아래 매인 바 되고 계시될 믿음의 때까지 갇혔느니라.(23절)

---

[107] 이에 대해서는 M. Marquardt, Praxis und Prinzipien der Sozialethik John Wesleys, 167f.; J. Moltmann, Der Geist des Lebens, 152ff. 참조.

그러나 로마서의 해당 구절들과 비교해 볼 때, 바울이 율법에 어떠한 긍정적인 교육적 기능을 부여하지 않았다는 것이 드러난다.[108] 로마서 4:15와 5:13-14는 아담 이래로 죄가 인류에게 파멸적인 힘을 발휘하였음을 확실하게 말한다. 율법의 존재로 인간은 인간을 지배하는 죄를 통해 구체적인 범죄를 하게 유인 받은 그 곳에서 파멸적인 죄의 힘이 인식되고 '심판을 받게' 된다. 바울은 로마서 7:7-12에서 "탐내지 말라."는 계명의 예를 들어 이 점을 더욱 상세하게 설명한다. 이 계명은 탐욕을 일깨우며, 그럼으로써 인간 안에 숨겨진 죄로 하여금 비로소 활동하게 한다.

그러므로 죄는 일면으로는 하나님의 선한 율법을 악용한다. 그럼으로써 생명을 가능하게 해야 할 계명이 죽음을 일으키는 율법이 된다. 계명은 그의 정죄적인 힘을 작동하게 하기 때문이다. 율법을 통해 죄의 치명적인 힘이 더욱 강해진다(롬 5:20). 그러므로 율법의 실질적인 효력은 부정적이다. 율법은 죄인을 정죄한다.

다른 한편으로 율법은 바로 그런 식으로 그 자신의 고유한 과제를 실행한다. 율법은 감추어진 죄를 분명히 드러나게 하며, 그래서 율법은 인간에게 실제로 문제가 무엇인지를 분명하게 드러내 보여 주는 역할을 수행한다. 율법은 인간의 죄책을 드러낸다는 점에서만 긍정적인 기능을 발휘한다.

그러므로 인간이 율법을 통해 비로소 죄의 진정한 특성을 안다면(롬 7:7), 율법은 인간이 주체적으로 '죄를 인식' 하게(롬 3:20), 그리고 구원의 필요성을 알아가게 인도하는 것을 의미하는가?

웨슬리는 그것을 확신했다. "율법의 기원, 본질, 특성 및 효용"에 관한 설교에서 그는 이렇게 말한다.

> 율법의 첫 번째 기능은 죄인을 죽여 없애는 것, 죄인이 의존하는 생명과 힘을 깨뜨리는 것, 그리고 죄인에게 그가 살아 있지만 죽었음을 – 죽음에 빠졌을 뿐만 아니라 실제로 하나님에 대해 죽었음을, 어떠한 영적인 생명도 없이 죄악 속에서 죽었음을 확신시키는 것이다.

---

108) '훈육선생' 으로서의 율법은 그리스도를 가르치는 '교육적' 기능이 아니라, 감독자처럼 감시하는 기능이 있다.

그는 곧이어 이렇게 덧붙인다.

> 율법의 두 번째 기능은 죄인을 그리스도 안에 있는 생명으로 인도하여 살게 하는 것이다.[109]

갈라디아서 3:24에 따르면, 이 두 기능으로 율법은 '엄격한 선생의 역할(루터: 훈육교사; 몽학선생)'을 수행한다. 여기서 웨슬리는 선포를 위한 실천적인 결과를 이끌어 낸다. 즉 죄인을 들추어내기 위해서는 복음이 아니라, 율법을 선포해야 한다.

> 복음을 통해서는 천 명 중에서 한 명이나 일깨워질지 모른다. 그러나 그것은 규칙이 아니다: 일반적으로 하나님은 율법으로 죄인을 들추어내며, 오직 그렇게 하실 뿐이다.[110]

웨슬리는 여기서 철저히 루터의 해석에 가까이 있다. 루터는 율법의 usus theologicus(신학적 용도) 혹은 elenchticus(넘겨주는 용도)라는 용어를 사용하여 율법이 죄를 들추어내 넘겨주는 혹은 정죄하는 용도를 강조한다. 그러나 율법이 스스로의 힘으로 죄인을 그리스도에게 인도할 수 있다는 것은 철저히 부정된다. 율법 그 스스로는 사람들을 절망으로, 완고함으로, 혹은 자신들에게 요구되는 모든 것을 행했다고 생각하는 거만한 자기 교만으로 인도할 뿐이다.[111] 바울도 그 자신의 생애를 돌아보면서 어떻게 율법이 그에게 자기 의를 추구하게 촉발했는지를 말한다. 바울은 율법의 척도에 따르면 자신이 흠 잡힐 데 없는 의로운 삶을 살았다고 평가한다(빌 3:6; 롬 9:30-10:4도 참조). 하지만 부활하신 그리스도와 만남으로써 그가 실제로 하나님 앞에서 어디에 서 있는지, 어떤 인간인지를 알게 된다.

율법과의 만남에서 인간은 주관적으로 매우 다양한 반응을 보일 수 있다.

---

109) 설교 34("율법의 기원, 본성, 속성 및 용법"), IV, 2.
110) 설교 35("믿음으로 세워지는 율법 I"), II, 3; 이에 대해 1751년 12월 20일에 평신도 전도자에게 보낸 웨슬리의 편지를 참조(WJW 26, Letters II, 482-485).
111) E. Wolf, RGG³ II, 1523f. 참조: "복음은 율법으로부터 그리스도에게 이르는 선생을 만들어 낸다." (evangelium facit ex lege paedagogum in Christum(WA 39/I, 446).

이로써 인간이 죄의 본질과 인식을 위해서는 어떤 결과에 이를 수 있는지를 물어야 한다. 이 때 우리가 생각해야 할 것은 '율법'에 관해 언급된 내용이 단지 성서적인 율법에만 국한되는지, 아니면 다른 형태의 '법'에도 적용되는지의 문제다. 죄인과 율법의 갈등은 여러 다양한 영역에 나타나 있다.

① 이 갈등은 해결되지 않는 갈등일 수 있다. 율법으로 그어진 —특히 금명의 형태로 그어진— 한계를 통해 죄는 인간 안에서 구체적인 작동의 '출발점'을 찾는다. 금지는 그것을 어기고자 하는 욕구를 불러일으키고, 계명은 항거, 곧 하나님에 대한 내적인 반항으로 표출된다. 그럼으로써 인간은 심판에 빠진다. 우리는 反율법적인 갈등을 말하는데, 이 갈등을 통해 인간이 하나님에게 반역하고 있음이 드러난다. 물론 이러한 갈등은 단지 모세의 율법에 입각해서만 드러나는 것은 아니다. 율법이 마음에 기록된 이방인들(롬 2:15)도 이러한 갈등 속에 있으며, 그들의 양심에서 비난하는 생각과 사죄하는 생각의 싸움을 체험한다.

유효한 규범을 어긴 (그럼으로써 경우에 따라서는 피해를 가져온) 사실 앞에서 인간은 어느 정도로 자신의 죄과를 인정하느냐, 혹은 하나님을 멀리 떠난 죄 된 본질을 알게 되느냐의 문제는 물론 아직 해결되지 않는 물음이다.

② 이 갈등은 강요된 갈등일 수 있다. 죄는 율법을 실천함으로써 생명을 얻을 수 있다는 환상으로 인간을 인도하며, 또 율법의 요청들을 스스로 지킴으로써 그 위에 자신의 생명권과 삶의 가치를 세우게 유혹한다. 하나님의 뜻을 도구화해 하나님에 맞서 자신의 생명을 확보하게 함으로써, 계명은 자기 의를 이루는 도구가 된다. 이러한 자세가 가져오는 결과는 한편으로는 이 목표를 이루지 못할 것이라는 공포이며, 다른 한편으로는 다른 삶들과 비교해 자신의 기준을 획득하는 자기 의다. 이러한 삶의 원형이 예수의 비유(눅 18:9-14)에 나오는 바리새인이며, 빌립보서 3장에 나오는 바울의 자기 분석이다.

이러한 갈등을 일반적으로 율법적(nomistisch) 갈등이라고 부른다. 날마다 순종과 율법 실천이 이루진다고 할지라도, 갈등은 무의식의 영역에 여전히 남아 있다. 하나님을 당연히 신뢰해야 할 자리에 자신을 변명하고자 하는 강박관념이 들어선다. 이것 역시 인간의 근본적인 죄, 곧 하나님으로부터 분리된 결과다. 이 죄는 외면적인 정당성과 경건이라는 외투 안에 감추어져 있으며, 그러므로 죄의 다른 형태들과 마찬가지로 위험하다. 이런 식으로 하나님의 뜻과 충돌하는 특징은, 율법 실천이 외적인 형식적 규정들에 정향되어 있다는 것이며, 또 스스로 흠 없이 순수하게 살고자 노력하는 사람은 흔히 다른 사람들과의 갈등이 일어날 경우 그들에게 더 깊은 죄책을 추궁하게 된다는 것이다. 그런 사람은 다른 사람들을 자신의 찬란한 자기 과시를 위한 어두운 배경이나 자기 기념물을 세우기 위한 받침대로 이용한다. 자기 의는 다른 사람들이나 자기 자신의 영혼을 질식시킨다. 산상설교에서 계명들을 해석하면서 예수는 이러한 심각한 죄의 맥락들을 날카롭게 파헤쳤다. 특히 사랑의 계명으로 율법을 요약한 것은 하나님의 뜻을 형식적으로 성취할 수 있다는 견해를 정면으로 거부한다.[112]

이 때 이런 유형의 갈등은 성서의 율법에 대한 직접적인 논쟁으로 제한되지 않는다. '자랑하고자' 하는 인간의 경향, 곧 자신의 삶이 세워진 터전과 자기 삶의 내용과 목적이 되는 것을 자랑하는 것을, 다시 말해 하나님과 그의 은총이 아니라 자기 자신의 업적이나 지혜를 자랑하는 것을 바울은 인간의 보편적인 문제라고 본다.[113] 바울은 제의적인 계명들을 정확하게 실천함으로써 하나님의 환심을 사고자 노력하는 미신적인 공포를 유대교에서뿐만 아니라 이방인적인 종교성에서도 발견한다(갈 4:8-10). 세속적인 형태의 자기 변증이나 자기 거부의 공포는 현대적인 공적 종교에서도 분명하게 나타난다. 유감스럽게도 기독교 신앙의 여러 유형들도 '율법적으로' 악용될 수 있다. 기도와 성서 읽기 등과 같은 그 자체로는 매우 유용한 경건생활의 유형들도 종교적인 업적의 성취를 측량하는 도구가 될 위험이 있다.

③ 갈등의 마지막 유형은 거부된 갈등이다. 반역과 자기 변증 대신에 체념과 자기 포기가 나타난다. 이에 대한 가장 좋은 성서의 예는 달란트의 비유다(눅 19:12-27 병행). 우리는 이를 反율법적인(a-nomistisch) 갈등이라고 부를 수 있을 것이다. 인간은 율법이 너무 과도한 것을 요구한다고 생각하여, 율법의 요청을 아예 받아들이지 않거나 그로 인한 갈등을 무시해 버린다. 그들은 율법을 어기는 것에 대해 전혀 죄책감을 느끼지 않으며, 그러므로 어떤 업적

---

112) 이는 생애 전기적으로 루터나 웨슬리에게 대단히 중요했다. 그들은 그 점을 조직적-신학적으로 평가했다. 율법을 실천해야 한다고 생각하는 사람들의 교만의 자리에 하나님의 뜻을 실천할 수 없다는 절망이 자리잡게 된다.

113) 롬 2:17; 4:2; 11:18; 고전 1:28-31; 4:7. 이에 대해서는 R. Bultmann, Theologie des neuen Testaments, 242f.를 참조.

을 통해 변명하려들지도 않는다. 그러나 그들은 그들 자신이나 하나님께 그들의 삶을 빚지고 있다. 이러한 태도의 배후에는 흔히 어린시절에 경험한 심한 상처나 심적인 장애가 도사리고 있다. 그러나 이러한 현상에는 인간이 겪고 있는 극심한 '하나님 결핍'이 반영되고 있다. 성서의 증언에는 이러한 죄에 대한 체험의 유형이 암시되어 있을 뿐이다. 한편 오늘날 많은 여성들이 범죄의 의미에서 '적극적인' 죄의 유형뿐만 아니라, 자신의 가능성을 과소평가하는 '수동적인' 유형을 지적하기도 한다.[114]

지금까지 우리가 설명한 내용은 두 가지 결론에 이르게 된다.

첫째, 모세 율법의 영향권 아래 (더 이상) 있지 않은 사람들도 그들의 삶이 처한 자연적이고 사회적인 제약들에 근거해, 그들의 삶은 제한된 것이고 또 '강요된' 것임을 체험하며, 이에 대해 하나님의 율법에 대한 반응으로 성서의 기록과 유사한 반응을 보이는데, 즉 반역, 자기 변증 혹은 체념 등이다. 그러므로 인간이 살아가는 현실에는 어떤 기본 구조가 있는 것이 분명하다. 그것은 매우 일반적인 의미에서 율법의 기본 구조와 일치하며, 인간에게는 그들에게 부여된 과제와 같은 것으로 혹은 '결핍된 본질'로서의 인간적인 삶의 무기력 같은 것으로 표시된다. 내용적으로 볼 때, 일반적으로 인간에게 강요나 한계 설정으로 드러나는 것이 성서적인 율법과 동일시되는 것은 아니다. 물론 그 사이에는 공통적인 면이 있을지라도, 하나님을 향한 제1계명이 인간 삶의 근본적인 문제로 분명하게 확인되는 곳에서만 특히 죄의 심각한 현상이 드러난다.

둘째, 십계명이나 사랑의 계명으로 요약되는 모세의 율법이 궁극적으로 일반적인 윤리적인 법(웨슬리: "도덕법" Moral Law)과 -웨슬리가 인정하는 것처럼- 일치되는지에 관해서는 다음에서 더 검증할 것이다.[115] 여기서 우리가 묻고자 하는 것은 율법의 선포만으로도 -즉 복음의 선포를 제외하고- 죄의 인식이 가능한가 하는 것이다. 율법이 하나님에 대한 인간의 적대성과 하나님 결핍을 매우 다양한 방식으로 드러내고 있음을 앞에서 살펴보았다. 죄는 인간에게서 부정과 거부의 경향을 촉진하기 위해 율법을 악용한다는 사실도 간과해서는 안 된다. 그러므로 인간은 율법을 통해 죄를 구체적인 현실로 '인

---

[114] L. Schottroff는 미국의 여신학자 J. Plaskow의 말을 인용한다: "현대사회에서 여성적인 역할을 생산해 내며 또 여성들을 고무하는 '죄'는 불법적인 자기 관련성이 아니라, 자기에게 관련시키는 태만, 곧 책임을 자신의 삶으로 감당하는 태만이다"(Sex, Sin and Grace, 1980, 92).
[115] 이 장의 2.2).(3)(195쪽 이하)을 보라.

식' 하게 된다는 사실을 확인해야만 할 것이다(롬 7:7).[116] 그러나 인간은 그의 삶이 철저한 위기에 직면해 있음을 인식할 수 없다. 또 바울이 로마서 3:20에서 율법을 통해, 그러니까 그리스도를 알기 이전에 율법만을 통해 죄를 알 수 있다고 말하고자 했는지도 의문이다. "하늘로부터 하나님의 진노가 나타났음(복음 선포에서가 아니라!)"을 말하는 단락은 3:20으로 끝나는데, 이 단락은 복음 안에 하나님의 의가 나타났다는 말씀 사이(롬 1:16-17; 3:25 이하)에 있다. 그러므로 복음에 대한 언급은 인간이 실제로 어떤 상황에 서 있는지를 알게 해 주는 전조다.[117]

지금까지 서술한 내용에서 우리는 복음적-감리교회적인 가르침과 선포를 위한 몇 가지 결론을 이끌어 낼 수 있다.

첫째, 기독교는 인간 스스로는 하나님의 뜻을 실천할 수 없고, 그 때문에 인간의 삶은 무너질 수밖에 없다는 점을 분명하게 선포해야 한다. 하나님의 율법에 관해 위협적으로 말하고, 인간에게 과도한 죄의식을 강요한 것이 오래 전부터 감리교회의 선포가 안고 있는 위험이었다면, 오늘날의 또 다른 분명한 위험은 죄와 죄책의 차원을 침묵하거나 부정하며 '값싼 은혜'를 설교하는 것이다.[118] 인간은 이미 율법 아래 있으며, 스스로 인식하든 하지 않든 상관없이 인간의 불의와 무신론으로 인한 하나님의 심판이 인간 위에 나타난다. 우리는 현대인들에게 이 점을 억지로 가르칠 필요는 없다. 그러나 그들이 처해 있는 상황이 어떤지를 일깨워 주어야 하며, 또 그들의 삶이 하나님께 속한 것임을 깨닫게 해 주어야 하고, 그래서 하나님 앞에서 책임적으로 살아가게 해야 한다. 하나님 앞에서 책임적인 삶을 실패할 때 그들의 삶이 상실된다는 점을 늘 깨우쳐야 한다. 이러한 실패의 징조들로는 구체적인 범죄들이나 반항, 곧 하나님과 삶의 기본적인 조건들에 대한 "비생산적인 반역"[119], 그리고 인간 스스로 자초하는 깊은 포기 등을 들 수 있다. 그러나 우리는 좌절된 삶에서만 그러한 실패를 체험하는 것이 아니다. 인간적인 강함, 성공과 성취 속에서도 삶의 목적을 상실할 수 있음을 분명하게 말해야 한다.[120] 이 경우에 단지

---
116) 번역에 대해서는 U. Wilckens, Der Brief an die Römer, EKK VI/1, 78 참조.
117) E. Käsemann, An die Römer, 55 참조: 복음은 율법을 그리스도를 가르치는 교사로 만들었다(루터).
118) D. Bonhoeffer, Nachfolge, 13ff.
119) J. Herzog-Durck, Probleme menschlicher Reifung, 1969, 19.
120) D. Bonhoeffer, Widerstand und Ergebung, Neuausgabe 1985, 378f.

개인만이 문제가 되는 것이 아니고, 사회적인 관계들이나 행동방식들도 죄의 힘에 흠뻑 젖어 있다.

둘째, 율법을 통해 우리의 삶을 촉구하기도 하고 제한하기도 하는 하나님은 다른 분이 아니라 그의 사랑으로 우리의 삶을 받아 주고, 그의 사랑으로 우리의 삶을 채워 주는 바로 그분이라는 사실을 알게 될 때에만, 우리는 비로소 죄의 깊은 차원을 인식할 수 있다. 오직 사랑에 붙잡힌 곳에서만 우리는 죄 때문에 우리의 삶에 나타나는 절망의 심연을 바라볼 수 있다. 하나님의 위대한 사랑에 붙잡힌 곳에서만 하나님에 대한 무관심, 반항, 거부, 굴종, 비난 등이 진실로 무엇을 의미하는지 알게 된다. 사실 그것들은 하나님에 대한 적대감이다. 이처럼 사랑의 계명은 어느 정도 율법과 복음을 가리키는 교차점이기도 하다. 이 계명은 하나님이 당연히 우리에게 제기하는 요청이기도 하며, 동시에 우리가 하나님의 사랑에 의해 살고, 그러므로 스스로 사랑할 수 있다는 초대이기도 하다.[121]

(4) 죄와 고통

성서에 따르면 인간의 죄는 하나님과의 관계를 파괴할 뿐만 아니라 인간 상호간의 관계, 그리고 인간과 창조세계의 관계까지도 파괴한다. "모든 고난은 죄로부터 온다."는 사실을 밝히는 것이 창세기의 원역사와 특히 창세기 3장이 말하고자 하는 목적으로 보인다.[122] 이는 특히 창세기 4장에서 가인과 아벨의 사회적 관계의 심각한 훼손을 통해 드러난다. 이미 인간의 제2세대에서 치명적인 질투는 죽음으로 이어지며, 폭력과 대항폭력의 악마적인 순환이 인류의 역사에서 점차 첨예화되어 간다.

바울도 죄의 효력을 특히 사회적인 영역 곧 인간의 어울려 사는 삶에서 본다. 죄에 대한 하나님의 심판은 어떤 종류의 부가적인 조치나 자의적인 조치가 아니다. 로마서 1:24 이하에 따르면 하나님께서는 인간을 단지 그들의 잘못된 결정에 내맡겨 버린다. 이 잘못된 결정으로 인간은 창조자 대신에 피조물을 경배하며, 그럼으로써 그들 스스로를 신격화한다. 이러한 우상 숭배적인 자기 사랑에 내맡겨짐으로써 인간은 모든 영역에서 인간 상호간의 관계를

---

[121] 이에 대해서는 이 장의 2.2).(3)(195쪽 이하)을 참조.
[122] G. von Rad, 1. Buch Moses, ATD 2-4, 82.

해치고 파괴하기에 이른다(1:30-31).[123] 여기서 드러나는 것은 죄의 지배 아래 있는 인간은 단지 죄의 행위자일 뿐만 아니라, 그 희생자이기도 하다는 것이다. 왜냐하면 무자비, 탐욕, 사악, 질투, 싸움, 살인 등과 같은 죄의 형태들이 가져다주는 결과에 고통을 받는 것은 항상 사람들이기 때문이다. 이미 구약성서에서 예언자들은 부자들과 힘 있는 자들을 공박하면서, 죄의 이러한 작용은 개인적인 잘못뿐만 아니라, 흔히 '특수계층적인' 행동방식에 기인할 수 있음을 분명히 한다. 그러므로 이미 성서의 메시지에서 '구조적인 불의' 도 죄의 결과들 중 하나라는 사실을 읽을 수 있다.[124]

성서에는 인간 상호간의 관계 파괴 외에 질병의 원인까지도 죄에 있음이 거듭 암시된다. 죽음을 죄의 결과로 보며(롬 6:23 참조), 또 성서시대에는 오늘날보다 훨씬 더 질병이 죽음의 징후로 여겨졌기 때문에 그러한 생각은 더욱 확실했다.[125] 물론 질병과 죽음의 이러한 관계를 직접적으로 말하는 성서 구절은 없다. 그러나 죄의 용서와 질병 치유가 결합되어 언급되는 곳에서는 그러한 관계가 전제되고 있는 것으로 보인다. 예를 들면 시편 103:3; 마가복음 2:1-11; 야고보서 5:15-16 등이다.

그러나 우리는 즉각 하나의 오해에 대해 단호하게 말하지 않으면 안 된다. 즉 개인의 특별한 질병을 항상 심각한 죄의 대가로 돌리는 생각은 거부되어야 한다. 이는 이미 성서 문헌들에서 제기되고 있다. 시편들 중에는 질병을 통해 자신의 죄를 깨닫게 되었음을 고백하는 탄원의 시들이 있는가 하면(32:1-5; 38:2-9; 41:5 등), 반대로 그러한 관계를 강력하게 거부하거나 무시하는 시들도 있다(35편; 102편 참조). 성서의 전체적인 증언 안에서 욥기가 특히 그렇다. 욥기는 개인의 질병의 원인을 특별한 범죄로 돌리려는 일반적인 생각을 단호하게 거부한다. 그러나 당사자 자신이 질병과 죄의 관계를 인정하고 고백한다는 사실을 배제하는 것은 아니다.

신약성서에서는 요한복음 9:2가 질병의 원인을 특별한 죄로 돌리려는 일반적인 가능성을 단호하게 거부한다. 예수에게 질병 치유와 마귀 축출은 도래하고 있는 하나님 나라의 징표다. 하나님의 나라는 멸망을 가져오는 악의 세

---

123) 여기서 중요하게 보아야 할 것은 바울이 죄의 파멸적인 힘을 성적인 영역뿐만 아니라 인간의 모든 관계 영역들에서 작용하고 있는 것으로 본다는 것이다. Käsemann, An die Römer, 46 참조.
124) 약 2:1-13; 5:1-6 참조.
125) 시 69:15-16; 107:18; 욥 33:21-22; 사 38:10ff.

력보다 강하다는 사실을 드러낸다. 예수는 질병과 죄의 특별한 결합에 관해 말한 바 없으며, 누가복음 13:1-5도 마찬가지다.[126] 예수가 도와주었던 마귀 들린 사람들도 인간은 희생자들이며, 악의 초능력에 의해 고난 받고 있는 예다. 어디에도 그들이 개인적으로 그들의 증세에 책임이 있다는 암시는 없다. 그리스도인들은 더 이상 죄의 세력 아래 있지 않다는 것이 바울의 가르침의 중요한 요소다(롬 6장). 그러나 이로부터 바울이 이끌어 낸 결론들은 오직 윤리적인 영역, 특히 그리스도인들 상호간이나 다른 사람에 대한 태도에만 적용된다. 그리스도인들은 원칙적으로 질병의 짐에서, 육신적인 연약함에서 해방되어야 한다고 바울은 말한 적이 없다. 물론 바울도 하나님의 치유의 힘을 모르는 바는 아니었지만, 그는 바로 그러한 인간의 육신적인 연약함에서 그리스도인들도 그들 몸의 궁극적이고 완전한 구원을 향한 전적인 희망을 기다리고 있다는 분명한 표시를 보았다.(롬 8:18 이하)[127]

이 점에서 웨슬리는 근본적으로 바울을 따른다. 앞으로 살펴보겠지만, 그의 핵심적인 신학적 관심사 중 하나는 죄에 대한 승리가 그리스도인의 삶에서 실제로 체험 가능한 현실이며, 또 그런 현실이 될 것이라는 점이다. 이러한 삶이 체험되는 실존적인 영역은 웨슬리에게서는 하나님과 동료 인간들과의 관계, 그러므로 원리적으로 말해 사랑의 차원이다.[128] 사랑은 죄가 유발한 최악의 고통, 곧 죄의 사회적인 결과들을 극복한다. 그러나 웨슬리는 육신적, 정신적 연약함은 인간이 죽을 때까지 지녀야 할 제약이라고 분명히 말한다. 하지만 의료적인 실천가로서 웨슬리는 새로운 내적인 삶의 태도와 기독교적인 삶의 양식이 인간의 건강에 미치는 영향들에 관해 알고 있었으며, 기적적인 치료에 관해 매우 의도적으로 말하곤 했다.[129] 그러나 죄 용서와 질병 치유를 원칙적으로 연결시키지는 않았다.[130]

여기서 오늘날의 감리교회 신학을 위한 결과들을 요약하기 전에 먼저 살펴보아야 할 것이 있다. 세상 삶의 관계들에 미치는 죄의 파괴적인 힘이 갖는 세

---

126) 막 2:1-11도 장애인의 질병은 그의 죄로 인하여 야기된 것이며, 또 죄의 용서는 치유의 전제라는 것에 관해서는 아무것도 말하지 않는다. 죄와 질병, 용서와 치유의 관계는 훨씬 더 근원적이다.
127) 고후 12:7-10.
128) 이에 대해서는 설교 90("인류의 타락에 대하여"), II, 7 참조.
129) 1741년 5월 10일; 1746년 3월 7일; 1772년 5월 18일; 1782년 12월 21일 자의 Journal을 참조.
130) 설교 84("그리스도의 오신 목적"), III, 3 참조. 여기서 육신적, 정신적 연약함이 죄에 대한 예수의 승리의 결과로 현세적인 삶에서 극복될 수 있다는 사실을 부정한다.

번째 측면(하나님 관계, 인간관계의 파괴에 이어지는)이다. 로마서 8:20에서 바울은 인간의 죄 때문에 모든 피조세계가 허무함에 빠지게 되었으며, 그러므로 두려운 한숨 속에서 하나님의 아들들의 구원을 기다리고 있다고 말한다. 하나님의 아들들을 통해 피조세계까지도 허무한 본질로부터 해방될 것이다. 웨슬리는 이러한 생각을 받아들여서 그로부터 인간뿐만 아니라 모든 생명체는 근원적으로 허무하지 않고,[131] 상처받지 않으며, 죽지 않은 상태로 창조되었다는 결론을 이끌어 낸다. 다음에 죄와 죽음의 관계를 논하게 될 때, 이 문제를 다시 한 번 반성하게 될 것이다.

이러한 생각들은 해석학적으로 오늘의 해석자를 매우 특이한 상황에 빠지게 한다. 한편으로 현대 해석자는 오늘날의 자연과학적인 지식의 배경에서 그러한 생각에 동참하기가 매우 어려울 것이다. 다시 말해 질병이나 혹은 생명체들이 다른 생명체들을 죽여 식량으로 삼는 그러한 연쇄적인 현상은 자연 사건 속에서 일어나는 매우 오래된 현상일 수 있으며, 그래서 인간의 원역사적인 사건으로 소급할 수 없다.[132] 다른 한편으로는 인간들이 그들의 탐욕으로 창조의 상태를 극단적으로 위협하고 있는 무서운 경고의 무수한 징표들이 바로 오늘날 존재하고 있다.

놀랍고도 무서운 것은 이러한 위협의 원인이 정확하고도 분명하게 인간의 자세에 기인하며, 그것을 성서는 원죄라고 말한다는 것이다. 인간은 하나님과 같이 되고 싶어 하며, 그럼으로써 그들의 본분, 곧 '하나님의 동일형상'으로서 이 세상에서 창조적이고 보존적인 사명을 수행해야 하는 본분을 상실하고 있다. 물론 이러한 비극적인 현상은 기독교적인 문화권에서부터 시작되었으며, 특히 땅을 "정복하라."는 가르침을 세속적인 형태로 이해한 데에 기인한다. 이러한 두 가지 고찰에서 우리는 죄와 고통의 관계가 자연법칙으로 주어진 현상에 기인한 것이기보다는 인간실존의 '근본 파괴'의 결과라고 말할 수 있다.

그러므로 죄와 고난의 관계는 상이한 차원이 있다. 한 인간에게 고난이나

---

131) 설교 88("우주의 구원"), I, 2-5; W. Cannon, The Theology of John Wesley 196을 참조.
132) 그러나 판넨베르크가 현대 자연지식의 이러한 측면들과 바울의 진술들에 관해 말하고 있는 매우 상이한 방식을 참조하라: Systematische Theologie II, 118f., 131, 200f., 313: "인간의 죄와 마찬가지로 죄와 죽음의 관계도 역시 생명의 인간이전적인 진화 속에 그 前역사를 가지고 있다. 바로 여기에 악마적인 역동성이 있는 것으로 보인다. 이 악마적 역동성은 인간의 죄와 인류에 대한 죄와 죽음의 지배에서 그 정점을 이룬다."

질병이 구체적인 범죄의 결과로, 즉 죄의 결과로 드러날 수 있다는 것은 구체적인 경우에 있어서 부정될 수는 없지만, 일반적인 법칙이라고 할 수는 없다. 그보다는 죄는 우리가 다른 사람에게 부가하는 고난 속에서 작용하는 경우가 많다. 개인의 죄악 된 태도와 다른 사람들의 고난의 직접적인 관계는 결코 입증될 수 있는 것이 아니다. 죄의 지배력은 불의한 구조에서도 드러난다. 이 불의한 구조들은 궁핍과 고난, 그리고 질병의 이름 모를 원인이며, 선한 뜻을 가진 개인에 대해 별로 영향을 끼치지 못할 수 있다. 왜냐하면 그런 사람들은 이러한 구조들을 밝히 보고 있지만, 그럼에도 그러한 모범적인 행동을 즉각적으로 취할 수 없기 때문이다. 의식적으로 하나님과 교제하며 사는 사람들이 다른 사람들의 저항과 거절을 통해 고통을 받아야 하는 경우가 흔하다.[133] 감리교회 신학의 가장 중요한 특징의 하나를 우리는 다음과 같이 말할 수 있다: 인간사회의 파괴는 그 깊은 차원, 곧 하나님과의 관계의 근원적인 파괴로부터 평가되고 출발하지만, 하나님 관계의 파괴를 말할 때에는 인간의 공동체적인 삶과 창조세계와의 관계에 끼치는 운명적인 결과에 관해서도 말해야 한다.

(5) 죄와 죽음

죄의 가장 파괴적인 힘이 가장 철저하게 드러나는 것은 죄의 지배를 통해 죽음이 인간을 지배한다는 사실이다. 바울은 로마서 5:12에서 이 관계를 말한다.

> 한 사람의 죄를 통해 죽음이 세상에 왔고, 그럼으로써 죽음이 모든 사람을 지배하게 되었다. 왜냐하면 모든 인간은 죄를 범했기 때문이다.

로마서 6:23에서 이 점을 좀더 확실하게 말한다.

> 죄의 삯은 죽음이다.

그리고 이어 바울은 이렇게 말한다.

---

[133] 구약성서에서 '가난한 사람들'은 억압받는 사람들, 곧 의를 위하여 사는 사람들이라는 의미를 참조하라(R. Martin-Achsrd, THAT II, 341-350). 바울과 베드로전서의 고난의 신학도 이러한 측면을 알고 있다. 예수와 복음을 위하여 사는 사람은 세상의 저항으로 고난을 받아야 한다. 마 5:10; 벧전 3:14 및 N. Brox, Situation und Aprache, 1977, 1-13을 참조.

그러나 하나님의 은사는 우리 주 그리스도 예수 안에 있는 영생이
다.(고전 15:56도 참조)

그러므로 바울은 창세기 2장과 3장을 해석하면서, 죄에 빠짐으로써 비로소 죽음이 피조세계로 들어왔다고 말하는 것이 분명하다.[134]

물론 이것이 창세기 2-3장이 말하고자 했던 원래의 의도와 일치하는지에 대해서는 의문이다. 이 점에 대해 낙원과 타락의 이야기는 확실한 답을 하지 않는다. 창세기 2:9; 3:22, 24에 따르면 생명나무는 인간에게는 접근이 금지되어 있으며, 창세기 3:22는 원래의 인간이 불멸의 존재라는 생각을 부정한다. 생명의 유한성은 인간의 피조적인 특성에 속한다.[135] 이 한계성을 깨뜨리고자 하는 것은 인간과 창조세계에게는 재앙을 의미할 것이다. 그러므로 그러한 방향으로 나아가는 길이 인간에게는 금지되어야 했다.[136]

그러나 여기에는 창세기 2-3장에 대한 해석의 두 번째 어려움이 관련되어 있다. 2:17에 언급된 죽음의 위협이 인간에게 이루어졌는가, 아니면 그 위협이 아예 없다고 부정했던 뱀이 옳았는가? 창세기의 이야기는 이 물음에 대한 답을 유보하고 있으며, 그래서 매우 다양한 답을 가능하게 한다.

웨슬리는 이 두 가지 물음에 확실하게 답을 한다. 그에 따르면, 모든 생명체는 인간의 범죄로 원래의 불멸성을 상실했으며, 처음 인간이 죄를 지은 순간에 하나님과의 교제를 상실하게 됨으로써 '영적인 죽음'을 맞게 되어 하나님이 위협하신 형벌이 집행되었다.[137]

그러나 오늘날의 해석자들은 그들 나름대로 해석할 수 있다. 우리의 지식에 따르면, 죽음은 다세포적인 생명의 피할 수 없는 본질적 특성에 속한다. 그러므로 우리는 죄와 죽음의 관계에 관한 성서적인 진술을 생물학적인 확신으로서가 아니라, 인간학적이고 신학적인 차원으로부터 해석해야 한다. 인간이 자신의 죽음을 알고 있다는 것은 인간적인 실존의 가장 중요한 특성에 속한다. 하이데거(M. Heidegger)가 인간의 현존을 "죽음으로 나아가는 존재"로 성

---

[134] 롬 8:19-23의 배후에도 동일한 전제가 있음이 분명하다.
[135] E. Jüngel, Tod, ThTh 8, 1990⁴, 115를 참조; 그러나 W. Pannenberg, Systematische Theologie II, 310-311은 약간 다르다. 그는 잠 1:13을 지적한다. "하나님은 죽음을 창조하지 않았다."
[136] C. Westermann이 그렇다. Genesis I의 3:22에 대한 주석: 하나님은 "그의 하나님 됨을 위해서가 아니라, 인간을 배려해서 인간의 한계를 넘어서는 것을 막으셔야 했다."(372)
[137] 설교 45("신생"), I, 2.

격지은 것은 당연했다.¹³⁸⁾ 인간은 이러한 '죽음으로 나아가는 존재'를 두려움으로 체험하며, 또 염려나 거절, 부정을 위한 동기로 체험한다. 인간의 죽음은 단순히 하나의 유기체의 '종식'이 아니기 때문이다. 대신할 수도, 교체할 수도 없이 종말에 이르게 되는 것은 바로 나 자신의 생명이다.

> 죽음의 공포가 삶 속으로 깊숙이 침투해 와서 한편으로는 인간이 무제한적으로 자기를 관철하게 유발하거나 혹은 자신의 유한성을 왜곡하게 하며, 다른 한편으로는 삶을 수용할 힘을 빼앗아 버리기도 한다. 죄와 죽음의 관계는 바로 이 두 경우에서 드러난다. 자신의 유한성을 받아들이지 않는다는 점에서 이러한 관계의 뿌리는 죄다. 유한한 실존의 종말이 아직 일어나지 않은 것은 무의 위협을 가하는 죽음의 세력을 드러내게 하는 것이다.¹³⁹⁾

더 간단히 말하면, 나는 나의 삶의 한계를 받아들일 수 없기 때문에, 내 생명의 생물학적인 종말은 모든 것을 위협하는 죽음이 된다. 그러나 나는 이 한계를 받아들일 수 없다. 왜냐하면 내 생명을 창조하시고, 내 생명에 한계성을 부여하신 창조자와의 교제가 파괴되었기 때문이다. 그러므로 인간의 죽음에서 치명적인 것은, 인간이 죄인의 죽음을 죽는다는 사실, 곧 하나님을 떠남으로써 생명으로부터 멀어진 사람의 죽음을 죽는다는 사실이다. 그러므로 죽음은 '죄의 본질적인 결과'다. 죽음은 죄로부터 생겨난 것이며, "하나님에 의해 자의적으로 규정되고 운명이 되어 버린 형벌의 행위"¹⁴⁰⁾가 아니다. 죽음은 생명 속에서 일어나는 것을 궁극적이며 저항할 수 없는 것으로 만든다. "죽음의 순간은 새로운 결정의 가능성을 종식시키며 모든 결정을 궁극적인 것으로 만든다."¹⁴¹⁾

거꾸로 하나님의 구원하시고 의롭다 하시는 은총이, 죄로 인해 하나님을 떠나 있음으로부터 생명을 부여하는 하나님과의 교제 안으로 한 인간을 인도하는 그 곳에서, 죽음은 새로운 빛으로 드러난다. 물론 우리의 생명에 주어진

---

138) M. Heidegger, Sein und Zeit, 1986¹⁶, 235-267.
139) W. Pannenberg, Systematische Theologie II, 312.
140) Pannenberg, aaO. 313.
141) O. Weber, Grundlage der Dogmatik I, 690. 베버는 계속해서 이렇게 말한다. 죄인의 죽음은 "그러므로

한계는 여전히 남아있다. 그러나 그 한계는 하나님의 손안에 있다. 죽음도 우리를 그의 사랑으로부터 떼어놓을 수 없다(롬 8:38-39). 예수 그리스도를 믿는 사람은, 비록 그가 죽더라도 살아 있을 것이다(요 11:25). 그러므로 초기 감리교회의 신학은 '복된 죽음'에는 성화가 특별히 중요한 모습으로 드러나 있다고 보았다. 다시 말해 하나님과의 집중적인 교제가 드러나 있으며, 그러므로 죄에 대한 승리가 드러나 있다고 보았다. 그래서 그리스도인들은 평화롭게 혹은 '승리의 당당함으로' 죽어 갔다는 것을 기꺼이 말하곤 했다.[142]

오늘날 우리는 그러한 평가 기준에 대해 조심해야 한다. 왜냐하면 인간이 그의 죽음에 대한 고통의 방식을, 특히 육신적인 과정을 통해 강하게 제약받고 있음을 잘 알기 때문이다. 죽음의 투쟁은 가장 먼저 죽음에 대한 육신의 투쟁이다. 그러므로 죽음은 항상 인간적인 실존이 '허물어지는' 표식이다. 그러나 하나님의 손길은 그에게 속한 사람들의 죽음 속에서도 그들을 붙잡고 계신다는 확신은 우리 죽음의 외적인 방식과는 무관하게 유효하다. 우리가 죽어 가는 사람들 곁에서 그러한 확신이 한 인간을 얼마나 내적으로 지지해 주고 감싸 주는지를 체험할 수 있다는 사실은, 하나님의 은혜와 사랑의 힘이 죄와 죽음의 힘보다 강하다는 사실을 드러내는 표시다.

(6) 죄와 악의 세력

성서의 이해에 따르면, 인간은 자기의 죄악 된 행동에 대한 전적인 책임을 진다. 그러나 동시에 자신의 책임적인 행동과 죄의 세력의 지배 사이에서 '악마적 순환' 속에 서 있다. 그러므로 특정한 맥락에서는 죄와 악의 세력이 인간의 범죄 원인으로 언급될 수도 있다. 악의 세력은 사탄이나 악마의 형태로 의인화되어 표현된다. 죄를 범한 인간은 하나님의 구원하시는 지배를 받으며 사는 대신 악의 파멸적인 세력 밑으로 들어가 악의 지배를 받으며 산다.

> 죄를 지은 사람은 악마로부터 나온 사람이다. 왜냐하면 악마는 처음부터 죄를 짓기 때문이다.(요일 3:8; 요 8:44도 참조)

생명 속에 이미 존재하는 죽음에 떨어졌음을 궁극적으로 드러내는 것 그 이상의 다른 것이 아니다-죽음의 순간은 생명의 의미가 우리에 의해 잘못된 것으로 드러나는 순간이다." E. Jüngel, Tod 119f.도 참조.
142) 웨슬리가 Arminian Magazine에 발표한 감리교인들의 죽음에 관한 수많은 증인들의 기록을 참조하라. H. Ertl, "Dignity in Simplicity", 1988, 147 참조.

이러한 확신에는 또 다른 확신이 덧붙여진다.

하나님의 아들은 악마의 일을 파멸시키기 위하여 나타났다.

누군가가 하나님께로부터 왔는지, 아니면 악마로부터 왔는지는 그의 운명 속에서 영구히 결정된 것이 아니라, 예수의 해방적인 말씀과 만남으로써 결정된다.[143]

기독교의 신앙과 경건의 역사에서는 유감스럽게도 요한일서 3:8의 전반부는 큰 비중으로 읽혀져 왔으나, 두 번째 문장의 의미와 효력은 별로 주목받지 못했다. '악의 구조'에 대한 현실주의적인 분석 –이는 개인의 악한 의지나 행위보다는 훨씬 깊고 큰 효력이 있다– 은 '악마신앙'으로 왜곡되었다. 그러나 악마신앙은 많은 부분에서 파멸적 역사의 일부분이다. 그러므로 악마에 관해 아예 말하지 않는 것이 기독교 선포나 신학에 더 적절하다고 생각하는 신학자들이 많다.[144] 그러나 악마적인 것이 줄기는커녕 더 늘어만 가는 오늘의 세상에 직면하여 우리는 악의 세력을 말하는 성서 말씀의 기능을 먼저 조심스럽게 살펴보아야 할 것이다.

① 구약성서에서 사탄의 형상은 별로 중요하지 않은 주변적인 역할을 하는 것으로 그친다. 먼저 사탄은 고유의 이름이 아니라 대적자, 원수, 고소자를 뜻한다.[145] 고소자의 기능은 스가랴 3:1과 욥기 1장에서 만나게 되는 하늘의 고소자를 의미한다. 욥의 이야기에서 사탄의 역할은 '하늘의 검사'의 역할과 일치하는 것으로 보인다. 경건한 신앙인들을 검증하는 것이 그에게 허용된다. 하나님은 그러한 시험을 사탄에게 허용하기는 하였지만, 욥에 대한 그러한 불신은 하나님으로부터 시작된 것은 아니다. 하지만 불행이 하나님으로 인한 것이냐, 아니면 악마로 인한 것이냐의 물음이 주제는 아니다. 욥은 그 자

---

143) 요 8:44의 말씀이 드러내는 큰 문제는 유대교와 악마의 자식 됨을 동일시한다는 것이다. G. Baumbach, Die Funktion des Bösen in neutestamentlichen Schriften, EvTh 52, 1992, 23-42, 40을 참조.

144) H. Haag, Teufelsglaube 1980². 이러한 논란에 대해서는 W. Kasper/K. Lehmann(hg.), Teufel-Dämon-Besessenheit. Zur Wirklichkeit des Bösen, 1978; "Wohin mit dem Teufel?"이라는 주제를 다루는 EvTh 52, 1992, 1권을 참조.

145) 삼하 19:23; 시 109:6 참조; 이에 대해서는 von Rad/W. Foerster, ThWNT II, 69-80; E. Wancke, THAT II, 821-823을 참조.

신의 고난의 원인에 대한 물음을 놓고 오직 하나님과 씨름할 뿐이다. 이는 구약성서의 전체적인 흐름과 일치한다.[146]

창세기 3장의 뱀은 구약성서에서는 아직 악마와 동일시되지 않는다.[147] 그러나 뱀은 유혹이 인격화한 것이며, 뱀의 교묘한 물음을 통해 인간에게 힘을 발휘한다. 그렇다고 인간의 책임이 변호되는 것은 아니다. 죄의 원인은 뱀이나 악마가 아니라, 범죄 행위에 있다.

역대상 21:1에서 사탄의 형상은 다윗을 유혹한 원인자로 일컬어짐으로써 – 반면에 더 오래된 전승인 사무엘하 24:1은 하나님께서 분노하여 그에게 그러한 생각을 주셨다고 말한다– 죄를 짓게 하는 유혹이 하나님으로부터 나올 수 있느냐의 문제를 둘러싸고 고뇌하고 있다. 이러한 긴장은 이 주제에 대한 신약성서의 진술들에서도 계속해서 나타난다.[148]

② 구약성서 이후 시대의 초기 유대교에서는 악마를 하나님에 대적하는 하나의 힘으로 생각하기 시작했다. 천사가 하나님을 섬기는 것처럼, 사탄은 악마들을 도우면서 지배한다. 이 세력들이 인간의 마음을 놓고 대결하는데, 악의 세력에 굴복한 사람들은 어둠의 자식들이고, 하나님께 속한 사람들은 빛의 자식들이다.

신약성서는 이러한 세계관을 받아들였지만, 궁극적으로는 악의 나라가 하나님의 나라에 굴복하고 극복될 것이라는 점을 분명히 한다. 그런데 이러한 극복은 예수의 사역과 활동을 통하여 일어난다.

경건하게 말하는 유혹자로 나타난 악마를 예수는 물리친다(마 4:1-11 병행). 마귀들을 추방하는 권세로써 예수는 사탄의 나라에 침입하여 하나님의 나라를 세운다(마 12:24-29 병행). 사탄과 마귀들을 말함으로써 특정한 사람들의 불행과 자기 파괴적인 태도의 책임이 그들 자신에게로 돌려지지 않는다. 그들은 인간사회의 초개인적인 관계들로부터 생겨나는 힘을 악마의 세력으로 이용하는 사탄과 마귀들의 희생자들이다.

그러므로 마귀의 형상은 신약성서에서는 이 세상에 존재하는 초인간적이고, 反하나님적인 위협과 파멸의 잠재력을 총체적으로 일컫는 말이다. 인간

---

146) 암 3:6을 참조; W. H. Schmidt, Gott und Böses. Hinweise auf das Alte Testament, EvTh 52, 1992, 7-22.
147) 창 3:14-15의 저주는 짐승인 뱀 그 자신에게도 해당된다! C. Westermann, Gensis I, 355 참조.
148) 신 13:4와 마 6:13을 약 1:13과 비교해 보라!

이 복음을 외면한다면, 거기에는 마귀가 활동하고 있다(고후 4:4; 마 13:37 이하; 요 8:44). 그 세력들의 특징은 하나님과의 교제에서 떨어져 나온 사람들을 위협하여 파멸로 이끌어 가는 것이다(고후 5:5). 그리스도인들도 여전히 이들 세력의 위협에 노출되어 있다(고후 11:14; 엡 6:11-12). 묵시문학적인 전통에 따르면, 하나님과 그의 그리스도는 악마와 그의 부하들과 최후의 일전을 치르게 된다(살후 2:3-12; 계 13; 19-20). 그러나 이러한 악의 세력들은 사탄의 힘이 하나님 앞에서 이미 무너져 버렸음을 잘 알고 있다.(계 12:7-12)

이와 같이 신약성서에는 "사탄에 관한 진술의 구원론적인 기능"[149]이 주를 이룬다. 다시 말해 신약성서는 사탄 그 자체에 관해 말하는 것이 아니라, 구원 사건과의 관련 아래서만 사탄을 언급한다.

③ 성서가 말하는 내용을 조직적으로 정리해 보면, 하나님과 사탄의 관계에 관해 다음의 두 가지 결론에 이르게 된다.

a) 사탄의 형상은 하나님의 어두운 측면, 마치 원수처럼 드러나는 하나님의 감추어진 면에 관해 말하는 형식이다. 하나님 상에 근본적으로 어울릴 수 없는 점들, 곧 하나님이 유혹하고 고소한다거나, 하나님이 파괴하고 죽인다는 측면들이 사탄의 형상으로 진술되며, 그럼으로써 "하나님 관계 자체 안에 들어있는"[150] 긴장을 그렇게 말하는 것이다. 그러므로 루터는 악마의 가면을 쓰고 나타나는 하나님에 관해 분명하게 말한다.[151] 그러나 감리교회의 신학은 이러한 이해에는 별로 동의하지 않는다.

b) 하나님 상에는 어떠한 분열도 없다. 예수는 사탄이 번개와 같이 하늘로부터 떨어지는 것을 본다(눅 10:18). 요한계시록은 사탄이 하늘의 세계로부터 추방당하는 것에 관해 말한다(12:7-12). 고소자의 음성은 이 땅에서는 여전히 날뛸 수 있지만, 하나님 앞에서는 침묵한다. 악의 세력이 무너졌다는 사실은 웨슬리와 감리교회의 신학이 사탄에 관해 말하는 핵심이다.[152]

물론 그리스도에 의해 극복된 마귀는 아직 완전하게 파멸되지 않았다. 그러므로 신약성서의 증인들은 계속해서 마귀에 관해 말한다. "믿음을 통해 극

---

[149] G. Baumbach, Die Funktion des Bösen, 30.
[150] G. Ebeling, Dogmatik Ⅲ, 487.
[151] Ebeling, aaO. 488 참조: C. G. Jung도 그 나름대로 그렇게 말한다(Antwort auf Hiob, 1952).
[152] 이 주제는 많이 다루어지지는 않는다. 그러나 설교 96("복음의 보편적 전파")은 요일 3:8b를 상세히 해석한다. "하나님의 아들은 악마의 일을 파괴하기 위하여 왔다." 물론 루터에게도 이러한 측면이 없는 것은 아니다; 요한일서에 대한 그의 해석을 참조(WA 20, 658, 35-40).

복되어 버렸지만, 종말론적인 유보에 근거해 아직도 여전히 활동하고 있는 것이 사탄론적으로 확대되어 그 위험성을 강조한다. 그러므로 사탄으로서의 악에 관한 진술은 구원의 사건과 하나님의 사건에 대한 부정적인 측면을 말한다."[153]

'사탄적이고 악마적인' 우리 시대를 바라보면서 우리는 오늘날도 여전히 세력으로서의 악의 차원을 진지하게 생각해야 하며, '무'나 도덕적인 악으로만 국한해서는 안 될 것이다.[154] 죄의 세력은 이 시대에 독자적인 삶을 얻었으며, 이 삶은 개인의 죄악 된 행동이나 악한 의지의 작용을 훨씬 뛰어넘는다.

이 맥락에서 의인화된 악, 곧 악마에 관하여 말한다는 것은 우리가 여러 경우에서 이 악의 세력의 활동과 작용을 계획적이고, 목표 지향적이며, 또 흔히 파괴적인 지성을 가진 세력으로 여기고 있음을 강조하는 것이다. 그러나 동시에 이러한 의인화된 진술은 언제나 비본질적인 진술로 끝날 수밖에 없음을 알아야 한다. 왜냐하면 이러한 세력과의 관계에는 인격적인 관계가 가지고 있는 것, 다시 말해 나-너-관계가 결여되어 있기 때문이다.

그러므로 주기도의 일곱 번째 기도와 감리교회의 입교문답에 있는 물음("당신은 악 혹은 악마를 거부하고 오직 하나님만 의지하겠습니까?")에서 악(중성명사)인지 아니면 악마(남성명사)인지를 분명하게 구분하지 않고 있다는 점은 결코 우연이 아니다.[155] 그러나 그것이 악의 세력을 현실적으로 평가하는 데 아무런 제한이 되지 않는다는 점이 중요하다. 그리스도에게로 돌아간다는 것은 선한 의지를 작동시킨다는 것을 훨씬 뛰어넘는 그 이상의 것이다. 예수를 믿는다는 것은 나를 지배하는 세력을 교체한다는 것이다. 구체적으로 예수 그리스도를 통한 해방은 우리를 노예삼은 세력들을 거부함으로써, 그리고 끊임없이 용서를 간구함으로써 자유를 실천하는 것이다.

악마신앙에 대한 부정적인 체험 때문에 우리는 다음과 같은 몇 가지 제한적인 '언어 규칙들'을 제시할 수 있다.

---

153) G. Baumbach, Die Funktion des Bösen, 30.
154) 이로써 우리는 K. Barth, KD III/3, 327-425, 613-623; H. Haag, Teufelsglaube의 의견에 반대하며 J. Moltmann, Zwölf Bemerkungen zur Symbolik des Bösen, EvTh 52, 1992, 2-6의 견해에 동의한다.
155) 마 6:13에서는 중성명사가 원래적이라면(U. Luz, EKK I/1, 349), '거부 형식'은 분명히 남성명사다(E. Kutsch, RGG³, 1957, 73 참조). 이 형식은 감리교회의 유아세례 예식에서는 사용되지 않고, 성인들의 입교의식에 사용된다. 그러나 이 형식은 교파 사이에 논란이 된다.

- 악마적인 것, 사탄적인 것에 관한 언급은, 이 세상에 있는 비인간적인 것의 사악함과 反하나님적인 것을 말하기 위하여 사용하는 표현이다. 그러나 인간, 혹은 인간의 집단을 마귀로 보아서는 안 된다. 마귀의 도구로 이용당하고 있는 것처럼 보이는 인간이라 할지라도 예수 그리스도 안에서 그는 하나님의 피조물이다.

- 악마적인 것은 "인간을 그 인격적 중심에서 지배함으로써 인간을 무력하게 만드는, 그래서 인간이 더 이상 어떻게 저항할 수 없는 압도적인 힘"[156]이라는 것을 알게 된다면, 우리는 인간이 가져야 하는 죄에 대한 책임의 한계를 인식하는 데 도움을 받을 수 있으며, 또 희생자와 범행자를 혼동하지 않을 수 있을 것이다. 그러나 동시에 우리는 마귀들의 세력은 그리스도 안에서 이미 극복되었음을 믿으며, 그러므로 마귀의 지배를 받고 있는 어떠한 인간도 결코 포기할 수 없음을 확신하게 된다. 우리는 여기서 제의적인 축귀의식을 통한 해방에 대해 말하는 것이 아니라, 오히려 예수 그리스도의 권능 안에서 사랑의 싸움을 하며 인내하는 사람이 되어야 함을 말한다. 제의적인 축귀의식은 악용, 혹은 남용됨으로써 대단히 위험스러운 결과를 피할 수 없을 것이다. 인간은 예수 그리스도와 만남으로써 자유하게 되며, 마귀를 내세워 책임을 회피하려는 잘못된 시도를 꿰뚫어보게 되고, 그래서 진정한 책임의식을 갖게 된다.

- "마귀는 신앙의 대상이 아니다. 그러나 모든 기독교적인 신앙 고백은 하나님에 대한 신앙 고백으로서 악마를 거부하며, 또 이 왜곡된 세상의 도식을 거부한다."[157] 그러므로 우리는 사탄과 악마들에 관해 항상 부정적으로만 말한다. 다시 말해 그들은 그리스도에 의해 극복되었다고만 말한다. 마귀라는 주제를 중요하게 받아들이는 사람들은 흔히 이 사실을 충분히 고려하지 않는다. 그들은 악의 세력을 축귀의식의 영역으로 제한하며, 그러므로 악의 현실적인 실재를 고려하지 않는다. 그러나 그것이 위험한 것이 아니다. 오히려 그들이 가지고 있는 위험은 마귀와 마귀의 인간 지배에 대해 염려함으로써 도리어 마귀의 속임수에 빠져드는 것이며, 또 마귀를 축출하는 의식을 거행하고 악마에 맞서 싸우는 투사가 됨으로써 항상 악마에 대한 공포에 사로잡혀 있다

---

156) Eibach, Seelische Krankheit, 86.
157) J. Moltmann, Zwölf Bemerkungen, 6.

는 것이다. 하나님의 아들이 마귀의 일을 무너뜨리기 위해 왔다면, 그는 우리를 마귀라는 주제에 매달리는 것으로부터 해방시켜 준다.

(7) 죄와 은혜

왜 하나님은 아담, 곧 인간이 죄를 짓지 않게 조치를 취하지 않으셨을까? 왜 하나님은 인간에게 하나님과 하나님의 계명을 어기는 자유를 주셨을까? 웨슬리는 여러 곳에서 이러한 질문을 제기한다. 그는 이러한 자유가 하나님께서 자신의 파트너로 창조하셨던 인간의 본질에 상응한다는 대답[158]과 함께 또 다른 특별히 놀라운 정보를 제공한다. 웨슬리는 이 정보를 로마서 5:15-21을 해석하면서 얻었는데, 그에 따르면 만일 아담이 죄를 짓지 않았다면 그리스도도 죽지 않았을 것이고, 그렇다면 우리는 하나님 사랑의 깊고 충만함을 알지 못했을 것이라고 한다. 이처럼 하나님과 이웃에 대한 진정한 사랑은 하나님의 구원 사역을 통해 비로소 가능하게 되었으며, 또 간접적으로는 아담의 타락을 통해 가능해졌다.

> 그럼으로써 의가 드러났을 뿐만 아니라, 하나님의 말로 다 표현할 수 없는 은혜가 드러났다. 하나님께서는 이러한 죄악으로부터 얼마나 위대한 선하심을 끊임없이 역사하셨는가! 고통으로부터 얼마나 많은 행복과 거룩함이 나왔는가?[159]

웨슬리는 그렇게 함으로써 죄악 된 인간을 변명하려는 것은 아니다. 궁극적으로는 인간의 죄까지도 하나님의 뜻에 대한 절대적인 반대가 될 수 없으며, 오히려 변증적이고 예기치 못한 방식으로 하나님의 뜻을 섬기는 것임을 말하려는 것이다.

이처럼 웨슬리는 로마서 5:15-21에 있는 바울의 심오한 생각을 찾아냈으며, 동시에 로마서 6:1에서 바울이 이러한 생각에 대한 모든 오해를 방어하는 호소까지도 자신의 것으로 만든다. 죄와 은혜에 관해 말한다는 것은 은혜의 활동이 죄의 활동을 능가한다는 것을 말하는 것이며, 뿐만 아니라 하나님의

---

158) 설교 114("하나님의 섭리에 대하여"), 15; 설교 88("우주적 구원"), I, 4 참조.
159) 설교 90("인류의 타락에 대하여"), II, 10; 설교 91("타락한 인류를 향한 하나님의 사랑"), 3-4; II, 1 등 참조.

해방적인 은혜를 통해 죄가 극복된다는 것을 설교하는 것을 의미하기도 한다. 이것이야말로 웨슬리의 구원론과 은혜론의 핵심이다.

2) 언약에 신실하신 하나님

하나님께서 예수 그리스도를 보내심으로써 인간 스스로는 어찌해 볼 수 없는 무능력에 대처하셨다는 것이 기독교 설교의 핵심이다. 그렇다고 그리스도 이전에는 '구원이 없었음'을 의미하지 않는다. 타락한 세상에 '아들'의 모습으로 오신 하나님의 사랑은 살아 계신 하나님의 본질적 특성이지만, 이 특성은 나사렛 예수 안에서 육신이 되신 말씀의 오심으로만 국한되지 않는다. 요한복음 1:1-13은 '로고스(말씀)의 역사'를 그렇게 요약한다. 이 로고스 안에서 하나님은 창조 이래 줄곧 인간을 만나신다. 물론 인간은 창조주 하나님을 받아들이지 않았다![160]

(1) 창조세계와 인간을 향한 하나님의 신실하심

하나님께서는 인간들이 타락한 이후에도 그들을 단지 그들의 운명에 내맡겨 버리지 않으셨다는 것이 창세기의 원역사를 꿰뚫고 흐르는 증언이다.[161] 인간의 죄는 가차 없이 폭로되지만, 그렇다고 피조물에 대한 하나님의 사랑이 중단된 것은 아니다. 창세기 3장은 하나님께서 어떻게 발가벗은 인간에게 옷을 만들어 입히셨는지를 감동적으로 전해 준다(창 3:21). 동생을 살해한 가인은 '가인의 표'를 받는데, 이는 그를 살인자로 낙인찍는 표가 아니라, 폭력적인 죽임으로부터 보호하는 표다.

창세기 8:21-22에서 인간의 죄와 하나님의 신실하심이라는 이중성이 가장 인상 깊게 설명된다. 창조세계를 멸하겠다는 하나님의 결심으로 끝나는 6:5-7도 8:21-22에서는 미래에 다른 징벌을 포기하겠다는 하나님의 결심의 근거가 된다.

---

160) 설교 34("율법의 기원, 본성, 속성 및 용법"), I, 5 참조.
161) 이 문제에 대한 웨슬리의 견해에 대해서는 설교 114("하나님의 섭리에 대하여") 참조.

나는 이후로는 인간으로 인하여 다시는 땅을 저주하지 않겠다. 왜냐
하면 인간의 마음의 생각이 어릴 때부터 악하기 때문이다.[162]

창세기 9장의 병행구절은 하나님께서 노아와 그의 후손들, 그리고 이 땅에 사는 모든 것과 맺으신 언약에 관해 말한다. 그러므로 하나님이 그의 창조세계와 맺으신 '언약'은 특정한 조건 아래서 동등한 권리가 있는 쌍방 사이에 맺어지는 것이 아니라, 하나님의 일방적인 약속이다. 그의 약속의 신실함과 신뢰성은 항상 인간에게 생명에 대한 경외심을 갖게 한다.

구약성서 중에서는 특히 시편이 하나님의 창조자로서의 신실하심이 어떻게 인간과 동물의 생명을 가능하게 하고 보호하시는지를 말해 준다(36:6-10; 65:6-9; 89:10-15; 93; 96; 104). 하나님의 신실하심은 창조세계를 거듭 위협하고 있는 혼돈의 세력들을 막아 주고, 질서를 보호해 주며, 번영하는 삶을 가능하게 한다.

이러한 시편들의 많은 부분들은 이 점을 매우 소박하게 표현하는 것처럼 보이지만(예를 들어 시 104), 타락과 홍수 이후 창조세계가 죽음과 파괴로 점철되었음을, 그리고 자연의 세계는 물고 물리는 현실을 살아가고 있으며, 또 파멸적인 자연의 폭력이 지상의 존재를 지속적으로 위협하고 있음을 감추지는 않는다. 그러나 하나님의 신실하심과 선하심은 이러한 파멸적인 세력들이 승리하지 못하게 막아 주고 있다.

이러한 언급을 볼 때, 기독교 신학은 두 가지 과제가 있다. 먼저, 성서의 증언에 따르면 세상이 비록 죄로 점철되었지만 하나님을 떠난 신 없는 세상이 아니라, 오히려 하나님의 신실하심 덕분으로 살아가는 세상임을 논증해야 하는 과제다. 또 다른 하나는, 하나님의 신실하신 약속에서 인간이 공통으로 가지고 있는 책임에는 어떠한 약속이 주어진 것이며 또 주어져야 하는지, 그리고 창조의 현재적인 상태를 보존하고자 하는 인간의 노력과 약속은 하늘과 땅을 철저히 종말론적으로 갱신하겠다는 선언을 통해 어떻게 제한되고 있는지 등의 물음들을 깊게 생각하는 것이다.

웨슬리는 일련의 설교들을 통해 인류와 창조세계가 처한 타락과 구원이라

---

162) 그에 상응하게 창 9:3-7에서 '노아의 계명'이 생명을 보호하는 규정이 된다. Westermann, Genesis I, 618-628을 참조.
163) 예를 들어 설교 101("인간 지식의 불완전함") 참조.

는 양면적인 상태를 매우 설득력 있게 말했다.[163]

그는 하나님 앞에서 인간은 철저히 타락한 존재라는 말이 부정할 수 없는 핵심이라는 것을 전적으로 인정하면서도, 인간의 모든 능력이 전적으로 파괴되었다고 말하지는 않는다. 인간에게는 결단의 자유와 책임이 주어졌다 – 하나님께서는 하나님을 반대하여 내린 인간의 잘못된 결단에도 불구하고 인간을 붙잡아 주시며, 또 인간의 본질로부터 죄를 제거하시지 않았다. 하나님은 그의 자녀들을 중점적으로 배려하실지라도, 그분의 섭리는 모든 피조물에게도 해당된다. 인간은 자연 안에 있는 하나님의 기적적인 섭리에 감사드리며, 동시에 하나님의 지혜와 섭리에 관해 실제로는 별로 아는 것이 없다는 점을 겸손하게 인정해야 한다.

(2) 이스라엘에 대한 하나님의 신실하심

이 점에서 성서신학은 이스라엘과 맺으신 하나님의 언약에 관해 말한다. 여기서 우리가 알아야 할 것은 '언약' 이라는 말로 번역된 히브리어(berit)와 헬라어(diatheke)는 동등한 양자간의 '동맹'을 의미하지 않는다는 것이다. 구약성서에서 berit는 "야웨께서 그의 백성에 대해 신실하시겠다고 자기 스스로 의무를 떠안는 표현"이다.[164] 언약사상을 핵심적으로 다루고 있는 신명기적 신학은 '이스라엘의 선택' 이라는 개념으로 이 사상을 특히 분명히 말한다. 신명기 7:6-8은 그에 관한 핵심이다.

> 너는 여호와 네 하나님의 성민이라. 네 하나님 여호와께서 지상 만민 중에서 너를 자기 기업의 백성으로 택하셨나니 여호와께서 너희를 기뻐하시고 너희를 택하심은 너희가 다른 민족보다 수효가 많은 연고가 아니라. 너희는 모든 민족 중에 가장 적으니라. 여호와께서 다만 너희를 사랑하심을 인하여, 또는 너희 열조에게 하신 맹세를 지키려 하심을 인하여 자기의 권능의 손으로 너희를 인도하여 내시되 너희를 그 종 되었던 집에서 애굽 왕 바로의 손에서 속량하셨나니.

모세오경에서 독자들은 하나님께서 일련의 '언약 체결'을 통하여 이스라엘

---

[164] L. Perlitt, Art. Bund, EKL I, 1986, 567.

을 선택하셨음을 알 수 있다. 먼저 아브라함을 부르시고, 그에게 큰 민족이 되게 하고, 약속된 땅을 차지하게 보증해 주며,[165] 야곱에게는 이 약속을 갱신해 주고(창 28:13-14), 애굽에서는 그의 가족을 보호해 주고, 애굽으로부터 민족을 구출해 주며, 시내 산에서 언약을 새롭게 체결한다.[166]

웨슬리는 종교개혁의 신학을 따라 '행위의 언약'과 예수 그리스도 안에 있는 새로운 '은혜의 언약'을 대비하면서, 이러한 선택사상의 의미를 강하게 상대화했다. 행위의 언약은 모세로부터 시작된 것이 아니라, 이미 아담으로부터 시작되었다.[167] 하나님과 이스라엘의 역사를 말할 때마다 웨슬리는 그 역사를 "하나님의 옛 교회의 죄악의 역사"라고 말한다. 고린도전서 10:1-13에 따라 이 역사는 새로운 하나님의 백성에게 동일한 방식으로 하나님의 은혜로운 현존을 무시하지 않게 경고한다.[168] 구약성서에 나오는 하나님의 백성의 실패는 영국에 있는 "이스라엘의 하나님의 눈에 보이는 교회"의 실패를 비추는 거울이다. 이처럼 웨슬리는 당시 교회를 공격하는 것을 두려워하지 않았다.[169] 자기가 속한 교회를 향하여 이렇게 회개를 촉구한 후에 웨슬리는 아주 분명하게 독립교회(장로교회), 침례교회, 퀘이커교회, 가톨릭교회, 그리고 유대인들에게도 촉구하였다. 그는 구원을 위한 이방인의 수가 다 찬다면, 전체 이스라엘이 구원받게 될 것을 전혀 의심하지 않는다고 말했다(롬 11:25-26). 그러나 그 중간시대에 다니엘 9:7-10, 16-19의 말씀으로 하나님께 호소할 이유가 없겠는지 그는 묻는다.[170] 웨슬리는 로마서 11:25-26을 성서주의적으로 난외주석하는 것처럼 보인다. 그러므로 이는 감리교회에서는 이스라엘의 선택을 깊이 다루게 이끌어 가지는 못했다. 독일어를 사용하는 감리교회에 적지 않은 영향을 끼친 스트뢰터가 감리교회에서 이스라엘의 선택 문제를 심도

---

165) 창 12:1-3; 15:1-21(첫 언약 체결: 15:18; Zimmerli, Grundriss 42 참조); 17:1-27(제사장적인 전승에 따른 언약 체결).
166) 출 19:5; 24:7; 신 5:2-3(26:16-19). 복잡한 전승 문제에 대해서는 W. Zimmerli, 위의 책, 39-48 참조.
167) 설교 6("믿음으로 얻는 의"), 1; I, 1; 설교 34("율법의 기원, 본성, 속성 및 용법"), 1 참조.
168) A Father Appeal to men of Reason and Religion, Part II, (I, 3-19); WJW 11, 204-213.
169) Ebd. II = WJW 11, 213ff.
170) Ebd. III, 13-15(=WJW 11, 261-263). 이 단락은 비논쟁적인 에큐메니칼 회개 설교로서 대단히 주목받을 만한 것이다. 이 설교는 유대인들은 물론, 더 나아가 기독교적 계시나 유대교적 계시를 모두 인정하지 않는 모든 사람까지도 포함한다.
171) E. F. Ströter, Die Judenfrage und ihre göttliche Lösung nach Römer Kap. 11. K. Barth, KD II/2, 294를 참조.

있게 다른 유일한 예외다.[171]

정확히 본다면, 이 문제에 대한 웨슬리의 태도는 감리교회에 일찍이 기독교-유대교의 진지한 대화의 길을 열어 주어야 했을 것이다. 메시아 문제가 원칙적으로 배제될 수는 없을지라도 일단은 뒤로 미루어 놓고, 이스라엘과의 대화는 먼저 구약성서의 차원에서 진행되어야 한다. 웨슬리가 로마서 11장을 얼마나 진지하게 받아들였는지는 12절에 대한 그의 주석에서 잘 드러난다. 로마서 11:12에서 바울은 유대인의 수가 '완전해 지는 것'에 관해 말한다.

> 매우 많은 예언서의 구절들이 이 사건에 관해 말한다. 그럼에도 그에 관해 의심하는 그리스도인들이 있다는 것은 놀라운 일이다. 유대인들이 오늘에 이르기까지 특별한 민족으로 기적적으로 보존되어 있다는 사실을 통해 이 말씀들이 특별히 확인된다. 이 일이 이루어진다면, 그것은 구약성서나 신약성서의 계시에 대한 강력한 증거가 될 것이다. 그럼으로써 기독교 국가로 통하는 나라들의 수많은 이신론자들이[172] 확신을 갖게 될 것이며 … 또 그것은 다시 복음을 모슬렘이나 이방인들에게도 확장하는 도구가 될 것이다. 그들이 진실한 그리스도인들과 접촉했었더라면, 아마도 그들은 이미 복음을 받아들였을 것이다.[173]

웨슬리에게 유대민족은 이처럼 하나님을 거부하는 것에 대한 경고의 예가 되기도 했지만, 동시에 유대민족의 존재는 하나님의 신실하심을 드러내는 표시이자 하나님이 온 인류와 함께 완성을 행하여 가신다는 희망의 담지자이기도 했다.

(3) 율법의 언약과 은혜의 언약

성서에 근거해 볼 때, 우리는 '시내 산 언약'의 맥락에서 율법을 말해야 한다고 생각할 것이다. 그러나 웨슬리는 율법을 훨씬 더 일반적인 의미로 사용

---

172) '이신론'은 17세기와 18세기에 영국에서 널리 유행하던 일종의 종교철학적인 흐름이다. 이는 하나님을 창조주로, 그리고 일반적인 '자연적' 종교로 고백한다. 그러나 특별한 계시나 초자연적인 구원의 필연성을 거부한다. R. Veldhuis, EKL, 1986, 795-797을 참조.
173) 롬 11:12에 대한 Notes NT.

했다. 신학적인 의미에서 '율법'은 제의적인 율법이나 모세의 율법 전체를 (혹은 신약성서 시대의 로마법을) 의미하지 않고, 오히려 '도덕법'을 의미한다.[174] 내용적으로 도덕법은 예수가 산상설교에서 해석하였듯이, 십계명으로 설명될 수 있고, 사랑의 이중계명으로 요약된다.[175]

그러나 웨슬리에게 율법의 본질 규명은 이러한 내용적인 언급을 훨씬 뛰어넘어 하나님의 계시의 한 측면으로까지 나아간다. 그 본질상 율법은 선재적인 것이며, 이미 세상이 창조되기 이전에 '처음 태어난 아들들'인 천사들에게 알려졌다. 그 후에 인간들, 곧 "자유하며 이성적인 능력이 있는 피조물들의 마음에 하나님의 손가락으로 새겨졌다."[176] 그러므로 율법의 본질은 몇 개의 계명들을 언급하는 것으로는 파악할 수 없다.

> 하나님의 율법은 … 영원한 영의 모상이며, 신적인 자연의 거울이다; 율법은 영원하신 아버지의 후손이며, 그의 본질에 합당한 지혜의 가장 찬란한 유출이고, 가장 높으신 분의 보이는 아름다움이다.[177]

인간은 타락하면서 율법에 대한 이러한 내적인 지식을 상실했다.

> 이 세상에 오는 모든 인간을 비추는 참 빛이 인간에게 무엇이 선이고, 또 하나님이 그들에게 무엇을 요구하시는지를 알려 주고 있다. 그럼에도 인간의 마음은 하나님이 인류 중에서 특별한 백성을 선택하셔서 그의 율법을 포괄적으로 알게 해 주실 때까지[178]

어둠에 묻혀 있었다. 그러나 돌판의 '핵심적인 문장들'에 기록된 것은 하나님께서 새롭게 시작하셔서 약속대로 인간의 마음에 율법을 새겨 주고 그 의

---

174) 설교 34("율법의 기원, 본성, 속성 및 용법"), I/II 참조.
175) 설교 34("율법의 기원, 본성, 속성 및 용법"), I/II 외에도 설교 25("산상설교 V"), I, 2; 1751년 12월 20일자 서신 "To an Evangelical Layman"(WJW 26, Letters II, 482, 산상설교에 요약된 그리스도의 계명들); 설교 30("산상설교 X"), 21ff.(황금률) 등을 참조.
176) 설교 34("율법의 기원, 본성, 속성 및 용법"), I, 1-3; 웨슬리는 에녹과 노아를 처음부터 율법을 알고 있었던 예시적인 사람들로 보았다.
177) 설교 34("율법의 기원, 본성, 속성 및 용법"), I, 6.
178) 설교 34("율법의 기원, 본성, 속성 및 용법"), I, 5. 그러므로 조상들과 모세에게 율법을 계시하신 것은 하나님의 선하심의 표현이다!

미를 기록해 주실 때까지(렘 31:33) 하나의 긴급한 도움이었을 뿐이다.

결과적으로 웨슬리는 '행위의 언약'이 시내 산에서 체결된 것이 아니라, 이미 타락하기 이전의 아담과 체결된 것으로 보았다. 이로써 웨슬리는 종교개혁적인 '언약 신학'을 강하게 변경시키면서 따랐다고 할 수 있다.[179]

> 첫 번째 언약은 그 대상이 되는 인간이 이미 거룩하고 복된 존재임을, 하나님의 동일형상으로 창조되었으며 하나님의 은혜를 기뻐하는 존재임을 전제했다; 이 처음 언약은 인간이 살아갈 수 있는 조건, 곧 사랑과 기쁨, 생명과 불멸의 상태로 살아갈 조건을 말해 주었다.[180]

웨슬리는 이 처음 언약과 은혜의 언약을 대비시킨다.

> 은혜의 언약은 "이 언약을 받은 인간이 거룩하지 못하며 행복하지도 못하고 하나님의 경이로운 동일형상에 부합하지도 못한다는 전제에서 있다." 이 언약은 "인간에게 그가 잃어버린 진주를 다시 찾을 수 있는, 기쁨과 동일형상을 다시 받을 수 있는, 하나님의 생명이 그의 영혼에 다시 임할 수 있는, 그리고 하나님의 지식과 사랑으로 다시 올 수 있는 조건을 말해 준다.

그러므로 다음과 같이 요약할 수 있다.

> 인간이 하나님의 은혜, 지식과 사랑, 그리고 거룩함과 행복에 머무는 것을 목표로 했던 행위의 언약은 하나님의 율법의 모든 점에서 완전한 인간에게 완전하고도 중단 없는 복종을 요청했다. 그러나 하나님의 은혜와 생명에 다시 이르기를 목표로 하는 은혜의 언약은 오직 믿

---

179) H. Hoppe/E. Bizer, Dogmatik der evangelisch-reformierten Kirche, 1958, 224: "하나님께서 원래 인간에게 주신 언약은 행위의 언약이었다." 웨슬리는 이 생각을 설교 6("믿음으로 얻는 의")에서 매우 상세하게 피력한다. "그러나 하나님은 그리스도를 통해 모든 시대의 인간과 은혜의 언약을 체결하셨다. … 바울은 이 은혜의 언약을 행위의 언약과 대립시켰다. 행위의 언약은 에덴동산에서 아담과 체결된 것으로서 하나님이 인간과 맺으신 유일한 언약이라는 점은 일반적으로 인정되었다."
180) 설교 6("믿음으로 얻는 의"), I, 11.

음만을 요청한다. 그것도 하나님께서 불복종하는 사람을 의롭게 하시고자 보내신 그분에 대한 살아 있는 믿음만을 요청한다.[181]

웨슬리의 이러한 견해는 주석적인 측면에서 볼 때 바울과는 크게 다른 것이며, 바울의 여러 구절들을 억지로 해석했다는 것은 의심의 여지가 없다.[182] 웨슬리는 율법이 '죄 때문에 나중에 주어진 것(갈 3:19 이하; 롬 5:20)'이라는 생각을 전혀 하지 않았다. 그런 생각은 그리스도께서 십자가에 매달아 버린 (골 2:14) '모세의 규정'에는 적절할 수 있을 것이다.[183] 그러나 하나님의 진정한 율법은 세상이 창조되기 이전부터 있었으며, 믿음을 통해 비로소 그 참된 의미가 다시 세워진다고 웨슬리는 말할 수 있다.[184]

그러나 웨슬리의 율법 이해는 비성서적인 것은 아니다. 그의 율법 이해는 구약성서의 율법과 지혜신학의 중요한 요소들을 받아들이고 있는데, 이 요소들은 마태복음과 야고보서에서도 찾을 수 있다.[185] 웨슬리가 '모세의 규정'과 '도덕법'으로서의 하나님의 율법을 날카롭게 구분한다면, 그것은 유대적인 율법 이해를 수용하는 것이다. 그러나 그는 율법의 선재사상이나 율법에 대한 기쁨 등과 같은 유대교의 율법신앙의 중요한 요소들을 받아들이면서도, 유대교의 율법신앙을 신학적으로 비판한다.[186] 그러나 구원사적으로 더 이상 '행위의 언약'이 아니라 '은혜의 언약'이 맺어진 시대에 율법은 어떤 기능을 하는가? 웨슬리는 종교개혁 신학과 마찬가지로 율법의 세 가지 용도를 구분한다.[187] 율법의 첫 번째 기능은 죄를 밝히는 것이다.

---

181) 설교 6("믿음으로 얻는 의"), I, 11과 12.
182) 설교 6("믿음으로 얻는 의")에 있는 롬 10:5 이하에 대한 해석을 참조.
183) 설교 36("믿음으로 세워지는 율법 II"), 2. 이런 의미에서 웨슬리는 간혹 그리스도가 율법의 마지막이라고 말할 수 있었다(롬 10:9; 설교 29("산상설교 IX"), 21 참조. 그 외에도 웨슬리는 헬라어 단어 telos를 두 가지 의미로 해석한다(마지막/목표). 인간의 義認과 관련해 그리스도는 율법의 마지막이다(설교 1, III, 8; 설교 29, 21; 설교 34, IV, 3); 인간이 하나님과 함께하는 삶을 이루게 돕는 율법의 본질에 관련해 그리스도는 율법의 목표이며 성취다(롬 10:4에 대한 Notes NT; 설교 34 "율법의 기원, 본성, 속성 및 용법", IV, 4를 참조).
184) 이것이 설교 35("믿음으로 세워지는 율법 I")와 36("믿음으로 세워지는 율법 II")의 기본적인 관심이다; 롬 3:31에 대한 Notes NT에 있는 웨슬리의 간략히 요약된 견해를 참조.
185) 기독교에서 구약성서와 신약성서의 율법신앙이 가지고 있는 긍정적인 측면이 별로 다루어지지 않는 것은 특이하다. TRE 13, 40-52(Koch), 58-75(Klein)에 다루어진 율법에 대한 무자비한 논의를 참조. 율법에 대한 기쁨이라는 구약성서적인 동기(시 19, 11 참조는 설교 34("율법의 기원, 본성, 속성 및 효용"), III, 11에서 읽을 수 있다.
186) 설교 34("율법의 기원, 본성, 속성 및 용법"), IV, 1f.

세상의 죄를 밝히는 것, 죄인을 죽이는 것, 그가 의지하고 있는 생명과 힘을 궤멸하고 그가 살아 있으나 실제는 죽었음을 그로 확신하게 하는 것 – 죽음에 떨어졌을 뿐만 아니라, 하나님에 대해서는 실제로 죽었으며, 어떠한 영적인 생명도 없이 범죄와 죄 속에서 죽었음을 확신시키는 것이다.

율법의 두 번째 기능은 그를 그리스도 안에 있는 생명으로 인도하여 그로 살게 해주는 것이다.

율법은 이 두 가지 기능을 통해 '엄격한 교사', 곧 갈라디아서 3:24가 말하는 "훈육교사"의 역할을 하는데, 율법은 이 역할을 사랑보다는 폭력으로 수행한다.

그 모든 것의 근원은 사랑이다. 고통스러운 수단을 통해서라도 우리가 육을 신뢰하지 못하게 하고, 우리가 붙잡을 수 있는 지푸라기 하나라도 남겨 두지 않는 사랑의 정신이다.[188]

율법의 세 번째 기능은 우리의 생명을 보존하는 것이다. 성령의 활동으로 율법은 (은혜의) 수단이 되어 신앙인들이 하나님의 생명을 더 크게 받게 한다.[189]

로마서 10:4에 따르면, 율법은 의롭다 함을 받는 수단으로서는 끝이 났지만, 다른 의미에서는 아직 끝난 것은 아니다.

---

[187] 물론 구체적인 점에서는 뚜렷한 차이점들이 있다. 루터에게 율법의 첫 번째 기능은 usus civilis 혹은 politicus이다. 이는 사회적인 삶에서 위법을 막기 위한 기능을 말한다. 두 번째 기능은 usus theologicus, elenchticus 혹은 padagogicus이다. 이는 웨슬리가 첫 번째 기능이라고 말했던 것과 같은 기능이다. 웨슬리가 말하는 율법의 두 번째 기능은 루터가 율법과 복음의 공동적인 활동으로 말한 것과 같다: Evangelium facit ex lege paedagogum in Christum(WA 39/I, 446). 웨슬리가 말한 세 번째 기능과 일치하는 tertius usus legis는 멜랑히톤과 칼빈 이후의 종교개혁 신학에서 발견할 수 있는 것으로 논란의 대상이 되고 있다. R. Mau, TRE 13, 1984, 82-90; E. Wolf, RGG3, 1519-1526 등을 참조.
[188] 설교 34("율법의 기원, 본성, 속성 및 용법"), IV, 1f.
[189] 설교 34("율법의 기원, 본성, 속성 및 용법"), IV, 3.

첫째, 율법은 아직도 우리의 마음과 삶에 남아있는 죄를 확인해 준다. 그럼으로써 우리를 그리스도에게 나아가게 하며, 그래서 그리스도의 피가 항상 우리를 정하게 한다. 둘째, 율법은 우리의 머리의 힘을 살아 있는 각 지체들에게 전달한다. 그럼으로써 율법이 명령하는 것을 지체들이 행하게 한다. 셋째, 율법은 계명들을 실천할 수 없다는 우리의 연약함을 보면서 그의 약속의 온전한 성취를 우리가 소유할 때까지 은혜를 받는다는 희망으로 우리를 강화시킨다.[190]

그러므로 그리스도인이 그리스도 없이 지낼 수 없는 것처럼 율법 없이도 지낼 수 없다.

> 그리스도인은 항상 그리스도로부터 율법으로, 율법으로부터 그리스도로 왔다 갔다 하여야 한다. 한편으로 율법의 높고 깊음 앞에서 나는 그리스도 안에 있는 하나님의 사랑으로 피난하게 되며, 다른 한편으로 그리스도 안에 있는 하나님의 사랑이 나로 율법을 금이나 진주보다 더 사랑하게 한다. 이것을 알게 되면, 나는 율법의 모든 것이 나의 주님이 그의 때에 이루어 주실 은혜로운 약속임을 안다.[191]

율법에 대한 웨슬리의 신학적 평가에 문제가 없는 것은 아니다. 율법의 개념 자체가 분명하지 않다. '도덕법'이 내용적으로 분명하게 규명될 수 있는가? 그것은 모세의 율법과는 어떤 관계에 있으며, 또 성서의 율법 계명들과는 상관없이 인간의 삶에서 체험하는 것과는 어떤 관계가 있는가? 우리는 이 문제를 앞에서 율법을 통해 실제로 죄를 인식할 수 있는가 -이것도 역시 웨슬리의 율법 이해에 대한 질문이다- 라는 문제를 다룰 때 이미 살펴보았다.[192] 심리학적인 차원에서는 그리스도로부터 율법으로, 율법으로부터 그리스도로 지속적으로 되물음으로써 일종의 '신경증적인 순환'에 빠질 위험을 부정할 수 없다.[193]

---

190) 설교 34("율법의 기원, 본성, 속성 및 용법"), IV, 4.
191) 설교 34("율법의 기원, 본성, 속성 및 용법"), IV, 7.
192) 2.1.3(000쪽 이하)을 보라.
193) 이에 대해서는 Tilmann Moser의 자서전적인 저술인 Gottesvergiftung, 1977³을 참조.

그러나 이러한 되물음에는 웨슬리의 근본적인 신학적 관심이 분명하게 드러난다. 오늘날의 신학도 이 점을 진지하게 생각해야 한다. 웨슬리에게 궁극적으로 중요했던 것은 하나님의 계시의 통일성이다. 하나님의 계시의 명령적인 측면 −이는 웨슬리의 신학에서는 '율법'을 의미한다− 까지도 하나님의 유효한 자기 계시이며, 하나님의 사랑과 은혜로 창조된 피조물에 대한 그의 사랑이다. 하나님은 사랑이시다. 그러므로 복음과 율법은 모두 하나님의 사랑의 표현이다. 율법의 총체는 사랑의 이중계명이다. 이 신약성서적인 기본 진술은 웨슬리에게서 그 조직적인 근거를 발견한다.[194] 바로 이런 점에서 웨슬리는 '율법과 복음이 전적으로 일치하는 것'으로 본다.

> 동일한 말씀이 상이한 관점에서 일부분은 율법으로, 그리고 다른 일부분은 복음으로 보이는 것이다. 그 말씀이 계명들로 이해된다면, 그것은 율법의 일부가 된다. 우리가 그 말씀을 약속으로 이해한다면, 그것은 복음에 속한다. '너는 네 주 하나님을 마음을 다하여 사랑해야 한다.'를 계명으로 받아들인다면, 그것은 율법의 부분이 된다. 그러나 그 말씀을 약속으로 본다면, 그것은 복음의 본질적인 부분이 된다. 복음은 약속의 형태로 율법의 계명들을 표현하는 것 이상의 다른 어떤 것이 아니다.[195]

칼 바르트는 그의 책 「복음과 율법」에서 전혀 다른 전제로부터 출발해 웨슬리와 비교할 만한 결과에 이른다. 그는 이렇게 말한다. "율법은 은혜를 내용

---

[194] 이 진술은 신약성서에서는 예수(막 12:28-34 병행), 바울(롬 13:8-10; 갈 5:14), 야고보(2:8)에게서 찾을 수 있으며, 어떤 의미에서는 요 13:34-35; 요일 2:7−8; 3:11; 4:7 이하 등에서도 볼 수 있다. W. Schrage, Ethik des Neuen Testaments, 73-90, 218-224, 292-296, 318-324, 354 참조. 웨슬리에게서 이 진술은 설교 16("은총의 수단"), I, 2; 설교 17("마음의 할례"), I, 11; II, 10; 설교 24("산상설교 IV"), III, 2; 설교 107("완전에 대하여"), I, 3-4; 설교 102("인내에 대하여"), 10 등에서 볼 수 있다.

[195] 설교 25("산상설교 V"), II, 2. 이것은 웨슬리의 산상설교 해석, 특히 팔복을 계명과 약속으로 해석하는 기본 흐름이다. 그러므로 웨슬리는 설교 22("산상설교 II")와 설교 23("산상설교 III")에서 산상설교의 소위 반테제들(마 5:21-48)을 팔복 해석의 틀 안에서 다룬다. W. Joest의 요약에서 루터와는 매우 유사하면서도 동시에 독특한 차이를 보이는 해석을 찾아보는 것은 대단히 흥미롭다: "하나님의 계명이 그리스도인을 만나는 매순간 그 계명은 죄인이면서 동시에 그리스도에게 속한 사람을 만난다. 계명이 죄인을 만날 때는 죽이는 율법이 된다: 너는 해야 한다. 그러나 너는 할 수 없다. 부르심에 응답하여 믿는 사람으로서 그리스도 안에 있는 사람을 만날 때는 내용적으로 동일한 계명이 복음적인 약속이 된다: 그리스도가 하실 수 있다 − 너는 할 수 있을 것이다. 이 두 가지 만남의 방식이 변환되는 현재적인 축은 복음의 '그러나 지금은'과 신앙의 도약이다"(Gesetz und Freiheit, 133).

으로 하는 복음의 필연적인 형식 이외의 다른 것이 아니다."[196] 그러므로 율법은 항상 '죄와 죽음의 법'일 수는 없다.

> 복음이 승리할 경우에는 단지 그 스스로를 위해서만 넘치는 은혜로 회복되는 것이 아니라, 은혜의 원수에게도 그 은혜를 넘치게 한다. 그렇지 않을 경우에는 복음의 형식인 율법도 문자들로부터 그의 말씀들의 온전함을 위하여 회복된다. 너는 해야 한다는 명령으로부터 너는 될 것이라는 약속으로 회복된다, 실현하라는 요청으로부터 신뢰하라는 요청으로 회복된다.[197]

웨슬리는 로마서 3:31에 의거해 '믿음으로 세워지는 율법'에 관해 말하며, 믿음의 선포에서 인간이 사랑과 성결의 삶을 살아가는 힘을 얻게 될 것을 기대한다.[198] 그는 본회퍼와 같이 '값비싼 은혜'에 관해서는 말하지 않는다. 그러나 같은 의미에서 믿음을 통해 활동하는, 그리고 사랑 안에서 살아 있는 은혜에 관해 말한다. 바울의 표현을 빌려 말하자면 "사랑으로 역사하는 믿음"이다.(갈 5:6)[199]

> 좁은 의미에서 믿음, 곧 용서하시는 하나님에 대한 신뢰를 통해 우리는 그의 율법을 우리의 마음에 보다 효과적으로 작용하게 한다. 그리스도 안에 계신 하나님에 의해 사랑받고 있다는 느낌보다 더 강하게 우리로 사랑하게 하는 어떤 것은 없기 때문이다. 우리의 마음이 우리를 위하여 죽으신 그분에게 속해 있어야 한다는 확신이 우리에게 분

---

196) K. Barth, Evangelium und Gesetz, TEH. NF 50, 1961³, 13.
197) AaO. 31.
198) 설교 36("믿음으로 세워지는 율법 II", 특히 II, 1ff.)을 보라. W. Klaiber, Aus Glauben, damit aus Gnaden. Der Grundsatz paulinischer Soteriologie und die Gnadenlehre John Wesleys. ZThK 88, 1991, 313-338, 특히 330-331을 참조. 웨슬리의 롬 3:31에 대한 Notes NT도 참조.
199) 갈 5:6은 웨슬리가 '오직 믿음으로만(sola fide)'이라는 원리와 그의 거룩한 삶이라는 관심을 함께 묶을 수 있게 한 가장 중요한 본문이다. A. Outler는 WJW I, 139, A. 58에 관련된 구절들을 종합해 놓았다. 주석적으로 중요한 것은 "사랑으로 역사하는"이라는 분사구문을 신앙에 부가되는 조건이 아닌 신앙의 본질을 규명하는 것으로 이해해야 한다는 점이다. J. Rohde, Der Brief des Paulus an die Galater, ThHKNT 9, 1989, 219를 참조. 가톨릭 주석학자 F. Mußner, Der Galaterbrief, HThKNT IX, 1988³, 352-354는 이 점에서 일관된 견해를 유지하지 않는다.

명할 때, 우리는 그러한 사랑을 할 수 있게 된다. 하나님을 향한 이러한 감사하는 사랑의 원천으로부터 이웃을 향한 사랑도 자라난다. 우리가 하나님이 우리를 사랑하신 그 사랑을 실제로 신뢰한다면 우리는 이웃을 사랑할 수밖에 없다.[200]

그러므로 감리교회 신학에서는 루터교회의 신학자인 엘어르트가 도전적으로 말했던 것과 같은 하나님의 "두 말씀"에 관해서는 말할 수 없다.[201] 하나님의 한 말씀은 우리에게 하나님의 영원한 실재를 계시해 준다. 신약성서가 유대교에서 율법에 해당하는 말들을[202] 그리스도에게 자주 적용하는 현상에 근거해, 웨슬리는 기독교 신학의 틀에서는 매우 드문 거꾸로 된 결과에 이르게 된다. 다시 말해 웨슬리는 '아들'에 관한 진술을 율법에 적용해 이렇게 말한다.

이는 하나님의 영광의 광채시요, 그 본체의 형상이시라.(히 1:3)
이는 인간에게 계시된 하나님의 마음이다.[203]

그러므로 아들과 율법을 통한 하나님의 계시는 양자택일이 아니라 '상호일치'다.[204] 물론 이러한 점은 율법을 전적으로 사랑의 계명으로 이해할 때에만 신학적으로 의미 있는 말이 될 수 있다. 여기에는 하나님의 계시를 일치하는 것으로 이해하는 중요한 원리가 내재해 있다. 생명을 목표하고, 또 생명을 가능하게 하는 하나님의 질서를 창조된 세계에서 찾게 된다는 사실까지도 이러한 계시의 일치에 포함된다면, 이는 철저히 성서적-유대적인 율법신학의 의미가 될 것이다. 웨슬리도 이러한 의미를 수용하였을 것이다. 이는 명령된 사랑과 약속된 사랑의 차이를 제거하지 않는다. 인간은 믿음으로써 하나님의 사랑의 '자판기'가 되는 것은 아니다. 율법과 복음은 그 기능에서는 구분되지만, 그 내용에서는 모두가 하나님의 한 말씀이다.

---

200) 설교 36("믿음으로 세워지는 율법 II"), III, 3.
201) W. Elert, Der christliche Glaube. Grundlinien der lutherischen Dogmatik, 1960⁵, 138-143.
202) 선재적인 창조의 중재자인 지혜에 관한 진술은 초기 유대교에서는 율법에 적용됐고, 초대교회에서는 하나님의 아들인 예수에게 적용됐다. 잠 8:22-36; 지혜서 7:25-26을 시락서 24와 골 1:15-16; 히 1:3; 요 1:1ff.와 비교. 이에 대해서는 M. Hengel, Der Sohn Gottes, 1977², 104ff. 참조.
203) 설교 34("율법의 기원, 본성, 속성 및 용법"), II, 3; 골 2:3에 대한 II, 11도 유사하다.
204) 이는 본질적인 특징에서 일치한다는 것이지 간단히 동일시된다는 것은 아니다.

신학적인 의미의 '율법'은 성서적, 교회적, 세속적인 전승에서 '율법'이라고 말하는 것과는 대체로 어떤 관계에 있느냐는 문제도 설명이 필요하다. 사랑의 계명은 일상생활에서 구체적인 교훈들로서 구체화되어야 한다. 사랑의 계명을 넘어설 수 없는 한계선이 분명히 그어져야 하고, 사랑의 계명을 일상생활에서 실천에 옮길 수 있는 기본적인 교훈들이 제시되어야 한다. 십계명이 그런 기본적인 것으로 이해될 수 있다. 십계명과 사랑의 계명의 관계는 산상설교에 있는 예수의 해석에서 찾을 수 있다. 모세의 율법 전체와 사랑의 계명의 내적인 관계들이 비록 모든 점에서 분명하지는 않을지라도 원칙적으로는 그렇게 이해될 수 있다.[205] 그러나 분명하게 표현된 경고나 계명들이 죄인인 인간을 그것을 범하거나 자기 변명으로 유혹하는 것들이 되고 말았다. 기독교의 윤리는 어떻게 구체적인 계명이나 금명을 사랑의 계명을 해석하는 것으로 받아들일 수 있는지, 그리고 그렇게 해서 사랑을 실천하게 도울 수 있는지 설명해야 할 것이다. 이 때의 사랑은 반항하거나 자기 변명을 하는, 혹은 포기해 버리는 원리가 되는 사랑이 아니다. 여러 가지 새로운 도전에 직면해서 윤리적인 규범들을 사랑의 계명으로부터 구체화하며 새로이 표현해야 할 필요성이 반복해서 생겨난다. 노예제도라는 문제에 직면해 웨슬리가 바로 그렇게 했다.[206] 그 밖에도 생활규칙의 형태를 가진 '율법'이 구원을 찾는 사람들에게 '은혜의 수단'이 될 수 있는가 하는 것이다.[207]

(4) 감리교회의 전승에서 언약과 언약 체결

언약사상은 감리교회의 전승에서 "처음부터 큰 의미를 가지고" 있었다.[208] 개혁적-청교도적인 신학의 영향을 받아 웨슬리는 선포에서나 교회생활 규칙에서나 언약사상에 중요한 의미를 부여했다. 그 밖에도 신학사적으로 주목할 것은, 웨슬리가 개혁적-청교도적인 전통을 물려받았다는 사실뿐만 아니라, 종교개혁 초기의 경건주의에서 생겨난 요한네스 코체유스(Johnnes Coccejus)의 '연방신학(Föderaltheologie)'도 '영국의 신학으로 들어와' 웨슬리에게 영

---

205) 기독교 신학이 원칙적으로나 실제적으로 모세의 율법의 신학적인 의미를 십계명으로 제한하기 때문에 (모든 性율법을 제외한다는 것은 독특하다), 율법 전체가 사랑의 이중계명으로 요약된다는 것을 구체적으로 입증하려는 노력을 별로 기울이지 않았다.
206) M. Marquardt, Praxis und Prinzipien, 83-89.
207) III장 295쪽 이하와 IV장 428쪽 이하를 보라.
208) R. Minor, Der Bundesschluß als Weg, OR 36, 1987, 477-479. 인용은 477에서.

향을 끼쳤다는 것이다. 1647년의 개혁적인 웨스트민스터 신앙 고백 제7조에는 다음과 같은 고백이 있다.

> 하나님과 피조물 사이의 거리는 너무 커서 … 이성적인 피조물이라도 하나님의 구원과 상급에 참여할 수 없을 정도다. 언약의 수단을 통해 표현되어야 하는 하나님 편에서 자원하여 -하나님이 기뻐하시는- 내려옴으로써만 참여할 수 있다.[209]

종교개혁 신학자들(Zwingli, Bullinger 등)은 이를 근거로 매우 초기 절대적인 사랑 가운데 일어나는 하나님의 행동을 말했으며, 또 영아세례의 근거를 세우기도 했다. 초기 감독 감리교회의 세례예문이 다음과 같이 말하는 것은 웨슬리의 견해에 일치한 것이다: "하나님은 우리 인간을 향한 큰 자비하심으로 언약의 관계를 맺으셨고, 어린아이들도 그의 은혜와 호의를 받았다."[210]

여기에는 하나님의 언약 행위에 관한 성서적인 견해가 들어 있다. 언약에서는 무조건적인 사랑 안에서 그의 백성이나(시내 산 언약, 다윗 언약) 창조세계에게(노아 언약) 신실해야만 하는 하나님의 행위가 우선이다. '언약'이라는 개념이 담고 있는 의미는 각기 사용된 문맥에서 찾아져야 하지만, 가장 중요한 것은 여러 가지 상이한 의미들에 들어 있는 공통점인데, 그것은 하나님의 언약 행위는 항상 하나님 자신을 구속하는 표현이며, 또 언약의 상대방에게 의무를 지우는 표현이라는 점이다. 하나님의 신실하심의 내용은 다양하다(이 세상에서의 삶, 나라, 후손, 이스라엘을 위한 하나님 되심 등). 이런 신실하심에 근거해 언약을 받은 사람들과 관계를 맺는다. 이들은 먼저 은혜를 받은 사람들이며, 그런 후에는 복종하게 부름 받은 사람들이다. "의무를 부여하는 교제의 관계"[211]는 언약 행위에 근거되어 있거나 갱신된다. 예수 그리스도 안에서 맺어진 하나님의 언약도 "하나님의 순수한 은혜로 된 것"이며 "예수의 희생 안에서 하나님이 세우신 화해와 구원의 새로운 질서를 의미한다."[212] 이 언약

---

209) Bekenntnisschriften der reformierten Kirche. Hg. v. E. F. K. Müller, 1903, 558-560.
210) R. Minor, aaO 447에서 인용. 종교개혁적인 풍토에서 전혀 다른 결론에 이를 수 있음을 바르트의 세례론이 보여 준다(KD IV/4, 1967, 특히 179-180).
211) H. Barth, OR 36, 1987, 488.
212) H. Hübner, EKL³, I, 569.

안에서도 언약의 상대방에게는 하나님의 뜻을 행하는 의무가 있다.

웨슬리가 언약사상을 받아들이면서 하나님의 은혜, 곧 죄인들을 향한 넘치는 사랑의 측면을 강조해 그의 청중과 독자들에게 분명하게 새겨 주고자 했다는 것은 주목할 만한 일이다. "믿음으로 얻는 의"라는 그의 설교[213]에서 그는 행위의 언약과 은혜의 언약에 관한 전승된 가르침을 정확하게 펼쳐 나갔다.

> 먼저 믿음을! 당신 자신의 의를 추구하지 말라. 그것은 율법으로부터 나온 의다. 값없는 사랑과 용서하는 자비의 언약 속에 있는 은혜를 추구하라.

1742년에 여러 차례 행했던 이 초기의 설교에서 웨슬리는 예수 그리스도 안에 있는 하나님의 절대적인 사랑을 강조하려고 했다. 타락한 인간은 이 사랑 없이는 하나님과 교제할 수가 없으며, 그의 뜻을 실천할 수도 없다. 옛 언약과 새 언약은 두 성서(구약과 신약)에서 일관되게 구별되지 않는다. 오히려 새로운 은혜의 언약은 이미 옛 이스라엘에도 존재하고 있었다. 타락 이전에 아담과 체결된 '행위의 언약'이 완전한 복종을 요구했다면, '은혜의 언약'은 오직 믿음에 대해서만 물으며, 그러므로 예수 그리스도를 통한 하나님의 구원 행위 안에서 실현된다. '두 번째 아담'인 그리스도는 십자가에서 온 인류를 대표하며 한 언약을 맺는다. "이 언약 안에서 모든 인간에게 믿음의 은사를 통해 부분적으로 참여할 것을 제안한다. … 그리고 선행하는 은혜 안에서 그의 축복의 한 부분을" 갖게 된다.[214]

웨슬리는 하나님의 언약 행위의 의미를 적절히 표현한다. 하나님의 언약을 받은 사람은 항상 은혜를 받은 사람이며, 창조주의 언약의 신실하심에 근거해 살아간다. 이 신실하심은 인간이 신실하지 못함에도 유효하며, 또 그럼으로써 새로운 행위를 할 수 있게 해준다. '행위의 언약'과는 다르게 하나님이 체결한 모든 언약은 아담의 타락 이후의 구원사의 흐름에서 하나님의 사랑, 곧 동일한 것을 동일한 것으로 갚지 않으시는 하나님의 사랑을 입증해 준다. "그러므로 언약은 파트너 관계의 모델이다. 이 파트너 관계는 사랑의 관계이며, 또 사

---
213) 설교 6("믿음으로 얻는 의"); II 장 195쪽 이하를 참조.
214) C. W. Williams, Die Theologie John Wesleys, 77.

랑으로 인하여 한 파트너가 상대방을 실망시킬지라도 그를 포기하지 않게 된다."[215] 그러므로 하나님의 언약 행위를 통해 새로운 교제의 관계가 형성된다. 이 관계는 양자에게 강제력이 있다. 받는 사람들은 언약을 세우는 이의 뜻에 복종할 의무가 있지만, 언약을 세우는 이의 요청이 차후 업적의 요청이 아니라, 처음부터 주어진 것이다. 다시 말해 하나님 자신에 의해 주어지고 가능해진 복종이며, 통찰로부터 출발하는 복종이다.

하나님의 언약 행위는 파트너인 인간의 결단을 빼앗지 않는다. 하나님은 파트너인 사람들에게 선행적인 은혜를 통하여 그러한 결단을 할 수 있게 해준다. 하나님을 섬기기를 원하는가, 아니면 원하지 않은가는 그들 자신이 선택한다. 물론 이러한 선택은 하나님이 앞서 행한 선택을 통해 가능해진 것이다. 그러므로 언약의 구속력을 포함하는 언약의 갱신이 예배에서 이루어진다면, 그것은 결코 우연이 아니다. 예배에서 새로운 언약의 공동체에게 이러한 말씀이 주어진다.

> 나의 사랑하는 이들이여, 우리는 자유로운 결단을 통해 우리의 하나님, 언약의 주님에게 매여 있기를 원하며 그리스도의 멍에를 짊어지기를 원한다. 우리가 그의 멍에를 짊어진다는 것은, 우리가 그리스도로부터 우리의 위치와 섬김에 대해 지시를 받을 준비가 마음으로부터 되어 있는 것이며, 또 오직 그만이 우리의 상급이라는 것을 의미한다.[216]

웨슬리는 1747년 성탄절에 언약 갱신의 모델을 받아들였다. 이 때 그는 감리교인들에게 여러 차례에 걸쳐 분명하게 하나님과의 언약을 갱신할 것을 촉구했다.[217] 웨슬리가 기록해 놓은 첫 번째 언약 갱신의 축제는 1755년 8월에 스피탈필드에서 있었다.[218] 기도와 금식으로 예배는 준비되었고, 새해 첫 번째 주일이 그 예배를 드리는 규정 시한으로 정해졌다. 언약의 하나님께 신판

---

215) J. Wiebering, Partnerschaft leben. Christliches Ethos im Alltag, 1985, 28.
216) Liturgie der EmK, Zürich 1981, 21.
217) 웨슬리는 언약 갱신의 축제를 도입하기 위해 경건주의 신학자인 Richard Alleine에 강하게 의지한다.
218) 1780년에 인쇄된 웨슬리의 "Covenant Service"는 약간의 수정을 거쳐 오늘날까지 영국 감리교회에서 사용된다.

찬송가를 봉정함으로써 예배는 절정에 달했다. 웨슬리는 당시 거의 잊혀져 가던 은혜의 수단을 감리교인들이 다시 사용하며, 또 그로써 풍성한 복을 받게 된 것을 매우 행복해했다.[219]

그러한 예배를 함께 드리고, 웨슬리가 이를 위하여 작성한 기도를 함께 했던 사람은 그 기도가 말하는 내용을 말씀으로 표현했다.

> 나는 더 이상 나에게 속한 것이 아니라, 당신에게 속합니다. 당신이 원하시는 곳에 나를 세우소서. 당신이 원하시는 사람에게 나를 보내소서. 나로 일하게 하시고, 나로 인내하게 하소서. 당신을 위하여 나를 사용하소서. 아니면 당신을 위하여 나를 없이 하소서. 당신을 위하여 나를 높이시고, 당신을 위하여 나를 낮추소서. 나로 모든 것을 갖게 하시고, 나로 아무것도 갖지 않게 하소서. 자유로운 결단과 온전한 마음으로 내가 모든 것을 당신의 기뻐하시는 뜻에 맡기게 하소서. 존귀하시고 거룩하신 하나님, 아버지와 아들 그리고 성령이시여, 당신은 나의 것이며 나는 당신의 것입니다. 그것이 마땅하나이다. 지금 이 땅에서 새롭게 맺은 언약을 하늘에서 확인하소서. 아멘.[220]

이러한 말로 기도하는 사람은 그가 말한 것을 실천한다. 그것은 새로이 하나님께로 돌아서서 이미 체험한 하나님의 사랑과 신실하심에 근거해 그의 생명을 스스로 헌신하는 것이다. 그의 언약은 생명을 위해서는 필수적인 회개의 가능성을 열어 준다.

회개는 마지막 단계가 아니다. 오히려 회개는 하나님과, 그리고 세상과의 새로운 교제의 관계로 인도한다. 언약을 갱신하는 예배에서 신앙인들은 이러한 교제가 필요한 언약공동체의 일부분으로서, 하나님이 파송하신 사명을 적절하게 실현할 수 있는 체험을 한다.[221] 새로운 섬김의 가능성은 하나님의 행위로부터 비로소 자라난다. 우리의 섬김은 하나님의 행위에 근거한 것이며, 또 그 안에서 의미 있는 것이 된다. 뤼디거 미노르(R. Minor)의 간결하고 적절

---

[219] 1747년 12월 25일, 1755년 8월 6일, 1755년 8월 11일, 1770년 1월 3일 등의 일기를 참조.
[220] Agende der EmK, Stuttgart 1991, 87.
[221] G. Wainwright는 그의 웨슬리와 칼빈에 관한 작은 책에서 이 점에 대해 말한다("On Wesley and Calvin", 1987, 36f.).

한 표현을 빌려 이렇게 말할 수 있다: "'언약'은 신앙과 행위 안에서 교제를 이어 주는 다리를 세우는 것으로서, 기독교적인 실존의 구성 요소다."[222] 그의 말씀 안에서, 기도로써, 그리고 그리스도 식사의 축제, 즉 그리스도의 몸의 교제 안에서 하나님과 교제하는 체험을 통해 공동체가 세워진다. 이 공동체는 이 세상에서 행위의 도구가 된다.

3) 그리스도 안에서 일어난 세상의 화해

웨슬리가 율법을 높이 평가한 것과는 관계없이, 그의 율법 이해는 바울의 율법 이해와 전적으로 일치한다. 율법은 죄 가운데 사는 인간에게 존재하는 '하나님 결핍'을 결코 해결할 수 없으며, 그러므로 율법은 인간을 하나님에 대한 적대감으로부터 해방시킬 수 없다. '요청'으로서의 율법은 인간에게 하나님께 나아가는 길을 열어 주는 것이 아니라, 오히려 가로막는 '대상'일 뿐이다.

원수와 화해하기 위해서는 하나님 스스로가 결정적인 발걸음을 내딛어야 했다. "하나님께서는 그리스도 안에서 세상을 자기 자신과 화해시켰다."고 고린도후서 5:19는 말한다. 이 말씀은 예수의 운명 안에서 활동하고 있는 분은 하나님 자신이며, 또 그의 화해하시는 행동을 통해 인간의 구원을 위하여 행동하셨다는 것을 분명하게 말한다.

좁은 의미에서의 기독론, 다시 말해 삼위일체의 제2위이신 아들의 위치에 대한 물음과 예수 그리스도의 인격 안에 있는 신적인 본성과 인간적인 본성에 대한 물음은 감리교회의 신학에서는 별로 다루어지지 않은 것이 사실이다. 웨슬리는 삼위일체에 관하여 설교했다. 여기서 그는 자신이 성육신을 일말의 의심도 없이 믿는다고 강조하면서도, 성육신이 어떤 식으로 일어났는지에 대해서는 아무것도 알고 있지 않으며, 또 이런 성육신의 방식을 신앙의 대상으로 생각하지 않고 있음을 분명하게 말한다.[223]

구원론이나 율법에 대한 물음과는 다르게 기독론은 감리교회 운동에서 논란의 대상이 되지 않았다. 감리교회의 선포와 논쟁의 핵심에 있었던 것은 인

---

222) R. Minor, aaO. 478.
223) 설교 75("삼위일체에 대하여"), 14.

간의 해방과 구원에 관한 가르침이었다. 물론 이러한 구원론의 암묵적인 전제는 기독론이다. 그러므로 존 데쉬너는 웨슬리의 기독론에 관한 연구에서 "전제된 그리스도"에 관해 말하면서, 웨슬리의 기독론을 이해하고자 하는 자신의 과제를 "구원에 관한 웨슬리적인 메시지를 기독론적인 개념으로 재번역하는 것"이라고 한다.[224]

웨슬리의 기독론에 대한 이러한 재구성 작업을 통해, 우리는 웨슬리가 고전적인 두 본성론을 주장했음을 알 수 있다. 이 두 본성론은 칼케돈 공의회에서 "참 하나님과 참 인간"이라는 표현으로 요약되었다. 그러나 실제의 해석에서 웨슬리는 주로 신적인 본성에 집중했으며, 그리스도의 선재사상을 현대신학이나 대다수 그리스도인들이 이해할 수 있는 것보다 훨씬 더 강조하였다.[225]

기독론과 구원론을 밀접하게 결합함으로써 하나의 독자적인, 그리고 웨슬리에게 독특한 현상, 곧 두 주제 영역이 교차적으로 작용하는 현상으로 발전하였다. "그리스도의 오신 목적"이라는 설교에서 웨슬리는 요한일서 3:8에 의거해 그리스도가 오신 목적은 단지 죄의 용서와 죄로부터의 해방뿐만 아니라, 하나님의 동일형상인 인간의 회복과 하나님의 충만으로 가득 채우는 것이었다고 피력한다. 그러므로 그리스도의 형상 그 전체는 살아 계신 하나님의 동일형상으로서 구원을 위한 전제다. 이 구원은 하나님께서 그리스도 안에서 역사하신 것이다. 성육신과 죽음, 그리고 부활만이 구원의 사건으로 설명되는 것이 아니라, 예수 그리스도의 삶과 가르침, 본질과 사역 전체가 하나님께서 예수 그리스도 안에서 어떻게, 그리고 무엇을 위하여 인간을 구원하시는지를 분명하게 하는 데 중요하다.

그리스도의 구원 사역의 이러한 범위를 모든 차원에서 바로 이해하기 위해 웨슬리는 종교개혁 신학으로부터 발견한 표현인 그리스도의 '세 가지 직분'이라는 주제를 즐겨 언급한다. 그리스도의 세 가지 사역은 예언자, 제사장, 그리고 왕이다.[226]

웨슬리는 어떠한 조직신학적인 개요도 남겨 놓지 않았다. 그래서 현대 감

---

[224] John Deschner, Wesley's Christology, 1960, 37f.과 XIV.
[225] Deschner, 15ff. 191; J. Weissbach, Der neue Mensch, 103-109. 그러나 예수의 인성을 강조하지 않은 것은 아니다. 설교 111("우리 자신의 구원을 성취함에 있어서"), 4: "어떠한 특별한 아름다움이나 특별함이 없는 보통의 사람(빌 2:6에 대해)." 19세기의 감리교회 신학이 오히려 그리스도의 신성에 더 깊이 매달렸다. Deschner 5를 참조.

리교회의 신학은 바로 이 점에 대해 근래의 주석적인 물음과 연구 결과, 그리고 조직신학을 고려하지 않을 수 없다. 그러므로 감리교회 신앙의 기독론적인 측면을 설명하고자 하는 다음 단락에서 우리는 신약성서의 말씀에 더 강하게 의존할 수밖에 없다. 그렇지만 그리스도의 '세 가지 직분'이라는 기본적인 의도는 어렵지 않게 인식할 수 있을 것이다.

(1) 하나님의 뜻에 따라 세상에 오신 예수

신약성서는 예수 그리스도의 삶을 두 가지로 설명한다.

① 바울의 문헌과 요한의 문헌은 예수의 삶과 그 삶의 의미를 '아들의 오심' 혹은 '아들의 파송'이라는 표현으로써 반복해 설명한다(갈 4:4; 롬 8:3; 요 3:16). 특이하게도 이러한 현상은 그리스도를 통한 하나님의 활동을 교리문답이나 찬양의 형태로 요약하는 옛 전승이 인용되는 곳에서 흔히 나타난다. 예를 들면, 갈라디아서 4:4-5는 인간의 생물학적인 측면("여자에게서 태어나다")과 인간적인 삶의 한계와 요청("율법 아래서 일어나다")을 가진 사람의 모습으로 오신 아들의 파송을 말한다. 아들이 이 세상에 파송된 목표는 '우리가 자녀(직역으로는 "아들")의 신분을 얻는 것', 곧 우리의 구원이다. 그러므로 기독론과 구원론은 이미 신약성서에서 분명하게 결합된다. 비슷한 진술을 로마서 8:3-4; 빌립보서 2:6-11; 요한복음 1:1-18; 3:16-17; 요한일서 4:9-10 등에서도 찾을 수 있다.[227]

이 모든 구절에 공통적인 것은, 그들이 말하는 아들은 '어떤 한(a)' 아들이 아니라 '바로 그(the)' 아들이라는 점이다. 이는 요한의 문헌에서는 '태어난'이나 '독생자'라는 개념들을 통해 더욱 강조된다(요 1:18; 3:16; 요일 4:9; 롬 8:32도 참조).[228] 그러므로 '하나님의 아들'은 헬라의 신화나 다른 종교에서처

---

226) 그리스도의 이러한 세 가지 직분의 구도에 대해서는 K. H. zur Muhlen, TRE 16, 764ff.; O. Weber, Grundlagen II, 190-202 등을 참조. 웨슬리의 인증 구절들은 Deschner, 73ff. 203-210에서 찾아볼 수 있다. 그 중에서 가장 중요한 것들은 다음과 같다: 1749년 7월 18일 자 편지 "To a Roman Catholic" 7(Works X, 81); 설교 1("믿음으로 말미암는 구원"); 36("믿음으로 세워지는 율법 II"), I, 6; 43("성경적 구원의 길"), II, 2.
227) 롬 8:29 참조. 신약성서의 아들에 관한 진술의 신학적인 의미를 매우 훌륭하게 요약하는 M. Hengel, Der Sohn Gottes, 1977², 143-144도 참조.
228) 이러한 표현 방식은 이삭을 제물로 바치는 이야기에 그 뿌리를 둔다(창 22:12, 16). 여기서 '하나뿐'에 해당하는 히브리어(jahid)는 다양한 헬라어로 번역되었다(idios, agapetos, monogenes). "이 표현은 예수의 유일하게 독특한 인격성, 아버지와의 관계, 그리고 파송을 말한다."(J. A. Fitzmyer, EWNT II, 1081-1083).

럼 많은 인간들이 하나님으로부터 태어났기 때문에 그들이 반신(半神)이나 영웅, 혹은 초인간적인 존재들임을 말하는 것이 아니라, 예수가 절대적으로 유일하게 하나님으로부터 오신 것이며, 그럼으로써 예수 안에서 하나님은 자신을 세상에 알려 주고 있다는 것을 말한다. 요한일서 5:20이 이 점을 매우 분명하게 요약하여, 아들이신 예수 그리스도는 참 하나님이시며 참 생명이라고 말한다.[229] 아들이 세상 창조 이전부터 계셨다는 선재에 관한 모든 말씀은 예수 그리스도의 오심이 하나님과 그의 본질에 뿌리박고 있음을 말하고자 한다.[230]

하나님의 아들이신 그가 인간과 그 인간의 모든 한계성을 스스로 받아들였다고 말한다. 갈라디아서 4:4 외에도 특히 빌립보서 2:7-8도 이 점을 강조한다. 이 구절은 하나님과 동등하신 분의 '자기 비움'을 말한다. 바로 여기에 예수 그리스도를 통한 구원의 근거와 가능성이 놓여 있다: 그는 하나님과 동등하시기 때문에, 하나님처럼 되고자 하는 유혹을 이겨낼 수 있다; 그는 인간의 한계성과 요청들을 스스로 감당할 수 있고, 율법을 이룰 수 있으며, 그래서 참 인간으로 살 수 있다. 죽음으로 가는 그의 길도 인간의 운명을 자발적으로 감당하는 것이며, 새로운 아담이신 그리스도가 입증하는 '생명의 순종'을 표현하는 것이다(빌 2:8 외에도 롬 5:19 참조); 물론 그는 인간이 하나님을 떠났기 때문에 받은 죽음의 저주를 감당하기도 했다.

그러므로 신약성서의 말씀들은 예수 그리스도의 인격에 있는 두 가지 '본성'의 관계에 대하여 묻는 고전적인 기독론의 물음에 답변하는 데는 별로 도움을 주지 못한다. 그렇지만 "참 하나님과 참 인간"이라는 칼케돈의 표현은 신약성서의 기독론에 정확하게 일치한다. 다시 말해 예수 그리스도는 그의 삶과 활동에서 전적으로 '우리를 위한 하나님'이며, 그러므로 하나님을 위한 인간으로 사셨다.[231] 그러므로 예수 그리스도는 이중적인 방식으로 보이지 않는 하나님의 '동일형상'이다(골 1:15). 예수 그리스도 안에서 하나님의 본질, 그의 사랑의 활동 가운데 있는 그의 영광이 인간과 만나며(고후 3:18;

---

[229] 요 1:1도 참조. 여기서는 로고스('말씀')에 관해 같은 말을 한다. 그러나 동시에 아버지와 아들의 일치에는 차이가 있다: 그는 하나님과 함께 계셨다; 그러나 그는 하나님이셨다. 하나님이 스스로의 본질로부터 빠져나왔음을, 스스로를 비웠으면서도 여전히 하나님이시라는 비밀을 말한다. 이는 나중에 발전하게 된 삼위일체론의 신약성서적인 씨앗이 된다.
[230] W. Pannenberg, Systematische Theologie II, 410-415; W. Joest, Dogmatik I, 241f. 참조.
[231] H. Küng, Christ sein, dtv 1220, 1976, 541-549(특히 547f.). 칼케돈의 표현에 대해서는 L. R. Wickham, TRE 7, 1981, 668-675 참조.

4:4-6 참조), 동시에 예수 그리스도는 하나님께서 인간을 그의 형상으로 창조하실 때, 하나님이 원하셨던 바로 그 인간의 삶을 살았다.(창 1:27을 롬 8:29와 비교)

요한복음과 바울의 증언이 보여 주듯이, 예수가 하나님의 유일한 아들이라는 말은 성령을 통하여 기적적으로 태어났다는 말씀과는 상관없이도 선포되고 믿어질 수 있다. 마태복음과 누가복음에 있는 탄생 이야기는 예수의 삶과 본질은 전적으로 하나님의 뜻에 의한 것이며(눅 1:35), 또 예수를 통해 '하나님이 우리와 함께 계신다(마 1:23).' 는 근본적인 진리를 설화체 방식으로 서술하며 강조한다.[232]

② 공관복음은 예수의 활동을 다른 측면에서 묘사한다. 예수의 말씀과 행위들에 관한 보도를 수난 이야기와 결합시키고, 또 "하나님의 아들, 예수 그리스도의 복음의 시작"이라는 제목을 붙인 것은 아마도 마가가 처음이었을 것이다.[233] 마태와 누가는 마가의 뒤를 따랐을 뿐만 아니라, 특히 예수의 선포와 가르침에 관한 전승을 확대하였다. 요한복음도 예수의 의미를, 세례 요한의 등장과 예수의 부활 사이에 있는 예수의 활동을 이야기함으로써 서술하고자 하는 이 도식을 원칙적으로 따르기는 했지만, 그 형식과 내용 면에서 독자적인 길을 걷는다.[234]

그러나 이러한 기록들도 절대적인 역사 기록이 아니고, 제자공동체들의 신앙 고백에 의해 각인된 것이다. 그러나 그들은 예수의 의미를 원리적인 신학적 개념들로써 기록한 것이 아니라, 예수가 사는 동안 하신 말씀, 갈릴리와 유대에서 행하신 행동들에 관한 이야기, 그의 활동이 완성된 고난, 죽음, 그리

---

[232] 웨슬리는 예수가 성령을 통해 잉태되었다는 신약성서의 진술을 믿을 뿐만 아니라, 동정녀 마리아에 관한 가톨릭교회의 이해까지도 받아들인다. 물론 그는 그 점에서 예수의 무죄성이 보증된다고 보지도 않으며, 또 마리아 숭배의 근거를 보지도 않는다(Notes NT 마 1:12; Letter to an Roman Catholic 7 <Works X, 81>; Deschner, Christology 30 참조). 오늘날은 신약성서의 진술들을 확실히 해야 하지만, 그로부터 특정한 생물학적인 내용을 믿어야 한다는 율법적인 요청을 제기할 필요는 없다. 이에 대해서는 W. Klaiber, Eine lukanische Fassung des sola gratia; W. Joest, Dogmatik I, 240f. 참조.

[233] 이 제목이 막 1:1-13을 말하는 것인지, 혹은 복음서 전체를 예수 그리스도의 복음의 시작으로 말하는 것인지에 대해서는 논란이 있다. 그러나 처음에는 선교적인 선포에 뿌리를 두고 있었던 복음이라는 개념이 예수의 삶과 이야기를 말하는 총체적인 개념이 되었다는 것이 중요하다. 이 문제에 대해서는 P. Stuhlmacher, Das Evangelium und die Evangelien, 1983을 보라.

[234] 요한복음은 그 전체적인 구조를 볼 때, 우리가 a)와 b)로 나누어 논하고 있는 두 흐름을 묶고 있다고 볼 수 있다. W. Klaiber, Die Aufgabe einer theologischen Interpretation des 4. Evangeliums, 1985, 300-324 참조.

고 부활에 관한 보도를 통해 설명한다. 비록 이 말씀들이 역사적인 사실들을 분명하게 말하고 있다기보다는 예수를 그리스도로 믿는 신앙을 증언하고 있다 하더라도, 그것은 예수의 활동에 대한 신빙성 있는 기억에 근거해 있다.[235]

예수의 선포의 핵심에 서 있는 것은 "회개하라. 하나님의 나라가 가까이 왔다."는 외침이다(막 1:15; 마 4:17).[236] 이로써 예수는 세례 요한의 메시지와 활동에 동참하지만, 요한과는 다른 전제에서 메시지를 선포하고 활동을 계속한다. 세례 요한은 하나님 나라의 임박함을 위협적이고 피할 수 없는 심판의 관점에서 선포하고 있다면, 예수는 하나님 나라의 도래를 악, 고난, 죄의 지배를 받고 있는 이 세상을 자유하게 하며 구원하시는 하나님의 활동과 동일한 의미를 갖는 것으로 선포한다.[237] 예수는 그의 능력 행위들, 특히 질병 치유와 마귀 추방을 그의 개인적인 권능의 표시로 이해할 뿐만 아니라, 특히 동터오는 하나님 나라를 드러내는 것으로 이해한다. 예수의 자기 이해에 대한 결정적인 구절은 누가복음 11:20(마 12:28 병행)이다.

> 내가 하나님의 손가락으로 악한 영들을 추방하면, 그 때 하나님의 나라가 너희에게 임하였다.

하나님 없는 인간의 상황이 가장 분명하게 드러나는 것은 마귀에게 붙잡혀 있는 사람들인데, 이는 악의 파괴적인 세력들에 붙잡힌 이들이다. 이 악의 세력들은 인간을 소외시키며 자기 파멸의 한계로까지 내몰아 간다. 역으로 그들의 치유에서 하나님 나라의 도래가 무엇을 의미하는지가 분명하게 드러난다. 그것은 하나님과의 교제를 위한 해방이며, 그를 통해 자기 자신과 다른 사람들과의 교제를 위한 해방이다.[238]

하나님의 나라가 임박했다는 선언은 예수가 베푼 기적에도 불구하고 그 메시지를 들은 사람들에게 의문을 불러일으킨 것이 분명하다. 도대체 하나님 나라의 실체를 이미 오늘 어떻게 생각할 수 있겠는가? 예수는 이 질문에 대해

---

235) '예수의 메시지와 역사'에 관한 가장 최근의 연구가 다음과 같이 확인하고 있는 것은 정당하다: "예수 전승의 신빙성에 대한 연구가 보여 주는 신뢰성은 과거 불트만 시대와는 다르게 눈에 띠게 확대되었다."(J. Gnilka, Jesus von Nazareth, Botschaft und Geschichte, 1990, 33).
236) 이에 대해서는 조경철, 「예수와 하나님 나라의 윤리」, 53-64 참조.
237) 이에 대해서는 조경철, 위의 책, 125-149 참조.
238) 이는 거라사의 광인의 치유 이야기(막 5:1-20)에서 가장 분명하게 드러난다.

비유들을 통해 대답한다. 특히 겨자씨 비유와 같은 소위 '대조비유들'이 여기에 속하는 것으로 보인다. 대조비유들에서는 작고, 보이지도 않고, 별로 성공하지 못할 것 같은 처음이 사건의 마지막에 일어난 엄청나게 커다란 결과와 대조된다. "지금 일어난 일이 무엇을 의미하는가?"라는 질문을 받으면, 예수는 하나님 나라의 관철하는 능력을 믿으라고 초대한다. 이를 위해 예수가 일상세계의 비유들을 사용한 것은 예수나 그의 활동에서 독특한 점이다. 한 여자가 적은 누룩으로 커다란 반죽을 부풀릴 수 있음을 믿는 것처럼, 한 갈릴리의 농부가 재난에도 불구하고 풍성한 수확을 확실하게 기대하는 것처럼, 작은 겨자씨에서 큰 나무가 자라나듯이, 예수의 말을 듣는 사람들은 그의 말씀과 사역 -이것이 아직은 별로 대단해 보이지 않고, 제한된 것으로 보일지라도- 을 통해 하나님께서 그의 나라를 가져오리라는 것을 확신할 수 있다.[239]

복음서들의 두 곳에서 예수의 활동이 이사야 말씀의 인용으로 요약된다. 그를 통해 "가난한 사람들에게 기쁜 소식이 전파된다(사 61:1-2; 눅 4:18; 마 11:5 병행 눅 7:22)." 이는 예수의 선포에서는 가난한 사람에게 복음을 약속하는 첫 번째 축복 선언에서 매우 구체적으로 일어난다.

> 너희 가난한 사람들은 복이 있다. 왜냐하면 하나님의 나라가 너희들의 것이기 때문이다!(눅 6:20; 참조 마 5:3)[240]

곤궁에 처한 사람들에게, 아무것도 없고 별로 중요하지도 않은 사람들에게 예수는, 하나님의 나라가 너희 것이고, 너희는 너희를 향한 그의 변화하는 능력을 체험할 것이며, 그러므로 너희는 이미 지금 복 있는 사람들로 칭송받을 수 있다고 말한다.

---

[239] 이러한 이해의 시초를 놓은 것은 J. Jeremias, Die Gleichnisse Jesu, 1984¹⁰, 145-160이다.
[240] 누가복음과 마태복음에 있는 서로 다른 축복 선언은 서로 대립적으로 해석된다. 누가복음에서 예수는 아무런 부가적인 설명 없이 가난한 사람들에게 직접 말씀하신다. 여기서 예수는 실제로 가난한 삶을 사는 사람들을 생각한다. 그들에게 하시는 그의 말씀은 경제적인 궁핍에 대한 중립적인 말씀이 아니라, 도움을 필요로 하고 기대하는 사람들에게 개인적으로 관심을 기울이시는 것이다. 마태복음은 3인칭 형으로 복을 선언하지만, "심령이"라는 부가적인 표현을 통해 일반적인 견해를 정확하게 묘사한다. 그럼으로써 마태복음이 말하는 사람은 "그의 외적인 상황으로 인해 모든 것을 하나님으로부터 기대할 수밖에 없는 사람이고, 그의 내면적인 자세는 모든 것을 오직 하나님으로부터만 실제로 기대하는 사람이다"(J. Schniewind, Das Evangelium nach Matthäus, NTD 2, 41). 조경철,「예수와 하나님 나라의 윤리」, 289-312도 참조.

예수가 특별히 관심을 기울이며 복음을 선포했던 곤궁에 처한 사람들 중에는 자신들의 생활태도 때문에, 혹은 사회의 변두리 그룹에 속하여 있다는 이유로 주변으로부터 멸시받고, 삶의 교제로부터 제한된 사람들도 속한다. 이들에 대한 예수의 관심은 단지 말을 통해서만이 아니라, 특히 그러한 사람들과 개인적인 관계를 맺으며, 그들과 함께 앉아서 식탁 교제를 나누는 것에서도 드러난다. '죄인들과 세리들'에게 예수와 나누는 식탁 교제는 그들이 하나님께 받아들여졌다는 표시였다. 바로 이 점에서 경건한 무리들과 법적으로 정당한 사람들의 뜨거운 저항이 일어난다. 그들은 예수가 하나님의 편에 서 있다면 그러한 사람들과 어울릴 수 없다고 생각한다. 여기서도 예수는 비유들을 통해 그는 –하나님의 편에 서 있기 때문에– 하나님의 임재와 도우심을 가장 시급하게 필요로 하는 사람들에게 보내졌음을 분명하게 밝힌다. 그는 매우 인상적인 비유들을 통해 잃어버린 사람들을 찾으시는 하나님과 찾은 후의 기쁨에 관해 말하며, 그럼으로써 그의 활동은 잃어버린 사람들을 찾으시는 하나님의 활동이라고 간접적으로 규정한다.[241]

하나님께서 구원을 베풀기 위해 가까이 오고 계신다는 예수의 무조건적인 약속의 선포는, 그의 사람들에게 온전한 헌신을 요구하는 하나님의 무조건적인 요청을 선포하는 것과 일치한다. 이러한 요청은 율법의 핵심과 요약으로서 주어지며, 이를 사랑의 계명이라고 예수는 말한다. 사랑의 계명은 계명들의 내면으로부터의 '철저화'로 이어진다. 이러한 철저화는 산상설교에 있는 소위 '반테제들' 중에서 적어도 한 곳에서는 구약성서적인 규정을 폐기하는 데까지 나아간다.[242] "너희들은 … 들었으나, 그러나 나는 말한다."는 대립적인 표현을 통해 예수는 스스로를 율법의 절대적인 해석자로 드러낸다.[243] 하나님의 뜻은 인간의 공동생활을 위한 최소한의 몇 가지 요청들로 제한될 수 없다. 그분의 뜻은 인간이 서로 살아가게 돕고, 서로를 보호하고 촉진하고자 하며, 구약성서의 샬롬의 의미에서 평화를 이루는 것을 목표며, 또 그러므로 사랑을 인간적인 삶의 표준이 되게 한다.

---

241) J. Jeremias, Gleichnisse 128ff.; Klaiber, Ruf und Antwort 39-44, 117f.
242) 마 5:31-32와 마 19:18을 비교; 주석서들 외에도 W. Schrage, Ethik 64ff.; Gnilka, Jesus 215ff.; Weder, Die Rede der Reden, 1987², 98-155.
243) 예수의 소위 '반테제들(마 5:21-48)'과 "그러나 나는 너희에게 말한다."라는 어투의 의미에 대해서는 조경철, 「예수와 하나님 나라의 윤리」, 403-434 참조.

웨슬리는 이 구절에 대해 독창적인 해석을 한 바 있다. 산상설교에 관한 설교에서 웨슬리는 축복문과 반테제의 해석을 요약하면서, 그것을 복음의 약속과 요청이 내적으로 결합되어 있는 것으로 이해하였다.[244] 이것이 절대적인 권능으로써 율법을 해석한 것이며, 이를 웨슬리는 예수가 그의 '예언자적 직무'를 수행한 것이라고 보았다.

구원으로 다가오시는 하나님의 약속에 상응하는 하나님의 인간에 대한 요청은 "따르라."는 예수의 부르심에서도 드러난다. 이 부르심은 그의 선포를 듣는 모든 사람에게 해당되는 것이 아니라, 지금까지의 삶과 가족으로부터 나와 예수를 따르기 위해 모든 것을 버리는 개인에게 해당된다. 이들은 하나님의 나라가 어떻게 인간 전체를 붙잡아 그를 섬기게 하는지를 그 당시의 사람들에게 보여 주는 모범적인 예다.[245] 이처럼 제자공동체는 예수공동체의 원형이 되었다. 이 공동체의 회원들은 하나님의 부르심을 들었으며, 그들이 비록 외면적인 삶의 상황에 여전히 머물러 있을지라도, 전적으로 하나님에게 헌신된 사람들이다.[246] 처음 세 복음서들을 읽어 보면 두 가지 물음이 생겨난다. 예수가 어떻게 행동했으며, 또 스스로 어떤 권능을 주장했는지를 생각하면서 오늘이나 그 때나 사람들은 "이 사람이 누구인가?"를 묻게 된다. 다른 한편 이 복음서들은 -특히 가장 먼저 기록된 마가복음은- 예수 스스로 자신을 메시아나 하나님의 아들로 말하는 것을 매우 주저하고 있음을 보여 준다. 그러므로 근래의 신약성서에 대한 연구에서는 "예수가 자기 자신을 메시아라고 생각했을까?"라는 물음이 거듭 제기된다.[247]

우리는 복음서들의 상이한 증언들을 비판적으로 대조함으로써 이러한 질

---

[244] 마 5:5-7(과 5:21-48)에 대한 설교 22("산상설교 II")와 마 5:8-11(그리고 5:27-30, 31f, 33-37, 38-48)에 대한 설교 23("산상설교 III"). 웨슬리의 산상설교 해석에 대해서는 Th. Lessmann, Die Auslegung der Bergpredigt bei John Wesley, 1985, 5-29 참조.

[245] 고전적인 제자 부르심에 관한 막 1:16-20 병행; 2:13f. 병행 외에도 눅 9:57-62 병행과 막 10:17-22 병행도 참조. 여기서는 실패한 제자 부르심의 예를 통해 따름의 본질이 무엇인지가 분명하게 드러난다. 이에 대해서는 M. Hengel, Nachfolge und Charisma, BZNW 34, 1968을 참조.

[246] 교회사에서는 예수의 철저한 부르심을 마 19:21에 의거해("너희가 완전해지기를 원한다면") 두-단계-윤리라는 틀 안에서 '완전한 사람들'을 위한 것으로 이해하려는 사람들이 있었다(Weder, aaO. 18-21; G. Barth, TRE 5, 1980, 612f. 참조). 그러나 그에 반해서 G. Lohfink, Wie hat Jesus Gemeinde gewollt?, 1989³에서 부활절 이전과 이후의 그리스도 따름에 관해 인상적으로 논하고 있는 것을 참조. '완전한 사람들'에게 주어진 예수의 요청이 모든 그리스도인에게도 해당된다는 사실은 웨슬리에게는 전혀 의심의 여지가 없다.

[247] J. Gnilka, Jesus, 251-267; 조경철, 「예수와 하나님 나라의 윤리」, 183-210 참조.

문에 대한 답변을 시작할 수는 없다. "나사렛 예수가 누구였는가?"라는 물음에 대한 답변은 "예수가 자신을 누구라고 말했는가?"라는 역사적인 되물음을 통해 가능한 것이 아니라, 오히려 "예수는 어떤 인물로서 행동했고 선포했는가?"라는 고찰을 통해 가능하다.[248] 예수 스스로 다음과 같이 말한다.

> 만일 내가 하나님의 손가락으로 악한 영들을 쫓아낸다면, 하나님의 나라가 너희에게 임했다.

그의 활동 안에서 하나님의 나라가 시작되었고, 그의 인격은 구원을 가져오는 하나님 도래의 결정적인 초점이다. 예수 안에서 아버지는 잃어버린 자녀들을 향하여 마주 오시며, 그를 통해 죄인들에게 용서를 약속하시고, 가난한 사람들에게 기쁜 소식을 선포하신다. 그러므로 제자들은 그의 생전에 그를 메시아라고 불렀다. 그러나 그들은 그의 미래의 기능에 관한 생각을 여전히 하고 있었다. 물론 이 생각은 십자가와 부활을 통해 비로소 수정되었다. 그러므로 요한복음이 예수의 본질과 행동의 깊은 차원을 "나는 …이다."라는 예수의 공개적인 자기 진술로 번역한 것은 당연했다. 또한 요한복음은 다른 복음서들이 암시적으로 증언하는 것을 확실하고 분명하게 말하는데, 그것은 예수가 하나님을 전적으로 아버지라고 부르심으로써 스스로를 하나님의 아들로 입증하는 것이다.[249]

예수가 메시아라는 것이나 하나님 나라는, 예수가 신적인 권능으로 행하신 기적들을 통해서만 입증되는 것은 결코 아니다. 그것은 오히려 그가 인간의 삶을 사셨던 그 방식에서 훨씬 분명하게 밝혀진다. "하나님으로부터 오신 인간으로서 예수는 하나님이 아버지로서 오심 곧 아버지이신 하나님의 가까이 오심을 믿게 해 주었다."[250] 예수가 "지극히 높으신 분의 아들(눅 1:32)"이라는 당연한 사실은 역설적으로 그가 인간의 비참한 죽음을 스스로 감당하는 그 방식에서 진리로 입증된다. "만일 네가 하나님의 아들이라면, 네 스스로를 도우라. 그래서 십자가로부터 내려오라(마 27:40)."고 십자가 밑에 있었던 사

---

248) 신약성서의 연구는 이 맥락에서 예수의 '잠재된 기독론'을 말한다(Gnilka, aaO. 257). W. Pannenberg, Systematische Theologie II, 374ff.도 참조.
249) 이것이 요한복음이 말하는 기독론의 내용이요 목적이다; W. Klaiber, Aufgabe, 314 참조.
250) E. Jüngel, Gott als Geheimnis der Welt, 1992⁶, 493.

람들이 비난했다. 그러나 예수의 죽음에 관한 이야기와 선포는 그의 그러한 죽음에서 그가 하나님의 아들로 입증되었음을, 그가 하나님의 뜻을 신실하게 지켰으며 "그가 고난으로 순종을 배웠음(히 5:8-9)"을 확인한다. 그러므로 마가복음에서 예수의 십자가 아래 있던 백부장이 "이 사람이 하나님의 아들이었다."라는 고백을 한 최초의 사람이라는 것은 매우 깊은 의미가 있다. 이 고백은 이전에는 하늘의 음성을 통해 말해졌을 뿐이다.(막 15:39; 참조 1:11; 9:7)[251]

(2) 원수를 위한 예수의 십자가 죽음

십자가에서 예수의 죽음은 두 가지 면에서 하나님의 뜻에 따른 삶의 결과다. 첫째, 예수가 죽음의 판결을 받은 것은 그 당시의 종교 지도자들과 충돌한 결과다. 특히 안식일 계명에 대한 그의 태도에서 분명하게 드러난 바, 당시 지배적인 율법 해석에 매이지 않았고, 가난한 사람이나 창녀 혹은 세리와 같은 그 시대 사회의 주변 인물들에 대한 그의 관심, 그리고 —분명하게 드러나 있지는 않지만— 그의 인격에 대한 주장 등으로 인해 그 당시 지배계층은 그가 유대인들의 왕이라고 주장했다는 죄목으로 로마인들에게 고발하였다.[252] 예수가 부당한 심판을 받았다는 것은 의심의 여지가 없지만, 이 잘못된 심판은 인간을 향한 하나님의 사랑과 이 사랑을 거부하는 인간 사이에 놓여 있는 매우 심각한 충돌의 징조다. 또 이 잘못된 심판은 인간이 서로 어떻게 대하고 있으며, 또 자신의 목적을 달성하기 위해 어떻게 다른 사람들을 희생시키는지를 보여 주는 표시다.

둘째, 그러나 동시에 예수의 죽음은 그의 순종의 결과이기도 하다. 이는 개체적인 계명에 대한 순종일 뿐만 아니라, 그가 하나님을 위하여 살았던 모든 삶을 포괄하는 순종이다. 하나님의 아들이 실천한 이러한 '순종의 삶'은 죽음을 받아들이는 것까지도 포함한다. 하나님의 아들이 인간과 운명을 함께 나눈 연대성은 하나님의 구원하시는 사랑의 표현으로서 빌립보서 2:6-8 외에

---

251) 마가복음의 기독론적인 구도에 대해서는 E. Schweizer, Die theologische Leistung des Markus, 21-42, 특히 40을 참조. 다른 복음서들은 이 구도를 마가복음과 같이 엄격하게 전개하지 않았고, 단지 예수가 이미 그의 지상생활 동안에 하나님의 아들로 계시되었다고 말한다(예를 들어 막 6:52를 마 14:33과 비교).

252) 예수의 죽음의 원인에 대한 최근의 연구에 대해서는 Gnilka, Jesus, 268-318; Stuhlmacher, Warum mußte Jesus sterben?, 47-64를 참조.

도 특히 히브리서 4:14-5:10에 설명되고 있으며, 이 때 하나님으로부터 오신 분이 죽음을 받아들이는 것은 그가 가야 할 길의 목적이라고 강조한다.

이 죽음이 범죄자의 죽음, 곧 처형대에 달린 죽음, 그 당시 가장 치욕스러운 처형의 형태로 노예들이나 반역자들에게 내려졌던 십자가 처형으로 집행된 죽음이었다는 사실에서 이 죽음이 유대교에서는 저주받은 사람의 죽음이라고 믿었다(신 21:22-23; 참조 갈 3:13). 바로 이 점이 예수의 죽음의 두 가지 결과를 매우 날카롭게 보여 준다. 그의 죽음은, 그가 인간으로서 하나님 앞에서 살았던 전적인 순종의 결과이면서, 동시에 하나님과 인간 사이의 치명적인 충돌의 결과다. 예수의 죽음이 이러한 두 가지 결과의 죽음이었기에, 기독교의 메시지는 그가 모든 인류를 위하여 그러한 죽음을 맞았다고 말한다.

그러나 바로 이러한 말이야말로 현대인들이 가장 이해하기 어려운 신앙 진술들 중 하나다. 많은 현대인은 예수가 단지 실패한 사람에 불과하지 않느냐, 혹은 기껏해야 목숨을 바쳐 신실하게 자신의 문제를 끝까지 포기하지 않은 순교자와 같은 인물이 아니냐고 묻는다. 그의 제자들도 처음에는 그렇게 생각했음이 분명하다. 하지만 그 후 부활하신 분을 만남으로써 비로소 새로운 견해를 갖게 되었다. 그의 부활을 통해 하나님은 예수를 인정했으며, 또 그와 그의 활동을 -디모데전서 3:16이 말하듯이- 정당화했다. 이로써 그의 죽음을 전혀 새롭게 이해할 수 있는 빛을 던져 주었다. 예수는 부당한 심판을 받아 죽은 것이 아니다. 예수가 인간의 치명적인 심판과 폭력에 내맡겨짐으로써 하나님은 그의 사랑의 행위를 완성하신 것이다.

예수 스스로 제자들과 마지막 식사를 하시면서 그의 임박한 죽음을 "많은 사람들을 위하여" 그의 생명을 내어주는 것이라고(막 14:22-24), 다시 말해 인류 전체를 위한 죽음이라고 해석했다. 이를 위해 그는 그의 죽음을 이사야 53:11 및 의로운 사람의 대리적인 고난이라는 성서적-유대적인 생각과 연결시킨다. 부활절 이후의 기독교 선포는 이러한 연결을 다시 수용해 더 심화하며, 또 우리가 용서와 구원을 받기 위해서는 그리스도가 우리의 죄를 위해 죽어야만 했다는 사상이 이미 구약성서에 예언되어 있음을 점점 분명하게 알게 된다.

이를 설명하기 위해서는 예수의 죽음의 의미를 해석하는 상이한 모델들을 살펴보아야 한다. 두 개의 가장 중요한 모델은 예수의 죽음을 속죄의 제물로 해석하는 것과 대리적인 희생의 죽음으로 해석하는 것이다. 첫 번째 해석은 제의적인 영역에 그 뿌리를 둔다. 죄지은 사람들이나 전체 백성의 잘못된 삶을 속하기 위하여 희생동물의 생명을 바치는데, 이 동물의 피가 죄지은 사람들의 생명을 대신해 제단에 뿌려진다.[253] 두 번째 해석 모델은 세속적인 영역에서 뿌리를 찾을 수 있다. 한 사람이 다른 사람들의 위협받는 생명을 위하여 그 자신의 생명을 대신 바친다. 그것은 전투에서 자신을 희생한다든지, 아니면 다른 사람들이 받아야 할 저주나 형벌을 스스로 받음으로써 이루어진다.[254] 예수의 죽음을 해석하는 전(前)역사에서 이 두 가지 해석 유형이 얼마나 분명하게 분리될 수 있는지는 논란이다. 어쨌든 두 모델을 구분함으로써 우리는 더 좋은 이해에 이를 수 있을 것이다. 특히 바울에게서도 여러 구절들에서 하나의 모델이 전면에 강조되든지, 혹은 다른 모델이 강조된다. 그러나 내용적으로는 두 모델에 공통적인 확신이 있다. 그것은 하나님이 그의 아들 예수 그리스도를 인간들을 죄와 그 죄의 치명적인 결과들에서 해방시키기 위하여 죽음에 내어주었다는 것이다.

그러나 바로 여기서 현대인의 거센 항의가 제기된다. 그것은 밖에서부터 오는 항의일 뿐만 아니라, 기독교 신학 안에서도 제기된다. 한 개인의 죽음이 어떻게 다른 사람들의 죄를 용서할 수 있는가? 자신의 진노를 무마하기 위해 인간 생명의 희생을 요구한다면, 이것은 포악한 하나님의 모습이 아닌가? 속죄의 필연성을 말하는 이론은 무조건, 그리고 남김없이 용서해 주신다는 하나님의 끝없는 사랑과 선하심을 말하는 예수의 선포와 일치될 수 있는가? 하나님께서 그의 자비로움을 베풀기 위해 먼저 무죄한 사람에게 형벌을 내려 의를 이루게 한다면, 그 하나님은 자기 율법에 붙잡힌 것이 아닌가?[255]

그러나 이 모든 물음에 담겨 있는 공통적인 오류는, 그것들이 속죄와 대리적인 죽음에 관한 가르침의 성서적 전제들이 가진 실제 의미와 깊이를 이해하

---

253) 레 4-5; 롬 3:25-26 참조; 이에 대해서는 H. Gese, Die Sühne; B. Janowski, Sühne als Heilsgeschehen, 1982 등을 참조.
254) 요 11:50; 15:13(10:11ff. 참조); 롬 5:7; 이에 대해서는 M. Hengel, The Atonement; Klaiber, Rechtfertigung und Kreuzesgeschehen, 93-126 등을 참조.
255) 예를 들어 R. Bultmann, Neues Testament und Mythologie, 15-48, 20; H. Woller, Zum Glauben verführen, 220-222, 221을 참조; H. Wolff, Neuer Wein, 79ff.; L. Schottroff, Die Crux mit dem Kreuz, 216-218도 비슷하다. 우리나라에서 한때 베스트셀러가 되었던 오강남, 「예수는 없다」의 근저에도 이러한 물음이 깔려 있다.

지 못하고 있으며, 동시에 인간의 죄의 실재를 너무 피상적으로 가볍게 생각하는 위험을 내포하고 있다는 것이다. 다음에서 우리는 성서의 말씀들과 인간 상황의 실재를 바르게 이해하는 데 중요한 것들을 살펴보고자 한다.

먼저 성서에서는 죄와 형벌이 두 개의 전혀 다른 것이 아니다. 히브리어에서 이 둘을 말하는 개념은 하나다. 그러므로 형벌은 법관이 죄지은 사람에게 내리는 어떤 조치, 혹은 경우에 따라서는 교육적인 의도에서 취하는 조치를 일차적으로 의미하는 것이 아니다. '형벌'은 모든 범죄에 내재되어 있는 멸망이다. 하나님과 인간에게 죄를 범한 사람은 삶의 관계들을 파괴한 것이거나 혹은 생명 그 자체를 파괴한 것이다. 그럼으로써 생겨난 '멸망'은 죄지은 사람이나 그가 살고 있는 공동체에게로 돌아갈 위협이다. 그러므로 성서신학이 묻는 질문은 하나님이 형벌을 집행할 것인가, 아니면 경우에 따라 그 형벌을 포기할 것인가가 아니라, 하나님은 어떻게 죄의 결과인 멸망을 처리하는가라는 물음이다. 하나님은 형벌을 죄지은 사람들 자신에게 떨어지게 할 것인가, 혹은 죄지은 사람들과 그들의 죄 사이에 하나님 자신이 서서 그 죄를 감추어 주며, 그 죄를 죄지은 사람들로부터 떼어내 그들이 -현대적으로 말해- 그 죄를 이기게 도와주는가의 문제이다.[256] 바로 이것이 속죄제물의 기능이다. 이것은 사람들이 하나님께 바쳐 진노하시는 하나님을 무마하는 기능을 하는 것이 아니라, 죄지은 사람들에게 주시는 하나님의 선물이다.

이러한 이해의 배경에는 인간의 죄의 현실에 대한 피상적인 고찰에서 드러날 수 있는 것보다는 더 깊은 통찰이 있다. 첫 인상에 단지 죄를 지었다는 감정만을 말하는 듯 보이는 심층심리학은 죄와 그 파멸적 결과의 억압과 전가 현상을 다시 의식하게 해주었다. 레위기 16장의 속죄양 의식이 속담처럼 된 것은 결코 우연이 아니다. 인간이 죄를 인식하고 해결할 가능성이 없는 곳에서는 그 죄를 전가할 속죄양을 찾거나 혹은 스스로를 벌주어 속죄하고자 한다.

우리의 죄를 위해 예수가 대리적인 죽음을 죽었다는 메시지가 말하고자 하는 것을 다음과 같이 요약할 수 있다: 하나님께서 우리를 위하여 예수를 '속죄양'으로 만드셨고, 더 나아가 죄로 만드셨으며, 그렇게 함으로써 죄의 억압과 전가라는 악마적인 순환 사슬을 깨뜨리고 인간 스스로는 결코 짊어질 수 없는 죄를 누구에게 맡겨야 할 것인지를 보여 주고자 했다. 하나님의 아들인

---

256) 예를 들어 시 32:1; 51:3f.; 85:3; 103:12 등을 보라.

예수 말고 과연 누구에게 인간은 자기의 죄를 맡길 수 있겠는가?

고린도후서 5:18-19에서 바울은, 그리스도를 통해 하나님이 화해된 것이 아니라, 하나님은 그리스도 안에서 세상을 자신과 화해시켰다고 말한다. 하나님 스스로 그리스도 안에서 하나님에 반역하는 인간의 모든 적대적인 결과를 짊어짐으로써 평화를 이루셨다. 하나님이 화해되어야 했다 –그러므로 하나님은 그리스도의 화해하는 행동의 **대상**이었다– 는 점을 강조했던 기독교의 신앙과 선포의 전통을 아는 사람에게는 하나님이 세상을 자신과 화해시키신 분이라는 사실, 그러므로 하나님이 그리스도 안에서 이루어진 화해의 논리적이고 내용적인 **주체**가 된다는 점을 신약성서가 매우 분명하게 말한다는 것은 특이하게 보일 것이다.(롬 5:10; 고후 5:19; 골 1:20 참조)[257]

로마서 3:25-26을 정확하게 분석해 보면, 예수의 희생죽음은 하나님의 형식적인 의를 입증하고, 그래서 그의 자비가 드러날 수 있는 공간을 마련하기 위해 반드시 요청되었던 –그러한 해석은 과거의 해석 전승에서 찾아볼 수 있다– 것이 아님을 알 수 있다. 이러한 해석은 성서의 의 개념에 대한 잘못된 이해에서 출발했다. 하나님이 그리스도를 속죄로 삼았다면, 하나님의 의는 **형벌을 주는 의**가 아니라 **구원을 베풀어 주는 의**다. 이 구원을 주는 의를 통해 하나님은 인간의 죄를 용서해 주며, 그래서 인간이 하나님과 구원에 가득 찬 사귐을 나눌 수 있는 길을 활짝 열어 준다.[258]

11세기 캔터베리의 안셀름은 그의 '만족설' 혹은 '보상설'의 도움을 받아 훌륭하고 동시에 매우 중요한 결과를 가져온 해석을 시도한 바 있다. 그는 예수의 성육신과 그의 대리적인 죽음이 인류를 구속하기 위하여 필연적인 것이었음을 게르만적인 법사상의 틀 안에서 입증하고자 했다. 하나님의 상처받은 영광을 보상하기 위해서는 오직 그것만이 가능했을 것이라고 한다(satisface-re).[259] 인간을 구원하기 위해 하나님이 반드시 무엇을 행해야만 했는지를 입증할 수 있다고 생각한다면, 그것은 인간의 능력을 넘어서는 것을 입증하는 것이다. 그러나 안셀름의 입증 과정에서 한 문장이 특히 눈에 띈다. 그는 그의

---

257) 이에 대해서는 조경철, "화해는 하나님의 구원 사건이다", 「신약논단」, 13권 1호(2006년 봄), 111-146 참조.
258) 이에 대해서는 U. Wilckens와 Käsemann 등의 로마서 주석서 참조. 웨슬리가 이 주제를 논하면서 개신교 정통주의와 함께 하나님의 벌주시는 의로부터 출발하는 전통적인 견해를 피력하는 것은 결코 이상한 일이 아니다. Notes NT의 롬 3:25 등에 관한 부분을 참조.
259) L. Hodl, TRE 2, 1978, 759-778; P. Tillich, Systematische Theologie II, 183-186; W. Pannenberg, Systematische Theologie II, 449ff. 참조.

대화 상대자에게 이 문장을 끝까지 주장했는데, 예수의 희생죽음에 관한 성서적인 진리를 이해하고자 한다면 이 문장의 정당성은 언제나 인정될 수밖에 없을 것이다: "죄의 무게가 얼마나 무거운지를 당신은 아직 충분히 생각하지 않고 있다(nondum considerasti quanti pondris sit peccatum)."[260] 하나님에게 예수의 희생죽음이 인간을 구원하기 위한 유일한 가능성이었음을 논리적으로 입증할 수 없는 만큼, 성서에 근거한 신학은 어떻게 하나님이 예수의 죽음을 통해 인간의 죄를 스스로 짊어지고 해결하셨는지를 이해시키기 위해 더욱 노력해야 한다. 예수의 복된 죽음을 입증하려는 신약성서의 말씀에서 하나님의 '의무'는 실질적인 깊이로 해석된다. 여기서 중요한 것은 성서가 미리 말한 것이 형식적으로 성취되었다는 것이 아니라, 오로지 성서의 증언이 의도하는 구원이 성취되었다는 것이다. 그러므로 예수의 죽음의 이야기에는 어떠한 '연출'도 불가능하다. 성서를 피상적으로 읽는 많은 사람들은 예수의 수난 예고에 근거해 예수의 죽음에 관한 이야기는 어느 정도 연출된 것이라는 인상을 받을 수도 있다. 예수는 먼저 자신의 수난을 예고하고, 그것에 이어 죽음을 말하기 때문이다. 그러나 죽음에 앞서 수난의 예고가 주어질 수밖에 없었던 '당위성'은, 예수의 수난에서 하나님이 절대적인 주도권을 행사하고 있다는 것을 말하려는 것이다. 이 절대적 주도권을 가지신 하나님은 예수를 죽이는 인간의 반역을 이용해, 하나님에 맞서 반역하는 인간의 해방을 위한 그의 구원 계획을 성취하신다.

이 점을 알게 되면, 전통적인 표현 방식이 말하고자 하는 관심사까지도 수용할 수 있다. 그것은 "하나님의 아들이 인간이 되어 아버지의 분노를 풀어주었다."는 노래 가사로 표현되었다.[261] 여기서 분명해지는 것은 '화해의 필요성'은 인간에게 있으며, 인간의 죄와 하나님과의 단절된 관계를 해결하기 위해 예수의 희생이 필요한 것은 하나님이 아니라 인간이라는 점이다.[262] 예수의 죽음을 통해 단지 구체적인 죄의 문제가 해결된 것이 아니라, 하나님과 인

---

[260] Cur deus homo I, c. 21.
[261] 이는 한 성탄절 노래의 일부분이다. 감리교회의 찬송가에도 이와 비슷하게 "주는 선하시다—그는 그의 아들의 피를 통해 화해되셨다(J. J. Rambach, GB EmK 295, 2)."라는 가사가 있으며, 찰스 웨슬리의 몇몇 찬송가들에도 있다: Hymn 123, 8(162, 6; 194, 4-5). 존 웨슬리도 이러한 해석을 주장했다: 예수의 속죄죽음은 "분노한 하나님을 풀어드리기 위하여" 일어났다(Notes NT 롬 3:25).
[262] 하나님의 '분노'는 하나님의 감정이 아니라, 깨어져 버린 하나님과의 교제가 가져온 필연적인 결과다(260-263쪽을 보라). 분노('심판'의 의미에서)를 극복한 것은 하나님의 사랑이다(호 11:9 참조).

간의 파괴된 교제가 새롭게 시작되었다. 화해에 관한 메시지가 말하고자 하는 것이 바로 그것이다. 예수 그리스도 안에서 일어난 하나님의 화해하시는 행동을 통해 인간은 하나님과 화해되었다.

지금까지 설명한 내용은 그 역동성을 제대로 파악해야만 바르게 이해할 수 있다.

첫째, 예수의 대리적인 죽음에 관한 증언은 죄의 문제를 단번에 해결한 어떤 한 개인의 처형에 관한 기록이 아니다. 그 사건은 하늘의 은행구좌에 있는 채무를 변제하는 것과 비교될 수 있을 그런 사업도 아니다. 이미 우리가 보았듯이, 예수의 죽음은 하나님께서 인간의 고통스러운 상황과 비참한 영역으로 들어오셨음을 말하는 가장 심오한 표현이다.[263] 대제사장이신 아들이 단 한 번에 스스로를 희생하셨을 뿐만 아니라, 그는 인간과 가장 밀접한 연대성을 가지고 고통을 나누었다. 하나님은 다른 이를 희생시키신 것이 아니다. 아들 안에서 하나님은 자기 자신을 희생하셨다 – 하나님은 그렇게 하심으로써 아들의 삶, 고난, 죽음을 통해 자신을 희생적인 사랑의 하나님으로 드러내셨다. 루터교회의 신학에서처럼 웨슬리 신학도 하나님 자신이 십자가에 달리셨음을 찬양할 수 있으며, 더 나아가 예수 그리스도의 형상 안에 나타난 하나님의 사랑에 대한 통찰을 루터의 신학보다 더욱 분명하게 말할 수 있다.[264]

둘째, 아들 예수 그리스도의 죽음을 통해 하나님은 우리가 아직 죄인이었을 때(롬 5:10) 우리를 그 자신과 화해시키셨다는 것은 인간에게 어떠한 전제조건이나 선행도 요구하지 않으시고 주신 그의 사랑을 말하는 가장 깊고 분명한 표현이며 증거다. 그러나 하나님이 인간을 무조건적으로 받아 주셨다는 이 메시지는 인간을 심각한 자기 이해의 위기로 몰아갔다. 인간은 하나님의 이러한 철저하고 심오한 사랑을 필요로 하는 존재라는 것을 이미 알고 있었는가, 아니면 스스로의 업적과 가치 평가에 근거해 자신의 삶을 영위하고자 하는가? 그러므로 십자가에 관한 말씀이 가지고 있는 구원의 능력 속에는 인간의 결단과 구분을 일으키는 비판적인 요소도 들어 있다.(고전 1:18 이하)[265]

---

[263] 위의 1.3).(3)을 보라.
[264] 찰스 웨슬리의 찬송 가사를 참조: Hymn 124, 7; 26, 2; 27, 1; 133, 3; 193, 1; 206, 4 등. 이에 대해서는 G. Ebeling, Dogmatik II, 202ff.; J. Moltmann, Der gekreuzigte Gott, 184ff.; ders., Der Weg Jesu Christi, 192ff. 등을 참조.
[265] W. Klaiber, Rechtfertigung und Gemeinde, 74ff.; W. Schrage, Der erste Brief an die Korinther(1. Kor 1, 1-6, 11), EKK VII/1, 190ff. 불트만의 십자가 해석의 핵심도 바로 이 점에 있다. R. Bultmann,

셋째, 우리를 위한 예수의 대리적인 행위는 배타적으로도, 내포적으로도 이해될 수 있다. 대리적이라는 뜻은 우리가 아직 원수였을 때 그리스도가 우리를 위하여 죽으셨다는 것이다. 하나님은 그리스도를 통해 우리의 참여 없이 우리의 구원을 이루셨으며, 그리스도가 우리를 위하여 죄가 되심으로써 우리는 그 안에서 하나님의 의가 될 수 있었다(고후 5:21). 그래서 우리는 우리의 모든 죄를 그에게 맡기고, 그는 그 죄를 없애 버린다. 그러나 예수의 대리적인 행위가 내포적이라는 뜻은 인간이 믿음과 세례를 통해 예수의 대리적인 행위, 곧 죽음에 동참한다는 것이다. 우리는 그리스도와 함께 부활하기 위해 그와 함께 죽는다.[266] 우리 없이 우리를 위하여 일어난 일은 그리스도를 통해 우리와 함께 실현되었다. 우리는 이 대리적 행위의 이중적인 차원의 관계를 다음과 같이 현대적으로 비교해 말할 수 있을 것이다: 심리분석적인 치료 행위에서 환자는 그의 설명할 수 없는 모든 관계, 바람, 공격성, 그리고 체험해 보지 못한 가능성을 먼저 치료사에게 맡김으로써 그것들을 여러 가지로 작업해 보게 하는 것처럼, 우리는 우리의 모든 죄를 그리스도에게 맡김으로써 그 죄를 우리의 일부분으로 받아들여 그리스도와 함께 그것을 해결할 수 있다.

지금까지 말한 역동성과 웨슬리적인 구원론이 지향하는 역동성은 일치한다. 원칙적으로 골고다 동산에서 일어난 것은, 예수의 죽음으로 입증된 하나님의 끝없는 사랑을 받은 사람들의 삶에서 단계적으로 실현될 수 있고, 또 실현되어야 한다.

(3) 예수의 부활 – 하나님의 평화의 승리

조직신학적으로나 신약성서적인 기본 진술의 관점에서나 예수의 부활과 올라감은 함께 속하는 사건이다. 이들은 동일한 사건의 두 가지 면을 말한다.[267] 죽은 자들로부터의 부활은 죽음의 세계에 대한 하나님의 창조적인 개입을 말한다. 이 개입은 예수라는 사람에게 일어나 그와 그의 운명을 신적인

Theolgie NT, 303; G. Ebeling Dogmatik II, 211ff.도 참조.
[266] 특히 롬 6:3-11을 참조. 배타적 혹은 내포적이라는 용어와 그 내용에 대해서는 W. Joest, Dogmatik Bd. 1, 258-260; W. Pannenberg, Systematische Theologie II, 472f, 475-483을 참조하고, 그에 대한 비판적인 견해는 G. Barth, Tod Jesu Christi 83을 참조.
[267] 롬 1:4; 빌 2:9-11; 엡 1:20-22; 골 1:18; 히 1:3-4 등을 참조. 마 28:18에서도 부활하신 분은 올려진 분의 전권을 가지고 말씀하신다. 예수의 승천에 관한 이야기들은 두 가지 면을 특히 분명하게 해 준다. A. Weiser, TRE 15, 330-334 참조.

생명의 현실로 만들었다. 하나님의 오른편으로 올라감은 예수라는 사람과 그가 행한 모든 것을 하나님께 있는 결정적인 지위로 만들었음을 말한다. 예수가 체험했던 것에서 미래에 하나님이 인간을 어떻게 만나실지가 이미 결정되었다.

"하나님이 예수를 죽은 자들로부터 일으키셨다."는 처음 그리스도인들의 가장 근원적인 신앙 고백이었다.[268] 이는 부활하신 분을 만났던 제자들의 증언에 근거한 것이다. 이 때 베드로에게 나타난 것에 특히 중요한 의미를 부여했음이 분명하다(고전 15:5를 눅 24:34와 마 16:18에 비교). 그에 반해 부활절 아침에 여자들이 빈 무덤을 발견했다는 보도는 그보다는 덜 중요했고, 어쩌면 지시적인 기능이 있었을 것이다. 먼저 빈 무덤은 '예수가 부활했나?'라는 질문이었을 뿐 증명은 아닌 반면, 부활하신 분과의 만남은 그 물음에 대한 답이었고, 부활의 증명이었다. 예수의 부활에 관한 메시지는 예수가 갔던 길은 결코 좌절로 끝난 것이 아니라는 기쁨으로 충만한 고백이었고, 예수의 삶과 죽음으로 시작된 것이 하나님에 의해 완성될 것이라는 전적인 희망의 고백이었다. 성서적인 사고방식을 배경으로 해서 볼 때, '죽은 자들로부터 부활'은 단순히 한 개인, 곧 모범적인 인간이 신적인 영광으로 올라갔다는 것을 말하는 것이 아니다. 그것은 죽은 자들의 종말론적인 부활이 시작되었고, 그러므로 하나님의 종말론적인 행동이 시작되었음을 의미한다. 그러므로 초대교회는 예수의 부활에서 하나님의 나라가 가까이 왔다는 예수의 선언이 실현되는 첫 단계를 보았다.

그러므로 예수의 부활의 기독론적인 의미와 구원론적인 의미는 매우 밀접하게 결합되었다. 기독론적인 의미라 함은 예수의 부활이 그의 본질과 행동에 관해 말하는 것이고, 구원론적인 의미라 함은 예수의 부활이 예수 그리스도를 통해 인간에게 행하신 하나님의 행동임을 말한다. 감리교회의 신학에서도 구원론적인 차원, 곧 예수가 그의 '왕의 직무'에 오르는 것, 다시 말해 그의 권능, 그의 구원하시는 통치권을 행사하는 것은 매우 중요한 의미가 있다.

이러한 구원하는 통치권은 여러 상이한 영역들에서 세워지고 관철된다.

① 이미 앞에서 보았듯이, 하나님은 예수의 부활을 통해 예수의 사역과 운

---

268) 롬 10:9b; 살전 1:10b; 롬 1:4; 4:24; 8:11; 갈 1:1과 고전 15:3-5 등을 참조.
269) 딤전 3:16; W. Pannenberg, Systematische Theologie II, 385ff. 참조.

명을 "변증한다."[269] 예수가 말한 것, 행동한 것, 고난 받았던 것을 "인정한다." 예수의 죽음이 갖는 구원의 의미는 부활절로부터 밝혀진다. 그의 말씀과 가르침의 권능은 그의 부활로 인해 새롭게 드러난다. 그가 걸어간 모든 길은 그의 통치권에 순종하는 사람들의 삶의 영역이며 형태다. 예수가 "모든 이름 위에 뛰어난" 이름을 가진 주님으로 높여짐으로써 비천함으로 내려갔던 그의 길은 극복되어버린 과거가 되는 것이 아니라, 그에게 속한 모든 사람을 위한 결정적이고도 분명한 현실이 되었다는 사실을 바울은 빌립보서 2:5-11에서 극히 분명하게 언급한다. 십자가에 달려 죽으신 분이 우주의 주인, 세상의 통치자가 되었다! 이것을 체험함으로써 —예수와 바울이 촉구하고 있는— 진정한 겸손이 가능해진다.[270] 그러므로 부활과 십자가가 이처럼 서로 얽혀 있는 곳에서는 '부활의 신학' 과 '십자가의 신학' 이 전혀 모순되지 않는다.

② 하나님께서 예수를 통해 구원 활동을 하신다는 메시지는 예수의 부활을 통해 작동되기 시작했다. 이 근본적인 메시지는 신약성서에서는 상이한 방식으로 진술되었다.

마태복음 28:16-20은 부활하신 예수가 사도들을 파송하는 것을 언급한다. 이러한 소위 선교 명령은 예수가 권능을 주었고, 제자들이 사명을 받았다는 원인적인 관계를 분명히 한다. 모든 세계를 포괄하는 예수의 우주적인 권능에 근거해 제자들은 모든 민족을 예수의 제자로 삼아야 하는 사명을 받는다. 민족들은 세례를 받음으로써 하나님의 구원 활동으로 들어가며, 예수의 계명들과 의의 길에 관해 배워 그의 제자가 된다.

바울은 부활하신 그리스도를 만남으로써 기독교의 메시지가 진리요, 그 자신이 그 때까지 걸어왔던 길이 잘못된 것임을 체험적으로 알게 된다. 뿐만 아니라 그는 그 만남으로 이방인들에게 복음을 선포해야 하는 사명을 받는다. 바울 신학에서 예수의 부활과 선포하는 권능의 관계는 중대한 의미가 있다(갈 1:15; 고전 15:8-11). 하나님이 예수의 십자가에서 인간을 위하여 행하신 것은 십자가에 관한 말씀으로 사람들에게 살아 있고, 구원을 베풀며, 동시에 비판적 기능을 수행한다(고전 1:18-25). 그러므로 예수의 십자가와 부활에 관한 메

---

270)Wesley의 설교 111("우리 자신의 구원을 성취함에 있어서"), 4 참조. 여기서 웨슬리는 모든 과거의 주석과 마찬가지로 예수의 모범적인 성격으로부터 출발하지만, 동시에 이 단락을 빌 2:12-13의 주석으로 이해한다. 하나님이 그리스도 안에서 활동하시고, 그를 통해 우리 안에서 역사하시는 것처럼 우리는 우리의 구원을 이루어 갈 수 있다!

시지는 살아 계신 그리스도의 실재와 만나는 것이며, 하나님이 십자가와 부활에서 이루신 것을 만나는 것이다.[271]

③ 죽은 자들로부터 예수를 살리신 하나님의 힘은 예수에게 속한 사람들의 삶에서도 활동하며, 그들의 삶을 이미 지금 변화시키며 새롭게 형성한다.

로마서 6장에서 바울은 그의 은혜의 신학의 결과에 관한 공상적인 질문, 곧 "그렇다면 은혜를 더 크게 하기 위해 우리가 죄 가운데 있어야 하느냐?"라는 질문에 대답한다. 여기서 바울은 "죄에 대해 죽은 우리가 어떻게 죄 가운데 살겠는가?"라고 되묻는다. 그러나 바울은 그의 답변에서 그리스도인들은 세례를 받음으로써 '그리스도의 죽음으로 세례를 받았으며', 그러므로 죄에 대해서는 죽었다고 말하는 것으로 만족하지 않는다. 그는 다음과 같은 확신을 피력하면서 그의 생각을 전개시킨다.

> 그러므로 우리가 그의 죽으심과 합하여 세례를 받음으로 그와 함께 장사되었나니 이는 아버지의 영광으로 말미암아 그리스도를 죽은 자 가운데서 살리심과 같이 우리로 또한 새 생명 가운데서 행하게 하려 함이니라.(롬 6:4)

예수를 죽은 자들로부터 일으킨 하나님의 창조적인 힘은 지금도 그리스도인의 삶에서 활동한다. 그러므로 그리스도인들은 새로운 삶과 행동을 실천하기 위한 힘을 받았다.[272]

이 점에서 골로새서와 에베소서는 한 걸음 더 나아간다. 이 서신들에 따르면, 그리스도인들은 그리스도와 함께 부활했고, 새로운 삶으로 이미 일으킴을 받았으며(골 2:12-13), 더 나아가 그와 함께 벌써 하늘에 앉혀졌다(엡 2:5-6). 이는 물론 그들이 이미 하늘에 살고 있으며, 더 이상 현세적인 세상과 관

---

271) 기독교 전통에서는 그리스도의 지옥행이라는 주제(벧전 3:19-20; 4:6)가 그리스도가 세상에서 활동하시기 이전에 죽은 사람들에게도 구원의 설교를 행하는 가능성을 제시해 준다(N. Brox, 1. Petrusbrief, EKK XXI, 182-189; W. Joest, Dogmatik, Bd. 2, 657 참조). 웨슬리는 이 주제를 25개 신앙 조항에서 삭제했으며, 1786년 미국연회에서 사도신경에 있는 해당 구절을 지워 버렸다(J. Deschner, Christology 50-51, 63 참조). 그 이유는 아마도 주석적인 것이었던 것 같지만, 신학적인 생각도 한몫을 했을 것이다. 웨슬리는 한 인간의 영원한 운명이 그가 죽음으로써 결정된다고 생각했기 때문이다(히 9:27에 대한 Notes NT 참조).
272) 롬 6장이 웨슬리의 성화론에서는 아무런 역할도 하지 못하는 것처럼 보이는 것은 기이하다(W. E. Sangster, The Path to Perfection, 44 참조).

계없다는 말은 아니다. 오히려 정반대다. 땅과 하늘 사이는 악마와 그의 부하들이 지배하고 있다고 보는 두 서신들의 세계상에서 볼 때, 그리스도인들은 믿음과 세례를 통해 그리스도의 운명에 참여했으며, 마귀의 지배 영역에서 벗어났고, 하나님 곁에 그들의 영적인 '위치'가 있고, 하나님에게 속한 사람들로서 이 세상에서 의연하게 살아갈 수 있다는 것을 의미한다. 죄를 지음으로써 하나님의 생명 창조적인 교제에서 떨어져 나갔기에 죄 가운데 죽어 버린 사람들은 예수의 부활로써 살림을 받았고, 그러므로 이미 지금 은혜의 삶을 체험하고 있다. 이것이야말로 진정한 삶이라고 할 수 있다.[273]

이러한 부활의 현실이라는 차원은 웨슬리에게 매우 중요했다. 예수의 십자가와 부활은 거듭되는 범죄들에 대한 거듭되는 새로운 용서의 가능성을 포함하고 있을 뿐만 아니라, 죄에 대한 근본적인 승리를 뒷받침하고 있기 때문이다. 이 승리는 비록 시초적이고 파편적이기는 하지만, 완성의 약속과 함께 이미 지금 개개 그리스도인의 삶에 자리 잡고 있다. 웨슬리는 바로 이 점에서 그리스도의 '왕의 직무'가 갖는 의미를 보았다.[274] 이 점은 성화에 관한 단락에서 더 상세히 살펴볼 것이다. 그러나 성화는 단지 성령의 활동일 뿐만 아니라, 근본적으로 부활 사건에 뿌리를 내리고 있다는 사실을 여기에서 분명히 하는 것이 중요하다.

④ 예수의 부활은 하나님 나라의 완성을 향한 소망의 근거가 된다.

바울은 죽은 자들의 부활에 관한 물음을 둘러싸고 고린도 교회와 논란을 벌이면서 다음 세 가지를 분명히 한다.

a) 만일 기독교의 신앙이 하나님께서 예수의 부활 안에서 새로이, 그리고 창조적으로 죽음의 세계로 개입해 들어오신다는 사실 위에 세워질 수 없다면, 만일 기독교 신앙이 이러한 사건 안에서 하나님의 변화시키며 새롭게 창조하시는 행동을 향한 소망을 자기 자신의 삶에 대한 소망으로 인식할 수 없다면, 간단히 말해 예수의 부활과 성도의 부활을 믿지 않는다면, 기독교 신앙은 헛된 것이며 무용한 것이다. 왜냐하면 그럼으로써 기독교 신앙은 영원한 것이 아니라, 현존하는 것과 허무한 것에 매여 있는 것이기 때문이다.(고전 15:12-19, 29-32)

---

273) 골 2:12-13을 3:1 이하와 비교해 보고, 엡 2:5-6을 4:17 이하와 비교해 보라.
274) Deschner, Christology 116ff.에 있는 인증 구절들을 참조.

b) 어떻게 하나님께서는 이러한 사건을 구체적으로 이루셨는지, 다시 말해 어떻게 하나님께서 모든 인간적인 삶을 종말론적인 새 창조의 과정으로 받아들여 새로운 존재 방식으로 수용하셨는지, 간단히 말해 성도의 부활이 어떻게 일어날지의 문제는 하나님의 권능에 맡겨진 것으로서 인간적인 논란의 대상이 될 수 없다. 하나님의 이러한 행동의 차원은 우리의 이해 가능성을 능가하는 것이다.(고전 15:20-28, 50-57)

c) 예수 그리스도의 부활과 권능의 목표는 단순히 그리스도에게 속한 거듭난 인류의 구원뿐만 아니라, 하나님이 '모든 것 중에 모든 것이 되시는' 하나님의 무제한적인 나라를 회복하는 것이다.

요한계시록 21장은 이 점을 훌륭한 환상으로 묘사하고 있으며, 구약성서의 주제들을 사용해 하나님의 무제한적인 나라를 창조와 그 피조물을 위한 무제한적인 존재로 말한다. 그로써 하나님의 구원 행동의 근거와 목표가 되는 임마누엘("하나님이 우리와 함께 계신다.")의 출현에서 드러나는 하나님의 '인류애' 가 성취된다.

> 보라, 하나님의 장막이 사람들과 함께 있도다! 하나님이 저희와 함께 거하시리니 저희는 하나님의 백성이 되고 하나님은 친히 저희와 함께 계셔서 모든 눈물을 그 눈에서 씻기시매 다시 사망이 없고 애통하는 것이나 곡하는 것이나 아픈 것이 다시 있지 아니하리니 처음 것들이 다 지나갔음이러라.(계 21:3-4)

4) 화해의 사자(使者)

예수 그리스도의 교회는 하나님의 나라가 완성되는 지평에서 행동하지만, 아직 목표에 도달한 것은 아니다. 교회는 예수의 부활과 재림의 사이에서 살고 있다. 하나님의 생명 창조적 영광의 '시간의 중간' 에 서 있는 이러한 삶은 예수 그리스도의 이름으로, 사명과 능력으로 보냄을 받고, 선포하고, 섬기는 시간이다. 하나님께서 예수 그리스도에게 행하시고 그를 통해 행하신 것은 단지 기억을 통해서만 현재화할 수 있는 과거의 사건으로 굳어지지 않는다.

그것은 하나님의 구원 행위에 관한 메시지를 전파하는 선포의 말씀 안에서 항상 살아 있는 현재적인 사건이다.

하나님께서 그리스도 안에서 세상을 자신과 화해시키셨다는 사실은, 하나님이 사도들에게 위임해 '세우신' 화해의 말씀을 통해 인간에게 알려지며, 사도들과 기독교가 선포하는 말씀을 통해 그리스도 자신이 직접 사람들에게 하나님과 화해할 것을 간곡하게 권면한다(고후 5:18-20).[275] 그리스도께서 그의 일꾼들을 통해 집행하시는 통치의 권위는 간곡하게 권면하는 권위다. 하나님이 그리스도 안에서 세우고 창조하신 평화를 스스로 받아들여 살아가라는 간청이다. 그러므로 기독교 교회가 그리스도를 '대신' 하는 것은 그의 사명을 받아들이는 것, 그의 십자가를 선포하는 것 이외의 다른 것으로 생각할 수 없다. 예수의 교회가 부활하신 분의 이름으로 주장하는 권위는 결국 '간곡하게 권면하시는 그리스도의 권위' 로 머물 때에만 힘을 갖는다.[276]

요한복음 20:21에 따르면, 부활하신 그리스도는 그의 제자들에게 "아버지가 나를 보내신 것처럼 나도 너희를 보낸다."라고 말한다. 그러므로 제자들의 공동체는 *하나님의 선교*(Missio Dei)에 참여하게 부름을 받았다. 하나님의 선교는 인간을 향한 하나님의 사랑의 보살핌이다. 이 사랑은 아들의 오심에서 인간적인 형태를 갖게 되었고, 그의 교회의 선포와 섬김, 그리고 모든 존재를 통해 지속되어야 한다. 그러므로 요한복음의 교회도 예수의 부활과 교회의 사명을 밀접하게 결합하는 증인이다. 동시에 요한복음은 교회의 사명이 예수의 사명과 삶에 밀접하게 결합되어 있음을 강조한다. 부활하신 분을 선포하는 것은 예수의 십자가 죽음의 의미를 알고 있다. 십자가의 죽음은 하나님의 사랑의 좌절이 아니라, 영광임을 알고 있다. 그러므로 부활절 이후의 교회가 걸어가야 하는 길도 십자가에 달려 죽으신 그분이 걸어가신 길이다. 하나님의 영적인 현존이 교회의 설교에 부여해 주는 권능은 결코 교회가 받아야 할 고난을 줄여 주는 것이 아니다. 그리스도가 남긴 족적과 다른 사람들을 위한 그의 사랑의 희생에 신실하게 참여함으로써 이 고난은 생겨난 것이다.[277]

한 가지 점에서 제자들의 사명이 예수의 사명보다 원칙적으로 더 확대된다. 이는 물론 부활절 사건을 통한 것이다. 예수가 전적으로 유대 백성에게 집

---

275) 이에 대해서는 조경철, "화해는 하나님의 구원 사건이다"를 참조.
276) E. Jüngel, Die Autorität des bittenden Christus를 참조.
277) 고후 4:7-18; 6:1-10; 벧전 2:21ff. 참조.

중해 활동했고, 단지 예외적인 경우에만 이방인들을 그의 구원 활동에 포함시켰으며, 모든 사람을 위한, 즉 가난한 사람들, 소외된 사람들, 부정한 사람들, 마귀에 사로잡힌 사람들, 불운하게 산 사람들을 위한 하나님의 보편적인 사랑을 유대인들 중에서 철저하게 실천하며 살았다면, 부활 사건은 이러한 구원사적인 한계를 뛰어넘었다.

예수의 십자가에 나타난 하나님의 철저한 사랑으로 지금까지 율법을 통해 규정된 구원의 영역과 멸망의 영역이 무너졌다. 십자가에서 모든 것이 멸망에 빠진 것으로 입증되었다는 사실은 하나님의 구원 활동의 영역을 제한하는 빗장을 풀었다. 예수의 십자가에서 입증된 하나님의 한없는 사랑은 유대인과 이방인의 구분 없이 모든 사람에게 해당된다. 모든 사람이 이 사실을 체험해야 한다.

십자가에 달려 죽으시고 부활하신 그리스도를 개인적으로 만나 십자가 사건의 엄청난 의미를 가장 깊고 철저하게 체험한 기독교 신학자가 모든 사람을 향한 선교의 사명을 가장 철저하게 수행하고, 또 신학적으로 대변했다는 것은 결코 우연이 아니다. 그 신학자가 바로 바울이다. 물론 그는 이러한 인식을 하게 된 유일한 사람도, 첫 번째 사람도 아니었다(행 11:20). 그러나 이방인들에게 복음을 선포해야 한다는 사실뿐만 아니라, 그 방법 면에서도 일치된 의견에 이르기까지는 초대교회 안에 길고도 어려운 싸움이 필요했다.[278] 초대교회 이후 보편적인 선교 사명의 결과를 둘러싼 논쟁은 예수 그리스도의 교회 안에서는 단 한 차례도 반복되지 않았다.

감리교회는 18세기와 19세기 개척 운동의 한 중요한 부분이다. 이 운동은 선교적이고 복음주의적인 활동으로써 내부적으로 존재했던 한계들을 극복했으며, 곧이어 외부를 향하여 발전해 갔다. 지금까지는 '다가갈 수 없는' 것으로 여겨졌던 사람들에게도 ―대도시들에 사는 비교회적인 대중이나 세상의 비기독교적인 민족들― 복음을 전달하고, 화해로 부르시는 하나님의 초대를 전달했다.

그러나 이미 그의 생전에 웨슬리는 감리교인들도 십자가에 달리고 부활하

---

[278] 갈 2장; 행 15장 참조. 행 10-11장의 이야기들은 성령의 역사로 이방인 선교가 시작되었다는 원칙적인 진리를 말하는 것이지 구체적인 과정을 말하는 것은 아니다. 마 28:16-20은 종합적으로 모든 민족을 향한 파송과 그리스도를 세상 끝까지 선포해야 하는 사명은 제자들이 부활하신 예수와 만남으로써 생겨났음을 말해 준다.

신 예수의 뒤를 좇아서 '넓은 들판으로' – 도시의 성문 밖이나 시장으로, 가난한 사람들과 소외된 사람들에게로, 고난 받는 사람들과 도움을 절실히 필요로 하는 사람들에게로, 잊혀진 사람들과 불행한 사람들에게로 나아가지 않고, 교회에 모여 모여든 사람들을 지키고 돌보는 것으로 만족하고 있다는 사실을 확인할 수밖에 없었다.[279] 이러한 맥락에서 에베소서의 선교적 구도를 말해야 할 것이다. 이 서신이 말하는 예수 그리스도의 교회가 예수의 부활에 참여했다는 것, 교회는 '그리스도와 함께 하늘의 세계에 앉혀졌다는 것'은 교회나 그 성도들이 세상적인 과제로부터 벗어났음을 의미하는 것이 아니라, 선포와 교회 내적인 일치를 통해 그리스도의 사랑의 승리를 이 세상의 세력들에게 효과적으로 선언하고 보여 주며, 또 인류를 향한 선교적인 활동을 함으로써 그리스도의 몸을 그의 충만함과 완성에 이르기까지 자라나게 할 수 있는 힘을 교회에게 주는 것이다.(엡 2:6-7; 3:10; 4:11-16)

웨슬리는 에베소서가 말하는 '고차원의', 그러나 부분적으로는 공상적인 교회론을 물려받지 않고서도 감리교회 운동의 생성과 성장을 비슷한 종말론적인 범주 안에서 볼 수 있었다. 다시 한 번 민족들을 철저히 새롭게 관통하며, 또 모든 한계를 뛰어넘는 감리교회 운동의 복음적인 선포를 통해 하나님은 그의 활동을 완성시켜 나간다.[280]

예수의 부활의 능력이 교회에게 이 세상에서 누룩 같은 삶을 살아가며 그리스도의 사랑에 관한 메시지를 세상 구석구석까지 전파하는 사명을 주고, 또 그럴 수 있는 힘과 권위를 준다는 원칙적인 진술은 감리교회의 신학이 강조하는 중요한 성서적인 측면이다.

바로 이 점에서 선교하는 교회가 분명하게 알아야 할 것은, 세상을 '교회화' 하는 것이 아니라, 예수 그리스도를 선포하는 것이 교회의 사명이라는 사실이다. 화해를 선포하는 사람들은 화해된 사람으로 살아야 하고 사람들 가운데서 화해를 이루어야 하는 것처럼, 그들의 과제, 말, 그리고 삶은 하나님께서 우리와의 화해를 위해 행하신 것을 보여 주는, 그러므로 예수 그리스도의 인격과 운명을 항상 드러내 보여 주는 것이어야 한다.

이로써 우리는 우리의 선포와 신학에서 기독론의 기본적인 의미를 되묻게

---

279) Large Minutes, Q. 8; Works XIII, 300을 참조.
280) 웨슬리가 말하는 감리교회 운동의 **'구원사적인'** 위치에 대해서는 설교 79("의에 대한 보상"), 96("복음의 보편적 전파"), 98("불법의 신비"), 103("하나님의 사려 깊은 지혜"), 123("옛날에 대하여") 등을 참조.

된다. "예수는 누구이며, 하나님은 어떻게 그를 통해 행동하셨는가?"라는 질문은 신약성서에서나 모든 기독교 신학에서는 단순한 학문적인 질문만은 아니다. 이 질문에 대한 답변에서 인간의 구원이 결정된다. 하나님이 마음대로 그 대답을 하늘에 들어가는 '여권'으로 만들었기 때문이 아니라, 인간이 그 대답을 통해 하나님께서 그리스도 안에서 인간을 위해 행하신 그것을 인간 자신의 삶의 현실로 만들기 때문이다. 바울이 로마서 10:9에서 요약적으로 한 말의 의미가 바로 그것이다.

> 만일 네가 예수가 주이심을 입으로 고백하면, 그리고 하나님께서 예수를 죽은 자들로부터 일으키셨음을 마음으로 믿는다면, 너는 구원을 받는다.

비록 조건적인 문장으로 표현되기는 했지만, 예수에 대한 신앙 고백이나 그의 부활을 믿는 신앙은 인간의 업적이 아니다. "예수는 주이시다."라는 공개적인 선언을 통해 -이러한 선언으로써 한 인간은 법적으로 주인의 지배를 받는다- 그리고 예수의 부활에서 하나님의 창조적 힘은 죄와 죽음의 권세를 이겼다는 인간의 깊은 내면에 이르는 확신을 통해 인간은 하나님의 의롭다 하시는, 그리고 구원하시는 행동을 자기 자신에게 일어나게 한다.

그러므로 신약성서의 기독론적인 신앙 고백과 신학적인 교리를 통한 고백의 전개는 하나님께서 그리스도 안에서 우리를 위하여 행하신 것을 인정하고 서술하는 것 이외의 다른 것이 아니다. 감리교회의 신학 역시 다른 모든 기독교 신학의 토대가 되는 이 기독론으로부터 생명력을 얻는다. 감리교회 신학의 핵심은 아들의 오심은 하나님의 사랑이 그 본질상 사랑이 없는 세상 안으로 들어오는 것을 의미한다는 점을 강조하는 것이다. 이 사랑은 인간적인 조건 속에서 일어난 예수의 삶과 죽음에서 구체적으로 실천되었고, 그러므로 사랑을 불러일으키는 현실이 되었다.

"나사렛 예수가 누구인가?"라는 기독론의 기본적인 물음에 대한 답변은 "하나님은 누구이신가?"라는 인류의 물음에 대해 기독론이 주는 답변으로 드러나며, 그 답변은 "하나님은 사랑이시다."로 표현된다.(요일 4:16)[281]

---

[281] Ch. Wesley, Hymn 30, 1: "그의 생각, 그의 말씀, 그의 행위 -그의 삶과 죽음- 는 하나님이 사랑이심을 증언한다."

3. 하나님의 사랑 – 새롭게 하시는 성령의 활동

하나님께서 세상과 인간을 보살피신다는 것은 사랑이신 하나님의 본질에 속한다. 그의 창조 활동의 처음부터 그러했으며, 이 본질은 그를 적대시하는 인류에게 화해를 베푸시는 행동에서도 역시 드러난다. 창조와 마찬가지로 화해도 단지 순간적인 사건이 아니다. 화해는 하나님께서 언제나 사랑으로 새롭게 하시는 교제의 삶을 살게 하려는 목표가 있다. 성서는 이러한 하나님의 새롭게 하시는 행동과 그의 영의 활동을 연결한다. 오직 죽음만 있는 곳에서 새로운 생명을 창조하시는 하나님은 성령의 활동을 통해 우리를 만나시며, 우리에게 적대감만이 있을 때에도 하나님은 역시 성령의 활동을 통해 우리를 찾아와 교제를 나누신다. 그러므로 성서의 증언에 따르면, 성령의 활동은 예수 그리스도가 그의 삶과 죽음을 통해 이루신 것들과 밀접하게 연결되어 있다. 죄의 용서, 아버지와의 교제, 하나님과 인간에 대한 사랑, 그리고 하나님의 영원한 나라에서 이루어질 궁극적인 구원에 대한 소망이 바로 그것들이다. 하나님께서 인간을 사랑하시는 방식들이나 하나님 자신을 계시하시는 다양한 방식들은 점진적인 것으로서, 인간들에게 점진적으로 알려진다. 그러나 그러한 방식들은 이미 하나님의 본질에 뿌리내려 있다. 그러므로 성서는 '아들' 혹은 '말씀' 은 이미 창조 이전부터 하나님과 함께 있었다고 말한다. 물론 이 선재적인 말씀이나 아들은 나사렛 예수의 오심으로써 비로소 활동하게 되고, 또 인간에게 알려졌다. 그러나 화해하시려는 하나님의 관심은 처음부터 하나님과 인간의 관계에 내재해 있었다. 화해하시는 사랑 역시 창조적인 사랑과 같이 하나님의 본질에 속한다.

하나님의 성령의 활동에 관해서도 마찬가지다. 성령은 예수의 부활 이후에야 비로소 교회에 부어졌는데, 예언자들이 약속한 그 충만함으로 오순절에 그리스도의 교회에 임했다. 그러나 성령의 새롭게 하며 교제하게 하는 활동은 처음부터 하나님의 본질에 속한다. 그러므로 고대교회는 처음에는 조금

---

282) 교리사적인 발전에 대해서는 W. D. Hauschild, TRE 12, 196-217 참조; 성령론과 삼위일체론에 관한 현대적인 연구에 대해서는 E. Lessing, TRE 12, 220-222; J. Moltmann, Trinität und Reich Gottes, 137ff., 185f., 194ff.; ders., Der Geist des Lebens, 73ff., 303ff.; M. Welker, Gottes Geist; W. Joest, Dogmatik Bd. 1, 306ff.등을 참조. 이에 대한 웨슬리의 언급에 대해서는 L. M. Starkey, Jr., The Work of the Holy Spirit, 26-33 참조.

망설이기는 했지만 곧 삼위일체를 고백했고, 신약성서의 삼위일체적인 표현을 근거로 하나님의 본질의 삼위일체적인 전개에서 제3위인 하나님의 영에 관해 말했다.[282] 이로써 삼위일체신학의 해석과 표현에 관한 커다란 어려움이 생겨났다. 이 문제에 대해 감리교회의 신학은 독자적인 해결책을 제시하지는 않았다. 감리교회의 신학에서 중요한 것은 성령의 활동이 믿는 사람들과 교회의 삶 안에서 역사하는 하나님의 인격적인 활동이라는 것이다.[283] 하나님의 새롭게 하시는 활동이 갖는 다양한 측면들에 관한 이하의 논의에서도 그러한 점이 중요하다. 삼위일체적인 원리가 기초가 되기는 하지만, 그와 더불어 제기되는 주제들을 논의할 경우에는 논리적인 조직을 강요하지 않는다.

1) 세상에서 성령의 활동

사랑이신 하나님은 그 본질상 세상 없이, 그리고 인간 없이는 존재하기를 원하지 않으신다. 그러므로 이 세상도 역시 하나님 없이 결코 존재할 수 없다. 물론 인간은 하나님과는 상관없다고 선언하며, 하나님에 대적하거나 하나님을 정교하게 만든 '우상들'로 대체하였을지라도, 세상은 하나님 없이는 존재할 수 없다. 앞에서 보았듯이 성서는 창조주를 거대한 기계 장치처럼 우주를 창조해 미리 세워 놓은 궤도에 맡겨 움직이게 하는 위대한 시계 제조자로 생각하지 않는다.[284] 세상을 창조하신 하나님은 그의 창조세계 가까이에 계신다. 성서는 이러한 항구적인 보존과 새 창조에서 '아버지', 곧 만물의 근원이신 하나님뿐만 아니라 '아들' 이신 로고스와 성령이 활동하고 있음을 본다. 아들은 하나님의 창조적인 말씀과 지혜로서 창조의 '매개자' 이기도 하며, 성령은 생명을 유지하고 새로이 만들어 간다. 여기서는 삼위일체의 '인격들'과 그들의 활동은 날카롭게 구분될 수 없다. 하나님은 이 세상에 언제나 충만하게

---

283) Starkey, ebda 37: "웨슬리는 이 교리를 즉시 인간의 구원과 연결시켰다." M. B. Stockes, The Holy Spirit in the wesleyan Heritage; Th. Leßmann, Rolle und Bedeutung des Heiligen Geistes in der Theologie John Wesleys도 참조. 설교 135("믿음의 발견에 대하여"), 7에서 웨슬리는 삼위일체적인 신앙 고백을 말한다. 그는 신앙 고백의 세 번째 조항에 대해 다음과 같이 언급한다: "나는 성령이 모든 영적인 삶을 주시는 분임을 믿음으로 안다; 의와 평화, 그리고 성령 안에서의 기쁨, 거룩함과 행복, 우리가 창조되었던 하나님의 형상의 회복을 안다."
284) 이 책 170쪽 이하를 보라.

현존하시며 활동하신다.[285]

이미 성서의 첫 구절들이 하나님의 창조적인 영, 그의 호흡에 관해 말한다. 창조적인 역동성의 회오리인 영이 혼돈의 물위에 불어, 그 혼돈에 형태와 생명을 불어넣는다.[286] 창세기 2:7과 특히 시편 104:30은 하나님의 영이 비로소 피조물들에게 생명력을 준다고 말한다. 그들은 이 생명력을 거듭 새로이 필요로 한다. 우리는 이것을 오늘의 표현 방식으로 다음과 같이 바꾸어 말할 수 있을 것이다: 우리는 생명체의 끊임없는 '자기 조직'의 기적 속에서 하나님의 영의 활동을 체험하고, 생명은 그렇게 생겨날 뿐만 아니라, 악조건 속에서도 살아가고 발전해 나가는 힘을 얻는다.

하나님의 섭리는 자연에서 활동하는 것처럼, 인간의 역사에서도 현재적으로 활동한다. 이것은 성서의 몇몇 구절들에서만 분명하게 언급되는 것처럼 보인다. 특히 세계사와 하나님 백성의 역사의 관계에 관해 핵심적으로 말하는 구절들이 역사 안에서 현재적으로 활동하시는 하나님에 관해 증언한다. 이사야 7:18-19에 따르면, 하나님은 앗수르와 애굽을 불러 무서운 곤충 떼와 같이 이스라엘을 공격하게 한다. 반대로 여호와의 분노한 입김은 앗수르를 땅 끝까지 휘몰아친다(사 30:27-31). 무서운 권위로써 예언자는 이사야 40:15 이하에서 여호와께서는 "열방이 통의 한 방울 물 같고 저울의 적은 티끌 같으며", 동시에 하나님은 열방의 지배자를 이스라엘을 향한 그의 행동의 도구로 만들었다고 말한다.(사 44:24-45:7)[287]

묵시문학은 하나님의 역사적인 활동을 훨씬 더 포괄적으로 본다. 다니엘서 2장과 7장에 나오는 네 개의 세계 제국들의 모습은 이스라엘 중심적이기보다는 훨씬 더 우주적인 구도를 보여 주지만, 하나님께서 역사의 종말 이전에 세상 역사의 흐름에 직접 개입하신다는 사실은 별로 알려 주지 않는다. 마지막을 향한 세계사의 진행은 결정된 것처럼 보이고, 그러므로 구원의 공백으로 남아 있으며, 이러한 역사의 목표가 하나님의 목표로 드러나지는 않을 것이다.[288]

---

285) 어거스틴적인 삼위일체론의 원리에 대해서는 G. Ebeling, Dogmatik III, 538f.; J. Moltmann, Trinität und Reich Gottes, 114-129 등을 참조. 성령의 창조적인, 그리고 세상을 유지하는 활동에 대해서는 Wesley의 설교 138("하나님의 일체성" 1789년), 21과 Starkey 39-40에 있는 증거 구절들을 참조.
286) 해석하기 매우 까다로운 창 1:2에 대해서는 C. Westermann, Genesis I, 해당 구절 주석을 참조.
287) 제2이사야의 구체적인 역사적 구원과 종말론적인 새 창조의 관계에 대해서는 W. Zimmerli, Grundriβ 191-194 참조.
288) W. Zimmerli, aaO. 203-205 참조. 묵시문학의 역사상을 둘러싼 논쟁에 대해서는 M. M. Hengel, Judentum und Hellenismus, 330-357; K. Müller, TRE 3, 223-251 참조.

하나님의 역사 섭리를 이처럼 일반적으로 말하는 곳에서는 하나님의 영이나 그 영의 활동에 관한 언급이 없다는 것은 특이하다. 성서가 하나님의 영의 활동을 말하는 곳에서는 항상 구원론적인 분위기가 드러난다.[289] 이처럼 하나님의 영은 심판의 때에 잘못된 길을 걷고 있는 백성을 위한 구원자를 일으켜 세운다.[290] 하나님의 영은 다윗의 후손을 평화의 왕으로 세우셔서, 그가 정의로 다스리게 하며, 특히 가난한 사람들과 비천한 사람들을 도울 수 있는 힘을 그에게 준다(사 11장; 61:1 이하). 에스겔은 분명한 환상 중에서 죽은 뼈들이 널려 있는 들판을 본다. 이 뼈들은 하나님의 영으로 다시 살아나는데, 이는 하나님께서 희망이 없는 그의 백성을 새로운 생명으로 일으킬 수 있다는 표징이 된다(겔 37장). 하나님의 영이 황폐된 땅에 부어지면 자연과 인간사회가 다시 살아나게 된다(사 32:14 이하; 44:3 이하). 예언자가 예고한 평화는 "자연과 인간, 우주와 사회를 동일하게 새로이 형성하는 변화의 결과다. 그러나 그것은 바로 하나님의 영이 만드는 것이다."[291]

그러므로 영을 통한 하나님의 활동에 관해 말할 때 항상 함께 언급되는 주제들이 있는데, 그것은 전적인 새 창조, 종말론적인 주제, 하나님의 창조적인 힘이 죽음과 비평화, 불의가 지배하는 세상으로 들어온다는 주제, 하나님이 변화의 주체로 드러나게 되는 주제 등이다. 하나님의 영이 활동하는 곳에서는 분명한 체험이 일어난다. 이 체험은 "여기에 하나님께서 활동하고 계신다."는 신앙 고백을 하게 한다. 스가랴가 스룹바벨에게 주는 약속의 말씀, "이는 힘으로 되지 아니하며 능으로 되지 아니하고, 오직 나의 영(신)으로 되느니라."는 말씀은 하나님의 영의 분명한 활동을 말하는 표징이다.[292]

이러한 견해와는 다른 견해도 있다. 그에 따르면 역사 속에 있는 하나님의 섭리를 전체적으로 그의 영의 활동으로 보면서 모든 선한 것, 곧 사람들 중에서 자유, 평화, 정의, 사랑을 만들어 내는 모든 것을 성령의 활동으로 돌린다. 물론 이런 것들을 행하는 사람들은 성령에 관해서는 아무것도 알지 못한다.[293]

---

[289] 슥 6:8에서도 그렇다. 사 30:28은 다르다.
[290] 삿 3:10; 6:34; 11:29; 13:25; 14:6, 19; 15:14; 삼상 10:6; 11:6 등을 참조.
[291] H. Wildberger, Jesaja, BK X/3, 1281. W. H. Schmidt, TRE 12, 170-173 참조.
[292] 사 31:1-3도 참조: "'애굽 사람들은 사람이요 신이 아니며, 그 말들은 육체요 영이 아니라.'는 말은 역사적인 세력들의 전적인 비신화화를 의미하며, 동시에 하나님의 철저한 신격화를 의미한다." H. Wildberger, Jesaja II, 1235.
[293] 켄버라에서 있었던 세계교회협의회 제7차 총회를 준비하는 문헌에 그러한 점이 강력하게 드러난다(W.

그러나 성서적으로 볼 때, 하나님의 영은 그의 활동을 인간들에게 숨겨진 채로 남아 있게 하지 않고, 알려지게 하는 경향이 있다.

그러나 역사에서 일어나는 모든 선한 것을 성령의 활동으로 돌리는 이러한 확신은 신학적인 이해를 돕기 위해 사용되는 언어적인 용례 그 이상으로서, 원칙적으로 인류의 역사 안에서 활동하시는 하나님을 보거나 혹은 적어도 활동하고 있는 것으로 믿는 것을 부정하지 않는다. 개별적인 민족들이나 세계의 민족들이 긍정적인 발전을 체험하는 곳에서, -그러한 발전을 이루는 지도자들이 하나님을 알고 있든 없든 상관없이- 그러나 우리가 단지 선과 악이 뒤범벅된 현상만을 체험하거나 혹은 가장 좋지 못한 경우에는 모든 것이 단지 고난이나 파괴를 향하여 치달리고 있는 것처럼 보이는 곳에서도, 우리는 하나님이 활동하고 계신다고 믿는다.

이를 좀더 분명하게 말해 보자. 인간이 전쟁을 하고, 서로 죽이고, 빼앗고, 괴롭히고, 속이는 것 등은 하나님의 뜻이 아니다. 하지만 인간은 이런 일들을 하고, 그에 대한 책임도 져야 한다. 그러나 인간이 서로에게 행한 어떤 일도 하나님의 구원의 뜻을 폐기할 수 없으며, 그 뜻을 완성하고자 하시는 하나님의 계획을 방해할 수 없다. 여기서 루터는 고난이나 악의 가면을 쓰고 인간을 만나실 수 있는 "*감추어진 하나님*(deus absconditus)"의 활동에 관해 말했다.[294] 역설에 관해서는 별로 큰 관심을 보여 주지 않는 웨슬리는 모든 것 위에서, 그리고 모든 것 안에서 활동하는 하나님의 섭리를 확신했다. 세상에 있는 모든 악의 문제 때문에 이러한 하나님의 섭리를 믿거나 인식하는 것이 여러 가지로 어렵다고 할지라도, 웨슬리는 성서의 진술에 근거해 그러한 신앙을 확실하게 가지고 있었다. 또 그는 하나님이 인간에게서 인간 상호간에 모든 파괴적인 악을 행할 수 있는 자유를 빼앗을 수 있는 곳에서는, 선을 행할 수 있는 자유도 빼앗을 수 있음을 설명하고자 했다.[295]

그러나 신학적으로 웨슬리는 모든 사람의 운명을 인도하고 그와 동행하는 하나님의 보편적인 섭리와 모든 사람에게 주어지는 하나님의 선행하는 은혜

Klaiber, ÖR 40, 1991, 246-262 참조. 라틴아메리카에서 세계사와 구원사의 일치를 찬성하는 것에 대해서는 J. Moltmann, Der Geist des Lebens, 121-126; M. Welker, Gottes Geist, 27-32 참조.

294) 감추어진 하나님에 관한 루터의 이해에 대해서는 특히 "노예의지에 관해서"(de servo arbitrio), WA 18, 683-691; G. Ebeling, Dogmatik I, 254-257, 그리고 이 책 148쪽 이하를 보라.

295) 설교 114("하나님의 섭리에 대하여" 1786년); 이 책 143쪽 이하를 보라.

에 근거한 **영**의 활동을 구분한다. 성서의 메시지나 계명들을 알지 못하는 사람들에게도 앞서 주어지는 이 은혜에 근거해 사랑과 정의, 상호간의 도움과 참 경건의 표식이 나타난다. 이러한 맥락에서 웨슬리는 이방인들의 덕은 "빛나는 악덕"일 뿐이라는 어거스틴적인 견해에는 단호하게 반대했다.[296] 사도행전 10장의 고넬료의 예가 보여 주듯이, 하나님의 영은 복음을 전혀 모르는 사람에게서도 활동할 수 있다.[297] 물론 웨슬리는 이 점을 종교들에 관한 일반적인 이론으로 확장하지는 않았다. 그는 선행하는 은혜의 틀 안에 있는 성령의 이러한 활동을 철저히 복음의 메시지의 틀 안에서 이해하였다.[298]

이와 같이 그리스도인들은 하나님의 영이 자연, 역사, 인간의 종교적인 삶에서도 활동하고 있음을 안다. 사랑이신 하나님의 본질과 활동은 교제하는 삶을 목표하기 때문이다. 하나님으로부터 출발하고, 하나님과 함께 나누는 교제는 영이 생산해 내는 산물이다. 바로 그렇기 때문에 이러한 영의 활동의 결과가 드러날 때에만 비로소 영의 활동에 관해 말할 수 있고, 인식할 수 있다. 황폐한 땅에서 새로운 생명이 움트는 바로 그 곳에서만 하나님의 영이 쏟아 부어졌으며(사 32:15-16), 정의와 평화가 이루어진 곳에서만 하나님의 영은 활동했다(롬 14:17). 가장 내면적인 '하나님 신뢰'가 일어나는 곳에서만 하나님의 영은 우리 안에서 활동한다(롬 8:14-15). 영의 활동에 대한 이러한 내용적 규정에 근거해 영과 아들의 계시는 완전하게 결합되며, 그런 점에서 서양교회가 니케아의 신앙 고백에서 '아들로부터(filioque)'를 첨가해 성령은 "아버지와 아들로부터 나온다."라고 고백한 것은 정당한 것이라고 할 수 있다. 그러나 이는 성령의 활동의 본질을 규정하는 것뿐이지, 성령의 활동을 기독교 교회 안으로만 제한하는 것은 아니다.

---

296) 1745년 2월 8일의 Minutes, Q. 8, Works Ⅷ, 283; 설교 79("의에 대한 보상"), I, 4 참조; 그러나 부분적으로는 동의하기도 했다. Works X, 222; 설교 5("믿음에 의한 칭의"), Ⅲ, 5 참조.
297) 1745년 2월 8일 Minutes, Q. 7 aaO. 고넬료 이야기에 관한 현대의 선교신학적인 논의에 대해서는 W. Hollenweger, Evangelisation gestern und heute, 9-24; W. Klaiber, Ruf und Antwort, 98-100 참조.
298) 설교 44("신생"), 5, 5. 영의 활동이 이방인들의 종교성과 단순히 동일시된 것이 아니다. Starkey, 40-41을 참조. 그러나 웨슬리는 종종 '이방인들의 믿음'에 관해 말하기도 했다(설교 132: "믿음에 대하여 Ⅱ", I, 4; 148: "하나님 없는 삶에 대하여", 14. 세상 종교들의 하나님 인식에 대해서는 이 책 143쪽 이하를 보라.

2) 하나님의 영은 인간을 새롭게 변화시킨다

신약성서에서 사도적인 선포의 기본 내용은 이미 구약성서에 널리 알려져 있었다. 그것은 하나님과 인간의 관계가 실제로 새로워지려면, 인간이 그 내면으로부터 철저히 변화되고 새로워져야 한다는 믿음이다. 성령이 일으키는 본래의 작업, 다시 말해 삼위일체 하나님이 활동하시는 독특성은 인간을 내면으로부터 새롭게 하는 것이다. 이렇게 새로워짐으로써 인간은 하나님과 교제할 수 있게 되고, 또 인간 상호간에도 교제가 가능해진다.

이러한 확신을 증언하는 구약성서의 핵심 구절은 에스겔 11:19-20과 36:26-27이다. 실제적인 순종을 하도록 백성을 새롭게 하는 일은 백성 개개인의 '인격의 중심'이 되는 마음의 변화를 통해 일어난다. 하나님의 영은 죽었고 귀먹어 움직일 수 없는 '돌같이 굳은' 마음의 사람들을 하나님이 백성을 위하여 행하신 것을 들을 수 있고 느낄 수 있는 '부드러운' 마음을 가진 사람들로 변화시킨다.[299] 예레미야 31:31 이하는 약간 다른 소재로 동일한 생각을 말한다. 시편 51:12-14의 기도에서도 우리는 동일한 생각을 찾을 수 있다. 죄 때문에 깨어진 관계를 깨끗하게 하며 새롭게 하기 위해 하나님은 인간에게 새로운 영을 주셔서 새로운 마음을 창조해 주셔야 한다.

그 밖에도 요엘 3:1-5에 나오는 약속에 따르면, 하나님은 '모든 육체에게', 다시 말해 모든 -그의 백성 전체와 그 범위를 넘어 모든- 사람들에게 그의 영을 줄 것이며, 그래서 그 사람들이 그들에게 곧 무슨 일이 일어날 것인지, 그리고 어디에서 구원을 발견할 수 있는지를 알 수 있게 해 준다. 그러므로 요엘에 따르면, 이미 민수기 11:25-29에서도 찾을 수 있는 '모든 믿는 사람들의 예언자 직분'이라는 약속이 종말에 성취된다.[300]

신약성서의 많은 문헌들은 이 약속이 제자들을 향한 예수의 활동에 근거해 예수의 죽음과 부활, 승천 이후 성취되었으며, 그래서 그의 활동이 새로운 방식으로 그의 제자들에게 이어졌고, 그들을 통해 계속되고 있음을 증언한다. 인간은 하나님의 영을 통해 변화되고, 교회는 하나님의 영을 통해 인도된다. 바로 이것이 누가복음, 요한복음, 그리고 바울이 부활절 이후의 제자공동체

---

299) 이에 대해서는 G. von Rad, Theologie des Alten Testaments II, 244-245를 참조.
300) H. W. Wolf, Dodekapropheten 2. Joel und Amos, BK XIV/2, 78-84에 따르면, 요엘은 예언자적인 선포의 능력을 생각하기보다는 새로운 하나님 관계를 세우는 근거를 생각하고 있다.

에 관해 서술하고 있는 모습이다.

그 이후 교회는 이러한 체험을 둘러싸고 쉽지 않은 길을 걸었다. 열광주의의 위협으로 영의 활동은 점점 후퇴하였고, 제도적인 구조 속에서 객관화되어 갔다. 이미 고대교회에서는 열광주의적인 '몬타누스주의자들' 로 인하여 날카로운 경계선이 그어졌고,[301] 종교개혁 시대에도 마찬가지였다. '열광주의자들' 에 대항하는 투쟁은 필요한 것이었지만, 많은 경우에 누가 열광주의자인지 구분하는 경계선이 너무 조잡하고 불분명했다.

웨슬리는 성령의 거듭나게 하는 활동을 개인적으로 반드시 체험해야 하며, 또 체험할 수 있다고 열심히 선포했기 때문에 스스로 열광주의자라는 비난을 받아야 했다. 그의 활동의 초기 20년 동안 영국 성공회의 목사들과 펼쳤던 논쟁의 많은 부분은 바로 이 문제를 둘러싼 것이다.[302] 웨슬리 형제와 그들을 돕는 사람들의 활동이 점점 더 열광주의적인 현상을 보이게 되면서, 이 문제는 더 분명해졌다. 그러나 그것은 웨슬리의 핵심은 아니었다. 웨슬리의 핵심적인 문제는 그가 가장 이해력 있고 진지한 대화의 상대자들 -우리는 이들 중에서 가명으로 언급되는 John Smith만을 알 뿐이다- 중 한 사람과 논쟁을 벌이는 가운데 다음과 같이 요약적으로 표현되었다. 이 물음이 웨슬리에게는 가장 중요한 것이었다.

성령의 활동을 인식할 수 있는 체험이 있는가, 아니면 없는가?[303]

이 때 웨슬리에게는 성령 받음의 외적인 표시, 예를 들어 방언이나 예언 등의 표시는 중요하지 않았다. 이것들은 오순절 운동에서는 하나님의 영을 통

---

301) 몬타누스주의는 그 창시자인 몬타누스의 이름을 따라 불려진 2세기에 기독교 안에서 일어난 운동이다. 이 운동은 처음에는 예수가 약속한 보혜사를 구체적인 사람 안에서 보았고, 또 예언자적인 확신으로 임박한 세상 종말을 선언했다. 웨슬리는 가끔 몬타누스주의에 대해 긍정적으로 말했다; 그는 이 운동이 고대교회의 예언자적인 회개의 설교를 새롭게 한 것으로 보았다. Wesley, The Real Character of Montanus, Works XI, 485-486; 설교 98("불법의 신비"), 24; 103("하나님의 사려 깊은 지혜"), 9 등을 참조. 그러나 몬타누스 운동을 "감리교회 운동의 가장 오래되고 분명한 모범"이라고 말하는 Rupert Davies의 의견은 지나친 것이다(Methodism, 1963, 13ff.).
302) W. St. Gunter, The Limits of 'Love divine'. John Wesley's Response to Antinomianism and Enthusiasm; W. Klaiber, Aus Glauben 326f.; H. Mohr, Methodismus und die charismatische Bewegung, 2-22; H. D. Rack, Reasonable Enthusiast. John Wesley and the Rise of Methodism; R. A. Knox, Christliches Schwärmertum, 377ff.등을 참조.
303) Letters to 'John Smith' (1745년 12월 30일), 17(Letters II, WJW 26, 183).

한 영감을 나타내는 필수불가결한 증거가 되었다. 웨슬리가 생각한 영의 활동에 관한 체험은, 하나님에 의해 받아들여졌다는 확신이라는 구원론적인 기본 체험을 의미했다. 그러므로 그의 성령론은 근본적으로는 구원론의 또 다른 한 면으로, 인간이 구원으로 가득 찬 교제 안으로 들어와 그러한 교제를 나누며 살아가도록 하나님께서 인간의 삶에서 어떻게 활동하시는지를 말한다.[304]

보충설명 : 성령 받음과 성령세례

구약성서에 있는 성령 약속은 신약성서에서는 독특한 방식으로 세례 요한이 한 약속의 말씀에 나타난다. 그는 그의 뒤에 오실 분에 관해 말한다.

> 나는 물로 너희에게 세례를 주지만, 그러나 그는 성령으로 너희에게 세례를 줄 것이다.[305]

언제 이 약속이 성취되었는가? 예수 자신은 성령세례자로서 분명하게 등장하지는 않는다. 그러나 사도행전에는 부활하신 그리스도에 관한 세례 요한의 예언적인 말씀이 다시 나오며(1:5, 8), 오순절 이야기는 분명하게 이 약속의 성취를 말한다. 고넬료와 그의 집에 있는 사람들에게 영이 내려오는 사건에서도 이 약속이 상기된다(행 11:16). 그러나 그 밖에 개인이나 집단이 성령 받음을 말하는 곳에서는 '성령으로 세례를 받는다.' 라는 표현은 없다. 이 개념은 개인의 체험과 결합된 것이 아니라 그리스도가 약속하신 것, 그리고 그리스도인들에게 일어난 일을 원칙적으로 말한다(고전 12:13도 참조). 성령을 받는 실제적인 체험을 말하는 방식은 다양하다.[306]

그에 반해 고대나 현재의 오순절 운동에서는 성령세례가 하나님의 영으로 채워지는 두 번째 혹은 세 번째 (어느 경우든 마지막) 단계로 이해되고 체험된다. 이는 필연적으로 언어 기도의 은사(루터: 방언)를 받는 것과 결합되었으

---

304) "그리스도의 피로써 증언하며" 그의 힘을 인간에게 주는 것이 성령의 과제라고 말하는 찰스 웨슬리의 노래들도 참조(Hymn 9, 3; 83, 1; 244, 2; 참조 Leßmann, Rolle und Bedeutung 24f.).
305) 막 1:8; 마 3:11; 눅 3:16; 요 1:33.
306) 하나님의 영이 받아들여지다(행 1:8; 2:38; 8:17; 갈 3:2), 혹은 부어지다(행 2:18, 33; 롬 5:5); 하나님의 영이 누구 위에 떨어지다(행 8:16; 10:44; 11:15), 혹은 그들 위에 임하다(행 19:6); 인간이 영으로 채워지다(행 9:17; 엡 5:18) 등.

며, 거듭남과는 구별되는 사건이다. 사도행전에 대한 특별한 해석에 근거해 이러한 이해가 가능했다. 사도행전에서는 흔히 방언을 말하는 현상에서 성령이 부어졌음을 알게 된다. 이는 거듭남과 거듭남을 확인해 주는 영의 증언에 관한 웨슬리의 가르침에도 뿌리를 내리고 있다. 그러나 하나님의 영을 통해 작용되고 인간에게 한순간에 선물로 주어진 전적인 성화에 관한 웨슬리의 이해에 더 깊이 뿌리내리고 있다. 성화는 '두 번째 축복'에 관한 물음을 제기했다. 웨슬리의 가장 가까운 동역자들 중의 한 사람이었던 존 플레처(John Fletcher)는 이러한 체험을 '성령세례'라는 개념으로 설명할 것을 제안했지만, 웨슬리는 그에 동의하지 않았다. 이러한 문제는 성화 운동에 의해 계속 다루어졌다. 이 흐름의 핵심에 서 있는 것은 '전적인 사랑', 곧 성령의 활동에 관한 바울의 증언이었다.

성령세례에 관한 최근의 견해를 불러온 결정적인 동인은 초기의 오순절 운동에서 생겨났다. 오순절 운동의 독특한 점은 성령세례에 관한 가르침에 있다. 반면에 카리스마적인 그룹들은 성령세례라는 개념의 비성서적인 사용을 피하기 위해 '성령의 새롭게 함'에 관해 말하기를 더 선호했다. 신약성서의 증언으로 볼 때, 성령세례에 관한 오순절 운동 식의 이해는 비성서적이라는 것이 분명하기 때문이다.

① 성령을 받는 '기본 체험'은 그리스도인이 되는 시작, 믿음, 거듭남과 뗄 수 없이 결합되어 있다는 의미에서도 초대교회에서는 근본적인 체험이었다. 이는 갈라디아서 3:2; 로마서 8:16; 에베소서 1:13-14(4:30 참조); 디도서 3:4-7; 요한복음 3:3, 5 등에 증언되어 있다.

② 성령 안에서의 세례를 말하는 유일한 바울의 구절인 고린도전서 12:13은 교회 안에서 **모든 사람**이 영을 통해 한 몸으로 세례를 받았지만, 모든 사람이 방언을 말하지는 않았다는 것을 분명하게 말한다.(12:30 참조)

그럼에도 감리교회의 신학은 역사적으로뿐만 아니라, 몇 가지 점에서는 내용적으로도 '성령세례'라는 말에 내재된 관심에 근접해 있다.

- 감리교회는 세례 받은 교인들이라고 해서 모두가 하나님의 영이 주는 거듭남과 신앙의 확신을 분명하게 체험했다고는 전제하지 않는다. 감리교회의 목표는, 인간이 그리스도와 함께하는 삶의 이러한 기본 체험을 하게 하려는 것이다.

- 모든 믿는 그리고 거듭난 그리스도인은 하나님의 영을 받았다는 말은 추

상적인 신학적 주장으로 끝나서는 안 된다. 우리가 신앙 안에서 하나님의 일이라고 고백하는 그것이 우리의 실존적인 현실이 되어야 한다는 것을 감리교인들은 우리의 유산으로부터 민감하게 알아야 한다. 우리 안에서, 그리고 우리를 향한 하나님의 영의 활동을 발견하게 도와주며 심화시켜 주고, 그래서 우리를 새롭게 해 주는 모든 것을 받아들여야 한다. 이는 지속적인 과정을 통해 일어날 수도 있지만, 우리에게 그리스도인 존재의 새로운 차원을 열어 주는 돌발적인 체험들을 통해 일어나기도 한다.

- 하나님의 영의 은사는 정적이고 일회적인 선물이 아니라, 역동적인 사건으로 들어가게 한다. 이 사건은 거듭해서 새로운 깨우침과 확신을 열어 주고, 새로운 봉사와 도전을 받아들일 수 있는 힘을 제공하며, 새로운 길을 가르쳐 준다. 영의 활동에 관한 이러한 역동적인 이해는 전적으로 신약성서적인 것이다. 바울은 "약속된 성령으로 인침을 받은(엡 1:13)" 그리스도인들을 위해서도 하나님께서 그들에게 하나님을 알 수 있는 "지혜와 지식의 영"을 주시기를 기도하며(엡 1:17), 또 그들에게 "영으로 충만하게 되라."고 가르친다.(5:18)

하나님의 사랑이 인간의 마음에 들어와 자리를 잡는 것은 영의 활동이다(롬 5:5). 이 사랑은 성령을 받았다고 주장하는 그 모든 것을 판단하는 척도가 된다. 그러므로 고린도전서 13장은 영의 은사들과 은혜의 선물들에 대한 분명한 척도다.

그러나 '성령세례'라는 개념을 개인의 자전적인 체험으로 이해하려는 것은 비성서적이다. 신약성서에 사용된 언어에 따르면, "성령으로 세례를 받다."는 오순절 이래 성취된 약속, 곧 하나님께서 그의 교회와 교인들 안에서 그의 영을 통하여 현재적으로 존재하며, 그들에게 새로운 생명을 주신다는 약속을 받는 것을 말한다.

성령의 활동을 통해 인간이 새롭게 된다는 신약성서의 증언들을 종합해 보면, 우리는 이러한 활동의 매우 다양한 면들을 발견하게 된다. 그들 중 몇 가지는 웨슬리에게 특별히 중요한 의미를 주었는데, 특히 하나님의 영이 어떻게 인간의 개인적인 삶을 붙잡고, 채우며, 변화시키는지를 말하는 것들이다. 그러나 다른 면들, 곧 그리스도인들의 교제, 파송, 그리고 희망에 대한 영의 의미를 강조하는 것에 관해서도 웨슬리는 침묵하지 않으며, 이것들은 오늘의 감리교회 신학으로 들어와 있다.

이제 웨슬리에게 특별히 중요했던 성령의 새롭게 하는 활동을 일곱 개의 제목으로 나누어 살펴본다.

(1) 하나님께서 철저히 새롭게 하신다

하나님의 사랑이 성령을 통하여 우리의 마음에 부어졌다.(롬 5:5)

잘 알려져 있듯이, 웨슬리는 로마서 5장의 이 구절을 감리교인의 유일한 참된 표식이라고 말했다. 이 때 그는 교파를 구별하는 방식으로 그렇게 한 것이 아니라, 그렇게 함으로써 모든 참된 그리스도인을 표시하려고 했다. 그런 점에서 감리교인들도 참된 그리스도인임을 분명히 말하고자 했을 뿐이다.[307]

그러나 이러한 표식을 통해 웨슬리가 -다른 많은 사람들과는 전혀 다르게- 기독교적인 실존의 심장부라고 여겼던 것이 무엇인지 분명하게 드러난다. 그것은 하나님을 통해 인간의 실존이 그 중심으로부터 새로워지는 것이다. 하나님의 사랑이 우리 자신의 삶의 중심이 됨으로써, 성령의 활동 안에서 인간은 그렇게 새로워진다. 인간이 예수 그리스도에 관한 메시지에서 들은 것, 곧 하나님께서 인간과 온 세상을 극진히 사랑하셔서 그의 독생자를 보내주셨다는 사실이 영의 활동을 통해 개인적으로 이해되며, 자신의 삶의 체험적인 실재가 된다.[308] 우리 안에 있는 영의 활동을 통해 하나님의 사랑을 '주관적으로' 확신하는 것과 "우리가 아직 죄인이었을 때 그리스도가 우리를 위하여 죽으심으로 우리를 향한 하나님의 사랑을 보이셨다(롬 5:5, 8)."는 사실을 '객관적으로' 확신하는 것은 결합되어 있으며, 이는 바로 영의 활동으로 일어난다. 이것이 영의 활동에 관한 웨슬리적인 선포의 특징이며, 하나님의 사랑을 의심하는 모든 사람에게 주는 권고의 근본이다. 하나님께서는 나를, 바로 나를 사랑하신다. 내가 그러한 사랑을 받을 만해서가 아니라, 그의 사랑이 나의 삶에 있는 사랑의 결핍을 채워 주시기를 원하기 때문이다. 하나님의 사랑으로 깊은 내면이 채워지고 감동됨으로써, 인간 안에는 하나님과 이웃을

---

307) Die Kennzeichen eines Methodisten(Hg. M. Marquardt), 3-5.
308) 웨슬리의 인증 구절들에 대해서는 Leßmann, Rolle 24f., 39ff.를 참조.

향한 사랑의 공간과 능력이 자리 잡게 된다.

이 사랑에 근거해 그리스도인들은 그리스도의 몸 안에서 서로 새로운 교제를 나누게 되며, 또한 이 사랑이 성도간의 교제의 척도가 된다. 이 사랑은 더 이상 자기 자신을 위해 살지 않게 한다. 이 사랑은 섬김 안에서 하나님의 선물을 다른 사람들에게 전달하는 동기다. 이 사랑은 또한 인간과 사물에 대한 새로운 방식의 통찰을 준다. 물론 현실적인 삶의 조건 속에서 이 사랑은 단지 불완전하게 실천될 수 있을 뿐이다. 살아 계신 하나님과의 완전한 교제를 향한 소망과 열망의 핵심이 이 사랑 안에 놓여 있다. 그러므로 하나님의 사랑이 성령을 통해 우리의 마음에 부어졌다는 말에는 인간의 새로워진 삶에 관해 말할 수 있는 모든 것이 포괄되어 있다.

(2) 새로워진 하나님 관계

> 영 스스로 우리가 하나님의 자녀임을 우리의 영에게 증언한다.
> (롬 8:16)

바울의 이 말씀도 웨슬리에게 중요한 성서 구절이다. 왜냐하면 이 구절은 예수 그리스도 안에 있는 하나님의 행동에 의해 형성된 새로운 하나님 관계가 그리스도인들의 삶에서 인격적으로 체험할 수 있는 현실과 확신이 될 수 있음을 분명하게 보여 주기 때문이다.[309]

이 때 우리는 로마서의 단락의 순서에 근거해, 먼저 인간의 마음에 하나님의 사랑이 부어져 새롭게 되고, 이어 하나님과의 관계가 새롭게 된다는 식으로 순서를 결정해서는 안 된다.[310] 이 둘은 떨어질 수 없이 결합되어 있으며, 그래서 바울은 로마서 8:14 이하와 갈라디아서 4:6에서 하나님의 자녀 됨과 영의 증언의 논리적인 결합성을 거꾸로 된 순서로 말할 수 있다.

---

[309] 웨슬리의 설교들을 참조: 롬 8:15에 대한 "노예의 영과 입양의 영"(설교 9), 롬 8:16에 대한 "성령의 증거 I, II"(설교 10과 11); 찰스 웨슬리의 노래들 "믿음의 영"(Hymn 83 = UMH 332)과 "어떻게 우리가 죄인임을 아는가?"(Hymn 93 = UMH 372)도 참조. Starkey, Work of the Holy Spirit 63ff.; Leßmann, Rolle 47ff.도 참조.

[310] 바울의 성령론에 관한 최근의 연구는 성령의 활동을 두 가지로 요약한다: "Repraesentatio - 영은 하나님의 사랑을 현재화한다."(롬 5:5); "Testificatio - 영은 아들 신분의 지위를 증언한다."(롬 8:16) F. W. Horn, Das Angeld des Geistes. Studien zur paulinischen Pneumatologie, 406ff.

바울에게서도 이 말씀이 서 있는 단락은 특별히 중요하며, 로마서의 정점이요 목표점을 이룬다. 로마서 1-4장이 그리스도의 사건에서 믿음으로 의롭다 인정을 받는다는 칭의론의 근거를 찾고 있다면, 5-8장은 영의 활동을 통해 의롭다 인정하는 사건이 그리스도인들의 삶에서 어떻게 새롭게 하고 변화를 일으키는 효력을 발휘하는지를 말한다.[311] 그리스도의 죽음과 부활을 통해 하나님과 인간 사이의 적대감이 극복되고 인간의 죄악의 결과들이 제거되었을 뿐만 아니라, 신뢰와 사랑으로 이루어진 새로운 하나님 관계가 형성되었다. 성서는 이러한 관계를 아버지와 자녀들의 관계라고 말한다. 인간이 생존을 위해서는 하나님을 향한 '신뢰'가 필요한데, 하나님 없는 삶에는 이것이 없다. 그런데 이 신뢰는 하나님의 영을 통해 인간의 마음에 심어진다. 그래서 그리스도인들은 하나님을 "아바, 아버지"라고 부를 수 있다. 이 호칭은 아이들이 아버지를 신뢰감에 가득 차서 부르는 것으로서, 하나님과 그리스도인들 사이의 새로운 신뢰를 나타내는 표현이다. 이러한 신뢰는 인간을 더 이상 노예적인 속박에 머물지 않게 하고, 실제적인 성숙과 참되고 내적인 자유를 의미하는 교제를 나눌 수 있게 한다.

웨슬리에 따르면, 영은 인간의 삶에서 율법을 통해 준비하는 활동을 한다.[312] 요한복음 16:8에 따르면 '죄에 관해, 의에 관해, 그리고 심판에 관해 세상의 눈을 뜨게 해 주는 것'이 영의 활동이기 때문이다. 그러나 웨슬리는 신약성서 전체의 증언에서 볼 때, 이것이 영의 본래적인 활동이 아니라는 것도 분명하게 보고 있었다. 왜냐하면 영의 활동은 인간을 노예와 두려움의 영으로 규정된 상황으로 인도하지 않기 때문이다.

그리스도를 통해 우리를 만나는 하나님의 영은 자녀의 영이다. 이 영은 형벌의 두려움을 내몰고, 자신의 능력으로는 극복할 수 없는 공포를 내쫓으며, 자신의 삶이 무가치하다는 부끄러움과 좌절을 추방하고, 자신의 삶을 스스로 변증해야 하고 또 할 수 있다는 잘못된 안전을 쫓아낸다. 또 이 자녀의 영은 모든 것을 넘어 자기 자신을 사랑하고 존중하려는 교만을 내어 쫓는다. 그리

---

311) 롬 5:1-11과 롬 8장 사이에 있는 주석적인 괄호를 주목해야 한다: 그리스도 사건과 의롭다 하시는 사건의 결과가 분명하게 하는 영의 활동으로 언급된다. 이 두 구절(롬 5:5; 8:16)은 웨슬리에게는 매우 핵심적인 성서 말씀이었으며, 바울에게도 두 개의 기둥과 같은 것이었다.

312) 예를 들어 설교 44("원죄"), II, 2; 135("믿음의 발견에 대하여"), 12 등을 참조. 웨슬리도 율법 그 자체로는 죄를 인식할 수 없다고 했다(이 책 170쪽 이하를 참조).

고 그런 것들 대신에 하나님에 의해 받아들여졌다는 확신과 하나님 안에 보호받고 있다는 확신, 하나님께 사랑받고 있으며, 가치 있는 존재로 존중받고 있다는 확신으로 채워 준다.[313] 그러므로 이러한 확신으로 살아가는 참 신앙은 언제나 성령의 선물이다. 그 안에서 하나님은 우리의 곁으로 오시며, 하나님께서 그리스도 안에서 우리의 동참 없이 우리를 위해 행하신 일이 우리 안에서 살아 움직이며 효력을 발휘하게 된다.[314]

앞으로 보게 되겠지만, 웨슬리는 의롭다 하심과 거듭남을 구분하였다. 의롭다 인정하심에 관한 가르침(칭의론)은 하나님께서 우리의 죄를 용서하시면서 우리를 *위하여* 행하신 위대한 일과 관련되며, 거듭남(혹은 새로 남, 곧 新生이라고 하는 것이 더 좋을 것이다)에 관한 가르침은 하나님께서 우리의 타락한 본성을 새롭게 하시면서 우리 *안에서* 행하신 위대한 일과 관련된다. 이 둘은 매우 밀접하게 연관된다.

> 우리가 예수 그리스도 안에 있는 구원에 근거해 하나님의 은혜로 인하여 의롭다 인정받는 순간 우리는 '영에 의해 태어난다.'[315]

그러나 영으로 새로 태어나는 측면을 특히 강조하는 것이 감리교회의 신학에서는 항상 중요하다. 왜냐하면 이 차원이야말로 변화시키는 하나님의 은혜의 힘을 분명히 밝히며, 또 선포하기 때문이다.

새로 태어났음이 인간의 삶에서는 구체적으로 어떻게 드러나는지에 대해서는 다음 장에서 논하게 될 것이다. 우리가 여기서 강조해야 할 것은, 성령으로 인해 새로워진다는 것은 그리스도 사건에 깊이 뿌리내리고 있다는 것이다. 그리스도 안에서 우리는 '새로운 피조물' 이다. 또한 영의 변화시키는 힘은 하나님에 대한 우리의 관계를 변화시킨다는 사실에서 출발한다는 것을 분명히 해야 한다. 여기서 말하고자 하는 핵심은, 개별적인 사람의 인격적 변화가 아니다. 하나님의 변화시키는, 그리고 새롭게 하는 영은 자녀의 영, 곧 신

---

[313] 웨슬리는 롬 8:16에 의거해 영의 두 가지 증언에 관해 말한다. 성령의 직접적인 증언과 성령이 주는 체험에 근거해 우리의 영이 하는 증언을 통한 간접적인 증언이 그것이다. 설교 10("성령의 증거 I"), I, 11; 11("성령의 증거 II"), III, 7-8; Starkey, 63ff.; Stokes, The Holy Spirit, 49-50; Leßmann, Rolle 47ff.; 몰트만도 '체험'이라는 현상에 근거해 그의 성령론을 전개한다(Der Geist des Lebens, 32ff.).
[314] Charles Wesley, Hymn 83(= UMH 332, 4)과 Leßmann 30에 있는 증거 구절들을 참조.
[315] 설교 45("신생"), 11.

뢰와 사랑의 영이다.

마지막으로 언급해야 할 것은, 절대적으로 자유로운 활동이 하나님의 영의 본질에 속한다는 점이다. "영은 그가 원하는 곳으로 간다(요 3:8)." 그렇다고 하나님의 영이 자의적으로 활동하는 것은 아니다. 그것이 웨슬리에게는 중요하다. 하나님은 소위 '은혜의 수단'을 통해 인간이 영의 활동을 받아들일 수 있는 가능성을 보여 주었다.[316] 은혜의 수단은 자동적으로 활동하는 것이 아니며, 더구나 마술적으로 활동하지 않는다. 그러나 은혜의 수단은 하나님의 영의 활동에 순응하고자 하는 사람들에게는 그들이 어디에서 어떻게 영의 활동을 받아들일 수 있는지를 보여 줄 수 있다.[317]

(3) 삶의 방식과 유형을 새롭게 한다

> 만일 우리가 영 안에서 산다면, 또한 영 안에서 행동하자.(갈 5:25)

하나님의 영이 인간을 내면에서부터 새롭게 변화시켜 새로운 하나님 관계를 갖게 한다면, 영의 활동이 그리스도인들의 실천적인 삶, 삶의 방식과 유형에까지 영향을 끼친다는 것은 당연한 결론이다. 이것은 바울에게서는 하나님 뜻의 성취에 대하여 물을 때 특별히 중요하다. 그는 율법 실천이 인간에게 구원을 가져다주지 못하고, 오직 믿음이 구원을 가져다준다는 것을 체험적으로 알았다. 그러나 그로부터 당연히 제기되는 물음이 있다. 내용적으로는 율법이 정당하게 말하고 있는 하나님의 뜻이 어떻게 인간의 행동에서 나타날 수 있느냐는 물음이다. 바울은 바로 이 점에서 "너는 해야 한다."거나 혹은 "너는 해서는 안 된다."는 율법 대신에 하나님의 영으로 인간을 이끌어 가고자 한다. 인간 외부에서 주어지는 계명과 인간의 반역적이고 노예적인 이기주의 사이의 파멸적인 순환은 영의 활동을 통해 무너진다. 영은 인간에게 새로운 행동의 원리, 곧 사랑의 원리를 제공해 준다. 이 새로운 원리는 스스로를 두려워하거나 변명하려는 자아(바울 식으로 말하면 '육신')의 옛 행동 원리를 대체하며, 그래서 인간이 하나님의 뜻을 자유롭게 행할 수 있게 한다.

---

316) 영과 은혜의 수단의 관계에 대해서는 Starkey, 79ff.; Leßmann, Rolle 81ff. 참조.
317) 설교 16("은총의 수단") II ; V, 4.

인간은 하나님께 내적으로 매여 있을 때에만 진정으로 자유로울 수 있다는 것은 바울의 가장 심오한 신학적인 진술에 속한다. 이 매임은 종교적인 관리자들에 의해 새롭게 관리되어서는 안 되며, 오직 그리스도와의 관계 안에서, 그리고 그리스도의 몸의 지체들의 상호적인 매임 속에서만 실천되어야 한다.

영의 이러한 활동은 자동적으로 일어나는 것은 아니다. 내가 나를 규정하는 것이 아니라, 그리스도가 나의 삶의 중심이라는(갈 2:20), 나의 세상 삶의 조건 속에서('육신 안에서') 나를 사랑하셔서 나를 위하여 죽으신 그분을 믿는 믿음 안에서 날마다 새롭게 살아야 하는 원칙적인 진리와 같이, 동기를 부여하고 형성해 나가는 영의 힘은 그에 맞서는 모든 세력에 반대하여 거듭하여 새로운 길을 열어 나가야 한다. 원칙적으로 우리의 삶을 결정하는 그것(영)이 우리 행동의 모든 구체적인 단계들까지도 인도해 가게 하라는 사도적인 명령의 뿌리가 바로 여기에 있다. 인간이 영의 인도를 받는 곳에는 인간의 이기주의가 불러일으키는 것을 의미하는 '악덕 목록'이 사라지고, 바울이 '영의 열매'라는 적절한 상징으로 말하고 있는 것이 생겨난다. 하나님의 영이 우리 삶에서 자라나게 하는 모범적인 행동은 "사랑, 기쁨, 평화, 인내, 우정, 자비, 신실, 온유, 순결"과 같은 것들이다.(갈 5:22)

바울 신학이 말하는 이러한 측면은 모든 기독교 교회의 공동적인 유산이다. 그러나 이것은 특히 감리교회의 선포 안에서 중요성을 얻었으며, 성화에 관한 가르침에서 다시 한 번 논하게 될 것이다. 그러나 여기서 다시 한 번 분명하게 확인하고 강조해야 할 것은, 인간의 행동이 일차적으로 중요한 것이 아니라, 하나님의 은혜의 활동을 진지하게 받아들이는 것이 중요하다는 점이다. 하나님의 은혜는 영을 통해 새로운 행동을 창출하며, 그럼으로써 우리 사이에 새로운 관계를 만들어 낸다. '영의 열매들'에서 중요한 것은 새롭게 형성된 관계들이기 때문에, 하나님의 영의 활동 안에 있는 사회적인 요소들을 간과해서는 안 된다.[318] 인간이 그의 행동의 모든 타율적 결정(타율성)을 반대하며, 또 자기 결정의 과제(자율성)가 좌절되는 시대에는 하나님을 통해 삶이 결정된다(신율성 – 이는 하나님의 영의 활동 안에서 타율성과는 분명하게 구분된다)는 가능성이야말로 기독교 메시지의 중요한 강조점이다.[319]

---

[318] 설교 11("성령의 증거 II"), V, 2-3은 영의 증언과 인간의 더불어 사는 삶에서 열리는 영의 열매들 사이의 비옥한 순환을 말한다. Stokes, Holy Spirit 50, 74 참조.
[319] 이러한 개념들에 대해서는 P. Tillich, Systematische Theologie I, 103ff; III, 285ff. 참조.

(4) 진정한 교제를 위하여 새롭게 한다

우리 모두는 한 영을 통해 한 몸에로 세례를 받았다.(고전 12:13)

인간의 삶은 교제를 필요로 한다. 그러므로 인간은 '사회적인 존재' 다. 그러나 인간은 서로 어울려 사귐을 가질 수 없다는 점에서 실존적인 삶의 좌절과 무너짐을 경험한다. 그러므로 인간이 교제를 나눌 수 있게 하는 것은 하나님의 새롭게 변화시키는 행동의 본질적인 차원에 속한다. 구체적인 사람은 개인으로서만 새로운 피조물이 되는 것이 아니라, 새로운 창조의 현실은 서로 어울려 사는 삶에서 시작된다. 인간이 세례와 믿음 안에서 그리스도를 "옷 입었다"면, 그 곳에는

> 유대인도 없고 헬라인도 없으며, 노예도 없고 자유한 사람도 없고, 남자도 없고 여자도 없다; 왜냐하면 너희 모두는 그리스도 예수 안에서 하나가 되었기 때문이다.(갈 3:28)

물론 그러한 차이들이 갑자기 사라져 없어진다는 것을 의미하지는 않는다. 그러나 종교적인 뿌리, 사회적인 지위, 성 -여기에 우리는 인종, 민족, 교육 수준 등을 첨가해야 할 것이다- 등 인간을 서로 분리시키는 이 모든 것은 그리스도 안에서 그 힘을 상실했다. 그에 반해 관계의 새로운 성격이 나타난다. 바울은 이러한 하나님이 주시는 현실을 영의 활동이라고 말한다.

> 하나님의 나라는 먹고 마시는 것이 아니라,[320] **성령 안에서** 의와 평화, 그리고 기쁨이다.(롬 14:17)

혹은 고린도전서 12:13에서 바울은 이렇게 말한다.

> 우리 모두는 **하나의** 영을 통해 **하나의** 몸에로 세례를 받았다; 유대인

---

[320] 이 말이 서 있는 성서의 문맥에서는 사회적인 삶을 파괴할 수 있는 종교적인 음식 규정에 관한 상이한 이해를 말한다.

이나 헬라인이나, 노예나 자유인이나, 우리 모두는 **하나의** 영으로 마셨다.

바울이 영의 은사들에 관해 논란을 벌이는 맥락에서 교회와 예배에 관한 그의 생각을 상세히 말하고 있는 것은 주목할 만한 일이다. 고린도 교회에 있었던 위험은 분명하다. 성령의 활동으로 갖게 된 특별한 능력이나 은사들에 대한 기쁨과 자만으로 인해 그것들을 전혀 영적이지 못한 방식으로 실천할 위험이다. 다시 말해 개인의 영 소유를 개인적으로 자랑하고 확인하려는 위험이다. 그것은 영의 활동을 왜곡하는 것이며, 영이 주는 선물이 은혜의 선물, 곧 교회 전체를 위한 하나님의 은혜의 선물, 카리스마라는 사실을 망각하는 것이다(고전 12-14장). 하나님의 은혜는 언제나 '주어진 은혜(롬 12:3, 6)'이며, 그러므로 구체적인 은사와 은혜 수여로서, 삶으로 실천된 은혜다. 바울이 구체적인 은사들의 다양성과 다층성을 말하는 것으로 볼 때, 바울은 성령의 '특별한' 은사들을 기준으로 삼지도 않았고, 또 '은사주의적인 교회 질서'를 세우고자 하지도 않았다. 그에게 중요했던 것은 다양한 섬김들, 직분들과 은사들이 모든 사람에게 유익하도록 한 교회 안에서 서로 어울려 사는 것이었다. 그러한 것들 모두는 중요한 것이든 그렇지 않은 것으로 보이든 상관없이 한 인간을 향한 하나님의 원칙적인 긍정을 말한다.

영이 불러일으키는 모든 것은 어울려 살기 위한 것이며, 상호간에 유익을 위한 것이고, 서로 더불어 살아가는 삶을 건설하기 위한 것이다. 교회의 토대는 개인적인 은사, 곧 개인이 영의 은사를 받는 것이 아니라, 그리스도의 몸이라는 현실이다. 영은 이 몸 안으로 들어와 항상 새롭게 결집시키며, 은사들을 주어 이 몸에 생명을 주고 양육하여 자라게 한다. 그러므로 사랑이야말로 어떤 은사의 가치를 판단하는 가장 결정적인 척도다(고전 13장).[321] 교회에서 하나님의 영은 오직 말씀과 성례전 안에서만 구원을 베풀어 주며, 그래서 교회를 그리스도의 몸이 되게 할 뿐만 아니라, 동시에 인간의 교제를 새롭게 변화시킨다. 이 교제는 그리스도의 몸으로서 다양한 영적인 은사들이 서로 유기적으로 어울려 살아가는 것이다. 이것이야말로 일찍이 감리교회 신앙 안에서

---

321) W. Klaiber, Rechtfertigung und Gemeinde 215ff. 참조. 모든 은사의 요체로서의 사랑의 의미에 대해서는 골 3:14를 참조.

실천된 현실이며, 명백히 강조된 가르침이기도 하다. 이는 웨슬리적인 교회론의 두 가지 성격과 결합된다. 감리교회의 신앙 고백이 말하는 교회에 관한 가르침은 종교개혁자들의 고백과 별반 다르지 않다. 그러나 감리교회적인 공동체나 그룹들의 삶에서 찾을 수 있는 것은, 오늘날 우리가 '카리스마적인 공동체 건설'이라고 말할 수 있는 바로 그것이다. 다시 말해 하나님이 교회의 구성원 개개인에게 주신 은사들을 발굴하고, 그것들을 예배와 교회생활에 연결시키며, 사회적인 차별들을 극복하고 매우 상이한 출처의 사람들을 공동체의 삶으로 통합하는 것이다. 그러나 이는 감리교회의 역사에서 항상 굳게 지켜진 것은 아니다.

그리스도인들은 성령의 활동에 의해 교제를 나누며, 그러므로 기독교의 교제는 카리스마적인 성격이 있다. 이러한 성격은 특별하고 특이한 은사들이 나타나는 데에서 입증되는 것이 아니라, 다양한 출처와 특성의 사람들을 통합시키는, 공동체 안에서 경쟁과 견제를 생각하는 대신에 서로 도와주고 존중해 주는 더불어 살아가는 삶을 사는, 그리고 행해야 하는 것과 그만두어야 하는 것을 분명하게 만드는 교제의 힘에서 입증된다. 이러한 교제는 주 예수 그리스도의 은혜와 하나님의 사랑과 성령의 교제에 의해 일어난다(고후 13:13). 이와 같이 교회는 영과 진리로 하나님을 예배하는 장소가 된다.(요 4:24)

(5) 증언하는 능력을 주어 파송하기 위하여 새롭게 한다

너희는 성령의 능력을 받고 나의 증인이 되리라.(행 1:8)

사도행전은 성령의 활동의 또 다른 면을 보여 준다. 하나님의 영은 제자들에게 선교적인 선포를 할 수 있는 힘을 주며, 그들이 복음의 효과적인 증언을 할 수 있게 해 준다. 이는 사도행전 1:8에 예고되며, 오순절 기적에서 이루어진다. 오순절 기적은 상징적인 사건을 통해 제자들을 선포할 수 있는 영적인 힘으로 무장시키는 것에 관해 말하고, 이는 사도행전 전체에서 거듭 확인된다. 선교사들을 붙잡아 인도하고, 특이한 방식으로 그들을 안내하며, 도저히 극복할 수 없는 것처럼 보이는 한계선을 극복하게 하는 것도 모두가 하나님

의 영이다.

단지 사도행전에만 이러한 견해가 있는 것은 아니다. 마가복음 13:11(병행 눅 12:11-12; 마 10:19-20; 눅 21:14-15)에서 제자들은 박해를 받아 법정에 서게 될 때, 성령이 그들을 도와줄 것이며, 그들이 무엇을 말해야 할지 가르쳐 주겠다는 약속을 받는다. 요한복음 14-16장에서 이러한 약속은 보혜사에 관한 영의 신학으로 발전해 간다. '조력자'인 보혜사 성령은 제자들을 위하여, 그리고 독특한 방식으로 세상을 위하여 예수의 말씀과 인격을 새롭고 권능 있게 가르쳐 줄 것이며, 그럼으로써 그들이 예수의 일을 계속할 수 있게 힘을 줄 것이다. 하나님의 영이 그들을 충만하게 채우고 있기에, 그를 믿는 사람들로부터 "생수가 쏟아져 나올 것이다."(요 7:38)

복음의 사신이 되고, 그럼으로써 화해와 생명의 사신이 되는 힘은 바울에게서도 영의 활동이며 은사다. 두 전선의 사람들 -그가 율법을 무효화하는 해석을 한다고 비난하는 사람들과 그에게는 영적인 권능이 입증되지 않았다고 비난하는 사람들- 과 힘겨운 싸움을 벌이면서 고린도후서 3장에서 바울은, 사도의 메시지에서 인간은 하나님의 절대적인 생명의 긍정, 곧 생명 그 자체를 만난다는 사실에서 하나님의 영이 어떻게 힘을 주었는지를 설명한다. 십자가에 달려 죽으신 예수에 관한 어리석고도 거침이 되는 선포가 세상을 위한 구원으로서 사람들에 의해 믿어졌고, 또 그들을 구원한 것은 고린도전서 2:1-5에 따르면, 실질적인 '영과 능력의 입증'이다.

감리교회 신앙 운동의 초기에는 증언과 파송이라는 이러한 성령의 활동은 특히 두 가지 면에서 체험되고 신학적으로 사고하게 되었다.

첫째, 윗필드와 웨슬리의 옥외 설교가 불러일으킨 특별한 효력을 체험하는 것이었다. 여기서 사람들은 하나님의 교훈에 순종함으로써, 그 때까지 복음의 설교를 교회에서 하는 것으로 제한하였던 한계를 극복했으며, 또 그 때까지 교회에서는 다양하게 거부되었던 동일한 메시지가 수많은 비교회적인 사람들의 삶을 결정적으로 변화시키는 동력이 되고 있음을 체험할 수 있었다. 바로 이 점에서 웨슬리는 성령의 활동과 확증을 보았다. 옥외로 나갔던 이 단계(1739년 2월 4일)가 선교 운동과 각성 운동으로서의 감리교회 신앙 운동의 출생시점이다.

둘째, 평신도 설교의 발굴과 도입이었다. 웨슬리가 처음에는 맹렬하게 거부했지만 결국은 받아들인 것은, 배우지는 못했지만 그에 의해 복음을 설교하도록 허용된 남자들과 여자들을(!) 통해 하나님의 영이 역사한다는 사실이었다. 웨슬리는 이것을 인정했고, 그래서 독특한 방식으로 그의 운동의 조직에 평신도의 설교를 도입했다.

그러므로 웨슬리와 그의 사람들은 '모든 믿는 사람들의 제사장 직분'을 요엘서 3장의 문자적인 성취로 이해하기보다는, 사도행전 2장과 특히 고린도전서 14장에 유비해서 모든 —훨씬 조심스럽게 말한다면, 많은— 그리스도인들이 하나님의 위탁으로 개인적인 대화와 교회에서의 선포를 통해 다른 사람들에게 능력 있는 말씀을 할 수 있다는 의미로 이해했다. 이러한 직무의 가장 단순한 형태를 수행했던 사람들에게 붙여졌던 감리교회의 호칭이 '권고자'였다 (이 칭호는 한국 감리교회에서는 지금도 '권사'로 남아 있지만, 그 본래의 의미는 퇴색된 지 오래다 – 역자 주). 이러한 유형의 예언적인 권고, 곧 경고와 격려의 토대에 평신도 설교자라는 직무가 서 있었다.

평신도 설교의 직무들이 매우 초기부터 감리교회 운동에 도입됨으로써, 영과 직분이라는 고전적인 대립이 적어도 배후로 밀려나게 되었다. 모든 교회나 운동들과 마찬가지로 감리교회의 신학과 교회 구조 역시 근본적인 문제에 부딪치게 되었는데, 그것은 다음의 질문들로 나타난다. 특정한 설교 직분과 자유로운 소명은 상호 어떤 관계인가? 학문적으로 연구하여 배운 주석적이고 해석학적인 능력과 하나님의 영을 통한 능력은 어떤 관계인가? 자유롭게 영의 인도를 받는 것과 책임적이고 구조적인 교회생활은 서로 어떤 관계인가? 감리교회는 연회나 총회에서 이 두 차원을 함께 수용하고자 했다. 그러므로 연회나 총회가 오늘날에는 단지 교회의 의회들에 지나지 않는다는 오해를 불식시켜야 한다. 하나님의 영은 의회에서 다수의 결정을 통해 기계적으로 말하지 않는다.

마지막으로 언급할 것은, 영이 '선행적인 은혜'의 활동 속에서 선교적으로도 활동하고 있다는 것이다. 웨슬리가 이 맥락에서 많은 의미를 부여했던 사도행전 10장의 인상적인 구절에서 하나님의 영은 우리가 복음을 전파하며 선교적인 활동을 하기 이전에 이미 많은 곳에서 존재하고 계셨음을 보여 준다. 이는 다른 종교들에 있는 종교적인 현상들과 영의 활동을 간단히 동일시하는 것이 아니라, 우리가 복음의 메시지를 선포하기도 전에 하나님의 영이 사람들에게 그 메시지를 받아들일 준비를 하게 하심을 감사함으로 인정하는 것이다.

(6) 인식과 생각을 새롭게 한다

그러나 진리의 영이 오시면 그가 너희를 모든 진리 가운데로 인도하시리니.(요 16:13)
성령은 모든 것, 곧 하나님의 깊은 것까지도 통달하시느니라.(고전 2:10)

하나님은 오직 하나님을 통해서만 인식될 수 있다. 그러므로 우리의 모든 하나님 인식의 뿌리는 하나님이 우리를 알고 계신다는 사실에 있다. 하나님께서 우리를 그의 사랑을 통해 아심으로써, 우리도 사랑이신 하나님을 알 수 있다(고전 8:3; 갈 4:9 참조). 하나님은 그의 영을 통해 우리에게 자신의 본질을 알려 주신다. 바울은 이를 고린도전서 2:6-16에서 공상적인 지혜신학과 논쟁을 벌이면서 설명한다. 하나님께서 우리에게 주신 것을 아는 것이 최고의 지혜다(12절).[322] 요한복음의 고별 설교(요 14-16장)에서 그리스도는 인간을 온전한 지혜로 인도하는 영을 주실 것을 약속한다.

그러므로 우리에게는 영으로 말미암아 주어진 하나님 지식과 이성적인 사고를 통한 책임적 신학의 관계를 바르게 정립해야 하는 과제가 있다. 이 둘은 서로 연결될 수 없이 대립적인가? 신학적인 작업이 시작된 이후 신앙과 이성은 긴장 관계에 있다. 내용이 문제가 될 때, 웨슬리는 항상 인간의 이성이 수용할 수 있는 것보다는 성서 말씀을 중요하게 생각했다. 그러나 다른 한편으로는 하나님의 영으로 인도받는 이성을 강력하게 옹호하였다. 웨슬리는 루터가 이성에 관해 매우 잘못된 평가를 했다고 비판했다.[323] 그는 성서를 해석하고, 복음을 선포하며, 실천적으로 섬기기 위해서는 영의 활동이 필요하다고 말했다. 그러나 이 영의 활동은 성서 본문, 교회 전통, 그리고 기독교적인 체험과 마찬가지로 논리적이고 비판적인 사고와 밀접하게 연관되어 있다. 후대

---

322) Charles Wesley: "We by this Spirit prove and know the things of God, the things which freely of his love he hath on us bestowed"(Hymn 93, 4).
323) 루터의 갈라디아서 주석에 대한 비판적인 언급에 대해서는 1741년 6월 15일 자 Journal(WJW 19, 200f.)과 위의 I장, 1.3).(3)(55쪽 이하)을 참조.

의 감리교회 신학이 이러한 토대에서 신학적인 학문 이론을 발전시키지 않은 것은 매우 유감스러운 일이다. 감리교회 신학의 근원으로 볼 때, 지식과 사랑의 관계는 특별히 이 곳에서 논구되어야 할 것이다(고전 8:1-3 참조). 그렇지만 이러한 관계는 아마도 신학적인 이해론의 내용이라기보다는 해석자의 내적인 자세의 문제라고 할 수 있다.

(7) 희망을 위하여 새롭게 한다

> 또한 우리, 곧 성령의 처음 익은 열매를 받은 우리까지도 속으로 탄식하여.(롬 8:23)

우리에게 부여된 영은 미래에 있을 완성의 보증금, 선금, 첫 열매다. 바울이 말하는 이러한 표상들을 통해 강조하고자 한 것은 시작과 목표가 떨어질 수 없이 긴밀하게 결합되어 있다는 것이다. 영의 선물은 앞으로 올 하나님의 나라를 '미리 맛보는 것'이라는 생각도 이 범주에 속한다. "하나님의 나라는 [이미 지금] 성령 안에서 의와 평화와 기쁨이다(롬 14:17)." 그러나 희망을 위하여 새롭게 한다는 것은 특별한 확신에 속한다. 희망은 절대로 좌절되지 않는다 - 믿는 사람들이 받아야 할 억압과 고난에도 불구하고, 희망은 좌절되지 않는다. 왜냐하면 하나님의 사랑이 우리 마음에 부어졌기 때문이다(롬 5:5)! 바로 이 점에서 신약성서의 성령론은 감리교회의 전망과 연결된다. 지금 우리 안에 있는, 그리고 우리를 위한 하나님의 사랑을 확실하게 믿는 것은 동시에 미래의 완성을 믿는 확신의 토대가 되며, 동시에 그 완성을 향한 간절한 바람의 동기가 되기도 한다. 바울은 로마서 8:19-26에서 허무의 짓눌림에서 벗어나고자 하는 피조물의 뜨거운 기대와 몸의 구원 이후에 하나님과의 완성된 교제를 향한 하나님의 자녀들의 열망을 말하고 난 후에, 이 생각을 발전시켜 영이 스스로 우리와 함께 탄식하며 우리가 무엇이라고 감히 말할 수 없는 것을 하나님 앞에 가지고 가서 우리를 도우신다고 말한다(계 22:17도 참조). 하나님 스스로 구원을 향한 외침을 우리와, 그리고 모든 피조물과 함께 나누는 것이다.

3) 세상의 완성

그러나 성령의 활동을 통해 인간이 체험하게 되는 새롭게 하심은 새롭게 하시는 하나님의 행동의 시작일 뿐이다. 하나님의 이 새롭게 하시는 행동의 궁극적인 목표는 이 세상을 완전히 새롭게 변화시키는 것이다. 하나님의 영은 '희망의 원리'를 단지 그리스도인들의 마음에만 놓아두는 것이 아니라, 그들의 증언과 활동을 통해 세상 안으로, 즉 희망이 없는 세상 안으로 이끌어 간다.

성서의 메시지가 말하고 있으며, 하나님의 영이 확인해 주는 희망은 세 가지 차원이다. 첫째, 개인적인 차원의 희망이다. 이는 하나님께서 개인의 삶을 그와의 영원한 교제 안에서 완성하신다는 것이다. 둘째, 예수 그리스도의 교회의 희망이다. 하나님은 교회의 가는 길을 지키시고, 역사 안에서 교회의 사명을 완성하여 목표점에 도달하게 이끌어 가신다. 셋째, 세상을 위한 희망이다. 하나님께서는 세상을 근본적으로 새롭게 변화시켜, 세상을 하나님이 정해 놓으신 바로 그러한 세상이 되게 한다. 하나님의 선하고 완전한 창조가 바로 그 세상이다.[324]

(1) 개인의 희망
바울은 로마서 8:11에서 다음과 같이 말한다.

> 예수를 죽은 자 가운데서 살리신 이의 영이 너희 안에 거하시면 그리스도 예수를 죽은 자 가운데서 살리신 이가 너희 안에 거하시는 그의 영으로 말미암아 너희 죽을 몸도 살리시리라.

이 문장에서 우리는 기독교적인 희망의 전체적인 성격을 알게 된다. 그리스도인들의 삶을 지배하는 영의 창조적인 힘을 체험함으로써 그리스도인 안

---

[324] 우리는 이러한 기독교적 희망의 세 가지 차원을 찰스 웨슬리의 노래에서 찾을 수 있다(UMH 384): "Love divine, all loves excelling." 특히 이 노래 중에서 제대로 번역하기 어려운 4절을 참조. "Finish, then, thy new creation; pure and spotless let us see thy great salvation perfectly restored in thee. Changed from glory into glory, till in heaven we take our place, till we cast our crowns before thee, lost in wonder, love and grace."

에서는 확실한 희망이 생겨나는데, 이는 영의 힘이 인간의 육체적인 죽음의 운명보다 강하다는 희망이다. 이것이 바로 육체의 부활을 향한 희망의 토대다. 이 희망이 그리스도인들의 희망에 관한 신약성서 메시지의 핵심이다.

이 희망은 이미 구약성서의 마지막 무렵에 드러나기 시작했다.[325] 이러한 생각은 다른 종교들에서 유입된 것이 아니다. 물론 하나님의 행동을 이해하는 새로운 모델을 위한 동기들이 다른 종교들로부터 온 것이라는 것까지는 부인하지 않는다고 할지라도, 하나님의 영의 힘이 육체적인 죽음보다 강하다는 생각은 이방의 종교들로부터 온 것은 아니다. 그러한 사상의 근거는 구약성서의 신앙인들이 제기했던 물음, 곧 하나님과의 교제가 인간의 죽음으로 실질적으로 끝나는 것인가를 둘러싼 싸움이었다. 고대 이스라엘에서는 그렇게 생각했었다.[326]

극심한 고통 속에서 하나님께 기도했던 사람들은, 하나님께서는 죽음 속에서도 그들을 버리지 않을 것이라는 확신이 있었다.[327] 구약성서의 단 한 구절이 죽은 자들의 부활에 대한 희망을 말한다. 이 희망은 하나님을 의지하는 사람들은 하나님과의 영원한 교제 안에서 살게 될 것이고, 하나님을 떠난 사람들은 하나님 없음의 고통을 영원히 지니게 될 것이라는 기대와 결합되어 있다.(단 12:1-2)[328]

이러한 견해는 초기 유대교와 신약성서에도 받아들여졌는데, 예수와 사도들의 메시지에서 유대교로부터 물려받은 외적인 사상의 틀이 되었을 뿐만 아니라, 생명을 창조하시고 믿는 자들을 죽음 안에 버려두지 않으시는 하나님을 믿는 신앙의 결과다.[329]

예수의 부활의 체험은 이러한 희망에 새로운 근거를 만들어 주었다. 예수의 부활에서 하나님의 사랑의 힘은 역사 가운데서 이미 죽음의 힘을 깨뜨렸으며, 그것도 완전히 깨뜨렸다. 예수의 몸의 부활에 관한 메시지가 이것을 증언한다. 몸의 부활을 향한 희망도 여기에 근거해 있다. 바울은 고린도전서 15

---

[325] 이에 대해서는 W. H. Schmidt/J. Becker, Zukunft und Hoffnung, Biblische Konfrontationen 1014, 1981, 70ff.을 참조.
[326] 시 6:6; 30:10; 88:6, 11-13; 115:17; 사 38:18-19 참조.
[327] 시 16:10; 73:26 참조.
[328] 이에 대해서는 G. Stemberger, TRE 4, 1979, 443-444 참조. 사 26:19도 참조.
[329] 막 12:18-21 병행 참조.

장에서 몸의 부활을 기독교 희망의 근본으로 강조했으며, 고린도 교회가 이 메시지를 부인하는 것에 맞서 몸의 부활을 변호했다.

헬라인이었던 고린도 교인들은 몸의 부활을 받아들이는 데 큰 어려움이 있었기 때문에 그러한 생각을 거부했으며, 그 대신 (세례 받을 때) 인간의 신적인 영이 하늘의 세계로 옮겨질 것이라고 주장했다. 그에 반대해 바울은 몸의 부활을 믿는 신앙을 세 가지 이유를 들어 분명히 말했다.

① 하나님과의 지속적인 교제와 영원한 생명을 보증해 주는 영원한 신적인 불꽃이 인간 안에는 없다. 그 불꽃은 오직 하나님의 창조적인 힘이다. 하나님은 세상을 무로부터 창조하셨고, 죽은 자들 가운데서 예수를 다시 살리셨으며, 죄인들을 의롭다 하시는 하나님이시다. 인간 안에 있는 어떤 것이 아니라, 하나님의 이러한 힘이 우리에게 죽음을 넘어서는 새로운 생명을 선물로 준다.[330]

② 하나님의 새롭게 창조하시는 행동의 대상은 인간 전체와 그 인격을 형성하는 모든 것이다. 즉 인간의 영, 혼, 육이 바로 하나님의 새 창조의 대상이다. 그러므로 인간의 영과 혼만 아니라, 육도 새롭게 창조된다. 그래서 우리는 몸의 부활을 말할 수 있다.

③ 그러므로 우리는 우리의 모든 존재와 행위로써 하나님 앞에서 책임을 지고 있다. 우리 존재의 영적인 차원뿐만 아니라, 육신적인 차원에서도 그렇다.[331]

그 후 기독교 교회는 곧바로 영혼의 불멸성이라는 헬라사상을 교회의 가르침 안으로 받아들였다. 그러나 이는 부활에 대한 희망을 대체하는 것이 아니라 보충하는 것이다. 이는 수백 년을 넘어 신학적으로나 실존적으로 기독교적 희망의 기초가 되었다.[332] 그러나 이러한 영혼 불멸이라는 헬라사상이 기독교 안으로 들어옴으로써 성서의 기본적인 메시지에서 벗어나는 다음의 몇 가지 문제들이 생겨났다.

a) 하나님과 지속적으로 갖게 되는 생명의 근거가 더 이상 하나님의 창조적인 작업이 아니라, 인간 안에 있는 불멸하는 '부분'이 되어 버렸다.

---

[330] 롬 4:5, 17, 24를 롬 8:11; 고전 15:45와 비교.
[331] 고후 5:10은 다음과 같이 말한다. "이는 우리가 다 반드시 그리스도의 심판대 앞에 나타나게 되어 각각 선악 간에 그 몸으로 행한 것을 따라 받으려 함이라."
[332] 영혼의 지속적인 존재에 관한 웨슬리의 생각에 대해서는 설교 51("선한 청지기"), II 참조.

b) 그럼으로써 성서가 매우 분명하게 말하였던 죽음의 고통스럽고 위협적인 실재가 부정되거나 변두리로 밀려날 위험이 생겨났다.

그러나 다른 한편으로 영혼의 불멸성에 관한 사상은 신약성서의 몇몇 구절들에서 볼 수 있는 확신, 곧 하나님과 그리스도와 더불어 나누는 교제는 죽음과 부활 사이에 중단되는 것이 아니라는 확신을 받아들인다. 그래서 죽음 가운데 있는 그리스도인들도 죽음이 그들을 하나님의 사랑에서 끊을 수 없으며, 오히려 전혀 새로운 방식으로 '그리스도 함께' 있게 될 것이라고 확신할 수 있게 되었다.[333] 그러나 이러한 희망은 인간 안에 있는 불멸적인 부분에 근거한 것이 아니라, 온전한 하나님 관계에 근거한다.

부활과 영생의 희망에 대한 이러한 성서의 증언들은 이 희망을 현재적인 실존에 관한 구체적인 표상들과 결합하는 것을 무척 주저한다. 예수는 하나님과의 완성된 교제를 단순히 이 세상 삶의 연장으로 생각하려는 사두개인들을 책망했다(막 12:18-27 병행). 바울은 '몸'의 존재를 창조하는 하나님의 다양한 가능성들을 말한다(고전 15:36 이하). 그리고 우리는 요한일서 3:2에서 이 주제에 관한 신약성서의 진술들을 가장 적절하게 요약하고 있는 말씀을 찾을 수 있다.

> 우리가 지금은 하나님의 자녀라. 장래에 어떻게 될 것은 아직 나타나
> 지 아니하였으나, 그가 나타내심이 되면 우리가 그와 같을 줄을 아는
> 것은 그의 계신 그대로 볼 것을 인함이니.

기독교 희망의 핵심은 하나님과의 완전한 교제 안으로 받아들여지는 것이다.[334] 수백 년 동안 모든 시대 제한적이고 시대 관련적인 희망의 형태들 앞에서, 이러한 기대를 기독교 희망의 근본적인 내용으로 이해하고 확인하는 것이 중요하다.

---

333) 빌 1:21ff; 눅 23:24 참조; 그러나 다른 한편으로 고후 5:1-5와 벧전 3:19-20; 4:6 참조. 죽었다가 다시 살아난 사람들의 '죽음 이후'의 체험에 관한 보도는 죽음에 관한 우리의 생각을 수정해줄 수 있지만, 어떠한 적극적인 희망의 근거가 되지는 못한다. H. Küng, Ewiges Leben?, 1982, 22-38 참조.

334) 그렇지만 우리의 존재의 근거로서 '하나님 안으로 들어가는 것'을 말하는 것은 아니다. 이는 범신론적인 신비주의가 생각하는 것이다. 하나님과의 교제는 만남의 성격이 있으며, 그러므로 사랑의 성격을 갖는다.

(2) 예수 그리스도의 교회의 희망

그러므로 하나님과의 교제로서의 영생은 단순히 개인의 개별적인 삶의 연장이 아니라, 하나님과의 관계의 완성이다. 그러므로 개개 그리스도인의 희망은 예수 그리스도의 교회의 완성을 향한 희망과 밀접하게 결합되어 있다. 그래서 바울은 '그리스도께 속한' 사람들의 종말론적인 운명에 관해서는 항상 복수형으로 말한다(고전 15:23; 살전 4:16). 요한계시록은 박해를 받아 고난당하는 교회를 위로하고 강화하기 위해 예수 그리스도의 교회의 완성을 환상 속에서 미리 앞당겨 본다.(7장; 14:1-5)

이러한 교회의 희망을 보는 시각의 차원에는 세 가지 중요한 기본 흐름들이 있다.

① 완성된 교회는 우주적 교회이며 예수 그리스도의 교회인데, 이는 "각 나라와 족속과 백성과 방언"으로 되어 있다(계 7:9). 그러므로 교회의 희망은 만민에게 복음을 전파해야 하는 교회의 선교적인 사명과 전적으로 일치한다.

여기에는 "이방인의 충만한 수"와 함께 "온 이스라엘"이 구원에 이르게 되리라(롬 11:25-26)는 기대가 결합되어 있다. 바울은 이것이 어떻게 이루어질 것인지를 암시하고 있을 뿐이다. 그는 이스라엘이 그리스도와 만나게 될 것을 기대하고 있음이 분명하다. 그리스도와의 만남은 이스라엘에게는 교회의 선교와는 상관없이 일어날 것이지만, 이방인 세계를 향한 교회의 신실한 선교와는 내적으로 연결되었다. 교회의 완성을 향한 우주적인 희망에는 이스라엘을 위한 희망까지도 포함되어 있다는 사실을 예수의 교회가 수백 년이 넘도록 잊어버렸다는 것은 매우 유감스러운 일이다.[335]

② 이 목표를 향해 예수의 교회가 가야 할 길은 다음 두 가지의 대립적인 특징으로 설명할 수 있다.

a) 교회는 도래하는 하나님 나라의 표징들을 세워야 하는 사명을 위임받았는데, 이 사명은 복음을 선포하고, 활동적인 사랑을 실천하며, 교제의 삶을 살아가는 방식으로 실천되는 선교를 통해 실현된다. 교회가 하나님의 나라를 세우는 것이 아니라, 말과 행동으로 그 나라의 도래를 준비해야 한다. 교회 안에서 올바른 태도가 무엇이냐는 논쟁에서 바울은 다음과 같이 분명하게 말한다.

---

[335] 위의 2.2).(2)(193쪽 이하)를 보라.

> 하나님의 나라는 먹는 것과 마시는 것이 아니요, 오직 성령 안에서 의
> 와 평강과 희락이라.(롬 14:17)

모든 민족에게 복음을 선포하는 것은 도래하는 종말의 전제에 속하며(막 13:10)[336], 에베소서에서는 그리스도에 이르기까지 교회가 성장하는 것이 종말론적인 사건의 가장 중요한 차원으로 강조되었다.(엡 3:8-10; 4:15-16)

이로써 교회는 교회의 삶과 -가능하다면- 교회가 서 있는 사회의 삶을 하나님의 나라를 지향하는 삶으로 만들어 가야 할 사명이 있다. 웨슬리는 그의 시대의 선교 운동이 교회와 국가의 삶에서 복음주의적이고 섬기는 결과를 드러내는 것이 이러한 사명과 약속을 실천하기 위한 한 단계라고 굳게 믿었다.[337] 그러므로 감리교회는 복음의 메시지를 선포하면서 기독교 희망의 성취를 바라보는 전망 속에서 보다 정의롭고 평화로운 세상을 위하여 활동해야 할 과제가 있다. 이러한 사명은 여러 시대, 여러 영역에서 우리의 행동으로 하나님의 나라를 만들어 세워야 한다는 너무 일방적인 기대가 될 수도 있다.[338] 그러나 하나님이 무엇을 행하실 것인지를 보여 주는 징표를 제시하는 것 이상을 우리는 할 수 없고, 해서도 안 된다는 사실이 분명하다면, 교회가 가야 할 길에 대한 이러한 시각은 중요하다.

b) 도래하는 하나님의 나라를 향하여 가야 하는 교회는 유혹, 박해, 생명의 위협을 통과하여야 한다는 것을 분명히 알아야 한다. 항상 지속적으로 성장

---

336) 롬 15:14-21도 참조.
337) 감리교회 운동의 구원사적인 위치에 대해서는 설교 98("불법의 신비")을 참조; 설교 96("복음의 보편적 전파"), 27: "편견이 없는 모든 사람은 하나님께서 이미 땅의 표면을 새롭게 하실 때, 거기 계심을 그들의 눈으로 볼 수 있다. 우리는 하나님이 시작하신 일을 주 예수의 날에 이르기까지 계속하실 것이며, 그의 영의 이 복된 일을 그의 모든 약속이 성취될 때까지, 그가 죄, 비극, 질병, 죽음에 마지막 점을 찍을 때까지, 보편적인 거룩함과 행복을 회복하고 지구의 모든 거민들이 그러한 행복으로 인도되어 할렐루야라고 함께 찬양할 때까지 결코 중단하지 않을 것임을 확실하게 소망한다. 전능하신 주, 우리의 하나님께서 지배하신다!" 계속해서 설교 103("하나님의 사려 깊은 지혜"); 79("의에 대한 보상"), I, 2를 보라. 하나님의 구원 행동의 첫 번째 목표인 기독교 세상을 향한 기대에 대해서는 설교 4("성경적인 기독교"), 3; 26("산상설교 VI"), II, 8을 참조. 전통적으로 이러한 희망은 천년왕국사상과 결합되어 있다(계 20:4-6). 천년왕국에 대해 웨슬리는 흥미롭기는 하지만 매우 인위적인 해석을 하는데, 이중적인 천년왕국이 그것이다. 그는 교회가 평화롭게 지배하는 긍정적인 차원과 위험한 유혹의 시간에 관한 부정적인 차원을 서로 분리한다(Notes NT 해당 구절 참조).
338) 미국의 감리교회와 소위 '사회복음(social gospel)'의 밀접한 관계에 대해서는 R. M. Müller, Paladin of Liberal Protestantism, 1990, 65를 참조; '사회복음'에 대한 전반적인 안내에 대해서는 RGG³ VI, 112-113 참조.

하는 교회, 그래서 점차 사회를 관통하는 교회로부터 하나님의 온전한 나라로 들어가는 무의식적인 길은 없을 것이다. 오히려 반대로 그러한 변화는 교회와 그 구성원들의 극심한 위험을 통해 드러난다. 이러한 사건을 매우 심각하게 인식하게 하고, 그러나 동시에 예수의 제자들에게 주님의 신실하심을 확신하게 하는 것이 신약성서의 -예수의 종말 설교로부터 요한계시록의 환상들에 이르기까지- 종말 선포가 갖는 기본적인 특징이다. 예수의 교회가 이 진리를 잊어버릴 때마다 교회는 매우 고통스러운 사건들을 통해 이를 다시 상기하게 되었다. 그러나 반대로 교회사에서 일어난 구체적인 사건들을 신약성서에 묘사된 특정한 종말적인 예언과 일치시키려는 시도 역시 잘못된 것으로 입증되었다. 종말적인 유혹과 박해에 관한 예고는 경고 신호다. 이는 모든 시대의 그리스도인들이 깨어 주의하며, 위협에 직면한 교회의 상황을 현실적으로 판단하고, 동시에 하나님의 지켜 주심을 신뢰하게 도울 수 있다. '시대의 표징'을 연대기적으로 해석할 것이 아니라, 경고와 격려를 동시에 포함한 시대의 표징이 말하는 내용을 늘 새로이 이해하고 주목하는 것이 중요하다.

(3) 예수 그리스도의 교회는 하나님을 향한 끝없는 찬양에서 교회의 사명이 성취되는 것을 본다(계 7:10). 이러한 말씀은 한편으로는 교회가 하나님과 만나고 교제하는 것이 무엇을 성취하는 것인지를 의미하며, 다른 한편으로는 비유의 상징을 통해 이러한 교제 속에 있는 역동성, 곧 인간의 언어가 표현할 수 있는 모든 것을 능가하는 역동성을 말한다. 하나님의 백성에 속하는 사람들의 새로워진 삶은 살아 계신 하나님의 분명한 현존에 흠뻑 젖는 삶이며, 하나님의 완전한 사랑에 대한 놀라움으로 가득 찬 경배이며, 창조주와 구주를 향한 모든 차원의 찬양이며, 자기 자신의 발견이고, 스스로의 본질의 핵심, 가장 깊은 침묵과 완전한 행복의 가장 높은 흥분으로 나아가는 것이다. 찰스 웨슬리는 그가 지은 찬송가들에서 요한계시록에서 발견한 교회의 완성을 말하는 구원받은 사람들의 찬양에 관한 무수한 상징들을 노래했다. 이러한 찬송가들은 오늘날도 '감리교인이라 불리는 사람들'에게 기독교의 희망을 새겨 주는 데 많은 신학 논문들보다도 더 크고 강한 힘을 발휘한다.[339]

---

339) WJW 7, 161-176 참조.

(3) 새 하늘과 새 땅을 향한 희망

성서의 메시지가 말하는 가장 넓은 희망의 지평은, 하나님께서 창조하실 새 하늘과 새 땅을 향한 희망이다.[340] 이러한 희망에는 자연의 새로운 질서에 관한 사상이 결합되었다. 그 안에서 하나님의 모든 피조물은 평화와 조화 속에서, 그리고 허무의 사슬에서 해방되어 살 수 있다.[341] 하나님의 피조물들의 이러한 새로워진 조화의 중심에는 새로운 인류가 서 있다. 이 인류는 하나님의 생명을 수여하는 현재 속에서 고난, 고통, 죽음 없이 살아간다.[342]

종말에 관한 말씀은 두 가지 특징을 보여 준다. 첫째, 새로운 인류는 하나님의 백성으로서(계 21:3), 거룩한 도시에서 하나님과의 밀접한 교제 가운데 살아간다. 그러나 종말공동체에 관한 이러한 묘사가 매우 우주적이고 보편적이며 인간적으로 그려졌기 때문에, 많은 부분에서 교회론의 개요를 뛰어넘어 새로워진 인류에 대한 희망의 형태를 띤다.(롬 5:18; 11:32도 참조)

둘째, 그럼에도 성서의 전체적인 증언과 교회 전승에서 분명하게 나타나는 것은 이러한 하나님과의 교제에서 제외된 사람들도 있다는 것이다. 하나님께서 그에게 속한 사람들과 그와의 교제를 거부한 사람들을 구분하게 될 하나님의 심판을 기다리는 것은 기독교 종말론의 기본에 속한다.

(4) 심판과 완성

하나님이 심판자라는 생각은 성서가 선포하는 하나님 이해의 기본 요소다. 그것은 구약성서에서 기원된 것이며, 모든 인간에 대한 종말적 심판이라는 주제보다 훨씬 오래되고 포괄적이다. 하나님이 심판하신다는 것은 단순히 형벌을 주는 판결을 말하는 것이 아니라, 그의 백성과 전체 피조물을 바로 세워 구원하고자 하는 차원까지도 포함한다.

과거의 문서 예언자들은 피할 수 없는 하나님의 심판이 내려졌음을 백성에게 말하는 힘겨운 사명을 수행해야 했다.[343] 이 심판은 자연재해, 참혹한 패배, 추방, 곧 역사적인 사건들을 통하여 집행될 것이다. 그러나 심판 예고의

---

[340] 사 65:17; 66:22; 벧후 3:13; 계 21:1-2 참조. 웨슬리는 때때로 이러한 생각들을 매우 상세하게 다루었다: 설교 98("불법의 신비"), 36; 113("새로운 창조").
[341] 사 65:25(겔 47:1-12 참조); 롬 8:21-22; 계 22:1-2.
[342] 계 21:3-4; 7:17과 사 25:8도 참조.
[343] 암 7:1-8; 8:1-2; 9:1-4; 호 1:2-9; 사 5:1-7; 6:8-12 참조.

핵심은 백성이 주 하나님과 만나도록 단호하게 촉구하는 것이다.

이스라엘아, 네 하나님 만나기를 예비하라.(암 4:12)[344]

사랑과 신실함으로 주어진 하나님의 요청과 이를 무시하는 백성의 신실하지 못함을 구분하는 예언에서 '하나님의 진노'는 심판사상을 말하는 유사한 주제가 되었다. 하나님의 진노는 하나님과 그의 백성 사이에는 기계적인 계산이 아니라 인격적인 관계가 있는데, 이 관계가 인간의 죄 때문에 심각하게 훼손되고 파괴되었다고 매우 격앙된 어조로 말한다.[345]

물론 몇몇 구절들에서는 어두운 심판의 위협 속에서도 희망, 곧 심판 저 너머에는 하나님께서 당신의 백성과 새롭게 시작하실 것이라는 희망의 불꽃이 타오르기도 한다(호 11:8 이하). 포로기와 포로기 이후의 예언자들, 곧 에스겔의 일부와 특히 제2이사야가 그런 희망의 예언에 참여한다.

에스겔 18장과 33장을 통해 구약성서의 심판사상은 새로운 성격을 띤다. 여기서는 전체 백성의 집단적인 죄라는 생각에 대해 개인의 책임을 강조하며, 개인이 실제로 하나님께 돌아서는 의미를 부각시킨다. 그럼으로써 모든 개인의 생명에 대한 개별적인 심판사상이 형성되고, 이는 다시 다니엘 12:2에서 날들의 마지막에 모든 인간에 대한 보편적인 심판이 일어날 것이라는 생각으로 나아간다. 이 사상이야말로 신약성서가 말하는 심판에 관한 모든 진술의 배경이 되었다.

세례 요한은 예언적인 권능으로 모든 백성에게 회피할 수 없는 심판을 선언했다. 세례를 받음으로써 이 심판을 스스로 짊어지는 사람만이 심판에서 벗어나게 될 것이다. 예수는 하나님의 나라가 가까이 왔다는 구원의 메시지를 선포했지만, 그의 메시지를 거부하고 하나님과의 교제에서 스스로 돌아서는, 그래서 심판에 떨어지는 사람들을 바라보며 울어야 했다.[346] 바로 이 심판이라는 주제에서 예수의 선포는 심각한, 그리고 분명하게 내용적으로 제한된 긴장으로 가득 차 있다. 인간의 업적을 평가하지 않고 인간에게 필요한 것을 주시는 하나님의 방식을 변호하는 비유들이 있다. 마태복음 20:1-15의 포도

---

344) H. W. Wolff, Die eigentliche Botschaft der klassischen Propheten, 547-557 참조.
345) 신약성서에서 하나님의 진노라는 개념은 하나님의 심판과 동일한 말이다.
346) 마 11:20-24 병행; 마 23:37-39 병행 참조.

원 농부들의 비유가 그 예다. 그러나 위탁된 달란트의 비유(마 25:14-29 병행)와 하나님 앞에서 인간의 책임을 분명하게 말하는 세계 심판에 관한 이야기(마 25:31-46)도 있다.[347] 이처럼 책임을 촉구하는 것은 외적인 업적을 요구하는 것이 아니라, 이웃 사랑이라는 당연한 것을 행할 것을 요청한다. 마태복음 25장은 겉으로는 행위에 따른 심판을 말하는 것 같지만, 실제로 중요한 것은 삶의 차원이다. 곤궁에 처한 이웃을 보고 '당연한 것'이 실천되어야 하는 삶의 차원을 말한다.[348]

바울이 말하는 심판 선언에서는 다음과 같은 두 가지 기본적인 차원이 드러난다.

① 세상은 하나님의 진노 아래 있다. 인간의 모든 불의와 무신론을 하나님은 부정한다(롬 1:18 이하). 반면에 예수가 오신 것은 인간에 대한 하나님의 긍정이다. 하나님의 긍정을 통해 죄와 상처의 무거운 것이 간단히 제거되는 것이 아니라, 예수의 죽음을 통해 해결되었다(갈 3:13 참조). 그러므로 인간의 죄로 인하여 생겨난 심판은 예수 안에서 집행되었고, 그런 예수 안에서 인간은 저주로부터 해방되었다. 그러므로 바울이 예수를 십자가에 달려 죽으신 분으로 선포한다면, 그럼으로써 그는 동시에 항상 인간의 죄와 구원을 말하는 것이다. 바로 여기서 인간이 구분된다. 이러한 말씀은 거침돌이다. 거침돌에 걸려 넘어지지 않고 그 말씀을 복음으로 믿는 사람에게는 심판의 정죄가 일어나지 않는다. 반대로 거침돌에 걸려 넘어지는 사람, 곧 그리스도 안에서 보증된 생명을 거부하는 사람은 죽음을 선택하는 것이다. 이미 지금 복음에서 심판은 집행된다. 이는 요한복음에서 분명하게 언급되고 있는 생각이다(요 3:16, 36). 바울이 비기독교인들에 대한 미래의 심판에 관해서는 거의 언급하지 않았던 이유가 바로 이것이 아닌가 생각된다.

② 바울이 최후의 심판에 관해 말한다면, 그것은 거의 언제나 그리스도인에 대한 심판을 의미한다(롬 14:10; 고후 5:10). 이것이 그리스도인들의 행위에 관한 심판이라는 사실(고후 5:10)은 놀라운 것이며, 심판사상과 믿음으로 의롭

---

[347] 마 22:1-14에 있는 혼인잔치의 비유에서는 잔치와 '잔치 의복'을 결합시킴으로써 위의 두 차원을 하나로 묶고자 한다. 웨슬리에게 이러한 결합은 매우 중요했다(설교 145: "결혼 예복에 대하여" 참조).
[348] 이러한 해석은 눅 10:25-37의 선한 사마리아인의 비유와 마 25장이 유사하다는 사실에 의해서도 뒷받침된다. 마 25:31-46을 그리스도인에 대한 이방인의 태도로 제한해서 해석하려는 시도가 있으나, 이는 예수의 메시지에 대한 기만이다.

게 된다는 사상의 관계 문제를 제기한다. 분명한 것은 이 심판에서 핵심이 되는 것은 생명과 죽음이 아니라, 하나님 앞에서 감당해야 할 책임이다. 믿음에 근거해 생명을 얻은 사람도 이 책임에서 벗어날 수 없다.
(고전 3:12 이하도 참조)

요한계시록은 기독교의 선포에서 따가울 정도로 심판사상을 말한다.

- 이 세상의 강한 사람들에게 심판을 집행하고, 그래서 하나님의 나라를 완성시킬 수 있는 사람은 없다. 오직 어린 양, 곧 도살당했으며 또 각 지파들과 방언들, 그리고 민족들과 나라들의 백성을 하나님을 위하여 그의 피를 주고 사신 어린 양 홀로 그 일을 할 수 있다(계 5:9-12). 하나님으로부터 사명을 위임받은 이 어린 양이 종말 심판 때에 그의 피의 제물로 흠뻑 적신 옷을 입고 나타나 그의 원수들 가운데서 양날이 선 검으로 무서운 추수를 할 것이다(계 19:11-21). 고대의 전쟁에서 가장 선명하게 볼 수 있는 이러한 형상들은 무엇이 진정한 문제인지를 극명하게 보여 준다. 곧 '힘의 문제'에 대한 해답이다. 여기서 심판은 이 세상의 오염된 세력들에 대한 승리이며, 그러므로 그들을 멸망시키는 것이며, 그들의 연대세력에 대한 그리스도의 승리다.

- 감동적인 언어로 인간과 하나님의 포괄적이고 완성된 교제를 묘사한다 (21:1-7). 그러나 동시에 하나님의 계명을 어기는 모든 사람의 파멸도 언급한다.

- 20:11-15의 짤막한 심판 장면에서도 두 권의 상이한 책들이 펼쳐진다.[349] 하나님께서 부르셔서 하나님께 속한 사람들의 이름이 기록된 생명의 책 (20:12a, 15; 13:8; 17:8도 참조)과 행위에 따른 심판이 나열되어 있는 책들이다 (20:12b, 13). 그러나 생명의 책에 기록된 사람들만 구원을 얻는다.

성서의 전체적인 증언에서 심판사상과 결합된 메시지는 '모순들'이다. 다시 말해 내용적으로 볼 때, 심판사상이 주는 메시지들은 상충된다. 이 모순들은 다음과 같이 정리할 수 있다.

첫째, 피조물들에 대한 하나님의 포괄적이고 우주적인 긍정이 한편에 서 있고, 다른 한편에는 죽음이라는 분명한 결과에도 불구하고 하나님과의 교제를 거부하는 인간을 심각하게 생각하며, 동시에 모든 더러운 파괴적 세력들을 거부하는 하나님의 뜻이 서 있다. 그렇지만 심판을 예고하는 배후에는 항상 희망, 곧 하나님은 심판을 통해 구원을 창조할 수 있다는 희망이 서 있다.

---

349) W. Klaiber, Ruf und Antwort, 132에 있는 분석을 참조.

둘째, 예수 그리스도 안에서 가능해진 하나님의 은혜와 생명의 현실에 자신을 개방하느냐의 여부에 따라 인간의 운명이 결정된다는 기본적인 말씀과 하나님과 만났다고 해서 하나님 앞에서 마땅히 감당해야 할 책임을 면제해 주지 않는다는 확신은 상충되지 않는다. 우리가 행하는 것이나 행하지 않는 것, 우리에게 일어난 것들 중 어느 것도 하나님은 그냥 지나치지 않는다는 사실이 중요하다. 이 말은 위로가 되기도 하고, 동시에 경고가 되기도 한다. 그러므로 '심판'을 단지 죽음과 생명이나, 어느 정도의 상과 벌에 관한 결정으로만 생각한다면, 그리고 총체적인 삶을 바로 세우고자 하는 작업으로 보지 않는다면, 이는 성서가 말하는 하나님사상과 심판사상을 축소하는 것이다.

셋째, 하나님의 지배는 오로지 십자가에 달리신 예수의 지배, 기도와 희생을 통해서만 그 권위를 얻을 수 있는 사랑의 지배다. 이것은 종말론에서도 분명히 드러나야 한다. 그러나 이 사랑은 영원한 무능으로 저주를 받은 것이 아니라, 사랑이 갖고 있는 변화시키는 능력이 악의 세력들, 이기주의와 죽음의 세력들을 결정적으로 이긴다는 것이 또한 성서의 증언이다. 그러므로 -웨슬리의 용어를 빌려 말한다면- '은혜의 나라'와 '영광의 나라'를 결합시켜서, 이들이 하나님의 한 나라의 상이한 출현 방식이라는 점을 분명히 해야 한다.[350]

결국 이 모든 것들은 왜 심판사상이 기독교 신학의 핵심적인 진술이며, 또 핵심이 되어야 하는지를 설명한다. 이 진술은 성서의 종말에 관한 사상을 비판적으로 받아들이는 곳에서도 결코 포기되어서는 안 되고, 오히려 새로이 해석되어야 한다.[351] 심판에 대한 물음은 정의에 대한 물음이다. 그러므로 임마누엘 칸트가 심판사상을 배경으로 해서 인간을 능가하는 최고의 기구가 있어야 한다는 실천이성의 요청을 하나님을 증명하는 유일한 형태로 본 것은 결코 우연이 아니다.[352] 그러나 기독교는 예수 그리스도에 대해 어떤 입장을 취하느냐에 따라 하나님의 심판이 결정된다고 선포한다. 그러나 복음이 선포되지 않는 곳에도 많은 사람들이 살고 있음을 생각하면, 기독교의 선포는 매우 커다란 어려움에 봉착한다. 이러한 전제에서 우리는 과연 하나님이 어떻

---

350) Deschner, Christology 126ff. 내용적인 문제점에 대해서는 O. Weber, Grundlagen II, 745ff.; J. Roloff, Offenbarung des Johannes, 187f. 참조.
351) W. Klaiber, Ruf und Antwort, 134-138에 있는 개관을 참조.
352) I. Kant, Die Metaphysik der Sitten, 101f.

게 세상을 정의롭게 심판하실지 묻지 않을 수 없다.

종종 지옥에 관해 힘차게 설교했던 웨슬리도[353] 그러한 물음과 비교적 자주 씨름하였다. 이 때 그에게 도움이 된 것은 칭의론이었다. 칭의론은 믿음의 열매들을 지향하는 것으로서, 이중적인 칭의사상과 연결된다. 다시 말해 믿음으로 거듭난다는 것과 행위에 따라 종말심판이 있다는 것은 서로 연관된다. 웨슬리는 마태복음 25:31-46; 사도행전 10:34-35; 로마서 2:5-16 등과 같은 본문 -이 본문들은 칭의 메시지와는 긴장을 이루는 것들이지만- 을 매우 진지하게 받아들였다. 그럼으로써 그는 특히 그의 후대의 설교에서 비록 매우 조심스럽기는 하지만 다음과 같은 질문을 제기할 수 있었다: 우리는 그리스도인으로서 이방인에 대한 하나님의 심판의 척도를 어느 정도로 확실하게 알 수 있는가? 신약성서에서처럼 그리스도를 믿는 믿음이 심판의 척도가 되는 곳에서는 복음의 설교를 들은 사람들에게는 그렇게 말할 수 있다. 그러나 복음을 듣지 못한 사람들에게는 어떤 척도가 적용될 것인가?

> 다른 사람들은 복음을 접하지 못했다. 우리는 그런 사람들의 궁극적인 상태와 관계되는 어떤 것도 결정할 수 없다. 만민의 심판자이신 하나님께서 그들을 어떻게 다루실지에 대해 우리는 기쁜 마음으로 하나님 자신에게 맡길 수 있다. 그러나 우리는 하나님이 그리스도인의 하나님만이 아니라, 이방인의 하나님도 되심을 알고 있으며, 하나님은 가지고 있는 빛에 따라 그를 부르는 모든 사람에게 풍성한 자비를 베푸시며, 또 어느 민족이거나 하나님을 두려워하며 바르게 행동하는 모든 사람을 기뻐하신다는 것을 알고 있다.[354]

바울이 로마서 2:16에서 말했듯이, 하나님이 인간 안에 감추어진 것을 예수 그리스도를 통해 '복음에 합당하게' 심판하신다면, 그것은 특정한 신앙 문장들에 동의하느냐의 여부에서 심판이 결정되는 형식적인 척도를 말하는 것이 아니다. 오히려 바울은 감추어진 것을 드러내는 하나님과의 만남을 암시한다.

---

353) 설교 93("지옥에 대하여").
354) 설교 106("사랑에 대하여"), I, 3. 또한 설교 132("믿음에 대하여 I"), I, 4와 특히 148("하나님 없는 삶에 대하여"), 14-15, 그리고 A. Father Appeal Part II, III, 13-15, WJW 11, 261ff. 등을 참조. 더 나아가 G. Wainwright, Doxology, The Praise of God in Worship, Doctrine and Life 68-69도 참조.

이 만남은 내용적으로는 예수 그리스도의 복음에 의해 결정된 것이고, 복음이 명시적으로 언급되지 않은 곳에서도 그리스도에게서 결정된다.[355]

이로써 우리는 더 이상 신학적으로 말할 수 없는 한계에 부딪치게 된다. 성서가 말하는 심판사상은 하나님 중심의 사상이며, 하나님의 신성을 관철하는 데 집중되어 있다. 그러므로 비록 고통스럽기는 하지만 심판이 복된 징계라는 사실도 생각하게 된다. 심판사상은 인간의 손에 들려진 도구가 아니며, 그러므로 우리가 다른 사람들을 판단하고자 할 때 사용할 수 있는 것이 아니다. 사랑의 하나님께서, 그를 거부하는 인간들을 향하여 그들을 향한 그의 긍정을 거두어들일 정도로 심각하게 그들의 거부를 받아들이실 것이냐의 문제가 제기된다.[356]

이로써 우리는 종말론적인 말씀의 원칙적인 사실 앞에 서게 된다. 우리는 완성된 실재를 단지 맛보기로만, 상징으로만, 혹은 **부정의 방식으로**(via negationis), 즉 완성된 실재가 무엇이 아닌지에 대해 말함으로써 설명할 수 있다(예를 들어 완성된 세상, 곧 천국에는 질병이 없고, 죽음이 없다는 식으로). 그러므로 우리는 서로 배타적인 것으로 보이면서도 동일한 －우리가 전체적으로는 파악할 수 없는－ 내용으로 볼 수 있는 말씀들을 반복적으로 만나게 된다. 예를 들어 새로운 세상에 관한 생각이 그렇다. 이 새로운 세상은 모든 상처에서 치료된 세상의 친근한 모습으로 우리에게 보이기도 하지만, 동시에 종말론적인 **전혀 다른 자**(totaliter aliter)의 모습으로 언급되기도 하는데, 이것은 오직 저 세상에서 하나님의 실재와 만나는 모습에 상응할 수 있을 뿐이다.

---

355) "하나님은 머리의 명료성에 대해 묻기보다는 마음의 선에 대해 묻는다."고 웨슬리는 생각했다(설교 148: "하나님 없는 삶에 대하여", 15).
356) 융겔(E. Jüngel)은 다음과 같이 말한다: "지옥에서도 하나님의 은혜는 우리 스스로가 선택한 파멸보다 먼저 온다." (Gericht und Gnade, epd -dokumentation 28, 35-62, 인용문은 61).

III. 개인적인 믿음
개인의 구원 체험

01 인간은 하나님의 말씀을 듣고 회개한다

02 하나님으로부터 오는 삶을 위한 갱신

III. 개인적인 믿음 개인의 구원 체험

감리교회는 모든 개인이 그리스도를 믿음으로써 죄의 용서를 받고,
하나님과의 복되고 영원한 교제를 나누는 구원에 이르게 됨을 믿는다.
"주의 목전에는 의로운 인생이 하나도 없나이다."
– 시 143:2
"그러므로 우리는 그리스도의 피로 말미암아 의롭다 함을 얻었으므로,
우리가 그리스도를 통해 하나님의 진노로부터 구원을 받을 것은 더욱 확실하다."
– 롬 5:9
"우리의 구원의 원천이 되는 하나님의 사랑의 은혜는 모든 사람 안에서,
그리고 모든 사람을 위해 자유로운 선물이다."
– 웨슬리의 설교

하나님은 온 세상을 사랑하신다. 이는 하나님의 구원에 관해 성서가 증언하는 가장 기초적인 원리다. 그러나 성서가 말하는 핵심은 자연세계보다는 인간을 향한 하나님의 사랑이다. 하나님의 사랑은 인격적이라는 점에서 심오한 의미가 있다. 하나님의 사랑은 아무런 의지도 없는 대상을 향한 행동이 아니라, 인격적인 상대방을 만나는 것이다. 예를 들어 인간은 낙원에서 "아담아, 네가 어디에 있느냐?"라는 하나님의 질문을 받았으며, 하나님은 아브라함을 그의 고향에서 불러냈고, 바울은 신약성서의 복음 선포를 "너희는 하나님과 화해하라."는 매우 개인적인 권고로 요약했다.

물론 하나님의 부르심은 개인에게만 해당하는 것은 아니다. 개인은 창조의 한 부분이고, 인류, 한 민족, 한 가족의 일부분이며, 또 그리스도인으로서 교회의 한 지체다. 그러므로 개인은 운명적 관계 속에 얽혀 있으며, 다른 사람들의 결정에 의존되어 있고, 자신의 결정으로 다른 사람에게 영향을 끼친다. 그

러나 개인은 자기 자신의 삶에 대해서는 항상 스스로 책임을 져야 한다. 하나님의 백성에 소속함으로써 생겨나는 공동체적인 하나님 관계와 하나님에 대한 개인적인 관계 중 어느 것이 더 중요한 것인지는 성서의 증언의 역사 과정에서도 늘 변천되었다. 구약성서에서는 전자가 더 중요한 위치를 차지했다면, 신약성서에서는 후자가 더 강하게 전면에 드러난다. 복음은 모든 사람에게 해당되기 때문에, 남녀를 불문하고 모든 개인에게 해당된다. 그러므로 구원의 집단이나 멸망의 집단은 없다.[1]

그럼에도 다른 측면을 보아야 한다. 구약성서에서 개인이 집단 속으로 전적으로 침몰되지 않은 것처럼, 신약성서는 공동체에서 분리된 개인만을 생각하지 않는다. 신약성서에서도 그리스도 안에서 거듭난 사람들이 새로운 공동체적 교제를 형성하는 것이 중요하다. 그러나 이 공동체는 하나님과 개인 사이에서 양자를 중재하는 '구원의 기구'는 아니다. 개개인에게 '하나님에 대한 직접성'이 있다는 생각은 단지 19세기의 생각만이 아니라, 신약성서의 메시지가 주는 매우 중요한 유산이다.[2]

이러한 의미에서 개인의 구원 체험도 감리교회의 선포와 신학의 핵심에 속한다. 개인적인 성화 문제와 함께 개인적인 구원의 문제가 웨슬리 형제를 중심으로 모인 옥스퍼드 감리교인들의 삶을 움직이는 동력이었다. 그들의 삶에 전혀 새로운 방향을 열어 주었던 오직 믿음으로 의롭다 함을 얻는다는 체험도 역시 가장 깊은 개인적인 체험이었다. 그래서 그들은 이 메시지에 감동을 받은 청중의 마음에 매우 개인적으로 선포했다.

개인적인 구원 체험의 과정과 본질을 서술하는 것이 웨슬리 형제의 신학적 관심의 핵심이었다. 존 웨슬리가 펴낸 많은 설교들도 그러한 목적을 위한 것이었고, 찰스 웨슬리가 쓴 많은 찬송가들도 이 주제를 둘러싼 것들이었다. 그렇다고 해서 기독교는 본질적으로 '사회적 종교'라는 인식이 주변으로 밀려

---

[1] 이러한 발전은 이미 겔 18장과 33장에서 준비되었다(이 장의 1.3).(1)을 보라); 그러나 미쉬나(Sanhedrin X, 1)는 다음과 같은 분명히 말한다: "이스라엘 전체는 도래하는 나라에 참여한다." 그러나 곧바로 일련의 예외자들을 말한다. 바울은 롬 11:26에서 같은 원리를 인용한다. 그러나 롬 9-11장의 대화체적인 역동성은 바울이 롬 1:16의 분위기 아래 있음을 보여 준다. 롬 1:16은 "복음은 믿는 **모든 사람**을 구원하는 하나님의 능력이다. 첫째는 유대인이고, 이방인도 마찬가지…"라고 말한다. 이에 대해서는 W. Klaiber, Rechtfertigund und Gemeinde 174-190 참조.

[2] 롬 14:7-10과 루터의 사순절 설교들의 서두를 참조: "우리는 모두 죽어야 한다는 촉구를 받았다. 그러나 누구도 다른 사람을 위하여 죽지 않을 것이다."(BoA Ⅶ, 363).

난 것이 아니라, 오히려 그러한 관심 안으로 포함되었다. 기독교적인 사회적 삶과 책임은 개인의 구원 체험의 실천과 밀접하게 결합되었다.[3]

그러므로 우리는 -비록 두 부분이 다루는 주제들을 여러 가지 이유로 함께 통합해 다룰 수는 없을지라도- 이 책의 Ⅲ장과 Ⅳ장을 여러 면에서 병행해서 읽고 이해하며, 두 부분이 포함한 다양한 측면들을 밀접한 관계 속에서 연결해서 보아야 한다. 웨슬리는 개인의 '구원의 길'을 언제나 공동체적인 삶 안으로 통합했다. 그래서 그는 복음의 메시지를 듣고 각성한 사람들이 영적으로 서로 돕는 공동체적 사귐과 작은 모임을 형성하게 했다. 의롭다 하는 믿음의 선물은 하나님의 행동을 공동체적으로 받아들임으로써 성장하며, 또 믿음의 확신에 관한 증언을 통해 다른 사람들을 격려하고 초대하는 역할을 한다. 성화는 그 본질상 사랑이며, 그러므로 사회적인 관계 없이는 결코 생각할 수 없다.

이러한 측면에서도 오늘날 감리교회의 신학을 서술하는 것은 바로 이 주제에서 어려움에 부딪치기도 하지만 동시에 도전을 받기도 한다. 여기서 우리는 감리교회 운동이 처음 시작될 때 보여 주었던 독특하고 핵심적인 특징을 보게 된다. 우리가 웨슬리의 유산에 충실하고자 한다면, 역사적으로 주어진 강조점을 깊이 고려해야 한다. 이러한 유산을 오늘 우리 시대를 위하여 생각하기 위해, 우리는 "감리교회 신학"을 서술하려는 것이다.

다른 한편으로 웨슬리의 신학을 역사적으로 서술할 때에는 주어진 자료를 유지해야 하기 때문에, 자료 문제는 바로 이 주제에서 커다란 어려움을 가져온다. 우리는 역사적인 서술만으로는 만족할 수 없다. 왜냐하면 오늘날 웨슬리와 동일한 내용을 말하는 사람이라도 그와 동일한 결과를 낳을 수 없을 것이기 때문이다. 예를 들어 웨슬리의 메시지가 보여 주는 '개인주의'가 18세기에는 사회적인 역동성으로 전개되었지만[4], 20세기 말에는 사회적 책임으로부터의 도피로 이어질 수도 있을 것이다. 그러므로 오늘날 우리는 웨슬리의 많은 관심들을 주석적으로나 해석학적으로 새롭게 깊이 성찰해야 한다.

Ⅲ장에서는 웨슬리의 구원론적인 체계를 비교적 밀접하게 따라가면서 서술하고자 한다. 첫 번째 단락에서는 개인적인 구원 체험에 이르는 길을 단계

---

3) 설교 24("산상설교 Ⅳ"); Williams, Theologie 79의 각주 41 참조.
4) 이에 대해서는 M. Marquardt, Praxis und Prinzipien, 168 참조.

별로 서술할 것이고, 두 번째 단락에서는 그리스도와의 만남과 하나님의 영으로 충만하게 됨으로써 인간의 삶에서 어떻게 구원과 해방을 체험하게 되는지를 말할 것이다.

1. 인간은 하나님의 말씀을 듣고 회개한다

하나님 없이 죄 가운데 사는 사람은 스스로는 하나님의 사랑에 어떠한 반응을 할 수 있는 능력이 없다. 종교적인 형식의 삶을 산다고 하는 사람이라도, 그의 삶이 내적으로 하나님의 임재와 능력으로 채워지지 않았다면 마찬가지다. 하나님의 구원 활동은 인간이 하나님의 부르심에 응답하고 그의 화해 행위를 받아들이는 곳에서 목표에 도달하게 된다는 사실로부터 출발하는 구원론은, 과연 인간이 어떻게 하나님의 사랑에 긍정적으로 반응할 수 있는지의 문제에 분명한 답을 먼저 내려야 한다.

1) 하나님의 지속적인 관심과 배려 - 선행(先行)하는 은혜

말하고자 하는 핵심은 분명하다. 하나님은 인간에게 말씀하신다. 그러나 인간에게는 하나님이 말씀하신 것을 실제로 알아들을 수 있는 능력이 없다. 인간은 스스로의 힘으로는 하나님을 발견할 수도 없고, 믿음을 가질 수도 없으며, 그러므로 구원을 얻을 수도 없다. 그렇다면 어떻게 믿음을 가진 사람들이 생겨날 수 있는가? 믿음을 가진 사람들 안에는 그렇지 못한 다른 사람들에게서는 찾아볼 수 없는 어떤 '능력'의 불꽃이 있는가, 아니면 하나님께서 그들 안에서 믿음을 불러일으키거나 혹은 믿지 않음을 일으키는 것인가?

복음의 메시지를 믿지 않는 수수께끼에 대해 바울은 이스라엘의 예를 들어 상세하게 설명한 바 있다(롬 9-11장). 여기서 그는 대화체 방법을 사용한다. 첫 번째 단락(9:1-29)에서 바울은 인간의 긍정이나 거부에 앞서 일어나는 하나님의 활동의 우선권을 강조하며(고전 1:23-24; 고후 2:15-16도 참조), 이 하나님의 우월권이 무제한적인 것임을 강조한다. 하나님은 하나님의 약속에 대해 어떠한 항변도 허용하지 않는다. 하나님의 전적인 자유와 우월권을 강조함으로써 바울이 주목하려는 것은, 은혜의 메시지다. 다시 말해 하나님은 어떠한 인간적인 전제나 업적에 매달려 행동하는 분이 아니라, 오로지 그 자신의 의지와 계획에 따라 행동한다는 사실을 강조하려는 것이다.

이어지는 로마서 9:30-10:21에서 바울은 율법에 열심이고 경건한 이스라엘이 끊임없이 그의 백성을 위하여 일하시는 하나님의 요청과 행동을 받아들이지 않고 있다고 고발한다. 그러므로 이스라엘의 믿지 않음은 하나님께서 우월하신 섭리로써 악하게 결정하신 결과가 아니라, 하나님의 자유로운 은혜의 메시지를 이스라엘이 거부한 결과다.

세 번째 부분(롬 11장)은 믿음을 고백하는 이방인 그리스도인들을 향하여 그들의 믿음을 소유나 업적으로 보아서는 안 된다고 경고한다. 믿음은 오직 하나님의 은혜에 의해서만 생명력을 얻는다. 믿음이 이 은혜라는 터전을 떠나게 되면, 믿지 않음이 되어 버리며, 그래서 심판을 받게 된다. 그러나 동시에 바울은 하나님의 구원 행동의 비밀을 본다. 하나님은 이방인들에게 하나님께로 돌아올 기회를 주기 위해 잠시 동안 이스라엘을 물리쳐 놓으셨다("완악함"은 이런 의미로 이해될 수 있다). 그렇다고 해서 이스라엘의 선택이 취소된 것은 아니다.

> 너희가 전에 하나님께 순종치 아니하더니 이스라엘이 순종치 아니함으로 이제 긍휼을 입었는지라. 이와 같이 이 사람들이 순종치 아니하니 이는 너희에게 베푸시는 긍휼로 이제 저희도 긍휼을 얻게 하려 하심이니라.(롬 11:30-31)

그러므로 로마서 9장이 언어적으로나 부분적인 내용 면에서나 나중에 예정론이라고 부르게 된 이론의 본질적인 요소들을 어느 정도 포함하고 있는 것은 사실이지만, 로마서 9-11장에서 분명한 예정론을 이끌어 내기는 어렵다. 바울은 종말심판을 위해 수적으로 한정된 개인의 영원한 운명을 확정하려고 하는 것이 아니다. 바울에게 중요한 것은 인간의 어떠한 결정보다도 앞서 주

어지는 하나님의 은혜다.[5]

교회사에서 신약성서의 원리를 예정론으로 발전시킨 모든 신학자들에게도 중요한 것은 인간이 행하는 어떠한 조건보다도 절대적으로 앞서는 하나님의 은혜였다. 그 첫 번째 학자이며, 그 이후의 모든 다른 학자들에게 표준이 되었던 이는 펠라기우스와 논쟁을 벌였던 어거스틴이었다. 그 이후 에라스무스와 자유의지에 관해 논쟁을 벌였던 루터는 하나님께서는 무조건적으로 의롭다고 인정하신다는 것을 말하기 위해 독특한 형태의 예정론을 전개했다. 칼빈은 논리적으로 분명하게 그리고 공공연하게 구원과 멸망으로의 이중적인 예정론을 말했으며, 루터와 어거스틴이 분명하게 가르치지는 않았으나 구원을 위한 선택의 어두운 이면으로 인정했던 사상을 조직적으로 서술하는 용기를 보여 주었다.

바로 이 점이 계속적인 논쟁의 대상이 되었다. 1577년에 완성된 루터교회의 신앙 고백(Konkordienformel)은 한편으로는 다음과 같이 분명히 말한다.

> 그러나 인간이 성령으로 빛을 받고, 회심하고, 거듭나고, 새로워지고, 인도받기 이전에 그 스스로의 힘으로는 영적인 문제나 그 자신의 회심, 혹은 거듭남을 위한 어떤 것을 시작하거나 일으킬 수가 없다. 마치 돌이나 나무토막, 혹은 진흙과 같이 그렇다.[6]

그러나 이 신앙 고백은 다른 한편으로 하나님 없는 자들이 받는 저주의 근거를 하나님의 거절에서 찾지 않고, "그들이 말씀을 적극적으로 거절한 데 근거"한 것으로 본다.[7] 그럼으로써 구원은 하나님의 은혜로 인한 것이지만, 멸망은 인간의 거절에 근거한 것임을 분명하게 말한다.

그러나 웨슬리는 이미 목사안수를 준비하는 동안에 예정론에 대해 비판적인 논쟁을 벌였다. 왜냐하면 영국교회의 39개 조항 중에서 제18조가, 하나님께서 그리스도 안에서 전체 인류 중에서 선택하신 사람들은 '생명으로 예정' 되었다고 가르쳤기 때문이다.[8] 그의 친구인 조지 윗필드가 구원의 확신을 체

---

5) E. Dinkler, RGG³ V, 481f. 참조.
6) Sol.Decl. II, 24(BSLK 882); 그러나 II, 89(BSLK 909f.)도 참조.
7) Kähler, RGG³ V, 486; Sol.Decl. II, 57-60(BSLK 894ff.) 참조.
8) 1725년 여름에 그의 어머니와 교환했던 서신을 참조(예를 들어 1725년 6월 29일 자 서신, WJW 25, Letters I, 173ff.).

험함으로써 하나님의 은혜로우신 선택을 그의 신학의 핵심으로 삼아 '오직 은혜로만(sola gratia)' 구원을 얻음을 분명히 하고자 했던 데 반해, 웨슬리는 그의 올더스케이트 체험 이후에도 여전히 예정론을 강력하게 반대하였다. 그는 어느 경우에도 예정론은 복음주의적 선포를 위태롭게 하고 더럽힌다고 보았다.9)

우리는 웨슬리가 예정론을 단호하게 거절한 이유를 세 가지로 요약할 수 있다.

첫째, 오직 하나님의 선택과 거절이 인간의 구원과 멸망을 결정한다면, 모든 복음주의적인 선포와 믿으라는 호소는 의미 없는 것이 되고 만다. 왜냐하면 청중의 일부는 어쨌든 결과적으로 구원을 받게 되는 데 반해, 다른 이들은 예정된 대로 멸망하게 될 것이기 때문이다.

둘째, 이중예정론은 그리스도인들에게서 성화의 진지성과 선행을 위한 열심을 파괴할 위험이 있다. 하나님의 은혜가 저항할 수 없이 작용한다면, 그리스도인들은 은혜를 헛되이 받지 않게 행동해야 할 아무런 동기도 갖지 못할 것이기 때문이다. 이러한 교리는 누구나 하나님의 사랑을 받고 그리스도를 통해 구원을 받았다는 확신 가운데 위로를 받는다는 기독교의 메시지가 주는 위로를 파괴한다.

셋째, 무조건적인 선택(웨슬리는 이것은 수용할 수 있었다)으로부터 어쩔 수 없이 생겨나는 무조건적인 거절에 관한 교리는 성서의 하나님 상에 어긋나며, 또 하나님은 **모든** 사람을 돕고자 하신다는 성서의 분명한 말씀에도 위배된다. 그럼으로써 오직 믿음으로만(sola fide)이 의미 없게 될 뿐만 아니라, 오직 그리스도로만(solus Christus)도 가치 없게 되어 버린다. 왜냐하면 십자가의 죽음은 더 이상 모든 인간을 위한 하나님의 포괄적인 화해의 행위가 되지 못하고, 단지 선택받은 사람들을 위한 하나님의 단호한 선언을 수행하는 한정된 수단이 될 뿐이기 때문이다.

그러나 웨슬리는 그리스도의 십자가에서 다음과 같은 원칙이 증언되고 있음을 믿었다.

하나님의 은혜는 ⋯ 모든 사람 안에서 자유하며 또 모든 사람을 위하

---

9) W. Klaiber, Aus Glauben, damit aus Gnaden, 331ff.와 이 곳에 인용된 문헌들을 참조.

여 자유하다.¹⁰⁾

그에 반해 웨슬리는 하나님께서 실제로 예정했다거나 미리 정하셨다는 것의 의미를 다음과 같이 생각했다.

① 믿는 사람은 누구나 죄의 세력과 죄의 결과로부터 구원을 받는다.
② 마지막까지 견디는 사람은 영원히 구원받는다.
③ 믿음의 값진 은사를 받은 사람들은 하나님의 자녀가 된다. 하나님의 자녀이기 때문에 그들은 성화의 영을 받으며, 이 성화의 영은 그들에게 그리스도가 사셨듯이 그렇게 살 수 있는 힘을 준다.¹¹⁾

간략히 말해 하나님께서는 복음에 대한 인간의 반응을 미리 알고 계시기는 하지만, 그 반응을 미리 정해 놓으신 것은 아니다. 하나님의 구원하려는 의지는 그러한 개별적인 사람들이 아니라, 구원의 길을 목표한다.

웨슬리의 견해에 대해 윗필드는 다음과 같이 비난했다: 만일 웨슬리가 값없이 주시는 '자유로운 은혜'를 말한다면, 그로써 그는 사실상 '자유의지'를 생각하는 것이며, 그럼으로써 그는 인간에게 자신의 구원에 대한 결정적인 부분을 돌리는 것이다.¹²⁾

그러나 그것은 웨슬리의 이해에 전혀 들어맞지 않은 비난이었다. 웨슬리는 나중에 영국교회의 39개 조항 중에서 자유의지를 거부하는 10번째 조항을 감리교회 운동의 25개 신앙 조항에 분명히 받아들이는 대신(8번째 조항으로), 하나님의 은혜의 선택에 관한 조항을 삭제하였다. 그는 이 10번째 조항에서 인간에게 복음에 반응할 수 있는 힘을 주는 '선행하는 은혜(preventing grace)'의 의미를 발견한 것이다.¹³⁾ 그러므로 원칙적으로 웨슬리는 위에서 인

---

10) 설교 72("값없이 주시는 은총"), 2.
11) 벧전 1:2에 대한 Notes NT; 설교 72도 참조.
12) A Letter to the Rev. Mr. John Wesley(1740년 12월 24일)(in: The Works of the Rev. George Whitefield, M.A., Vol. Ⅳ, London 1771, 53-73, 71에서 인용).
13) 감리교회의 신앙 조항 제8조(자유의지에 관해)는 다음과 같이 말한다. "아담의 타락 이후 인간의 상태는, 자신의 힘으로는 그리고 자신의 행위에 근거해서는 믿음을 가질 수 없고, 하나님의 부르심으로 돌아서서 그 부르심을 따를 수 없을 정도가 되었다. 그러므로 우리는 하나님이 기뻐하시고 마음에 들어 하실 선한 행위들을 할 힘이 없다. 그럼에도 불구하고 하나님의 은혜가 그리스도 안에서 우리에게 앞서 주어졌으며, 우리가 선한 의지를 가질 수 있게 도와주고, 그래서 우리가 이러한 선한 의지를 가지고 있으면 계속

용한 루터교회의 신앙 고백에서 읽었던 내용에 전적으로 동의했다. 그는 앞서 주어진 은혜가 구원하는 은혜를 받아들이게 준비시키지 않은 사람은 결코 존재하지 않는다고 생각했을 뿐이다.[14]

칼빈주의 친구들 및 적대자들과의 논쟁에서 웨슬리는 네덜란드 출신의 종교개혁자인 야코부스 알미니우스(Jacobus Arminius 1560-1609)의 의견을 특별히 존중했다. 그는 알미니우스의 이름에서 웨슬리 운동의 가장 중요한 호칭을 빌려 왔다.[15] 웨슬리가 실제로 어느 정도로 그의 가르침에 동의했는지에 대해서는 논란이 있다. 그러나 알미니우스의 가르침에 있는 다음의 두 가지 독특한 점이 웨슬리에게도 매우 중요하다.

a) 하나님의 은혜의 의미: "은혜의 활동은 저항할 수 없는 것은 아니다. 하나님은 인간에게 은혜를 받아들이든지 혹은 거부할 수 있는 가능성을 주었다." "인간은 본성적으로 자유하지 못하다. 그러나 인간은 성령의 인도 아래서 자유를 되돌려 받았다."[16]

b) 그리스도의 사역의 의미: 예수 그리스도는 "선택의 집행자가 되실 뿐만 아니라, … 선택의 근거가 되기도 한다. … 그리스도는 단지 선택받은 사람들을 위해서만 죽으신 것이 아니라, 모든 사람을 위해 죽으셨다."[17]

웨슬리는 '알미니안적인' 은혜론을 받아들임으로써 종교개혁자들의 '오직 은혜로만(sola gratia)'을 단호하게 주장하고자 했다. 하지만 동시에 다른 한편으로는 하나님의 은혜는 하나님이 책임적인 존재로 창조하신 인간을 진지하게 받아들인다는 점도 분명히 하고자 했다. 이 점을 1745년의 연회 문헌은 다음과 같이 정확하고 간략하게 말한다.

> 우리는 어떻게 칼빈주의의 변두리에 도달할 것인가? - 대답: ① 우리는 모든 은사를 자유로운 은혜에 돌림으로써; ② 우리는 어떤 종류이든지 본성적인 자유의지를 거부하고, 또 은혜에 앞서는 모든 능력을 거부함으로써; ③ 우리가 하나님의 은혜를 통해 소유하거나 행한 그

해서 우리와 함께 활동한다." 이 책 부록 531쪽을 참조.
14) 설교 111("우리 자신의 구원을 성취함에 있어서"), III, 4 참조.
15) The Question, 'What is an Arminian?' answered. By a Lover of Free Grace, Works³, X, 358-361; G. J. Hoenderdaal, TRE 4, 63-69 참조.
16) Hoenderdaal, aaO. 65.
17) Ebda.

모든 것에 대해 인간 스스로의 모든 공적을 배제함으로써.[18]

"값없이 주시는 은총"에 관한 설교의 기본 주제는 다음과 같다.

우리의 구원의 원천이 되는 하나님의 사랑의 은혜는 모든 사람 안에서, 그리고 모든 사람을 위해 자유로운 선물이다.[19]

인간이 자신의 구원을 위해 행할 수 있는 것은 은혜의 원인이 아니라 결과다.

인간 안에 있거나 혹은 인간을 통해 행해지는 모든 선의 창조자와 수행자는 하나님이시다.[20]

그러나 은혜의 활동은 인간을 강요하지 않는다. 은혜는 인간을 돕고, 그가 "마리아처럼 더 좋은 것을 선택할" 수 있게 한다.[21] 하나님의 은혜가 특별한 순간에 저항할 수 없는 힘으로 인간의 삶을 감동시키는 경우도 있지만 그것은 원칙적인 것도, 또 항상 그러는 것도 아니다. 이러한 맥락에서 웨슬리는 어거스틴의 말을 즐겨 인용한다.

우리 없이 우리를 창조하신 그(하나님)는 우리 없이 우리를 구원하지 않으실 것이다.(Qui fecit nos sine nobis, non salvabit nos sine nobis)[22]

하나님의 은혜는 인간의 모든 지식과 결정보다 앞선다. 이것은 바울이 전한 은혜의 메시지의 기본이다. 종교개혁자들이 바울의 이 메시지를 깊고 철저하게 다시 발견했으며, 웨슬리도 그 나름대로 이것을 주장했다. 그러나 하나님의 은혜는 인간의 지식과 결정을 배제하는 것이 아니라, 그것을 작용하고 가

---

18) 1745년 8월 2일 자 Minutes, Works³ VIII, 285; Williams 40 등을 참조.
19) 설교 72("값없이 주시는 은총"), 2.
20) Ebda 3.
21) 설교 96("복음의 보편적 전파"), 11.
22) 설교 111("우리 자신의 구원을 성취함에 있어서"), III, 7; 약간 변경된 인용문은 어거스틴의 빌 3:3-16에 관한 설교에서 나온 것이다(Sermo 169 über Phil 3, 3-16, XI(13) MPL 38, 923); WJW 2, 490 A.33도 참조.

능하게 한다. 이러한 인식의 양면을 확실하게 붙잡아 그 당시의 사람들에게 전달하는 것이 바로 웨슬리의 기본적인 관심이었다.[23] 이를 우리 시대에 새롭게 표현하는 것이 바로 우리가 서술하고자 하는 감리교회 신학의 과제다.

2) 인간이 하나님을 떠나 있음을 각성한다

선행하는 은혜라는 주제는 감리교회 신학에서는 두 가지 기능을 한다. 먼저 하나님의 구원하시는 은혜는 모든 인간적인 노력과 행위에 앞선다는 점을 분명히 하는 원칙적인 기능을 한다. 앞 단락은 바로 이 점에 관해 논의했다. 두 번째로 웨슬리가 인간 삶에 있는 은혜의 활동의 첫 단계에 관해 말한다면, 그것은 특별한 의미로 선행하는 은혜에 관한 것이다.

선행하는 은혜의 활동이 구원으로 가는 인간의 삶 속에서 일어나는 첫 번째 단계다. 이로써 웨슬리가 말하고자 하는 것은, 하나님께서 인간 안에 있는 양심의 소리를 일깨운다는 것이다. 그는 인간이 자기 양심의 소리를 듣는다는 것을 -그 당시의 대다수의 철학자들이나 신학자들과는 다르게- 인간의 본성적인 능력으로 보지 않고, 하나님의 '초자연적인' 은사로 보았다. 이러한 은사는 거의 모든 사람에게서 찾아볼 수 있기에 많은 사람들은 그것을 인간의 본성에 속하는 것으로 보았지만, 실제로 양심을 일깨우는 것은 하나님의 영이다.[24]

한 설교에서 웨슬리는 그가 생각하는 구원의 길을 전체적으로 짧게 설명한다. 이 설명이 우리가 이번 장에서 다루고자 하는 내용의 토대를 이루고 있기에 여기서 먼저 인용해 본다.

구원은 일반적으로 (그리고 철저히 정당하다) ***선행하는 은혜***라고 설명

---

23) 이는 빌 2:12-13에 대한 "우리 자신의 구원을 성취함에 있어서"라는 설교 111의 요약에 가장 명료하게 드러나 있다: "1. 하나님은 너희 안에서 일하신다; 그러므로 너희도 일해야 한다. 너희는 '그의 동역자가 되어야' 한다(이것이야말로 정확하게 사도의 말씀이다); 그렇지 않으면 그는 일하기를 중단하실 것이다." (III, 3, 7).
24) 롬 2:14에 대한 Notes NT("본성으로"는 "선행하는 은혜로"를 말한다); 설교 12("우리 자신의 영의 증거"), 5; 111("우리 자신의 구원을 성취함에 있어서"), I, 1ff.; 130("부자와 나사로"), I, 3-5; 147("질그릇에 담긴 하늘의 보배"), I, 1 참조. 이는 요 1:19에 의하면 로고스의 조명이다. 이 조명은 인간에게 적어도 선과 악에 관한 희미한 생각이라도 갖게 한다(Notes NT의 해당 구절 참조).

되는 것으로부터 시작한다. 이 은혜는 하나님의 마음에 들고자 하는 처음 욕구, 하나님의 뜻을 희미하게나마 아는 처음 지식, 그리고 하나님께 죄를 지었다는 '약하고 희미한 감정' 등을 포함한다. 이 모든 것은 생명을 지향하는 특정한 경향, 어느 정도의 구원, 그리고 전혀 몰랐고 느끼지 못했던 마음으로부터의, 하나님과 신적인 것들에 전혀 무감각했던 마음으로부터의 초기적인 해방을 의미한다. 구원은 **넘겨주는 은혜**, 곧 성서에서 대개 **회개**라고 말하는 은혜를 통해 계속된다. 이 은혜는 더 진전된 자기 인식을 가능하게 하며, 돌 같은 마음으로부터 해방시켜 준다. 그에 이어 우리는 기독교 본래의 구원을 체험한다. 이 때 우리는 '믿음을 통해' '은혜로' 구원을 받는다. 이 구원은 저 영광스러운 두 개의 가지들로 이루어져 있다: **칭의(稱義)**와 **성화(聖化)**. 칭의를 통해 우리는 죄의 과오로부터 구원받아 자비 안으로 들어간다. 그리고 성화를 통해 죄의 힘과 뿌리로부터 풀려나 하나님의 동일형상으로 돌아간다. 성서와 체험을 통해 우리는 이러한 구원이 순간적으로, 그리고 점진적으로 일어난다는 것을 안다. 이 구원은 우리가 의롭다 인정을 받는 순간에 거룩하고, 겸손하고, 친절하고, 온유한 하나님 사랑과 이웃 사랑과 더불어 시작한다. 이 순간부터 구원은 점점 자라 '겨자씨와 같이' 된다. 겨자씨는 처음에는 모든 씨앗 중에서 가장 작지만' 나중에는 커다란 가지들을 내고 큰 나무가 된다. 구원은 이처럼 자라 마음이 모든 죄로부터 정결해지고 순수한 하나님 사랑과 이웃 사랑으로 충만해지는 순간에까지 이르게 된다. 그러나 이 사랑도 점점 자라, 우리가 '모든 점에서 머리이신 그리스도에 이르기까지' 자란다. 다시 말해 우리 모두는 '그리스도의 완전한 분량에' 이르기까지 자란다.[25]

여기서 웨슬리는 우리가 앞에서 은혜에 관한 성서의 이해 중 '적극적인' 성격이라고 했던 그것을 매우 강하게 강조한다. 다시 말해 은혜는 죄로부터의 사면이나 석방을 훨씬 뛰어넘는다. 은혜는 도움을 필요로 하는 사람들을 향한 사랑의 배려와 관심이다.

---

25) 설교 111("우리 자신의 구원을 성취함에 있어서"), II, 1.

알버트 아우틀러(Albert Outler)는 감리교회의 신학에서 원칙적으로 은혜의 본질이 의미하는 바를 은혜의 활동에 관한 웨슬리의 이해로부터, 특히 선행하는 은혜라는 성격으로부터 출발하면서 다음과 같이 매우 분명하게 말한다.

> **은혜는 인간의 마음에서 행하시는 하나님의 실제적인 활동이다**; 은혜는 인간의 현실적인 삶에 대한 하나님의 사랑의 실제적인 영향이다. 은혜는 다양한 차원에서 삶 전체를 흠뻑 적시고 간섭한다. 은혜는 예방하고, 구원하며, 거룩하게 한다. 은혜는 창조된 질서를 통해 정당하게 전달되기 때문에, 성례전적이기도 하다. **은혜는 행동 가운데 있는 하나님의 사랑이다**: 그리스도 안에서 우리를 그 자신과 화해시키기 위하여 행동한다. 성령 안에서 우리를 성화시키기 위하여 행동한다. … 하나님의 사랑은 우월하기 때문에, 어떠한 인간의 행동보다 앞서며, 또 그로부터 반응을 불러일으킨다. 하나님의 사랑은 보편적이기 때문에 그의 자비는 **모든** 그의 작품 위에 머물고, 그의 약속은 모든 그의 자녀들에게 주어진다. 은혜는 인격적인 성격이 있기 때문에, 거부될 수 있다; 은혜를 받는 것은 인간의 책임적인 행동이어야 한다. 은혜는 실체적인 대상과 수단을 외적이고 가시적인 표시로 사용하기 때문에, 성례전적이다. 그러므로 은혜는 **하나님의** 은혜이고, 또 언제나 자유롭다.[26]

은혜의 이러한 차원들은 어떤 면에서는 하나님의 삼위일체적인 계시 행동에 해당한다. 선행하는 은혜는 창조주 하나님의 활동에 해당하고, 구원하는 은혜는 예수 그리스도 안에서 해방하는 행동에 해당하며, 거룩하게 하는 은혜는 성령의 활동에 해당한다. 은혜의 활동의 이러한 관계는 마치 삼위의 일치되는 관계와 같다. 은혜가 인간에게 이르러 인간과 더불어 걸어가는 길은 내적으로는 하나이므로 구원에 이르고, 또 구원 안에 있는 은혜도 삶으로 실천된 은혜 이외의 다른 것이 아니다.

우리는 나중에 웨슬리가 말한 구원의 길에 관해 몇 차례 더 다루게 될 것이다. 그러기 전에 먼저 선행하는 은혜의 활동에 관한 웨슬리의 생각을 받아 오

---

26) A. Outler, Theologische Akzente, 97.

늘날의 체험의 맥락에서 전개해 보고자 한다.

　a) 인간의 삶에는 언제나 **동기들**이 있기 마련인데, 하나님의 은혜는 이 동기들을 통해 인간이 자신의 삶의 상황을 생각해 보게 자극한다. 웨슬리는 그러한 동기들을 특히 양심의 소리에서 보았다. 거의 모든 인간은 양심의 인도를 받아 선과 악을 알게 된다는 것이 웨슬리의 출발점이었다. 물론 "양심이 불에 달구어진 쇠로 그을려 있는"[27] 사람들도 있다는 것을 알고 있었다. 우리도 이 시대를 사는 많은 사람들이 '양심 없는' 사람들이고, 또 자기의 유익 이외의 어떠한 기준도 없다는 인상을 더 자주 받는다. 더구나 인간의 양심을 형성하는 기준들이 너무 다르며, 또 거의 비교할 수 없을 때가 많다는 생각을 지울 수가 없다.

　선행하는 은혜의 활동은 인간이 하나님과 이웃에 대해 죄가 있다고 분명하게 의식하는 곳에서만 시작되는 것은 아니다. 책임을 감당해야 한다거나 혹은 좌절되었다는 ―어떤 기준에 의해서건 언제나― 매우 일반적인 의식 때문에 우리는 마지막 단계 앞에 설 수 있느냐는 물음을 제기할 수 있다. 시행되는 법과 시민적인 도덕에 전적으로 일치하는 삶을 산 사람들과 그와는 반대로 다른 사람들을 배려하지도 않고, 혹은 사회적인 규범을 지키지도 않으며, 오직 자신의 이익만을 추구하며 산 사람들 모두가 동일한 방식으로 한 지점에 설 수 있다. 바로 그 지점에서 그들은 그들의 성공이 자신들을 외롭게 하며, 인간적으로 불구가 되게 했다는 사실을 발견한다. 여기서 많은 사람들을 불안하게 하는 물음이 생겨난다. 나는 어떻게 나의 삶을 지속해야 하는가?

　매우 다양한 기회들이 우리에게 은혜에 관한 이러한 생각을 하게 한다. 예기치 않게 닥쳐온 건강 문제, 가족 문제, 사회적 성공의 좌절 등이 그런 기회들이다. 그러나 목표에 도달한 인생의 최고점을 감사하는 마음으로 회상하는 것도 그런 기회에 속한다. 그런 경우에 우리는, 우리가 도달한 그 목표의 고요함 속에서 과연 이 모든 수고가 무슨 유익이며, 또 우리 삶에 어떤 새로운 차원을 열어 줄 수 있을지를 묻는다.

　전혀 다른 삶의 구도를 가지고 있으며, 신앙에서 자기 삶의 방향과 안전을 찾는 사람들과 만남으로써 외부로부터 동기가 주어질 수도 있다. 성서의 한 말씀이 어떤 식으로든 사람들에게 주어지고, 그들이 그 말씀의 의미와 자신

---

[27] 설교 111("우리 자신의 구원을 성취함에 있어서"), III, 4.

의 삶을 위한 의미에 대해 깊이 생각하는 일도 자주 있다.

b) 이러한 동기들로 인하여 사람들은 자신들의 증상, 즉 하나님으로부터 떠나 있음을 발견한다. 그러한 증상이 세속화된 환경으로부터 온다면, 그 증상이 이 환경을 비종교적인 언어로 표현하거나 혹은 하나님에 관해 매우 희미하게 말한다는 것을 의미할 수 있다. 만족스러운 답을 찾을 수 없는 삶의 의미에 관한 물음, 삶에 대한 뿌리 깊은 두려움이나 '근원적 신뢰'의 결여, 거듭되는 다른 사람들과의 관계 문제, 극복될 수 없는 죄의 결과들, 이 모든 것이 인간의 삶이 뿌리에서부터 병들어 있으며 심각한 치료를 필요로 한다는 사실을 아픔으로 느껴야 하는 바로 그러한 증상일 수 있다.

c) 하나님께 이르는 길의 시작부터 하나님께서는 '은혜의 수단들'을 통해 진단과 치유를 위한 **도움**을 주신다는 점이 웨슬리에게는 매우 중요했다. 하나님과 자기 자신에 대해 묻도록 '각성된' 사람들은 이러한 은혜의 수단들을 그들을 지속적으로 돕는 안내자로 여긴다. 마음에 말씀하는 설교; 성서와 성서를 이해하게 돕는 문헌들 읽기; 스스로 기도하려는 첫 시도; 모범적인 사례를 통해 기도 가운데 하나님을 향하여 자신을 여는 것을 가르치는 사람들과의 교제; 성만찬 참여 – 이 모든 수단이 하나님께 이르는 길을 찾을 수 있게 인도하는 단계들이다.[28] '은혜의 수단들'은 이처럼 하나님께로 돌아서게 돕는 회개의 수단들(converting means)이다. 그러나 이들은 외적인 사용을 통해서가 아니라, 하나님께서 자신을 전적으로 여는 길과 방식으로 그것들을 우리에게 주시겠다고 하신 약속에 근거해 그러한 수단이 된다.[29]

이러한 구도는 개신교 교육학의 토대가 된다. 이 교육학은 전통적인 부흥집회 그 이상이다. 개신교회의 집회들은 선교적인 전체 구도의 한 부분이다. 이 구도는 자기 삶의 근거에 대해 물으며, 또 자신의 삶이 설 수 있기 위해서는 전혀 새로운 기초가 필요하다는 사실을 알기 시작한 사람들이 신앙에 이르도록 인격적인 방식으로 동반하는 선교 구도를 말한다. 삶과 신앙이 어떻게 하나로 묶이며, 또 자신을 움직이는 모든 것을 기도로써 어떻게 하나님께 맡길 수 있는지를 사례를 들어 체험할 수 있는 선교적인 목회 그룹으로 초대하는 것도 그러한 구도에 속한다. 오늘 우리에게 말씀하시는 하나님의 말씀

---

28) 설교 16("은총의 수단"), V, 1.
29) 설교 16, V, 4.

인 성서를 이해할 수 있게 -선포와 성서 공부를 통해- 안내하는 것도 그런 것에 속한다. 또한 찬양과 경배, 말씀과 성례전으로 하나님의 선물을 받아들이는 교회의 예배하는 삶으로 초대하는 것도 그에 속한다.

윌리엄스는, 웨슬리가 이러한 신앙의 입문 과정을 말함에 있어서 하나님의 존재에 관한 전통적인 입증 문제는 전혀 역할을 하지 못한다는 사실을 지적한 바 있다. 그것은 분명히 옳은 지적이다. 그러나 하나님의 존재에 대한 물음은 18세기에는 오늘날처럼 그렇게 논란이 되지 않았다는 데 그 원인이 있다는 견해는 받아들일 수 없다. 오히려 하나님 증명은 신학적인 이유 때문에 웨슬리에게 별로 의미가 없었다. "왜냐하면 하나님께서는 직접 자신을 알 수 있게 드러내시기 때문이다. 첫째는 선행하는 은혜 안에서 (양심을 통하여) 예비적으로 드러내시고, 이어 (복음을 통하여) 인도하는 은혜 안에서 직접적으로 드러내신다. 그러므로 신학과 선포의 과제는 인간을 향한 하나님의 직접적인 관계를 인간에게 이해시키고, 또 하나님이 자신을 드러내고자 하시는 은혜를 받아들이게 촉구하는 것이다."[30] 하나님과 만나는 열쇠는 하나님의 존재 가능성에 관한 지적인 신뢰가 아니라, 하나님과 그의 사랑을 향한 모든 삶의 실질적인 태도다.[31]

3) 하나님을 향한 전환 - 회개

하나님의 은혜는 한 인간의 삶에 근본적인 변화를 일으키는 것(회개)을 목표로 활동한다. 이는 단순히 종교적인 욕구들을 충족하는 것이 아니며, 또 한 인간의 삶에 있는 잘못된 것들을 제거하거나 개체적인 문제들을 치유하는 것만도 아니다. 이는 삶의 방향에서 근본적이며 모든 영역을 포괄하는 변화를 말한다. 재물, 권력, 지식, 성적인 충족 등과 같은 대체 신들로부터 떠나는 것이다. 이러한 것들은 우리의 삶을 규정하고, 또 우리가 이기주의에 붙잡혀 있음을 드러내는 표현이다. 그것들은 우리의 자아를, 우리의 본래적인 자신을

---

30) C. Williams, Theologie 38.
31) 설교를 위해 미리 해야 할 가장 중요한 것이 무엇이냐는 질문에 대한 웨슬리의 다음과 같은 답변을 참조: "1. 초청; 2. 확신; 3. 그리스도 경배; 4. 권면. 이 요소들은 어느 정도는 모든 설교에 적용되어야 한다."(Konferenzgespräche 32 = Large Minutes Q 36, Works³ VIII, 317).

얽어매고 있다. 그런 것들로부터 떠나 하나님께로 돌아서는 것이다. 하나님 안에서 우리는 우리 삶의 본분을 발견하며, 참 자유를 찾는다.

그러므로 웨슬리가 말하는 '확신시키는' 은혜는 두 가지 목표를 향하여 활동한다. 하나님의 은혜는 한편으로 하나님 없는 인간의 삶이 실질적으로 어떤 상태에 빠져 있는지를 볼 수 있는 눈을 열어 준다. 그러나 다른 한편으로는 이러한 상실된 삶으로부터 인간을 구출해 내시는 그분, 곧 하나님을 보여 준다. 이것은 인간이 회개할 때 일어난다. 은혜의 활동이 지향하는 이러한 이중적인 목표에 합당하게 웨슬리는 율법에 의해 규정된 회개(legal repentance)와 복음으로 일어나는 회개(evangelical repentance)를 구분하기도 한다. 전자는 자기 삶의 타락한 '죄성에 대한 깊은 확신'으로 인도하고, 후자는 '전적인 죄성으로부터 광범위하게 치유된 마음의 (그리고 결과적으로는 삶의) 변화'를 말한다.[32]

웨슬리가 말한 것은 '돌아서다'라는 성서의 개념과 일치한다. 이 개념은 신학에서는 흔히 회개, 혹은 회심으로 일컬어진다. 구체적으로 이에 관한 웨슬리의 구도를 논의하기에 앞서 먼저 성서가 말하는 회개, 혹은 회심에 관해 간략히 요약해 보자.

(1) 회개에 관한 성서의 증언

회심과 회개로 번역되는 방향 전환, 혹은 돌아서다라는 성서의 개념은 구약성서의 예언자들의 선포에 그 뿌리를 내리고 있다.[33] 그들은 이 개념을 구체적이고 일상적인 배경에서 사용하였다. 전환, 곧 회개는 잘못된 길과 잘못된 목표로부터 돌아서는 것, 다시 말해 이방 신들로부터 돌아서는 것, 그리고 예배의식이나 많은 제물로 하나님을 경배하지만 인간의 권리와 삶의 영역을 빼앗는, 그래서 하나님의 뜻을 무시하는 외식적인 신앙으로부터 돌아서는 것을 말한다. 하나님께로 전환하는 것, 이스라엘을 사랑하시고, 창조하셨고, 인도하셨고, 구원하신 하나님께로 향하는 것, 그러므로 이스라엘을 생명으로 부르셨고, 그래서 존재의 근거가 되시는 하나님께로 돌아서는 것이다.

물론 초기의 문서 예언자들은 이스라엘 백성이 이러한 회개를 거부했다는

---

[32] Notes Nt(마 3:8).
[33] H. W. Wolff, Das Thema "Umkehr" in der alttestamentlichen Prophetie 130-150에서 이 주제에 대한 가장 기본적인 논의를 본다.

확신에서 고통스러운 메시지를 선포했다. 하나님께서 이스라엘에게 회개의 길을 열어 주시는 곳에서만 새로운 시작의 가능성이 생겨난다. 특히 예루살렘과 성전의 파괴와 백성의 일부가 포로로 잡혀 가는 심판이 있고 난 이후에 예언자들은 하나님께로 돌아오라는 하나님의 초대를 새로운 방식으로 선포했다.

이 시대의 이스라엘 개인들도 매우 단호한 말씀을 들어야 했다. 여러 세대를 넘어가는 집단적인 죄가 개인의 삶과 죽음을 결정하는 것이 아니라, 하나님을 향한 그 자신의 개인적인 회개가 생사를 결정한다(겔 18장과 33장). "하나님이 생명을 주시는 곳에서 너희는 어찌하여 죽고자 하느냐(겔 18:31b, 32 a)." 라는 탄식하는 물음은 후에 감리교회 각성 설교의 기본 주제 중 하나였다.[34]

세례 요한은 초기 문서 예언자들의 메시지를 다시 한 번 진지하게 받아들여, 회개의 선포와 전적인 심판의 예고를 하나로 묶었다. 오직 심판을 통해서만 – 심판은 세례 받을 때에 물속에 잠기는 것으로 상징되었다– 구원이 주어진다.

예수가 선포한 내용은 달랐다. 신약성서의 복음서 저자들은 예수의 설교를 회개의 선포로 요약하기도 했지만,[35] 실제로는 예수가 죄인들에게 회개하는 어려운 길을 강요한 것이 아니라, 그들을 자기와의 교제 안으로 받아들여서 그들과 더불어 먹고 마시며, 또 그럼으로써 그들에게 하나님의 나라가 가까이 왔음을 약속하고 전하였다는 사실이 매우 이상하게 보일 수도 있다.

예수는 자신의 그러한 행동을 누가복음 15장에 모아져 있는 일련의 비유들을 통해 변호한다. 하나님의 찾아나서는 사랑이 사람들을 만나는 곳에서, 사람들이 아버지의 집에서 도움을 받고자 하는 곳에서, 그리고 그들을 서둘러 마중 나가는 아버지의 열린 품안에 있는 자신들의 모습을 –후회나 회개와 같은 아무런 전제도 없이– 갑자기 발견하는 그 곳에서, 바로 그 곳에서 회개가 일어나고, 아버지의 사랑으로 돌아서는, 방황하는 삶에서 돌아서는 일이 일어난다. 이러한 삶의 전환은 삭개오의 예(눅 19:1-10)에서 보듯이, 실제적인 행동이나 과거에 대한 결과와 영향 없이는 일어나지 않는다. 이처럼 아버지께로 오라는 예수의 초청은 응답을 기다린다. 그리고 예수는 그의 부름과 행

---

[34] 겔 18:31에 대한 설교에 관한 존 웨슬리의 보고를 참조(1743년 7월 10일 Journal); 같은 본문을 주제로 노래한 찰스 웨슬리의 Hymn 6-8이나 겔 33:11에 대한 Hymn 30을 참조.
[35] 막 1:14-15; 마 4:17; 눅 5:38 참조. 세례 요한과 예수의 선포의 차이에 대해서는 조경철, 「예수와 하나님 나라의 윤리」, 125-149 참조.

위를 거부하는 사람들에 대한 고통스러운 결과들에 관해서도 말씀하신다.[36]

사도행전에 따르면, 초대교회는 예수 때문에 전적으로 하나님께로 돌아와 그의 구원 사역을 받아들이라는 초청을 다양한 개념들을 사용해 계속 설교했다. 사도들의 설교는 회개, 회심, 세례를 받게 초청했고, 또 주 예수 그리스도를 믿을 것을 촉구했다. 개별적으로, 혹은 서로 결합되어 매우 다양한 방식으로 사용되었던 이러한 개념들은 하나님께로 의식적으로 돌아서는 것의 한 부분적인 측면이나 혹은 완전한 측면을 말한다. 인간의 반응을 요청하는 이 모든 설교에서 분명한 것 하나는, 하나님께서는 이미 결정적인 행동을 하셨다는 것이다. 예수의 부활을 통해 하나님께서는 유대인이나 이방인 모두에게 생명으로의 회개를 선물로 주셨다.(행 3:26; 5:31; 11:18)

회개로의 초대라는 개념이 바울의 서신에서는 후퇴되었다. 그 대신에 바울은 예수 그리스도를 믿으라는 믿음으로 초대한다. 바울 자신은 부활하신 예수와 만남으로써 삶의 전환을 체험했다. 거기서 그는 하나님과 율법을 위한 잘못된 열심이 결국은 자기 자신을 위한 열심이고, 그래서 그를 하나님으로부터 떠나게 했다는 사실을 깨닫는다. 그 때까지의 삶에서 위대한 것으로 생각했던 모든 것을 오히려 오물로 여기고 버림으로써, 그리스도를 통해 하나님과 교제하게 된다(빌 3:4-9). 바울은 하나님에 의해 아신 바 되었기 때문에, 사랑 가운데 계시는 하나님을 알게 된다.(갈 4:9)

그러므로 인간의 구원을 위한 하나님의 말씀과 행동에 관한 성서의 메시지는 인간의 반응과 응답을 목표로 한다. 인간의 구원이 하나님께서 인간에게 교제를 허용했다는 사실에 근거해 있기 때문에, 하나님의 구원 행동은 인간이 스스로의 힘으로 걷는 길 —이는 결국 자신을 하나님으로부터 떠나게 하는 길이다— 에서 돌아서 하나님께로 나아가며, 그래서 하나님과 교제하게 될 때에 목표에 도달한다. 하나님의 부르심에 순종하는 것이 인간 자신의 공적이 될 수 없다는 점은 항상 분명해야 한다. 회개하게 하시는 분은 하나님이시고, 그의 부르심과 행위가 그에게로 돌아서는 회개의 기초가 되며, 또 가능하게 하는 힘이다. 상황에 따라서는 성서의 예화들이나 이야기들은 이러한 삶의 전환을 매우 단순하고 극적이지 못한 과정으로 말할 수도 있다.[37] 그러나 그

---

36) 마 11:20-24/눅 10:12-15; 마 12:41/눅 11:32 참조: 하나님의 용서와 회개의 관계와 의미에 대해서는 조경철, 위의 책, 267-288 참조.
37) 행 16:14-15 참조.

러한 단계가 가져오는 실천적인 결과, 곧 '회개의 열매'에 대해서는 매우 구체적으로 물을 수 있다.[38]

(2) 회개 – 구원의 길로 나아가는 단계
회개와 회심에 관한 성서의 메시지는 기독교의 역사에서 매우 다양하게 받아들여졌다. 고대교회에는 회개에 관한 성서의 이해가 갖는 철저한 성격, 곧 회개는 삶을 전환시키는 것이며, 그러므로 원칙적으로 일회적이어야 한다는 성격이 여전히 생생하게 살아 있었다. 그래서 그리스도인의 삶에서 '두 번째 회개'가 가능한 것이냐는 문제가 오랫동안 뜨겁게 논의되었다. 이러한 논의는 이 물음에 긍정적으로 답하는, 곧 두 번째 회개가 가능하다는 신약성서의 메시지 정신에 일치했다.[39] 그러나 중세시대가 그리스도인의 삶에서 새로운 회개를 인정함으로써 회개를 제도화해 버린 것은 참으로 불행한 일이었다.[40]

이러한 회개 제도가 낳은 최악의 결과인 면죄 행위에 대해 루터는 95개 조항으로 반응했다. 그 첫 번째 조항은 다음과 같이 시작한다. "우리 주 예수 그리스도가 '회개하라.'고 말씀하셨을 때, 주께서는 믿는 사람의 전체 삶이 회개하는 것을 원하셨다."[41] 이는 동일한 내용을 말하기 위해 특정한 상황에서는 신약성서와는 전혀 다른 것을 말해야 한다는 교회사가 보여 주는 매우 중요한 예에 속한다. 그럼으로써 루터는 회개하라는 예수의 요청이 내포한 깊은 진지성과 철저성을 잘 드러냈다. 그러나 성서의 메시지에 대한 루터의 표현 역시 –그 이후의 발전이 보여 주듯이– 너무 형식적이 될 위험이 있었는데, 그것은 형식적인 회개를 합리화하고 삶의 철저한 방향 재정립을 회피해 버리는 것을 의미한다. 그러므로 회개와 회심의 근본적인 의미를 거듭해서 되물어야 할 필요가 있다.

웨슬리 역시 성서 증언의 모든 폭을 수용하지는 못했다. 그는 '율법적 회개'와 '복음적 회개'를 구분하면서 회개의 두 측면을 말했는데, 그 하나는 죄로부터 돌아서는 것이고, 다른 하나는 하나님께로 향하는 것이다. 그러나 그는 '회개'라는 개념으로는 보통 이 과정의 '부정적인' 면만을 말하였다. 다시

---
[38] 눅 19:1-10; 막 10:17-26 참조. 조경철, 위의 책, 225-241 참조.
[39] 히 6:4-6; 10:26-29가 분명하게 두 번째 회개의 가능성을 거부함에도 그렇다; TRE 7, 452ff. 참조.
[40] TRE 7, 458.
[41] Disputatio pro declaratione virtutis indulgentiarum 1517, BoA I, 1ff.; TRE 7, 465ff. 참조.

말해 웨슬리는, 회개는 하나님 앞에서 잃어버린 존재라는 깊은 차원을 아는 것이라고 했다.[42] 하나님의 영이 율법을 "확신시키는, 그리고 회개시키는 은혜"의 도구가 되게 한다면, 특히 율법의 설교가 이러한 잃어버린 존재에 관한 지식을 일깨운다.[43]

그러나 동시에 율법 설교는 청중을 깊은 딜레마에 빠지게 한다. 인간의 하나님 결핍 현상을 들추어내 밝혀서 반드시 하나님께로 돌아가야 한다고 가르친 율법이 막상 하나님께로 가는 길을 보여 줄 수는 없다는 딜레마다. 율법은 하나님 앞에서 자기 자신의 행위를 통해 의로운 삶을 살게 하지만, 이는 결코 좌절할 수밖에 없는 과제다. 선을 행하고 싶지만 행할 수 없는 인간에 관해 말하는 바울의 로마서 7:18-25를 웨슬리는 바로 이 단계에 처해 있는 그리스도인과 관련해 생각한다.[44] 그러므로 아직 율법 아래 서 있기는 하지만 '각성된' 인간의 상황은, 양심의 조각도 없이 잘못된 자유 가운데 죄악 속에서 살고 있는 '자연적' 인간의 상황보다 훨씬 불행하다. 그들에게 있는 신앙은 자녀의 신앙이 아니라, 노예의 신앙에 불과하다. 죄의 각성만 시키고 그 죄에 대한 근원적인 해결을 주지 않는다면, 그러한 각성은 인간을 불행하게 만들며, 차라리 각성되지 않았더라면 더 좋았을 것이다.

그러므로 웨슬리에게 회개는 하나님과 사귀는 삶의 앞뜰에 불과하고, 그에 반해 진정한 믿음은 그러한 삶으로 들어가는 문이며, 성화는 그러한 삶의 본래적인 형태다.[45] 웨슬리의 신학과 실천에서 특별한 것은, 그가 사람들에게 앞뜰을 떠나 가능한 빨리 믿음의 문으로 들어가라고 단순하게 말하지 않는다는 것이다. 왜냐하면 웨슬리는 구원의 믿음은 성령의 일이라고 믿었고, 또 하나님께서 언제 그 믿음을 주실 것인지는 인간의 뜻에 따라 결정되는 것이 아니기 때문이다.[46] 그러므로 웨슬리는 사람이 어떻게 마음을 열어 성령의 활동을 받아들일 수 있는지 물음을 제기한다. 회개하려는 모든 노력을 포기하고 '조용히 머물러' 하나님의 활동을 기다리는 것이 옳은가 —헤른후트 형제들이

---

42) 설교 7("하나님 나라로 가는 길"), II, 1ff.; 111("우리 자신의 구원을 성취함에 있어서"), II, 1.
43) 설교 34("율법의 기원, 본성, 속성 및 용법"), IV, 1; 35("믿음으로 세워지는 율법 I"); 44("원죄"), 2 등을 보라.
44) 설교 9("노예의 영과 입양의 영"), II, 4-8(이에 대해서는 Williams, 52-53); 1739년 8월 31일 자 Journal 참조.
45) Principles of a Methodist Farther Explained VI, 4(WJW 9, 227); Williams 36도 참조.
46) 노예의 '회개 신앙'과 아들의 '칭의 신앙'의 관계에 대해서는 Williams 59-60 참조.

주장한 것처럼-⁴⁷⁾. 아니면 성령의 활동을 스스로 준비하며 받아들이는, 그런 성서에 합당한 다른 길이 있는가?

존 웨슬리는 "우리 신도회의 일반적인 규칙"에서 "자신들의 죄에 관해 깊이 확신하며 진지하게 구원을 소망하는" 사람들을 위하여 그러한 길을 보여 주고자 했다.⁴⁸⁾ 그들을 위하여 웨슬리는 "신도회(societies)"를 만들었는데, 이는 "하나님의 축복의 형식을 소유하고 그 능력에 참여하고 싶어 하며, 함께 모여 기도하고, 서로 권고하며, 사랑으로 서로를 일깨우며, 그럼으로써 그들의 영혼 구원을 위해 서로를 돕고자 하는 사람들의 모임"이었다. 이 신도회에 가입하는 데 필요한 단 한 가지 조건은 "미래의 진노에서 벗어나고 죄로부터 해방되고자 하는 열망을 갖는 것"이다. 웨슬리는 확신에 차서 이렇게 말한다.

> 이러한 열망이 마음속에 정말 있을 때에는 그 열매들을 통해 드러날 것이다.

> 이는 신도회 회원들이 다음 세 가지 원칙을 따르려고 노력할 때 일어난다.

> 첫째, 악을 행하지 않고, 모든 종류의 악을 피함으로써.
> 둘째, 선을 행함으로써; 자신의 능력에 따라 모든 점에서 자비를 보이고, 또 어느 경우에라도 모든 종류의 선을 능력이 되는 한 모든 사람에게 보인다.
> 셋째, 하나님이 제시한 모든 종류의 은혜의 수단을 사용함으로써: 공개적인 예배, 하나님의 말씀 듣기, 하나님의 말씀은 읽혀지고 해석되어야 한다, 주님의 성만찬, 가족들과 함께 은밀하게 기도하는 것, 성서 연구, 금식, 절제.

웨슬리는 그의 활동의 거의 모든 시간 동안 두 가지 신학적이고 실천적인 문제와 씨름하였다. 이 문제들은 위에서 언급한 구도에 근거해 생겨난 것이다.
a) '하나님의 축복의 형식' 만을 소유하고 그 능력에 참여하지 않는 것은 웨

---

47) 헤른후트 형제들과의 논쟁에 대해서는 W. Klaiber, Aus Glauben, damit aus Gnaden 328ff.과 그곳에 언급된 문헌들을 참조.
48) "The Nature, Design and General Rules of the United Societies"(1743), WJW 9, 70-73.

슬리가 올더스게이트 체험 당시에 자기 자신의 노력의 기본적인 오류라고 알게 되었던 바로 그 입장이었다. 그는 이것을 '거의 그리스도인' 의 자세라고 했으며, 그리스도인이 아닌 사람의 자세보다 더 위험한 것으로 여겼다. 왜냐하면 이러한 자세의 사람은 자신의 실제적인 상황을 잘못 알기 때문이다.[49] 그럼에도 그는 하나님과의 교제의 능력을 얻기 위하여 하나님과 교제하는 삶의 적절한 형태를 추천할 수밖에 없다고 여겼다. 이러한 형태는 그 자체로서는 아무런 가치도 없지만, 하나님의 은혜를 받기 위하여 자신을 여는 그릇으로서는 포기할 수 없는 것이다. '앞뜰' 에 머무는 것만으로 충분하지 않다고 해서 앞뜰을 통과해야 하는 필요성을 부정하는 것은 아니다.

b) 웨슬리는 회개와 믿음의 관계를 묻는 물음에 신학적으로 만족할 만한 대답을 하는 데 어려움이 있었다. 그는 신약성서의 증언에 따라 대개 회개가 믿음에 앞선다는 것을 확신하였지만,[50] 그럼으로써 '오직 믿음으로(sola fide)' 를 다른 조건을 통해 부정하고, 믿음으로 의롭다 함을 얻는다는 대신에 행위에 근거하여 의롭다 함을 얻는다는 것으로 대체할 위험에 빠진다는 것을 알고 있었다.(그 스스로 몰랐다면, 다른 사람들이 그에게 그 점에 대해 지적해 준 것이다)

웨슬리는 이러한 위험을 두 가지 언급을 통해 피하고자 했다. 첫째, 성서가 "회개에 합당한 열매를 맺어라(마 3:8)."고 촉구한다면, 이는 오직 믿음으로 의롭다 함을 얻는다는 것을 무력화하는 것이 아니라, 이러한 믿음의 진지성과 구원을 향한 열망의 진지성에 대한 물음이다.[51] 회개의 열매로서 실천된 '경건과 자비의 행위들' 은 하나님을 향한 인간의 방향을 변호하는 것이 아니라, 확증하는 것이다. 둘째, 엄격한 의미에서 구원을 위해서는 단 한 가지의 조건이 있는데, 그것은 예수 그리스도를 믿는 믿음 안에서 이 구원을 받아들이는 것이다. 어떤 사람이 한순간에 구원의 확신을 찾게 되거나 혹은 그리스도가 용납하고 난 후에 회개의 열매를 맺는 예는 신약성서에서 찾을 수 있다.[52] 이처럼 '사랑으로 행하는' 것이 진실한 믿음의 표시가 되는 것처럼 (추

---

[49] 설교 2("명목상의 그리스도인"), I, 4; 3("잠자는 자여 일어나라"), I, 6; 9("노예의 영과 입양의 영"), I, 8; 11("성령의 증거 II"). I, 2 참조.
[50] 설교 7("하나님 나라로 가는 길"), II, 1(막 1:14-15에 대해); 96("복음의 보편적 전파"), 12 참조.
[51] Williams 55 참조. 루터의 오직 믿음으로 사상과의 논쟁에 대해서는 1739년 4월 4일 자 Journal(WJW 19, 47) 참조; 이에 대해서는 아래 1.4.2에 있는 루터의 인용문도 참조.
[52] 전자의 예로는 눅 23:39-43에 나오는 행악자(Notes NT 참조)이고, 후자의 예는 눅 19:1-10에 나오는 삭

가적인 조건이 아니라), 자신의 죄에 대해 정직하게 후회하고 회개하는 것 또한 진정한 믿음의 표시다.[53]

웨슬리의 많은 언급들이 가톨릭교회 신학의 주장, 곧 인간이 구원을 받기 위해서는 스스로 할 수 있는 것을 먼저 행해야 한다는[54] 주장에 가까운 것처럼 보이지만, 그는 이러한 견해와는 분명하게 구별된다. '항상 애써 노력하는 사람'이 구원을 받는 것이 아니다. 하나님은 언제나 하나님 없는 사람들을 의롭다 하신다.[55] 그리고 구원을 찾는 사람들 안에서 회개의 열매를 맺게 하는 것은 그의 은혜. 회개는 모든 종류의 자기 신뢰의 종말이고, 전적으로 하나님께 자신을 맡기는 것을 배워 가는 과정의 출발이다. 이방적인 도덕이 끝나는 바로 그 곳에서 복음적인 회개가 시작된다.[56] 웨슬리의 회개론은, 인간은 스스로의 구원을 위해서는 아무것도 할 수 없는 존재이지만, 은혜의 활동 안에서 무기력하고 의지도 없는 물질이 아니라, 모든 가능성으로 하나님의 활동에 참여하게 된 존재라는 역설을 신학적으로, 실천적으로 서술해 보고자 하는 시도다.

그러므로 웨슬리에게 회개는, 그리스도인이 단 한 차례 거쳐 지나가야 하는 과정이 아니다. 믿는 사람이지만 그는 여전히 죄의 지배 아래 있을 수 있기 때문에, '믿는 사람들의 회개'도 하나님과의 교제를 회복하기 위해서는 반드시 필요하고 또 가능하다.[57]

(3) 오늘날 회개의 구체적인 형태

웨슬리에게 중요했던 주제들 중에서 오늘날의 감리교회 신학과 실천에서 가장 큰 변화를 경험한 것은 그리스도인의 완전에 관한 가르침 외에 바로 회개에 관한 견해다. 회개와 믿음으로의 부름은 곧바로 회심을 촉구하는 것으로 요약되었다. 어떤 점에서 이는 매우 타당했다. 죄 가운데 살고 있는 삶으로부터 돌아서는 것과 하나님께로 돌아가는 과정은 내적으로 일치한다. 웨슬리

개오다.
53) 설교 43("성경적 구원의 길"), Ⅱ, 2(1765년). 이에 대해서는 Williams 111-114의 상세한 설명을 참조.
54) O. H. Pesch/A. Peters, Einführung in die Lehre und Rechtfertigung, 90ff. 참조.
55) 설교 5("믿음에 의한 칭의"), Ⅲ.
56) 설교 7("하나님 나라로 가는 길"), Ⅱ, 1; 21("산상설교 Ⅰ"), Ⅰ, 9.
57) 설교 14("신자의 회개"; 1767년) 참조; 설교 43("성경적 구원의 길"), Ⅲ, 6-8도 참조. 이에 대해서는 Williams 111-114 참조.

는 이 둘을 분명하게 구분하는데, 이 구분에는 함께 속하는 것을 서로 나누는 위험이 있다. 다른 한편으로 개인의 의지적 결단의 의미가 너무 일방적으로 강조되고, 그래서 '결단'의 강요가 많은 사람들에게는 감리교회 선포의 부정적인 표시가 되기도 하였다.

그렇지만 반대로 분명하게 죄를 인식하고 행동으로 표현되는 회개가 반드시 필요하다는 웨슬리의 견해는 우리 시대에 이르기까지 분명하게 받아들여졌다. 루터의 신학을 수용하였던 쉠프 2세가 쓴 교리문답집은 이렇게 말한다.

> 무엇이 복음적인 회개인가? 회개는 하나님이 일으키신 의미의 변화인데, 그 안에서 우리는 우리의 죄를 알고, 고백하고, 진심으로 회개하며, 죄를 미워하고 멀리하며, 이미 범한 불의를 가능한 다시 원상회복하며, 믿음으로 하나님을 향한다.[58]

회개의 이러한 측면이 얼마 전부터 독일 감리교회(EmK)의 선포에서 완전히 사라져 버렸다. 슈니빈트와 더불어 회개의 기쁨을 말하고,[59] 하나님께서 무조건적으로 받아들였음을 강조하며, 율법의 설교로 인간 자신의 죄에 대한 높아진 의식을 일깨우는 것 등을 회피하게 되었다. 이러한 현상은 더 발전된 신학적 통찰에 의한 것인가, 아니면 불쾌한 진리를 말하고 싶지 않기 때문인가?

웨슬리의 견해가 다음과 같은 몇 가지 면에서는 수정되어야 한다는 사실에 대해서는 이미 언급한 바 있다.

- 그의 율법과 복음의 관계 설정은 너무 도식적이다. 율법 설교만이 인간을 회개하게 할 수 있다는 것은 성서의 증언뿐만 아니라 교회의 체험에도 일치하지 않는다.

- 그러므로 회개의 과정을 율법에 의해 결정되는 회개와 복음에 의해 정해지는 회개로 엄격하게 구분하는 것은 문제가 있다. 죄의 본질과 효력은 하나님의 사랑과 만날 때 드러난다. 악으로부터 떠나는 것과 하나님께로 돌아서는 것은 복음적인 회개에서는 밀접하게 결합된다. 회개는 하나님을 향하여 가고자 하는 고통스러운 소원만은 아니다. 인간은 회개에서 동시에 하나님의

---

58) Schempp, Frage, 82.
59) J. Schniewind, Die Freude der Busse, KVR 32, 1956.

오심과 용납하심을 체험하기 때문이다.

- 회개가 믿음과 하나님의 용납을 위한 사전 조건과 같은 것이라는 견해는 웨슬리의 부정적인 단서에도 불구하고 위험한 것이다. 하나님이 받아들이기 이전에 인간이 자신의 회개가 진실하다는 것을 입증해야 한다는 오해를 살 수 있으며, 또 웨슬리의 견해가 예수의 회개 설교보다는 오히려 바리새인들의 회개 이해에 가깝다는 오해도 가능하다. 무조건적으로 죄인을 용납함으로써, 이 용납이 비로소 죄인을 움직여 회개하게 하고 하나님께로 인도한다.[60]

그렇지만 웨슬리의 견해가 간단하게 포기되어서는 안 된다. 오늘날의 선포를 위해서도 중요한 동기들이 그의 견해에서 나올 수 있다. 그 몇 가지를 살펴보자.

- 하나님과 교제하는 삶으로 가는 길은 매우 위험한 차원을 포함하고 있으며, 그래서 선포와 목회에서 늘 잊지 않고 의식해야 한다. 본래 인간은 '용납될 수 없는' 존재였음을 의식하는 것은 하나님이 용납하시는 과정에서 매우 깊고 고통스럽게 드러날 수 있다. 집을 나갔던 탕자는 아버지의 품에 안겨서 그의 죄를 고백하였다. 웨슬리의 회개론과 씨름하면서 우리는 하나님께서 죄인을 무조건적으로 용납하신다는 놀라운 메시지를 단순한 '싸구려 느낌'의 신학으로 만들어서는 안 된다는 교훈을 배운다. 이러한 신학은 인생이 처한 곤경과 죄의 문제를 철저하게 다루지 않게 하며, 그래서 실제로는 사람들에게 아무런 도움을 주지 못한다. 매우 보수적이고, 더 나아가서는 '율법적으로' 보이는 많은 운동들이나 설교가 우리 시대의 세속화된 사람들에게 감동을 주는 것은, 인간이 타락했다는 -부분적으로는 전혀 의식하지 못하는- 생각을 매우 진지하게 받아들인다는 것과 어느 정도 관계되어 있다. 웨슬리의 회개론을 비판적으로 받아들임으로써 우리는 복음적인 방식으로 회개하면서도, 율법주의의 위험에 빠지지 않을 수 있다.

- 하나님 앞에서, 그리고 다른 사람들과 함께 살아가는 삶을 위해서는 하나님께로 가는 도상에 있는 사람들과 동행하는 것이 도움이 될 수 있다. 여기서 개신교회의 신학은 전부 아니면 전무라는 가파른 태도를 보이는 경향이 있다. 이러한 태도는 삶의 다음 단계를 더듬어 찾는 사람들에게는 도움이 되

---

60) 하나님의 용서와 사랑이 비로소 회개를 가능하게 한다는 복음서의 메시지에 대해서는 조경철, 「예수와 하나님 나라의 윤리」, 267-288 참조.

지 못한다. 혹은 그러한 태도는 또 다른 극단에 빠져 현실적인 삶에 주어지는 도움을 마치 복음과 만나는 것처럼 여기기도 한다. 여기서 웨슬리는 일종의 복음주의적-교육학적인 '이중 전략'을 선택한다. 이 전략은 한편으로 하나님과의 새로운 관계를 추구하는 사람들에게 하나님 앞에서 살아가는, 그리고 다른 사람들과 함께 살아가는 삶을 위한 구체적인 단계들을 제시하며, 다른 한편으로 인간에게 다가오셔서 찾으시는 분은 바로 하나님 자신임을 분명하게 말한다.

- 그러므로 하나님께 가는 과정은 역설적 형태를 띤다. 하나님께서 먼저 사람을 찾으시고, 그에게 자신과의 교제를 허락하시며, 그를 자기에게로 이끄시고 팔로 안아 주시는 바로 거기에 하나님께로 가는 길이 열릴 수 있다. 그러나 동시에 하나님께로 가는 길은 영국인들이 '순례'라고 말하는 그러한 과정의 모습을 하기도 한다. 이는 타락한 습관과 자기중심적인 입장에서 벗어나 새로운, 사랑으로 가득 찬, 세심하고 열린 태도를 실천하는 내적인 과정이다. 그러나 이 태도는 자기 자신의 행위의 성공이나 실패에 집중하는 것이 아니라, 하나님에 대한 관계를 깊이 하는 데 집중한다. 인간들 사이의 사랑의 관계에서는 상대방을 향한 작은 주의나 관심, 그리고 선물들이 본질적인 것이 아니다. 그런 것들만 있다면, 그것들은 빈 형식으로 굳어져 버릴 것이다. 그렇지만 그런 것들은 두 사람 사이에 사랑을 자라나게 하고 전개하는 데 중요하고 또 도움이 될 수 있다. 하나님과 더불어 사는 삶 속으로 들어가고, 그의 사랑을 날마다 받도록 도움을 베푸는 것은 하나님과 만나기를 원하는 사람들에게는 매우 중요한 의미가 있을 수 있다. 바로 우리 시대에, 그리스도인들이나 교회와 처음으로 만나 기독교 신앙에 대해서는 별로 아는 것이 없는 사람들은 믿음의 사람들이 나누는 교제 안으로 받아들여져 하나님께 가는 길을 안내받고, 하나님을 바라며 하나님과 만날 수 있게 인도하는 신앙공동체를 만나는 것은 매우 중요하다. '조용히 머물러' 하나님의 행동을 기다리라는 충고는 위험한 절반의 진리일 수 있다. 그러나 이 모든 노력을 기울이면서도 분명히 알아야 할 것은, 그리스도인 됨은 특정한 기독교적인 행동방식을 받아들이는 것으로 그치는 것이 아니라, 예수 그리스도에 대한 개인적인 믿음 안에서 하나님과의 만남에 그 근본적인 뿌리가 있다는 점이다.[61]

---

61)Williams가 "회개의 열매를, 우리 안에서 그의 일을 계속하시도록 하나님께 우리를 맡길 준비가 되어

4) 하나님께 머무름 – 믿음

이처럼 모든 것은 믿음으로 향한다. 믿음은 하나님의 구원을 체험하는 열쇠다. 웨슬리는 이중적인 인식의 길을 확신했다. 스스로의 거룩한 삶을 통해 의롭다 인정받았다는 확신, 그래서 하나님이 용납하셨다는 확신을 얻고자 했던 그의 모든 시도가 실패로 끝난 후에, 웨슬리는 종교개혁적인 대화 상대자를 통해 오직 믿음으로 의롭다 함을 받는다는 바울의 가르침을 알게 되었고, 또 그 가르침이 옳다는 것을 확신하였다. 그러나 그는 이 가르침의 능력을 자신의 삶에서 체험할 수 있을 때에만 구원을 이루는 진리가 될 수 있을 것이라는 점을 분명히 했다. 이는 1738년 5월 24일 런던의 올더스게이트에서 있었던 그 유명한 체험에서 일어났다. 루터의 로마서 서문을 읽는 중에 웨슬리는 자신의 구원에 관한 한 그리스도를 신뢰할 수 있고, 또 그리스도가 그의 죄를 없애 주셨다는 확신을 하게 되었다.

우리가 이를 웨슬리의 회심이라고 말하는 것은 정확하지 못한 표현이다. 회심은 하나님께로 향하는 인간의 결단을 말하기 때문이다. 이러한 결단은 웨슬리에게는 이미 오래 전에 있었다. 웨슬리가 1738년 5월 24일에 경험한 것은 개인적인 구원의 확신과 믿음의 선물이다.[62] 자신의 성화적인 노력을 통해 비로소 하나님이 들어오셔서 머물 수 있는 공간을 자기 안에 만들려는 모든 시도를 완전히 포기한 사람은 자신을 하나님께 맡기고 하나님 안에 들어가 머물게 되는데, 웨슬리는 바로 그런 경험을 한 것이었다. 이 경험으로 그는 인간에게는 어떻게 믿음 안에서 아무런 조건도 없이 하나님과의 교제가 가능해지며, 또 어떻게 이러한 교제가 은혜와 사랑, 평화와 신뢰의 삶의 영역이 되는지를 깨우치게 된 것이다. 이러한 신학적이고 실존적인 지식은 웨슬리의 구체적인 체험 속에서 확신이 되었다. 그러나 이러한 확신의 진리는 믿음과 구원의 관계에 대한 성서의 이해에 근거된 것이며, 바울의 '오직 믿음으로만'에 대한 종교개혁자들의 재발견을 통해 생생하게 되었다.

있는 표시"라고 한 것은 매우 적절하다(60). 그러므로 "하나님의 활동에 응답하는 것"은 "하나님의 계속적인 은사를 받아들일 준비가 되어 있는 표시"다.

[62] 웨슬리의 올더스게이트 체험 250주년을 맞아 나온 근래의 논문들이 그렇다: M. Weyer, Die Bedeutung von "Aldersgate" in Wesleys Leben und Denken; K. H. Voigt, Hat John Wesley nicht am 24. Mai 1738 "Bekehrt"?; R. P. Heitzenrater, Great Expectations; 그 외에도 H. D. Rack, Reasonable Enthusiast, 137-157.

(1) 성서의 믿음 이해

믿음은 하나님의 구원 활동을 받아들이는 적절한 방식이다. 성서의 문헌들은 믿음에 관해 매우 다양하게 설명을 한다. 구약성서로부터 시작해 신약성서에 나오는 믿음에 관한 설명을 간략하게 살펴보자.

먼저 구약성서는 몇 개의 구절들에서 믿음에 관해 말한다. 그러나 진술의 집중력으로 볼 때 눈에 띄는 '대표적인 가치'가 있는 구절들도 있다. 창세기 15:6은 족장들의 이야기를 요약한다. 아브라함이 눈에 보이는 모든 것에 반해 하나님의 약속을 신뢰한다는 것은 하나님의 약속에 대해 한 인간이 할 수 있는 유일한 반응이고, 또 하나님과의 교제에 적절한 반응이다. 그러므로 이사야와 하박국은 하나님의 약속을 믿는 것이 백성이 존재하기 위한 유일하게 확실한 근거라고 말한다(사 7:9; 28:16; 합 2:4).[63] 이미 구약성서가 인간 안에서 믿음을 불러일으키는 하나님의 구원하시는 행동에 관한 체험을 말한다(출 14:31; 시 106:12 참조). 이방인이 하나님께로 돌아오는 것도 믿음의 주제를 통해 설명될 수 있다.(욘 3:5; 유딧 14:6)

복음서의 예수 이야기는 믿음을 특히 치유와 기적의 맥락에서 말한다. 여기서 믿음은 인간의 확고부동하고 끈질긴 기대, 곧 어떠한 방해 앞에서도 결코 주저앉지 않는 기대를 말한다. 그러한 믿음은 예수를 통해 하나님의 기적적인 도움을 받는다.[64] 믿는 사람들을 하나님의 능력에 참여하게 하는 믿음에 관한 예수의 말씀들은, 믿음이 기적을 일으키는 인간의 능력이 아니라, '하나님의 한없는 자비에 대한 신뢰'라고 규정한다.[65]

예수의 부활을 체험함으로써 예수에 관한 메시지는 전혀 새로운 차원을 얻게 된다. 하나님께서 예수의 삶과 죽음을 통해 무엇을 행하셨는가? 그리고 예수 안에서 어떻게 스스로를 계시하셨는가? 이 물음에 대한 답은 부활 이후 제자들이 선포한 내용이 되었고, 또 그럼으로써 믿음의 근거와 대상이 되었다. 하나님과 예수 그리스도를 믿는 믿음과 하나님께서 예수를 죽은 자들 가운데서 일으키셨다는 믿음은 초대교회의 설교에서는 거의 동의어가 되었다. 왜냐

---

63) 대하 20:20도 참조.
64) 막 2:5 병행; 마 8:10 병행; 9:29도 참조; 이에 대해서는 "네 믿음이 너를 구원했다."라는 어투를 참조: 막 5:34 병행; 10:52; 눅 7:50; 8:48; 17:19; 18:42. 또 막 6:5와 표적을 요구하는 것을 거부하는 말씀을 참조 (마 12:38-39 병행; 막 8:11-12 병행).
65) 막 9:23-24; 마 17:20 병행; 마 21:21 병행.

하면 그들은 예수의 삶, 죽음, 그리고 부활에서 '우리를 위한 하나님'으로 계시되고 정의된 하나님의 구원 행동을 선포했기 때문이다. 그러므로 하나님께서 죽은 자들 가운데서 예수를 일으키셨다는 믿음은 이 말이 역사적인 진리라고 동의하는 것을 뛰어넘는 것이다. 이 믿음은 예수 그리스도 안에서 하나님의 사랑의 힘이 죄와 죽음을 이겼음을 의미한다.

신약성서 두 곳에서 이러한 진술이 신학적으로 심화되었다. 먼저 요한복음은 예수의 메시지를 새로이 표현하면서 예수 그리스도가 이 세상에 오신 하나님의 아들이라는 사실이 믿음의 내용이 되었다.[66] 그것은 하나님이 예수 안에서 자신을 계시하셨고, 그래서 "사랑의 힘으로 계시되었다."[67]는 믿음이다. 이러한 믿음은 구원의 '조건'이 아니다. 바로 구원 그 자체다. 믿는 사람은 영원한 생명을 얻었다. 왜냐하면 그는 믿음 안에서 하나님의 구원으로 충만한 현재를 받아들였으며, 그래서 죽음에서 생명으로, 어둠에서 빛으로 옮겨졌기 때문이다.(요 5:24)

다음으로 바울도 믿음의 이해를 신학적으로 깊이 있게 설명한다. 바울은 초대교회 선교 언어의 전승에 서 있으며, 믿음을 하나님 앞에서 살아가는 기독교적인 삶이라는 원칙적인 설명을 통해 초대교회의 선교 언어를 결정적으로 심화시켰다. 그럼으로써 선교사인 바울은 예수 그리스도에 관한 메시지를 엄청나게 보편화시킨 것이다. 하나님께서 믿는 모든 사람에게 구원을 베푸신다면, 그것은 복음이 인간이나 인간 집단들 사이에 있는 종교적, 사회적, 민족적, 문화적 한계를 깨뜨리는 것이다.[68]

보편적인 선포를 위해서는 믿음의 개념을 인간론적으로나 구원론적으로 심화시키는 것도 도움이 된다. 할례와 율법 지키는 것을 여전히 구원에 필수적인 것으로 인정하자는 주장에 반대해, 또한 종교적인 지혜와 황홀경의 체험을 내세우는 데 반대해, 바울은 믿음을 하나님의 구원하시는 행동에 대한 오직 유일하게 적절한 실존적인 태도라고 주장한다.[69] 믿음으로 사는 사람은 아브라함의 자녀이고, 그의 약속의 상속자이며, 그러므로 그는 율법의 행위로

---

66) 요 3:18; 11:27; 12:36; 요일 3:23; 5:1, 5; 요 5:24, 38; 6:29; 12:44; 14:10-11; 16:27, 30; 17:8, 21 등에 있는 비슷한 표현들도 참조.
67) G. Barth, EWNT Ⅲ, 227; 요 3:16; 요일 4:8, 10, 16 참조.
68) 롬 1:16; 3:20; 4:11; 10:4 참조.
69) 롬 3:27; 4:16ff.; 고전 1:21; 고후 5:7.

살면서 자신의 업적을 신뢰하여 죽음을 자초하는 사람들과 다르다.(갈 3:6-14)

바울은 믿음과 행위를 대립적으로 봄으로써, 믿음이 율법 실천을 대체하는 또 다른 인간의 업적이라는 생각을 거부한다. 로마서 4장에서 바울은 이 점을 아브라함의 예를 들어 분명히 한다. "이 믿음을 의로 여겼다."는 것은 아브라함의 업적을 인정했다는 것이 아니라, 자기 자신으로부터는 아무것도 바라지 않고 오직 모든 것을 하나님으로부터 바란 그를 은혜 중에 용납했다는 것이다. 믿는 사람을 의롭다 하신 것은, 하나님께서 죄인(하나님 없는 사람)들을 의롭다 하심을 믿는 사람을 의롭게 여기신다는 뜻이다. 믿는 사람은 스스로를 계산하는 것이 아니라 무에서 유를 창조하시고, 죽은 자들을 살리시는, 그래서 예수를 죽은 자들 가운데서 살리신 하나님을 믿는다.

이로써 우리는 믿음에 대한 바울의 두 번째 중요한 정의에 이르게 되는데, 믿음은 언제나 예수 그리스도를 믿는 믿음이며, 하나님께서 예수를 통해 행하신 것과 믿음으로써 비로소 가능하게 된 것을 확신 있게 받아들이는 것이라는 것이다. 그러므로 자기 자신의 믿음이 아니라, 하나님의 약속과 구원의 행동이 신뢰와 희망의 근거가 된다. 믿음은 들음에서 난다(롬 10:7). 다시 말해 믿음은 믿는 사람의 결단에서 생겨나는 것이 아니라, 밖으로부터 그의 귀와 마음으로 들려지는 말씀에 의해 창출되는 것이다.

그러므로 받아들이고 전적으로 신뢰하는 태도로서의 믿음과 구원의 메시지를 받아들이는 믿음은 밀접하게 결합되며 서로를 해석한다. 하나님의 행위에 머물지 않는다면 믿음의 태도는 영웅적인 제스처나 공허한 몸짓이 될 것이다. 실존적으로 신뢰의 영역을 열지 않는다면 믿음의 메시지는 자신의 생각을 억지로 희생시킬 것(sacrificium intellectus)을 요구할 것이다. 그러나 믿음은 하나님이 행하신 것을 확실하게 붙잡는 태도 이외의 다른 것이 아니다. 그리고 믿음의 메시지의 내용은 하나님의 구원 행동에 있는 신뢰의 근거를 보여 주는 것이다.

"율법의 행위들을 요구하지 않고서 어떻게 책임적인 태도를 요구할 수 있는가?"라는 질문을 받았을 때 바울은, 믿는 사람들은 예수 그리스도의 주권에 복종하며, 하나님의 영에 의해 사랑을 실천하게 인도를 받는다는 사실을 지적한다. 믿음이 서 있는 자유가 바로 사랑으로 활동하는 믿음을 위한 활동 영역이 된다. 그러므로 초대교회의 삼중주, 곧 믿음, 소망, 사랑은 부가적인 어떤 것이 아니라, 하나님과 나누는 교제의 차원들이다. 하나님과 나누는 이 교제는, 사람이 믿음 안에서 하나님의 의롭다 하시는 행동을 신뢰하고 받아들임으로써 시작되고, 이것이 근거가 된다.

성서에서 찾게 되는 믿음에 관한 이 모든 이해는 웨슬리의 믿음 이해를 위해 매우 중요하다. 웨슬리의 믿음 이해를 살피기 전에 종교개혁자들의 믿음 이해를 먼저 살펴보자.

(2) 종교개혁자들이 재발견한 '오직 믿음으로'

종교개혁자들이 바울의 '오직 믿음으로(sola fide)'를 다시 발견해 내지 못했다면, 명백한 성서의 증거에도 불구하고 웨슬리는 믿음의 중요성을 발견하기 쉽지 않았을 것이다. '오직 믿음으로'는 헤른후트 형제들, 특히 피터 뵐러(Peter Boehler)에 의해 웨슬리에게 알려졌다. 그는 영국교회의 설교들을 공부하면서 이 진리를 만나게 되었고, 새롭게 창조하며 변화시키는 믿음의 능력이 기록된 루터의 로마서 서문에 있는 한 단락이 마지막으로 웨슬리에게 이 진리를 믿음의 확신으로 체험하게 했다.

루터의 믿음 개념에서 가장 본질적인 것은 '오직 믿음으로'와 그리스도를 믿는 믿음(fides christi)을 결합하는 것이다.[70] 이로써 루터는 바울이 로마서 4장에서 설명한 흐름을 연장시킨 것이며, 믿음에 관해 말하는 모든 것은 그리스도를 믿는 믿음을 말할 때에만 정당하다는 것을 강조했다. 그와 동시에 의롭다 하는 믿음을 말할 때에만 그리스도의 믿음에 관한 기독교적인 의미가 있다. "믿음의 내용과 믿음의 실천을 구분하는 어거스틴적인 구분은 거부한다." "지금까지 표현된 믿음의 내용으로부터 실존적인 믿음의 실천에 이르는 과정에서, 그리고 언어적인 믿음의 고백으로부터 적극적인 믿음의 증언에 이르는 과정에 관해 반성하는 곳에서 … 루터는 단지 죽은 믿음과 살아 있는 믿음을 대조할 뿐이다. '마귀들의 믿음'과 야고보서 2:18 이하에 따른 행위가 없는 믿음은 결코 믿음이 아니다."[71]

그러므로 '사랑과 소망이 없는 믿음을 말할 수 있는 가능성'은 루터에게는 없다. 갈라디아서 5:6과 연결해, 사랑으로 활동하는 믿음은 루터에게서도 '진

---

70) R. Slenczka, TRE 13, 30ff.
71) R. Slenczka, aaO. 321ff.; 이어지는 인용문들도 이곳에서 온 것이다.

실한 믿음의 표시이고 기준'이다. 이 모든 강조점은 웨슬리에게서도 발견되는 것들이다. 근본적으로 믿음은 하나님의 작품이라는 것도 마찬가지다.

웨슬리에게서는 찾을 수 없으나 루터에게서는 거듭 발견되는 것이 있는데, 그것은 믿음의 개념 속에 있는 궁극적인 철저성이다.

> 믿음은 하나님의 실재를 통해 새롭게 만들어진 인간의 실재를 말하는 총체다. 그러므로 인간의 존재와 하나님의 존재는 믿음을 통해, 그리고 믿음 안에서 서로 얽혀진다. 우리는 루터에게서 그러한 독특하게 첨예화된 표현들을 만날 수 있다: 믿음은 하나님을 만들고, 믿음은 인격을 만든다. 인간이 존재하는 것처럼 그렇게 그의 하나님도 존재하기 때문이다. … 이것이 제1계명을 해석하기 위한 잘 알려진 기본 규정이다: "마음의 신뢰와 믿음만이 하나님과 우상을 만든다. 믿음과 신뢰가 정당하다면 당신의 하나님도 옳다. 그러나 신뢰가 잘못되고 정당하지 않은 곳에는 올바른 하나님도 없다. 믿음과 하나님, 이 둘은 함께 속하기 때문이다. (나는 말한다) 당신이 당신의 마음을 두고 신뢰하는 것이 바로 당신의 하나님이다(BSLK 560, 15 이하)." 믿음은 신성의 창조자다. 왜냐하면 하나님 자신이 누구인지는 오직 믿음을 통해서만 내 안에서, 그리고 나를 위한 실재가 되기 때문이다.

루터 이후의 종교개혁자들은 다시 믿음과 그 실천을 더욱 강하게 조직화했다. 멜랑히톤과 칼빈은 믿음의 내용에 대한 동의(assensus)와 그리스도 때문에 하나님을 개인적으로 신뢰하는 것(fiducia)을 구분했다.[72] 그러나 이로써 잘 구분된 조직의 욕구가 성취되고 심리학적인 고찰이 이루어졌을지라도, 그만큼 바울이 말한 원래적인 믿음의 개념에 담긴 요소들이 나누어짐으로써 믿음을 전체적으로 이해할 수 없게 될 위험도 커졌다.

---

[72] Slenczka 325ff. 하이델베르크 교리문답의 21번 질문을 참조: "진실한 믿음은 무엇인가? – 하나님께서 우리에게 그의 말씀 안에서 계시해 주신 모든 것을 진리라고 인정하는 분명한 지식만은 아니고, 성령이 복음을 통해 내 안에서 일으키는 진정한 신뢰이기도 하다. 하나님께서 오직 그리스도 때문에 순전한 은혜로 다른 사람들뿐만 아니라 나에게도 죄의 용서, 영원한 의, 그리고 복을 선물해 주셨다는 것을 믿는 것이다."

(3) 웨슬리의 믿음 이해

웨슬리가 나중에 발견했던 의롭게 하는 믿음에 관해 말할 때면, 그는 영국 교회의 설교 "구원에 관하여"에 나오는 표현을 즐겨 사용했다. 거기에는 다음과 같은 분명한 표현이 있다.

> 진정한, 살아 있는 기독교적인 믿음은 이해의 행위 안에 있는 동의만은 아니고, 그 이상이다. 그 믿음은 "하나님께서 믿는 사람의 마음에 일으킨 내적인 입장이다; '하나님께서 그리스도의 공적을 통해 그의 죄들을 용서하셨으며, 또 그는 화해된 사람으로서 하나님의 은혜 안에 서 있음을 분명하게 확신하며 하나님을 신뢰하는 것이다.'"[73]

이로써 웨슬리는 토마스 아퀴나스의 믿음에 관한 정의에 분명하게 반대한다. 아퀴나스는 믿음이란 "하나님의 증언에 근거해" 혹은 "기적을 통한 증거에 근거해 신적인 진리에 동의하는 것"이라고 했다.[74] 그러나 이것은 야고보서 2:19에 따르면 마귀들의 믿음이며, 그러므로 '죽은 믿음'이다. 웨슬리는 믿음을 설명하기 위해 히브리서 11:1의 정의를 즐겨 사용한다.

> 믿음은 바라는 것들의 실상이요, 보이지 않은 것들의 증거다.

웨슬리는 이 구절에 나오는 번역하기 어려운 헬라어 단어 elenchos(증거)의 의미를 '신적인 설득과 내적인 확신'으로 설명했다.[75]

> 의롭다 하는 믿음은 '하나님께서 그리스도 안에 계셔서 세상을 그 자신과 화해시키셨다.'는 신적인 확신이나 설득을 포함할 뿐만 아니라, 그리스도가 **나의 죄**를 위하여 죽으셨고, 그분이 **나를** 사랑하셨고, 그래서 **나를** 위하여 희생하셨음을 확실하게 믿고 신뢰하는 것이다. 죄인이 이것을 믿을 때면, 어린시절이든지 아니면 장년의 힘이 왕성할

---

73) 1738년 2월 1일 자 Journal(WJW 18, 215f.); 설교 18("신생의 표적"), I, 3; An earnest Appeal 59(WJW 11, 68f.).
74) 설교 18("신생의 표적"), I, 2; Thomas v. Aquin, Summa Theologiae, II - II, q. 1 참조.
75) 문자적으로는 '증명'; 루터는 '의심하지 않은'으로, 우리말 개역성서는 '증거'로 번역했다.

때에든지 혹은 늙어 머리가 하얗게 되었을 때에든지 언제나 하나님은 하나님 없는 그런 사람을 의롭다고 인정하신다.[76]

이러한 개인적인 확신은 의롭게 하고 거룩하게 하며 구원하는 믿음을 말한다. 이러한 '아들의 믿음'이 노예적인 하나님 관계 안에서 두려움으로 가득 차서 업적을 세우려는 허우적거림과 공포로부터 인간을 해방해 주며, 그래서 인간의 마음을 평화로 가득 채우는 믿음이다.[77] 이러한 믿음의 선물을 받은 사람은 더 이상 하나님의 사랑을 의심하지 않는다. 이 사랑은 그의 마음을 채우고, 또 하나님과 이웃을 향한 사랑을 불러일으킨다.[78] 그러므로 믿음으로, 사랑으로 활동한다는 말은 올바른 하나님 관계를 위한 어떤 추가적인 조건을 말하는 것이 아니라, 믿음이 활동하는 방식을 말한다. 그러므로 구원의 열쇠가 되는 '오직 믿음으로'를 발견함으로써 웨슬리에게 분명해진 것은, 인간은 믿음에 근거해 하나님으로부터 의롭다고 인정받을 뿐만 아니라 거룩해지기까지 한다는 것이다. 이 거룩해지는 것을 웨슬리는 '완전한 성화'라고 부르며, 하나님과 더불어 살아가는 그리스도인의 삶의 목표라고 생각했던 것으로서, 하나님께서 믿는 사람들에게 주시는 것이다.[79]

바로 이러한 의미에서 오해의 여지가 있는 웨슬리의 많은 언급들이 이해될 수 있다. 웨슬리는 믿음을 그리스도인이 되는 입구의 문으로 말했으며, 반면에 그리스도인이 된다는 것은 "하나님을 온 마음으로 사랑하고 이웃을 자기 자신처럼 사랑하는 것"에 있다고 했다.[80] 그러나 이로써 믿음이 그리스도인이 되는 통과 과정이라고 생각한 것은 아니다. 웨슬리가 '믿음, 소망, 사랑'의 삼중주의 의미를 말할 때면, 항상 믿음이 거듭난 그리스도인의 이 세 가지 표시들 중에서 으뜸일 뿐만 아니라, 다른 모든 것의 근거가 된다고 강조했다.[81] 이처럼 믿음은 그리스도인들의 삶에서 결코 포기할 수 없는 발판이다.

---

76) 설교 5("믿음에 의한 칭의"), IV, 2; 43("성경적 구원의 길"), II, 1도 참조.
77) '아들의 믿음'에 대한 설명은 1738년 2월 1일 자 Journal(WJW 18, 215; 1774년에 보충); 설교 132("믿음에 대하여 I"), I, 10-12 참조.
78) 설교 7("하나님 나라로 가는 길"), II, 12; 44("원죄"), III, 3; 86("열심에 대하여"), I, 3.
79) 설교 46("광야의 상태"), III, 3; 43("성경적 구원의 길"), III, 1+3.
80) The Principles of a Methodist Farther Explained(1746년) IV, 5; WJW 9, 228f.
81) 설교 18("신생의 표적"), I, 1; 42("사탄의 계략들"), I, 8; 106("사랑에 대하여"), I, 3.

믿음을 통해 우리는 매순간 그리스도의 능력이 우리 안에 머물러 있음을 느낀다. 믿음을 통해 우리 안에 머물러 있는 하나님의 능력으로써만 우리는 우리가 되고, 영적인 삶을 지속할 수 있으며, 이 능력이 없으면 우리가 지금은 비록 거룩함에 거하고 있다고 할지라도 다음 순간에 마귀가 될 수도 있다. 그러나 우리가 그를 믿는 믿음을 붙잡기만 하면 '우리는 구원의 우물에서 물을 퍼 올리게 된다.' 우리는 사랑받는 아들, 우리 안에 계시는 그리스도, 영광의 소망을 신뢰한다. 그는 믿음을 통해 우리 마음에 거하시며, 언제나 하나님의 오른편에 계셔서 우리를 변호하신다.[82]

믿음은 우리 자신의 노력으로부터 성장하는 것이 아니다. 그러므로 "우리가 받은 어떤 것도 확실하게 붙잡을 수 있는 아무런 힘도 없다. 혹은 우리의 마음과 삶에 남아 있는 죄의 세상으로부터 우리 스스로를 해방시킬 수 있는 아무런 힘도 없다. 이러한 깊은 깨달음이 우리 삶을 믿음을 통해 그리스도 위에 세우게 가르친다. 그리스도는 우리의 대제사장이 될 뿐만 아니라, 우리의 왕이 되시기도 한다."[83]

웨슬리는 이것을 의식하고 있었기 때문에, 믿음이 의롭다고 인정받기 위한 조건 —그것도 유일하게 실제로 통하는 조건— 이라고 말한다.[84] 그는 이것을 분명하게 주장했다. 왜냐하면 그것은 성서의 증언에 일치하기 때문이며 믿음이, 인간에 의해 행해지는 공적으로 하나님께서 의롭다고 인정하셔서 그 공적에 보답해 주신다고 피상적으로 비판하는 사람들이 말하는 그런 것과는 다른 것이기 때문이다. 웨슬리는 극히 분명하게 다음과 같이 말한다.

엄격하게 말해 우리의 믿음이나 행위들이 우리를 의롭다고 하는 것은 아니다. 다시 말해 그런 것들은 우리의 죄를 용서해 줄 수 없다. 오직 하나님 홀로 그의 아들의 공적에 근거해 그 자신의 자비로 말미암

---

82) 설교 14("신자의 회개"), II, 5.
83) 설교 14, III, 4.
84) 설교 5("믿음에 의한 칭의"), IV, 3, 5.

아 우리를 의롭다고 하신다. 우리가 믿음을 통해 하나님의 자비와 죄 용서의 약속을 이해하고 받아들이기 때문에, 성서는 믿음이 의롭다고 한다 … 고 말한다.[85]

믿음 그 자체는 하나님의 선물이다. 어떤 사람도 스스로 믿음을 얻을 수 없다. 믿음은 전능하신 분의 행위다. 죽은 영혼을 살리기 위해서는, 무덤 속에 있는 몸을 다시 일으키기 위해서는 적지 않은 힘이 필요하다. 그것은 새로운 창조다. … 믿음은 하나님의 자유로운 은사다. 하나님은 이 은사를 그의 뜻에 합당한 것으로 입증된 사람들이나 혹은 이전에 이미 거룩해졌기 때문에 영화롭게 해 주기에 적당한 사람으로 판명된 사람들에게 주시는 것이 아니라, 그 때까지 저주를 받아야 하는 하나님 없는 사람들, 구원을 받을 수 없는 사람들, 아무런 선도 없는 사람들, 그리고 오직 '하나님이시여, 나의 죄를 용서하소서.' 라고 말할 수밖에 없는 사람들에게 주신다. 어떠한 공적도, 어떤 덕망도 하나님의 용서하시는 사랑에 앞서지 않는다. 그의 용서하시는 자비가 우리 안에서 발견할 수 있는 것은 우리의 죄와 비참함 이외에는 없다; 자신의 부족함을 보고, 느끼고, 고백하는 모든 사람에게, 그런 것들로부터 스스로 벗어날 수 없다는 무능력을 깨닫는 사람들에게 하나님께서는 그리스도로 인하여 값없이 믿음을 주신다.[86]

그러므로 웨슬리에게 믿음은 일차적으로는 전적으로 수동적이어서, 하나님이 행하신 것을 온전히 받아들이는 것이다.

성서의 기록에 따르면, 믿음은 새로 태어난 영혼의 눈이다. 진심으로

---

[85] The Principles of a Methodist(1742년); 설교 20("우리의 의가 되신 주"), Ⅱ, 13 참조.
[86] An Earnest Appeal 9-11(WJW 11, 48) -Williams의 번역에 따라 인용(59-60); 설교 5("믿음에 의한 칭의"), Ⅳ, 5도 참조. 믿는 사람들의 의롭다 함은 웨슬리에게도 경건한 사람들의 의롭다 함이 아니라, 하나님 없는 사람들의 의롭다 함이다(설교 5, Ⅳ, 2, 5, 9; 6("믿음으로 얻는 의"), Ⅰ, 14). 찰스 웨슬리는 구원을 갈망하는 사람은 하나님의 활동에 의존해야 함을 그의 찬송가들 안에서 분명하게 말했다. Hymn 114, 1은 다음과 같이 시작된다. "믿음의 창시자, 나는 당신을 향해 외칩니다." 3절은 다음과 같이 계속된다. "나는 압니다. 그 일이 오직 당신의 일임을 -믿음의 선물은 모두가 하나님의 것입니다"; 그 외에도 Hymn 142, 3; 152, 1; 98, 1 등을 참조. 이러한 찬송가들에서 가장 자주 암시되는 성서 구절은 겔 11:19이다.

하나님을 믿는 사람은 보이지 않는 하나님을 믿음을 통해 본다. 믿음을 통해 그는 예수 그리스도의 얼굴에서 영광의 빛을 보며, 영으로 태어난 우리가 하나님의 자녀라는 것은 아버지가 우리에게 보여 주신 사랑이 얼마나 큰지를 안다. 믿음은 죄인이 하나님의 아들의 음성을 듣고 사는 영혼의 귀다. 그것은 '아들아, 너의 죄가 용서되었다.'고 말함으로써 죽은 자들을 깨우는 음성이다. 믿음은 (내가 이 표현을 사용해도 된다면) 영혼의 혀다. 왜냐하면 믿는 사람은 믿음을 통해 선한 말씀과 도래한 세상의 능력을 맛보기 때문이며, 하나님께서 죄인에게 베푸시는 은혜와 자비를 맛보고 알기 때문이다.[87]

그러나 하나님은 메시지를 듣는 사람들에게 믿음을 주신다고 웨슬리는 믿었기 때문에, 그는 사람들을 분명하게 믿음으로 초대할 수 있었고, 그가 이처럼 직접 분명하게 사람들을 믿음으로 초대한 것은 다른 곳에서 믿음의 바른 준비에 관해 너무 지나치게 말한 것은 아닌가 하는 모든 염려를 해소할 수 있었다. 웨슬리의 설교의 한 대목을 길게 인용해 보자.

용서를 바라고 하나님의 은혜로써 화해되기를 바라는 당신이 누구이든지 마음으로 다음과 같이 말하지 말라: '나는 먼저 이런 일 혹은 저런 일을 해야 한다. 나는 **먼저** 모든 죄악을 이겨야 하고, 모든 악한 말과 행위를 떠나야 하며, 모든 사람에게 선을 행해야 한다.' 혹은 '나는 먼저 교회에 가야 하고, 성만찬에 참여해야 하며, 더 자주 설교를 들어야 하고, 더 많은 기도를 드려야 한다.' 오, 슬프다. 나의 형제여! 그 때에 당신은 완전히 잘못된 것이다. 당신은 '하나님의 의를 아직 알고' 있지 않으며, 화해의 조건으로 '당신 자신의 의를 세우고자 한다.' 당신은 하나님과 화해되기 이전에는 죄 이외의 다른 것을 행할 수 없다는 것을 모르는가? 어찌하여 당신은 '나는 이것 혹은 저것을 행해야 한다. 그런 후에 나는 믿게 될 것이다.' 라고 말하는가? 아니다. 먼저 **믿어라!** 당신의 죄를 위한 화해가 되시는 주 예수 그리스도를 믿어라. 이 좋은 토대가 놓이면, 당신은 모든 일에서 바르고 유익

---

[87]An Earnest Appeal 7(WJW 11, 46-47).

하게 될 것이다. '나는 *충분히 선하지* 않기 때문에 받아들여질 수 없다.'고 마음으로 말하지 말라. '그러나 나는 충분히 *회개하지* 못했다. 나는 나의 죄를 충분히 강하게 느끼지 못했다.' 라고 말하지 말라. 나는 그것을 알고 있다. 당신은 지금보다 더 강하게 죄를 느끼고 천 배나 더 회개하기를 하나님이 원하실 것이다. 그러나 그것을 기다리지 말라. 하나님은 당신이 믿기 이전에가 아니라 당신이 믿음으로써 당신을 훨씬 더 회개할 수 있게 만드실 수 있을 것이다. … '나는 그리스도에게 오기 이전에 먼저 더 많은 것을 행해야 한다.' 라고 말하지 말라. … 오 사람아, 당신이 누구이든지, 당신이 죽음의 심판을 짊어지고 다니고, 스스로를 저주받아 마땅한 죄인으로 느끼며, 자신 위에 하나님의 진노를 늘 품고 다니든지 간에, 주께서는 당신에게 '이것을 행하라.' -나의 모든 계명을 완전히 지켜라- '그러면 산다.' 라고 말하지 않고, '주 예수 그리스도를 믿어라, 그러면 구원을 받을 것이다.' … 지금, 이 순간에, 현재의 이 순간에, 죄인인 당신의 지금 상태에서, 당신 그대로 복음을 믿어라, 그러면 '나는 너의 부도덕에 은혜를 베풀 것이고, 너의 불의를 더 이상 생각하지 않을 것이라고 말한다.'[88]

(4) 오늘날 믿음을 선포하는 기본 흐름들

믿음을 바르게 이해하고 바르게 선포하기 위한 오늘날의 노력은 두 개의 종교개혁적인 표현, 곧 '오직 은혜로(sola gratia)'와 '오직 믿음으로(sola fide)'를 어떻게 관계시킬 것이냐는 문제라고 말하는 것이 가장 적절하다. 이 둘은 바울이 로마서에서 "믿음으로, 그러므로 은혜로(4:16)"라고 말했을 때 근원적으로 함께 속하는 것이며, 또 종교개혁자들과 존 웨슬리는 이들을 해방적인 진리로서 같은 내적인 맥락에서 새로이 발견했으나, 오늘날은 서로 분리되어 이해될 위기를 맞고 있다. 현대인들에게 기독교 믿음을 말하는 많은 내용이 쉽게 이해되지 않거나 혹은 전혀 믿을 수 없는 것으로 보인다는 것이 그렇게 만든 많은 원인들 중 하나다. 또한 이 모든 것을 믿으라는 요청이 현대인에게는 하나님과 더불어 교제하며 살아가는 삶을 위한 너무 무거운 조건으로 보인다. 더구나 기독교의 원리적인 진리들을 확실하게 붙잡으려는, 그 자체로

---

88) 설교 6("믿음으로 얻는 의"), III, 1-6; 5("믿음에 의한 칭의"), IV, 3도 참조.

서는 올바른 노력을 기울이는 많은 보수적인 그리스도인들은, 믿음은 자기를 포기하고, 모든 성서 말씀을 위하여 자신의 이성적인 생각을 버려야 한다는 인상을 공개적으로 혹은 암암리에 일깨우는데, 이것은 이성적이고 지성적인 현대인들이 쉽게 받아들이기 어려운 것이다. 그러나 그럼으로써 믿음은 버리고 붙잡는 인간의 '행위'가 되어 버릴 것이고, 믿음과 행위라는 바울의 대조가 묻혀 버릴 것이다. 그러므로 개신교회의 영역에서 나온 근래의 연구 문헌이 다음과 같이 분명한 의견을 천명한 것은 이해할 만하다.

> 믿음을 요청으로 만드는, 그리고 의롭다고 인정받기 위한 조건으로 만드는 모든 율법성은 오직 홀로 의롭다고 인정하시는 하나님의 은혜의 활동에 어긋나는 것이며, 또 믿음을 행위로 만드는 것이다.[89]

물론 이 견해에도 위험이 없는 것은 아니다. 믿음은 하나님의 은혜의 선물이라는 면을 강조하는 sola gratia(오직 은혜로)를 위하여, 믿음의 행위적인 면을 강조하는 sola fide(오직 믿음으로)의 효력을 희생시키는 위험이 분명하게 도사리고 있다.

하나님의 은혜의 선물로서의 믿음과 인간의 믿는 행위로서의 믿음을 어떻게 연결해야 할 것인가? 이 둘은 바울에게서는 분리될 수 없이 밀접하게 연결되어 있었지만, 현대에 들어 다시 분리될 위기에 처했고, 그래서 현대의 신학자들은 이러한 딜레마를 극복하려고 노력한다. 신학자들의 시도는 두 가지 방향으로 이루어진다.

a) 믿음은 먼저, 그리고 궁극적으로 하나님의 행위다. 특히 칼 바르트가 그의 교회교의학에서 이러한 견해를 강조하였다. 이 때 그는 인간의 행위로서의 믿음을 배제한 것은 아니며, 더구나 분명히 다음과 같이 말하기도 했다: 우리는 "하나님의 행위 안에 근거된 인간의, 곧 인간적인 마음의 자유로운 행위에 관해 말하는 것이지, 하나님의 행위 그 자체만을 말하지 **않는다**." 그러나 경향은 분명하다: "믿음은 인간의 행위다. 이 행위는 살아 계신 예수 그리스도 앞에서, 그 안에서 일어났으며, 현재적이고 미래적인 그 일 앞에서 일어나는 행위다: 가장 깊은 자발성 가운데, 가장 근원적인 자유 안에서, 그러나

---

89) EKD-Studie: Christsein gestalten. Eine Studie zum Weg der Kirche, 45.

그의 현실 앞에서 피할 수 없는 행위다."[90] 혹은 요한복음 8:38과 연결해 이렇게 말한다. "아들은 인간에게 *그렇게 하도록*, 곧 그를 믿도록 자유를 주었다. 그러므로 그를 믿는 믿음은 *정당한* 자유의 행위다. 믿음이 아들의 행위임에도 불구하고 자유의 행위가 되는 것이 아니라, 바로 아들의 행위이기 때문에, 그리고 아들의 행위임으로써 믿음은 바른 자유의 행위다."[91] 그러므로 "믿지 않음은 객관적, 실제적, 존재론적 불가능성이 되었고, 믿음은 모든 사람을 위한 객관적, 실제적, 존재론적 필연성이 되었다. 예수 그리스도 안에서 죄인이 의롭다고 인정을 받음으로써, 그 둘은 서로 모든 것을 포함하는 사건이 된다."[92] "믿음의 행위는 자명한 것의 행위다: 그것이 자유로운 선택 속에서 일어나기 때문에 그렇다. 인간은 그 외에 다른 선택이 있지 않으며, 그러므로 극히 자유로운 선택이다."[93]

근래에 들어 포랜더(W. Vorländer)가 믿음을 자기 체험으로 보려는 모든 시도에 반대하면서 매우 분명하게 다음과 같이 말했다: "믿음은 언제나 성령으로 일어나는 하나님의 행위다. 믿지 않음은 언제나 성령을 거스르는 인간의 행위다. 믿음은 인간 자신을 하나님께 불의한 것으로 판명하게 내맡겨서 하나님의 의를 받아들이는 것이다. 믿지 않음은 하나님 앞에서 인간 자신의 의를 내세워 하나님의 의를 잃어버리는 것이다. 믿음은 수동적인 받음이며, 믿지 않음은 능동적인 놓침이다."[94] 이러한 구도로 보아 인간이 믿음을 갖는 데 참여한다면, 다음과 같이 말할 수 있다: "믿음 – 그것은 **당혹**과 **동의**다! 당혹과 동의로서의 믿음은 하나님의 행위에 대한 인간의 긍정이다. 그러므로 믿음은 하나님의 행위 속에서 아직 일어나지 않은 어떤 것을 행하는 것이 아니다 – 바로 거기에서 믿음은 그의 인간 존재 안에서 이미 **만나게 된다**. 그러나 믿음은 비로소 여기에서 **당혹스럽게** 되는데, 믿음은 그의 진정한, 독자적인 입장에 반영되는 것을 행한다."[95]

---

90) K. Barth, Kirchliche Dogmatik IV/1, 831.
91) AaO. 832.
92) AaO. 835.
93) AaO. 836.
94) W. Vorländer, Christus erkennen 63ff.
95) AaO. 71. I. U. Dalferth는 더 날카롭게 말한다: "믿음의 사건에서 인간은 전적으로 수익자일 뿐이다. 그러므로 인간은 스스로의 힘으로는 이 사건에 능동적으로든 수동적으로든 참여하지 못한다." Existenz Gottes und christlicher Glaube, 243.

이러한 견해는 근래에 들어 몇몇 주석가들의 지지를 받았다. 구원사적인 실재로서 '믿음이 오는 것'을 말하는 갈라디아서 3:23과 같은 구절에서 출발하면서 노이게바우어(F. Neugebauer)는 "믿음은 일차적으로 하나님의 결정이다."라고 말한다.[96] 프리드리히(G. Friedrich)는 이러한 정의를 수용하면서 '믿음의 행위' 안에 있는 인간은 "하나님 앞에서 유효하게 만들 수 있을 모든 행위를 포기하고, 하나님이 행동하시게 한다."고 말한다.[97] 그러므로 믿음의 실천에 대해 다음과 같이 말할 수 있다: "인간은 자신에게 선물을 줄 수 없다. 그러나 인간은 선물을 거부할 수는 있다. 인간은 스스로 믿을 수 없다. 그러나 인간은 복음의 부름에 따르지 않을 수 있고, 순종하지 않을 수 있다(롬 10:16). 스스로 구원을 얻을 수 없는 인간은 부정할 수 있는 가능성을 가지고 있다."[98]

그러나 이러한 견해에 대해 성서 주석학적으로 반대 의견도 제기된다. 신약성서의 문헌들 속에서 믿음으로의 부름은 하나님의 행위에 항거하지 말라는 단순한 요청이 아니라, 분명히 그 이상이다. 하나님의 선물을 받아들이고 하나님의 긍정에 대해 스스로 능동적으로 동의하라는 초대다.[99]

b) 위에서 말한 딜레마를 벗어나기 위한 두 번째 가능성은 '믿음'이 무엇인지를 새롭게 정의하는 것이다. 대체로 믿음의 내용에 대한 물음(fides quae creditur)은 전적인 신뢰라는 의미가 있는 믿음의 실천(fides qua creditur)에 의해 밀려났거나 혹은 전혀 무시되었다. 폴 틸리히(P. Tillich)가 가장 철저히 그렇게 했다. 그는 믿는 사람을 의롭다고 하는 것과 죄인을 의롭다고 하는 것(바울 식으로는 하나님 없는 사람을 의롭다 하는 것)을 동일시하는 종교개혁적인 견해를 받아들여, 그로부터 현대적인 현실 체험의 차원에서 "의심하는 사람을 의롭다고 하는 것"이라고 주장했다.[100] 이러한 결론을 내릴 때에 비로소 "개신교 신앙은 부정을 통하여 보편주의로 나아간다."[101] 틸리히에게 믿음은 "무조건 우리에게 관계되는 것, 곧 존재와 의미의 근거에 의한 붙잡힘이다. 존재를 위한 용기는 믿음의 표현이다. 무엇이 믿음인지는 존재를 위한 용기를 이해할 때 이해하게 된다. … 믿음은 존재하는 이에게 존재를 위한 용기를

---

96) F. Neugebauer, In Christus 165. H. Binder, Der Glaube bei Paulus의 논조도 그렇다.
97) G. Friedrich, Glaube und Verkündigung bei Paulus, 109.
98) AaO. 112.
99) W. Klaiber, Ruf und Antwort 180f. 205ff.
100) P. Tillich, Rechtfertigung und Zweifel, Werke 8, 85-100, 특히 96ff.
101) AaO. 99.

주는 존재-자체의 힘을 체험하는 것이다." 그러므로 믿는 자를 의롭다고 하는 것은 틸리히의 용어로는, "존재를 위한 용기가 받아들일 수 없음에도 불구하고 받아들여진 것으로 받아들이는 용기다."[102]

틸리히는 특정한 진리들에 대한 믿음이나 혹은 의심으로 드러나는 지금까지의 통상적인 것 -그것은 의심과 무의미성의 공포를 여전히 가지고 있다- 을 넘어서는 '절대적인' 믿음에 관해 말하면서 그의 사상을 전개해 나간다. "믿음은 의심함으로써 모든 구체적인 내용을 잃어버리지만 그럼에도 여전히 믿음이고, 또 존재를 위한 용기의 최고의 역설적인 표현의 근원이 되는 것"이다.[103]

불트만(R. Bultmann)의 믿음 개념은 훨씬 더 강하게 신약성서의 말씀에 방향이 잡힌 것이기는 하지만, 원칙적으로는 틸리히와 동일한 방향에 있다. 철저한 비신화화라는 그의 작업을 수행하면서 그는 "율법의 행위 없이 오직 믿음으로만 의롭다고 인정받는다는 바울-루터적인 가르침을 위한 성서 구절들"을 찾아냈거나 "혹은 더 나아가 그것은 인식의 영역에서 그 가르침의 철저한 실천"이라고 한다.[104] 그러므로 성서의 믿음을 고백하는 말씀들은 "그 말씀들의 객관적인 내용에 대해 물어야 하는 것이 아니고, 이러한 생각들 속에 표현되어 있는 실존 이해에 대해 물어야 한다. 문제는 실존 이해의 진리에 대한 물음이다. 믿음은 그 진리를 인정한다. 그러나 믿음은 신약성서의 표상세계에 의존할 필요는 없다."[105] 그러나 새로운 자기 이해를 위한 결단으로서 믿음은 인간의 행위다. "가장 훌륭한 의미의 행위다. 그러나 그것은 모든 '행위', 곧 모든 업적과는 전혀 다르다. 왜냐하면 믿음의 행위는 인간의 실존을 근거하는 모든 행위의 부정에 있기 때문이다."[106] 그러므로 불트만에게 믿음은 철저히 "의지의 물음"[107]이며, 그러므로 그는 신약성서의 어디에도 믿음이 성령의 행위로 분명하게 언급되지 않고 있다는 사실을 강조하여 지적한다.[108]

드레버만(E. Drewermann)도 그 나름대로 비슷한 주장을 했다. 단지 그는

---

102) P. Tillich, Der Mut zum Sein, Werke 11, 122에서 인용.
103) Mut zum Sein, 131.
104) R. Bultmann, Zum Problem der Entmythologisierung. In: Kerygman und Mythos II, 179-208, 인용은 207.
105) Bultmann, Neues Testament und Mythologie. In: Kerygma und Mythos I, 15-48, 인용은 23.
106) ThWNT VI, 221, 25-26.
107) Bultmann, Die Krisis des Glaubens, Glauben und Verstehen II, 1-19, 인용은 17. 믿음은 '순종의 행위'라고 원칙적으로 규정하고 있는 것도 참조(Theologie des NT 315f.).
108) ThWNT VI, 221, 14-15.

성서의 실존적인 해석 대신에 심층심리학적인 해석을 내세웠다. 성서의 메시지는 그 비유들과 상징들이 모든 인간의 영혼에 잠들어 있는 잠재적인 신뢰를 일깨우게 될 때 바르게 선포된다. 특히 기독교적인 믿음의 내용들은 일반적인 진리에 반해 인간의 영혼으로 물러나거나 혹은 스스로를 입증해야 한다. 인간이 자신 안에서도 진리로서 발견하는 것만이 믿음의 내용과 대상이 될 수 있다 – 그러한 표현이 근본적으로 적절하게 보인다는 전제 아래서 그렇다.[109]

이로써 믿음의 내용이 믿음의 실천을 위하여 후퇴하거나 혹은 아예 배제될 때, 어떤 문제가 발생하는지가 드러난다. 믿음의 내용은 우리의 구원이 우리 바깥에(extra nos) 있음을, 곧 하나님은 우리 없이 우리의 구원을 일으키셨다는 사실을 대변한다. 이로써 인간은 스스로를 구원할 수 없고, 오직 하나님께서 그리스도 안에서 행하신 일을 통해서만 구원받고 화해되었다는 사실을 말한다. 믿음의 근원지로서 하나님의 구원 행동이라는 역사적인 사건의 선포를 받아들이기를 꺼려하는 사람은, 그럼으로써 동시에 우리의 –우리 바깥에서 우리의 참여 없이 일어난– 구원의 "아르키메데스 점"[110]을 제거하는 것이다.

성서가 말하는 믿음의 기본적인 것들을 포기하지 않으면서도 근래에 들어 제기된 sola fide의 딜레마를 해결하고자 하는 사람은 위에서 요약한 두 가지 해결 방식들을 받아 그것들을 성서의 메시지와 일치하게, 또 그들 서로가 일치하도록 새롭게 표현해야 한다. 이를 다음과 같이 정리할 수 있을 것이다.

① 믿음의 행위보다는 복음이 앞선다. 다시 말해 믿음을 불러일으키고, 그러므로 믿음에 대해 묻는 메시지가 행위에 앞선다는 것은 이 물음을 해결하는 결정적인 열쇠다. "믿음은 설교에서 나온다."라고 루터는 로마서 10:17을 약간 과장해, 그러나 매우 적절하게 번역한다. 믿음은 자기 자신에게서 나오는 것이 아니라, 믿음의 메시지에서 나온다(갈 3:2, 5). 그러므로 믿음은 하나님의 은사이며 선물이지만, 근본적인 의미에서 하나님의 '행위'는 아니고, 믿

---

109) E. Drewermann, Tiefenpsychologie und Exegese I, 349f. 등 여러 곳에서.
110) Bultmann, Welchen Sinn hat es, von Gott zu reden? GuV I, 26-37, 인용은 37: "그렇다면 믿음은 세상을 온통 뒤흔들어 버리는 아르키메데스 점이 되고 말지 않겠는가?" 이 물음에 대한 불트만의 긍정은 믿음이 내용적으로 채워질 때에만 정당하다.

음으로 해방된, 그리고 믿음의 능력을 받은 사람의 행위다.

베더(H. Weder)는 선포와 믿음의 이러한 맞물림에 관해 적절하게 설명한다. "믿음은 … 인간의 주관적인 가능성은 아니다. 내 자신이 그리로 올라갈 수 있는 영혼의 활동은 아니다. 믿음은 구원하는 분이 나타나시는 그 곳에서 생겨난다. 우스운 말을 들었을 때 웃는 것처럼, 혹은 음악이 있어야 춤을 추는 것처럼, 그렇게 믿음은 나에게 주어져야 하는 어떤 것이다. 물론 믿는다는 것은 전적으로 나의 행위임이 분명하다. 그러나 그것은 오로지 나 자신의 행위만은 아니다. 예수는 세상에 하나님을 위한 공간 -그의 비유들을 통해- 을 만드심으로써 사람들이 믿음을 고백하게 유도한다."[111]

이는 예수의 선포에만 해당되는 것은 아니다. 예수의 부활에 관한 메시지도 일차적으로 믿음을 요청하는 메시지가 아니다. 그 메시지 자체가 믿음을 만들어 내고, 또 그러므로 언제나 믿음을 만나게 된다는 확신으로만 설교될 수 있고, 또 설교되어야만 한다.

② 그로부터 두 번째 생각이 나온다. 믿음의 내용과 믿음의 실천이 분리될 수 없이 함께 속한다는 것은 sola gratia의 의미에서 믿음을 선포하는 결정적인 토대가 된다. 신약성서에서 믿는다는 것은 언제나 하나님을 믿는 것이고, 하나님이 예수 그리스도 안에서 행하신 것을 믿는 것이다. 반대로, 믿어야 하는 '구원의 사실들'은 독립적인 역사적 사실들로 선포되지 않고, 구원하시는 하나님과 곤경에 빠진 인간이 역사 속에서 만나는 고정된 지점들로 선포된다. 이 만남은 하나님의 구원 행동이 전적으로 나 개인을 위한 행동이라는 선포를 통해 일어난다. 믿음의 실천을 동의(assensus; 내용에 대한 지적 동의)와 신뢰(fiducia; 내용에 대한 신뢰하는 행동)로 구분하는 오류는 극복되어야 한다. 그러나 믿음이 지지되고 의지하는 내용을 '스스로에 대한 단호함'으로 해소해 버리는 식으로 극복되어서는 안 되고, 하나님께서 우리를 위하여 행하신 것에 대해 '동의' 하는 것은 이 메시지에 근거하여 자신을 하나님께 전적으로 내맡기는 것이어야 함을 분명하게 선포함으로써 극복되어야 한다. 예수 그리스도 안에서 나를 위하여 행동하신 하나님을 전적으로 믿는다는 것은 예수 그리스도 안에 있는, 또 그의 백성을 향한 하나님의 역사적인 행동에 관한 메시지를 때로는 더듬거리며, 때로는 분명하게 받아들이는 것으로 나타난다.[112]

---

111) H. Weder, Die Entdeckung des Glaubens im NT, 58-59.

③ 이제 세 번째 생각을 말할 차례다. 1738년의 올더스게이트 체험 이후에 웨슬리에게 분명한 것은 의롭게 하는 믿음은 언제나 의식적인 믿음이며, 또 구원을 확신하는 믿음이라는 것이다. 그는 활동 말기에 목회적인 이유로 한 인간이 하나님에 의해 받아들여졌는지를 구원의 확신이라는 주관적인 감정에 의해 결정하는 것을 반대하였다.[113] 그렇다고 웨슬리가 하나님께서 믿음으로써 구원의 확신을 선물하신다는 자신의 원칙적인 확신을 철회한 것은 아니다. 오늘날 이 주제를 둘러싼 초교파적인, 특히 개신교파들 사이의 논의를 들여다보면, 종교개혁자들의 교리에 대해 트리엔트 공의회가 제기한 중요한 한계선들 중 하나가 개인적 구원 확신의 가능성을 부정한 것이라는 점은 특별한 관심을 끌 만하다. 그 당시 루터는 주관적인 구원의 확신보다는 오히려 믿음을 통한 의롭다 함을 얻었다는 객관적인 확신에 비중을 두었던 반면에, 가톨릭교회의 트리엔트 공의회는 그리스도인의 삶에서 의롭다 하는 과정의 마지막 결과는 죽음으로써 비로소 확실해질 수 있음을 주장했다.[114]

그러나 웨슬리는 구원 확신의 주관적인 면을 강조하고 싶어 했으며, 그래서 선포와 신학 안에서 주관적인 면에 정당한 자리를 주고자 했다. 그러므로 감리교회 운동의 역사적인 활동의 한 부분은 감리교회가 선포하는 메시지의 이러한 차원이었다고 할 수 있다. 이러한 구도에 담겨져 있는 위험에 대해서는 웨슬리 자신이 이미 부분적으로 알고 있었다. 믿음의 확신이 내적인 평안과 행복의 특정한 감정에 근거될 수 있다는 위험이다. 유혹과 의심이 믿음의 원수들로 격하되어서는 안 되고, 그럼으로써 믿고자 원하는 많은 사람들이 영혼의 어려움 속으로 곤두박질치게 해서도 안 된다. 성서적인 근거가 분명한 웨슬리의 관심을 오늘날에도 유효한 것으로 만들고자 한다면, 우리는 특히 하나님의 말씀이 믿음에게 약속해 준 것이 유효하다는 것과 그 약속을 받아들이는 모든 사람에게 유효하다는 사실을 거듭 확신 있게 선포해야 한다. 우리에게 주신 하나님의 약속은 우리가 가지고 있는 믿음의 어떤 질에 근거한 것이 아니라, 그리스도 안에 있는 하나님의 약속에 근거한 것이다. 사람들

---

112) Unterwegs mit Christus, 50-51도 보라.
113) 설교 132("믿음에 대하여 I"), I, 10-12. 구원의 확신에 관해서는 아래 2.2.4를 참조.
114) O. Pesch는 이것을 서로의 견해에 대한 전적인 오해라고 본다(Pesch/Peters, Einführung 195ff.). 그러나 반대로 V. Subilia는 여기서 트리엔트 공의회는 믿음으로 의롭게 된다는 것을 전혀 말하지 않았다는 결정적인 증거를 보았다(Die Rechtfertigung aus Glauben, 84ff.).

은 내적인 기쁨이나 확신으로써 하나님의 약속을 받아들일 수도 있지만, 시련이나 의심으로 받아들일 수도 있다. 어떤 식으로 받아들이든지 불문하고, 일단 받아들이는 사람들에게 하나님의 약속은 유효하다. 그러므로 시련과 의심 중에서 "주여, 내가 믿나이다. 나의 믿음 없음을 도우소서(막 9:24)."라고 부르짖는 기도가 바로 여기서 그 정당한 자리를 찾는다.

(5) 응답하도록 해방되었다 - 요약

하나님의 은혜는 모든 인간적인 노력과 행위보다 앞선다. 인간이 먼저 하나님을 찾아 만나는 것이 아니다. 구약성서에 있는 하나님의 백성을 선택하는 역사에서 시범적으로 일어난 것은 예수 그리스도 안에서 모든 사람에게도 일어난다. 이스라엘 백성이 하나님을 먼저 찾아가 만난 것이 아니라, 하나님이 먼저 이스라엘을 찾으셔서 만나셨다. 하나님은 사랑으로써 먼저 스스로를 열어 주시며, 길을 잃어 헤매는 인간을 찾아오신다. 우리가 아직 죄인이었을 때, 그리스도가 우리를 위하여 죽으심으로써 하나님은 그의 사랑을 보이셨고, 우리가 아직 원수였을 때, 하나님은 그의 아들의 죽으심을 통해 우리와 화해하셨다(롬 5:8, 10). 그러므로 은혜는 가장 깊은 의미에서는 언제나 '先行하는', 우리의 반응에 앞서서 미리 주어지는 은혜다. 우리의 굳어진 마음을 실제로 살아 있는, 그래서 하나님의 사랑과 이웃의 어려움을 받아들이는 마음으로 변화시키는 것은 하나님의 영이다(겔 11:19). 그것은 율법의 경고하는 부름이며, 우리를 회개하게 하는 복음의 매혹적인 힘이다. 인간의 믿지 않음이라는 무에서 믿음을 창조하는 것은 하나님의 창조적인 말씀이다. 이 말씀은 절망과 좌절의 어둠 속으로 하나님의 사랑을 깨닫는 빛을 비추게 하며, 영적으로 죽은 사람들을 하나님과 더불어 살아가는 삶으로 깨운다.

그럼으로써 우리는 하나님의 부르심에 독자적으로 응답할 수 있도록 해방을 받았다. 우리는 의지가 있으며 느낄 수 있는 인간으로서 하나님의 행동 안으로 받아들여졌으며, 초대되었고, 회개하며, 하나님과 화해하며, 우리의 삶을 변화시키며, 하나님께서 우리에게 주시며 일으키신 모든 것을 믿음으로 받아들이도록 해방되었고 촉구되었다. 우리를 해방하고 촉구하는 것은 하나님의 구원하시는 사랑이다. 말씀과 행위, 설교, 목회, 교회의 삶, 봉사하는 활동 안에 있는 하나님의 선행하는 은혜를 증언함으로써 믿음으로 응답을 할 수 있는, 그리고 그에 따라 살아가는 삶을 위한 '자유 영역'을 확보하고, 동시에 인간이 단계적으로 이 영역으로 들어올 수 있게 격려하는 것, 바로 그것이 감리교회가 행하는 선포의 근본적인 특징에 속한다. 여기서 일어나는 모든 것은 전적으로 하나님의 선물이며, 동시에 적극적으로 실천된 은혜다.

2. 하나님으로부터 오는 삶을 위한 갱신

인간을 위한, 그리고 인간에게 행하신 하나님의 행동의 목표는 인간의 해방과 구원이다.[115] 이것이야말로 웨슬리의 신학과 선포의 근본적인 전제다. 인간의 구원은 하나님과의 영원한 교제 안에서 완성될 것이라는 점에서 웨슬리는 전체 기독교 전통과 생각을 같이한다. 웨슬리의 선포에서 특이한 점은, 그가 인간에게 행한 하나님의 구원 행동을 현재적인 사건으로, 전체 인간을 포함하는 사건으로 이해하고 설교한다는 점이다.[116] 하나님의 은혜가 활동하는 목표는 인간이 이미 지금 하나님과 자기 자신과 일치하는 삶을 살 수 있게 하는 것이다. 혹은 웨슬리가 즐겨 사용하듯이 '거룩함과 행복' 안에서 살게 하는 것이다.[117]

웨슬리는 인간의 해방과 구원에 관한 이해를 말하기 위해 항상 칭의(稱義)와 성화(聖化)라는 두 개의 근본적인 차원을 말한다.[118] 칭의는 "하나님께서 그의 아들을 통해 **우리를 위하여 행하신 것**"을 말하고, 성화는 "하나님께서

---

[115] 웨슬리가 사용한 영어 표현 'salvation'은 해방의 과정과 그 목표, 곧 인간의 구원을 다 함께 의미한다.
[116] 설교 43("성경적 구원의 길"), I, 1: "구원은 멀지 않고, 현재적이다. 너희가 자유로운 자비로 말미암아 지금 소유하고 있는 복이다." 엡 2:8이 말하는 구원은 "하나님의 모든 활동, 영혼 안에 있는 은혜의 여명으로부터 영광스러운 완성에 이르는 모든 활동과 관계될" 수 있다.
[117] 웨슬리는 이 표현을 '원래의 상태'를 말하기 위해서도 사용하고(설교 5 "믿음에 의한 칭의", I, 4; 설교 6 "믿음으로 얻는 의", I, 11), 하나님과의 현재적인 사귐을 위해서도 사용하며(설교 17 "마음의 할례", I, 12. II, 5; 설교 18 "신생의 표적", I, 7; 설교 23 "산상설교 III"; 설교 24 "산상설교 IV", 1; 설교 28 "산상설교 VIII", 4-5; 설교 29 "산상설교 IX", 5; 설교 45 "신생", III, 3; 설교 91 "타락한 인류를 향한 하나님의 사랑"; 설교 98 "불법의 신비", 2; 설교 96 "복음의 보편적 전파", 8, 10; 설교 82 "영적 예배", II, 5. III; 설교 109 "참 이스라엘 사람", I. II, 11), 종말론적으로도 사용한다(설교 113 "새로운 창조", 18).
[118] 웨슬리는 이 둘을 'branches'라고 한다(설교 111 "우리 자신의 구원을 성취함에 있어서", II, 1).

성령을 통해 **우리 안에서 일으키시는 것**'을 말한다.[119] 그는 이렇게 말하기도 한다.

> 칭의를 통해 우리는 죄의 과오로부터 해방되어 하나님의 은총 안으로 받아들여지고, 성화를 통해 우리는 죄의 힘과 뿌리로부터 해방되어 하나님의 형상으로 회복된다.[120]

이 두 말씀은 1738년부터 그의 죽음에 이르기까지 웨슬리의 활동을 결정하는 주제다. 1738년 5월 24일에 '믿음을 통해 오는 구원'을 체험한 이후, 첫 번째 설교에서 웨슬리는 구원의 메시지의 요점을 다음 한 문장으로 요약했다.

> 그들은 그리스도를 믿는 믿음을 통해 죄의 과오와 세력으로부터 구원받았다.[121]

말년에 행한 설교들에서 웨슬리는, 그 자신이 '은혜로 인하여 믿음을 통해 구원받았다(엡 2:8).'고 설교하기 시작했을 때 그 때까지 그의 표어였던 '성화 없이는 누구도 주님을 볼 수 없다(히 12:14).'는 것을 포기했다는 견해를 반박했다.

> 그것은 전적으로 잘못된 것이다. 왜냐하면 두 성서 구절 모두 서로 매우 잘 어울리기 때문이다. 그러나 첫 번째 구절은 '우리는 믿음을 통해 죄로부터 놓임을 받았고, (그럼으로써) 거룩하게 되었다.'는 것을 의미한다.[122]

그러나 웨슬리는 경우에 따라서는 칭의와 거듭남을 구원의 근본적인 차원으로 나란히 제기하기도 했다. 그럼으로써 그가 부여한 의미는 앞에서 말한

---

119) 설교 5("믿음에 의한 칭의"), II, 1(1746년).
120) 설교 111("우리 자신의 구원을 성취함에 있어서"), II, 1(1785년; WJW 3, 204); 설교 43("성경적 구원의 길"), I, 3도 참조.
121) 설교 1("믿음으로 말미암는 구원", 1738년), II, 2.
122) 설교 145("혼인 예복에 대하여", 1790년), 18, WJW 4, 148.

것과 거의 같다. 칭의는 "하나님께서 우리의 죄들을 용서하심으로써 **우리를 위하여** 행하신 위대한 일"이고, 거듭남은 "하나님께서 **우리 안에서** 우리의 타락한 본성을 새롭게 하심으로써 행하신 것"이다.[123]

이처럼 거듭남과 성화는 밀접하게 연결되는 것은 분명하지만, 그렇다고 동일한 것은 아니다. 거듭남은 "성화의 한 부분이지, 전체는 아니다"; 거듭남은 "성화로 들어가는 문"이다.[124] 거꾸로 칭의와 거듭남은 시간적으로는 함께 일어나지만, 개념적으로는 분리되어야 할 것이다. 웨슬리는 신약성서의 언어 속에서 칭의는 포괄적으로 인간을 향한 하나님의 구원 활동을 말하기 위하여 사용될 수 있으며, 그러므로 거듭남과 성화까지도 포함한다고 보기도 했다.[125] 그러나 일반적으로 그 둘은 구분되며, 그런 경우에 성화는 "칭의의 직접적인 열매이지만, 하나님의 특별한 은사이며 전혀 다른 종류의 것이다."[126]

이번 단락에서 우리는 인간의 삶에서 구원을 베풀면서 활동하시는 하나님의 행동을 설명하는데, 웨슬리가 한 말들을 약간 조직화하여 의롭다 인정함(칭의) – 거듭남 – 성화의 순서에 따라 설명하려 한다. 그러나 그 때에도 우리는 매우 제한된 의미에서만 시간적인 순서를 말할 뿐이고, 중요한 것은 전체적으로 이해된 구원의 다양한 차원들을 내용적으로 배열하는 것이라는 점을 잊어서는 안 된다.[127] 이 때 웨슬리에게 가장 중요한 것은, 하나님께서 우리를 위하여(pro nobis) 행하신 것과 그러므로 우리를 위하여 유효한 것과 다른 한편으로 하나님께서 우리에게 그리고 우리 안에서(in nobis) 행하기를 –그가 우리를 위하여 행하신 그것에 근거해– 원하시는 것을 잘 배열하는 것이었다.

---

123) 설교 45("신생"), 1.
124) 설교 45, IV, 3.
125) 설교 74("예정에 대하여"), 9(롬 8:30에 대해); 설교 102("인내에 대하여"), 9-10을 참조.
126) 설교 5("믿음에 의한 칭의"), II, 1.
127) 이에 대해서는 J. Moltmann, Der Geist des Lebens 111-154를 참조. 그는 '성령 안에서의 삶'을 언급하면서 다음과 같은 순서로 말한다. 삶을 위한 해방 – 삶의 칭의 – 삶을 위한 거듭남 – 삶의 성화. 구원의 순서 (ordo salutis)를 삶의 과정으로 배열하는 것에 대해서는 M. Marquardt, Die Vorstellung des "ordo salutis", 29-53을 참조.

1) 새로운 하나님 관계 – 의롭다 인정함(稱義 혹은 認義)

오늘날에는 칭의의 메시지의 의미에 대해 갖가지 차원의 의문이 제기된다. 종교개혁 교회들에게는 교회가 서거나 넘어질 수 있는 결정적인 신앙 조항이었던 칭의가, 그래서 감리교회의 선포에서도 핵심적인 위치를 차지했던 것이 우리 시대의 사람들에게는 더 이상 큰 의미를 주지 않는 것처럼 보이며, 그래서 설교나 강의에도 별로 등장하지 않는다.

웨슬리는 이 주제를 논할 때에는 종교개혁자들에게 의존한다. 그들의 견해는 간접적으로는 영국교회의 39조항과 설교들을 통해 웨슬리에게 전달되었고, 직접적으로는 종교개혁 문헌들을 통해 전해졌다. 그러나 루터가 바울의 칭의론을 새로이 발견한 것은 기독교 신학과 선포를 전혀 새롭게 형성하는 결정적인 동기가 되었다. 교회사에서 중세 말기의 교회 상황은 칭의의 메시지가 적중하는 **바로 그** 말씀으로 들려질 수 있는 그 어느 때보다도 적절한 시기였다.

우리가 살아가는 시대는 특히 성서 주석 분야에서 성서가 전하는 칭의 메시지의 전제와 성격에 관한 새로운 지식들을 알게 되었다. 이 지식들은 칭의의 진리를 이해하는 데 매우 중요한 것일 뿐만 아니라, 그 실질적인 의미를 이해하기 위한 새로운 동기가 되었다. 당연히 종교개혁자들이나 웨슬리에게는 이러한 지식이 아직 없었다. 그들은 많은 올바른 의미들을 부분적으로는 본능적으로 이해하였고, 그들 나름대로 개념화하였다. 우리는 이 점을 다른 곳에서 이러한 성과에 근거해 새로이 강조해야 할 것이다.

(1) 칭의론의 성서적 토대

칭의에 관한 성서 말씀의 뿌리는 히브리 사람들의 재판법이다. 그러므로 우리는 자주 칭의의 법률적인, 혹은 '심판적인' 차원에 관해 말한다. 이스라엘의 재판에서 피고소인의 무죄가 드러났을 때, 재판관(혹은 고소인)은 "당신은 옳다(의롭다)!"라고 선언한다.[128] 그러나 여기에는 우리에게 잘 알려진 라틴법이나 독일의 법 생각과는 다른 몇 개의 중요한 차이가 있다.

① 판결은 부정의 부정("당신은 죄가 없다"; 혹은 "당신은 고소로부터 자유롭

---
128) 잠 24:24; 삼상 24:18; 창 38:26.

다!") 그 이상이다. 판결은 긍정적인 확신이다. "당신은 바르게 행동했다."는 확신이다.

② 판결은 이미 범해진 사실에 대한 일회적인 확인("당신은 이 문제에서 옳다.") 그 이상이다. 판결은 동시에 앞으로 정당한 교제를 나눌 수 있음을 인정한다. "당신은 옳다."는 판결은 이제부터 "당신은 어울려 교제할 수 있다."는 확신이다. "당신은 어울려 교제할 수 있게 처신했으며, 그러므로 전적으로 우리에게 속한다." 그러므로 이 판결은 피고소인을 '내보내는' 단순한 석방의 선언이 아니라, 그를 교제 안으로 받아들인다는 적극적인 인정과 명예의 선언이다. 그러므로 의롭다고 인정함은 단순히 어떤 사실을 확인하는 판결이 아니라, 그것이 말하는 것까지 작용하는 판결이다.

구약성서에서 이 개념의 신학적인 의미가 나타나는 곳은 특이하게도 하나님이 인간을 심판하는 상황이 아니라, 하나님이 피고소인이 되어 그의 백성과 법정 다툼을 벌이는 상황이다. 이사야 43장에서 하나님은 그를 고소하며 배반한 백성과 열방들 앞에서 법정 투쟁을 하면서 이렇게 말한다.

> 너는 나로 기억이 나게 하고 서로 변론하자. 너는 네 일을 말하여 의를 나타내라.(26절)

그러나 이러한 다툼의 결과는 다음과 같은 고백일 수밖에 없다.

> 주의 목전에는 의로운 인생이 하나도 없나이다.(시 143:2)

혹은 시편 51:4는 이를 개인의 고백으로 언급한다.

> 내가 죄를 범했나이다. 그러므로 당신이 옳습니다.

하나님을 상대로 소송을 거는 인간은 패배하였고, "당신이 옳습니다."라고 고백할 수밖에 없다. 이는 특히 예루살렘의 파괴와 유배를 통한 하나님의 이스라엘 심판을 회상하는 데서 드러난다.

여호와는 의로우시도다. 내가 여호와의 명령을 거역하였도다.(애 1:18)

혹은 다니엘 9:14는 이렇게 말한다.

우리의 하나님 여호와는 행하시는 모든 일이 공의로우시나 우리가 그 목소리를 청종치 아니하였음이니이다.(슥 9:15; 느 9:8, 33도 비슷하다)

하나님의 의로우심을 인정함으로써 하나님의 도움을 바랄 수 있다.

주여, 내가 구하옵나니 주는 주의 공의를 좇으사 주의 분노를 … 떠나게 하옵소서.(단 9:16)

여기서 우리는 성서 개념에 대한 또 다른 중요한 관찰에 주목해야 한다. 성서가 사용하는 언어에서 의(義)는 죄 없는 사람에게 무죄를 선고하고, 죄 있는 사람을 처벌하는 형식적이고 재판적인 의가 아니라(iustitia distributiba), 그의 약속과 그의 백성을 향한 하나님의 신실하심이다. 하나님의 이 신실하심이 죄를 범한 그의 백성을 넘어지지 않게 한다. 그러므로 구약성서에서 자비는 하나님의 의에 대립하는 것이 아니라, 오히려 자주 병행 개념으로 사용된다(단 9:16과 9:18 비교; 시 103:17 참조). 그러므로 구약성서와 초기 유대교에서는 하나님의 의가 모든 민족 앞에 드러나는 것이 하나님의 백성을 위한 희망의 핵심이라고 말할 수 있다.(시 98:2; 사 56:1)[129]

바로 이것이 -사도 바울 이전에- 초대교회가, 하나님은 예수의 죽음과 부활에서 자신의 '의'를 입증하셨다고 말한 언어적이고 신학적인 배경이다. 하나님은 예수의 속죄죽음을 통해 인간의 죄를 없애 주셨고, 그래서 인간이 하나님과의 교제 안으로 받아들여진, 곧 인간을 의롭다고 인정하는 전제들을 충족하신 것이다.[130]

이와 연결해 바울은 그의 칭의 메시지를 전개하였다. 이미 그가 회심하고

---

[129] 이러한 희망은 묵시문학과 쿰란공동체에서도 계속 살아 있었다. 에티오피아 에녹서 91:14; 1QH 14:16; CD 20:16-21; 1Q 27, I, 6 참조.

[130] 바울 이전의 의인 메시지에 관해서는 고전 1:30; 6:9-11; 롬 4:25-26; 4:25와 사 53:11을 참조.

또 칭의에 관한 신학적인 작업을 할 당시 그에게는 분명한 원칙적인 것이 있었다. 율법을 위한 열성분자로서 그는 예수의 교회를 박해하였다. 십자가에서 처형된 사람이 –바울에게 그는 율법의 저주를 받은 사람이었는데– 하나님의 메시아라는 주장을 바울은 하나님에 대한 중대한 모독으로 보았다. 그러나 십자가에서 처형된 사람을 하나님에 의해 다시 살아난 사람으로, 하나님이 의롭다 하신 사람으로, 또 그의 권능 가운데서 하나님의 아들로 확증된 사람으로 믿게 되었을 때, 바울은 흠 없이 율법을 실천해 자신의 의를 세우려는 시도가 실패한 것으로 믿게 되었다. 하나님은 사람들을 위하여 예수 그리스도를 '의로움과 거룩함과 구속함'이 되게 하셨고(고전 1:30), 그래서 그의 인격, 곧 그의 삶과 죽음을 통해 그와 교제를 나누는 길을 열어 놓으셨다. 그로써 율법에 의해 이스라엘 둘레에 쳐놓은 울타리가 무너졌고, 하나님의 구원 활동을 이방인들에게도 선포할 수 있는 길이 열렸다. 하나님의 의, 곧 그의 구원에 신실하심이 종말론적으로 드러난 것은 열방의 목전에 선 이스라엘만을 위한 것이 아니라, 믿음 안에서 하나님의 의를 받아들이는 모든 사람을 위한 것이다.(롬 1:16-17)[131]

바울이 이러한 내용을 언제부터 '칭의'라는 개념으로 표현했는지에 대해서는 확실하게 말할 수 없다. 늦어도 갈라디아에서 거짓 교사들과 논쟁을 벌이면서 바울은 특별한 칭의론을 전개했고, 이는 교회사에서 매우 중대한 작용을 했다. 그렇지만 바울의 칭의론은 '반유대주의 투쟁론'으로만 보아서는 안 된다.[132] 그의 칭의론은 하나님의 구원 활동을 통해 하나님에 대한 관계가 새롭게 되었다는 핵심적인 통찰을 유대교와의 논쟁 상황에서 특별히 분명하게 파악해 전달한 것이다. 바울이 말하는 핵심적인 논제는 이렇다.

> 사람이 의롭게 되는 것은 율법의 행위에서 난 것이 아니요, 오직 예수 그리스도를 믿음으로 말미암는 줄 아는고로.(갈 2:16; 롬 3:28)

---

131) '의'를 '교제에 신실하심, 구원에 신실하심'으로 이해하려는 오늘날의 해석에 근거해 '하나님의'라는 소유격은 주어적인 소유격(곧 하나님 자신이 가지고 있는 신실하심)으로 이해될 수 있다.

132) 해석의 역사에서 칭의론을 유대주의와의 싸움에서 나온 주변적인 것으로 보는 학자들도 있다. A. Schweitzer, Die Mystik des Apostels Paulus, 1930, 220; K. Stendahl과 E. P. Sanders는 근래에도 이러한 주장을 견지한다(Der Jude Paulus und wir Heiden, KT 36, 1978; Paulus und das palästinische Judentum, 1985).

갈라디아서에서 바울이 전개하는 논증을 따라가 보면, 바울을 반대하는 입장이 단순히 반대적인 진술, 곧 인간은 종말심판에서 율법의 행위에 근거해 의롭게 된다는 주장에 있는 것이 아님을 우리는 분명하게 알게 된다. 바울을 반대하는 입장이 주장하는 것은, 하나님과의 구원의 교제를 완성하기 위해서는 율법을 준수하고 할례를 받음으로써 이스라엘과 맺은 하나님의 언약 안으로 들어가야 한다는 것이다. 그러므로 논쟁은 무엇이 죄를 용서하느냐는 문제가 아니라, 인간이 하나님 앞에서 영원히 설 수 있는 곳이 어디냐는 근본적인 물음을 둘러싼 것이다.[133]

바로 이 점에서 바울은 아브라함을 하나님과의 약속된 교제의 기본 모델로 생각한다. 아브라함은 믿었고, 그것을 하나님은 그의 의로 여겼다. 여기서 바울은 하나님과의 관계에서는 업적과 보상이라는 원리가 배제된다는 것을 발견한다. 바울에게 믿음은 모든 것을 하나님으로부터 기대하는 사람의 태도다. 아브라함은 하나님 없이 사는 사람을, 하나님 앞에서 아무것도 내놓을 수 없는 사람을 의롭다고 하시는 분을 믿었다. 바로 이러한 태도가 하나님과의 교제에 일치하는 것이며, 그래서 하나님으로부터 의로 인정을 받았다. 그러나 그것은 다른 영역으로 옮겨가는 일종의 과정이 아니라, 새로운 하나님 관계의 기초다. 바울에게서 의롭다고 인정받음은 하나님의 자녀로 받아들여짐을 의미하며, 동시에 그리스도에 의해 세워진 다른 사람들과의 삶의 공동체 안으로 받아들여지는 것을 뜻한다. 이 공동체는 성(性)이나 지위, 혹은 종교적인 출처와 같은 장벽으로 인해 더 이상 분열되지 않는 공동체다. 하나님과의 새로운 교제를 긍정적으로 말하는 것과 마찬가지로, 여기서는 의의 사회적 차원도 분명해진다. 새로운 하나님 관계는 갈라디아서 4장에서는 '성숙한 자녀'로 언급되는데, 아버지와의 신뢰로 가득 찬 관계 속에서 자유로운 신분을 가진 사람이다.

그러므로 의롭다고 인정함은 그리스도 때문에 내려지는 사면(赦免)보다 훨씬 넓은 의미다. 그것은 하나님과 새롭게 사귀는 삶의 기초가 된다. 동시에 의롭다고 인정하시는 하나님의 행동은 그의 의를 드러내는 것이며, 그러므로 그의 구원 행동 안에서 스스로에게 신실하신 하나님 자신을 드러내는 것이다. 로마서 3:26에 따르면, 하나님 스스로가 의로우신 분이며, 또 예수를 믿

---

133) W. Klaiber, Rechtfertigung und Gemeinde 149ff. 참조.

는 믿음으로 사는 사람을 의롭다고 인정하기 위하여 구원은 예수 그리스도 안에서 일어난다. 하나님은 의와 사랑이라는 스스로의 본질을 드러내심으로써, 인간에게 그와 교제를 나누는 새로운 삶을 보여 주신다.

하나님의 이러한 구원 행동과 자기 계시의 울타리는 로마서 4장에서 특히 분명하게 드러난다. 로마서 4장은 아브라함의 믿음을 하나님 없이 사는 사람을 의롭다고 인정하시는 하나님을 믿는 믿음이라고 한다. 또 여기서는 이러한 진술들이 무에서 세상을 창조하신 하나님, 죽은 자들을 살리시는 하나님, 예수를 죽은 자들 가운데서 부활시키신 하나님을 믿는 믿음과 나란히 나타난다. 그러므로 하나님의 의롭다고 하시는 행동은 주권적인 창조 행동과 죽은 자들의 부활 소망의 맥락에 있다. 구원론적으로 볼 때, 의롭다고 인정하는 것은 무에서의 창조이고, 그러므로 모든 좌절과 자기 고발의 끝장이며, 또 모든 자기 능력과 경건한, 혹은 세속적인 자기 변증의 종식이다.

하나님의 의에 있는 이러한 창조적인 힘이 새로운 하나님 관계까지도 형성한다. 그것은 모든 저항과 환난과 연단 속에서도 보존되는 '하나님과의 평화'로 이루어진 교제의 삶을 기초한다(롬 5:1-5; 8:31 이하). 그러한 창조적인 힘은 의를 섬기게 하며, 미래의 부활의 힘 안에서 살아가게 하고, 삶의 모든 영역에서 매우 실천적으로 의의 활동에 사용되며, 그럼으로써 삶을 철저한 성화의 삶이 되게 하여 영원한 생명 속에서 하나님과의 완성된 교제로 들어가게 한다.(롬 6장)

바울이 칭의 개념으로 말하고자 하는 내용을 화해의 개념으로도 표현할 수 있다. 바울은 로마서 5:8-10에서 두 개의 병행적인 진술을 통해 먼저 하나님의 은혜의 활동에 관해 말한다. 이 은혜는 우리의 어떠한 노력보다도 앞서는데, 그것은 그리스도께서 우리가 아직 죄인이었을 때 우리를 위하여 죽으셨고, 우리가 아직 원수였을 때 우리와 화해하셨기 때문이다. 이는 지금 의롭다고 인정을 받았고, 화해를 하게 된 사람들에게 -그들은 그러므로 더 이상 죄인도 원수도 아니지만, 아직은 목표에 도달하지 못했다- 그들의 궁극적인 구원을 바랄 수 있는 희망을 준다.[134]

그러므로 우리가 심판하시는 하나님 앞에 어떻게 설 수 있겠느냐는 물음은

---

[134] 바울에게서 구원은 원칙적으로 미래적이다: 살전 1:10; 고전 1:18-21; 3:15; 5:5; 롬 5:9-10; 10:9, 13; 참조 갈 5:5; 그렇지만 성령의 활동으로 의롭다 인정을 받고 화해됨으로써 구원은 이미 현재적이 된다. 물론 믿음(고후 5:5)과 희망 안(롬 8:24)에서 현재적이다.

바울에게는 칭의 메시지의 부분적인 한 면에 불과하다. 포괄적인 물음은, 하나님과 분리되었고, 그래서 그의 원수가 된 인간이 어떻게 다시 하나님의 구원으로 가득 찬 교제를 나누는 삶으로 들어갈 수 있느냐는 문제다. 이에 대한 바울의 답은 분명하다: 하나님과의 이러한 교제의 삶은 예수 그리스도의 생명의 희생을 통해 시작된다. 예수 그리스도는 자기를 희생함으로 하나님의 사랑을 죄와 죽음의 지배를 받는 인간세상 안으로 가져왔고, 또 인간을 끊임없이 관심하고 배려하는 사랑이 되게 하였다. 이것을 자신의 생명의 토대로 받아들여, 그로 말미암아 사는 사람은 올바른 하나님 관계 속에서 사는 것이며, 그럼으로써 올바른 자기 관계 속에서 사는 것이다. 이것이 바로 칭의에 관한 신약성서의 메시지다.

(2) 종교개혁자들의 칭의론

모든 기독교 신학자들 중에서 바울의 칭의론을 가장 집중적으로 받아들여 가장 철저하게 자기 신학의 토대로 삼은 사람은 루터다. 루터의 전체 신학의 틀 속에서 그의 칭의-'론'을 말한다는 것이 도대체 합당한 일인지를 물을 수 있다. 오히려 그의 신학 전체가 칭의신학에 의해 각인되어 있는 것이 아닌가? 루터의 칭의신학은 조직적이고 체계적인 서술이 아니라, 매우 역동적이고 복잡하지만 전체적으로는 일관되게 칭의 사건을 해석한다. 우리는 루터의 칭의 신학 중에서 우리의 맥락에서 중요한 몇 가지 중점 사항들만을 골라내 살펴볼 것이다.

잘 알려진 바와 같이, 칭의 메시지를 위한 루터의 싸움은 로마서 1:17의 '하나님의 의'라는 표현에서 '하나님의'라는 소유격을 어떻게 이해할 것이냐는 사실에 집중되어 있다. 그는 1545년에 나온 그의 라틴어 문집 제1권의 서론에서 종교개혁적인 통찰을 회상하면서 이렇게 말한다.

> 나는 모든 학자가 관례와 습관에 따라 '하나님의 의'를 형식적인, 혹은 적극적인 의, 곧 의로우신 하나님이 죄인과 불의한 사람을 처벌하시는 의라고 철학적으로 이해하게 배웠던 '하나님의 의'라는 이 용어를 증오한다. 내가 한 사람으로서 얼마나 흠 없게 살았든지 간에 나는

---
135) WA 54, 185.

하나님 앞에서 죄인으로서 불안한 양심의 가책을 느껴야 했고, 나의 그 불안한 양심이 나의 어떤 충분한 행위로써 진정될 수 있다고는 믿을 수 없었다. 그러한 나는 의로우셔서 죄인을 벌하시는 하나님을 사랑한 것이 아니라, 미워했다. … 그 때까지 나는 밤낮으로 하나님의 자비를 사모하면서 말씀의 연결에 주목하였다. … 그 때 나는 하나님의 의를 의인이 하나님 앞에서 생명을 얻는, 곧 '믿음으로 말미암은' 의로 이해하기 시작했다; 그것은 하나님의 의는 복음을 통해 드러난다는, 곧 하나님께서 자비로써 우리를 믿음을 통해 의롭게 만드시는 수동적인 의라는 생각이었다; 마치 "의인은 믿음으로 말미암아 살리라."고 기록되어 있는 것처럼.[135]

루터의 칭의신학의 발전에 핵심이 되는 것은 그리스도의 의와 믿음의 의가 뗄 수 없이 결합되어 있다는 것이다. 하나님이 인간을 향하여 베푸시는 의는 그리스도의 의인데, 그리스도는 인간을 위하여 죽고 부활하심으로써 그 의를 살았다. 이 때 이러한 의로 인정하는 것은 '객관적인 선'을 잘못 계산하는 것이 아니라, 그리스도 안에서 일어난 것, 곧 죄인을 실제로 의롭고 자유롭다고 선언하는 바로 그것이 말 그대로 효력을 발휘하며 다가오는 것이다.[136] 우리는 선포된 복음의 말씀 안에서 이 선언을 만나게 되는데, 루터에게 이 선포된 복음의 말씀은 "구원을 전달해 주는 본래의 설교자가 된다. 이 말씀에 상응하는 것은 오직 **믿음**이다. 믿음 안에서 인간은 자신의 생활 형편과는 상관없이 그 약속을 신뢰하게 되는데, 그것은 약속이 그에게 무조건적으로 주어지는 것과 같다. 그러한 믿음은 심리적인 업적의 산물이 아니라, 순전히 스스로 받아들이는 결과다. 믿음 그 자체도 하나님의 선물이다; 하나님은 성령을 통해 인간 안에 말씀에 대한 믿음을 불러일으킨다."[137]

그러므로 루터에게는 의롭다 **선언하는 것**과 의롭게 **만드는 것** 사이에는 어떠한 분리도 있을 수 없다. 그는 죄인을 의로운 사람으로 선언하는 것을 단순히 '처럼' 판단하는 것으로 이해하지 않는다. "이 '처럼'은 인간을 변화시키지 않고 있는 그대로 남겨 놓는다. 오히려 루터는 의롭다 선언하는 판결을 창

---

136) E. Kinder, RGG³ V, 835.
137) W. Joest, Dogmatik II, 440.

조주와 구원자의 능력의 말씀으로 보았다. 창조주는 약속한 것을 또한 실현할 것이다. 하나님은 그 자신이 의롭다고 선언한 사람에게서 의가 승리하게 하실 것이다. 하나님은 인간에 대한 유효성을 부정하는 판단을 내린 죄를 인간의 현실에서 극복하실 것이다. 이러한 사건은 이미 지금 일어나고 있으며, 그러므로 그리스도는 그의 영을 통해 믿는 사람들에게 **활동하면서** 분명하게 임재하여 계신다. 물론 믿는 사람에게도 죄는 여전히 남아 있다; 죽음을 통해 그는 죄에서 완전히 벗어날 것이다. 그러나 그에 대한 죄의 지배권은 이미 무너졌고, 영은 죄를 넘어 새로운 삶을 시작하게 한다. 그러므로 자신의 구원과 관련해 진솔하게 받아들일 수 있는 믿음은 세상에서 이웃을 향해 수동적으로 머물러 있을 수 없다. 믿는다는 것은 그리스도의 생명력으로 들어가는 것이기 때문에, 믿음으로부터 사랑의 행위가 드러나는 것은 너무도 자연스러운 일이다; 진실한 믿음은 그러한 사랑의 행위 없이는 결코 존재할 수 없다고 루터는 말할 수 있다."[138]

이로써 의롭게 되었지만 동시에 죄인(simul iustus et peccator)이라는 루터의 견해가 가진 역동적인 성격이 드러났다. 그리스도의 의와 관련해 믿음의 사람은 의롭게 되었고, 그 자신의 행위와 관련해 그는 여전히 죄인이다. 그를 죄로부터 해방시킨다는 하나님의 약속은 이제 그의 삶에서 작용하여, 그가 죽을 때 완성될 것이다. 그 이전에는 오직 그리스도의 의만을 신뢰할 수 있고, 자기 자신의 의는 신뢰할 수 없다. 하나님 말씀의 새롭게 하는 능력이 삶에서 이미 작용하고 있을지라도 그렇다.[139]

이 맥락에서 우리는 루터의 말을 인용하고자 한다. 그것은 웨슬리에게도 중요했던 몇 개의 물음과 관련되어 있다. 예를 들면, 율법의 효용에 관한 물음, 믿음과 사랑의 관계에 관한 물음, 그리고 선한 행위의 필연성에 관한 물음 등이다.

> 그러므로 율법은 두 가지, 곧 믿음을 통해, 그리고 사랑을 통해 성취된다. 믿음을 통해 율법은 이 삶에서 성취된다. 하나님은 그리스도를

---

138) AaO. 440-441.
139) 루터의 로마서 강의 참조: "그러므로 그는 이미 완전해졌습니까? 아닙니다. 그는 죄인이면서 동시에 의롭게 되었습니다(simul peccator er iustus). 실제로는 죄인이지만, 하나님의 확실한 약속에 의해 의롭게 되었습니다. 하나님은 그를 해방시켜 완전하게 치유해 주고자 하십니다."(WA 56, 272, 14ff.).

통해 당분간 아무런 대가도 없이 우리가 의 혹은 율법을 성취한 것으로 인정해 주신다. 사랑을 통해 율법은 우리가 하나님의 새로운 피조물로서 완전해질 때 미래의 삶에서 이루어질 것이다. … 믿음, 영의 모든 직무와 함께 죄의 용서와 하나님의 인정이 중단될 것이다. … 그러나 우리가 죽은 자들로부터 부활해 완전해질 때까지, 당분간 우리는 새로운 피조물의 초보로서 하나님의 품에서 보호될 것이다. 이러한 초보적 시작이 실현된다면 선한 행위를 통해 드러나며, 또 우리의 소명을 확실하게 한다. 우리가 인간의 언어로 말한다면, 우리는 완성된 행위(actu perfecto)를 통해서가 아니라, 우리에게 가까이 다가오는 힘(potentia propinqua)을 통해 의롭게 된다. 그리스도가 우리 안에서 지속적으로 형성되고, 우리가 그의 형상에 따라 형성되는 그 동안 우리는 살아간다. 우리가 율법과 율법의 행위 없이 의롭게 됨에도 불구하고, 우리는 행위 없이는 믿음 안에서 살 수 없다.[140]

루터의 칭의신학을 조직화해야 하는 무거운 과제를 짊어진 것은 멜랑히톤이었다. 그러므로 루터의 칭의-'론'의 본래적인 창시자는 바로 멜랑히톤이다. 그는 칭의론을 체계화함으로써 종교개혁자들 사이에 논쟁을 불러일으킨 몇 개의 심각한 문제들을 야기했다. 아우구스부르크 신앙 고백의 제4조는 바울의 말씀을 간략하게 요약하는 반면, 1535년의 Loci에서는 상세하고 종합적인 정의를 내린다. "칭의는 죄의 용서, 재화해, 혹은 영원한 생명으로의 받아들임을 의미한다."[141] 멜랑히톤도 하나님의 받아들임을 말하는 의롭다는 선언과 영을 통하여 새롭게 함, 곧 성화를 객관적으로 밀접하게 결합되어 있는 것으로 본다. 그러나 그는 보다 명료하게 설명하기 위하여 그 둘을 분리시키려고 한다. 그러나 이렇게 "칭의와 성화를 개념적으로 구별하는 것은 … 그리스도의 자기 약속 안에서 이 둘이 갖는 내적인 맥락을 어둡게 만든다. 칭의가 **분리되어** 법적인 사면으로 이해되고, 그에 반해 성화는 칭의에 뒤따라야만 하는 어떤 것이 된다. 그리고 이 뒤따라야만 하는 '의무(Muß)'는 문제가 될 수 있다. 그것은 믿음이 자발적으로 열매를 맺어야 하는 내적인 의무인가? 그

---

140) 롬 3:28에 관한 1537년 6월 1일의 다섯 번째 논쟁, WA 39/I, 202ff.
141) CR 21, 421.

것은 의지의 의무, 곧 의롭다는 선언의 선물에 뒤따라야 할 의무인가? 이 선물에서 성화가 '뒤따라야 함'은 어떤 근거에 서 있을 수 있는가? 율법적인 도덕주의에 빠지지 않을 수 있는가?"[142]

이로써 일련의 물음들이 제기되는데, 이들은 단지 루터교회의 교리 발전에서뿐만 아니라, 웨슬리가 그의 영국성공회 대화 상대자들이나 다른 한편으로 헤른후트 형제들과 논쟁을 벌일 때에도 일정한 역할을 했다. 칼빈의 칭의론도 같은 방향으로 발전되었지만, 그는 다음과 같은 점을 더 강조했다.

> 인간은 회개와 거듭남으로써 실제로 변화되며 … 그리고 갱신과 성화, 그리고 세상에서 그리스도인들의 올바른 관계를 맺어간다. 믿음으로부터 나오는 행위는 의롭다 인정받은 사람들 때문에 역시 의롭게 되며(두 번째 의인), 또 상을 받는다.[143]

바로 여기서 웨슬리가 칼빈 자신에 근거해 영국의 '칼빈주의자들'에 반대하였다는 사실이 결코 잘못이 아님이 분명해진다. 칼빈에 의하면, 행위는 믿음으로 말미암아 의롭다 인정받음(이신칭의)으로부터 출발할 때에 "더 잘 실천되고 강화된다."고 강조한다. 그렇다면 웨슬리가 칼빈에 근거해 영국의 칼빈주의자들과 싸운 것은 매우 정당한 것이었다.

왜냐하면 우리는 모든 선한 행위들이 텅 비어 있는 믿음에 관해 꿈을 꾸는 것이 아니며, 선한 행위 없이도 설 수 있는 칭의에 관해서도 꿈을 꾸는 것이 아니기 때문이다. 차이는 단지 이런 것이다: 믿음과 선한 행위는 필연적으로 서로 관련된다고 인정할지라도, 우리는 의롭다 인정받음을 믿음의 근거에 세우는 것이지, 결코 행위의 근거에 세우는 것이 아니다. 왜 그런지에 대해 우리는 믿음이 지향하고 있으며, 또 모든 힘을 얻고 있는 그리스도를 생각만 해도 쉽게 대답할 수 있다. 왜 우리는 믿음 안에서 의롭다 인정을 받는가? 우리가 믿음 안에서 그리스도의 의를 붙잡기 때문이다. 그리스도의 의를 통해 우리

---

142) W. Joest, Dogmatik II, 443.
143) E. Kinder, RGG³ V, 837.

는 오직 그리스도와 화해한다. 그러나 우리는 동시에 성화를 붙잡지 않고서는 그리스도의 의를 붙잡을 수 없다. 왜냐하면 그리스도는 '의와 지혜와 성화와 구원을 위하여' 우리에게 주어졌기 때문이다. … 그리스도는 동시에 거룩하게 만들지 않은 사람을 결코 의롭다 하지 않으신다.[144]

그러나 우리는 가톨릭교회의 트리엔트 공의회가 발표한 칭의 교리에 대해 살펴보지 않고서 우리의 개관을 마칠 수는 없다. 웨슬리가 공의회가 발표한 교령 중 몇 개의 진술들과 가깝다는 점이 (긍정적으로든 부정적으로든) 언제나 논란이 되기 때문이다. 그러나 그 둘을 실제로 비교하는 것은 결코 쉽지 않다. 트리엔트 공의회가 한 진술들의 내용과 의도에 대한 평가가 상이하고 논란이 되기 때문이다.[145]

트리엔트 공의회의 진술들과 웨슬리의 관심이 접촉하고 있는 것으로 보이는 것은 다음 두 가지다.

a) 선행하는 은혜에 관한 구도. 이 은혜는 죄인 안에서 "구원을 선포하는 진리를 믿는 믿음을 일깨우며 … 하나님을 향한 사랑과 희망을 깨우는 첫 번째 충동과 결합된다." 공의회의 이해에 따르면, 인간은 자유로운 동의로써 하나님의 은혜와 협력해야 한다. 이는 비록 업적으로 특징지어질 수는 없지만, 종교개혁자들의 **오직 믿음으로**(sola fide)와는 대립된다.

b) 믿음으로 의롭다 인정받음은 단지 의롭다 인정받음(칭의)의 시작에 불과하다. 그러므로 믿음은 "모든 칭의의 토대와 뿌리다." 이 뿌리로부터 평생의 과정을 통해 믿음과 –선물된 의에서 나오는– 행위의 연합작용을 통해 실제적인 의롭게 됨이 일어난다.[146] 언뜻 보면, 이러한 생각은 웨슬리에게서 비슷한 구도를 발견한 것으로 보인다. 그러나 그 차이를 예리하게 보아야 할 것이다. 트리엔트에서는 믿음, 사랑, 소망이라는 기독교적인 실존의 세 가지 특징의 결합이 분명히 부가적인 것으로 이해된다. 사랑과 소망은 믿음의 뒤를 이

---

144) Calvin, Institutio chritianae religionis, 1559, Ⅲ, 16, 1.
145) W. Pannenberg, ZThK 88(1991), 237-246도 참조.
146) 엄격히 말해 트리엔트 공의회의 견해에 따르면, 오직 믿음만으로는 전혀 의롭다 함을 받지 못한다 – 시작으로서의 칭의도 받지 못한다; 믿음은 준비에 속하며, 인간은 부어진 사랑을 통해 의롭다 함을 받는다(Can 7-9; Denzinger-Hunermann, 1530-1532).

어 첨가되어야 한다. 그러나 웨슬리는 **오직 믿음으로**라는 원리를 굳게 붙잡음으로써 **오직 은혜로**(sola gratia)를 확실하게 보증하고 있음이 분명해지는데, 실천하는 사랑과 성화를 매우 강조한다는 점에서 그렇다. 트리엔트가 구원의 확신을 거부하고 있는 데 반해, 웨슬리는 그가 이중적인 칭의를 말하는 것처럼 보이는 그 곳에서도 결코 구원의 확신이라는 기본적인 믿음을 버리지 않는다는 점이 가장 분명한 차이다.[147]

전체적으로 특이한 점은, 종교개혁과 반종교개혁 시대에 문제가 되었던 근본적인 물음들이 2백 년이 지난 웨슬리 시대의 영국에서도 여전히 문제가 되고 있다는 것이다. 믿음과 행위의 관계는 신학적인 해결을 요구하는 물음을 늘 새롭게 제기한다. 물론 바울에게서처럼 모세의 율법의 효력이 더 이상 핵심이 되지 않고, 오히려 인간적 혹은 종교적인 실존의 두 가지 근본 문제들이 핵심이다. 하나님에 대한 인간의 관계에서 은혜와 행위의 관계가 그 하나이고, 이 세상에서 책임적으로 살아야 하는 삶의 토대에 관한 것이 나머지 하나다.

(3) 웨슬리의 칭의론[148]

웨슬리의 칭의 이해는 멜랑히톤의 정의에 매우 가깝다. 그에게 칭의는 "용서를 말하는 다른 단어"이며, 그러므로 "우리의 모든 죄의 용서 … 그리고 하나님이 우리를 받아들임"이다.[149] 이로써 칭의에 관한 성서의 개념에서도 중요했던 다음 두 가지 면이 웨슬리에게서 두드러지게 나타난다.

첫째, 칭의는 과거의 정화, 죄의 용서, 그리고 율법이 우리를 향하여 제기한 고발로부터의 해방이다.[150] 웨슬리는 이 측면을 강조한다. 칭의는 예수의 대리적인 죽음에 근거해 일어난다. 예수는 그의 죽음을 통해 하나님의 의를 위한 충분한 것을 행했다. 그로써 형벌은 그리스도에게 집행되었지만, 동시에 하나님의 자비를 위한 공간이 형성되었다. 하나님의 자비는 예수를 믿는 모든 사람을 의롭다고 인정한다.[151]

---

147) 이 책 356쪽 이하를 참조.
148) W. R. Cannon, The Theology of John Wesley, 1974; Williams, Theologie 52-66 참조. Subilia, Rechtfertigung 262-273은 웨슬리의 가르침의 문제점에만 너무 일방적으로 집중하기 때문에, 적절한 것으로 볼 수 없다.
149) 설교 43("성경적 구원의 길"), I, 3.
150) 설교 5("믿음에 의한 칭의"), II, 3.
151) 롬 3:26에 대한 Notes NT 참조. 롬 1:17의 Notes NT도 비슷하다: "하나님의 의는 … 동시에 정의와 자비를 포함하며, 죄를 저주하고 죄인을 의롭다 하심으로 드러난다."

둘째, 칭의는 새로운 하나님 관계를 형성한다. 이 관계의 특징은 하나님이 주시는 평화와 하나님의 영광을 향한 소망에서 생겨나는 기쁨이다.[152] 이 두 번째 측면도 역시 웨슬리에게는 매우 중요하다. 그러나 이것은 웨슬리가 거듭남과 성화에 대해 말한 것과 내용적으로 겹치기 때문에, 칭의에 관한 설명에서는 대체로 드러나지 않는다.

이 단락의 서두에서 살펴본 대로, 웨슬리는 거듭남과 성화와는 달리 칭의에서는 하나님이 **그리스도 안에서**(그러므로 우리 밖에서 extra nos) 우리를 위하여 행하신 것을 강조한다. 거듭남과 성화의 '주관적인' 성격('우리 안에서')은 칭의라는 우리를 향한 구원 사건 속에 있는 '객관적인' 성격에 근거한다. 역으로 칭의에서는 '단지' 하나님 관계의 '관계적인'[153] 변화가 일어날 뿐이다. 반면에 거듭남과 성화에서는 '실제의(real)' 변화가 일어난다. 이 차이에 대해서는 나중에 다시 언급하게 될 것이다.

1738년에 오직 믿음으로라는 원리를 발견하고 난 후 처음 얼마동안 웨슬리는 다음과 같은 말씀들을 중점적으로 선포했다.[154]

– 칭의가 성화보다 앞서는 것이고, 그 역순은 아니다. 이는 웨슬리가 지금까지 가르쳤던 것이고, 또 그와 생각을 같이하는 많은 사람들도 계속해서 언급한 것이다.

– 칭의는 하나님 없는 사람(죄인)들을 의롭다고 인정하는 것이다. 칭의는 어떠한 전제 조건도 없이 모든 사람에게 해당된다. 유일한 '조건'은 –우리가 그것을 조건이라고 말할 수 있다면– 믿음으로 칭의를 받아들이는 것이다.

– 칭의는 앞서 행해진, 혹은 뒷받침되는 행위 없이도 믿음에 근거해 일어난다. 39조항(특히 제11조)과 특히 영국 국교회의 설교 "구원에 관하여"를 형성하는 종교개혁적인 가르침은 18세기 영국에서는 별로 받아들여지지 않고 있었다. 그래서 그 점을 분명하게 말한 윗필드와 웨슬리의 설교는 강력한 항의와 저항을 받았다.[155]

그러나 곧바로 같은 운동 내부에서 논쟁이 생겼으며, 또 매우 근접해 있던

---

152) 설교 43("성경적 구원의 길"), I, 3(롬 5:1-2에 따라서).
153) 영어로는 'relative'(설교 43, I, 3).
154) 특히 설교 1("믿음으로 말미암는 구원"), II, 7; 설교 5("믿음에 의한 칭의"); 설교 6("믿음으로 얻는 의"); 설교 20("우리의 의가 되신 주"); 설교 42("사탄의 계략들") 등을 참조.
155) 이에 대해서는 W. Klaiber, Aus Glauben 320ff.과 이 곳에 언급된 자료들을 참조.

그룹들, 예를 들면 헤른후트 형제들과의 논쟁도 일어났다.[156] 논쟁의 주제들은 종교개혁 이후 논쟁들의 주제들과 연결되어 있었다. 핵심은 '믿음과 행위'라는 문제였는데, 두 가지 상이한 점에서 논쟁의 불이 붙었다. 첫째, 오직 믿음으로 의롭다고 인정을 받는 것과 행동하는 회개는 상호 어떤 관계가 있느냐는 것이다. 이 주제에 대해 우리는 이미 앞에서 논의한 바 있다. 이제는 의롭다고 인정받은 후에 행해지는 행위의 의미를 묻는 것이 첨가되었다. 이것이 두 번째 문제였다. 믿음을 위해 선한 행위는 임의적이라는 (경우에 따라서는 해롭기까지 하다는) 주장에 대해 웨슬리는 다음과 같이 주장하면서, 그의 주장은 성서적으로 유일하게 가능한 것이라고 믿었다: 의롭다고 인정받기 위해서는 어떠한 경우에도 선한 행위가 기준이 될 수는 없고, 오로지 믿음만이 기준이 된다. 그러나 믿음의 진실성과 생명력은 선한 행위 안에서 입증된다. 이 선한 행위는 하나님과 이웃을 향한 사랑으로부터 성장한 믿음의 열매이며, 그러므로 율법의 계명들을 성취한다.[157]

이 문제에서 웨슬리가 분명히 하고자 한 것은, 바르게 이해되고 실천된 '오직 믿음으로' 는 믿음 홀로 남아 있는 것이 아니라, 사랑으로 실천되고 그래서 열매를 맺는다는 것이다. 혹은 웨슬리가 말한 바와 같이, "하나님의 은혜로 의롭다 함을 받은 우리는 하나님의 은혜를 헛되이 받은 것이 아니다."[158] 여기서 웨슬리는 우리가 루터와 칼빈에게서도 발견한 바 있는 흐름을 더욱 심오하게 전개한다. 이 때 그는 경우에 따라서는 격렬한 논쟁 속에서 그 흐름에서 벗어나 행위에 근거한 칭의라는 위험한 형태에 근접해 가기도 했다.[159]

두 개의 다른 주제들이 이 맥락에 속한다. 그 하나는 '주어진 혹은 간주된 (zugerechnet)' 의와 인간에게 '심겨진(eingepflanzte) 혹은 내재하는 (innewohnende)' 의의 관계다. 이미 종교개혁 시대에 논쟁의 대상이 되었던 이 물음에서 웨슬리는 헤른후트 형제들과 칼빈주의자들의 날카로운 공격을 받았다. 그들은 인간의 마음에 내재된 의를 수용하는 것은 인간 자신의 의를 의로서 잘못 신뢰하게 될 것이라고 확신했다.

---

156) 이에 대해서는 W. S. Gunter, The Limits of "Love Divine"; Klaiber, aaO. 328ff. 참조.
157) 그러므로 웨슬리는 칭의 이전과 이후의 선한 행위에 대한 평가를 구분한다(이 책 336-337쪽의 루터의 견해와 M. Marqardt, John Wesleys "Synergismus" 참조).
158) 설교 12("우리 자신의 영의 증거"), 20.
159) 1770년의 연회록을 참조(Large Minutes Q. 77, Works VIII, 377; 이에 대해서는 Gunter, Limits, 251-266 참조).

"주님은 우리의 의"라는 설교에서 웨슬리는 이러한 비난에 대해 논의한다. '내재하는' 의는 우리가 하나님께 받아들여지는 조건이나 근거가 아니라, 그 열매다. 이러한 의는 주어진 의의 위치에 올 수는 없고, 단지 그 결과다. 웨슬리는 이렇게 말한다.

> 나는 하나님께서 그가 의를 주는 모든 사람에게 의를 *심는다*고 믿는다. '하나님은 예수 그리스도를' 우리의 의가 되게 하신 것처럼 '우리의 성화가 되게 하셨음'을 나는 믿는다; 그러므로 하나님은 그를 믿는 모든 사람을 거룩하게 하시며 의롭게 하심을 믿는다. 그리스도의 의가 주어진 사람은 그리스도의 영을 통해 의롭게 된다. 그런 사람은 하나님의 동일형상에 따라 새롭게 되었다. '그 형상은 그 사람이 의와 진정한 거룩함으로 창조되었던 그 형상이다.'[160]

> 그러므로 그리스도의 의는 "우리의 모든 소망의 유일하고 완전한 근거이며", 믿음도 그 자리를 대체하지 못한다. "성령은 믿음을 통해 이 근거 위에 우리를 세운다. 하나님은 이 믿음을 선물로 주시며, 그럼으로써 우리는 하나님에게 받아들여진다 - 이 믿음에 근거해서가 아니라, 그리스도가 우리를 위하여 행하시고 고난 받으신 것에 근거해서 그렇다.

다른 한 주제는 그리스도인의 삶의 시작과 목표에서 일어나는 이중적인 칭의 문제인데, 이에 대한 웨슬리의 입장을 평가하는 것은 더욱 어렵다. 1739년에 웨슬리는 어떤 형태이든 이중적인 칭의 구도를 거부했다.[161] 그에 반해 야고보서 2:21을 해설하면서는 이중적인 칭의를 말하는 것처럼 보인다. 그리스도인으로서 살아가는 초기에는 바울이 말한 오직 믿음으로 의롭다 함을 받지만, 나중에는 야고보가 말하는 믿음에 뒤따르는 행위에 근거하여 의롭다고 인정을 받는 것이라고 말하는 것처럼 보이기 때문이다.

---

160) 설교 20("우리의 의가 되신 주"), 12-13; 더 나아가 설교 29("산상설교 IX"), 21; 고후 5:21의 Notes NT 도 참조.
161) 1739년 12월 17일 자 Journal.

그러므로 야고보서에서는 행위로 인한 칭의는 바울이 말한 오직 믿음으로 인한 칭의가 가져오는 열매다.[162]

웨슬리의 마지막 설교들에 속하며, 그가 죽은 직후 1791년 3월에 출판되었고, 또 그에 의해 의도적으로 그의 유언처럼 알려진 "혼인 예복에 관하여"라는 설교에서 웨슬리는 극히 분명하게 거룩함은 '혼인 예복'이라고 강조한다. 이 예복은 마지막 심판의 날에 매우 중요하게 될 것이다. 오직 믿음으로 인한 칭의와 히브리서 12:24의 말씀, 곧 "거룩하지 않고는 아무도 주를 보지 못할 것이다."라는 말씀은 상치되지 않는다. 믿음은 성화를 대체할 수 없다. 왜냐하면 그리스도 안에서는 오직 사랑으로 활동하는 믿음만이 유효하기 때문이다.[163] 여기서 웨슬리가 답하고자 했던 물음은 성서의 메시지에 깊이 뿌리박고 있는 문제였다. 이는 바울과 야고보의 진술 사이에 있는 모순에서 기인된 것만은 아니다. 이 문제는 바울에게서도 찾을 수 있는데, 그것은 오직 믿음으로 인한 칭의와 행위에 따른 심판이라는 체계적으로는 해결하기 어려운 긴장 속에서 보게 된다. 바울은 믿는 사람들의 궁극적인 구원은 아직 결정되지 않았고 완성되지 않았다고 강조하지만, 그렇다고 이중적인 -은혜와 믿음에 근거해 일어나는 칭의와 열매를 맺음으로써 믿음을 보존하는 것에 근거하는 칭의- 칭의론을 전개하지도 않았다. 행위에 따라 심판을 받는다는 말씀은 은혜로 말미암아 의롭다 함을 받는다는 칭의 메시지 속에서, 믿음과 성령 안에서 깨달아 짊어져야 할 책임이라는 측면으로 통합되어야 한다.(그리고 통합될 수 있다)

그러므로 웨슬리의 이러한 마지막 말씀에서 볼 때, 내용적으로 이중적인 칭의론을 말하지 않았다. 그에게 중요한 것은 인간을 향한 하나님의 구원 활동의 전체적인 측면이었다. 하나님의 사랑은 인간 안에 믿음을 불러일으킨다. 믿음은 사람을 통해 사랑으로 작용한다. 믿는 사람의 추가적인 업적이나 행위가 중요한 문제는 아니다. 인간을 향한, 그리고 인간 안에 있는 하나님의 구원 활동을 전체적으로 적절하게 이해하는 것이 웨슬리의 핵심적인 관심사

---

162) 약 2:21의 Notes NT. 근래에 J. Jeremias, Paul and James, ExT 66, 1954-55, 368-371도 그렇게 주장한다.
163) 설교 145("결혼 예복에 대하여"), 18.

였다. 이러한 흐름 속에서 웨슬리는 오직 믿음으로 의롭다고 인정을 받는다는 칭의를 선포한 50년 이상의 복음적인 활동의 연속성을 강조한다. 경우에 따라서는 *교회가 설 수도 있고 넘어질 수도 있는 믿음의 조항*(articulus stantis et cadentis ecclesiae)이라는 그 성격을 바라보는 시각이 흔들리는 것처럼 보일 때도 있지만, 그는 항상 오직 믿음으로 의롭다 함을 받는다는 칭의 메시지를 굳게 붙잡고 있었다.[164]

웨슬리가 활동할 당시 이 물음을 둘러싼 논쟁을 살펴보면, 이는 신학자들 사이의 학문적인 논쟁이라는 인상을 받을 수 있다. 그러므로 이러한 칭의 메시지가 웨슬리의 선포에서 얼마나 뜨거운 것이었고, 또 생명력 있는 것이었는지를 하나의 예를 들어 볼 수 있다.

> 이러한 말을 듣고 또 읽는 당신, 죄 많고 무력하며 비참한 죄인인 당신, 나는 당신에게 모든 사람의 심판자이신 하나님 앞에서 명령합니다. 당신의 모든 불경건을 가진 그대로 똑바로 하나님 앞으로 나아가십시오. 당신의 얼마간의 의를 주장함으로써 당신의 영혼을 파멸시키지 않게 조심하십시오. 전적으로 불경건한, 죄 많은, 잃어버려진, 멸망되어 있는, 지옥에 해당하며 그래서 지옥으로 떨어져 가고 있는 사람 그대로 가십시오. 그 때에 당신은 호의로써 하나님께 영접되고, 또 하나님이 불경건한 자를 의롭다 하시는 사실을 알 것입니다. 이러한 자로서, 즉 무력하고 저주받은 죄인으로서 당신은 부어진 피의 곁으로 데려가지지 않으면 안 됩니다. 이렇게 해서 예수를 바라보십시오. 당신의 죄를 제거하시는 하나님의 어린 양입니다. 당신 자신의 행위나 올바름을 주장해서는 안 됩니다. 당신 자신의 겸손도 뉘우침도 진지함도 주장해서는 안 됩니다. 결코 주장해서는 안 됩니다. 만일 주장한다면, 당신을 구속해 주신 주를 거절하는 일이 됩니다. 그렇지 않고 단순히 계약의 피를, 당신의 교만하고 완고하며 죄 많은 영혼을 위해 지불하신 속량의 피만을 주장하십시오. 이제 당신의 내적, 외적인 불경건을 보고 느끼는 그 당신 자신은 도대체 누구입니까? 당신이 그 인물입니다. 나는 당신을 나의 주를 위하여 원합니다. 나는

---

164) 설교 20("우리의 의가 되신 주"), 4와 1767년 12월 30일 자의 Journal을 비교.

당신에게 신앙에 의한 하나님의 자녀가 될 것을 촉구합니다. 주는 당신을 필요로 하십니다. 바로 지옥에 합당하다고 느끼고 있는 그런 당신이 하나님의 영광을 촉진하는 데 합당한 것입니다. 즉 불경건한 자, 또 행한 것이 없는 자를 의롭다 하시는 하나님의 자유로우신 은혜의 영광을 촉진하는 것입니다. 자, 빨리 오십시오. 주 예수를 믿으십시오. 그 때에 당신과 같은 사람이라도 하나님과 화해하는 것입니다.[165]

(4) 오늘날의 칭의 메시지

이러한 웨슬리의 인용문으로써 우리는 그의 시대와 우리 시대의 신학적인 의식 상태에 있는 분명한 차이를 볼 수 있다. 하나님 앞에서 어떻게 설 수 있을 것인지가 현대인들을 움직이는 가장 커다란 걱정이 아니다. 그것은 그들이 세속적인 환경에서 자랐든 혹은 기독교 사회에서 자랐든 상관없이 그렇다. 우리는 특별한 형태의 복음적인 설교를 통해 그러한 의식을 강요하고자 시도했지만, 그러한 방법이 가져온 결과는 믿음으로 의롭다 함을 받는다는 선포를 위해서는 오히려 비생산적이었다.

그것은 바로 세계 루터교회 연맹의 결론이었다. 세계 루터교회 연맹은 제4회 세계대회와 그것을 준비하는 연구 작업의 결과로서, 현대인의 의식 상태에는 칭의론을 선포하기 위한 기초적인 전제가 결여되어 있는 것처럼 보인다는 확실한 결론에 도달하게 되었다.

> 오늘의 인간은 더 이상 '어떻게 내가 은혜로우신 하나님을 더듬어 만날 수 있을까?' 라고 묻지 않는다. 그는 더 철저하고, 더 기초적인 물음을 제기한다. 곧 그는 하나님 그 자체에 대해 묻는다: 하나님, 당신은 어디에 계십니까? 현대인은 하나님의 진노 아래서만 고통을 받지 않고, 하나님이 없다는 생각으로 고통을 받는다; 그는 그의 죄에 대해서만 고통을 받는 것이 아니라, 그의 삶의 무의미성 앞에서 고통을 받는다; 그는 더 이상 은혜로우신 하나님에 대해 묻지 않고, 하나님이 실제로 존재하는지에 대해 묻는다.[166]

---

165) 설교 5("믿음에 의한 칭의"), IV, 9.
166) W. Mostert, Ist die Frage nach der Existenz Gottes wirklich radikaler als die Frage nach dem gnadigen Gott?, ZThk 74, 1977, 86에서 인용. 이 논문은 이어지는 우리의 설명에도 자극을 주었다.

이러한 확신은 열띤 토론을 유발했고, 거기에는 부분적으로는 현대의 성서 주석의 성과들도 한몫을 했으며, 또 칭의 메시지를 우리 시대에 이해하기 위한 몇 가지 신학적인 강조가 생산되기도 했다. 그러나 그것이 칭의 메시지를 현대인에게 선포하기 위한 실천적인 결과들을 가져왔는지에 대해서는 말하기 어렵다.

우리는 몇 가지 결과들을 세 가지 측면으로 요약해 본다.

① 위의 인용문에 요약된 분석을 매우 진지하게 받아들인다면, 칭의 메시지로부터 오늘의 선포를 위한 몇 가지 중요한 자극을 얻게 된다. 현대인의 '더 철저하고, 더 기초적인' 물음, 곧 "과연 하나님은 계시는가?"라는 물음은 "한 분 하나님이 계시는가?"라는 물음으로 끝나지 않는다. 그것은 오히려 하나님은 우리와 관계를 맺으시는가, '우리를 위한 하나님'이 계신가, 혹은 하나님은 과연 체험할 수 있는가라는 물음이다. 바로 이것은 성서가 전체적으로 말하고 있는 칭의론이 선포하는 메시지다. '은혜로우신 하나님'에 관한 말씀은 '은혜'라는 성서 개념과 관련해 이해하면, 단지 우리의 죄를 용서하시는 하나님에 관한 메시지일 뿐만 아니라, 감추어져 있음에서 벗어나 그의 능력과 본질의 아름다움으로써 인간을 찾아오시는 하나님에 관한 메시지이기도 하다. 동시에 칭의 메시지는 인간의 증오와 하나님 없음으로 고통 받는 사람들을 예수의 죽음에서 자기편으로 세우시는 하나님에 관한 메시지이기도 하다. 칭의 메시지는 분명한 고난 앞에서 하나님은 무엇을 하고 계시냐고 묻는 질문에 대한 응답이기도 하다. 예수 그리스도는 하나님의 사랑을 증오와 죽음으로 가득 찬 세상으로 가져왔고, 또 그의 죽음을 통해 그 사랑을 보존하였으며, 부활을 통해 우리를 위하여 계시는 하나님의 말씀을 우리 가운데 세우셨다는 것이야말로 모든 사람, 곧 '하나님이 결여'된 삶으로 인해 파멸의 위기에 처한 모든 사람에게 '하나님의 의'가 나타났다는 메시지다.[167]

아마도 어느 경우에는 우리가 칭의 메시지를 선포할 때 주요 본문은 로마서 3:21-31이 아니라, 로마서 8:31-39가 되어야 할 것이다. 그러나 어느 경우라도 우리는 칭의는 죄악 된 과거를 정결하게 하는 것만이 아니라, -물론 그것을 포함해- 새로운 관계, 곧 하나님이 우리에게 주시는 교제의 삶이라는

---

[167] W. Klaiber, Wo Leben wieder Leben ist, 34-46 참조.

것을 분명히 해야 한다.[168]

② 우리가 오늘날 처한 또 다른 역설적인 상황이 있는데, 그것은 행위로 의롭다고 인정을 받는다는 물음은 신학적으로 죽어 버린 것으로 보인다는 것이다. 그것은 누구에 의해서도 주장되지 않으며, 기껏해야 너무 지나치게 봉사활동이나 혹은 사회정치적인 활동을 강조하는 것으로 보이는 기독교 그룹을 비난하기 위하여 사용될 뿐이다. 우리가 살고 있는 모든 사회는 인간 삶의 가치와 의미가 무엇을 행하느냐, 어떤 업적을 세우느냐, 혹은 무엇을 소유하고 있느냐에 따라 결정된다는 확신으로 가득 차 있는 것처럼 보인다. 자신의 삶을 성공적으로 살아온 사람(homo faber)이 그 어느 때보다도 우리 사회의 지도적인 위치를 차지한다. 이는 특별한 여성들이 남성적으로 형성된 자기 가치 구현의 형태에 대해 제기하는 항의에도 불구하고 여전히 그렇다. 외면적으로 볼 때, 현대인의 삶의 이러한 근본적인 모습은 전적으로 세속적인 것으로 드러나며, 경우에 따라서는 종교적으로 치장되기도 한다. 그러나 대다수는 하나님 앞에서 삶이 인정받느냐는 물음을 제기하지는 않는다. 그러나 실존적으로 그러한 물음은 깊은 종교적 현상으로서, 삶의 가치 평가와 의미 부여, 그리고 인정에 대한 '마지막' 물음이다. 세속화된 형태의 이 물음은 그리스도인들에게도 결정적인 영향을 끼친다. 예민한 사람들, 가령 노인들, 장애인들, 병자들, 그리고 적지 않은 여자들과 종종 생각이 있는 어린아이들은 큰 아픔을 느낀다. 업적이나 성공 여부에 따라 삶의 가치가 결정되어 버리기 때문이다. 그들은 문자 그대로 무능한 사람들로 거부되어 버림으로써 고통을 겪을 수밖에 없다.

하나님 없이, 혹은 하나님에 대항해 자기를 인정하려는 것이 인간의 근본적인 죄이고, 더구나 바로 오늘날은 죄의 결과다. 그래서 자기 인정을 할 수 없는 사람들뿐만 아니라, 스스로 자기의 삶을 정당화할 수 있다고 믿는 사람들까지도 그 결과로써 파멸되어 간다. 이러한 우리의 분석이 옳다면, 우리의 시대에는 오직 은혜로만 의롭다고 인정을 받는다는 설교보다 더 시급한 메시지는 없다. 물론 여전히 필요한 것은, 실패한 사람들과 성공한 사람들, 스스로 만족하는 사람들과 스스로 절망하고 의심하는 사람들과 더불어 그들의 삶

---

168) 이 맥락에서 칭의론을 '존재론적'으로 해석하는 W. Härle/E. Herms, Rechtfertigung, UTB 1016, 1980, 53ff. 참조. 그리고 J. Moltmann, Der Geist des Lebens, 169 이하도 참조.

을 하나님께서 받아들이셨다는 것이 무엇을 의미하는지를 해독하는 것이다. 그 의미는 해방이다. 삶의 가치는 우리 행위의 '성과'에 놓여 있는 것도 아니고, 혹은 성취되지 못한 업적에서 좌절되는 것도 아니라, 우리를 향한 하나님의 사랑에 근거된 것이라는 해방이다. 삶의 의미는 소유의 있고 없음에서 결정되는 것이 아니라, 우리의 삶은 하나님 안에 그 목표가 있다는 은혜다.

이렇게 받아들여졌음을 무신론적인 현대인들에게 '무신론적으로' 일깨우려는 시도는 너무 경솔한 것이다.[169] 칭의 메시지는 우리에게 하나님을 은혜로우신 상대방으로, 그러므로 우리 시대의 알려지지 않고 감추어진 신들로부터 전적으로 해방된 분으로 계시한다.

③ 성서의 시각에서 칭의는 인간을 향한 하나님의 포괄적인, 창조적인, 그리고 역동적인 구원 활동이다. 루터와 웨슬리는 각기 그들 나름의 방식으로 이 점을 매우 분명하게 설명했다. 죄의 용서와 과거의 정화는 오늘날에도 여전히 중요한 이 사건의 한 측면이지만, 전부는 아니다. 우리가 믿음 안에서 받아들일 수 있는 하나님과의 화해라는 선물이 더 넓은 측면이다. 하나님에 대한 뿌리 깊은 불신과 자기 자신의 삶에 대한 공포 —이는 하나님 없는, 그리고 하나님을 대항하는 삶의 충동이 되었다— 를 대신해, 하나님 안에 있는 '근원적 신뢰'가 자리 잡는다. 이 신뢰는 우리의 감정, 생각, 그리고 행동의 믿음직한 토대가 된다. 그리스도 안에 있는 하나님의 현재는 우리의 실존의 기초가 되며, 또 삶의 영역이 된다. 이 영역 안에서 과거는 극복되고, 미래는 열리며, 우리 자신과 그리고 이웃과의 화해가 성장한다.

자기 자신으로부터의 해방, 그리고 동시에 하나님의 상대방으로서 자기 자신을 향한 해방으로서 칭의 사건은 언제나 사회적인 차원과 윤리적인 차원이 존재한다. 이 차원들은 그리스도의 희생적인 죽음에 근거한 것이며, 또 그 희생으로부터 전개된다. 바로 여기에 감사에 찬 행동과 용납이 자리 잡고 있으며, 이웃을 향한 염려와 하나님께서 자기 삶에 주신 것을 기뻐하는 즐거움이 있다.

---

[169] 다시 말해 이 시도는 하나님이 받아들이셨음을 인간 스스로에 의해 받아들임으로 설명하는 것이다; H. Braun, Jesus, 1984, 133f.에서 눅 18:9-14에 대해 그렇게 해석한다. 세리는 "스스로를 받아들인다, 그래서 … 하나님에 의해 용납되었음을 실현한다. 여기서 하나님은 이러한 자기 용납의 근거가 되지 않는다. 오히려 하나님은 여기서 실현된 사건이다."

2) 하나님으로 인한 새로운 삶 - 거듭남(혹은 再生)

거듭남이라는 주제는 웨슬리의 신학과 선포에서는 핵심적인 위치를 차지한다. 그렇다고 모든 것을 지배하는 주제는 아니지만, 인간을 향한 하나님의 구원 활동을 전체적으로 이해하기 위한 신학적인 '접촉점'이다. 거듭남은 일면으로는 칭의와, 다른 일면으로는 성화와 밀접한 관계 속에서 표현된다. 거듭남은 은혜 아래서 삶을 실질적으로 새롭게 형성하는 근거이며 시작이다. 그러므로 거듭남은 웨슬리의 신학에서 핵심이다. 거듭남의 의미를 설명하면서 웨슬리는 대부분 직접 신약성서의 말씀들과 연결시킨다. 웨슬리 이전에는 거듭남이라는 가르침의 윤곽을 잡아 놓은 사람이 별로 없었고, 그래서 그가 의지할 만한 사람이 없었다.

(1) 신약성서에서 거듭남[170]

신약성서는 거듭남에 관해 상세하게 설명하지 않는다. 그러나 거듭남에 관해 말하는 몇몇 구절들은 '대표적인 성격'이 있다. 이는 특히 신학사적으로 가장 영향력 있는 요한복음 3:3, 5에서 그렇다.[171] 니고데모가 직접 묻지는 않지만, 전제하는 물음은 "하나님의 나라에 들어가기 위해 내가 무엇을 행해야 하는가?"이고, 이 전제된 질문에 예수는 이렇게 답한다.

> 누구든지 물과 영으로 새롭게 태어나지 않고는 하나님의 나라에 들어갈 수 없다.

헬라어 본문의 '새롭게 태어나다.'라는 표현에는 다른 의미, 곧 '위로부터(=하나님에 의해) 태어나다.'를 의미할 수 있는 어희(語戱)가 작용한다. 하나님과 만나기 위해서는 하나님 자신만이 주실 수 있는 새로운 인간이 되어야 한다. 이는 '물과 영'을 통해 일어난다. 그러므로 예수가 세례를 받아야 했던 그

---

170) L. Goppelt, RGG³ Ⅳ, 1697-99 참조.
171) 요 3:3의 배후에는 전승사적으로 마 18:3에 나오는 예수의 말씀이 있다. 마태의 구절은 아람어 원형으로는 다음과 같이 번역할 수 있을 것이다: "너희가 다시 어린아이와 같이 된다면…"(J. Jeremias, Neutestamentliche Theologie I, 154). 어린아이처럼 된다는 것은 하나님 앞에서 새로운 실존이 된다는 것과 같은 표현이다.

의 죽음의 운명에 참여한다는 외적인 표시인 세례를 받고, 또 인간을 내부로부터 새롭게 변화시키는 영을 받음으로써 인간은 새로운 실존이 될 수 있다. 요한복음 3:9-21에 따르면, 하나님이 작용하시는 위로부터의 출생에 합당한 인간의 자세는 오직 믿음뿐이다.[172]

우리는 요한의 문헌에서 이러한 기본적인 확신을 거듭 발견한다. 예수 그리스도를 하나님의 말씀으로 받아들이는 사람들에게는 하나님의 자녀가 되는 권세가 주어진다. 그들은 하나님에 의해 태어난 사람들이다(요 1:12-13). 요한일서 2:29; 3:9; 4:7에 의하면, 어떤 사람이 하나님에 의해 태어난 자녀인지 여부는, 그가 특히 죄로부터 돌아섰는지, 그리고 그에게 사랑이 있는지 여부에서 입증된다.

베드로전서의 몇 구절에도 '거듭나다.'라는 개념이 나타난다. 그리스도인들은 산 소망으로 거듭났다(1:3). 그들은 '썩어질 씨'로가 아니라, '하나님의 살아 있는 말씀'으로(1:23) 거듭났으며, '새로 태어난 자녀들'처럼 복음의 영적인 음식으로 항상 양육되고, 그래서 구원에 이르기까지 자라나야 한다.(2:2)

디도서 3:5도 중요한 구절이다. 이 말씀은 거듭남의 씻음과 성령 안에서 새롭게 하심을 통한(행위에 근거해 의롭다 인정받는다는 생각에 강하게 맞서) 그리스도인들의 구원에 관해 말한다. 요한복음 3:5와 같이 이 구절도 세례와 영 받음을, 구원을 받기 위하여 인간이 전적으로 변화되는 수단으로 본다.[173]

새로운 출생이라는 생각은 그리스도인들이 어린아이로 남아 있다고 (때로는 비난하는) 확인하는 말에도 담겨 있다(고전 3:1-2; 히 5:12-13). 그에 반해 하나님의 자녀라는 주제가 항상 새로운 출생과 결합되어 있는 것은 아니다. 갈라디아서 4:5 이하와 로마서 8:14 이하는 하나님의 자녀로 받아들여졌음을 설명하기 위해 거듭남 대신 양자 개념을 사용한다.

넓은 의미에서는 '새로운 피조물(고후 5:17; 갈 6:15)'과 '새 사람'을 입는다(엡 4:24; 골 3:10)는 바울의 말씀도 거듭남의 주제에 속한다. 그러므로 '거듭남'이라는 개념은 신약성서에는 소수의 구절들에만 사용되고 있지만, 그로써 말하려는 내용은 신약성서의 전체적인 증언과 내적으로 연결되어 있다. 하나

---

172) Goppelt, RGG³ IV, 1698.
173) N. Brox, Pastoralbriefe, RNT 7, 2, 해당 구절 주석 참조.

님께서 인간을 받아들이심으로써 인간실존을 창조적으로 새롭게 형성하셨다는 것이 그 핵심이다. 거듭남은 인간이 믿음으로 하나님을 받아들일 때, 하나님께서 -오직 하나님만이- 그 사람에게 행하신 일이 무엇인지를 말해 준다. 하나님이 인간에게 열어 놓으신 교제는 새로운 실존을 가능하게 하며, 또 하나님의 영으로 창조된 새로운 실존은 하나님과 더불어 살기 위한 전제가 된다.

(2) 거듭남에 관한 웨슬리의 가르침

이미 살펴보았듯이, 웨슬리는 칭의와 거듭남의 밀접한 관계를, 더 나아가 이 둘이 시간적으로 서로 맞물려 있음을 강조하기도 하며, 다른 한편으로는 생각을 명료하게 하기 위해 칭의와 거듭남의 객관적인 순서를 분명히 해야 할 필요가 있다고 강조하기도 한다. 그에게 칭의와 거듭남은 '동일한 내용을 말하는 상이한 표현'만은 아니다. 물론 "의롭다고 인정받은 사람은 모두 거듭난 사람이고, 거듭난 사람은 모두 의롭다고 인정받은 사람이다"; "그리고 이 두 가지 하나님의 선물은 모든 믿는 사람에게 동시에 주어진다." 그러므로 '칭의와 거듭남은 시간적으로 분리될 수 없음'을 인정한다고 하더라도, 본질 면에서는 구별된다.

> 그것들은 그 본질상 분명하게 구분되어야 한다. 칭의는 관계의 변화를 의미하며, 거듭남은 본질의 변형을 의미한다. 하나님이 우리를 의롭다고 인정하신다면, 하나님은 우리를 *위하여* 그렇게 하신다. 거듭남에서 하나님은 우리 *안에서* 활동하신다. 칭의는 우리의 외적인 하나님 관계를 변화시켜 우리를 원수에서 자녀가 되게 한다. 거듭남을 통해 우리 영혼의 가장 깊은 내면이 변형됨으로써, 우리는 죄인으로부터 성도가 된다. 하나에서는 우리가 하나님의 기쁨 속으로 옮겨가고, 다른 하나에서는 하나님의 동일형상으로 옮겨간다. 하나에서는 죄의 질책이 제거되고, 다른 하나에서는 죄의 세력이 제거된다. 그러므로 두 사건은 시간적으로 함께 속하지만, 그 본질에서는 전혀 다르다.[174]

---

174) 설교 19("하나님께로부터 난 자의 특권"), 2. 설교 45("광야의 상태"), 1도 참조. W. Joest, RGG³ VI, 1699f.도 참조: 거듭남은 '새로운 삶의 창조'라는 거듭남의 본질에 관한 시각에서 구원의 *전체를* 생각한다. Moltmann, Der Geist des Lebens 161ff.은 칭의와 거듭남을 상이하게 배열해서 논의하고 있는 것도 참조.

웨슬리는 거듭남이 **절대로 필요하다**는 것을 말하기 위하여 거듭남의 **목표**가 무엇인지를 설명한다.[175] 인간은 하나님과 더불어 살아야 하는 삶으로부터 타락하여 하나님의 동일형상으로 살아야 하는 본질을 상실하였기 때문에, 하나님의 동일형상이 회복되어야 하는 것은 필연적이다. 그렇게 해야만 인간은 하나님과 더불어 살 수 있다. 하나님의 동일형상의 회복이 바로 거듭남의 목표이며, 거듭남이 절대로 일어나야 할 사건임을 말해 준다.

웨슬리는 거듭남의 **본질**을 자연적 출생 과정과 비교하면서 매우 인상적으로 설명한다.[176] 모태에 있는, 곧 태어나지 않은 아이도 이 세상에서 살고 있으며, 그러므로 눈과 귀가 있지만 이 세상에 관해서는 아직 아무것도 인식하지 않고 있는 것과 같이 거듭나기 이전의 사람도 그렇다. 그는 하나님을 알 수 있는 모든 전제를 하나님으로부터 받았으며, '생명이 가지고 있는 모든 것이 살고, 움직이고, 존재하는' 그것에 의해 전적으로 둘러싸여 있다. 그럼에도 그는 하나님을 알지 못한다. 그는 '하나님의 현존을 전혀 느끼지 못하고 의식하지도 못하며', 또 '신적인 것에 대해서는 아무런 이해도 없다.' '그의 마음의 눈은 잠겨 있어' 하나님의 영에 관해서는 전혀 보지 못한다.

자연적인 출생에서와 같이 이 모든 것은 인간의 신생(거듭남)과 더불어 변화된다. 그의 마음의 눈이 열린다.

> 그래서 그는 하나님이 죄인인 그에게 은혜를 베푸셔서, 그의 사랑의 아들을 통해 화해하고 계심을 안다. 하나님의 용서하시는 사랑과 그의 '신실하고 위대한 약속들'을 분명히 알게 된다. … 그의 귀는 이제 열려서, 하나님의 소리는 이제 더 이상 헛되이 발하지 않는다. 그는 하나님의 부르심을 듣고 순종한다; "그는 그의 목자의 음성을 듣는다." … 그는 이제 하나님의 평화가 무엇인지, 성령 안에서 기쁨이 무엇인지, 예수 그리스도를 통해 하나님을 믿는 사람들의 마음에 부어지는 하나님의 사랑이 무엇인지를 안다.[177]

웨슬리는 거듭남의 본질을 다음과 같이 요약하여 설명한다.

---

175) 설교 45("신생"), I.
176) 설교 45, II.
177) 설교 45, II, 4.

거듭남은 하나님께서 영혼을 살리고자 하실 때, 죄의 죽음으로부터 의의 생명으로 살려내고자 하실 때, 하나님께서 영혼 속에서 일으키시는 위대한 변화다. 거듭남은 영혼이 '그리스도 안에서 새롭게 창조될 때', 하나님의 형상에 따라 의와 거룩함으로 '새롭게 될' 때, 하나님의 전능한 영을 통해 전체 영혼에서 일어나는 변화다.[178]

거듭난 사람들만이 진정한 그리스도인들이기 때문에, 거듭난 사람들에게서 확인할 수 있는 '거듭남의 **특징**[179]은 원칙적으로는 그리스도인의 근본적인 특징이다. 그것은 곧 믿음, 소망, 사랑이다. 그러나 거듭남의 사건을 통해 이러한 특징이 확실하게 주어진다. 믿음은 하나님과의 매우 밀접한 교제의 삶으로 인도하여 그리스도인을 죄의 강요로부터 벗어나게 하는 살아 있는 믿음이다(요일 3:9 참조). 거듭난 그리스도인에게 충만한 소망은 그에게 하나님의 자녀가 되고, 또 영원한 영광의 상속자가 되는 약속을 주는 하나님의 영이 그의 마음에 심어 준 소망이다. 사랑은 하나님과 이웃을 향한 사랑으로서, 더 이상 외적인 계명을 통해 강요될 필요가 없는, 그러나 하나님의 사랑으로 충만해져서 자유로운 복종 가운데 하나님과 이웃이 원하는 것을 행하는 사랑이다.

거듭남의 목표는 왜 반드시 거듭나야 하는지, 그 필연성의 근거로부터 생겨난다. 거듭남의 목표는 거룩함, 곧 하나님과 일치하여 사는 삶이다.

> 왜냐하면 복음에 따르면 거룩함은 마음에 새겨진 하나님의 동일형상보다 덜 중요한 것이 아니기 때문이다. 거룩함은 전적으로 '예수 그리스도의 모습'이다. 왜냐하면 '거룩함 없이는 누구도 주를 보지 못할 것이기' 때문이다. … 우리는 영원한 구원을 위해 반드시 거듭나야 한다.[180]

그러나 웨슬리는 거의 비슷한 의미에서 성화와 함께 '이 세상에서의 행복'을 거듭남의 목표로 제시한다.[181] 인간이 하나님과 화해하게 되면, 그 때 그는

---

178) 설교 45, II, 5.
179) 설교 18("신생의 표적").
180) 설교 45("신생"), III, 1-2.
181) 설교 45, III, 3.

그 자신 안에 평안을 찾는다. 이것이야말로 진정한 행복이고, 그 행복은 거듭남을 통해 인간에게 주어진다.

거듭남에 관한 그의 설교 마지막에 웨슬리는 청중에게 거듭해서 "당신은 거듭나야만 합니다!"[182]라고 강조했다. 자기 삶의 근본적인 변화와 갱신 없이는 하나님과의 교제는 불가능하기 때문에, 거듭나야 한다는 이러한 복음의 요청 앞에서 세례를 받았다거나 경건한 행위를 했다거나 자비 행위를 행했다고 내세우는 것은 별로 도움이 되지 못한다. 다음과 같이 촉구할 수 있을 뿐이다: 당신은 당신의 삶이 하나님에 의해 전적으로 새로워지게 해야 한다; 당신은 거듭나야 한다. 그러나 인간은 스스로의 힘으로는 거듭날 수 없다. 인간이 행할 수 있는 것은, 거듭나는 선물을 기도하면서 하나님께 자신을 전적으로 맡기는 것 이외의 다른 것이 아니다.

(3) 세례, 거듭남, 그리고 회심

웨슬리의 신학적인 표현들은 부분적으로는 수십 년 동안 변함이 없었지만, 세례와 거듭남의 문제에서는 특이하게도 흔들렸다.[183] 1748년에 발표된 '거듭남의 특징'에 관한 그의 설교에서 웨슬리는 거듭남의 특권은 "일반적으로 세례와 결합되어 있다."[184]고 말했다. 또 1756년에 그 자신의 이름으로 출판된 세례에 관한 그의 아버지의 논문에서도 그는 세례의 거듭남에 관한 영국 국교회의 가르침을 ('부드러운' 형식으로) 주장했다.[185] 그러나 이미 언급한 바 있는 '거듭남의 특징'에 관한 설교에서 웨슬리는 그의 청중이 세례의 거듭남에 의지하는 것과 "세례에서 거듭났다는 부러진 갈대막대기"에 의지하는 것에 대해 경고했다.[186]

1760년에 처음으로 발표한 설교 "거듭남"에서 웨슬리는 '세례는 거듭남이 아니다.'라는 것을 분명하게 말하면서, 세례는 영국 국교회의 가르침에 따라서도 거듭남이 아니며, 단지 '내적인, 영적인 은혜', 곧 '죄가 죽었다.' 그리

---

182) 설교 45, IV, 4; IV, 2ff.
183) Williams, Theologie, 102-108; R. Cushman, "Baptism and the Family of God". In: Kirkpatrick(ed.), The Doctrine of the Church, 79-102; O. Borgen, John Wesley on the Sacraments 참조.
184) 설교 18("신생의 표적"), 1.
185) A Trestise on Baptism, Works³ X, 188-201.
186) 설교 18("신생의 표적"), IV, 5.

고 '의를 위하여 거듭났다.'는 것의 '겉으로 드러나는 표시'일 뿐이라고 주장했다.[187] 영국 국교회의 39조항 중에서 27번째 조항(감리교회의 신앙 고백 17번)을 축약해 웨슬리는 다음과 같이 말한다. 세례는 "거듭남이나 새로 남의 표시이기도 하다."

세례에서 거듭난다는 생각은 문제가 있으며 위험하다는 것은 복음적인 실천에서 웨슬리에게는 매우 분명했다. 왜냐하면 세례 받았다는 거의 모든 사람의 영적인 상태가 거듭난 그리스도인의 본질의 어떠한 모습도 보여 주지 않으며, 또 세례를 의지하는 것은 복음이 약속하고 요청하는 것을 피하기 위한 위험한 면역성을 의미할 뿐이기 때문이다. 그러나 웨슬리는 세례에서 받은 거듭남의 은혜를 놓칠 수도 있으며, 그래서 새로운 거듭남이 필요하다는 생각과 세례는 믿음으로 체험하는 거듭남 -시간적으로 세례 사건과 함께 일어날 수 있을 뿐이지, 반드시 결합되는 것은 아니다- 의 표시이며 상징에 불과하다는 생각 사이에서 흔들렸다.

루터교회의 영향 아래 있는 유럽대륙의 감리교회에서는 세례에서 거듭난다는 것을 일종의 신앙 고백 조항으로 받아들이는 것을 거부하였는데, 이는 경건주의와 동일한 생각이었다. 그러나 물론 여기에는 세례를 신학적으로 과소평가할 위험이 있다.

세례와 거듭남이 서로 관계가 있다는 것은 요한복음 3:5와 디도서 3:5에 근거해 결코 부정할 수 없다. 단지 주목해야 할 것은, 신약성서가 세례를 말할 때는 회심과 세례가 밀접하게 결합된 선교적인 차원의 세례로부터 출발한다는 사실이다. 그러나 신약성서의 본문들이 성령을 통한 새로워짐과 함께 물로 씻는 외적인 의식을 강조하여 말한다면, 그것은 세례에서는 믿음의 내적인 과정만이 아니라, 세례를 받는 사람에게 일어나는 외적인 과정도 중요하다는 것을 의미한다.[188] 거꾸로 영 받음과 세례를 시간적으로 구분하는 사도행전의 이야기들이나 영의 활동을 지시하는 것으로 볼 때, 영적인 사건과 외적인 의식이 일치될 수는 없다.[189] 이는 어린이 세례만이 아니라, 믿음을 직접

---

187) 설교 45("신생"), IV, 1f.; 여기서 웨슬리는 영국교회의 교리문답에 나오는 표현들을 이용한다(WJW 2, 196 참조).

188) 행 8:14-23; 10:44-46 참조. 물 세례와 영 세례를 원칙적으로 분리하는 것으로 이해해서는 안 된다. 오히려 두 요소를 원칙적으로 결합하려고 한다.

189) J. Schempp, Christuslehre, Frage 68: "거룩한 세례는 무엇인가? - 세례는 은혜의 수단으로서, 세례에서 물을 사용해 우리에게 죄의 용서와 하나님의 자녀로 새로워지는 것이 약속된다. 우리가 믿음으로

고백하는 성인 세례에도 해당된다. 그러나 하나님의 자녀가 되었다는 내적인 확신(거듭남)은 세례를 받는 시점에는 확인될 수 없다. 세례 사건의 기능은 실제로는 효과적인 표시의 사건으로서, 세례는 그리스도 안에 있는 새로운 삶을 우리에게 매우 개인적으로 약속해 주며, 또 하나님의 약속은 결코 파기되지 않음을 보증해 준다. 예수의 죽음과 부활은 나를 위한 사건이 된다. 내가 믿음으로 그에게 나 자신을 맡기고 하나님의 영이 내 안에서 활동하게 한다면, 이 새로운 삶은 현실 속에서 의식적으로 실천되기 시작한다.

이로써 회심과 거듭남의 관계를 묻는 물음에 대한 일련의 대답이 주어진 셈이다. 거듭남은 전적으로 하나님의 선물이다. 우리는 새롭게 태어나야만 한다. 그러나 우리 자신의 힘으로는 새로운 실존을 잉태할 수 없다. 복음으로 일깨워진 인간이 할 수 있는 것은 하나님께로 돌아서, 기도 가운데 그의 활동에 자신을 열고, 믿음의 선물을 신뢰하며 동의하고, 하나님을 의지하는 가운데 자신의 삶의 새로워짐을 체험하는 것이다.[190]

"당신은 거듭났는가?"라는 질문은 감리교회에서도 일반적인 질문이 되지 못하거나 좋아하지 않는 물음이 되었다. 이러한 현상은 특이한 것이라고 할 수 있으며, 거기에는 분명한 이유가 있다. 바로 웨슬리 전통에서는 거듭남이 감정적인 체험들과 강하게 동일시되었기 때문이다. 그러나 이 체험들은 누구나 가질 수 있는 것은 아니다. 이러한 특별한 감정적인 체험과 결합됨으로써, 그러한 체험을 하지 못하는 많은 사람들에게는 거듭났느냐는 물음이 오히려 커다란 압박으로 작용했다. "거듭나야 한다."는 슬로건이 북아메리카의 일부 기독교에서 잘못 사용됨으로써, 다시 말해 철저한 삶의 현실로서 거듭남을 말하기보다는 일회적인 체험으로부터 출발하는 정적인 상태의 상징으로서 말하게 됨으로써, 거듭남이라는 말 자체가 좋지 못한 인상을 얻게 된 것이다. 그럼에도 불구하고 우리는 이 주제로 말하고자 하는 내용을 포기할 수는 없다. 하나님과의 교제 가운데 철저하게 삶이 새로워져야 한다는 가능성과 필연성은, 신약성서가 말하는 근본적인 증언에 속한다. 이러한 새로운 삶의 현실은 특별한 초기 체험의 질적인 면만을 상기시키는 것이 아니라, 하나님과 더불어 살아가는 삶의 질이 갖는 새로운 차원까지도 포함한다. 새로 태어남(新生)

세례를 요청한다면. 이는 성령을 통해 전달된다."
190) 그러므로 거듭남(신생)과 성령 받음은 함께 속한다.

에 관해 우리는 다음과 같이 말할 수 있다: 내 출생을 말하는 최고의 증명은 출생신고서가 아니라, 내가 살아 있다는 사실이다. 내가 거듭 태어났다는 증거는 내가 하나님의 자녀임을 내가 알고 있다는 것이다. 육신적인 출생과는 달리 우리가 하나님과 함께하는 삶의 새로운 출발을 체험할 수 있다는 것은 하나님의 선물이지만, 영적인 시금석이나 측량을 위한 대상은 아니다.[191]

(4) 하나님의 자녀, 믿음의 확신, 그리고 기도

신약성서와 웨슬리에 의하면, 거듭난 사람들이 사는 새로운 삶의 근본적인 특징 하나는, 그들이 하나님의 자녀라는 확신 가운데 살 수 있다는 것이다. 하나님의 자녀가 되었다는 신약성서의 말씀에는 두 가지 상이한 요소가 있다.

a) 하나는 예수의 비유 설교에서 나온다. 예수는 제자들에게 한 아이를 보여 주면서 하나님의 나라를 받아들이는 것이 무엇을 의미하는지를 말한다(막 10:15/눅 18:17; 마 18:3). 이 때 예수가 말하고자 하는 비유의 핵심이 무엇이냐에 대해서는 주석가들의 의견이 일치하는 것은 아니다. 전승된 상황들이 상이하기 때문이다. 어린이들은 받음으로써 살아간다는 사실을 알고 있기 때문에 기꺼이 빈손을 내밀 수 있다. 어린이들이 어리고 도움을 필요로 한다는 사실에서 그들은 하나님과 그의 나라와 올바른 만남을 상징하는 인물들이 된다. 그러므로 어린이들에게 주어진 하나님 나라의 약속(막 10:4)이 구조적으로 가난한 사람들에게 주어진 축복 선언(눅 6:20)과 일치하는 것은 결코 우연이 아니다. 하나님의 도움은 도움이 필요한 사람들, 힘이 없는 사람들, 그리고 어린아이들에게 해당하기 때문이다.

그러므로 "어린이와 같이 되라."는 촉구는 전적으로 하나님께 자신을 맡기라는 초청이다. 어린아이들의 용어로 하나님을 부르는 예수의 기도를 시작하는 호칭('아바')은 갓 태어난 아이의 모습을 연상시킨다. 현대적인 용어로 말하면, 이것은 스스로를 하나님의 사랑에 빠지게 하여 잃어버린 처음의 신뢰를 회복하는 '치료적인 복귀'다. 이는 마치 어린아이가 어머니의 품에 기대는 것과 같다.

b) 다른 요소는 훨씬 강하게 아버지-자녀의 관계에 의해 규정되어 있으며,

---

191) 신생아가 자신의 출생을 모르는 것처럼 거듭남(신생)도 "무의식적인 것이다."라고 슐라이에르마허는 출생의 비유를 들어 말하기도 한다.

어린아이나 젖먹이의 주제와는 상관이 없다. 어린아이의 비유와는 정반대로 갈라디아서 4:1-7에서 우리는 참되고 성숙한 아버지-자녀 관계는 성숙한 자녀들이 아버지와의 교제 가운데 있을 때 비로소 가능하다는 것을 읽을 수 있다. 그러므로 헬라어 본문이 '아들들'을 말한다는 사실은 신약성서의 남성 중심적인 언어에만 기인한 것이 아니다. 고대의 법률 규범의 배경에서 자녀들은 완전하게 법적인 능력이 있다는 것이다. 자녀의 지위를 받아들인다는 주제는 ("아들의 명분을 얻다." 갈 4:5), 사건이 포함하고 있는 은혜의 성격을 강조한다.[192]

이러한 말씀과 비교될 수 있는 것은, 누가복음 15장에 나오는 '잃어버린' 아들을 다시 받아들이는 비유다. 아버지가 잃어버렸던 아들에게 새 옷을 입히고 반지를 끼워 준 것은 성숙한 아들로 인정하는 것이며, 또 권리를 부여하는 것이다. 그러므로 하나님의 자녀가 되는 것은 유아기의 공생으로 되돌아가는 것을 말하는 것은 아니다. 하나님의 자녀가 되는 것에는 책임적인 동반자 관계가 본질적인 요소다. 청소년기의 반항과 유년기-노예적인 과도한 열성을 통과해 아버지의 성숙한 동반자에 이르고, 그래서 하나님의 진정 성숙한 자녀로 살아가는 사람들의 자유가 바로 하나님의 자녀의 특징이다.

하나님의 자녀의 이러한 두 가지 차원은 구별될 수는 있으나, 삶의 다른 단계에 각기 나타나는 차원으로 간단하게 돌려버려서는 안 된다. 우리는 하나님과의 관계에서 이 두 가지 차원을 항상 함께 가지고 산다. 우리는 한편으로는 하나님의 어머니 같은 사랑에 파묻혀 살 수 있고, 다른 한편으로는 하나님에 의해 그의 성숙한 아들과 딸들로 받아들여져 협력의 신뢰를 받은 힘 있고 책임 있는 삶을 살아야 한다. 성숙한 자녀들도 하나님을 "아바!"라고 부를 수 있다. 이는 '구원의 확신'이라는 물음에 또 한 번 중요한 빛을 던진다. 신약성서적으로 말해, 구원의 확신은 특히 하나님의 자녀가 되었다는 확신이며, 이는 하나님의 영이 선물로 주시는 것이다. 이는 다시 '상속자', 곧 하나님과 그리스도의 미래의 영광에 참여자가 되었다는 소망과 연결된다(롬 8:16-17). 이러한 말씀은 웨슬리에게도 매우 중요한 것이며, 그래서 그는 이 말씀을 반복해서 인용하고 생각하였다. 그러나 그의 신학에 여전히 제기되는 확실하지 않은 몇 개의 질문들에 답하기 위해, 이러한 확신이 어린아이 됨이라는 '상태

---

[192] H. Schlier, Der Brief an die Galater, KEK 7, 197.

(Status)'와 관련되어 있기는 하지만, 이 '상태'는 '관계' 이외의 다른 것이 아니라는 점을 지적할 필요가 있다. 바로 여기서 웨슬리가 거듭남에 관해 생각하면서 부딪혔던 관계와 존재를 분명하게 구분하는 것이 중요하다는 사실이 입증된다. 나는 어린아이로서의 존재를 아버지와의 관계 안에서 사는 것이지, 결코 다르게 살 수는 없다.

이로써 구원에 대한 현재의 확신과 미래의 확신 사이에 있는 긴장도 해소되었다. 왜냐하면 그것은 '소유'의 확신 가운데 있는 긴장이 아니라, 즉 현재 혹은 미래를 위한 어떤 소유의 확신이 아니라, 하나님의 신실하심에 근거한 관계의 확신 가운데 있는 긴장이기 때문이다.[193] 바로 여기서 거짓 확신에 대한 경고와 확실하고 믿을 수 있는 희망 -이는 바울에게서도 찾을 수 있다- 사이의 긴장이 해소될 수 있다.[194]

이처럼 하나님과 갖게 된 새로운 관계를 표현하는 것은 영에 의한, 확신에 찬 **기도**다. 그렇다고 거듭난 사람만이 기도할 수 있다는 의미는 아니다. 웨슬리는 기도를 하나님과 교제를 나누고 싶어 하는 사람들이 처음부터 사용할 수 있는 은혜의 수단으로 보았다. 하나님이 기도를 들으신다는 약속에 근거해 사람들은 하나님을 부르고, 하나님과 연합하려는 노력을 할 수 있다. 예수가 제자들에게 가르쳐 주었고, 또 많은 사람들이 기도를 시작하면서 사용하는 가장 간단하고 단순한 기도와 하나님의 자녀로 거듭난 사람들의 영으로 충만한 기도가 모두 동일한 아버지를 부르는 호칭으로 시작된다는 것은 매우 의미심장하다. 예수께서 이 기도를 '이방인들의 중언부언'에 대조해(마 6:7 이하) 가르치는 것은, 더 좋은 '기도의 기술'을 가르치려는 것이 아니라, 하나님을 전적으로 신뢰하라는 말씀이다.[195]

---

[193] L. M. Lochman/M. Marquardt, EKL³ II, 468-471 참조.
[194] 고전 10:1-13; 고전 1:8-9; 빌 1:6(이에 대해서는 Klaiber, Rechtfertigung und Gemeinde, 125ff.) 참조. 웨슬리는 종종 현재적인 구원의 확신 -이는 우리가 믿음을 통해 그리스도 안에서 의롭게 되었다는 성령의 증언에 있다- 과 미래적인 구원의 확신 혹은 '희망의 확신' -물론 웨슬리는 이 말이 성서에 없기 때문에, 그리고 타락의 위험을 배제할 수 없기 때문에 사용하지는 않는다- 을 구분한다(1738년 9월 28일자 A. Bedford 목사에게 보낸 편지; WJW 25, Letters I, 563; WJW 11, 398f.도 참조). 그러나 여기에는 하나님의 신실하심이 끝까지 우리를 인정하실 것이라는 확신이 분명히 포함되어 있다(WJW 25, 564; 설교 72 "값없이 주시는 은총", 14-16 참조).
[195] 독일의 감리교회가 로마-가톨릭교회나 루터교회의 전통에 따라 주기도를 'Vater unser(아버지 우리의)"라는 이해하기 어렵고 자연스럽지 못한 칭호로 시작하는 것은 매우 유감스러운 일이다. 이는 변조가 아니라면, 기도의 성격을 변화시키는 것이다. 그보다는 'Unser Vater(우리의 아버지)'가 언어적으로 옳은 것이다.

그러므로 기도의 본질은 하나님께 드리는 말씀이다. 기도는 하나님 앞에서 말하는 것으로 시작해, 하나님께서 들으시고 응답하신다는 체험으로 이어지고, 마침내 하나님과의 신뢰 깊은 대화의 교제를 체험하는 것으로 나아간다. 오늘날의 기도는 유감스럽게도 흔히 간구와 중보로 -가끔은 감사와 함께- 협소해져 있다. 그러나 우리는 기도가 하나님과 더불어 사는 것과 하나님 앞에서 사는 것을 포함한 하나님과의 온전한 만남이 될 때, 그 본질과 권능을 체험할 것이다. 기도는 하나님에 대한 경이로운 감사, 자연과 역사 속에 있는 하나님의 섭리, -이는 찬양과 경배로 이어진다- 이 세상의 고난에 대한 모든 울부짖음, 하나님 앞에서 우리가 갖는 모든 의문과 계획들, 그리고 우리가 하나님의 응답으로 체험하는 하나님과 인간들과의 모든 경험에 대한 감사를 포함한다.

(5) 정체성과 변화

거듭남의 주제를 다루는 맥락에서 마지막으로 깊이 생각해야 할 문제가 남아 있다. 거듭남은 전적으로 새로운 출발을 말한다. 엄격히 말해 새로운 인간 삶의 시작이라고 할 수 있다. 그에 반해 하나님은 인간을 있는 그대로 받아들이기 때문에 인간은 스스로를 감추거나 부정할 수 없다는 것이 칭의 메시지의 기본적인 진술에 속한다. 이는 신학적으로는 전혀 모순되지 않는다. 웨슬리에 따르면, 하나님은 죄인을 있는 그대로 받아들여 하나님 자신과 교제를 나누며 살 수 있게 그를 새롭게 창조한다. 그러나 심리학적으로는 옛 사람과 새 사람 사이의 정체성에 대한 물음을 제기할 수 있다. 그 둘 속에서 발견되는 '나'는 있는가? 또 그 셋 사이의 관계를 어떻게 규정할 것인가? 혹은 옛 것과 새 것 사이에는 전적으로 단절만이 있는가? -그러면 옛 사람의 실존이 부정되고, 그래서 '구원받은' 사람이 궁극적으로는 자기 자신에게 말하는 것이 아니라, 자기 자신 앞에서 저주하는 것이 아닌가? 그러므로 심리학적인 문제 제기는 인간의 실존에 해당하는 모든 진지한 물음과 마찬가지로 신학적인 차원이 있다.

루터는 이 문제를 의인이면서 동시에 죄인(simul iustus et peccator)이라는 변증으로 해결했다. 웨슬리는 이 문제를 미결로 남겨 놓은 채 간간이 의식했던 것 같다.

이 물음에 대한 응답도 역시 새로운 존재는 새로운 관계 안에 있는 존재라는 점을 지적함으로써 가능할 것이다. 바울은 그로써 생겨나는 풍요한 긴장을 갈라디아서에서 두 개의 핵심적인 문장으로 표현했다. 그는 먼저 이렇게 말한다.

> 나는 그리스도와 함께 십자가에 달렸다; 더 이상 **내가** 사는 것이 아니고, 내 안에 그리스도가 산다.(갈 2:19 b, 20 a)

여기에는 먼저 정체성의 변화가 매우 날카롭고 철저하게 표현되어 있다. 바울의 '나'는 그리스도와 함께 죽었고, 그 자리에는 그리스도가 그의 존재의 중심에 자리를 잡는다. 그러나 그는 계속해서 이렇게 말한다.

> 그러나 내가 지금 아직 육체 안에서 사는 것은(다시 말해 내가 세상의 실존의 조건들 아래서 사는 한), 나는 나를 사랑하시고, 나를 위하여 그 자신을 내어주신 하나님의 아들을 믿는 믿음 안에서 산다.(갈 2:20)

그러므로 그리스도인의 '나'는 간단히 소멸되는 것이 아니라 '그리스도'로 대체된다. 그리스도는 전혀 새로운 프로그램으로 '나'의 삶을 이끌고 조종한다. 그리스도가 내 안에서 산다는 것은 내가(!) 그를 믿는 믿음 안에서 나를 지키고 또 그의 사랑을 지키는 것과 같다. 정확하게 관찰해 보면, 부정적인 면에서도 같은 말을 할 수 있다. 나는 단순히 죽어 버린 것이 아니다. 율법에 대해서는(갈 2:19 a), 그리고 죄에 대해서는 죽었지만(롬 6:11), 이제 하나님을 위해서는 살아 있다.

그러므로 거듭남은 인격의 교체가 아니라, 주인의 교체다. 그리스도와 함께 죽었다가 살아남으로써 태어난 새 사람은 내가 벗어나고자 하는 다른 사람에 관한 꿈이 아니다. 새로운 사람은 하나님이 생각하셨던 나, 곧 나의 체질을 가지고 있고, 나의 성격으로 형성되었으며, 나의 소질과 결점들을 가지고 있는 '나'다. 그러한 새 사람으로서 나는 하나님과의 관계 안에 있는 나, '육' 곧 나 자신 안에 붙잡힌 이기주의의 지배 영역 가운데 있는 것이 아니라, 하나님의 영과 사랑의 지배 영역 가운데 있는 '나'다.[196] 신약성서는 이러한 상황을 설명하면서, 새 사람은 하나님의 동일형상으로서 '그리스도의 형상'에 따라 새롭게 창조된다고 말한다.[197] 궁극적으로는 오직 예수 그리스도만이 보이지 않는 하나님의 형상이다. 왜냐하면 오직 그만이 하나님의 본질을 변질시키지 않고 드러내기 때문이다. 그러나 인간을 하나님의 형상으로 창조하신 하나님은 창조자로서 그의 작품을 그의 형상에 참여하게 함으로써 새롭게 하신다. 다시 말해 하나님은 인간을 그의 아들과 딸로서 독특한 하나님 관계 안으로 받아들이고, 또 그들이 그러한 본질에 합당한 삶을 살아가게 해방시키신다.

하나님이 만들고 싶어 하시는 '하나님의 형상'은 특징이 있다. 그것은 그리스도에게 있는 특징이다(고후 3:18). 그리스도가 보여 주었던 '자세' 혹은 태도를 말하는데, 그것을 우리가 가짐으로써 우리는 이 세상에서 하나님의 본질과 사랑을 드러낸다. 그러나 바로 이 형상은 그의 인간적인 얼굴, 곧 나의 얼굴을 가지고 있다. 하나님은 이 얼굴을 나에게서 빼앗아 가시는 것이 아니라, 그리스도 안에서 나에게 주신다.

3) 사랑을 위한 해방 – 성화(聖化)

웨슬리와 그의 설교자들 사이에 있었던 연회의 대화에서 제기된 세 번째 질문은 "왜 하나님께서는 감리교인이라 불리는 설교자들을 각성시키셨는가? 우리는 하나님의 계획이 무엇인지를 합리적으로 이해할 수 있는가?"였다. 그에 대한 답은 이렇다.

> 새로운 소종파를 형성하는 것이 아니다; 그렇지만 나라와 특히 교회를 개혁하고 성서적인 성화를 온 나라에 확산시키기 위해서였다.[198]

웨슬리에 따르면, 성화에 관한 교리뿐만 아니라, 성화에 관한 선포와 삶이

---

196) 웨슬리의 설교 96("복음의 보편적 전파"), 11 참조. 여기서 그는 갈 2:20과 관련해, 하나님은 우리의 흥분된 감정 등을 파괴하시는 것이 아니라, 그 자신을 위하여 그것들을 사용하신다고 말한다.
197) 고후 3:18; 골 3:10.
198) Large Minutes, Q. 3, Works³ VIII, 298(=연회 대화 19).

감리교회가 존재해야 할 당위성이다.

그러므로 감리교회의 근원에 충실하고자 한다면, 이 주제에서 우리는 감리교회 신학의 중심에 서게 된다. 그렇기 때문에 웨슬리의 신학에 있는 모든 흐름이 어떻게 이 중심 주제로 흘러 들어가는지를 살피는 것만으로는 충분하지 않고, 성서가 증언하는 토대 위에서 웨슬리의 유산을 참작하면서 성화의 신학을 구상하는 것이 바로 우리의 과제다. 이 성화의 신학은 오늘날에도 감리교회 안에서, 그리고 복음적인 선포와 기독교적 삶과 초교파적 연합운동의 가르침의 핵심 부분으로 작용할 수 있다.

신학에서 칭의와 성화의 관계는 두 가지로 설명된다.

① 칭의와 성화의 관계는 마치 **직설법과 명령법**의 관계와 같다. 이는 멜랑히톤 이래 개신교회의 전통에서는 고전적인 해결책이었다. 칼 바르트(K. Barth)는 그 관계를 이렇게 말한다. "'나는 너의 하나님이 되고'는 인간의 칭의를 말하고, '너희는 나의 백성이 되어야 한다.'는 성화를 말한다."[199]

② 칭의와 성화는 **의롭다고 선언하는 것과 의롭게 만드는 것**의 관계와 같다. 이는 정교회와 로마 가톨릭교회의 신학의 출발점이지만, 웨슬리에게도 근본적으로 중요한 요소에 속한다.[200] 우리는 여기서 성화는 하나님이 '그의 영을 통해 우리 안에서 일으킨' 것이라는 웨슬리의 정의를 상기하자. 그래서 "우리는 죄의 세력과 뿌리로부터 해방되어 하나님의 형상으로 회복되었다."[201]

물론 웨슬리에게서도 명령법적인 요소가 없는 것은 아니다. 그러나 칭의와 성화를 대조함으로써 하나님의 활동과 그 결과로 생겨나는 인간의 행위의 관계를 강조하려는 것이 아니라, 우리를 위한 그리고 우리 안에 있는 하나님의 행동의 질적으로 상이한 두 차원을 말하고자 한다. 성화에서도 하나님의 행동이 먼저다.[202]

---

199) K. Barth, KD IV/2, 585.
200) 그러나 웨슬리가 정교회의 theiosis 교리(하나님의 성육신을 통한 인간의 '신격화')에 영향을 받았을 것이라는 Outler의 추측은 확인되지 않았다; T. Campbell, John Wesley and Christian Antiquity, S. X, 66f. 참조.
201) 설교 5("믿음에 의한 칭의"), II, 1; 설교 111("우리 자신의 구원을 성취함에 있어서"), II, 1; 그리고 설교 74("예정에 대하여"), 9도 참조.
202) 성화에서 직설법과 명령법의 관계에 대해서는 특히 W. Thomas, Heiligung im Neuen Testament und bei John Wesley. MiD 10, 1965 참조. 칼 바르트 역시 칭의와 성화에서 모두 하나님이 '행동하는 주체'라고 강조했다(KD IV/2, 56).

웨슬리 성화론의 다른 강조점들을 언급하기 전에 먼저 그 성서적인 토대의 윤곽만이라도 살펴보아야 할 것이다. 성서적인 성화 이해에 비추어 웨슬리의 언급들을 판단해야 하고, 그 토대 위에서 성화의 현대적인 의미를 생각해야 한다.

(1) 성서에서 거룩함과 성화

거룩함이라는 주제는 종교적인 사고의 기본적인 차원이고, 그러므로 성서에서도 기본에 속하는 주제다. 성화는 그 중의 한 부분적 차원에 불과하다. 이 개념은 매우 드물게 등장하지만, 내용적으로는 훨씬 큰 의미가 있다. 먼저 구약성서부터 살펴보자.

우리는 '거룩함'이 무엇을 의미하는지에 대해서는 간접적으로만 설명할 수 있을 뿐이다. 하나님은 거룩하고, 그에게 속한 모든 것은 거룩하다. 하나님이 자신을 위해 구별하여 거룩하게 한 모든 것은 거룩하다. 그러므로 성전과 그 기구들은 거룩하고, 제사장들과 그들이 드리는 제사는 거룩하다. 그래서 거룩함은 대체로 제의적인 개념으로서, 매우 '물체적인' 표상과 결합되어 있다. 일상생활에서 구별된 더럽혀져서는 안 되는 영역이 있고, 그로부터 구별되는 속된, 곧 성전 영역 밖에(pro fano) 있는 영역이 있다.

하나님의 거룩함은 하나님이 인간을 무한하게 능가하는, 그래서 인간이 접근할 수 없는 '전혀 다른' 존재임을 말한다. 하나님이 용서해 주고 거룩하게 해 주지 않는 한, 하나님의 거룩함과 영광을 본다는 것은 인간에게는 죽음을 의미할 수 있다.(사 6:1-9 참조)

하나님의 거룩함은 그의 신실하심에서 입증된다. 거룩하신 하나님은 그의 백성을 도우시고 구원하시는 하나님이며, 성실과 신뢰를 기대하시는 하나님이다.[203] 그러나 하나님의 거룩함, 곧 인간의 본질과는 다른 그의 하나님 됨은 특히 그의 무제한적인 사랑에서 나타난다.(호 11:8-9)

하나님께 속한 사람은 거룩하다. 이는 하나님의 백성에게도 해당된다. 단지 제의적인 규정들을 지킴으로써 성소 안에 있는 동안에만 거룩한 것이 아니라, 모든 삶의 영역에서 거룩하다.

---

203) 출 15:11; 삼상 2:2; 시 22:4; 33:21; 71:22; 99:4ff.; 사 31:1 참조.

주 너희 하나님, 내가 거룩하기 때문에 너희도 거룩해야 한다.(레 19:2)

이는 레위기 18-26장에 종합되어 있는 율법의 모음인 소위 성결법을 선도하는 문장이다. 여기서는 삶의 모든 영역이 하나님의 뜻으로 채워져 있다. 종교적-제의적 영역, 성적인 터부의 영역, 사회에서 인간 상호간에 더불어 살아야 하는 영역 등이다. 이 공동적인 삶은 일련의 주목할 만한 사회법 규정들로 정리되어 있고, 이웃 사랑의 계명에서 정점에 이른다.(레 19:18, 34)
"거룩하라! 곧 하나님의 뜻에 따라 살라!" 이 요청은 인간의 실천적인 행위를 위한 것이지만, 하나님의 구원하고 해방하시는 행동에 근거된 요청이다. 하나님은 그렇게 그의 백성을 그와 교제하게 받아들이셨다. 더구나 그의 백성이 그럴 만한 어떤 일을 하기도 전에 하나님은 그들을 받아들이신 것이다.

나는 너희의 하나님이 되기 위해 너희를 거룩하게 하며, 너희를 애굽에서 인도하여 낸 주다.(레 22:23-24)

신약성서의 해석을 위해 중요한 것은, 신약성서 시대가 시작하기 직전이었던 초기 유대교의 처음 무렵에 유대교 안에는 두 가지의 분명한 '성화 운동'이 있었다는 것을 아는 것이다. 이들은 출애굽기 19:6 "너희는 나를 위하여 거룩한 백성과 제사장의 나라가 되어야 한다."는 말씀에 의거해 레위기의 정결 계명들을 제사장이 아닌 일반사람들에게도 적용했다. 이는 쿰란공동체와 바리새인 그룹이었다. 신약성서의 관점에서 볼 때, 이 운동들은 많은 점에서 매우 외면적이고 율법적이었다. 그러나 하나님께서 모든 백성을 그의 소유로서 구별하셨고 거룩함으로 부르셨다는 의식에서 시작된 것이다.
이러한 배경에서 볼 때, 그 시대의 유대교 안에서 살았던 예수가 그러한 운동들이 중요하게 지켰던 규정들이나 표상들에 매이지 않은 것은 매우 특이할 만하다.
마가복음 7:15-16에서 예수는 말한다.

무엇이든지 밖에서 사람에게로 들어가는 것은 능히 사람을 더럽게 하지 못하되 사람 안에서 나오는 것이 사람을 더럽게 하는 것이니라.

그러므로 예수는 고대세계 전체의 특징이었던 생각, 곧 거룩한 것과 속된 것, 정결한 것과 부정한 것을 물상적(物像的)으로 구분하는 것을 거부한 것이다. 그 점에서 바울과 그의 제자들도 예수를 따른다(롬 14:14; 딤전 4:4-5; 딛 1:15). 그 배후에 있는 것은 마술적인 생각에 대한 합리적인 비판이 아니라, 하나님의 창조 행위의 의미에 대한 새로운 시각이다. 모든 것은 창조주에게 속하며, 그러므로 그것은 거룩하다. 창조주 안에서 만물은 하나님의 말씀을 통해 하나님의 은사로 인식되고, 감사의 기도를 드리며 즐기게 된다(딤전 4:4-5; 고전 8:3-6). 그로써 구약성서와 고대 종교들의 종교적인 터부에서 근본적으로 해방되며, 인간은 온 세상을 책임적으로 사용할 수 있게 된다. 이 세상이 창조주에게 속한 것이라는 지식이 외면되는 곳에서는 세상을 무제한적으로 착취하게 될 위험이 생겨난다.

예수는 하나님의 거룩한 현존을 전혀 새로운 방식으로 살았다. 그가 권능으로 기적을 행하여 병자들을 고치고 죄를 용서해 주는 그 곳에서 인간들은 그 앞에 무릎을 꿇는다. 왜냐하면 그들은 예수 안에서 신적인 현재를 깨닫기 때문이다(눅 5:8; 막 5:33 참조). 이는 예수의 거룩하게 하는 행동의 특징이며, 또 그가 인간을 하나님과의 교제 안으로 인도해 가는 방식의 특징이다. 예수는 하나님과의 치명적인 거리에 관한 복된 경외심을 부정하지 않는다. 그러나 예수는 하나님의 화해하시는 사랑이 하나님과 인간 사이의 간격을 극복한다는 것을 그의 말씀과 행동으로 분명하게 드러낸다.

예수는 하나님의 넓으신 사랑을 그대로 실천하며 살았으며, 하나님의 사랑을 그가 약속하고 요청한 것으로 해석한다. 예수는 하나님의 사랑을 부자, 건강한 사람, 강한 사람, 경건한 사람들에게와 똑같이 가난한 사람, 병자, 약한 사람, 죄인들에게도 실천했다. 그러나 예수는 자신의 경건과 강함을 내세우는 사람들에 대해서는 가차 없이 비판하고 충돌했다. 예수는 인간의 거룩함을 확인해 준 것이 아니라, 하나님의 거룩하게 만드시고 구원하시는 사랑을 몸으로 나타내셨다. 그러나 사람은 그것을 받아들일 수 없었다. 그래서 인간은 그를 버렸고, 이방인 점령세력들의 손에 넘겼으며 그를 '성문 밖(히 13:12)'에서 십자가에 매달아 가장 치욕스럽게 죽여 버렸다. 그러나 바로 여기에는 하나님의 뜻과 인간의 거부가 함께 만나 작용하는 진기한 일이 일어났고, 결국 하나님의 사랑이 그 목표에 도달했다. 하나님으로부터 떠나 저주 가운데 있는 인간을 하나님의 거룩하게 하시는 현재에 도달하게 하기 위하여 하나님의 거룩하신 분이 저주를 받은 분이 된 것이다(갈 3:13). 하나님은 인간의 상투적인 하나님 이해를 뛰어넘으며, 연약함과 잘못, 죄와 죽음 가운데 있는 인간에게 이르기 위해 십자가에서 연약하고 어리석은 길을 가심으로써, 스스로를 '전혀 다른 존재', 거룩하신 분으로 입증하신 것이다. 이처럼 거룩하게 하시는 행동은 우리 실존의 깊은 곳으로 스며들며, 우리의 가장 깊이 감추어진 고난의 뿌리를 파헤치고, 그래서 하나님을 대적한 공간으로부터 우리를 꺼내 하나님과의 생명에 찬 교제 안으로 들어가게 한다. 그리스도는 우리를 위한 새로운 생명의 영역이다. 오직 그리스도만이 우리의 지혜, 의, 성화, 그리고 구원이다.(고전 1:30)

바로 이것이 새로운 하나님의 백성의 지체들인 그리스도인들의 거룩함에 관해 신약성서가 말하는 토대다. 그들은 하나님의 성전으로서 진정으로 거룩하다(고전 3:16; 참조 6:19; 고후 6:16). 종말시대의 하나님의 백성, '거룩한 사람들(성도)'이라는 명예로운 옛 호칭이 바로 그들에게 붙여진다. 왜냐하면 그들이 예수 그리스도를 통해 거룩해졌기 때문이다(고전 1:2).[204] 그러므로 거룩함의 토대는 예수의 죽음 안에 있는 하나님의 구원하시는 행동이다. 예수의 피를 통해 모든 분리된 것, 거룩하지 못한 것, 부정한 것, 의롭지 못한 것들이 인간에게서 씻겨 나갔으며, 예수가 죄의 노예가 된 인간을 하나님을 위해 샀기 때문이다.(고전 6:19-20)[205]

그러므로 성화는 칭의의 결과가 아니다. 칭의와 성화는 모두 인간을 향한 하나님의 근본적인 구원 활동을 말한다. 그리스도 안에서 일어난 이 구원 활동을 통해 하나님은 죄인들을 그와의 교제하는 삶으로 받아들인다. '칭의'가 법과 사회적 관계의 언어로서 표현하는 내용을 '성화'는 제의 언어로서 말한다는 차이가 있다. 그러나 그 둘은 모두 같은 내용, 곧 하나님과의 교제 안으로 받아들여짐을 말한다.

하나님과 교제를 나누는 이러한 삶은 실천적인 삶에서 열매를 맺어야 한

---

204) W. Klaiber, Rechtfertigung und Gemeinde, 21ff.(성도), 35ff.(하나님의 성전) 참조.
205) 골 1:20; 엡 5:25-26; 히 13:12; 벧전 1:18-19도 참조.

다. 바울은 로마서 6장에서 그의 칭의론을 둘러싼 논쟁을 벌이는 맥락에서 이 점을 말한다. 하나님께 속한다는 것은 죄로부터 해방된다는 것이며, 또 자신과 모든 삶을 의의 도구로 하나님께 드리는 것을 의미한다. 바로 그렇게 삶의 '성화'가 일어난다(롬 6:19, 22). 성화는 "삶으로 실천된 칭의"이며, "칭의의 실재를 입증"하는 것이다.[206] 데살로니가전서 4장에서도 하나님의 행위와 인간의 책임이 결합되어 나타난다.

> 하나님의 뜻은 이것이니, 너희의 거룩함이라(3절);
> 하나님이 우리를 부르심은 부정케 하심이 아니요, 거룩케 하심이니.(7절)

바로 이런 의미에서 베드로전서 1:15-16은 레위기 19:2를 인용한다.

> 오직 너희를 부르신 거룩한 자처럼 너희도 모든 행실에 거룩한 자가 되라. 기록하였으되 내가 거룩하니 너희도 거룩할지어다 하셨느니라.

하나님이 인간을 그와의 교제 안으로 받아들이시고 그를 거룩하게 하셨을 때, 인간에게 행하신 근본적인 것은 인간의 일상적인 삶의 모든 영역에서 실천되어야 한다. "하나님과 인간은 함께" 이러한 "성화의 과정" 안으로 들어간다.[207] 하나님은 그의 영으로써 인간을 거듭 새롭게 철저히 거룩하게 하시며(살전 5:23), 인간은 구체적인 삶의 가능성들과 함께 자신의 지체들을 전적으로 하나님께 드림으로써(롬 6:19; 특히 롬 12:1-2; 롬 12:1-2는 '성화'라는 개념을 직접 사용하지는 않지만 실천적 성화의 작은 편람이다!), 하나님과 인간은 함께 이러한 성화를 이루어간다.

신약성서에서 성화의 주제가 특별히 중요한 것은, 이 개념으로써 일상생활이 하나님의 현재와 하나님의 뜻으로 충만하게 채워져 있다는 사실을 특히 강조하기 때문이다. 성화가 영원한 하나님과의 완성된 교제를 위한 조건으로 언급된다면(히 12:14; 참조 롬 6:22), 그것은 업적과 보상이라는 의미에서 그런

---

206) E. Käsemann, An die Römer, HNT 8a, 175.
207) W. Schrage, Heiligung als Prozeß bei Paulus. In: FS W. Marxsen, 1988, 222-234, 236.

것이 아니다. 하나님과 교제를 나누는 삶을 산다는 것은 이 교제의 삶이 하나님의 영원으로 완성되기 위한 내적인 전제가 된다.

(2) 웨슬리에게서의 성화[208]

앞에서 성서의 성화 이해를 살펴보았으니, 이제 웨슬리의 성화론을 살펴볼 차례다. 우리는 성서의 이해에 근거해 웨슬리의 이해를 비판적으로 살펴보아야 한다. 옥스퍼드 시절부터 시작해 웨슬리의 활동 가운데 성화에 관한 가르침이 구체적으로 발전된 과정들을 서술하는 것은 이 책의 맥락에서는 가능하지 않다. 우리는 몇 가지 원칙적인 강조점들을 개관하는 것으로 만족해야 한다.

웨슬리의 성화론과 그 현대적인 이해를 위해 매우 중요한 것은 그가 성화와 사랑을 철저히 동일시한다는 것이다. 웨슬리는 성화가 하나님의 동일형상을 회복하는 것이라고까지 말할 수 있었다. 그러나 그는 하나님의 동일형상을 그리스도의 태도와 동일시하고, 그리스도의 태도를 사랑과 동일시하기 때문에 그로부터 하나의 순환하는 원이 생겨난다.[209] 성화와 사랑을 동일시함으로써 웨슬리의 성화론은 여러 가지 방식으로 매우 뚜렷한 다음과 같은 특징을 갖게 된다.

① 하나님의 사랑이 선물이듯이, 성화는 하나님의 선물이다. 성화는 "성령으로 우리의 마음에 부어졌다(롬 5:5)." 웨슬리는 그것을 거듭남의 실천이며 성화의 시작으로, 그리고 '감리교인들'의 유일하게 실제적인 특징이라고 거듭 강조했다. 바로 여기서 웨슬리는 성화에서 서술법과 명령법이 결합되어 있는 것으로 본다. 하나님의 사랑이 우리 삶의 중심이 된 곳에서는 우리도 하나님과 이웃을 사랑할 수 있다. 웨슬리는 성화의 삶을 살 수 있는 이러한 결정적인 근거를 강조하는 데 결코 지치지 않았다.[210] 웨슬리에게 이러한 과정은 '도화선'과 같이 하나님의 사랑의 힘을 그리스도인들의 삶 안으로 옮겨가고, 그래서 하나님과 이웃과 더불어 살아가는 삶에 불을 붙이는 것이었다. 그러므로 웨슬리는, 우리가 믿음을 통해 거룩하게 되었다는 것을 확신 있게 강조

---

208) D. Lerch, Heil und Heiligung bei John Wesley, 1941; H. Lindström, Wesley und die Heiligung, BGEmK 13; W. Thomas, Heiligung im Neuen Testament und bei John Wesley, 1965; E. Gassmann, Erfahrungsreligion. John Wesleys Botschaft, BGEmK 35; W. Klaiber/M. Marquardt, Heiligung aus biblischer und evangelisch-methodistischer Sicht, BGEmK 27.
209) 설교 45("신생"), Ⅲ, 1 참조.
210) 설교 36("믿음으로 세워지는 율법 Ⅱ"), Ⅲ, 3 참조.

하였다. 왜냐하면 오로지 믿음만이 하나님이 우리에게 주시는 사랑을 받을 수 있기 때문이다.[211] 이것이 감리교회 운동을 통해 확산되어야 하는 '성서에 합당한' 성화의 메시지다. 그리고 이것이 1738년 이전의 웨슬리가 갖고 있던 성화론과의 독특한 차이다. 1738년 이전에 웨슬리는 성화가 칭의에 앞서는 것이어야 한다고 믿었다.

② 성화와 거룩함은 사랑을 통해 긍정적인 본질을 얻게 된다. 성화와 거룩함은 거룩하지 않은 것들을 제한하고 구별함으로써 정의될 뿐만 아니라 -물론 이 시각이 웨슬리에게 결여된 것은 아니지만- 하나님이 예수 그리스도 안에서 계시하신 본질과 일치함으로써 곧 사랑을 통해 설명된다. 거룩한 것의 중요한 구조적 특징인 '다름(구분)'은 그리스도인이 행해서는 안 되는 것뿐만 아니라, 특히 그의 존재와 행위를 규정해야 하는 것에 의해 결정된다. 그런 점에서 예수가 그의 제자들을 '세상의 소금과 빛'으로 말한 것을 생각할 수 있다(마 5:13-16). 소금과 빛은 그 주변과는 구분된다. 그렇지 않으면 소금과 빛은 그 주변으로 스며들어 작용할 수 없다. 그러나 소금과 빛은 원리적인 한계 설정을 통해 구분되는 것이 아니다. 그러한 구분은 오히려 소금과 빛의 활동을 방해할 것이다. 소금과 빛의 다름은 짜게 하고 빛나게 하는 힘에 있다. 그러므로 제자들의 다름 또한 사랑의 힘에 있다. 이 사랑은 세상의 본질과는 다르지만, 세상 안으로 들어가 활동한다.

③ 성화가 사랑이기 때문에, 성화는 필연적으로 언제나 사회적 성화다.[212] 웨슬리가 가끔 성화의 체험에서 개인의 경험에 집중해 말하는 것처럼 보이지만, 성화 사건의 차원은 언제나 사회적이다. 하나님과의 완성된 교제를 위한 싸움은 이웃에 대한 바른 관계와 뗄 수 없이 연결되어 있다.

④ 웨슬리가 성화를 구원의 측면으로 강조하는 것은 현재적인 구원과 성화를 동일시하는 것과 강하게 연관되어 있다.[213] 성화는 하나님과의 낙원의 교제를 회복하는 것이다. 성화는 하나님의 동일형상을 다시 얻는 것이며, 그럼으로써 인간은 거룩할 뿐만 아니라 행복하다.

---

211) 설교 46("광야의 상태"), Ⅲ, 3.
212) 1739년의 "Hymns and Sacred Poems"에 대한 서론을 참조(Works³ XIV, 321): "그리스도의 복음은 아무런 종교를 알지 못하지만, 그러나 사회적이다; 사회적인 거룩함 이외의 어떤 거룩함도 알지 못한다." 설교 24("산상설교 Ⅳ"), Ⅰ, 1도 비슷하다. 이에 대해서는 W. Schneeberger, Theologische Wurzeln des sozialen Akzents bei John Wesley, 1974, 143ff. 참조.
213) 설교 Ⅰ ("믿음으로 말미암는 구원"), Ⅱ, 1ff.; 설교 43("성경적 구원의 길"), Ⅰ, 1 등.

이는 열광주의적인 구도가 될 수도 있고, 성화와 사랑을 동일시함으로써 내용적으로 충분하지 못할 수도 있을 것이다. 하나님을 사랑하고 이웃을 자기 자신처럼 사랑하는 사람은 하나님과의 교제 가운데 살고 있으며 또 거룩하다. 하나님의 사랑을 통해 자기 추구와 자기 멸시로부터 벗어난 사람은 스스로 정결하게 되며, 다른 사람을 사랑할 수 있고, 그래서 그는 행복하다. 요한복음의 말로 표현한다면 "믿는 사람은 이미 영생을 얻었다."고 할 수 있다. 이러한 요한복음의 말을 바꾸어 웨슬리는 그의 성화론을 요약할 수 있었을 것이다: "사랑하는 사람은 이미 영생을 얻었다."[214]

웨슬리와 그의 동생 찰스 -찰스가 더 강했다- 는 이 사랑이 하나님과 나누는 하늘의 교제 가운데 완성된다는 것을 매우 독특하게 말할 수 있었다. 영의 보증은 단지 법률적인 보증이 아니다. 하나님이 주시는 평화와 사랑을 통해 하늘의 현실이 이 땅에 이루어지는 한 부분이 된다는 것은 감리교회 운동의 기본적인 확신에 속했다.[215] 바로 이 점에서 친첸도르프와 헤른후트 형제들과 분리되었다. 친첸도르프에 따르면, 그리스도인들은 그리스도 안에서, 그리고 믿음을 통해 전적으로 거룩해지며 또 사랑 안에서 완성되지만, 오직 그리스도 안에서 그러는 것이지 '자기 자신 안에서(in se)' 는 전혀 그렇지 않다. 그러므로 그리스도인들이 실제로 사랑을 하는지 여부는 성화에서는 전혀 아무런 역할을 하지 않고, 모든 것은 믿음에 달려 있다.[216]

웨슬리는 친첸도르프의 전제에는 동의한다. 그리스도인들은 오직 믿음을 통해서만, 그리고 그리스도 안에서만 거룩하게 된다.[217] 그러나 그는 하나님의 은혜의 거룩하게 하는 힘이 인간의 삶에서 활동하여, 그가 하나님과 이웃을 향한 완전한 사랑을 하게 한다는 점을 확신했다. 믿음으로 고백된 은혜와 삶으로 실천된 은혜는 구분해야 하지만, 서로 나뉘거나 대립하는 것은 아니다. 그리스도 안에 있는 성화와 실천적인 삶의 성화는 원리적으로 하나이고,

---

214) Notes NT, 요 3:36.
215) A Plain Account of Christian Perfection 25, Q. 33(Works³ Ⅺ, 430): "하늘들의 하늘은 사랑이다." "O, for a thousand tongues to sing"의 마지막 구절도 참조: With me, your chief, ye then shall know, shall feel your sin forgiven; Anticipate your heaven below, and own that love is heaven."
216) 1741년 3월 9일에 있었던 웨슬리와 친첸도르프의 기념비적인 대화를 참조(WJW 2, 38ff.). 이는 J. Moltmann, Geist des Lebens, 182ff.에 인용되어 있다. 이에 대한 문헌은 W. Klaiber, Aus Glauben, A. 61과 68을 보라.
217) 웨슬리는 친첸도르프의 노래 "그리스도의 피와 의"를 번역해 그의 문집에 포함시키기까지 했다! Hymn 183(WJW 7, 309ff.). 이 노래의 몇 구절들은 反웨슬리 투쟁 노래처럼 들리기까지 한다.

또 실천을 함에 있어서 전적으로 별개의 것으로 보아서는 안 된다. 물론 그들을 간단히 동일시하는 것도 안 된다.

'그리스도 안에 있는 거룩함'과 인간 안에 '내주하는 거룩함'의 관계는 거듭남과 성화의 관계와 같다. 거듭남으로써 믿는 사람은 하나님과 교제를 나눌 수 있는 선물을 받는다. 성령 안에 있는 사랑, 하나님의 동일형상 회복 등이 그것이다. 그럼에도 거듭남은 성화의 시작일 뿐이다. 웨슬리는 성화에 대한 거듭남의 관계를 성인에 대한 갓난아이의 그것과 같다고 했다.[218] 갓난아이에게는 인간의 모든 기관이 존재하지만, 그것들이 몸의 기능을 발휘하기 위해서는 아직 성장해야 하고, 양분을 받아야 하며, 훈련을 해야 한다. 성화의 관계 성격을 보다 강하게 드러내기 위하여 다음과 같은 상징적인 이야기로 설명할 수 있다. 물론 웨슬리 자신이 이 이야기를 사용한 것은 아니다. 서로 사랑하는 두 사람이 있다. 그들은 하나님과 사람들 앞에서 서로를 인정한다. 그럼으로써 그들은 서로의 모든 것을 인정한 것이다. 이 근본적인 인정을 넘어서는 '더 이상'의 어떤 것은 없다. 그렇지만 이 사랑을 두 사람의 모든 관계에서 실천하고, 어려움 속에서도 지켜 나가며, 더 깊게 만들어야 하는 것은 그들의 일생의 과제다. 삶으로 실천되지 않고 항상 이루어야 한다고 압박하는 사랑은 죽은 것이다. 그와 같이 그리스도가 우리에게 주신 거룩함도 일상생활에서 삶으로 실천되어야 한다.

이 맥락에서 웨슬리가 부딪힌 문제와 친첸도르프가 그에게 가르쳐 준 위험은, 이러한 삶을 과연 객관적으로 확인할 수 있는가, 그리고 '인간 안에 있는' 어떤 것(인간 밖에서, 곧 하나님으로부터 오는 은혜가 아닌)을 신뢰와 희망의 토대로 만드는 유혹에 빠지는 것은 아닌가 하는 문제였다. 이에 대하여 답변할 때 적용되는 기준은 어쩔 수 없이 외적인 현상에 붙잡힐 수밖에 없을 것이다.

우리는 이 문제를 특히 웨슬리의 '그리스도인의 완전'이라는 가르침에서 분명하게 설명해야 한다. 웨슬리는 스스로 그리스도인의 완전에 관한 가르침을 그의 성화론의 핵심이요 총체라고 보았으며, 이는 19세기에는 개신교회의 성화 운동을 추진하는 동력이었다. 그러나 이 가르침은 감리교회 안에서나 밖에서 항상 오해와 논쟁의 대상이 되어 왔다.[219]

---

218) 설교 45("신생"), II, 3-4.
219) H. Brandenburg, RGG³ III, 182; M. Meyer, Heiligungsbewegung und Methodismus im deutschen Sprachraum, BGEmK 40, 1991 참조.

이 문제에 대해서는 이 단락의 끝에서 보충 해설을 통해 설명할 것이다. 그리스도인의 완전이라는 웨슬리의 견해를 받아들이지 않고서도 성화에 관한 그의 가르침의 원리적인 관심을 말할 수 있다. 우리는 먼저 웨슬리의 진술을 성서적인 토대 위에서 비판적으로 고찰함으로써 성화론이 과연 어떤 결과를 가져오는지를 살펴보고자 한다.

(3) 오늘의 세계에서 성화[220]

'거룩함 혹은 성화'라는 개념이나 주제를 오늘의 시대에 적용하려고 할 때에는 장점과 단점이 동시에 있다.

단점이란, 거룩함 혹은 성화 등은 제의 언어에서 나온 개념들로서 오늘의 사람들에게는 인간관계의 영역에서 온 개념들, 가령 화해, 칭의, 용서 등과 같은 개념들에 비해 생소하다는 것이다. 반면 다른 한편으로 이 개념들은 그 생소함으로 인해 오히려 하나님 관계나 우리의 삶과 이 세상에서의 하나님의 영역이나 그의 뜻을 분명히 하는 데 특별히 적절하다고 할 수도 있는 것이 장점이라고 하겠다. 이 개념들은 구원론의 신학적인 면을 분명하게 드러내고, 그 종교사적인 배경은 오늘에 이르기까지 세상을 향한 하나님의 요청을 구체적으로 나타낼 수 있다. 성화에서 중요한 것은 사람들 안에 계시는 하나님이다.

이 개념들의 의미는 '성인(聖人)'이라는 개념에서도 드러난다. 이 개념은 일반적으로 가톨릭교회에서 사용되며, 일반적인 것과는 다른 모습을 말하지만, 그러한 사람들의 삶을 속박하는 말이기도 하며, 동시에 세상에서의 낯설음을 나타내기도 하고, 또 특별한 종교적인 업적을 지적하기도 한다. 그러나 신약성서의 성화론에 따르면, 하나님의 거룩하게 하시는 행동은 우리의 삶에 매우 가까이 있으며, 하나님은 인간 삶의 모든 영역을 포괄하며, 인간의 일상생활에서 하나님과 그의 사랑이 드러나야 한다. 신약성서의 성화론은, 동시에 이러한 사건이 원칙적으로 은혜의 성격이 있음을 강조한다. "그리스도가 우리의 거룩함이 되었다."라는 말이 뜻하는 것은 예수의 삶과 죽음에서 나타날 수 있다. 그것은 사람들 가운데 있는 하나님의 사랑의 현재다![221]

---

[220] W. Klaiber, Wo Leben wieder Leben ist, 47ff.; J. Moltmann, Der Geist des Lebens, 186ff. 참조.
[221] 이 맥락에서 우리는 E. Jüngel이 강조한 믿음과 사랑의 구분을 생각할 수 있을 것이다(Gott als Geheimnis der Welt, 453-469). 웨슬리에게는 이 구분이 하나님의 사랑에 대한 인간의 응답인 사랑보다 믿음의 우선으로 지켜진다.

웨슬리의 성화론은 해방과 구원의 현재적인 성격을 분명하게 말하는 공헌을 할 수 있을 것이다. 현재의 세상에서 인간은 자기 자신 위에 머물러 있는 것이 아니고, 일상생활에서 하나님의 사랑의 초월성을 체험한다. 하나님의 거룩하게 하는 은혜가 활동하는 세 가지 영역이 있는데, 이들은 서로 다양하게 결합되어 있다.

① 개인적인 성화

우리가 개인의 성화를 먼저 논해야 할지, 아니면 공동체의 성화를 먼저 논해야 할지는 결정하기 쉽지 않다. 신약성서에서는 성화의 이 두 면이 분리될 수 없이 서로 결합되어 있다. 그래서 어느 한 면이 우선한다고 확인하기는 어렵다. 웨슬리에게는 개인의 성화라는 측면이 분명하게 우선한다. 그러므로 현대인들에게는 개인적인 차원의 성화를 말하는 것이 더 좋을 것이다. 그러나 개인적인 측면은 공동체의 성화와 항상 함께 묶어서 보아야 한다는 것을 처음부터 분명히 알아야 한다.

개인적인 성화의 차원에도 다시 세 가지 관계 영역들이 있다. 첫째, 하나님과의 관계, 둘째, 이웃과의 관계, 셋째, 자기 자신과의 관계가 그것이다.

첫째, **하나님과의 관계는 하나님의 은혜를 통해 철저히 새로워졌다.** 의롭다고 인정을 받음으로써 인간은 하나님과의 교제 안으로 받아들여졌다. 제의 언어로는 다음과 같이 말할 수 있다: 그리스도는 지성소, 곧 하나님의 심장으로 들어가는 길을 인간에게 열어 주었다. 그래서 인간은 삶 속에서 하나님과 교제하면서 하나님의 현재를 직접 체험한다.

하나님 앞에서, 그리고 하나님과 더불어 사는 이러한 삶은 각기 시급한 어떤 순간적인 삶을 말하는 것만은 아니다. 이러한 삶을 촉진하고 유지하기 위해서는 하나님과 지속적으로 교제하는 특정한 삶의 유형이 필요하다. 그러므로 성화는 하나님 스스로 주시는 것으로 출발해, 거듭 새롭게 하나님과 만나는 길을 발견하고, 그 길을 심화시키고, 어려운 시기에도 그 길을 꿋꿋이 걸어가는 것을 의미한다. 이러한 개인적인 성화에 이르기 위하여 우리는 여러 가지 은혜의 수단을 사용한다. 그러나 은혜의 수단을 사용할 때 '하나님이 주시는 복'의 형태를 그 능력과 혼동하지 말아야 하고, 믿음과 삶을 위한 실천적인 도움을 율법적인 요구로 변질시키지 않아야 하며, 동시에 외적인 형태 없이는 가장 강한 힘도 무력하게 소멸되어 버린다는 것을 잊지 않아야 한다.

둘째, **이웃과의 다리는 놓여졌다.** 우리의 이웃은 그리스도가 그들을 위하여 죽으신 자매요 형제들이다. 그러므로 그들에 대한 우리의 관계는 '거룩해졌다.' 다시 말해 이웃은 우리와 함께 하나님의 사랑하는 교제 안으로 받아들여졌다. 그것은 기독교 공동체 안에서 만나는 사람들에게만이 아니라, 모든 사람에게 해당된다. 성화의 과정에서 중요한 것은, 이러한 새로운 자세가 전부 아니면 전무라는 식의 지나친 열정으로 경직되기보다는, 구체적인 만남과 실천적인 행위로써 실천되어야 한다는 것이다. 그러한 실천적 행위 안에서 가능한 것과 바랄 수 있는 것이 구분되어야 하지만, 어느 경우에도 모든 것을 포괄하는 하나님의 사랑이라는 차원을 잊어서는 안 된다.

사랑의 계명은 원리적으로 행동에 많은 자유와 유동성을 준다. 물론 신약성서나 웨슬리는 "사랑하라 - 그리고 네가 원하는 것을 하라!"[222] 는 일반적인 가르침으로 끝나지 않고, 구체적인 행동을 가르친다. 사랑도 해석할 수 있으며, 자기 이익을 위하여 조작될 위험이 있다. 그래서 이미 신약성서는 원리적인 사랑의 계명을 주는 것으로 그치지 않고, 구체적인 행동을 위한 개체 계명들을 주고 있다. 이것들은 사랑을 실천하는 길을 가게 하는 어느 정도의 방향 지시등과 같은 역할을 한다.

여기서 마지막으로 언급해야 할 것은, 다른 사람들과의 관계 속에 있는 성화의 길은 내가 다른 사람들을 돕는 것으로 그치는 것이 아니라는 사실이다. 이웃을 돕는 것뿐만 아니라, 이웃으로부터 도움을 받는 겸손도 하나님의 거룩하게 하시는 행동에 상응하는 한 방법이 될 수 있다.

셋째, **우리 자신과의 새로운 관계도 하나님을 통해 형성되었다.** 자기 자신과의 바른 관계 없이는 이웃이나 하나님과의 바른 관계를 유지할 수 없다. 하나님은 은혜로써 우리를 받아들였고, 또 그럼으로써 우리 자신과의 새로운 관계까지도 이루어 주셨다. 이는 우리에게 냉정하지만 무자비하지는 않은 자기 평가를 가능하게 한다. 냉정하게 자신을 평가함으로써 우리는 우리의 약점들을 의식하지만, 우리가 받은 은사와 강함을 감사함으로 인정하기도 한다.

---

222) 자주 오해되는 어거스틴의 이 말씀에 대해서는 A. Schindler, TRE 4, 668 참조. 사랑의 계명이 구체적인 계명들로 전개되는 신약성서의 토대에 대해서는 W. Schrage, Ethik des Neuen Testaments를 참조.

"네 이웃을 네 몸과 같이 사랑하라."는 계명은 이웃 사랑을 위한 기준으로서 우리 스스로 무엇을 필요로 하고 무엇을 바라는지를 건전하게 알 수 있음을 전제하고, 그것을 이웃에게 행하라고 한다. 스스로에게 필요한 것에 대한 이러한 느낌을 억지로 꺾어 버리는 사람들이 적지 않은데, 그것은 결코 바람직하지 않다. 그들은 새로운, 경직되지 않은 자기 관계를 찾기 이전에는 실질적인 이웃 사랑을 할 수 없다. 그러나 그렇다고 해서 자기 자신을 사랑하라는 계명이 필요하다거나 혹은 '삼중적(하나님, 이웃, 자기 자신을 향한)인' 사랑의 계명을 말하는 것은 적절하지 않다. 자기 자신에 대한 사랑은 계명을 필요로 하지 않으며, 오히려 하나님으로부터 사랑을 받고 있다는 믿음이 필요하다. 그럼으로써 이기주의가 되지 않으면서도 자기 자신에 대해 우호적인 자기 관계를 발전시킬 수 있다.

이러한 맥락에서 자기를 부정하라는 예수의 말씀(막 8:35 병행)이 많은 그리스도인들에게 어려움을 주었다. 자기 자신을 전적으로 도외시하고 완전히 하나님과 이웃만을 생각하는 것이 성화의 왕도인 것처럼 보인다. 그러나 예수의 말씀이 서 있는 문맥과 내적인 예리함을 보아야 한다. 자기 부정은 자기 멸시나 자기 파괴가 아니라, 자신의 삶을 하나님께서 사용하시게 전적으로 내맡기는 것이다. 하나님의 사랑 안에서 우리는 더 이상 우리의 삶을 집요하게 움켜쥐고 우리 자신을 위해 살려고 발버둥치지 않고, 자신을 풀어놓아 전적으로 하나님의 손에 내맡길 수 있다. 바로 이것이 자기 자신을 버릴 준비가 되어 있는 사람들이 오히려 하나님으로부터 생명을 받게 된다는 예수의 역설적인 확신의 의미다.

자신의 삶을 하나님의 손에 전적으로 내놓은 곳에서 인간은 하나님과 교제를 나누면서 자신의 삶을 유지하고 성숙시킬 수 있다. 하나님과의 교제는 다른 사람들의 삶의 영역에 대한 경쟁 속에서 일어나지 않는다. 자기를 희생하는 것과 자기의 생명을 얻는 것, 그리고 다른 사람들을 위하여 사는 본분과 자신의 실존을 실천하는 것은 서로 대립되는 것이 결코 아니라, 오히려 함께 어울리는 목표다. 성화를 통한 이러한 성숙의 과정은 하나님의 말씀과 만나고, 다른 사람들의 풍성한 삶과 만나며, 우리가 사는 세상에서 제기되는 도전과 과제들을 만남으로써 스스로 변화되고자 하는 열린 자세를 통해 가능하다.[223]

---

223) J. Fowler, Stufen des Glaubens, 1991; ders., John Wesley's Development in Faith, in: M. D.

개인적인 삶에서 일어나는 이러한 성화의 과정에는 우리의 삶을 형성하는 모든 것을 하나님의 손에 내놓아 하나님께서 그 모든 것을 형성하시게 하는 것도 포함된다. 여기에는 예술적이고 학문적인 재능들이나 우리가 가지고 살아야 하는 결점들이나 장애, 혹은 부담되는 짐들까지도 해당된다. 성화의 길은 우리가 우리의 많은 짐들을 시간이 흐르면서 벗어 버리는 것이 아니라, 바울이 고린도후서 12:1-10에서 그 자신에 관해 말하듯이, 그런 것들과 더불어 살아가는 것을 배우는 데 있다.

잘못된 행동에 대해 선을 긋는 것이나 위험한 영역을 회피하는 것도 성화의 중요한 과제로 보는 것은 성화론의 신약성서적인 유산에 속한다. 이는 오랫동안 경건주의 운동과 감리교회의 전통에서 강조되었다. 경건주의에 대한 반발로서 오늘날의 많은 설교자들과 목회자들이 그러한 경고 목록들을 전적으로 포기하는 경향으로 흐르고 있다. 그러나 그러한 반응은 잘못된, 혹은 위험한 것으로 보일 수 있다. 이러한 방향에 실천적인 도움을 발전시키는 것은 미래를 위한 중요한 과제가 될 것이다. 율법적이 아니면서도, 모든 결단을 개인에게 맡기지도 않지만 개개인이 문제들을 해결할 수 있게 하는 도움을 베푸는 것이 중요하다. 특별한 경우에는 현대적인 형태의 금욕주의가 그런 도움이 될 수 있을 것이다. 예를 들어 중독의 위험이 있는 사람들이나 이들을 위한 처신에 도움을 필요로 하는 사람들과 만나게 될 때, 그러한 금욕의 형태는 적절한 것이 된다.

성서에는 사회적인 행동의 오류에 대한 경고, 그리고 성적인 혼란에 대한 경고가 넓은 영역을 차지한다. 그러나 웨슬리는 이 영역에 관해서는 별로 언급하지 않는다. 그러나 이 문제에 대해 오늘의 우리는 책임적으로 한계를 설정하고, 적극적인 응답을 해야 한다. 성 문제와 성화는 배타적인 것이 아니다. 하나님과의 교제 속에 있는 우리의 삶에서 중요한 영역을 차지하는 性생활도 감사함으로 실천되어야 하며, 우리의 실존적 삶이 성숙하는 과정에 포함될 수 있다.[224]

Meeks(Hg), The Future of the Methodist Theological Tradition, 1985, 172-192; M. Marquardt, "Ordo Salutis" 등을 참조.
[224] 인간의 몸이 성화의 장이라는, 그것도 몸이 하나님의 의를 위한 섬김에 투신되어야 하기 때문에 성화의 장이 된다는 것은 최근의 성서 주석의 중요한 결과에 속한다. E. Käsemann, Gottesdienst im Alltag der Welt. Zu Röm, Exegetische Versuche II, 198-204.

② 교회 공동체의 성화

앞에서 암시한 바와 같이 우리는 신약성서에서 공동체의 성화와 개인의 성화에 관한 많은 유사한 본문들을 발견할 수 있다. 공동체나 그리스도의 몸이나 모두 하나님의 성전이기 때문에 거룩하다. 공동체의 성화에 관해 가장 강력하게 말하는 곳이 에베소서 5:25-26이다. 에베소서의 이 구절에 의하면, 그리스도께서는 교회나 그리스도인들 모두를 그들의 죄로부터 깨끗하게 씻어 주시고 거룩하게 해 주셨다. 여기서 교회는 일종의 복합적인 인격체로 나타난다. 하나님은 그러한 인격적인 교회에게 구원의 행동을 하셨다.

사회적인 성화 외에는 다른 성화가 있지 않다고 웨슬리는 반복해서 말한다. 인간이 서로 어울러 사는 것은 근본적으로 하나님과 더불어 사는 교제의 영역에 속한다. 웨슬리가 이러한 원칙을 어떻게 실천했는지를 추적해 본 사람은, 특히 개인들의 관계의 총합과 융합이 그가 사회적인 성화라고 일컬은 것임을 확인하게 된다. 그러나 그에게는 한 인간의 차원을 넘어서는 교회의 성화라는 측면도 있다. 이것은 가톨릭교회의 전통과 연결되는데, 이 전통에서는 성도들의 교제(communio sanctorum)가 일차적으로는 거룩한 사람들(sancti)의 교제가 아니라 거룩한 것(sancta), 곧 성례전의 교제를 말한다.[225] 이것이 역사적으로 적절한 해석이냐는 물음은 일단 제쳐놓자. 그러한 해석은 신학사적으로는 위험한 것으로 입증되었는데, 성례가 교회의 삶에 구원을 가져다준다는 주장은 위험할 수 있기 때문이다. 또한 그러한 주장은 직분 구조가 있는 관념적인 교회와 사람들이 어울려 사는 실제적인 교회를 분열시킬 수 있기 때문이다.[226] 이러한 위험에도 불구하고 이러한 전통에는 진리의 핵심이 담겨 있음을 간과해서는 안 된다. 다시 말해 신약성서로부터 출발하는 흐름이 이러한 전통에 담겨져 있다.

그것은 기독교 공동체의 성화는 그 지체들 개개인이 성화를 실천하는 것의 총체 그 이상이라는 것이다. 신약성서가 말하는 교회는 믿는 사람들의 모임만이 아니라, 그리스도에 의해 그의 몸으로 세워졌으며, 그러므로 그리스도에 의해 거룩하게 되었고, 이처럼 거룩하게 되었음을 실천적인 삶을 통해 공동체적으로 실현해야 하는 곳이다.

---

225) BSLK 24; J. Hainz, Koinonia, BU 16, 1982, 207ff.; 웨슬리에 대해서는 Williams 128 참조.
226) 이로 말미암아 웨슬리에게 일어난 내적인 모순에 대해서는 Williams 232, A. 21 참조.

신약성서의 교회가 가지고 있는 거룩함의 본질은, 그리스도가 교회를 은혜의 생명 영역으로 만들었다는 사실에서 분명하게 드러난다. 어떻게 교회가 은혜의 생명 영역으로 살아가야 하는지에 대해서는 다음에 이어지는 Ⅳ장에서 구체적으로 논하게 될 것이다. 우선 여기서는 이러한 생명 영역의 세 가지 차원을 간략하게 언급하려고 한다.

- *하나님과 만남의 차원.* 인간들이 서로 교제하고, 대화하고, 행동하고, 기도하고, 노래하며, 선포하고, 또 함께 조용하게 하나님을 만날 수 있는 곳이 바로 교회다. 감리교회의 건물은 흔히 '성전(sanctuary)'이라고 부르기는 하지만 '거룩한' 영역은 아니다. 그러나 교회의 삶 내부에는 하나님의 현존을 만나기 위한 시간과 영역이 있다. 감리교인들은 그러한 만남을 경험하는 곳이 곧 거룩한 '장소'임을 잊어서는 안 된다.

- *상호간의 만남.* 교회 공동체 안에서 일어나는 것은 단순히 그리스도인들의 개별적인 접촉 그 이상이다. 물론 이러한 개인들이나 그룹들의 생명력 넘치는 관계가 없는 공동체는 결코 생각할 수 없는 것도 사실이다. 그렇지만 그리스도의 몸이라는 유기체는 전체 공동체의 넓은 관계들이 서로 뒤얽혀 다양하게 실천되고 경험될 수 있어야 한다. 바로 여기에서 그리스도인들이 상호간에 도움을 주기도 하고 받기도 하며, 서로를 격려하기도 하며, 염려가 되는 행동이 있을 때에는 서로 권면을 주고받기도 하는데, 이것이야말로 공동체적인 성화의 본질적인 요소다.

- *교회 바깥에 있는 사람들에 대한 관계.* 교회가 바깥세상을 향하여 열려 있을 때에만 은혜의 공간이 될 수 있을 것이다. 신약성서의 의미에서 볼 때, 교회는 이러한 성화의 구도 아래서 그리스도인들이 살고 있는 세상과의 '접촉 단면들'을 필요로 한다. 그럼으로써 하나님의 사랑의 본질에 관한 어떤 부분들이 분명하게 드러나게 된다. 교회는 이러한 하나님의 사랑의 표시다. '거룩한 곳'은 하나님이 그 곳에 현재적으로 계신다는 표시다. 교회는 이를 위하여 부르심을 받았다. 교회가 바깥세상을 향하여 자신을 열고 그 세상과 접촉함으로써, 세상을 향한 하나님의 사랑이 드러나게 되며, 그럴 때에만 교회는 은혜의 영역이 되는 것이다.

③ 성화와 사회

거룩한 장소들은 상징적인 성격이 있다. 그런 장소들은 경건한 사람들을 위하여 예약된 곳도 아니고, 종교적인 생활을 위한 공간도 아니며, 하나님의 사랑으로 말미암은 삶을 세상 안에서 확산하기 위한 근거점이다. 물론 이 세상은 삶을 위협하는 광야가 되어 버릴 위기 가운데 있다. 이것이야말로 성화와 거룩함이라는 개념의 독특한 측면이다. 우리는 이것을 특히 구약성서에서 볼 수 있다. 구약성서에서 거룩함이나 성화 개념은 하나님을 위하여 구별된 특별한 것과 연관되지만, 동시에 모든 것이 하나님께 속한 것이라는 사실을 지적하기도 한다.

신약성서와 관련해 우선 지적해야 할 것은 주기도에 있는 처음 세 기도들이다. 루터는 그의 교리문답에서 주기도를 해석하면서 다음과 같이 말한다: 만일 우리가 "당신의 이름이 거룩해지소서!"라고 기도한다면, 그로써 우리는 "이미 하늘에서는 거룩한 하나님의 이름이 이 땅의 우리에게서도, 그리고 모든 세상에서도 거룩해지고 또 거룩하게 머물러 있기를 기도하는 것이다."[227] 이어지는 두 개의 기도를 함께 고려할 때, 하나님의 이름의 성화는 단순히 제자들의 공동체로만 제한되는 것이 아니라, 온 세상에서 일어나야 한다는 것을 알게 된다. 영광을 하나님께 돌리고, 하나님의 뜻이 이루어지고, 그의 나라가 임하는 것은 세 가지의 상이한, 그러나 매우 밀접하게 연결되는 측면들을 보여 준다. 하나님의 신성이 온 세상에서 그 세상을 구원하려는 것임을 보여 주는 것이다.[228]

웨슬리는, 감리교회는 성서적인 성화를 온 세상에 확산해야 할 사명이 있다고 말했는데, 이것은 그가 하나님의 거룩하게 하시는 행위와 예수를 따르는 그리스도인들의 삶이 갖는 이러한 세 가지 차원을 분명히 알고 있었음을 보여 준다.[229] 그러나 웨슬리는 이 곳에서는 온 세상을 향한 이러한 성화의 확산이 어떻게 일어나야 하는지에 대해서는 분명하게 말하지 않는다. 그러나 웨슬리가 특별히 두 가지 방식을 생각하고 있음은 분명하다. 하나는 복음적인 선포인데, 이는 오직 믿음으로 말미암은 하나님의 은혜를 통하여 성화가 가능하고, 또 반드시 일어나야 한다는 점을 사람들에게 설교하는 것이다. 다

---

227) BSLK 671f.
228) Wesley의 설교 7("하나님 나라로 가는 길"), I, 12; 설교 26("산상설교 Ⅵ"), Ⅲ, 6-9 참조.
229) Large Minutes, Q. 3, Works³ Ⅷ, 299.

른 하나는 그리스도인들의 모범적인 교제와 사랑 안에서 실천되는 삶의 증언이다. 이 사랑의 삶은 그리스도인들 상호간뿐만 아니라, 바깥의 사람들을 향해서도 실천되어야 한다.

이러한 방식을 통해 세상의 '성화'와 같은 어떤 것이 일어날 수 있다고 웨슬리는 생각했다. 웨슬리는 "기독교가 압도적인 세상이 되어 온 지구촌을 뒤덮게 될 날이 올 것이라고 확신하였다. 그러면 전쟁은 그칠 것이고, 우리를 분열시키는 미움과 의심은 사라질 것이며, 불의와 가난은 멀어져 갈 것이고, 사랑과 정의가 세상을 지배하게 될 것이다. 우리의 모든 노력의 밑바탕에는 바로 이러한 목표가 놓여 있으며, 이 목표는 하나님께서 우리에게 주고자 하시는 은사들에 입각해 우리의 소망의 척도가 되어야 한다."[230]

그러나 이러한 희망은 하나의 환상으로 밝혀지고 말았다. 그러므로 오늘 우리가 복음의 변화시키는 힘으로써 세상의 위기에 실질적으로 대처하기에는 웨슬리의 원리가 너무 좁아 보이는 것도 사실이다. 그렇지만 우리는 선포의 의미와 개인적인 모범의 의미를 과소평가해서는 결코 안 된다. 복음화는 개인적인 구원을 제공하는 것으로 그치는 것이 아니라, 세상과 그 안에서 살고 있는 사람들에 대한 하나님의 통치를 외치는 것이기도 하다. 온 세상을 향한 하나님의 통치를 외치는 이러한 목소리가 들리지 않는 곳에서는 사회정치적인 조치들은 분명하지 못하고 의심스러운 것이 될 것이다. 세상의 위기에 적극 대처하는 참여적인 개인들의 모범적인 삶은 교회의 사회적인 노력의 정신으로 남게 된다. 그러한 활동을 통해 이룰 수 있는 것이 뜨겁게 달구어진 바위에 물 한 방울 떨어뜨리는 것처럼 보잘것없는 것으로 보일지라도, 그러한 성화의 활동이 없는 정치적인 요구나 조치들 역시 별 효력이 없게 될 것이다. 그런 것들에는 사랑의 정신이 결핍되어 있기 때문이다. 별로 드러나지 않고, 근본적으로는 별로 효과도 없는, 그러나 매우 헌신적인 마더 테레사(Teresa)의 행위는 이 세상을 성화시키려는 사랑의 힘을 확산하기 위해서는 결코 간과할 수 없는 의미가 있다.

그럼에도 우리는 그리스도인들의 개인적인 참여의 한계를 넘어서는 단계들을 취해야 할 필요가 있다. 그러한 단계들이 어떤 것들인지에 대해 여기서는 우선 간단하게 나열하고, 이어지는 다음 단락에서 보다 상세하게 설명하

---

230)Williams 166.

려고 한다.

첫째, *성화와 사회*는 결코 잊어서는 안 되는 영역이다. 모든 면에서 적극적으로 사회 참여적인 활동을 했음에도 불구하고, 웨슬리는 사회적인 비참함의 보다 깊은 사회구조적인 원인에 대해서는 별로 생각하지 않았다. 후대의 감리교회는 보다 보수적인 방향으로 발전해 나갔으며, 그리스도인의 완전과 새롭고도 포괄적인 사회윤리의 관계를 제대로 설정하지 못했다.[231] 책임적인 해방신학의 원리들은 여기서 보다 발전된 것이라고 할 수 있다.[232]

둘째, *성화와 자연*. 이미 앞에서 암시한 바와 같이, 고대세계에서 자연에 부여되었던 터부를 극복한다는 것은 인간에게는 복된 일이었을 뿐만 아니라, 어떤 점에서는 매우 위험한 일이기도 했다. 우리에게 제기되는 물음은 이런 것이다. 우리를 다시 얽어매고 노예화하는 마술적인 사고에 빠지지 않으면서도 땅, 물, 나무 등과 같은 것들의 거룩함을 회복할 수 있을까? 영어권에서 교회 영역뿐만 아니라 자연 보존 지역을 sanctuary(성소)라고 부를 수 있다는 사실은 깊이 생각해볼 만한 일이다. 물론 우리가 자연 속에 계신 하나님을 경배한다는 의미에서 자연보존 지역을 성소라고 부를 수는 없다. 그러나 이러한 지역은 하나님이 창조하신 생명에 대한 경외심을 가르치고 이러한 삶을 보존하도록 돕는 장소가 될 수 있고, 그런 의미에서만 성소라고 말할 수 있을 것이다.

이러한 맥락에서 땅을 위해서는 휴경기를 두고, 사람을 위해서는 안식일을 두는 것에 대해 새롭게 평가할 수 있다. 경제적인 채무를 탕감해 주는 안식년이나 희년에 관해서도 마찬가지다. 물론 우리는 이러한 제도들이 처음에는 사람들의 복지를 위하여 생겨났지만, 결국은 특정한 맥락에서는 사람을 괴롭히는 제도로 전락해 버렸던 역사를 잊어서는 안 된다. 그럼에도 우리는, 그러한 것들은 하나님께서 우리에게 주신 것들을 성화시키기 위한 표시로 이해할 수 있을 것이다. 우리에게는 거룩한 장소와 시간의 기능을 회복하는 일이 시급하다. 이러한 거룩한 장소와 시간들은, 이 세상이 인간들의 소유가 아니라 하나님의 소유이며, 그러므로 동시에 모든 피조물에게 주어진 것임을 분명하게 깨우치는 역할을 하게 될 것이다.

---

[231] Williams 157ff.
[232] Th. Runyon(Hg.), Sanctification and Liberation, 1981; Th. Kemper, Methodistisches Erbe und Theologie der Befreiung, Emk heute 66, 1989; Th. W. Jennings, Jr., Good News to the Poor, John Wesley's Evangelical Economics, 1990; J. Moltmann, Geist des Lebens, 180ff. 등을 참조.

신약성서가 어디에서도 세상이 -교회나 그리스도인들처럼 그렇게- 그리스도 안에서 거룩하게 되었다고 말하지 않는 것은 결코 우연이 아니다. 세상의 성화는 종말론적인 사건이다. '하나님께서 모든 것 안에서 모든 것'이 될 때, 세상의 성화라는 종말론적인 사건은 일어날 것이다. 바로 그런 점에서 원칙적으로는 이미 하나님에 의해 화해된 세상 안에서 도래하는 하나님 나라와 미래적인 거룩함의 표시를 지금 분명히 드러내야 하는 사명과 과제가 그리스도인들과 교회에게 주어졌다.

4) 보충설명: 사랑의 완성 - 그리스도인의 완전[233]

웨슬리는 그리스도인의 완전에 관한 가르침이 그의 신학과 선포에서 매우 중요한 것이라고 여겼다. 그는 이 가르침을 하나님께서 기독교 신학의 틀 안에서 감리교인들에게 맡겨 주신 특별한 은혜라고 여겼다. 그리고 이 가르침을 부정한다면 감리교회 운동을 함께 할 수 없다고 생각하였다.[234] 웨슬리가 많은 곳에서 성화의 가르침에도 그리스도인의 완전에 관한 가르침과 동일한 가치를 부여하였다는 사실은 모순이 아니다. 원칙적으로 그에게 두 가르침은 동일한 것이었기 때문이다.

우리는 여기서 그리스도인의 완전에 관한 가르침이 전개된 역사를 개관하거나 웨슬리가 활동할 당시에 이 가르침을 둘러싸고 벌어진 논쟁에 관해 상세하게 설명할 필요가 없다. 단지 우리가 하려는 것은, 이 가르침의 몇 가지 중요한 원리들을 간략하게 살펴보고, 그런 후에 그 의미에 관한 신학적인 평가를 얻어 보려는 것이다.

---

[233] 설교 40("그리스도인의 완전"); 107("완전에 대하여"); Works³ XI, 366-446 참조. 또한 Williams 147-167; Lindström 85ff.; R. N. Flew, The Idea of Perfection in Christian Theology, 1934; W. E. Sangster, The Path to Perfection. An Examination and Restatement of John Wesleys Doctrine of Christian Perfection, 1943(1984); M. B. Wynkoop, A Theology of Love. The Dynamic of Wesleyanism, 1972; H. Nausner, John Wesley - Christliche Vollkommenheit als Lebensthema, MSGEmK 9, 1988, H. 1, 3-10 도 참조. 그리스도인의 완전이라는 주제의 역사에 대해서는 J. L. Peters, Christian Perfection and American Methodism, 1956(1985²); K. Steckel, Die Veränaderungen des Traktates zur "Christlichen Vollkommenheit" in den verschiedenen Kirchenordnungsausgaben der früheren Evangelischen Gemeinschaft(1803-1968); MSGEmK 11, 1990, H. 2, 5-27 참조.
[234] Williams 147f.

그리스도인의 완전에 관한 가르침에서 웨슬리에게 중요한 것은, 무엇이 **아닌지**를 분명하게 밝히는 것이었다.[235] 그리스도인의 완전은, 그리스도인의 무오성을 의미하지 않으며, 잘못과 연약함으로부터 해방되는 것을 의미하지 않는다. 오로지 하나님만이 모든 점에서, 그리고 모든 의미에서 완전하기 때문에, 그리스도인의 완전은 절대적인 것이 아니다. "예수 그리스도가 생각한 것처럼 그렇게 생각하는 사람, 예수 그리스도가 행동했던 것처럼 그렇게 행하는 사람"을 웨슬리는 완전한 사람으로 여겼다. "정결한 손과 마음을 가진 사람" 혹은 "육체와 영혼의 모든 오염으로부터 정결하게 된 사람"을 그는 완전한 그리스도인으로 여겼다. "어떠한 거침도 없고, 그러므로 아무런 죄를 범하지 않는 사람"을 그는 완전한 사람으로 여겼다.

> 우리는 하나님께서 몸과 마음과 영을 거룩하게 해 주신 사람을 그런 사람으로 이해한다. 그는 빛 가운데 있는 것처럼, 그렇게 빛 가운데서 행동한다. … 그런 사람은 다음과 같이 증언할 수 있다. '나는 그리스도와 함께 십자가에 매달렸다. 내가 살고 있는데, 사실은 내가 아니라 내 안에 그리스도가 산다.' … 그는 그의 하나님이신 주님을 온 마음을 다하여 사랑하며, 온 힘을 다하여 그를 섬긴다. 그는 그의 이웃을 자신처럼 사랑한다. 그리스도가 우리를 사랑하신 것처럼 … 사실 그의 영혼은 사랑으로 가득 차 있으며 진실한 자비와 선함, 온유와 부드러움, 그리고 인내로 가득 차 있다. 그러므로 그의 삶에는 믿음의 행위, 소망의 인내, 그리고 사랑의 활동이 드러난다. —바로 이것이 완전, 곧 철저히 거룩해진 것이라고 불린다.[236]

웨슬리는 왜 하필이면 그리스도인의 완전에 관하여 말했을까? 이 물음에 대한 웨슬리의 첫 번째 대답은, 성서가 그리스도인의 완전에 관하여 말하기 때문이라는 것이다. 이것은 일정한 부분에서 분명히 정당한 것이다. 특히 요한일서가 웨슬리에게는 이 가르침을 전개할 수 있는 원천이었고, 또 이 가르침을 변호하는 데 중요한 근거가 되었다. 웨슬리는 '완전'이라는 개념을 성서

---

235) Plain Account 12(Works³, XI, 374).
236) AaO. 384.

본문에서 발견하고 그로부터 출발해 그리스도인의 완전이라는 가르침을 전개하였다.[237]

그의 두 번째 대답은 그 자신의 체험이다. 감리교회 운동이 진행되는 동안에 그는 많은 사람들을 만났는데, 그들은 하나님께서 그들에게 '완전한 성화'를 선물로 주셨음을 웨슬리에게 명백하게 증언하였다. 그 외에도 기독교 전통 안에 있는 커다란 흐름도 참고해야 한다. 희랍 교부들로부터 출발해 중세와 근세의 신비주의자들로 이어지는 흐름이다. 그들이 '그리스도인의 완전'을 위해 싸워야 했던 그것을, 이 가르침에 관한 웨슬리의 관심 배후에서도 찾을 수 있다. 그것은 '실현된 종말론'에 대한 간절한 소망이다. 다시 말해 지금 이미 인간 삶의 시간에서 경험할 수 있는, 그리고 인간과 그의 행위를 온전히 채우고 규정하는 영원에 대한 그리움이다. 물론 웨슬리 자신은 이러한 경험을 할 수 없었다. 웨슬리가 이 점을 냉정하고도 솔직하게 말한다는 사실은, 이 주제를 둘러싼 그의 노력이 얼마나 진지하게 믿을 수 있는 것인지를 보여 준다.

그리스도인의 완전에 관한 가르침을 평가하기 위해서는 다음과 같은 것들을 중요하게 고려해야 한다.

① 웨슬리에게 그리스도인의 완전은 믿음 안에서 받는 하나님의 선물이다. 완전한 성화에는 오직 하나님의 사랑의 능력이 역사하고 있다고 웨슬리는 종종 말하곤 하였다. 이 하나님의 사랑의 힘에 의해 믿음의 사람들은 의롭다 함을 얻고, 거듭나며, 거룩해진다.[238] 그리스도인의 완전은 완전한 성화에 이르기까지 점진적인 발전을 통하여 경험되든지, 혹은 직접적이고 갑작스럽게 경험되기도 한다. 이 직접적이고 갑작스러운 경험을 함으로써 사람은 자신이 하나님의 사랑으로 가득 채워졌으며, 모든 죄의 법이 그들의 마음에서 제거되었고, 충만한 기쁨으로 하나님을 찬양할 수 있다는 사실을 확신하게 된다. 웨슬리가 그리스도인의 완전을 말할 때, 그가 생각하는 것은 바로 이러한 직접적인 체험이다. 그래서 이러한 과정이 구원의 질서라는 틀 안에서 독자적인 주제로 다루어지기 시작했고, 또 '두 번째 축복'이라는 개념 아래서 그리스도인 존재의 본래적인 성취가 되기도 했다.[239] 이러한 전개에는 많은 문제

---

237) 그 대표적인 예가 설교 40("그리스도인의 완전")이다. 여기서 빌 3:12는 거의 나타나지 않는다. 원래의 본문은 요일 3:9이다.
238) 설교 102("인내에 대하여"), 9f.
239) 그러나 이 개념을 웨슬리는 자주 사용하지 않았다. 예를 들어 몇 개의 서신들에서 사용했다(1757년 3월

가 있기는 하지만, 인간에게 직접 온전한 성화가 주어진다는 생각에서 드러나는 것은, 웨슬리에게 그리스도인의 완전은 분명히 은혜의 성격이 있다는 것이다.

② 그리스도인의 완전을 긍정적으로는 '완전한 사랑'이라고 말할 수 있다. 성화에서처럼 여기서도 '사랑'은 핵심적인 개념이며, 근본적인 실재다. 그러므로 웨슬리는 완전이라는 '역동적인' 개념을 생각할 수 있었다. 역동적인 개념인 만큼 그리스도인의 완전에서는 계속적인 성장이 가능하고, 또한 인간에게는 하나님의 은혜로 주어지는 용서가 필요하며, 새로운 도움이 거듭 주어져야 한다. 또한 논리적인 적절성에 대해서도 되물어 볼 수 있다. 완전이라는 영어 단어(perfection)에서는 독일어(Vollkommenheit)에서보다 모순이 보다 강하게 느껴지게 되었고, 그래서 웨슬리는 이러한 '불완전한 완전'을 어떻게 생각할 수 있는지 설명하는 데 거듭 어려움이 있었다. 그러므로 그리스도인의 완전에 관한 가르침을 지지하는 오늘날의 학자들은 하나님과 함께하는 삶의 '무결함(Integrität)'을 말하자고 제안한다. 물론 이러한 무결함은 하나님의 은혜의 선물이라는 점을 잊어서는 안 된다.[240]

③ 그리스도인의 완전을 특징짓는 두 번째 특징은 '죄로부터의 자유'다. 다시 말해 실질적인 죄 없음에 이르기까지 해방되는 것이다. 웨슬리에 따르면, 인간은 거듭남과 성화에서 '죄의 힘과 뿌리'로부터 벗어났기 때문이다. 그러므로 더 이상 죄를 짓지 않는 인간이 있을 수 있다는 것은 논리적으로 잘못된 것은 결코 아니다. 웨슬리는 이를 위하여 특히 로마서 6-8장에 있는 바울의 말씀을 주석하면서 근거를 제시한다. 바울에 의하면, 그리스도인은 죄에 대해서는 죽었으며, 그리스도를 통해 죄와 죽음의 권세로부터 해방되었다. 또 다른 증거는 요한일서인데 그에 의하면, 인간은 실질적으로 무죄함에 이르게 된다. 요한일서 3:9는 웨슬리의 가르침에서 핵심적인 구절이다.

> 하나님으로부터 난 사람은 죄를 범하지 아니한다. 하나님의 자녀들은 그 안에 있기 때문이다. 그들은 죄를 지을 수 없다. 그들은 하나님

24일의 서신; Letters <ed. Telford> Ⅲ, 212; 1772년 4월 3일의 서신, V, 315; 1774년 10월 8일의 서신, Ⅵ, 116). Schmieder, Geistestaufe, 110f.; 찰스 웨슬리의 노래들에 이 개념이 나오는 것에 대해 WJW 7, 17 참조.

240) M. B. Wynkoop, A Theology of Love 301이 그렇다. Wynkoop는 지금까지 여전히 그리스도인의 완전을 굳게 붙잡고 있는 나사렛 교회에 속한 학자다.

에게서 났기 때문이다.

이것을 실천적으로, 그리고 신학적으로 신빙성 있게 설명할 수 있기 위해 웨슬리는 그의 죄 개념으로 돌아간다. 웨슬리는 특히 의도적으로 하나님의 계명을 어기는 행위를 죄라고 규정한다. 그러나 생각과 느낌 속에 있는 '죄의 충동들'은 죄 개념에서 제외시킨다.[241] 요한일서와 유사하게 웨슬리도 다음 두 전선에서 싸우면서 논증하고 있다는 사실을 알 수 있다.[242]

- 감리교회 운동의 내부와 외부에는 완전에 관하여 가르치는 일련의 사람들이 있었다. 그들은 그리스도인의 완전 안에서는 죄를 범한다거나 죄에 다시 빠지는 것은 전적으로 불가능하다고 가르쳤다. 또 다른 사람들은 죄라는 개념 자체를 아예 배제해 버리기도 했는데, 죄를 비로소 드러나게 하는 율법이 그리스도인들에게는 더 이상 효력을 발휘하지 못하기 때문이다. 웨슬리는 이러한 열광주의적이고 반율법적인 유형에 맞서 싸우면서 현실적인 이해를 내세웠는데, 그는 죄를 지을 수 있는 가능성을 인정했지만, 또한 타락의 반복적인 경험도 인정했다. 웨슬리는 그에 관한 몇 개의 설교를 펴내기도 했다.

- 웨슬리가 맞서 싸운 또 다른 전선은 첫 번째 전선과 전혀 반대되는 것이었다. 다시 말해, 죄에 대한 실질적인 승리를 부정하는 사람들에 맞서 싸우는 것이었다. 이것이 웨슬리의 근본적인 관심이었다. 그는 죄에 대한 실질적인 승리는 그리스도의 승리를 통하여 가능하게 되었다고 믿었다. 죄의 권세는 무너졌고, 그리스도인들은 더 이상 죄를 지어서는 안 된다.

non posse non peccare(죄를 범하지 않는 것은 불가능하다)라는 어거스틴의 원칙을 루터는 simul iustus et peccator(의인이면서 동시에 죄인)라는 표현으로 수용하였는데, 웨슬리는 이것이 그리스도인의 삶에 있는 은혜의 능력에 관한 성서의 증언에 명백하게 어긋나는 것이라고 여겼다. 그러나 그는 요한일서 3:9의 non posse peccare(죄를 범하는 것은 불가능하다)를 그 본문이 서 있는 문맥(요일 1:8-9 참조)에서 떼어내는 것에 대해서는 반대하였다. 그래서 posse non peccare(죄를 범하지 않는 것은 가능하다)를 단순하게 가르친 것이다.[243]

---

241) 설교 41("방황하는 생각"); 설교 107("완전에 대하여"), II, 9ff.
242) 이에 대해서는 설교 13("신자 안에 있는 죄")과 설교 14("신자의 회개")를 참조.
243) 주석적인 배경에 대해서는 E. Kutsch, Das posse non peccare und verwandte Formulierungen als

④ 그리스도인의 완전은 그리스도인이 완전히 하나님께 의존적인 존재라는 지식을 배제하는 것이 아니라, 오히려 포함한다. 루터가 이러한 그리스도 의존성을 표현했던 simul iustus et peccator(의인이면서 동시에 죄인)를 웨슬리는 수용할 수 없었다.[244] 그의 체험에 근거해 웨슬리는 partim-partim(부분적으로 죄인이며, 부분적으로 의인)을 주장했다.[245] 신자들과 타락한 사람들에게서 동시에 죄의 현상을 보았기 때문이다.

그러나 웨슬리는 매우 인상적인 표현을 통해 그 이상을 말할 수 있었다. 완전한 그리스도인이든 그렇지 않은 그리스도인이든 모두는 영혼의 비참함 속에서 하나님의 도우심을 받을 수밖에 없으며, 또 하나님이 안 계시는 것 같은 이 세상에서 하나님의 현존을 소망하면서, 하나님의 은혜 없이는 자신들이 행하거나 경험한 것으로는 하나님 앞에서 결코 설 수 없는 존재들임을 분명히 알아야 한다고 웨슬리는 말한다. "신자의 회개"라는 그의 설교에서 웨슬리는 이렇게 주장한다.

> 우리의 완전한 무력감, 우리의 완전한 무능력을 깊이 의식함으로써
> 우리는 받은 바 그 어떠한 것이라도 굳게 붙잡고 있거나 혹은 우리의
> 마음과 삶에 남아 있는 죄의 세상으로부터 벗어나야 함을 알고 있다.
> 그러한 의식은 우리의 삶이 그리스도를 믿는 믿음에 근거되어 있음
> 을 가르쳐 준다. 그리스도는 우리의 대제사장이 되실 뿐만 아니라,
> 우리의 왕도 되신다.[246]

Aussagen biblischer Theologie, ZThK 84, 1987, 267-278 참조. 그는 인간이 구원을 받아야 한다는 필요성에 입각해 non posse non peccare로부터 출발하면서도 이렇게 말한다. "그러나 믿음 안에서 하나님과 화해하게 된 사람, 그리고 종말적인 구원을 소망하는 사람에게는 죄를 범하지 않을 가능성, 곧 posse non peccare가 주어졌다."

244) 이 표현은 주석적으로도 지지될 수 없는데, 적어도 'totus … totus(전적으로 죄인이고 전적으로 의인이다)'의 형식은 그렇다. 특히 오늘날 거의 모두에 의해 인정받듯이, 롬 7:7ff.를 그리스도인에게 적용하지 않을 경우에는 더더욱 그렇다. 그에 대해서는 W. Joest, Paulus und das lutherische Simul Iustus et Peccator, KuD 1, 1955, 269-320; P. Althaus, Paulus und Luther über den Menschen, SLA 14, 1958³ 참조. Althaus는 바울에 반대해 루터 편을 드는데, 루터에게서 현대적인 이해에 적절한 죄 개념을 보았기 때문이다.

245) 이러한 점은 루터에게서도 발견할 수 있다. 예를 들어 WA 39, I, 542, 5ff.(W. Joest, Gesetz und Freiheit, 1961³, 65-70 참조); 더 분명한 것은 요일 3:9에 대한 강의에서 드러난다: "non stant simul peccare et nasci ex deo" WA 20, 707(H. J. Klauck, 1. Joh, EKK XXIII, 1991, 349f. 참조).

246) 설교 14("신자의 회개"), III, 4; 설교 21("산상설교 I"), II, 3ff.; 설교 25("산상설교 V"), IV, 13; 설교 110("교회에 대하여"), 21 등도 참조.

또한 "그리스도인의 완전에 관한 설명"에서 이렇게 말한다.

> 가장 거룩한 사람들이라도 항상 그리스도를 그들의 예언자로서, '세상의 빛으로서' 필요로 한다. 왜냐하면 그가 그들에게 다른 빛을 향한 한 순간만을 주기 때문이다. 그가 물러나면 곧바로 모든 것이 어둠이 되고 만다. 그들은 항상 그리스도를 그들의 왕으로 필요로 한다. 하나님은 그들에게 성화의 창고를 주는 것이 아니기 때문이다. 우리가 어느 순간이라도 그로부터 벗어난다면, 우리 안에는 거룩하지 못한 본질 외에 다른 것이 남아 있지 않게 될 것이다. 더 나아가 그들은 그리스도를 그들의 제사장으로 필요로 하는데, 그것은 그들의 예배에서 부족한 것까지도 화해하기 위해서다. 더구나 하나님은 가장 거룩한 것이라도 오로지 예수 그리스도를 통해서만 기뻐하신다.[247]

지금까지 논의한 것을 여기서 어떤 식으로든 요약하고자 하는 것은 결코 쉬운 일이 아니다. 그리스도인의 완전에 관한 웨슬리의 가르침에 내재한 매우 긍정적인 요소들에도 불구하고, 다음과 같은 몇 가지 중요한 문제점들을 지적하지 않을 수 없다.

- 사람이 완전한 성화에 이르게 되는 어떤 경우들을 객관적으로 서술하려고 할 때에는 어쩔 수 없이 외적인 특성을 말하게 된다. 예를 하나 들어 보자. 웨슬리가 원죄에 관해 말한다면, 훨씬 깊이 있게 파악할 수 있을 죄 개념이 의도적인 행위 범죄의 현상으로 제한되어 버린다. 죄를 범하고자 하는 생각이 인간의 마음에 있는 죄의 충동에 뿌리를 내리고 있다는 예수의 계명 해석에서 예리하게 제기되었던 그리스도인의 양심은 웨슬리의 그러한 죄 개념에서는 아무런 힘을 쓰지 못한다. 웨슬리의 죄 개념은 실천적인 목회에서는 상당히 중요하게 효력을 발휘할 수 있겠지만, 그리스도인의 완전에 관한 가르침의 비중을 담기에는 신학적으로 너무 밋밋한 것은 사실이다.

- 그리스도인의 완전을 확실하게 경험할 수 있다는 언급은 개인의 고립이라는 결과로 이어진다. 다시 말해 성화와 완전에 관한 매우 개인주의적인 시각으로 이어지고, 그리스도인들을 또다시 자기 자신이나 소외에 대해 관찰하

---

[247] Plain Account 417; 설교 107("완전에 대하여"), I, 3도 비슷하다.

는 대상으로 만들어 버린다. 성화를 개인적인 자아의 발전이라는 방향으로 전개하고 평가하는 위험은 결코 제거될 수 없다. 성화나 그리스도인의 완전에 관한 가르침이 의미 있는 것으로 활용될 수 있으려면, 그것이 개인의 상태에서 방향 설정되어서는 안 되고, 하나님의 은혜의 능력 안에서 해결되어야 할 과제와 도전에서 방향이 설정되어야 한다.

- 앞에서 언급한 웨슬리의 노력에도 불구하고, 분명하게 체험적으로 그리스도인의 완전을 확인할 수 있다는 말과 영원한 하나님 의존성에 관한 지식, 곧 '최고의 삶'에서도 항상 하나님의 용서와 화해가 절대적으로 필요하다는 지식 사이에는 여전히 긴장과 모순이 남아 있다.

- 그리스도인의 완전에 관한 웨슬리의 가르침이 갖는 이러한 측면, 곧 개별적인 그리스도인들을 완전한 사람으로 '구분' 할 수 있는 가능성은 결코 성서적인 것이라고 할 수 없다. 이를 위하여 웨슬리가 인용하는 성서 구절들(예를 들어 빌 3:15)은 바울에게서는 오히려 논쟁적으로 이해되어야 하며, 또 그리스도인의 완전을 위하여 노력하라는 바울의 개념은 웨슬리에게서 찾을 수 있는 것보다는 훨씬 역동적이라는 점을 지적해야 한다.

웨슬리는 그 시대 사람들 중에서 그리스도인의 완전을 경험한 사람들이 있음을 말하며, 또 오늘날에도 그런 그리스도인들이 많다. 우리는 그러한 경험을 부정할 필요도, 과소평가할 필요도 없다. 그렇지만 분명하게 확인할 수 있는 완전한 성화의 상태를 기독교적인 삶의 결정적인 목표로 확정하는 것은 웨슬리 성화론의 긍정적인 특성들을 오히려 어둡게 만드는 것임을 알아야 한다. 그러므로 성화 운동을 위한 투쟁에서 매우 고통스러운 경험을 감당해야 하는 오늘의 감리교회 신학을 위해서는 그리스도인의 완전이라는 구도는 교리로서가 아니라, 하나의 강조점으로 받아들여져야 한다. 다시 말해 그리스도인의 완전은 구원론의 특정한, 그리고 중요한 경향을 강조하는 가르침으로 이해되어야 한다.

다음과 같은 세 가지 요소들이 중요하다.

a) 그리스도인의 완전에 관한 말씀은, 그것이 그리스도의 완전을 지적하는 것으로 이해될 때에만 비로소 의미 있고, 또 반드시 필요한 말씀이 된다. 그리스도는 하나님의 완전한 사랑을 이 세상적인 실존의 조건 속에서 실천하였다.[248]

---

248) C. Bangs, The Idea of Perfection in a Future Christian Theology. In: Th. Runyon, Wesleyan Theology Today, 1985, 88-94, 91.

믿음을 통해 우리는 바로 이러한 사랑 안으로 들어간다. 우리는 하나님의 영을 통해 이 사랑으로 충만해지고, 이 사랑이 우리의 행동을 결정한다. 오직 *그의* 사랑만이 완전하고 영원하다. 찰스 웨슬리가 이 점에서 그의 형의 견해를 수정했으며, 또 "당신들 자신을 당신들의 끝없는 주제로 만드는 것"에 대해 감리교인들에게 경고했다는 사실을 지적한 사람도 있다.[249] 그리스도의 완전한 사랑의 변화시키는 힘을 신뢰하고, 그 힘의 작용에 대한 평가를 오로지 그리스도에게만 맡기는 것을 어떤 경우에도 서로 분리시켜서는 안 된다. 그리스도는 '네가 한 일을 알고' 계시는 분이다.(계 2:2)[250]

b) '그리스도인의 완전'에 관한 말씀은 포괄적이고 심오한 하나님의 은혜의 활동에 우리 자신을 내맡기는 것을 의미한다. '그리스도인의 완전'이 관찰할 수 있고 체험할 수 있는 것이라는 사실을 입증해야 한다는 부담으로부터 벗어날 때, 우리는 그리스도인의 완전이 우리 삶에 유효한 하나님의 은혜의 충만함과 풍요함을 말하는 것임을 알게 된다. 원을 그리는 곡선이 접근선에 다가가는 것처럼, 그러나 그 접근선 없이는 결코 종착점에 도달할 수 없지만, 동시에 무한한 것 속에 있는 이 단면을 지적하는 것처럼, '그리스도인의 완전'이라는 주제는 은혜 가운데 있는 삶을 위한 방향을 제시해 준다.[251] 존 웨슬리가 매우 높이 평가했던 찰스 웨슬리의 야곱의 투쟁에 관한 시("씨름하는 야곱")는 완성을 위한 희망을 약자들과 도움이 필요한 사람들이 전적으로 사랑 그 자체이신 그분을 무조건적으로 굳게 붙잡는 것이라고 해석했다.

> ...
> 삶의 짧은 여정 끝날 때까지;
> 아무런 도움도 받을 수 없고, 모든 것이 연약한 나.
> 강함을 위해서는 오직 당신만을 의지할 뿐입니다.

---

249) Poetical Works IX, 353; F. Hildebrandt, Christianity According to the Wesleys, 1956, 62f. 참조.
250) 이에 대해서는 Charles Wesley, Poetical Works XIII, 222 참조. 노래 인용.
251) 이러한 의미에서 중부 유럽과 남부 유럽 연회도 역시 목사 안수식에서 "당신은 이 세상의 삶에서 사랑으로 완전해질 수 있다고 기대하는가?"(Book of Discipline 425, 3; Large Minutes, Q, 51, Works³ VIII, 325도 참조)라는 질문을 다음과 같이 수정해서 던진다. "당신은 완전한 사랑이 당신의 본질과 삶을 항상 결정한다고 기대하십니까?"(Kirchenordnung der EmK<Zentralkonferenz für Mittel-und Südeuropa>,Zürich 1974, 332, 3). 그러나 독일의 감리교회는 이러한 역사적인 물음을 더 이상 제기하지 않는다.

당신을 떠나서 나는 아무런 힘도 없습니다.
당신의 본성, 당신의 이름은 바로 *사랑*입니다.[252]

c) '그리스도인의 완전'에 관한 말씀은 완성에 관한 가르침 안에 굳게 머물러 있어야 한다. 에벨링은 그의 「기독교 신앙의 교리」제3권에서 신앙 고백의 세 번째 조항의 진술을 받아들이면서 "세상의 완성자이신 하나님에 대한 믿음"이라는 제목을 붙였다. 여기서 그는 단순히 종말론만이 아니라 성령론, 구원론, 교회론을 다루었다. 그는 이러한 주제들을 "하나님의 행동의 표시로서의 완성"이라는 표어로 요약한다.[253] 그럼으로써 그리스도인이나 교회의 완성뿐만 아니라 "하나님께서 세상의 창조주이시며 화해자"가 되는 완성을 생각한다.[254] 은혜로 말미암은 삶은 이러한 목표를 지향하는 삶이다. 믿음 안에서 하나님의 완전한 사랑을 경험하는 삶이다. 사랑으로 말미암아 하나님의 완성을 바라는 소망 가운데서 확신하며, 이 소망으로 말미암아 자기 자신을 위한 염려로부터 해방되어, 온 마음과 혼과 감정과 모든 힘을 다해 하나님과 이웃을 사랑할 수 있는 삶이다. '그리스도인의 완전'은 그 외의 다른 것이 아니다. 이에 대한 찰스 웨슬리의 말을 다시 한 번 인용해 보자.

나로 하여금 당신의 나라를 위하여 준비하게 하소서.
당신이 요청하는 그것을 주소서.
완전의 높음을
단순한 사랑의 깊음을![255]

---

[252] Hymn 136, 11+12(WJW 7, 252); UMH 387.
[253] G. Ebelling, Dogmatik Ⅲ, 47.
[254] AaO. 49.
[255] Leben und Loben 814, 5(= Hymn 207, 9: 인용)

IV. 온전한 그리스도인

사랑의 실재

01 하나님은 세상에 계셔서 세상을
　　 새롭게 변화시킨다

02 교회 – 하나님의 사랑의 피조물

03 교회 – 하나님의 선교

04 세상 속에서의 교회

IV. 온전한 그리스도인 사랑의 실재

감리교회와 감리교인들은 하나님으로부터 받은 사랑을 이웃에게 나누어주도록 부름 받았다고 믿는다. "사랑을 통해서 활동하는 믿음만이 그리스도 안에서 유효하다."
— 갈 5:6

사랑은 하나님의 모든 교훈들의 유일한 목표다. 더구나 세상이 시작된 그 때로부터 만물의 완성에 이르기까지 그렇다."
— 웨슬리의 설교

이 장에서 우리가 다루게 될 주제는 신학의 핵심에 속하는 것으로서, 특히 감리교회 신학의 핵심이라고 할 수 있다. 감리교회 신학은 처음부터 사랑의 신학으로 이해되었다. 감리교회 운동의 핵심적인 본거지 교회였던 런던의 City Road Chapel의 기공식 설교에서[1] 웨슬리는 이미 34년 전에[2] 했던 말과 거의 같은 말을 반복하였다.

> 인간의 복잡하고 비참한 상황을 보면서 감리교인들은 진정한 그리스도인 존재를 찾아서 살아가야 한다. 그것이 하나님이 주신 것에 부응하는 것이다. 감리교인들이 발견한 것은 결코 새로운 믿음이 아니고, '옛 종교(Religion) 곧 성서의 종교이며 또 초대교회의 종교' 다. 그것은 사랑의 종교 곧 '하나님과 모든 사람들을 향한 사랑' 의 종교다.

웨슬리는 이 사랑을 느낌으로 이해한 것이 아니라, 하나님으로부터 나온 사랑, '혼란에 빠진 세상의 모든 악에 항상 대처하고, 인간의 모든 비참함과

---

[1] 설교 78("새 교회의 초석을 놓음에 있어"). 이 교회의 의미에 대해서는 John Telford, Wesley's Chapel and Wesley'a House, 1926을 참조.
[2] An Earnest Appeal to Men of Reason and Religion(1743).

오염을 치료하는 생명을 위한 위대한 의술'로 이해하였다.

> 이러한 사랑이 있는 곳에는 아름다운 덕행과 행복이 손을 맞잡고 나타나며, 정직한 생각, 선함과 온유함, 하나님의 온전한 동일 형상 그리고 모든 이성을 능가하는 평화, 말로 다 할 수 없는 기쁨과 다양한 찬양이 서로 결합되어 나타난다.[3]

웨슬리의 전통 속에 서 있는 신학은 바로 이러한 핵심으로부터 이해되고, 전개되고, 또 평가되어야 한다. 하나님으로부터 출발하고 이 지구촌의 가장 차갑고 어두운 곳까지 깊숙이 스며들어 가야 하는 이러한 사랑의 종교라는 구상은, 모든 감리교적인 실천과 이론을 위한 근본적인 원리와 해석학적인 열쇠다. 감리교회의 신학은 사랑이신 하나님에 관해서 말하며, 그러므로 멀리 떨어진 세상의 바깥에 있는 어떤 본질을 말하지 않는다. 감리교회의 신학은 세상 안에 계시는 하나님, 다시 말해서 역사 안에서 그리고 인간적인 경험과 행동의 영역 안에서 활동하고 계시는 하나님을 말한다.

이 주제는 매우 광범위하다. 개개인과 그들의 전체적인 삶, 이 세상에 있는 예수 그리스도의 교회와 공동체 그리고 세상 전체가 이 주제 안에 포함될 뿐만 아니라, 현재와 미래, 믿음과 사랑, 구원을 받음과 받은 구원을 역사 속에서 지키고 관철하는 것에 관해서도 논의한다. 특히 이 주제는 모든 인간과 이 세상을 구원하기 위한 하나님의 행동에 관해서 말한다. 그리스도 안에서 모든 세상은 하나님과 화해되었다(고후 5:19).

그리스도인이 된다는 것은 개인적인 영역의 삶으로 제한되어서는 안 되고, 가장 깊은 인격과 내면을 공동체적이고 전 지구적인 차원과 굳게 결합해야 한다. 기독교의 믿음에서 결코 해소될 수 없는 이러한 결합은 모든 감리교적인 신학의 근본적인 관심이다. 이것을 이미 언급한 바 있는 웨슬리의 설교에 있는 말로써 다음과 같이 말할 수 있다.

> 이러한 사랑과 평화와 기쁨의 종교[4]는 영혼의 가장 깊은 곳에 자리

---

3) WJW 3, 585; WJW 11, 45.
4) 이는 갈 5:22에 대한 매우 분명한 암시다. 아래 1.2) 단락을 참조.

를 잡고 있다. 그러나 그러한 종교는 항상 그들의 열매들로 드러나야 한다. 다른 사람들에게 해를 입히는 것을 포기하는 것뿐만 아니라 – 사랑은 이웃에게 어떠한 악을 행하지 않기 때문에-, 모든 종류의 선행을 실천하는 것에서 드러나야 한다. 이처럼 사랑의 종교가 있는 곳에는 복지와 행복이 확산된다.[5]

그리스도인 존재는 마음속 가장 깊은 곳에 뿌리를 내리고 있으며 동시에 모든 창조세계를 바라본다. 개인적인 차원과 창조세계 전체를 연결하는 이러한 풍요로운 긴장이야말로 감리교회 선교 운동의 내적인 동력이다(갈 5:6).

1. 하나님은 세상에 계셔서 세상을 새롭게 변화시킨다.

믿음은 사랑의 활동을 통해서 구체적인 모습을 드러내는데, 이 믿음은, 이 세상에서 하나님의 현존이 필요하다는 것을 알며, 또 믿음의 행동을 하기 위한 모든 전제들이 하나님에 의해서 이미 앞서 주어졌다는 것도 잘 안다.

모든 것 중에서 최고는 하나님께서 우리와 함께 계시는 것이다.

이는 웨슬리가 그의 길고 풍요로운 삶을 마무리하면서 한 말이다.[6] 우리가 창조, 언약, 화해 혹은 구원 등과 같은 개념들을 통해서 말하는 것은 하나의 사건인데, 이 사건은 그 사건을 처음 행하신 분 곧 하나님을 말하고 있으며 또 현실적으로 실현된 것이다. 교회와 세상은 하나님이 행동하시는 장소다. 하나님의 행동이 없었다면, 교회도 세상도 존재하지 않았을 것이다. "보라, 세상 끝 날까지 내가 너희와 함께 하리라."는 부활하신 그리스도의 약속이 온 세상을 향한 복음 선포의 전제 곧 선교의 전제다. 그리스도께서 약한 자들과

---

5) 설교 78("새 교회의 초석을 놓음에 있어"), II, 1.
6) Journal(ed. Curnock) 8, 143.

궁핍한 자들이었던 그리스도인들을 만나서 도움을 베풀어주셨기 때문에, 그리스도인들도 역시 그러한 사람들에게 봉사를 해야 한다.

이 세상은 혼란으로 끝나는 미래를 가지고 있는 것이 아니라, 비록 심판을 통과해야 하기는 하지만, 그래도 하늘과 땅의 새로운 창조(계 21:1) 안에 있는 미래를 가지고 있다. 이는 세상이 가지고 있는 희망이다. 그러나 이 희망은 하나님이 이 세상을 새롭게 하시면서 이 세상 안에 계실 때에만 진정한 의미를 가질 수 있다.

1) 사랑 – 하나님이 함께 계시면 나타나는 활동과 표시

사람들은 하나님을 매우 상이한 방식으로 체험한다. 또한 이러한 체험이 그들 안에서 일으키는 느낌도 항상 동일한 것이 아니다. 그것은 하나님 경험에 관해서 말하는 성서의 본문이 증언하고 있다. 하나님을 만나는 경험은 공포와 불안을 불러일으킬 수도 있고,[7] 기쁨과 확신을 가져올 수도 있으며,[8] 질문을 제기하거나 아니면 분명한 길을 제시하기도 한다.[9] 하나님을 경험하는 사람들의 이러한 매우 다양한 차이에도 불구하고, 공통적인 특징도 드러나는데, 그것은 비슷한 느낌을 가진 다른 체험들과는 구분된다는 것이다. 다시 말해서 진정한 하나님 체험은 의존적인 감정을 가져오며, 하나님을 경험한 사람은 중립적인 관중으로 남을 수 없고, 하나님의 위대하심과 강력하심을 알게 된다. 하나님이 한 사람의 형상으로 나타나는 곳에서도 마찬가지다. 예를 들어서 십자가 사건을 목격한 로마의 백부장이 십자가에 달린 그리스도에 관해서 "진실로 이 사람이 하나님의 아들이었다."[10]고 말한다면, 그의 이 말은 죽음 가운데 있는 위대한 존재에 대한 체험을 반영하는 것이다.

이러한 예들을 볼 때, 우리는 기독교의 신앙이 증언하고 있는 하나님 체험의 특징을 알게 된다. 기독교 신앙이 증언하는 하나님 체험은 사랑이신 하나님을 만나는 것이다. 인간이 하나님으로부터 부정적인 판단을 받는 곳에서조

---

7) 창 3:8-10; 사 6:1-7; 눅 5:8.
8) 시 97:8; 요 20:20.
9) 삼상 3:1-21; 사 6:8-13; 마 28:1-10; 요 20:11-18.
10) 마 27:54; 막 15:39.

차도 그 인간을 향한 하나님의 사랑에는 변함이 없다.[11]

그렇지만 하나님의 심판과 진노에 관해서 말하는 성서의 말씀들을 흘려들어서는 안 된다. 심판과 진노에 관한 이러한 말씀들의 최종적인 의미도 죄인들을 궁극적으로 저주하려는 데 있는 것이 아니라, 타락으로부터 그들을 구원해서 진실하고 새로운 삶으로 인도하려는 데 있다.[12] 그러므로 하나님의 사랑은 우리들의 행동이나 지금까지의 경험에 대한 고통스러운 부정이나 모순으로 체험될 수도 있다. 그러나 그러한 부정도 결국은 하나님의 사랑의 표현이다. 그것은 하나님께서 인간을 자신과 동일한 형상으로 인정하고, 자신의 상대자로 창조된 존재임을 진지하게 인정하고 있다는 사실에서 입증된다.

그렇지만 하나님의 현재를 경험하는 이러한 다양성 때문에, 우리는 인간에 대한 하나님의 긍정을 확신하지 못하고 불안에 빠지는 것이 아닌가? 심판하시는 하나님에 대한 두려움이 어느 정도 남아 있는 것은 아닌가? 하나님을 만나서 그의 말씀을 진지하게 들은 사람들은 그렇게 질문할 수 있을 것이다.

① 하나님의 인간사랑은 사랑을 받아야 할 사람들이 그런 사랑을 받을 만한 가치가 있느냐 여부에 의해서 좌우되지 않는다. 이와 관련해서 신명기에 기록된 내용[13]을 루터는 다음과 같이 간략하게 그러나 매우 적절하게 말한다.

> 하나님의 사랑은 사랑할 만한 것을 발견하는 것이 아니라, 만들어낸다. 그럼으로써 인간적인 사랑은 사랑할 만한 것이 된다.[14]

이미 창조사상에서 하나님이 인간을 어떻게 여기고 있는지가 드러난다. 인간을 자유로운 상대자로 진지하게 받아들이기 위하여 하나님께서는 그의 절대적인 권위의 일부를 포기한다. 그렇다면 신약성서의 말씀들을 기독론과 삼위일체의 시각에서 해석한다면, 하나님의 현재가 사랑이라는 사실이 훨씬 분

---

11) 이는 이미 구약성서에 기록되어 있는 야웨 하나님의 거룩함에도 해당된다(출 20:5; 34:14; 신 6:14). 하나님께서 그의 백성과 언약을 맺으시는 것과 관련해서 다른 신을 섬기지 말라는 계명의 배후에는 하나님의 구원의지가 들어 있다. 그의 백성을 우상숭배로부터 벗어나게 하려는 것은 하나님의 사랑이다(호 11:1-11 등을 참조). 성전을 위한 예수의 열심(요 2:13-17)도 참된 하나님 예배를 지키려는 그리고 경배하러 오는 순례자들의 구원을 위한 배려가 없이는 결코 이해될 수 없을 것이다.
12) 겔 33:11; 마 9:13 병행; 롬 11:32.
13) "주께서 당신들을 사랑하시고 선택하신 것은, 당신들이 다른 민족들보다 수효가 더 많아서가 아니라 … 주께서 당신들을 사랑하시기 때문이다."(신 7:7-8)
14) 28. Heidelberger These von 1518(WA I, 354; BoA 5, 379).

명하게 밝혀질 것이다.[15]

② 그리스도를 믿는 믿음과 하나님의 사랑의 확신을 가장 인상적으로 표현한 것은 사도 바울이다. 바울은 로마서에서 다음과 같이 말한다.

> 사망이나 생명이나 … 우리를 우리 주님 그리스도 예수 안에 있는 하나님의 사랑으로부터 떼어놓을 수 없다고 나는 확신한다.(롬 8:38-39)

존 웨슬리도 그와 유사한 경험을 한다. 그 때까지 살았던 그 자신의 삶이 어떻게 평가되든지 불문하고, 그는 하나님의 용서가 그에게 주어졌고 또 그래서 하나님의 자녀라는 사실을 가장 깊숙한 내면으로부터 의식하게 되었다. 구원의 확신이 한 인간에게 가득 채워질 때, 그 확신은 하나님의 인정을 받을 수 있느냐 없느냐 하는 염려 혹은 하나님의 심판에 대한 두려움을 그 사람 안에서 완전히 없애버린다. 이러한 두려움을 완전하게 이기는 것은 하나님의 완전하고 완벽한 사랑이다. "인간의 사랑이 이러한 절대적인 구원의 확신을 가져올 수 없다는 것은 확실하다. 오로지 하나님으로부터 경험된 사랑만이 그럴 수 있다."[16] 하나님으로부터 오는 사랑을 체험하는 삶은 어떤 것이고, 그리고 이 삶을 다양하게 실천하는 모습은 어떤 것일까? 이 물음에 대해서 답변하고 설명하는 것이 감리교회의 신학을 다루는 우리의 마지막 단락의 내용이 될 것이다.

2) 사랑 – 성령의 열매

하나님의 영이 한 인간 안에서 활동하면, 거기에는 바울이 "영의 열매"(갈 5:22)라고 분명하게 말했던 바로 그것이 생겨난다. 다른 모든 것에 앞서서 첫 번째로 열리는 열매는 사랑이다. 이 사랑은, 사람이 하나님의 사랑 안에 뿌리를 내리고 양분을 흡수할 때 생겨나는데, 이러한 사랑은 다시 하나님과 이웃을 향한 사랑으로 성장한다. "성령의 증거"[17]에 관한 첫 번째 설교에서 웨슬

---

15) 이에 대해서는 I 장의 67-70쪽 단락 및 J. Moltmann, Der gekreuzigte Gott, 1987⁵ 참조.
16) H. Balz, Der erste Johannesbrief(NTD 10), 1986, 195.
17) 설교 10("성령의 증거 I " 1746년).

리는, 하나님과 이웃을 향한 사랑이 어떻게 성령의 활동으로부터 생겨나서, 우리의 삶을 지속적으로 규정하고, 또 우리의 양심이 이러한 삶의 실천을 어떻게 확고히 할 수 있는지를 매우 논리정연하게 설명한다.[18] 삶을 변화시키는 하나님의 사랑을 인간이 받아들이는 통로는 믿음이다. 믿음은 하나님의 사랑을 받아들이는 기관이기 때문이다.[19] 하나님을 믿는 믿음 안에서 얻게 되고, 또 사랑을 충분하게 실천하는 사람들과 만남으로써 얻게 되는 사랑은 인간을 감정과 의지의 가장 깊은 내면으로부터 변화시켜서, 그로 하여금 다른 사람들을 위하여 살아가는 구체적인 사랑의 행동을 하게 한다. 그럼으로써 사랑으로 깊이 아로새겨진 새로운 실존적인 삶이 시작된다. "창조주 하나님은 각 사람 안에 사랑을 깊숙이 심어줄 수밖에 없다. 그 스스로가 사랑이시기 때문이다."[20]

이러한 사랑을 받음으로써 사랑을 실천해야 할 능력과 의무가 동시에 생겨난다. 사랑이 없는 믿음도 힘을 잃어버린다.[21] 믿음과 사랑이 손을 맞잡고 함께 갈 때에만, 그 믿음은 그리스도인의 구별되고 확실한 특징이 된다.[22] 죄를 범하고 사랑을 실천하지 못하는 죄인들도 하나님을 신뢰함으로써 사랑으로 움직이는 믿음을 다시 얻게 된다.[23] 하나님의 사랑을 체험함으로써 인간은, 자신이 하나님에 의해서 받아들여졌다는 확신을 갖게 되며, 스스로의 힘으로 자신의 삶의 의미를 확보하려는 안타까운 필연성으로부터 벗어나게 된다. 그럼으로써 하나님의 사랑은 그 사랑을 받은 사람들로 하여금 아낌없이 사랑할 수 있게 만든다. 이웃을 사랑하지 않고 하나님을 사랑한다는 것은 불가능한 것이든지 아니면 왜곡된 것이다. 그런 식의 사랑을 말하는 것은 기독교의 믿음과 그 믿음이 서 있는 토대인 그리스도를 신뢰할 수 없는 것으로 만들어 버린다. 그리스도인들의 하나님 관계가 다른 사람들과의 관계로 나타나지 않

---

18) 웨슬리는 여기서 거짓된 자기 확신에 대해서 경고하는 것도 잊지 않는다. 거짓된 자기 확신은 쉽게 의심으로 둘러싸일 수 있다. 영의 증언에 대한 냉정한 자기비판과 양심의 검증에 주의를 기울여야 한다. 그래서 하나님의 영이 실제로 자신의 삶 안에서 열매를 맺게 하신 것을 기뻐해야 한다. 이러한 자기검증을 촉구함으로써 웨슬리가 위험한 지경에 처하여 있었다고 할 수 있다. 그러나 웨슬리에게 중요했던 것은, 하나님의 영의 실질적이고 인식할 수 있는 활동을 고려하는 것이었다.
19) 설교 7("하나님 나라로 가는 길"), II, 9-12 참조.
20) S. Kierkegaard, Der Liebe Tun, ed. E. Hirsch und H. Gerdes, Band 1, 241.
21) 약 2:14-17 참조.
22) 설교 39("관용의 정신"), I. 14; 설교 2("명목상의 그리스도인"), II. 6.
23) 설교 8("성령의 첫 열매"); 설교 30("산상설교 X").

는다면, 다시 말해서 그리스도의 사랑으로 가득 찬 교제로 나타나지 않는다면, 그리스도인들은 자신들의 신뢰성을 상실할 뿐만 아니라, 그리스도인이라는 정체성까지도 심각한 위기에 처하게 된다. 예수 그리스도의 이름으로 행동한다고 주장하는 기독교가 이기적으로 권력이나 추구함으로써 그리스도의 얼굴을 일그러뜨린다면, 그런 기독교는 다른 사람들을 섬기며 또 인간을 향한 사랑 때문에 자신의 생명을 내어준 그리스도의 이름을 내세울 자격이 없다.

3) 사랑 – 삶의 실천을 위한 기본 규범

앞에서 우리는, 기독교적인 삶의 실천을 위한 기본적인 규범으로 예수가 가르친 사랑의 계명은 전(前) 역사를 가지고 있는데, 이것을 깊이 생각하지 않고서는 그 계명을 바르게 이해할 수도 없고 또 예수의 의미에서 제대로 실천하기도 힘들다는 점을 분명히 하려고 노력하였다. 단순히 감정으로 그치지 아니하고, 정말로 이웃을 배려하고 도와주는 인간적인 사랑은 하나님의 사랑에 뿌리를 내리고 있다. 기독교의 신앙이 삶의 실천을 위한 안내자가 되고 그리고 개인적인 영역에서나 사회적, 공공적인 삶의 영역에서 책임을 분명하게 인식하게 하는 안내자의 역할을 함으로써 실천되는 윤리 곧 기독교 윤리는 하나님의 사랑에서 가능성의 근거를 갖게 되며 또 방향이 설정된다. 체험된 하나님의 사랑이 우리로 하여금 다른 사람들과 사랑으로 가득 찬 교제를 나눌 수 있는 능력과 관심을 일깨워준다.[24] 이 체험된 하나님의 사랑이 각 사람에게 주어진 범위 안에서 그의 행동과 마음가짐을 위한 척도가 된다.[25] "하나님은 사랑이다"(요일 4:8, 16)는 문장은 하나님의 '핵심적인' 성품을 말할 뿐

---

[24] 여기서 하나님을 향한 사랑에 관해서 상세하게 언급하지 않는 것은 감리교적인 입장과 관련되어 있다. 하나님을 향한 그리스도인들의 사랑은 III 장에서 설명하였다. 이번 IV 장에서는 다른 사람을 향한 그리스도인들의 사랑이 핵심 주제가 된다.

[25] 하나님의 사랑과 인간적인 사랑에 관한 우리들의 언급에 들어 있는 인식론적이고 존재론적인 맥락은 서로 맞물리는 두 개의 운동을 통해서 규정된다. 하나님은 사랑이라고 말한다면, 우리는 사랑에 대한 우리의 경험을 하나님께로 적용하는 것이다. 이렇게 옮겨 적용함으로써 사랑의 표상이 변화되고 정화된다는 것은 분명하다. 그러므로 이해의 길은 인간적인 사랑으로부터 하나님의 사랑으로 이어진다. 그러나 그 반대 방향의 움직임도 있다. 모든 인간적인 사랑은 하나님의 사랑의 선물로부터 생겨나며 이러한 근원에 머물러야 한다는 것이 그렇다. 비로소 이러한 존재론적인 관계가 두 개의 서로 다른, 그러나 서로 분리될 수 없는 실재를 위하여 동일한 개념을 사용하는 것이 가능하게 되고 또 의미 있게 만든다.

만 아니라, 그의 본질을 근본적으로 규정한다. 이러한 본질의 역동성이 사랑의 운동을 불러일으킨다. 사랑받는 상대방(동일형상)을 창조하는 사랑의 운동은 사랑하는 사람들을 위하여 십자가의 죽음에 자신을 내어주는 것도 마다하지 않으며, 사랑하는 사람들의 공동체를 세우는 데, 이 공동체는 스스로 사랑을 받고 있음을 알며 또 이 사랑을 계속적으로 확산시키고 싶어 한다.

우리가 웨슬리의 윤리나 그의 뒤를 따라서 사고하는 감리교회 신학자들의 윤리를 자세히 들여다보면, 그들의 근본적인 원리가 하나님의 사랑을 체험함으로써 생겨난 이웃사랑이라는 사실을 분명하게 알 수 있다. 그들을 따라가면, 감리교인들의 책임적인 삶은 앞서 일어난 하나님의 행동 곧 인간의 구원과 해방을 위한 하나님의 행동을 토대로 하고 있음을 알게 된다. 감리교인들의 행동은 하나님에 의해서 인정을 받았다는 기본적인 체험으로부터 나오는 것이며, 하나님의 절대적이고 무제한적인 사랑을 그 행동을 위한 척도로 이해한다. 우리가 확신하고 있는 하나님의 사랑의 통치는 인간을 변화시키며 또 세상을 변화시키는 복종을 가능하게 한다. 하나님의 현재적이고 미래적인 나라를 신뢰함으로써 회개의 윤리가 가능하게 되며, 특히 고통을 받고 있는 사람들, 약자들 그리고 가난한 사람들과의 연대를 가능하게 한다. 감리교회의 윤리는 예수의 윤리를 남아 있는 짧은 기간만을 위한 중간윤리로 이해하는 것이 아니라, 행동의 일반적인 척도들을 정확하게 검증하고, 경우에 따라서는 수정할 것을 요구하는 것으로 이해한다. 오직 하나의 척도만이 궁극적인 것인데, 그것은 원수까지도 사랑해야 하는 사랑의 계명이다.

물론 유일한 척도가 되는 사랑의 계명은 책임적이고 선한 행동을 위해서는 충분하지 않다. 왜냐하면 사람들은 사랑의 계명으로부터 생겨나는 결과를 자신들이 처해 있는 각각의 상황에서 이끌어내야 하기 때문이다. 일반적으로 이것은 개인에게나 공동체에게는 매우 어렵고 과중한 것이다. 그래서 사랑의 계명을 구체화하기 위하여 또 다른 규범들이 필요하게 된다.

그러나 사랑의 계명을 규범들로써 구체화할 때 우리는 율법주의라는 위험에 빠질 수 있다. 그러한 위험은 신약성서[26]와 교회사에서도 많은 사례들을 찾을 수 있다. 그래서 흔히 그에 맞서서 기독교적인 사랑주의(Agapismus; 순전한 사랑의 윤리)를 내세우기도 한다. 그러한 윤리의 대표적인 원리는 교부

---

[26] 유다주의적인 영향에 맞서 싸우는 바울의 투쟁을 참조할 수 있다.

어거스틴의 다음과 같은 요청이다: "사랑하라. 그리고 당신이 하고 싶은 것을 행하라!"[27] 우리 시대에도 플레처나 로빈슨과 같은 윤리학자들이 그러한 윤리를 전개하였는데, 이 윤리는 흔히 '상황윤리'로 오해되기도 하였다.[28]

그것은 순전한 상황윤리는 아니고, 오히려 사랑의 계명을 유일한 명령으로 인정하는 것이다. 더구나 다른 윤리적인 규범들도 함께 고려한다. 그러나 그 다른 규범들은 "그것들이 각각의 지배적인 상황 속에서 사랑을 위하여 섬길 때에 한해서 유효하다."[29]

이러한 원리에 따르면, 행동하는 사람의 책임은 각각의 상황뿐만 아니라, 사랑의 계명과도 관련된다. 플레처는 이러한 근본적인 규범을 다음과 같이 고백적으로 표현하고 있다: "나는 하나님은 사랑이라는 믿음의 문장을 인정한다. 그러므로 나는 사랑(아가페)을 핵심적인 범주로 세운다. 그로부터 사랑이 최고의 선이라는 가치진술이 나오는 것은 논리적인 결과다."[30]

만일 플레처의 이러한 사고 구조가 기독교 윤리의 특별히 성공적인 변형이 아니라고 하더라도, 기독교적인 윤리에 가장 가까이 서 있는 것은 분명하다. 그럼에도 불구하고 구체적인 행동으로 이끌어가는 윤리는 이러한 이론을 넘어서야 한다. 그래서 기독교 윤리는 행동의 목적, 이 목적에 적합한 수단 그리고 동일하게 중요한 여러 목적들의 경합의 문제[31] 등을 예시적으로 설명해야 한다. 이는 윤리적인 행동의 실천뿐만 아니라, 요청되는 정확성 때문에도 그렇다.

특히 사회적인 도덕 표상이 급격하게 변화되는 시대에는 사랑의 계명에 방향을 잡으면서도 각각의 상황과 전해오는 규칙들을 반영하는 윤리적인 사고를 통해서 행동규범의 새로운 방향 정립을 해야 할 필요가 있다. 그러나 그것이 행동하는 사람의 개인적인 책임을 대체할 수는 없으며 그래서도 안 된다. 이러한 새로운 방향 정립은 행동하는 사람들에게 그런 것들을 인식하게 해주는 도움을 줄 뿐이다. 전통적인 규칙들이 인간의, 그러므로 그리스도인들의 실질적인 행동방식을 통해서 의심을 받는 것처럼 보이며, 그래서 새로운 변

---

27) Dilige, et quod vis fac!(In Primam epistulam Johannis, MPL 35, 2533).
28) J. Fletcher, Situation Ethics, 1966(이 책이 1967년에 독일어로 번역되면서 『규범이 없는 도덕?』이라는 오해의 소지가 많은 제목이 붙여졌다); J. T. Robinson, Christliche Moral heute, 1964.
29) R. Ginters, Typen ethischer Argumentation, Zur Begründung sittlicher Normen, 1976, 63.
30) Fletcher, Moral, 53.
31) 예를 들어서 안락사의 문제를 말할 수 있다. 여기에는 고통을 경감시켜 준다는 것과 생명의 보호라는 측면이 서로 경합하고 있다.

화가 반드시 필요한 것처럼 보이는 영역 중의 하나가 바로 결혼과 가족이라는 제도를 포함한 성(性)적인 행동이다. 사랑의 계명이 윤리적인 규범 형성의 토대라면, 윤리적인 규범은 단순히 전통을 고수하는 것이나 일상적인 것에 피상적으로 적응해서 형성되는 것도 아니다.

구체적인 행동의 규범들을 윤리화하는 것은, 웨슬리에게 있어서는 반드시 그리고 일차적으로 실천적인 이유 때문만은 아니었다. 웨슬리의 표준설교 34-36번의 설교들은 개별적인 주제에는 어울리지 않게 율법의 이해를 광범위하게 다루고 있다. 오직 믿음으로 말미암아 의롭다 인정을 받으며, 또 그리스도를 통하여 우리에게 선물로 주어지는 하나님의 의에 관한 메시지를 '값싼 은혜'[32]로 전락시키지 않기 위하여[33] 웨슬리는 율법의 지속적인 효력을 강조하는데, 이 율법은 고발하는 기능 혹은 정치적인 기능에서뿐만 아니라,[34] 신자들의 생활을 위한 구속력 있는 규범으로서도 지속적으로 유효하다고 강조한다. 구약성서의 제의 율법이 아니라, 도덕 율법, 신약성서의 산상설교와 윤리적인 교훈들을 말하는 본문들은 의롭다고 인정을 받은(혹은 하나님의 자녀가 되는 사건으로서의 회심이나 거듭남) 이후에도 여전히 구속력을 가지는데(롬 10:4에도 불구하도), 그것은 그런 것들의 배후에는 하나님의 권위가 서 있기 때문이다. 율법의 '유용함'은 우리에게 여전히 남아 있는 죄를 들추어내면서 우리를 그리스도에게 굳게 붙들어 매는 것이나, 머리가 되시는 그리스도의 권능을 지체들에게 이끌어주는 데에만 있는 것이 아니다. 더 나아가서 율법은 "계명들을 실천하기에는 너무도 부족한 우리들이 그의 온전한 약속[35] 실질적으로 소유할 때까지 풍성한 은혜를 받는다는 희망을 갖게 함으로써 강

---

[32] D. Bonhoeffer, Nachfolge(1937), Kapitel I: Die teure Gnade(값 비싼 은혜)에서 결과가 없는 복음의 선포를 그렇게 부른다.
[33] 웨슬리는 이러한 위험을 특히 칼뱅주의적인 감리교인들과 헤른후트 설교자들에게서 발견하고, 그들을 '반율법주의'라고 비난하였다. 이로써 웨슬리 스스로 행위로 인한 의를 주장하는 신학의 가장자리에 빠졌다는 사실은 1770년과 1771년 연회 회의록이 보여준다. 이에 대해서는 C. W. Williams, Theologie, 55-65; 더 상세하게는 Allan Coppedge, John Wesley in theological Debate, 1987, Part III: The Minute Controversy, 1770-1778(191-264쪽) 참조.
[34] 종교개혁 신학에서 율법은 인간의 죄를 고발하고(usus elechticus) 보다 커다란 공동체 안에서 영위되는 삶을 위한 기능(usus politicus)을 하는 데 그 의미가 있다. 더 상세한 것은 G. Ebeling, Dogmatik III, 251-295 참조. 물론 웨슬리는 율법의 정치적인 기능에 관한 이론을 명시적으로 발전시킨 것 같지는 않다. 그에게는 사랑의 계명과 합리적인 사고가 근대사회의 형성을 위한 충분한 기준이 되었다.
[35] 고전 13:10-11; 설교 34("율법의 기원, 본성, 속성 및 용법"), II, 6.

해지게 하는 데 유용하게 작용한다."[36)] 인간을 변화시키는 은혜에 대한 이러한 희망은 하나님의 계명들을 통한 성화의 실천적인 삶으로 이어진다. "하나님의 모든 계명의 목적"은 사랑이다. 하나님의 사랑은 내 안에서 믿음을 일깨우고, 하나님의 자녀의 기쁨과 특히 사랑을 일깨우는데, 이 사랑은 하나님의 율법 안에서 사랑으로 말미암은 생활과 통찰과 자유로운(해방되었기 때문에) 의지로 인한 순종을 위한 안내자를 발견한다. 모든 계명들의 척도와 목표는 사랑인데, 이 사랑은 그 계명들의 토대이고 또 구체적인 경우에는[37)] 한계가 되기도 한다.

> 사랑은 하나님의 모든 교훈들의 유일한 목표다. 더구나 세상이 시작된 그 때로부터 만물의 완성에 이르기까지 그렇다.[38)]
> 너희 원수를 사랑하라! 너희를 미워하는 사람들에게 선을 행하라! 너희를 저주하는 사람들을 축복하라! 너희를 모욕하는 사람들을 위하여 기도하라!(눅 6:27-28)

이 말씀이 구체적으로 무엇을 의미하는지 예수는 그의 선포, 삶 그리고 고난과 죽음을 통하여 보여주었다. 그러므로 이 메시지를 단순히 계명이나 혹은 율법으로 들을 것이 아니라, 사랑의 돕고 치유하는 힘으로 경험할 것이다. 이 메시지는 개인들의 운동을 형성한다기보다는 오히려 예수를 따름 가운데 새로운 공동체를 형성하게 한다.[39)] 예수를 따르는 사람들은 사랑의 힘을 경험하며, 다른 사람들을 공적이나 업적의 기준으로 가치평가를 하지 않고 받아들임으로써 힘을 갖게 된다. 그들은 자신들이 하나님에 의해서 무조건적으로 사랑을 받고 있음을 알며 또 자신들이 다른 사람을 향한 하나님의 행동의 도구로 부름 받았음을 안다. 하나님은 그들을 통해서 다른 사람들까지도 그의 해방하고 치유하는 사랑을 경험하게 되기를 원하신다.

사랑의 정신과 기초 위에서 일어난 행동은 하나님의 나라를 이 세상에서

---

36) 설교 34, IV. 4.
37) 예를 들어서 정결규정의 준수와 안식일 치유를 둘러싼 예수와 율법주의자들과의 충돌을 말할 수 있다.
38) 설교 36("믿음으로 세워지는 율법 II"), II. 1. 신약성서 안에서 사랑이 근본적인 규범으로서의 의미를 갖는다는 점에 대해서는 W, Schrage, Ethik des Neuen Testaments, 1989⁵, 73-90, 218-224, 301-324가 훌륭하게 설명하고 있다.
39) IV장의 2.1) 단락을 참조.

완성하려는 목표를 가질 수는 없지만, 그러나 하나님의 현재적인 통치를 믿는 믿음의 기초 위에서 -예수의 선포에서 접할 수 있듯이- 하나님의 뜻을 알고 하나님을 가까이 체험함으로써 어떤 결과를 도출해내려는 행동을 위한 것일 수 있다. 그렇게 행동하는 그리스도인들은 그들의 행위가 일시적인 것이고 또 수정해야 할 필요가 있는 것임을 알고 있지만, 그러나 그들은 이 세상에서 하나님의 사랑을 경험했기 때문에, 그들의 행동의 동기와 기준이 임의적인 것이 될 수 없다. 다른 사람들을 이해하고 받아들인다는 것이 결코 쉬운 일이 아니지만, 그럼에도 불구하고 그들을 이해하고 받아들여야 한다면, 하나님의 사랑이 반드시 필요하다는 것을 그리스도인들은 알고 있다. "당신은 할 수 있기 때문에, 행해야 한다."는 원리는 그리스도인들 자신에게서 나오는 것이 아니라, 하나님이 그들에게 선물해 주신 가능성으로부터 나오는 것이다.

2. 교회 - 하나님의 사랑의 피조물

교회를 다른 비교될 수 있는 사회적인 집단들로부터 구분해 주는 것은, 그 구조나 제의 혹은 다른 어떤 외적으로 인식할 수 있는 특성이 아니라, 그 기원을 하나님의 새롭게 창조하시는 사랑 안에 두고 있다는 것이다.

예수의 인격, 남자와 여자 그리고 어린아이들과 함께 했던 예수의 삶, 예수의 말씀들과 행위들, 십자가의 죽음에서 완성된 예수의 자기희생 등에서 하나님의 치유하시고 구원하시는 사랑은 인간적인 모습을 가지게 되었다. 예수가 그의 제자들과 함께 나누었던 삶의 교제는 새로운 하나님 교제의 출발이었다. "회개하라 그리고 복음을 믿어라!"[40]는 말씀은 모든 사람들을 바로 이러한 하나님과의 새로운 교제에로 초대한다. 세상에서 사는 동안 예수와 동행했고 또 부활하신 예수가 만나주셨던 남자들과 여자들이 처음으로 예수 그리스도의 교회를 형성하였다. 그들은 성령을 받았고, 성령은 그들에게 부활의 메시지의 진리를 깨우쳐주셨다. 주님께서는 진실로 살아나셨다(눅 24:34).

---

40) 막 1:15 병행; 참조 마 28:16ff.; 롬 11:11-18; 행 1:6-8; 15:7-12; 벧전 2:9-10 등.

하나님은 아들의 희생을 확인했고 세상을 자신과 화해시키셨다. 그 이후부터 하나님과 교제하는 문이 모든 사람들을 위하여 활짝 열렸다.[41]

공동체는 스스로를 하나님의 일을 함께 하는 사람들의 모임으로, 회개를 위하여 소집된 공동체로, 그리고 하나님 나라의 전위부대로 이해한다. 믿음과 더불어 주어진 깨달음과 체험으로 인하여 그리스도인들은 하나님 나라에 합당한 삶을 살아가야 할 의무를 갖게 되며, 그들에게 맡겨진 척도에 따라서 책임을 감당해야 한다. 그들은 하나님의 사랑으로 받아들여졌다는 근본적인 체험으로부터 출발하며, 이러한 무조건적이고 무제한적인 사랑을 개인적으로나 공동체적으로 자신들의 삶의 기초로 이해한다. 하나님의 사랑이 그들을 변화시켰고 또 그들에게 세상을 변화시키는 의무를 실현가능하게 한다. 사랑의 윤리에 따라서 살아가고자 하며 또 그렇게 행동하고자 하는 교회 공동체는 예배를 드림으로써, 은혜의 수단을 활용함으로써, 그리고 다른 그리스도인들과 교제를 나눔으로써 하나님의 사랑의 약속과 체험을 새롭게 받게 되며 세상의 일상생활에서 하나님을 섬겨야 하는 사명을 인식하게 된다.

눈에 보이는 공동체로서 교회에는 부족함과 불충분함이 있는데, 이러한 부족함과 불충분함을 경험하지 않는 교회는 결코 존재하지 않는다. 그러므로 예수 그리스도의 교회는 감추어져 있다고도 할 수 있다. 눈에 보이지 않는 교회에 속해 있다는 사실은, 눈에 보이게 살아가고 있는 사람들로 이루어져 있는 교회에서도 결코 의심할 필요가 없다. 그리스도인들은 그리스도의 교회의 본질을 그들의 행동을 통하여 인식할 수 있게 드러낼 뿐만 아니라, 그 본질을 덮어서 가리게 할 수도 있다. 비록 우리가 교회에 받아들이는 것을 세심하게 배려한다고 해도,[42] 우리는 어디까지나 "눈에 보이는 것"(삼상 16:7)만을 볼 뿐이다. 그러므로 가시적인 교회와 공동체에 관하여 설명할 때에 진실성과 영적인 방향 설정을 위해서 중요한 것은, 예수 그리스도의 교회의 본질과 역사적인 출현 형태들 사이를 구분하는 것이다. 역사적인 실체로서 교회는 어떤 경우에도 교회의 본질에 온전하게 미치지 못하는 부족하고 불충분한 교회다. 교회에 속해 있는 인간들이 죄인이기 때문에 그렇다. 또한 사회적인 존재로서 교회는 순전한 기독교적인 동기들이 아닌 다른 동기들을 가지고 교회에

---

41) 행 2:22-36; 빌 2:9-11; 엡 1:18-23; 2:14-22.
42) IV장의 2.1).(3)(418쪽 이하)

들어온 사람들에 의해서 그들의 목적을 위하여 오용될 수 있는 위험으로부터 완전히 벗어나지 못한다. 그러므로 교회를 말할 때에는 그 본질에 따른 교회와 그 교회의 역사적인 출현 형태를 구분해서 말하는 것이 매우 중요하다.[43]

1) 교회 – 그리스도의 몸

교회의 근원, 다시 말해서 교회의 시작과 영원한 토대는 인간의 결단이 아니라, 세상을 구원하시려는 하나님의 행동에 있다. 하나님의 이러한 구원행동은 그리스도 안에서 단번에 일어났다. 하나님께 속한 사람들의 교제는 더 이상 이스라엘의 지파들만으로는 이루어지지 않았다. 지구촌의 모든 족속들로 새로운 백성이 형성되었는데, 이는 예언자들이 이미 앞서 말한 것과 같으며, 신약성서의 증인들은 그 새로운 하나님의 백성의 출현을 보았다. 하늘로 올라가신 그리스도께서는 다양한 문화, 인종 그리고 민족 들 중에서 사람들을 모아 하나의 새로운 독특한 공동체를 형성하였다. 그러므로 다음과 같은 말은 옳은 것이다. "교회는 그리스도의 몸이며, 구원의 메시지를 전파하며, 그 메시지를 받고 구원을 받은 모든 사람들을 이 몸에 편입하게 하는 교제다."[44]

이미 신약성서에서 교회는 매우 다양한 개념들로써 설명되는데, 이 개념들은 각기 나름대로의 독특한 측면들을 강조한다. 그것들 중에서 어느 하나의 개념도 교회 전체를 표현할 수 없고, 그러므로 각 개념들은 다른 개념들을 통해서 보충되어야 한다. 그래야만 그들을 통해서 나타내고자 하는 교회의 실재가 가능한 포괄적으로 설명될 수 있다. **에클레시아**(ekklesia)[45]는 회집된 공동체(gathered church)를 강조하고, **코이노니아**(koinonia)[46]는 공동체의 교제적인 측면 곧 상호 참여와 그리스도 안에서 주어진 구원에 함께 참여하는

---

43) 웨슬리의 "감리교인의 특징"을 참조. 그는 그 자신과 그를 따르는 사람들이 스스로를 이미 완전한 그리스도인들로 보는 오해가 나타나지 않게 하기 위하여 감리교인들에게 다음과 같은 바울의 표어를 제시한다. "나는 이미 잡은 것도 아니고 완전한 것도 아니다"(빌 3:12).
44) 1986년 나이로비에서 있었던 제15차 감리교 대회에서 발표한 Proceedings, 303, 9-10을 참조.
45) 어원적으로 "…로부터 불러내다"라는 뜻을 가진 이 개념은 "부르심을 받은 사람들의 전체"를 표현할 수 있다. 물론 신약성서에서 이런 어원적인 의미의 용도는 이미 배후로 밀려나 있었다. 세속적인 영역에서 이 단어는 투표권이 있는 자유인 남자들의 모임을 뜻한다(가령 행 19:32). 그러나 신약성서에서 이 개념은 일반적으로 "공동체의 회집"이나 그냥 "공동체"를 말한다(J. Roloff, Art. Ekklesia, EWNT I, 999f.).
46) 헬라어로는 교제, 참여 등을 의미하고, 라틴어로는 communio로 번역된다. 신약성서에서는 바울과 그의

점을 강조한다.[47]

"하나님의 백성"[48]은 구약성서의 선택받은 백성과의 연속성(그리고 비연속성)을 강조한다.[49] 더 많은 개념들 중에서 골라본 위의 몇몇 중요한 개념들은 이어지는 세 단락에서 다시 논의하게 될 것이다. 물론 그것들 자체를 주제로 설명하려는 것은 아니다. 그리스도의 몸이라는 표현(고전 12:12-27)은 교회 공동체의 특별한 측면과 내적이고 외적인 구조를 선명하게 보여주는 데 아주 적절하다. 교회 공동체는 살아 있는 유기체며, 그리스도를 통해서 서로 결합된 그리고 그를 대변하는 사람들의 교제며, 그리스도의 뒤를 따르는 도상에 있다. 개별적인 신자들은 그들의 일상생활에서 적절한 행동을 통해서 그리스도의 뒤를 따라야 한다.

처음 교회 공동체는 스스로를 "그리스도의 몸"으로 이해하였다. 그들은 그리스도와 함께 그리고 그리스도를 통해서 서로 매우 밀접하게, 마치 신체의 여러 지체들처럼 결합되어 있으며, 그러므로 서로 밀접한 교제 가운데 살아가도록 규정되었다고 의식하였다.[50] 기독교 교회 공동체들의 숫자가 점차 증가하였지만, 그리고 이러한 기독교 안에서 분열이 일어났지만, 그러나 그리스도의 교회는 근본적으로 하나다. 그의 주님께서 한 분이시기 때문이다. 그가 교회를 그의 화해행위를 통해서 세우셨다. 그가 그의 영을 통해서 교회에 생명을 불어넣으며 또 교회를 그의 교제 안에서 붙잡고 계신다. 모든 지체들이 머리가 되는 그리스도에게 붙어 있음으로 해서 교회의 일치는 이미 주어진 것이다. 그리스도의 몸이 하나라는 것은, 우리들에 의해서 비로소 생겨나는 것이 아니라, 우리가 그리스도와 결합된 사람들로서 서로를 받아들임으로

영향을 받은 저자들이 주로 사용한다. J. Hainz, Koinonia. "Kirche" als Gemeinschaft bei Paulus, 1982.

47) 성만찬에 함께 참여하는 것을 "holy communion"이라고 부르는 것을 참조.

48) 하나님의 백성을 헬라어로는 λαος του θεου(laos tou theou)라고 하며, 이로부터 평신도를 말하는 독일어 "Laie"(영어: Layman)이 나왔다. 그러므로 이 개념은 원래 모두가 "하나님의 백성"에 속한 사람을 의미했는데, 나중에 와서는 성별된 직분 소지자인 성직자(헬라어 κληρος로부터 온 Kreiker)와 구분되었다.

49) 신약성서에서도 이스라엘은 하나님의 선택된 백성으로 여겨진다(롬 11:1-4; 15:7-10; 마 2:6; 눅 2:32; 행 13:17 등). 다른 한편으로 하나님은 그리스도 안에서 모든 민족들로부터 새로운 백성을 선택하였다. 이 새로운 하나님의 백성은 혈통이나("아브라함의 후손") 다른 어떤 외적인 특징을 통해서 구별되는 것은 아니고, 믿음으로 인한 구원을 통해서 구별된다(롬 9:24-26; 고후 6:16; 벧전 2:9-10). 이 주제에 대해서는 J. Roloff, Die Bedeutung des Gottesvolk-Gedankens für die neutestamentliche Ekklesiologie, Glaube und Leben 2, 1987, 33-46 참조.

50) 롬 12:4-8; 고전 10:17; 12:12-30; 엡 2:14-18; 3:5-6; 4:4.11-16; 골 3:15.

써 발견되고 형성되는 것뿐이다.

이러한 그리스도 결합성과 더불어 주어진 일치는 신자들의 상호간에서, 공동체들과 교회들 사이에서 역사적으로 구체적인 형태로 드러나야 한다. 물론 이러한 일치는 그들의 직무들과 교리들, 교회의 형태들이나 조직 등에서 하나가 되어야 한다는 것은 아니다. 이러한 것은 그리스도의 교회 안에서 전개되는 삶의 다양성을 반영할 수 있다. 그렇지만 교회는 성령 안에서 일치를 유지하도록 돕는 "평화의 띠"를 통해서 서로 결속되어야 한다.

> 몸이 하나요, 성령도 한 분이시니, 이와 같이 너희가 부르심의 한 소망 안에서 부르심을 받았느니라. 주도 한 분이시오, 믿음도 하나요, 세례도 하나요, 하나님도 한 분이시니 곧 만유의 아버지시라. 만유 위에 계시고 만유를 통일하시고 만유 가운데 계시도다.(엡 4:4-6)

분열해서 교제를 위태롭게 하는 것과 화해된 다양성을 전개하는 것은 구분되어야 하는데, 그러한 구분은 모든 교회 안에서 복음의 메시지를 들음으로써 그리고 서로 대화를 통해서 가능하게 된다.

그리스도는 다양한 사람들을 하나의 사랑의 교제로 묶어서 일치를 이루어 주셨다. 이러한 일치 안에서 모든 지체들이 받은 은사들은 실천되어야 하며, 그것들은 서로를 위하여 그리고 교회 바깥에 있는 사람들을 위하여 섬기도록 사용되어야 한다. 이미 선물로 주어진 일치를 경험함으로써 분열의 긴장은 저지될 수 있다. 이러한 분열의 긴장은 자신만의 독특한 진리에 대한 확신과 그에 대한 다른 그리스도인들의 상이한 이해 때문에 생겨날 수 있다. 그리스도 안에 있는 이러한 일치의 토대 위에서 자기 수정과 비판이 그리스도의 정신에 입각해서 가능하다.[51] 긴장이 없는 메마른 더부살이도, 사랑이 없는 막무가내식의 대립도, 모두 화해된 상이성이라는 정신 안에서 극복될 수 있다.

(1) 진리를 찾으며 믿는 사람들의 교제

하나님의 찾으시는 사랑이 복음의 근본적인 내용이다. 웨슬리 형제는 이것을 경험했고 또 이해하였다. 하나님의 찾음과 인간의 찾음이 서로 교차된다.

---

51) 설교 110("교회에 대하여"), 27 참조.

하나님은 그가 창조하고 교제하도록 결정하신 사람들을 찾으시고, 해방과 의미 있는 삶을 그리워하는 사람들은 인정받는 사랑을 찾는다.[52]

인간을 풍성한 사랑으로 보살피는 하나님의 은혜가 무엇인지는 하나님의 이러한 찾아나서는 행동을 통해서 가장 분명하게 알 수 있다. 마치 선한 목자가 목자를 잃고 길을 잃은 양들을 찾아나서는 것처럼 하나님은 인간을 찾는다.[53] 그래서 인간 안에 하나님을 그리워하는 마음을 일깨운다.

> 이러한 (선행하는) 은혜는 우리 안에 하나님을 기쁘게 하고자 하는 첫 번째 소원을 일으키며, 하나님의 뜻을 이해하는 희미한 불빛으로 작용한다. … 죄와 죽음으로부터 해방되고자 하는 진지한 열망을 가져오며, 그래서 우리를 회개와 믿음으로 이끌어간다.[54]

인간으로 하여금 비로소 하나님의 실재를 알게 일깨우는 선행하는 은혜의 작용을 웨슬리는 매우 중요하게 여기는데, 거기에는 여러 가지 이유들이 있다. 그의 복음적인 선포, 깨우침을 받은 사람들의 모임, 그의 매우 강력한 인상을 불러일으키는 사회-봉사 활동 그리고 그러한 행동의 윤리적인 근거 등이 이러한 신학적인 구도를 통해서 비로소 상호 내적인 맥락 안에서 이해될 수 있었다. 믿음이 연약한 사람들, 불확실하게 된 사람들, 질문을 제기하고 그 답을 찾는 사람들에 대한 웨슬리의 깊은 배려를 그 당시의 사람들은 느낄 수 있었다. 그는 그런 사람들을 진지하게 대했다. 그는 그들을 그룹으로 만들어서 그 안에서 서로 교제하며, 자신들의 물음과 체험 그리고 생각들을 성서와 더불어 또 서로서로 대화하게 함으로써 믿음으로 나아가며 영적으로 성숙하고 자라나게 하였다. 그렇게 해서 그리스도의 몸은 체험적인 형태를 가질 수 있었다. 하나님의 영으로 말미암아 새롭게 되고 활성화된 교제 안에서 사회적인 관계들이 자라났다. 이러한 사회적인 관계들은 비록 집중력이나 개인적인 형태는 다양하지만, 그러나 모두를 하나로 결합하는 하나님 관계 속에 뿌리를 내리고 있었고, 또 하나님의 관계로부터 사회적인 관계의 질과 능력

---

52) 설교("하나님의 포도원").
53) 눅 15:1-7 병행; 요 10:1-29; 벧전 2:25.
54) Grundlage der Lehre, 10.

이 형성되었다. 체험된 사랑 안에서 하나님은 인간 가까이 다가가며, 인간도 역시 하나님 가까이 다가간다.

감리교회는 바로 이러한 전통 속에 서서 튼튼하고 끈끈한 조직 속에서 일을 한다. 교인들은 세례를 받으며, 믿음의 고백을 통해서 공동체와 교회에 구속력 있게 연결된다. 그러나 교회적인 일을 함께 하면서 공헌하고 싶지만, 그러한 구속력 있는 참여를 원하지 않는 사람은 감리교회에서 세례를 받고, 감리교회의 출석교인으로 남아 있거나 혹은 감리교회가 아닌 다른 교회에서 세례를 받고 감리교회의 교인명부에 등록하여 일을 할 수 있다. (이는 독일교회의 교인 분류를 알아야 이해할 수 있다. 독일의 감리교회에서는 교인의 구분이 정회원 교인과 출석 교인 그리고 등록 교인 등 세 종류로 구분된다. 정회원 교인은 감리교회에서 세례를 받고 십일조 등과 같은 의무를 성실하게 행하면서 교회 일에 참여할 것을 서약한 사람이고, 출석 교인은 감리교회에서 세례는 받았지만, 회원 교인으로서 서약을 하지 않고 자유롭게 교회에 나와 예배드리는 등 활동하는 교인이다. 그리고 감리교회가 아닌 다른 교회에서 세례를 받았지만, 감리교회에서 신앙생활을 하고 싶은 사람은 명부에만 기입하고 자유롭게 신앙생활을 한다. 의무와 책임감에서 회원 교인이 훨씬 분명한 위치에 있고, 이들 중에서 교회의 임원이 선출된다: 역자 주) 교회의 "친구들"이라고 불리는 사람들도 교회 활동에 큰 공헌을 하는데, 이들은 다른 교파에 속한 교회를 다니면서도 감리교회와도 좋은 관계를 맺고 있는 사람들이다. 교회는 다소간에 친밀하고 깊은 관계를 맺고 있는 이러한 사람들 외에도 주변에 있는 다른 사람들에 대해서도 깊은 관심을 기울여야 한다. 정해진 교구를 넘어서는 웨슬리의 이러한 모습은 ("세계는 나의 교구다.")[55] 감리교인들에게는 자신의 좁은 영역에서 더 넓은 세계 곧 하나님의 사랑이 인간을 만나고 싶어 하는 모든 곳으로 나아가게 하는 부르심이다. 그러므로 우리는 어떤 형태의 "현관"이라도 기독교 공동체에 속한 것으로 이해한다. 이 현관에서 사람들은 들어가는 것에 대한 어떠한 두려움도 없이 교회에 익숙해질 수 있을 것이다. 그런 후에 그들은 교회의 구성원이 될 것인지를 스스로 결정할 수 있다.

하나님과 새롭게 나누는 교제는 믿음의 자유로운 동의 안에서 일어나야 한

---

55) WJW 25, 616. 이 말은 수신자가 불분명한 웨슬리의 편지에서 나온 것이다. 아마도 1739년 3월 28일에 기록된 것으로 보인다. 날짜와 수신자 문제에 대해서는 WJW 25, 614, 각주 1을 참조.

다. 하나님의 은혜는 인간을 믿음으로 강요하는 것이 아니라 믿음을 가질 수 있도록 해방시킨다. 믿음이나 하나님과 나누는 교제에는 확신이 포함되어 있다. 그리스도의 메시지가 진리이며, 나는 하나님이 원해서 그리고 그에 의해서 사랑을 받는 피조물 곧 하나님의 동일형상이라는 확신이다. 여기에는 어떠한 강요도 있지 않다. 강요는 하나님과 나누는 교제의 본질에 어긋나는 것이다. 그렇지만 개인적인 믿음이 없이는 그리스도를 통하여 선물로 주어지는 구원을 받을 수 없다. 하나님의 부르심에 반응하는 믿음의 응답으로써 사람은 신자들의 교제에 속하는 것을 동의하게 된다. 오로지 개인적인 영역에서만 살아 있을 수 있는 그리스도에 대한 믿음은 존재하지 않는다. 믿음의 삶의 자리는 예수 그리스도의 공동체이며, 인간적인 삶의 모든 영역이다.

(2) 책임 있는 그리스도인

"책임 있는 그리스도인"이라는 말은 사실 불필요한 표현이다. "책임 없는 그리스도인"이란 존재하지 않기 때문이다. 아직은 대체로 기독교적이라는 자기이해를 가지고 있는 사회(곧 독일을 포함한 유럽: 역자 주)에서 단순히 교회에 속해 있다는 사실만으로 그리스도인으로 여겨지기도 하지만, 그러나 그는 책임적인 활동이나 의무의 수행이 없는 그리스도인일 뿐이다. 그러므로 우리가 책임 있는 그리스도인에 관해서 말한다는 것은 매우 의미 있는 것이다. 그렇다면 책임 있는 그리스도인이 된다는 것은 무엇을 말하는가?

가장 먼저 그리고 특히 중요한 것은 그리스도와의 연합 속에서 사는 것, 그리스도의 몸에 소속되어 있는 삶이다. "하나님은 성도들에게 그의 손을 내밀었다. 하나님은 자신을 그와 결합했으며 그를 다시는 놓지 않고자 하신다. 책임 있는 믿음은 생겨난다. … 다시 말해서, 나는 하나님과의 결합된 방식으로 산다. 그의 기쁨으로 충만한 나는 그의 자녀로서 살고자 하며 또 살 수 있다." [56] "믿음의 창시자요 완성자"(히 12:2)가 되시는 그분과의 결합과 그의 공동체와의 결합은 그리스도인의 삶을 지탱하는 축이고, 자신의 사명을 실현하기 위한 힘이며, 이러한 책임 있는 그리스도인의 삶에도 역시 존재하고 있는 부족함과 실망을 견뎌낼 수 있는 힘이다.

---

56) K. H. Voigt, Verbindliche Glaube - Verbindliche Gemeinde - Verbindliche Lehre. Kenzeichen der Methodisten in Europa, EmK heute 41, 1984, 11.

믿음의 사람들은 그리스도 안에 있고 또 그리스도는 믿음의 사람들 안에 있다고 바울이 말한다면,[57] 그것은 그리스도의 삶에서 없어서는 안 되는 밀접하고 중요한 이러한 결합을 말하는 것이다. 이처럼 그리스도와 결합되어 있음은 교회론적인 의미와 성령론적인 의미를 가지고 있다. 이러한 결합은 제자들의 자기이해와 그리스도를 따르는 삶에서 구체적으로 드러난다. 그들은 "그리스도를 대신하는 사람들"로서 그들이 처한 각각의 장소에서, 그들의 능력과 연약함을 그대로 가지고서 "희망을 기다리며, 사랑으로 섬기며, 믿음을 기뻐해야 한다." "각자가 서 있는 특별한 장소에서 그렇게 행할 때, 다양한 사람들의 연대성 곧 일치가 생겨난다. 그것은 한 분이신 동일한 주님께 속해 있다는 연대성이다. 이러한 연대성과 일치는 다양한 사람들 사이에 존재하는 긴장을 견디게 하며, 전체를 위하여 그리고 주변세계를 위하여 열매를 맺을 수 있다. 그럴 때에 믿음의 사람들은 많은 지체들로써 하나의 몸을 만드신 그분의 지배를 이 세상의 한가운데서 드러내게 된다."[58] 책임 있는 그리스도인이 된다는 것의 두 번째 의미는 첫 번째 의미와 밀접하게 연결되어 있다. 그리스도에게 소속되어 있으며, 그로 말미암아 사는 사람들은 어떠한 확정이나 의무를 회피하는 삶의 무책임함 속에 머무를 수 없다. 만일 그들이 하나님과의 교제 가운데 산다면, 그들 자신의 뜻이 점점 더 하나님의 뜻을 지향하고 있음을 경험한다. 이러한 방향 설정은 그들에게 낯선 외부적인 의지가 그들을 강요함으로써 생겨나는 것이 아니라, 그들 자신의 뜻이 내면에서부터 변화됨으로써 생겨난다. 방향은 그리스도 자신을 통해서 이미 설정되었다. 그러므로 낯선 외부적인 것을 어떤 식으로라도 강요하는 것은 잘못이다. 전심전력을 다 해서, 온 마음과 몸과 생각을 다 바쳐서 하나님을 사랑하고, 이웃을 사랑하는 삶(눅 10:36-37 병행)에는 성장과 성숙이 중요하다.

물론 그리스도와 결합된 삶이 순전히 사적인 영역으로만 제한된다거나 혹은 "이 타락한 세상의 문화와 사회적인 것들과 실질적인 관계가 없이도" 가능할 수 있다고 감리교회는 생각하지 않는다.[59] 책임적인 그리스도인이 된다는 것은 그의 모든 개인적인 영역이나, 사회적인 관계에 있어서 모든 사람들을

---

[57] 예를 들어서 롬 6:11; 8:1; 12:5; 16:3; 고전 1:30; 4:10; 15:18, 22; 고후 5:17; 빌 1:1; 골 1:27; 살전 2:15 등과 롬 8:10; 고후 13:5; 갈 2:20; 3:28; 4:19; 엡 3:17 등.
[58] E. Käsemann, Paulinische Perspektiven, 1972², 207-208.
[59] C. W. Williams, Theologie, 170.

위한 계획을 갖는 것이다. 이것이 저절로 생겨나거나 혹은 우리가 그리스도인이 되었던 처음 단계에서부터 주어진 것이 아니라는 사실은 신약성서에 나오는 초대교회에서 분명히 드러난다. 예루살렘, 고린도 혹은 갈라디아 지방의 초대교회 등에서 있었던 싸움, 하나님의 성도들로 구성된 교회들을 향한 사도 바울의 경고, 더 나아가서 사도들 사이에 있었던 싸움 그리고 고대교회의 많은 지도적인 인물들 사이에 있었던 싸움 등에서 우리가 알 수 있는 것은, 외적인 규정들이나 계명들을 지키고 그것들에 대한 개인적인 태도만이 중요한 것이 아니라, 생각과 의지 그리고 행동이 항상 그리스도의 사랑을 통해서 형성되는 것이 특히 중요하다는 것이다. 이러한 사랑은 충돌과 갈등을 부정하거나 회피하지 않고 또 억압하지도 않으며, 권력을 사용해서 제압하지도 않고, 오히려 모든 방면에서 복음에 입각해서 해결을 시도한다. 웨슬리는 그의 "교회에 대해서"라는 설교에서 이렇게 말한다.

> 예수 그리스도의 진정한 구성원은 모든 노력을 다하고, 모든 염려와 고통을 겪으며, 언제까지나 참으면서 평화의 띠로써 영 안에서 일치를 지켜야 한다. 곧 겸손과 온유, 인내, 서로를 돌아보고 사랑하는 동일한 영으로써 그래야 한다. … 그럴 때에만 우리는 그리스도의 몸이 되는 교회의 살아 있는 지체들이 될 것이다.[60]

자발적으로 결정해서 받아들인 이러한 책임적인 그리스도인이 된다는 것은 공동체의 사명과 부담을 감당하는 것이다. 진지하게 생각해서 내려진 결정은 진지하게 받아들여져야 한다. 그러므로 지체들이 교회에 대해서 어떤 태도를 가지고 있느냐 하는 것은 교회에게는 매우 중요하다.

> 만일 한 지체가 교회에 가입하면서 다짐했던 의무를 등한시한다면, 목회적인 노력을 통해서 그를 공동체의 삶에 다시 참여하도록 노력해야 한다.[61]

---

60) 설교 110("교회에 대하여").
61) LVO(1993), § 113, Abs.1.

책임 있는 교제는 이러한 목회적인 배려를 포함한다. 이러한 후속조치를 당사자에게만 맡겨놓아서는 안 된다. 여기에는 사랑의 환상만으로는 안 된다. 물론 인내도 필요하고, 어떻게 발전될 것인지를 기다릴 수도 있다. 너무 성급하게 교인명부에서 삭제하지 않는 인내가 필요하다. 어떤 지체를 교회생활에 참여하도록 다시 얻기 위한 이러한 노력들의 목적은 그 사람 자신이며 또 그가 구원에 머무르는 것이다. 다시 말해서 "깨끗한" 교회라는 의문스러운 이상을 구현하는 것이 최종적인 목적이 되어서는 안 된다. 그를 구원하고 그 사람 자신을 염려하는 것, 바로 이 목적을 위해서 교회명부에서 그의 이름을 삭제하는 것은 최종적인 수단이어야 한다. 그러나 그 이전에 그를 다른 교회나 공동체로 옮기려는 노력이 필요하고, 그것까지도 여의치 않을 경우에만 그를 명부에서 삭제할 수 있다. 한 지체의 제명에 관한 공동체의 결정은[62] 어디까지나 인간의 결정일 따름이고, 하나님의 판단은 다를 수 있다. 인간적인 판단과 관련해서 바울이 로마교회에 써서 보낸 말씀을 생각할 수 있다(롬 14:4).

> 서 있는 것이나 넘어지는 것이 자기 주인에게 있으매, 그가 세움을 받으리니 이는 그를 세우시는 권능이 주께 있음이라.

그러므로 책임적인 그리스도인의 행동 곧 동반자적이고 연대적인 삶의 뿌리와 생명력은 한 인간의 내면에, 그의 마음에, 그의 의지에 있다. 인간의 안으로부터 밖으로 나오는 것이 결정적으로 중요하다.[63]

웨슬리는 그의 윤리에서 개인의 인격에 큰 비중을 두고 있다는 점에서도 근대의 인물이다. 그의 이론이나 실천적인 사업 그리고 그의 동역자들에 대한 윤리적인 가르침에 있어서 인종이나 민족성 혹은 사회적인 계층과는 상관없이 모든 인간에게서 죽을 수 없는 영혼과 잃어버릴 수 없는 존엄성을 가진 하나님의 동일형상을 보아야 한다는 점을 크게 강조하였다.[64] 그러나 그는 개인의 중요한 의미를 사회적인 관계와 결코 분리해서 보지는 않았다. 한 개인

---

62) 그럴 경우에 성만찬 참여를 거부하는 것은 감리교회의 전통에서는 "교회치리"의 수단으로 인정되지 않는다. 그것은 예수의 성만찬의 본질에 어긋나는 것이기 때문이다.
63) 막 7:21; 마 5:8; 12:34-35 등.
64) 그것은 웨슬리가 가난한 사람들과 노예들에 관해서 매우 자주 언급했다는 사실에서 가장 분명하게 드러난다. 예를 들어서 그의 "노예제도에 관한 생각"(Works³ XI, 59-79).

이 사랑의 본분에 합당하게 살아가기 위해서, 그리고 그 스스로 그러한 경험을 하고 그런 삶을 살아가고자 한다면 그러한 사회적인 관계 속에 서 있어야 한다. 웨슬리는 행동하는 신앙을 매우 중요하게 여겼다. 이러한 신앙은 개인적인 차원에서나 사회적인 차원에서나 인간의 삶을 실질적으로 변화시키며, 그로부터 인간이 살고 있는 상황이나 구조를 새롭게 할 수 있다. 그러나 웨슬리에 따르면, 이러한 변화는 항상 개인의 변화로부터 출발한다. 개인이 자신을 그리스도와 비슷한 존재로 변화시키며 또 그리스도의 모습이 그의 행동과 생각을 지배하게 해야 한다.[65] 우리가 오늘날 이러한 웨슬리의 원리가 가지고 있는 한계를 알고 있다고 할지라도, 여전히 유효한 것이 있는데, 우리는 그것을 다음과 같이 말할 수 있을 것이다: "하나님께서 자신을 자유와 사랑 안에서 인간과 결합시켰기 때문에, 인간은 그 자신이 매우 고귀한 가치를 가진 존재임을 이해하고, 자기에게 주어진 자유 안에서 다른 사람들과의 관계를 형성하는 것을 배울 수 있다."

믿음의 사람들에게는 그들의 생각, 감정, 가치관 그리고 기본적인 확신 등 인격 전체에서 그리스도의 형상을 따라 변화가 일어난다. 그러나 이러한 변화는 실천적인 생활 속에서 현실적으로 그리고 인식할 수 있을 정도의 구체적인 모습으로 나타나야 한다. 인간의 의지는 그 사람 자신 안에서 드러나야 하고 또 그를 내면에서부터 변화시킬 수 있는 힘을 통해서 새롭게 형성되어야 한다. "하나님의 의롭다 인정하시는 그리고 살아 있는 사랑에 관한 메시지"가 바로 그러한 힘이다. "이 힘은 우리를 우리 자신이 되게 하는데, 그 안에서 우리는 비로소 하나님의 사랑의 일부가 된다."[66] 하나님의 나라가 현재적으로 임하여 있는 그리스도는 화해의 실현을 위한, 그리고 이기주의의 극복을 위한, 모든 피조물들의 사랑의 교제를 건설하기 위한 완전한 인간성의 주도적인 형상이다. 그리스도의 사랑이 성도들의 구원을 가능하게 하는 것처럼, 그 사랑은 기독교적인 성격 형성과 책임적인 행동의 궁극적이고 유일한 기준이다. 그리스도 안에 있음은 새로운 삶의 근원이다. 이 새로운 삶 안에서 옛 것 곧 죄로 말미암아 왜곡된 것은 점차 사라지고, 새로운 것 곧 하나님의 영을 통해서 형성된 것이 생겨나서 자라난다.

---

65) 더 자세한 것은 III장의 2. 단락을 참조.
66) E. Wölfel, Welt als Schöpfung, 46.

(3) 세례와 교회의 입교 등록

사람이 믿음의 길을 찾고 교회에 들어가는 길을 찾는다는 것은 하나님의 은혜다. 하나님의 은혜는 모든 인간적인 행동에 앞서며 또 인간 안에 구원을 받을 수 있는 가능성을 창조한다. 그리스도를 통한 화해 안에 있는 구원(고후 5:19-21)은 인간을 모든 죄의 짐으로부터 해방시키며, 하나님과 교제하지 못하게 갈라놓는 죄로부터 오는 상처를 치유해 준다. 이 구원은 복음의 선포를 통해서 모든 인간에게 제공되며, 세례를 받음으로써 개인적으로 그 자신의 것이 된다(마 28:19; 행 2:38). 여기에 구원사건의 객관적인 측면이 드러난다. 이러한 구원사건을 통해서 인간은 하나님과 새로운 교제를 나누는 삶으로 들어가게 된다. 그리스도가 주신 사명에 의해서 교회가 행하는 세례는 하나님을 떠난 사람들이 의롭다고 인정되었으며 또 하나님과의 교제에로 받아들여졌음을 표현한다. 물론 이것은 오직 은혜의 사건이다. 우리에게 이 세상의 생명을 허락해 주신 하나님께서 우리에게 또한 영원한 생명까지도 주신다. 이 영원한 생명을 위해서 우리의 노력은 별로 소용도 없고 의미도 없다. 세례를 받음으로써 죄인은 십자가에 달려서 죽으시고 부활하신 그리스도에게 주어지며, 그리스도와 그의 영의 능력 안에 있는 새로운 생명이 그에게 약속으로 주어진다. 성만찬과 마찬가지로 세례는 "하나님의 가시적인 말씀"이며, 그리스도께서 제정하신 것이며, 그리스도께서 세례를 받은 사람들에게 허락한 새로운 교제를 나타내는 적절한 표시다.

하나님의 구원을 받아들이는 믿음은 세례 받은 사람들의 응답이다. 그러므로 세례, 믿음, 교회는 내용적으로 서로 분리될 수 없게 결합되어 있다. 신약성서에 의하면, 이 셋 중에서 어느 것 하나가 없이는 다른 어느 것도 없다. 한편으로 세례가 "하나님의 구원행동이 세례를 받은 사람 개인에게 전적으로 해당되는 것임을 나타내는 효과적 표시와 보증"[67]이라면, 다른 한편으로 세례는 하나님께서 그를 위하여 행하신 것이 자기 자신에게 해당되는 것으로 받아들이는 믿음의 긍정을 바탕으로 한다. 세례를 받음으로써 그 사람은 자신이 하나님의 자녀라는 새로운 정체성을 인정한다. 세례에서는 세례를 받을 사람의 이름이 삼위일체 하나님의 이름과 함께 불려진다. 그럼으로써 그 사람이 하나님께 속한 사람이라는 사실이 분명해진다. 하나님은 신실하게 그리

---

67)W. Klaiber, Die eine Taufe, EmK heute 53, 1987, 17.

고 인내하는 사랑으로써 인간을 대하시며, 그 사람으로부터 오는 반응으로서 사랑을 기다리신다.

여기서 감리교회의 전통은 하나님의 언약 활동을 보기도 한다. 이 언약 활동은 이미 구약성서에서 이스라엘과 더불어 있었고, 이제는 모든 민족을 위한 새로운 언약으로써 하나님과 인간 사이에 일어나는 새로운 교제의 토대가 된다. 세례는 하나님의 은혜로 말미암은 새로운 언약의 표시다. 어린아이들이라도 이러한 언약에서 배제되지 않는다. 웨슬리는 그의 "세례에 관한 논문"[68]에서 "하나님의 언약 안으로 들어오는 것"을 세례가 주는 효력의 하나라고 말하였다. 그러므로 언약갱신 예배와 연결해서 이러한 선포는 더욱 강화되었다.[69] 이러한 의미에서 성만찬과 더불어 드리는 예배는 세례의 은혜를 확인하는 것이며, 더 이상 자신을 위하여 살지 않고 그리스도를 위하여 살아야 할 새로운 사명을 깨우치는 자리다.

하나님과 맺은 언약의 갱신을 위한 예배, 곧 세례에서 받은 하나님의 구원의 약속을 현재적으로 되새기며 세례의 서약을 새롭게 다짐하기 위한 이러한 예배는 유아세례를 받은 그리스도인들에게 나타나는 부족함 곧 스스로 믿음의 결단을 하고 세례를 받지 않았다는 결점을 해결해 준다. 이 부족함을 해결하기 위하여 성인이 된 후 세례를 다시 받을 수는 없다.[70] 오히려 교회의 예배에서 유아세례 때에 받은 구원의 약속을 성인이 되어 행하는 신앙고백을 체험적으로 통합시킴으로써, 그 문제는 적절하게 해결될 수 있다. 청소년들이나 성인들이 세례를 받고 교회의 일원으로 받아들이는 입교 예배에서 "세례언약의 갱신"을 하거나 혹은 언약갱신의 예배에서 그러한 통합은 일어날 수 있다. 그럼으로써 세례에 대한 애매한 실천으로 인하여 세례의 의미가 떨어지는 것을 막을 수 있다. 유아세례를 인정하지 않는 교회(예, 침례교회)는 성인이 되어 다시 세례를 받게 한다. 그러나 우리 감리교회는 유아세례를 인정하며, 유아세례를 받은 사람이 성인이 된 이후에 입교 예배를 통해서 스스로 신앙을 고백하게 하고, 책임적인 그리스도인이 되게 한다. 세례, 믿음 그리고 책

---

68) 1756년. 웨슬리는 이 논문을 그의 아버지의 작품에서 추출하여 개작하였다(Works³ X, 188-201).
69) 이 예배의 서두에 이르기를, 하나님과의 언약갱신은 "오로지 하나님께서 우리와 맺으신 새로운 언약 위에 서 있다. 그러므로 이 예배에서 우리는 그리스도 안에서 이 언약을 향하여 세례를 받았고, 교회의 일원으로 받아들여짐으로써 그에 대한 신앙을 고백한 것에 대해서 감사한다."(Die Agende, 79)
70) 두 번 세례를 받는 것은 그리스도의 유일회적인 죽음과의 연관성을(롬 6:8-11; 히 10:10) 모호하게 만들기 때문에 적절하지 않다.

임적인 교회 소속의식을 진지하게 고려한다면, 책임적인 믿음에 대해서 깊이 생각하지 않고서는 결코 세례를 받을 수 없다.

세례가 교회에로 받아들이는 예식이기는 하지만, 우리는 세례를 구원을 받기 위해서 필수적인 것이라고 여기지는 않는다. 세례를 받을 때 약속으로 주어지는 구원의 효력은 "정당한" 세례론이나 특정한 믿음이해(이것은 흔히 믿음을 지적인 차원에서 왜소하게 만든다)에 좌우되는 것은 아니다. 구원을 위한 가장 결정적인 토대는 세례를 받는 개개인에게 약속으로 주어지는 하나님의 무조건적인 사랑이다. 믿음의 사람은 이 사랑을 어린아이처럼 받아들여야 한다. 이러한 토대 위에서 우리는 유아세례나 성인세례를 포함해서 *하나의* 세례를 말한다. 왜냐하면 "하나님이 세례에서 행하시는 것은 주관적인 믿음을 통해서 비로소 효력을 발휘하며 진실하게 되는 것이 아니기" 때문이다.[71] 부모가 교회에 속하여 있다고 해서 자녀들이 교회에 속하는 것은 아니다. 그럼에도 불구하고 "인간의 새로워짐이 발전된 지성이나 성숙한 사고능력을 가지고 있느냐 여부에 의존하는 것이 아니다. 세례에서 일어나는 것에 참여하기 위해서는 인간은 반드시 성숙해질 필요는 없다. 유아세례를 위해서 가장 중요한 것은 신뢰, 표현되지 않는 말씀이 —특히 기독교 공동체의 맥락에서— 양심을 활발하게 움직이게 한다는 신뢰다." 이것은 "교회의 정당한 직관이다."[72]

다른 세례 이해들에 관해서 많은 토론을 한 후 프랑스에 있는 감리교회의 신학자들과 평신도들은 유아세례와 성인세례를 위한 중요한 관계를 다음과 같이 매우 적절하게 말하였다.

> 믿음은 항상 구원을 창조하시는 하나님의 행동에 대한 응답이다. 그러나 믿음의 응답을 하는 시점은 다를 수 있다. 어린이로서 세례를 받은 사람들은 하나님의 영이 이미 앞서 주어진 구원을 향해서 눈과 마음을 열게 해주시는 시점에 그러한 응답을 한다. 그러나 성인세례를 받은 사람들도, 로마서 6장이 말하듯이, 순종 가운데서 믿음의 응답을 늘 새롭게 해야만 한다. 믿음은 하나님이 활동하실 수 있는 토대를 비로소 창조해내는 것이 아니다. 왜냐하면 그러한 토대는 예수 그리

---

[71] W. Klaiber, aaO 7.
[72] F. Herzog, Gott-Walk, 1988, 148. Herzog는 유아세례의 위험성에 대해서도 지적한다.

스도 안에서 이미 단번에 놓였기 때문이다. 이러한 배경에서 볼 때, 유아세례 역시 성서적인 의미를 가진 세례다. 물론 그 세례의 효력은 믿음 안에서 항상 새롭게 되어야 한다.[73]

복음의 선포와 세례의 가시적인 "말씀"에서 주어진 구원의 약속과 세례를 받은 사람들의 개인적인 믿음과 고백에서 일어나는 구원의 수용이 결합됨으로써 구원사건의 특성이 분명하게 드러난다. 이러한 구원의 주어짐과 구원의 받아들임의 결합은 우리 감리교회의 구조 속에서도 드러나 있다. 교회의 일원으로 받아들이기 위해서는 세례뿐만 아니라, 믿음의 고백이 요청된다. 세례에서는 하나님의 사랑이 가시적이고 효과적으로 약속되며, 신앙고백은 들을 수 있고 또 개인적인 표현으로서 인간적인 믿음의 응답이다.[74]

우리는 다른 교회들과 함께 이렇게 말한다. 세례는 교회 구성원을 위하여 포기할 수 없는 토대다. 세례는 단 한 번만 받으며, 그러므로 반복될 수 없다. 그리스도께서 단 한 번 죽으셨다가 부활하신 것과 같다.[75]

어린이로서 세례를 받고 개인적인 믿음에 이른 사람은 믿는 사람들의 교제 안으로 받아들여지게 된다. 지금까지 세례를 받지 않고 그리스도를 믿게 된 사람은 교회 공동체 안으로 들어옴으로써 거룩한 세례를 받을 것이다.[76]

그러므로 세례와 입교는 원칙적으로 하나의 사건이다. 물론 그 둘은 유아세례에서는 시간적으로 별도로 일어나기는 한다. … 세례는 그 자체를 위하여 일어나는 것이 아니라, 항상 공동체의 믿음, 삶 그리고 선포와 함께 연관성 속에서 보아야 한다.[77]

---

73) ZK-MSE 편, Gesprächsgrundlage für Taufverständnis und Taufpraxis in der EmK, 1991, 12.
74) R. Knierim, Entwurf eines methodistischen Selbstverständnisses. MiD 9, 1960을 보라.
75) G. Wrinwright, Proceedings of the 15th World Methodist Conference Nairobi 1986, 235.
76) "하나님의 사랑은 예수 그리스도를 통해서 그리고 복음 안에서 모든 사람들에게 해당하기 때문에, 교회는 세례를 베푼다. 교회는 어린이들과 성인들에게 세례를 행한다. 세례는 결코 반복되지 않는다."(LVO 405) 세례는 삼위일체 하나님의 이름으로 물로써 행해진다. "성인세례는 입교와 함께 일어난다."(ebd)
77) Agende, 1991, 59f.

교회 구성원으로 받아들이는 입교예식에서 믿음은 가장 분명하게 경험할 수 있도록 나타난다. 하나님을 새롭게 발견하고 또 하나님 안에서 자기 자신을 새롭게 발견한 사람은 함께 길을 가는 사람들로서 다른 그리스도인들과 교제를 나누어야 한다. 그럼으로써 그들은 함께 삶의 목표가 되는 하나님과의 완성된 교제에 도달하게 된다. 성숙한 그리스도인들을 공동체 안으로 받아들이는 이러한 제도화는 감리교회의 자기이해에 있어서 매우 본질적인 것이다.[78] 지체들로 받아들이는 토대는 어떤 사람에게도 불가능한 믿음의 검증이 아니라, 그리스도 안에서 선물로 주어진 구원을 받아들이는 것이다. 이러한 구원의 받아들임은 세례에서 분명히 드러나고, 믿음의 고백에서 분명히 듣게 되며, 또 공동체에서 신뢰할 만한 것으로 확인된다.

교회의 지체들로 받아들여진 사람들은 하나님의 영의 인도 아래 삶을 영위해야 하며 또 교회생활과 봉사에 참여해야 하는 의무를 갖게 된다. 그들보다 앞서 교회의 지체가 된 사람들은 새롭게 받아들인 사람들을 형제와 자매들로 받아들이고, "그들을 따뜻한 교제 안에서 기독교적인 사랑과 배려를 경험할" 수 있게 해야 할 의무를 갖는다.[79] 세례를 받은 모든 사람들은 "그들의 삶 전체를 통해서 세례 때에 그들에게 약속된 구원을 고백하고, 하나님을 사랑하며, 그리스도와 그의 공동체를 굳게 붙잡아야 하는 책임을 갖는다."[80]

12-14세 아이들을 위한 교회교육의 수료예배는 흔히 "축복(견신례)"으로 일컬어지는데, 이는 교회의 구성원으로 받아들이는 것과 동일한 것은 아니다 (이 견신례 제도는 한국의 감리교회에서는 실행되지 않는다: 역자 주). 이 둘은 상이한 것이다.

그러나 동일한 예배에서 교회교육을 수료한 젊은이들이 견신례를 받으며 동시에 다른 젊은이들과 성인들이 완전한 교회 구성원으로 받아들여질 수 있다. 그럼으로써 교회교육에서 자유롭게 된다고 해서 그가 곧바로 교회 안으로 받아들여지는 것이 아니라는 사실이 모든 참여자들에게 분명해진다.[81] 이 수료예배에서 교회가 유아세례 때에 약속했던 것 곧 그들을 기독교의 믿음

---

78) R. Knierim, aaO.
79) Agende, 1991, 77.
80) Agende, 1991, 60.
81) 미국 연합감리교회(UMC)에서처럼 북유럽의 연회에서도 교회교육 수료예배에서 젊은이들은, 그들이 원하고 또 상응하는 조건(세례, 개인적인 신앙고백)을 갖추면, 교회의 회원으로 받아들여질 수 있다. 이러한 견신례 제도나 규정이 한국의 감리교회에서는 아직 정착되어 있지 않다(역자 주).

안에서 가르치겠다는 약속을 지켰다는 사실이 드러난다.[82] 동시에 교회 공동체는 젊은이들이 개인적인 믿음의 결단을 하도록 중보기도를 하며, 그들이 공동체 안에서 개방된 삶과 활동의 영역을 가질 수 있도록 배려한다. 그럼으로써 하나님의 구원 활동이 갖는 다음의 두 가지 측면을 동시에 고려하는 것이다. 하나님의 구원 활동은 첫째로 그리스도 안에서 온 세상을 하나님과 화해시키고 그래서 모든 인간에게 구원을 약속해 주는 무조건적이고 무전제적인 사랑이고, 둘째로 믿음의 사람들로 하여금 그 자신의 개인적인 수용을 할 수 있도록 해방시키고 힘을 주는 것이다. 이러한 수용 속에서 그들은 하나님의 사랑을 받아들이며 그의 자녀가 된다.

세례는 거듭남이 아니다. 그것은 성인세례나 유아세례 모두에게 해당한다. 그러나 세례는 "거듭남이나 새로 남(신생)의 상징"이다.[83] 영국성공회의 전통에 깊이 뿌리를 내리고 있는 웨슬리의 세례 이해는 세례론으로 분명히 전개될 수 있을 정도로 발전되어 있는 것은 아니다. 이러한 이유로 인하여 지금까지도 감리교회 안에는 신학적으로 매우 상이한 견해들이 공존하고 있다. 세례에 대한 웨슬리의 언급들을 전체적인 경향 가운데서 종합해 보면, 그는 "객관적이고 주관적인 요소들이 창조적으로 결합"할 수 있었다고 말하는 것이 적절할 것이다.[84] 다시 말해서, 웨슬리는 세례에서 상징적으로 드러나는 하나님의 은혜의 객관성과 특별히 주관적이고 내면적인 사건으로 체험되는 거듭남의 필연성을 항상 결합시켰다. 이러한 내면적인 사건을 통해서 성령은 그 사람 안에 믿음을 일으키며, 그래서 구원사건에 주관적인 차원을 부여한다. 세례는 "외면적인 행위"이고, 거듭남은 "하나님이 일으키는 영혼의 변화"로서 눈에 보이지 않는 것이다.[85] 웨슬리는 유아세례의 경우에 세례의 거듭남이라는 교리를 결코 포기하지는 않았지만,[86] 그러나 믿음의 이해에 있어서는 실질적으로 아무런 역할을 하지 못했다. 거듭남의 효력은 죄로 인하여 상실되었고, 유아세례를 받았다고 해서 성인이 되었을 때의 거듭남이 불필요한 것

---

82) Agende 1991, 65.
83) "a sign of regeneration or the new birth" (Art. XVII).
84) G. C. Felton, aaO 173 ("a creative synthesis of objective and subjective elements").
85) 설교 45("신생"), IV, 1.
86) 1760년의 "신생"에 관한 설교에서도 그는 유아세례에 관해서 그런 의미를 분명히 했다(설교 45, IV, 2). 그러나 그는 외면적인 표식으로서의 세례의 성격을 강조한다. 이 주제에 대해서는 III 장의 2.2.3 단락을 참조.

이 아니기 때문이다. 물론 성인으로서 세례를 받은 사람들에게서도 거듭남은 여전히 요청된다.

(유아)세례와 거듭남은 다양한 방식으로 인간을 향한 하나님의 은혜의 행동과 연결되어 있다는 점에서 내용적으로 서로 연관되어 있다. 두 과정은 그리스도인이 되는 첫 걸음이다. 그 둘은 개인적인 믿음과 사랑으로 인한 삶을 지향하지만, 그러나 시간적으로 다소 상당한 거리가 있는 사건들이다.[87] 이처럼 구분되는 것이기는 하지만, 세례와 거듭남은 개인을 향한 하나님의 구원 활동의 요소들이라는 점에서 연관되어 있다. 세례와 거듭남의 효력은 믿음 안에서 수용되며, 그리스도를 향한 신앙고백에서 공개적으로 드러나고, 교회 공동체 안으로 받아들여짐으로써 확인된다.

2) 교회 – 삶과 섬김의 공동체

형제들과 자매들의 새로운 사귐의 공동체는 하나님의 영의 능력을 경험한 사람들로 이루어진다. 그들은 자신들이 하나님에 의해서 무조건적으로 받아들여졌으며 믿음, 소망, 사랑 안에 있는 새로운 삶을 살아가도록 해방되었다는 것을 알고 있다. 동시에 그들은 새로운 삶이 그들 안에서 비로소 시작되었다는 사실도 알고 있다. 이 새로운 삶을 지키고 연마하기 위해서 그들은 다른 그리스도인들과의 교제가 필요하다. 그러므로 아직은 어리고, 불확실하며, 연약한 사람들을 공동체의 중심으로 받아들여서 그들에게 영적이고 인간적인 사랑의 영역을 열어주는 일이 공동체의 가장 중요한 과제들 중의 하나다. 그들은 함께 새로운 "하나님의 집"을 형성하며, 그리스도께서는 그들을 이 새로운 하나님의 집으로 함께 묶는다. 그들은 함께 "왕 같은 제사장의 직분"을 수행하는데, 그리스도께서는 그러한 직분을 활용해서 온 세상을 향한 그의 사역을 지속해 나간다.(벧전 2:5, 10)

초기 기독교에서처럼 감리교회도 처음에는 운동으로부터 시작했지만, 곧바로 교회로 발전하였다. 그러한 발전은 한편으로는 –다른 교회들과 공동체들의 역사가 보여주듯이– 피할 수 없는 것이었다. 그러나 다른 한편으로는

---

87) K. Steckel, Zum Taufverständnis der EmK, EmK heute 17, 1975, 16f.도 비슷한 견해를 피력한다.

경직되고 협소해질 위험을 가지고 있다. 감리교회는 소속된 성도들의 다양한 은사들과 능력들을 복음을 섬기는 데 활용되는 구조를 가지고 있어야 한다. 소명은 안수를 받은 소수의 사람들이나 주요한 직분을 가지고 있는 사람들에게만 해당되는 것이 아니라, 모든 그리스도인들에게 해당된다. 그리스도는 "교회의 머리"이며, 그러므로 교회의 가장 근본적인 권위다. 그리스도는 그의 영을 통해서 교회를 인도하고 형성해 나간다. 그리스도는 믿음의 사람들로 하여금 그의 뜻을 알게 하고, 그들에게 그 뜻을 실천할 수 있는 자유와 힘을 부여한다.

교회의 지도와 형성은 두 가지 방식으로 일어난다. 한편으로 하나님의 말씀을 듣고 이해하는 그래서 그 말씀을 순종하는 교회의 지체들을 통하여 일어나고, 다른 한편으로는 지도적인 기능으로 부르심을 받은 사람들(목사, 감리사, 감독 등)을 통하여 일어난다. 이들은 하나님의 말씀을 각각의 상황에 맞추어 해석하고 공동체와 개개 그리스도인들로 하여금 그 말씀에 따르도록 인도한다. 그러므로 교회의 질서는 두 가지 방식으로 형성되는데, 하나는 하나님의 말씀을 듣는 공동체 안에서 성령의 활동을 통한 것이고, 다른 하나는 특정한 직분들 안에서 일어나는 성령의 활동을 통한 것이다.

첫째, "모든 성도들의 보편적인 제사장 직분"은 모든 제자들이 복음을 듣고 언행을 통해서 그 복음을 증언하도록 부르심을 받았다는 사실에 근거되어 있다. 이러한 "보편적인 소명"은 모든 그리스도인들이 그들의 은사들에 합당하게 수행하는 "직분"이다. 하나님의 은혜는 이러한 재능들을 활용해서 하나님의 나라를 형성해 나간다.

둘째, "특별한" 직분들은 어떤 높은 지위가 아니라, 교회의 사명을 이루기 위하여 그러한 직분들을 필요로 한다는 사실에 근거되어 있다. 교회가 결코 포기할 수 없는 사명은 복음을 공개적으로 선포하고 성례전을 행하는 것이다. 교회는 이 사명의 성취를 통하여 생겨났고 살아간다. 이러한 사명을 위하여 감리교회는 부르심을 받고 확증된 남자와 여자들을 목사로 안수하여 세운다. 그들은 연회의 감독으로부터 직무를 부여받으며, 일생 동안 연회의 회원으로서 교회 안에서 책임적인 업무의 교제를 나눈다. 그들은 하나님의 백성의 지체들로서 교회 안에서 핵심적인 사명을 감당한다. 복음의 선포자들로서 그리고 그리스도에 의해서 사명을 위임받은 사람들로서 그들은 개 교회로 파송된다. 그러나 그들의 권위는 복음을 신빙성 있게 증언하는 권위이고 또 그와 결부해서 교회를 통해서 위임된 권위일 뿐이다.

앞에서 말한 교회의 지도와 치리의 두 가지 방식들은 모두가 성령의 활동을 필요로 하며, 그러므로 그 둘은 서로 배타적이 아닌 상호 협력적으로만 나타날 수 있다. 감리교회에서는 이러한 지도의 방식이 계급 구조적인 지배와 복종이 아니라, 모든 지체들이 다양한 종류의 회의를 통해서 교회의 의사결정에 참여한다. 회의에서 상호 존중과 개방성 그리고 자기절제 가운데서 일어나는 대화는 "설교자들과 지체들의 교제를 통한 일치를 강화하고 확대하는 데"[88] 기여하며, 또한 교회의 교리, 질서 그리고 실천을 함께 결정하는 데 기여한다.

이것은, 하나님의 영이 이러한 대화 가운데 활동하고 있다는 희망에 찬 기대 위에 기초되어 있다. 이러한 "민주적인" 절차는 모든 성도들, 특히 연회원들의 교회를 위한 책임을 분명히 한다. 물론 그러한 민주적인 절차를 통해서 결정된 의견이 하나님의 뜻과 일치한다는 보장은 없다. 교회 안에 있는 모든 권위는 교회를 세우는 데 이바지하고, 하나님의 "은혜의 활동을 분명하게" 한다는 점에서 그 근거를 찾는다.[89] 인간이 하나님과 끊임 없이 결합되어 있을 때, 하나님의 이러한 은혜의 활동은 가능하게 된다. 하나님과의 결합은 모든 그리스도인들의 삶의 축이다. 그것 없이는 그리스도인으로서의 본질이 존재할 수 없으며, 살아가야 할 길과 목표가 분명하지 않으며, 그리스도와 함께 길을 가는 어떠한 에너지도 있지 않다. 그리스도와 더불어 그리고 그리스도인들 상호간의 삶과 섬김의 교제 가운데서 교회는 하나님의 은혜의 영역이 되며, 이 영역 안에서 그리스도인들은 상호 결합을 통해서 그리스도의 몸이 되었음을 경험할 수 있게 된다.

(1) 공동체의 회집 – 예배

웨슬리의 견해에 따르면, 예배는 은혜의 수단에 속한다. 그럼에도 불구하고 여기서 예배에 관해서 다루는 것은, 예배가 교회의 주간 모임의 핵심이며 그러므로 교회의 모든 그룹들이나 개개 지체들의 회집의 초점과 같은 것이기

---

88) 설교 129("하나님의 포도원").
89) W. Klaiber, Rechtfertigung und Gemeinde, 266.

때문이다.

그리스도인들은 주일마다 예배를 드리면서 하나님과 교제를 나누고, 공동체와 세상 안에서 하나님의 통치를 가깝게 체험한다. 그들은 한 목소리로 창조주를 찬양한다. 나라와 권세와 영광이 영원히 그의 것이기 때문이다. 교회는 여러 가지 형태의 공동적인 축제와 체험 그리고 하나님의 말씀을 듣기 위해서 함께 모인다. 선포된 말씀을 듣고, 성찬식을 행하며 또 함께 신앙고백을 하면서 성도들은 용기를 잃지 않고, 절망하지 않으며, 하나님이 이 세상에서 그들을 인도하시는 그 길을 새롭게 출발하는 데 필요한 것들을 얻는다. 예배를 드리면서 그들은 새로운 기쁨을 얻으며, 그리스도와 더불어 그의 나라에 이르는 길을 걸어가는 새로운 힘을 받게 된다.

다른 한편으로 예배는 그리스도인들이 사람들 속에서 그들이 성취해야 할 사명을 인식하는 장이기도 하다. 그래서 "세상의 일상"에서의 예배를 인식하고 다시 되돌아가야 하는 장이다. 그래서 그들의 체험을 함께 나누고, 피곤하고 지친 사람들에게 힘을 주며, 안식을 경험하고, 새로운 힘을 모으는 장이기도 하다. 특히 예배에서 그리스도인들은 하나님의 도우심과 인도하심을 경험하고, 그것을 서로 이야기하며, 그래서 새롭게 그리스도를 따르는 삶을 출발하게 된다.

예배를 드리면서 성도들은 깊은 명상에도 잠기기도 하고, 다시 출발하기도 하며, 버리기도 하고, 다시 얻기도 하고, 침묵하기도 하고, 듣기도 하고, 서로를 발견하고, 자신으로부터 벗어나고, 짐을 내려놓고, 짐을 다시 짊어지기도 한다. 이 모든 것과 그 이상의 것들이 공동체의 예배에서 일어날 수 있고 또 일어나야 한다. 서로 낯설게 머물러 있는 그래서 예배에서도 "홀로" 남아 있는 솔로들의 회집에서는 그런 일들이 일어나기 힘들고, 일어나더라도 매우 제한된 범위에서만 일어날 수 있다. 본질적으로 감리교회의 예배는 하나님의 말씀을 중심으로 모여서, 하나님의 사랑 안에서 서로 만남을 나누는 자매들과 형제들의 교제다. 감리교회의 예배는 사람들이 세례를 받고 공동체 안으로 받아들여지는 장이며, 주의 만찬을 함께 나누는 장이며, 부르심을 받아서 섬기도록 파송을 받는 장이다.

그러므로 예배는 목사들의 모임만은 아니고, 공동체의 예배다. 그러므로 예배에서 모든 공동체의 지체들과 그룹들은 오르간 전주부터 예배 후의 후주에 이르기까지 그리고 예배 후에 나누는 커피 타임 혹은 식사까지 모두 함께 참여한다. 그러나 예배의 중심에는 하나님을 향한 찬양이 서 있다. 하나님 찬양은 하나님의 말씀을 듣고, 입술과 마음으로, 그리고 손으로써 노래하고 기도하는 것이다. 마음으로부터 우러나오는 노래를 부르는 것은 감리교적인 교제와 예배의 특징이었다는 사실은 오늘날에도 여전히 체험할 수 있고 또 더욱 활발하게 수용되어야 한다.[90]

교회 공동의 과제를 논의하고, 임원들을 선출하고 혹은 다른 결정을 내리기 위한 공동체의 회의가 예배와 결합된다고 해서 그것이 예배의 거룩성을 해치는 것이 아니다. 오히려 그 정반대가 옳다고 할 수 있다. 일상적인 일들이 주일의 예배와 결합되는 곳에서, 들음과 행함, 찬양과 삶이 밀접하게 연결되는 곳에서, 그러한 것들은 공동체 삶의 일부분들로서 경험되며, 예배는 세상과 괴리되지 않게 되며, 순전히 실용적-조직적인 것으로 왜소화되지 않게 된다.

예수 그리스도의 공동체로서 교회는 예배 외의 다른 곳에서는 자신의 본질을 그처럼 생생하게 체험할 수 없다. 예배는 기독교적인 공동체의 핵심적인 회집으로서, 바로 여기에서 공동체는 하나님의 말씀에 의해서 부름을 받고, 말씀을 받으며 또 파송을 받는다.

(2) 은혜의 수단이 갖는 의미

은혜의 수단에 관한 그의 가르침에서 웨슬리는 "은혜의 제도화된 수단 (instituted means of grace)"과 은혜의 신중한 수단(prudential means of grace)을 구분한다. 전자는 임명된 은혜의 수단이고 후자는 "추천된 은혜의 수단"으로 번역될 수 있다. 이러한 두 종류의 수단이 그리스도인들에게 주어졌다. 그럼으로써 그들은 항상 하나님과 결합 속에서 살아갈 수 있다.[91] 마치 그릇처럼 그런 수단을 통해서 하나님의 은혜가 우리에게 다가온다. 혈관처럼 은혜의 수단들은 공동체와 개개 그리스도인들의 유기체를 머리가 되시는 그리스도와 결합시킨다.

---

90) 다른 나라에 가서 감리교회의 예배에 참석해 본 사람은 "노래하는 공동체"를 체험하게 될 것이다. "차가운 영국인들"까지도 감리교회의 예배에서 찰스 웨슬리의 노래들을 부를 때에는 전혀 다른 분위기를 보여준다.
91) 설교 16("은총의 수단")은 이런 점에서 읽어볼 가치가 있다. 형식적인 기독교가 은혜의 수단을 오용할지라도, 그럼으로써 은혜의 수단이 갖는 효력을 제거하거나 약화시키지 않는다고 웨슬리는 말한다.

물론 이러한 은혜의 수단을 받는 것이 하나님의 은혜를 마음대로 조종할 수 있는 사건으로 오해되어서는 안 된다. 오히려 하나님께서 그러한 은혜의 수단을 활용하는 사람들에게 자신을 직접 결합하신다. 하나님의 영은 그러한 수단을 사용하셔서 그리스도인들로 하여금 하나님의 뜻을 분명히 알게 하고 또 진실한 사랑으로 채워준다. 이러한 은혜의 수단으로는 특히[92] 공개적인 예배, 성만찬, 기도, 성서연구 그리고 금식 등이 있다.

① 진리를 찾는 사람들, 믿음의 사람들, 고난 가운데 있는 사람들, 구원의 확신 가운데 있는 사람들, 심각한 문제를 안고 있는 사람들 그리고 해방감을 느끼는 사람들 등 여러 종류의 사람들이 하나님을 만나고 또 믿음의 형제자매들을 만나기 위하여 공동체의 예배에 참석한다. 하나님의 말씀의 선포와 교제는 믿음을 강화시키고, 희망과 용기를 주며, 제자의 길을 갈 수 있게 해준다. 하나님을 경배하고 그의 은혜로운 행동을 찬양하는 것이 그리스도의 부활일인 주일예배의 핵심적인 부분을 차지한다. 그 외에도 교회력의 여러 축제일에 그리스도인들은 세상을 구원하시려는 하나님의 행동을 감사함으로 기억한다. 병이 든 사람들과 나이가 많은 사람들 그리고 다른 여러 이유로 예배에 참여하지 못한 자매와 형제들과 함께 그리스도에게 속해 있음으로 인하여 책임의식을 갖고 연합하며, 모든 이들이 함께 하나님의 말씀을 듣고 기도한다.

② 처음 1세기의 기독교회와 오늘날의 많은 교회들에서 매 주일 혹은 날마다 시행되는[93] 성만찬은 예수의 고난과 죽음을 기억하며, 그가 모든 사람들을 위하여 행하신 구원을 현재화하는 예전이다. 빵과 포도주 -그리스도께서 모든 사람들을 위하여 자신의 목숨을 내어놓은 표시- 안에 계시는 부활하신 예수 그리스도는 그의 약속을 받아들이는 모든 사람들에게 성만찬에서 자기 자신을 내어주신다. 그는 그들에게 죄의 용서를 보증해 주시며 또 그들을 믿음으로 말미암은 새로운 삶을 살아가도록 해방하신다.[94] 성만찬을 거행함으로써 공동체는 하나님과 세상의 화해에 대하여 감사를 표현하며 또 하나님의

---

92) Allgemeinen Regeln, 3. Teil(부록 544쪽). 예배에 대해서는 IV장의 2.2).(1) 단락을 참조하고, 웨슬리가 은총의 수단으로 말하지 않고 있는 세례에 대해서는 2.1).(3) 단락을 참조.
93) "나는 모든 목사들에게 매 주일 성만찬을 행할 것을 권합니다."라고 웨슬리는 1784년에 "미국에 있는 형제들에게" 편지를 써 보냈다(Letters ed. Telford, Band VII,239).
94) 참조 "Vom Dialog zur Kanzel- und Abendmahlsgemeinschaft", 1987, 17. 여러 교회들 사이에서 존재하는 그리고 토론되고 있는 성만찬 이해의 다양한 측면들을 고려하면서 우리는 이 문제에 대해서 매우 간략하게 설명할 수밖에 없다(성만찬에 관한 TRE의 논문만 해도 무려 246쪽에 달한다). 그러므로 우리는 여기서 성만찬에 관한 감리교적인 이해의 중요한 측면들을 설명하고자 할 뿐이다.

미래적인 구원 활동에 대한 소망을 드러낸다. 유럽 대륙의 감리교회는 존과 찰스 웨슬리 형제의 성만찬에 대한 대단히 높은 평가를 유감스럽게도 제대로 수용하지 못했다. 유럽 대륙의 감리교회가 처음에는 작은 규모의 평신도들로부터 시작했다는 사실에 그 원인이 있는 것은 아니고, 경건주의에서처럼 "성만찬의 거룩함과 성도들의 거룩하지 못한 삶 사이의 불일치"[95]를 깊이 인식하고, 그래서 성만찬에 참여할 수 있는 조건을 매우 까다롭게 만들었고 또 성만찬에 참여하기 위한 특별한 준비를 요청했다는 사실에 그 원인이 있었다. 기록에 의하면, 유럽 대륙의 감리교회에서는 등록교인이 아닌 사람이 성만찬에 참여하려면 사전에 목사에게 신청을 해야 했으며, 등록교인들도 성만찬에 참여하고 준비하기 위하여 별도의 준비모임에 참석하는 것이 매우 중요했다. 더구나 독일의 루터교회에서는 주 예배와 성만찬 예전이 점점 분리되었고, 그래서 성만찬에 참여하는 사람의 수도 점차 줄었다. 이러한 교회의 관행은 감리교회에도 많은 영향을 끼쳤다.

그러나 지난 20-30년 사이에 성만찬에 대한 이해도 많이 변했고, 그래서 성만찬을 거행하는 방식도 변하고 빈도수도 점차 늘어났다.[96] 물론 성만찬에 참여하기 위하여 진지하게 자기검증을 해야 한다는 생각에는 변함이 없다. 물론 이 경우에도 인격이나 행동의 질을 검증하는 것보다는 그리스도께서 그의 식사에서 선물로 주신 것에 대한 진지하고 참된 열망이 있느냐에 검증의 핵심이 놓이게 되었다. 이러한 진지하고 진실한 열망은 윤리적인 삶과 깊은 내적인 연관이 있다는 사실은 의심할 여지가 없다.

성만찬 예전에서는 많은 성서적인 측면들이 담겨져 있다. 성만찬은 예수의 죽음을 기억나게 하며, 예수께서 이루신 화해를 현재화하며, 교제의 축제와 종말론적인 희망의 축제로서 거행된다. 세례와 마찬가지로 성만찬도 하나님과 맺은 "새로운 언약의 표시"다. 그러나 세례에서와는 다르게 성만찬에 참여한 사람들에게는 "그리스도 안에 있는 구원이 거듭 새롭게 약속되며" 또 빵과 포도주 안에서 이 구원을 보기도 하고 맛보기도 한다. 성만찬에서 "성령은 우리로 하여금 승천하신 그리스도와 교제 및 그의 용서를 확신하게 한다."[97]

---

[95] A. Niebergall, Art. Abendmahlsfeier III, TRE 1, 302, 35f.
[96] 이러한 "변화"의 표시로는 다른 것들과 함께 특히 "Wir feiern Abendmahl. Eine Arbeitshilfe für die Gemeinde"(EmK heute 33) 1980을 들 수 있다.
[97] Agende, 1991, 90에서 인용.

성만찬 예전을 집행하는 빈도수도 점차 증가하였다. 물론 매 주일 성만찬을 행하라는 웨슬리의 권고에는 이르지 못했다(역자 주- 그것은 한국의 감리교회도 마찬가지다).[98]

성령은 성만찬에 참여하는 사람들을 믿음에로 인도할 뿐만 아니라, 믿음과 확신 안에 굳건히 거하게 한다. 성령은 그들을 그리스도와 다른 사람들에게 헌신하게 하며 또한 그들의 삶의 모든 영역에서 책임적인 사람들이 되게 한다. 성만찬이라는 은혜의 수단에서 하나님의 은혜를 받을 수 있다는 사실은 웨슬리에게는 매우 중요한 관심사항이었다.[99] 이 은혜는 선행하는 은혜, 의롭다 하는 은혜 그리고 거룩하게 하는 은혜로서의 효력을 발휘한다. 하나님의 은혜가 발휘하는 이러한 효력에 대한 진지한 열망이 다른 어떤 종류의 준비보다도 웨슬리에게는 중요했기 때문에, 감리교인들은 "열린 성만찬"을 거행한다. 감리교회의 성만찬은 그리스도와의 교제를 경험하고 혹은 새로워지고자 하는 사람이라면 누구도 배제하지 않는다. 감리교인들이 그들을 성만찬에 초대하는 것이 아니라, 그리스도가 그의 식사에 사람들을 초대하기 때문이다. 그리스도의 초대를 받은 사람은 그의 식탁에 다가갈 수 있다. 그럼으로써 성만찬은 선교적인 의미를 갖게 되며, 성만찬은 "불확실하고, 회심하지 않은 사람일지라도 구원을 찾고 있는 사람들"에게도 개방된다.[100] 성만찬에 참여하기에 합당한 인간의 "존엄성"은 도덕적인 완전성이나 죄 없는 생활을 해야 하는 데 있는 것이 아니라, 그리스도의 도우심을 필요로 하고 또 그 도우심을 간절히 바라는 데 있다. 회개할 줄 모르는 완악한 마음이나 사랑이 없는 태도는 성만찬의 의미에 어긋나며, 그러므로 성만찬은 그런 식으로 성령의 활동에 마음의 문을 걸어 닫는 사람들에게는 심판이 된다. 형제와 자매 그리고 그리스도를 과소평가하는 사람은 "주의 몸을 존중하지 않으며, 그는 자기의 죄를 먹고 마시며 스스로를 심판하는 것이다"(고전 11:29 참조).

설교, 세례 그리고 성만찬이 핵심적인 은혜의 수단이라면, 감리교회는 그

---

[98] 설교 121("성찬을 규칙적으로 시행해야 할 의무"), 여기서 웨슬리는 초대 그리스도인들의 실천과 그리스도의 계명 그리고 성만찬의 효력을 지적한다. "웨슬리는 1년에 4번 정도 성만찬을 거행하는 것이 일반적이었던 시대에 살았지만, … 그 스스로는 평균적으로 4-5일에 한 번씩 성만찬을 행했으며, 그의 추종자들에게 지속적으로 성만찬을 행할 것을 권고하였다"(G. Wainwright, Art. Methodismus, EKL³ III, 392).
[99] 1740년 6월 28일자 일기에 기록되어 있다(WJW 19, 159).
[100] J. R. Nelson, Eucharist. Ecumenism. Methodism, in: Th. Runyon(Hg.), Wesleyan Theology Today, 1985, 134.

리스도가 교회에 위임한 다른 "은혜의 수단"을 생각한다. 기도, 성서연구, 속회모임과 소그룹 활동 그리고 금식 등이 그것이다. 물론 이것들도 행함으로써 어떤 공적이 된다는 그런 의미를 갖는 것은 아니다.[101] 이런 것들은 하나님의 말씀과 영의 활동에 자신을 여는 가능성을 나타내며, 그래서 제자의 길을 가기 위한 분명함과 힘을 얻기 위한 기회로 사용된다. 기도, 성서연구 그리고 금식은 개개 그리스도인에 의해서 스스로 실천될 수 있으나, 다른 사람들과의 교제를 나누면서도 –가족, 그룹 혹은 공동체 안에서– 실천될 수 있다.

하나님의 은혜는 이러한 "수단들"을 통해서 은혜를 열망하는 사람들 안에서 작용한다. 이로써 마치 이러한 수단들만을 통해서 은혜를 받을 수 있는 것인 양 은혜의 활동을 제약하려는 것이 아니다. 하나님의 은혜는 다른 방식으로도 얼마든지 사람들에게 주어져서 그들을 변화시킬 수 있다. 그러나 언급한 이러한 은혜의 수단들은 그리스도께서 그의 교회에게 약속을 덧붙여서 맡긴 것들로서, 그것들을 무시하거나 과소평가하는 것은 모든 그리스도인들에게 피해를 입히는 것일 뿐만 아니라, 하나님의 뜻에도 반하는 것이다. 그러나 반대로 그러한 은혜의 수단들을 통해서 하나님 스스로 모든 사람들을 만나셔서 그들을 사랑하시며 축복하신다. 그럼으로써 하나님과의 교제는 하나님을 만나는 모든 사람들에게는 결코 마르지 않는 생명의 근원이 될 것이다.

형식들을 무시하는 것이나 공허하게 남겨 놓는 것 모두는 위험한 것이다. 형식은 채워지기를 바라고 있다. 하나님의 은혜는 사람들에게 도달해 가기 위하여 그릇(수단, 형식)을 사용하신다.

(3) 공동체 그룹들과 사역 그룹들

감리교회 운동의 처음은 일종의 이중적인 전략의 특징을 가지고 있었다. 사람들로 하여금 그리스도와 함께 하는 삶을 살게 하는 것이 하나고 또 그러한 삶의 길을 걷는 그들을 돕는 것이 또 하나의 전략적인 목표였다. 거의 같은 시기(1739년)에 웨슬리는 조지 윗필드의 압력으로 야외 설교를 시작했고 또 막 태동하기 시작하는 신도회들과 "속회"에 독특한 형태를 부여하였다. 넓게 본다고 해서 개인을 간과하지도 않았고, 작은 그룹을 배려한다고 해서 세계

---

[101] 웨슬리가 은혜의 수단을 사용하는 것을 자주 비판했던 "형식적인 경건"으로 간주하며 "거의 그리스도인"의 표식으로 보았다는 사실을 항상 고려해야 한다(설교 2 "명목상의 그리스도인", I, 13).

와 인류를 포괄하는 차원을 축소하지도 않았다. 우리는 나중에(3.3) 선교와 복음화 부흥회에 관해서 말하겠지만, 우선 여기서는 감리교회 안에 있는 여러 그룹들의 과제와 의미 그리고 그 형태에 관해서 살펴보고자 한다.

"기독교적인 삶의 교제(koinonia)는 감리교회에서는 매우 전형적인 것이고 또 소그룹들 안에서 집중적으로 체험하게 된다."[102] 웨슬리의 "속회"가 그러한 교제의 형태로서 오늘날 독자적인 모델이 되는지 여부에 대해서는 다시 논란이 되고 있다. 이러한 교제의 모델을 연구하는 것은 가치 있는 것이다.[103] 이 모델에서 특별한 것은 무엇이며, 어떻게 우리 시대에 적용할 수 있는가? 12명을 한 속으로 해서 지역적인 조직을 했고, 각 속은 평신도 지도자 한 사람에 의해서 인도되었다. 이러한 "속회"의 회원들은 매주 의무적으로 모임에 참석해서, 믿음과 제자로서의 삶에 관하여 대화하고, 그럼으로써 서로서로 사랑 안에서 일깨우는 것이 특징이었다. 성경공부와 기도 그리고 속회의 의무를 수행하기 위하여 헌금을 모으는 것도 빼놓을 수 없는 요소였다. 속회의 지도자는 매우 세심하게 선발되었고, 웨슬리가 추천한 문헌의 연구를 통해서 그들의 자질을 높여갔다. 그밖에도 그들은 적어도 일주일에 한 번은 속회원들을 방문해서 그들과 상담하고, 때로는 경고하고, 위로하며 또 필요한 경우에는 도움을 베풀었다.

처음 10년 동안은 이러한 모델이 매우 훌륭하게 역할을 수행하였다. 그래서 속회는 감리교회 운동을 확산하고 견고하게 하는 데 결정적인 역할을 수행한 것이다. 생생한 교제와 책임적인 실천의 기독교가 이러한 속회제도를 통해서 촉진되었다. 그것은 다른 나라들에서 생겨난 감리교 공동체들에서도 마찬가지였다. 그러나 "감리교 운동이 점차 교회(조직)화되면서 가장 내밀한 교제의 형식이 대부분 상실되어 버렸다. 그럼에도 불구하고 믿음과 삶에 있어서 밀접한 교제를 바라는 끊임없는 욕구는 감리교회 안에서 -훨씬 느슨한 형태이긴 하지만- 항상 새롭게 나타났다."[104]

독일의 감리교회는 이러한 욕구에 다양한 방식으로 대응하고 있다. 공동체 안에서 특정한 과제를 감당하기 위한 공식적인 사역 그룹들[105] 외에도, 가정

---

102) G. Wainwright, Art. Methodismis, EKL³ III, 391.
103) 웨슬리 속회에 대해서는 D. L. Watson, The Early Methodist Class Meeting, 1987² 참조.
104) G. Wainwright, Art. Methodismus, aaO. 391.
105) 교회학교, 청소년들의 모임, 청장년들의 모임, 성가대, 여선교회, 남선교회 등.

속회들, 자발적으로 생겨난 많은 소그룹들이 있다. 이 소그룹들은 정기적으로 모여서 회원들의 영적인 생활이나 경험들을 나누고, 함께 기도하며 혹은 특정한 프로젝트를 수행하기도 한다. 독일감리교회의 교리와 장정에는 이런 규정(123조)이 있다: "지방회를 통해서 한 공동체 안에 있는 입교인들과 등록 교인들은 교제와 목회를 위하여 그룹들에 속해서 활동한다. 이러한 모임을 통해서 그들은 교회 바깥에 있는 사람들과도 접촉을 하며, 가정을 방문하기도 하고, 가정별로 성경공부와 기도의 모임을 갖기도 한다." 이러한 그룹 조직은 부분적으로는 성공을 거두기도 하고, 부분적으로는 그냥 규정으로만 남아 있기도 한다. 그러므로 더욱 집중적으로 경험을 교환하고 또 지속적으로 생각해야 할 필요성을 갖게 되며, 이를 위하여 다음과 같은 다소 긴장에 찬 목표들을 서로 나누어 볼 필요가 있다. ① 속회원들의 비교적 높은 개방성과 상호 신뢰를 전제로 하는 책임, 그러나 그러한 책임 있는 교제를 나누기가 쉽지 않은 교회 바깥에 있는 사람들과의 접촉; ② 다양한 은사들을 가지고 공헌할 수 있는 회원들의 복된 모임에 대한 욕구, 그러나 일상생활에서 성서적-윤리적인 방향을 설정해야 하는 필연성; ③ 개개인이 어떻게 참여해야 할 것인지에 대한 정도와 방식에 관해서는 개인적인 결정을 존중, 그러나 교회 전체에로의 통합성 -교회가 없다면 속회모임은 한낱 사적인 모임에 불과하게 될 것이다. 감리교회 안에서의 교제가 특히 소그룹으로써 매우 책임적이고 의무적인 성격을 가지고서 실천되고 경험되는 것이 옳다면, 공동체와 전체 교회 안에서 책임적인 사람들의 사역을 기대할 수 있다. 지역적인 구조(개 교회나 속회)에 있어서 책임적인 요소들을 상실하거나 혹은 헌금을 하는 것으로 제한되는 교회는 그 지역에서뿐만 아니라, 보다 더 큰 차원의 관계(지방회, 연회 그리고 전체 교회 등)의 차원에서도 회원들의 책임적인 자세를 기대하기 어려울 것이다. 가시적인 삶의 영역에서 성장하지 못하는 것은, 전체적인 영역에서도 열매를 맺을 수 없다.

그에 반해서 사역을 위한 그룹들은 모든 구역이나 교회의 본질적인 요소다. 교회학교, 청년회, 성가대, 여선교회 등은 책임적인 사람들이나 회원들의 커다란 참여와 헌신으로 역할을 수행하게 된다. 목회자들 외에도 평신도 사역자들이 감리교회 안에서는 중요한 역할을 한다. 평신도 사역자들은 종종 교회 안에서 설교의 사역을 감당하기도 한다. 구역의 전체 모임인 당회는 매

년 평신도들이 이러한 사역의 모임에 얼마나 열심히 참여하였는지를 점검하고 사역의 여러 구조들을 평가한다. 사역을 위한 각 모임들은 설립 목적에 합당하게 활동하고 있는가? 그들은 많은 성도들이 함께 일할 수 있는 충분한 동기부여가 되고 있는가? 헌신을 요청받은 사람들의 은사들이 충분히 활용되고 있는가? 아니면 그 방식이나 정도에 있어서 너무 지나친 요구가 있지는 않은가? 웨슬리의 원리가 되는 "모두가 일하고, 항상 일한다."에서 이중적인 의미 곧 "모두와 항상"은 매우 과중한 요청이며, 그래서 문자적인 의미에서 이해될 수 없다.

그리스도께서 그의 제자들에게 부여한 사명에 입각해서 그 어떤 은사도 외면을 받거나 무용하게 버려져서는 안 된다. 그러므로 모든 사람들이 자발적으로 그리고 즐겁게 함께 하는 사역은 교회 내적인 의식 형성의 중요한 목표가 된다.

(4) "책임적인" 교회(연대조직; connexio)

감리교회의 교회 형태를 설명할 때에는 라틴어 "connexio"라는 개념이 자주 사용되는데, 이러한 개념 자체가 조금은 낯설어 보인다. 그러므로 우리는 이 개념이 무엇을 의미하는지에 대해서 물어야 한다. connexio는 무엇이며, 그 존재의 의미와 목적은 무엇인가?

전체 감리교회 운동에서는 여러 사역 그룹들은 "connexio"의 의미에서 지역적으로 활동을 하였다. "'유동성과 결합성' –이는 처음부터 감리교회의 두 가지 뚜렷한 특징이었다."[106] 독일어 "결합성(Verbundenheit)" 혹은 "연합(Verbund)"은 의미상으로 영어 "Connexion"의 가장 적절한 번역이라고 할 수 있다.[107] 이는 가톨릭교회나 정교회의 계급적인 구조와 구분되는 것이며, 또한 회중교회 유형의 개개교회들의 독자적인 형태와도 구분되는 것으로서, 개체 교회와 지방회, 연회 등의 교체적인 연합과 연대를 생생하게 하는 교회 조직이다. 웨슬리는 그의 생전에 이러한 교회의 연대(connexio)를 엄격하게 이끌어갔는데, 그는 그의 설교를 듣고 믿음을 갖게 되어 그를 따르는 사람들을 위한 책임을 감당해야 한다고 확신했기 때문이다. 그의 동생 찰스 및 다른

---

[106] C. E. Sommer, Die Struktur der Evangelisch-methodistischen Kirche, in: K. Steckel/C. E. Sommer(Hg.), Geschichte der EmK, 277.
[107] 이 영어 단어는 라틴어 connexio에서부터 나온 것이다.

설교자들과 함께 웨슬리는 그의 죽음 이후에도 이러한 연대가 지속될 수 있도록 논의했고,[108] 1784년의 선언("Deed of Declaration")에서 설교자들의 연차적인 모임(연회)을 최고기관으로 확정하였다. 그러므로 오늘날까지 목회자와 평신도가 동수로 참여하는 연회는 감리교회의 "기본적인 몸체"가 되었다. 여기서 감리교회의 모든 지체들이 함께 모여 날갯짓을 한다. 잘 알려진 어떤 교회사학자는 이러한 연합의 구조를 "교회 형태를 위한 웨슬리의 가장 위대한 공헌"이라고 말하기도 하였다.[109] 이 연대구조는 개 교회의 이기주의를 막고 교회들 사이의 연대성을 키우고 또한 전체 교회와의 연대성을 강화시킨다. 타원형이 두 개의 초점을 가지고 있는 것처럼, 이 연대체제는 "한편으로는 도움을 주고 섬기는 중앙 집중화를 가지고 있고, 다른 한편으로는 개체 교회 공동체들의 독자성을" 가지고 있으며 "그 둘을 동시에 결합시킨다."[110] 움직임과 연합 사이의 긴장, 개체 교회들과 전체 교회 사이의 긴장을 언제나 생생하게 유지하면서도, 그 긴장을 풍성한 열매로 연결시키는 것이 중요하다.[111]

이러한 연합성의 내적인 의미는 다음과 같은 세 가지로 말할 수 있다: 첫째, 연대조직은 교회와 성도들을 하나님과의 연합 가운데 머물게 한다. 이 연합은 생명의 축으로서, 이 축 없이는 그리스도인으로서의 존재와 생명이 가능하지 않다. 둘째, 그리스도인들 상호간의 사랑으로 가득 찬 연합이다. 이러한 사랑의 연합에서 그리스도께서 그들에게 선물로 주신 일치를 구체적으로 경험하고 실현한다. 셋째, 모든 살아 있는 교회 공동체는 그 회원들 사이의 연대와 연합을 통해서 외부세계를 향하여 복음의 내용이 무엇인지를 보여주게 된다. 이러한 교회를 통해서 그리스도께서는 세상에 나타나고 싶어 한다. 디트리히 본회퍼가 말한 것처럼, 그리스도께서는 교회의 모습으로써 세상에 존재하고 싶어 한다. 그럼으로써 그리스도께서는 다른 교회 공동체들과의 연대를 추구하시며 또 교회의 바깥에 있는 사람들에게로 나아간다. 교회들은 이것을 그리스도인의 본질에 부가되는 추가적인 사명이라고 생각해서는 안 된다. 그래가지고는 결코 연대의 의미를 바르게 인식하고 수행할 수 없다. 오히려 이

---

108) Letters ed. Telford, V, 143ff.; VI, 376.
109) Frank Baker in "A History of the Methodist Church in Great Britain", Band I, 1965, 230.
110) 이는 독일감리교회의 감독이었던 C. E. Sommer가 1971년 Wuppertal에 있었던 연회의 강의에서 한 말이다.
111) P. Streiff, Im Spannungsfeld zwischen etablierter Kirche und Erneuerungsbewegung, TfP 16, 1990, 30-35.

세 가지의 연합은 근본적으로 하나에 속하는 것이며, 교회의 특징으로 인정되고 인식되어야 한다. 교회는 스스로를 책임적인 교회 곧 연대조직으로 이해하여야 한다. 교회는 배타적일 수 없고, 오히려 그리스도가 가르친 선교의 의미 가운데 있어야 한다.

앞에서 이미 여러 차례 언급한 바 있는 언약 사상도 여기서 다시 한 번 상기할 필요가 있다. 체험의 영역이며 하나님의 행동의 도구가 되는 우리의 교제가 하나님의 약속 안에 뿌리를 내리고 있다는 사실을 언약 사상은 우리에게 상기시켜 준다. 하나님은 우리를 그 자신과 교제를 나누도록 받아들였으며, 그럼으로써 우리는 새로운 삶을 가지게 되었고, 우리의 삶을 다른 방식으로 영위하게 된다. 그럼으로써 우리는 단지 우리 자신이나 우리와 비슷한 사람들만을 받아들이는 것이 아니라, 하나님의 시각에서 창조세계 전체를 바라본다.

연대성이 갖는 이러한 세 가지 차원들 사이에서 서로 상응하는 관계가 생겨난다. 인간이 그리스도 및 다른 사람들과 굳게 연대를 하면 할수록 더욱 더 넓은 길을 갈 수 있게 된다. 그러한 사람은 자기 자신을 위하여 염려하지 않는다. 그리스도 및 그의 교회 공동체와 연대성이 느슨하면 할수록 하나님의 뜻을 따라서 살아가는 삶으로부터 벗어나서 다른 원리들이나 이데올로기 혹은 잘못된 시대정신에 물들어 살아갈 위험은 그만큼 더 커진다. 그러므로 자유와 연대성은 상호 모순되는 것이 아니고, 서로를 제약하는 것이다.

그리스도인들 상호간의 이러한 교제는 공동으로 축제를 하고 듣고 노래를 할 수 없는 시간에도 그러한 연대성을 지켜나간다. 이 맥락에서 우리는 수십 년 동안이나 동독과 서독으로 나뉘어져 있었던 우리 교회 안에서의 교제를 하나의 예로 들 수 있다. 동서독의 권력자들이 동과 서 사이에 장벽을 세웠던 시간 동안에 우리가 유럽에 있는 교회 공동체들로서 가져왔던 놀라운 경험들을 결코 잊을 수 없다. 돌이나 금으로 된 장벽, 적대적인 원수 상들이나 실질적인 위협으로 된 장벽, 계층 간의 증오나 공산주의에 대한 증오로 된 장벽들을 넘어서서 교회 공동체들은 서로 교제를 나누는 경험을 하였다. 그 장벽들은 모두가 동일하게 높은 것은 아니었고, 항상 꿰뚫을 수 없었던 것은 아니지만, 그러나 효력을 발휘했고 또 위험하기도 했다. 그 장벽들은 인간의 삶을 파괴하였고, 인간적인 교제를 무너뜨렸다. 그럼에도 불구하고 교회 공동체의 지체들은 하나의 몸에 결합되어 있었고, 그 안에서 서로서로 굳게 연대되어 있었다. 그래서 장벽에도 불구하고 지체들은 만남으로써 스스로를 형제와 자매로 인식하였다. 그럼으로써 하나님의 나라의 지평이 현세적인 권력의 장막이 쳐놓은 한계보다도 훨씬 넓다는 확신을 강화시켰다.

이미 앞에서 언급한 것처럼, 감리교회의 연대 체제는 다음과 같은 회의라는 구조 속에서 실질적인 모습을 띠게 되었다. ① 모든 목회자들과 동수의 평신도 지도자들이 속해 있는 연회; ② 여러 개의 연회들을 총합하는 중앙연회(한국감리교회에서는 이를 총회라고 하며, 행정총회와 입법총회로 구분한다); ③ 국제적인 감리교회에 책임을 가지고 있는 총회(세계감리교연합총회). 위의 ②와 ③에 언급된 모임은 4년마다 열린다(한국감리교회에서 총회는 2년마다 열린다). 이러한 회의에는 특별한 과제들이 부여되는데, 이 과제들은 목적에 합당하게 교회의 더 커다란 부분을 위하여 수행된다. 예를 들어서 중앙연회(총회)는 복음전도, 기독교교육, 선교 및 사회적인 노력이나 제도와 같은 과제, 그리고 감독 선거, 교리와 장정의 개정 등의 과제를 갖는다(한국감리교회에서 각 연회 감독은 연회에서 선출되고, 감독회장은 총회에서 선출된다).

유럽의 중앙연회(북유럽, 중앙 및 남유럽, 독일을 포괄), 그리고 영국과 아일랜드, 프랑스 및 다른 유럽지역 국가들[112]의 감리교회는 유럽감리교위원회 안에서 서로 협력한다. 유럽감리교위원회는 1966년부터 일부 국가들 사이에 있었던 것인데, 1993년에 새롭게 확대 결성되었다.

4년마다 열리는 세계감리교연합총회는 전 세계 감리교회들로부터 약 1,000여 명의 대표들이 참석한다.[113] 여기서는 교회의 국제적인 과제들이나 기구들에 관한 문제, 교회의 교리와 직제에 관한 문제, 교회 형태의 보호 및 전체 교회를 위하여 필수적인 법 제정 등과 같은 문제를 다룬다.

마지막으로 개체 교회들 안에 있는 구역모임(당회, 구역회 등)이 있는데, 여기서는 개 교회의 여러 사역들에 관하여 논의하고 결정한다. 그러나 가장 기본이 되고 중요한 것은 연회다. 모든 교회적인 사역과 기구들, 모든 위원회와 지도자들의 업무에 대한 보고가 여기서 일어나며 또 결정된다. 연회는 이러

---

112) 이탈리아, 스페인의 통합교회를 포함하는데, 이러한 나라들의 교회에는 감리교 전통이 살아 있다. 그리고 감리교회가 다른 개신교회들과 하나의 교회를 형성하고 있는 여러 나라들도 포함한다.
113) 이는 2006년 7월에 한국에서 열린 바 있는 세계감리교총회(WMC)와는 다른 모임이다. WMC에는 감리교회뿐만 아니라, 웨슬리적인 전통을 가진 다른 교회들도 참석하는 데 반하여, 세계감리교연합총회는 연합감리교회들(UMC)만의 총회다.

한 사역들을 위하여 책임 있는 사람들을 선출하며 각종 총회들에 보낼 총대들을 선임하며 또 재정 문제를 논의 결정한다. 총회에서 2/3 찬성으로 의결된 교회 장정의 개정도 모든 연회 총대들의 2/3 찬성으로 통과되어야 한다. 신학적인 의견을 결집하고, 그러한 결집된 신학적인 견해를 성서와 감리교회의 교리규범의 내용에 합당하게 조정하는 것은 연회의 가장 중요한 과제에 속한다. 연회와 각종 위원회들의 신학적이고 조직체계적인 활동 안에서 공동의 책임 가운에 있는 교회지도력의 원리는 특별히 감리교적인 형태(Connexio)를 갖게 된다. 이러한 형태는 "예수 그리스도의 제자로서 진리를 찾기 위한 것이고 또 기도와 증언, 봉사와 교제 가운데서 예수 그리스도가 맡겨주신 사명을 실현하기 위한" 것이다. 성령의 활동을 위하여 열려 있음과 보존된 구조를 활용하는 것은 대립적인 것이 아니고, 연회원들이 그 둘을 분명하게 존중함으로써 한편으로는 교회를 화석처럼 굳어지는 것으로부터 벗어나게 할 수 있고, 다른 한편으로는 불필요한 힘의 분산을 막아낼 수 있다.

3. 교회 - 하나님의 선교

기독교적인 믿음의 맥락에서 볼 때 선교는 보냄이다. 예수 그리스도가 모든 사람들을 사랑하시는 하나님으로 계시하신 바로 그 하나님께서 사람을 보내는 것이다. 그러므로 선교는 일차적으로 그리고 특히 하나님의 행동 곧 은혜의 하나님이 행하시는 행위다. 선교는 그런 다음에야 비로소 모든 그리스도인들의 과제가 된다.

모든 그리스도인들은 하나님이 행하셨고 또 여전히 행하고 계시는 것에 대한 감사의 응답으로서 선교의 사명을 수행한다. 기독교는 지금까지 이 사명을 매우 다양한 방식으로 수행하여 왔다. 초기 교회는 단순히 교회로서 존재함을 통해서 선교 사명을 감당하였다. 초대교회는 사도들의 선교, 교회적인 교제와 돌봄 그리고 성도들의 신실함을 통해서 사회 안에서 광고하는 효력을 발휘하였다. 기독교가 로마제국의 교회로서 정착이 된 후에는 선교의 범위와 형태는 크게 성장하였지만, 그러나 매우 심각한 문제를 내포하고 있었다. 이 당시에는 북방으로 그리고 동방으로 나아가서 선포한 메시지를 통해서 문화적이고 정치적인 변화를 불러일으켰던 수도승들의 선포 활동 외에도 기독교는 통일체적인 제국의 종교로서 전쟁이나 강제 세례와 같은 폭력적인 방식으로 확장되어 나갔다.

이 시기의 특별히 어두운 단면에 속한 것은 십자가의 표시를 앞세워 라틴 아메리카를 정복한 것이었다. 선교는 받은 사랑의 전달로서 그리고 하나님과의 교제에로의 초대로서 일어나야 하는데, 그것이 사람들과 민족들을 지배하기 위하여 악용되었던 것이다. 기독교 선교의 역사는 이처럼 어두운 단면들을 가지고 있으며, 우리는 이러한 어두운 면들에 대해서 결코 침묵해서는 안 된다.[114] 종교개혁 시대와 그에 이어지는 정통주의 개신교 시대에는 선교사상이 배후로 밀려났으나, 18세기와 19세기에 -특히 경건주의와 부흥의 신학의 터전에서- 강력한 선교적인 활동이 시작되었으며, 이 활동은 지금까지 이어지고 있다.

기독교 선교에 대해서 우리는 다음과 같은 분명한 이해를 가지고 있다. 기독교 선교는 하나님의 은혜를 매우 자유롭게 제안하는 것인데, 이 하나님의 은혜는 인간에게서 자유와 문화적인 특성을 빼앗지 않고, 오히려 인간의 사회구조적인 삶의 영역에서 인간의 해방을 도와줌으로써, 인간으로 하여금 죄와 불의 그리고 모든 종류의 생명 파괴로부터 벗어나게 한다. 교회의 선교는 하나님의 선교로서 하나님의 구원하시는 행동으로부터 출발하며, 그러므로 선교의 방식과 내용 또한 이러한 하나님의 구원행동에 의해서 규정된다. 하나님이 이 세상에 계셔서 활동하신다는 것은 사랑을 실천하신다는 것이다. 그러므로 기독교의 선교는 -어떤 형태로 진행되든지 간에- "희생할 수 있는 사랑 안에서 우리의 생명을 내어주는 것"이어야 한다.[115] 감리교회의 사회신경에는 이와 비슷한 언급이 있다:

---

114) "계몽주의"라는 이름으로 기독교 선교의 이러한 어두운 단면들을 고발하는 과거의 여러 언급들을 우리는 결코 덮어둘 수 없다. 또한 우리가 알아야 할 것은, "기독교의 이름으로" 일어난 모든 것이 진정한 기독교와 관계가 있는 것은 아니며, 단지 목적을 달성하기 위하여 기독교라는 이름을 이용한 것뿐이라는 것이다.

115) Gnade um Gnade 7.

우리는 예수 그리스도의 위임 하에 모든 사람들에게 복음을 선포하고 그들을 사랑의 교제 안으로 인도해야 할 사명을 갖는다. 우리는 그리스도 안에서 새로운 피조물이 되고, 우리들 서로 간에 교제를 나누며, 다른 그리스도인들과 교제를 나누며, 우리가 살고 있는 세상과 교제하며, 하나님의 백성에 속하여 있음을 입증하도록 성령을 통해서 부르심을 받았다. … 우리는 용서하시는 사랑과 은혜에 대해서 하나님께 감사한다. 우리는 하나님의 이러한 용서하시는 사랑과 은혜로 말미암아 산다. 이 사랑은 모든 사람에게 결코 잃어버릴 수 없고 침해당할 수 없는 가치를 부여한다. 그러므로 우리는 복음의 신실한 증인이 되어야 하는 의무를 거듭 새롭게 확인한다. 우리는 이 증인의 사명을 이 지구의 끝까지뿐만 아니라, 우리의 일상적인 삶의 깊은 곳에까지 이르도록 실천해야 한다.[116]

그러므로 감리교회는 그 시초부터 선교[117]에 특별한 의미를 부여하였다. 그리스도에게 속한다는 것은 세상으로 보냄을 받았다는 것을 말한다. 세상은 그리스도께서 우리를 사랑하시는 그 사랑을 경험할 수 있어야 한다. 그러므로 이 사랑을 증언하는 복음은 다른 사람들에게도 계속적으로 전달되어야 한다. "아버지께서 나를 보낸 것처럼, 나도 너희를 보낸다."고 부활하신 그리스도께서 제자들에게 말씀하였으며(요 20:21) 하나님의 자녀로 부르심을 받은 사람들에게로 그들을 보냈다. 개인적인 신앙고백, 사회적인 사랑의 행위, 증언 그리고 섬김은 함께 속한다. 그들은 서로 보충하며 서로를 강화시킨다. 그러므로 하나님을 향한 사랑은 이웃을 향한 사랑 곧 "세상의 삶에서 정의와 갱신을 위한 열정"과 결합된다.

복음을 아직 알지 못하는 사람들이나 자신들의 생명을 위하여 복음이 갖는 진정한 의미를 제대로 알지 못하는 사람들에게 복음을 전파하는 것은 넓은 의미에서 교회의 사명에 속한다. 자기 나라 안에서 이러한 복음을 선포하는 것을 우리는 대개 "복음화"라고 부른다. 이러한 복음화를 통해서 사람들은 그리스도와 교제하도록 그리고 그를 믿는 믿음에로 인도를 받는다. 외국에서의

---

116) EmK heute 64, Stuttgart 1989, 4.
117) 여기서 "선교는 교회의 전체적인 사명의 최고 개념이다. … 이를 통해서 교회는 주님이 맡기신 사명에 신실하게 세상을 향한다."(W. Klaiber, Ruf und Antwort, 31)

선교는 현지의 교회나 그리스도인들과 협력하고 또 그들과의 합의에 의거해서 수행된다. 이러한 선교는 단순히 복음의 설교로 그치는 것이 아니라, 사랑의 섬김과 공동체의 모임 등을 포함한다. 국내의 복음화와 해외 선교라는 선교의 이러한 두 가지 방식은 교회의 삶의 본질적인 부분이다.

웨슬리에게 있어서 선교는 복음의 근원적인 의미를 밝혀주는 열쇠였다. 복음은 선교적인 상황에서는 수백 년 이래로 기독교화된 나라에서와는 다르게 들려지고 읽혀지기 때문이다.[118] 한편으로는 하나님 나라의 흔적을 역사 가운데서 인식하고자 하며, 다른 한편으로는 "하나님 나라의 사역"에 동참할 준비가 되어 있었던 경건주의(Ph. J. Spener, A. H. Francke)의 영향 아래서 해외 선교는 새로운 도약을 하게 되었다. 도래하는 최후심판에 대한 기대뿐만 아니라, 이 세상에서 이미 시작된 하나님의 구원행동을 경험함으로써 수많은 선교 활동과 봉사 활동이 생겨났다. 우리 감리교회도 이러한 영역에서 생겨난 것으로 보인다. "자신의 회심과 각성에서 느끼게 되는 하나님의 은혜와 사랑의 경험은 다양한 영국계 부흥 운동과 독일계 각성 운동에서 선교와 봉사를 위한 풍성한 사랑의 행위를 실천하게 하였다." 하나님 나라의 성장은 "모든 자연적이고 역사적인 질서들이 기독교적인 정신으로써 점진적으로 채워짐으로써" 가능하게 된다.[119]

교회는 세상에 대해서 그리스도의 통치를 선포와 행동으로써 증언한다. 교회는 세상으로 하여금 그리스도의 통치 아래로 들어오도록 강제하지 않고, 이 주님을 믿고 신뢰하도록 세상을 초대한다. 예수 그리스도 안에서 하나님께서 시작하신 "사랑의 자유로운 침입(Emilio Castro)"이 교회의 선교의 사명을 위한 시작점이다. 선교를 위한 적절한 방식을 찾기 위한 방향은 복음의 메시지와 그 복음이 전파될 사람들에게서 찾아야 한다. "그들에게 그리스도를 전해 주어라!" 이것은 웨슬리가 대서양을 건너서 식민지에 파송한 그의 첫 번째 동역자들에게 준 사명이었다. 특히 그리스도를 가장 절실하게 필요로 하는 사람들에게 먼저 그리스도를 전하게 하였다. 부유한 나라에서 살고 있는 우리들에게 "그리스도 안에 계시는 하나님은 억압을 받고 있는 사람들, 곤경

---

118) M. Schmidt, Der junge Wesley als heidenmissionar und Missionstheologe, 1955, 26f. 참조.
119) G. Seebaß, "Es kommt dein Reich zu dieser Zeit und dort hernach in Ewigkeit." Von Gottes und des Menschen Zukunft in der Kirchengeschichte, Jahrbuch des Ev. Bundes 29, 1986, 32-48(인용은 39).

에 빠진 사람들, 박해를 받고 있는 사람들과 동일시된다."[120]는 것을 일깨워 준 것은 특히 해방신학이었다.

그러므로 이처럼 넓은 의미에서 선교는 예수 그리스도에 관한 교회의 증언 이며, 이 세상에 계시는 하나님의 현존에 대한 응답이고 하나님의 통치의 표 시다. 이러한 의미에서 제2차 세계대전 이후 지금까지 우리의 선조들은 모든 교회의 사역을 선교사역으로 이해하였다.[121] "선교는 하나님의 통치 아래 있 는 섬김이며, 나를 위한 섬김으로서 모든 기독교와 교회 공동체들에게 맡겨 진 하나님의 사명이다. … 우리는 한 몸이며, 각자는 이 몸의 지체로서의 사명 을 가지고 있으며, 온전한 선교의 사명은 온 세상을 향한 몸 전체로 섬기는 것 이다." 이는 1988년에 발표된 독일감리교회 중앙총회의 선교선언의 일부이 다.[122] 그러므로 그리스도인들은 선교에 참여할 것인지 말 것인지를 선택할 수 있는 것이 아니다. 그들은 그리스도를 위하여, 그리스도와 함께 하는 삶을 결단함으로써, 스스로 그리스도가 주신 선교적인 사명을 감당하는 것이다. 이것이야말로 기독교 공동체의 본질에 속한다. 여기서도 감리교회의 연합체 제가 역할을 한다. 이러한 연합체제 안에서 개인으로부터 개체 교회, 그리고 전 세계적인 교회, 평신도, 신학자, 목회자 및 동역자들이 함께 섬긴다.

1) 개별적인 그리스도인 - 증인들

다원주의적이고, 광범위하게 세속화된 사회에서 선교적인 사역은 기독교 화된 사회에서보다도 훨씬 더 필요하지만, 그러나 더 어렵다. 이러한 사회에 서 그리스도인은 그리스도인답게 살기만 한다면, 더 쉽게 정체성을 분명히 할 수 있다. 개별적인 그리스도인들이 살아가는 모습은 그들이 믿고 있는 것 을 증언하는 것일 뿐만 아니라, 그들이 그것을 어떻게 믿고 있는지에 대한 증 언이다. 그것은 긍정적인 의미에서도 그렇고, 부정적인 의미에서도 그렇다.

---

120) Jose Miguez Bonino, Theologie im Kontext der Befreiung, 1977, 127. 그 외에도 T. Kemper, Methodistisches Erbe und Theologie der Befreiung, EmK heute 66, 1989; E, Castro, Zur Sendung befreit. Mission und Einheit im Blick auf das Reich Gottes, 1986 참조.
121) 독일교회는 교회 재정을 "선교 재정"으로, 교회의 사역 장소를 "선교의 장"이라고 부른다.
122) Gnade um Gnade, 18.

바울이 고린도 교회에 써서 보낸 것처럼(고후 3:3) 그들은 "그리스도의 편지"이든지 혹은 그들의 행동과 언어를 통해서 기독교적인 믿음의 내용을 왜곡시키든지 한다. 혹은 그들은 어느 경우에는 편지도 되었다가, 다른 경우에는 믿음을 왜곡시키는 사람이 되기도 한다. 어쨌든 그들은 사람들의 주목을 받고, 기독교가 무엇인지는 그들의 행동으로부터 모자이크처럼 밝혀진다. 이런 점에서 우리 시대는 초대 기독교 공동체들의 시대와 비슷하다. 물론 지금의 기독교는 갓 태어난 신생교회가 아니라, 이미 2천년의 역사를 가지고 있다는 점에서는 다를 것이다. 이 긴 역사는 지금의 교회에 큰 삶의 힘이 되기도 하지만, 커다란 짐이 되기도 한다. 다양한 전자매체들로 형성된 공개적인 대화의 수많은 목소리들은 복음의 선포에 귀를 기울이는 것을 더욱 어렵게 만들고 있다. 끝으로 교회들과 그리스도인들이 보여주는 잘못된 모습은 사람들을 복음과 교회로 끌어들이는 효력을 발휘하지 못하고 있는 것도 사실이다. 우리는 사람들을 사랑이신 하나님을 신뢰하도록 이끌고 얻어야 함에도 그렇지 못한 현실을 부정할 수 없다.

그러므로 길게 볼 때, 개별적인 그리스도인들이 주님의 신실한 증인들이 될 때에만 비로소 선교적인 노력은 열매를 맺을 수 있다. 그리스도를 따르면 물질적인 이익을 얻거나 사회적인 신분상승을 위하여 유익했던 시대가 간 후에 그리스도를 따름으로써 얻을 수 있는 것이 무엇이냐 하는 물음이 제기될 수 있다. 이 물음에 대한 대답은 기독교적인 삶의 중심과 오직 진실한 삶의 내용일 수밖에 없다. 그리스도 안에 있는 새로운 삶이 바로 그것이다. 그러나 그리스도인들의 실질적인 삶에서 그 중심과 내용이 인식될 수 없다면, 복음을 말로만 전달하는 것은 별로 설득력을 갖지 못하게 될 것이다. 그리스도인들은 자신들이 믿고 있는 복음의 메시지를 부정하는 원치 않는 결과를 삶으로 보여줄 수도 있으며, 이 때에 그들은 세상의 소금과 빛이 되지 못한다.

그러므로 목회자가 아닌, 소위 평신도들이 하나님의 선교의 핵심적인 수행자들이다. "평신도들은 이 세상에서 살면서 일한다. 그들은 그들의 언어로 말하며, 그들의 문제들을 알고 있다."[123] 그러나 그들은 그러한 과제를 그들 홀로 수행하는 것은 아니다 - 여기서도 우리는 연대감에 관해서 앞에서 언급한 내용을 상기할 필요가 있다. 그러나 평신도들 없이는 어떠한 의미 있는 선교

---

[123] Leslie Davison, Sender and Sent. A Study in Mission, London 1969, 214.

적인 구도를 세울 수도 없고 실현할 수도 없다. 인간을 향한 하나님의 사랑의 운동은 -그것이 바로 선교다- 이 사랑을 체험한 모든 사람들을 선교의 수행자들로서 필요로 한다.

(1) 믿음과 삶의 모양

1743년에 웨슬리 형제는 감리교 공동체의 기원과 곧바로 시작된 속회모임의 분류에 관한 글을 발표하였다.[124] 여기서 그들은 약 12명의 사람들로 된 그룹 안에서 사람들은 그리스도께로 나아가는 길을 찾기 위하여 서로 도와야 한다고 말했다. 이것이 진지하게 실현될 수 있기 위하여, 게을리 하는 사람들에 대한 처음 경험을 바탕으로 해서, 규칙들을 정하고 회원카드를 발행하였다. 이러한 "일반적인 규칙들"에서 특히 유의한 것은, 그리스도인이 되었다는 것이 단순히 이론적이거나 외적인 습관으로 그치지 않고, 인간의 가장 깊은 내면까지 그리고 그의 삶 전체를 통해서 나타나게 하는 것이었다. 그러므로 이 규칙들은 아주 분명하게 다음과 같이 말하고 있다: 진지하게 하나님의 구원을 찾고 감리교회의 교제 가운데 머물기를 원하는 사람들은 그것을 보여주어야 한다.

> 그들은 선을 행하고, 모든 점에서 그들의 능력에 따라서 자비를 보여주어야 하고, 어느 경우에도 모든 종류의 선을, 힘이 미치는 한, 모든 사람들에게 나타내야 한다.[125]

예배를 드리는 것, 믿음의 사람들이 서로 개인적으로 만남을 나누는 것, 그리고 함께 봉사하는 것 등은 그 당시부터 감리교인들의 자기이해에 속한 것이다. 그리스도께서는 그들을 통해서 그들의 삶뿐만 아니라, 그 이상까지 활동하기 위하여 그들을 활용하신다는 사실을 확신한다.

> 그러므로 그들은 모든 비활동적인 그리스도인 존재를 버린다. 이러한 그리스도인은 오직 믿음으로 의롭다 인정을 받는다는 칭의론을

---

124) "The Nature, Design, and General Rules of the United Societies in London, Bristol, King's-Wood and New castle upon Tyne", WJW 9, 67-73.
125) Grundlagen der Lehre, 36(부록 543쪽을 참조).

오해함으로써 모든 그리스도인들에게 주어진 사명을 망각한다. 그러므로 그리스도인들은 … 모든 피상적인 행동주의도 거부한다. 이러한 행동주의는 그리스도의 행동으로부터 시작되거나 근거를 가지고 있지 못하다. … 그러므로 그들은 모든 거짓된 완전주의를 거부한다. 이러한 완전주의는 믿음의 사람들의 연약함과 오류, 그리고 죄책을 고려하지 않고 있을 뿐이다.[126]

"내적인 것"과 "외적인 것"의 결합과 올바른 관계 설정이 중요하다. 순전히 내적인 기독교는 주로 자기 자신의 경건에 관심을 가지며, 외적인 활동이나 외적인 것으로부터 알게 되는 선행을 게을리 한다. 이러한 내적인 기독교는 맡겨진 달란트를 땅에 파묻으며(마 25:14-30), 이기주의적인 게으름을 통해서 사랑의 계명을 어기게 된다. 일반적인 규칙들 등에 기록되어 있는 기독교적인 규범들을 지키는 것은 믿음과 사랑의 깊은 차원이 없이도 매우 인상적으로 나타날 수 있고 또 선을 행하는 것일 수도 있다. 그러나 모든 선이 그로부터 나오고 또 그 없이는 누구도 선을 행할 수 없는 그분에게는 그러한 규칙을 단순히 지키는 것은 큰 의미가 없다. 웨슬리는 그러한 무미건조한 기독교인에 대해서 분명하게 경고하였다.

> 어떠한 피해를 입히지도 않고 혹은 선을 행하고 혹은 하나님의 은혜의 수단을 사용하는 것 등이 기독교의 총합이라고 우리는 생각하지 않는다. 그렇다. 이 모든 것들은 아직 충분하지 않다. 우리는 경험으로부터, 한 인간이 여러 해 동안 이 모든 것들을 행할 수 있고 또 그런 후에도 여전히 그 이전처럼 별로 기독교를 가지고 있지 않을 수 있음을 알고 있기 때문이다.[127]

성도들의 삶의 모습은 진실해야 한다. 선한 행동은 선한 인격 위에 세워져야 한다. 성령은 이러한 인격을 변화시켰고 또 여전히 변화시키고 있다. 규칙에 요구된 것이나 외적으로 보이도록 나타난 것은 인간의 실제적인 갱신으로

---

126) Berufen-beschenkt-beauftragt, EmK heute 68, 36.
127) Das Kennzeichen eines Methodisten, Abs. 4(= BGEmK 11, 8).

부터 나오는 것이 아니고, 그러한 태도를 통해서 세속적인 목적을 이루어보려는 의도, 예를 들어서 다른 사람들에게 (그리고 하나님께) 잘 보이려는 과시욕이나, 혹은 반대급부를 노리거나 그와 유사한 것에서 나오는 것이다.

그러나 좋은 열매는 좋은 나무에서 나오며, 나무/사람의 좋은 것은 하나님의 행동에 근거되는 것이다. 기독교적인, 그러므로 선교적인 삶의 구체적인 모습은 어떤 것이어야 하느냐 하는 물음은 모든 선의 근원에 대하여 말함으로써 대답될 수밖에 없다. 이러한 선의 근원과 굳게 결합됨으로써 복음으로부터 출발하는 삶의 모습, 견해 그리고 행동의 방식들은 결정된다. 우리는 우리의 공적으로써 하나님의 마음에 들게 할 수 없고 또 그럴 필요도 없기 때문에, 이웃의 행복을 고려하는 사랑은 선의 근원과의 결합으로부터 출발하여 힘을 얻는다.

내적인 것 곧 하나님과 개인적인 교제로 나아가는 길은 자신으로부터 바깥을 향하여 나아가야 한다. 그래서 다른 사람들과 창조세계를 위하여 행동할 수밖에 없다.

우리는 이것을 거꾸로 바꾸어 말할 수 있다: 하나님과의 개인적인 교제는 다른 사람들을 향한 섬김에서 가능하게 된다.[128] 이러한 방식으로 우리는 하나님이 사랑하시고 또 하나님의 사랑의 증명을 오늘날 특별히 필요로 하는 사람들을 위하여 사는 것이 중요하다.[129] "…를 위하여 사는 것"은 섬기며 선교하는 삶의 유형으로 나아가며, 바로 이러한 삶의 유형에서 복음은 분명하게 드러나게 된다. 말로써 선포된 것을 통해서는 극히 미미한 사람들에게만 다가갈 수 있다는 점을 생각한다면, 이것이 얼마나 중요한 것인지를 알 수 있다. 사랑이 없는 행동방식은 믿음의 증언이 가지고 있는 몇 안 되는 기회까지도 파괴하고 만다.[130] 우리는 예수의 이 말씀을 적극적으로 들어야 한다.

> 너희의 빛을 사람들 앞에서 비추게 하라! 그럼으로써 그들이 너희의 선한 행위를 보고 너희 하늘 아버지께 영광을 돌리도록.(마 5:16)[131]

---

[128] K. Stock, Pneumatologie und ethische Theorie, NZSTh 30, 1988, 163-178은 이것을 A. Schweitzer의 예를 들어서 신학적으로 설명한다.
[129] Charisma und Erneuerung der Kirche, 17.
[130] 우리가 어떤 사람을 그리스도의 믿음으로 초대할 때에 종종 다음과 같은 말을 들을 때가 있다: "당신의 행동은 나로 하여금 당신의 말을 더 이상 듣지 않도록 소리치고 있다."
[131] 마 5:16; 참조 벧전 2:12; 요 15:8; 엡 5:8-9.

이러한 삶의 모습은 항상 다른 사람들의 삶의 모습과 대조가 될 수밖에 없고 또한 선교적인 효력에서 볼 때, 매우 의미 있는 것이다. 그러나 그리스도인은 어떤 경우에도 그의 외적인 모습과 태도에 있어서 비기독교인과 구별되어야 한다는 뜻은 아니다. 그것은 외적인 것을 너무 과도하게 평가하는 것이고, 그것은 우리 교회의 역사에서도 찾아볼 수 있다.

원래의 감리교회에서는 기독교적인 삶에 대한 개인적인 혹은 공동체적인 형태를 위한 두 가지의 내용적인 기준이 있다. 다른 사람들에게 선을 행하는 사랑이 하나의 기준이고, 우리가 가지고 있는 모든 것은 우리 개인의 소유가 아니고 하나님께서 그의 뜻 안에서 사용하도록 우리에게 맡겨놓으신 것이라는 확신이 다른 하나의 기준이다. 단순성과 나눌 수 있는 준비자세, 물질에 매이지 않음과 다른 사람들을 위하여 선을 행하고 도움을 주기 위하여 물질을 사용해야 하는 의무, 하나님이 주신 것으로 만족하고 기뻐하는 것, 그리고 사치와 게으름을 피하는 것 —바로 이것들이 웨슬리가 생각하고 몸소 실천했던 삶의 구체적인 특징들이었다.[132] 전체적으로는 다음과 같이 요약할 수 있다: 하나님의 영을 통해서 일어난 내적인 변화는 점차적으로 전체적인 삶을 통해서 표현되어야 하며, 그것이 무엇이든지 맡겨진 것을 책임 있게 사용해야 한다. 소금의 보존하는 효력과 빛의 밝히는 효력은 달리 찾을 필요가 없다. 그것들은 그 스스로에게서 그러한 효력이 나오기 때문이다.

(2) 개인적인 믿음의 증언

교회의 역사에서, 특히 종교개혁 신학의 영향 아래서 복음의 선포는 점차적으로 설교의 높은 자질과 연결되면서 전문가의 사역으로 변화되었다. 게다가 오늘 우리의 시대에는 기독교 믿음의 근본적인 내용과 관련해서 말하지 않는 경향이 강해지고 또 자신의 인격의 내면에 속한 것을 다른 사람들과 이야기하는 것을 회피하려고 한다. 다원적인 사회에서 살고 있는 그리스도인들 사이에서도 종교 문제에 있어서는 자기 자신의 확신 가운데 살아야 한다는 생각을 가진 사람들이 많아지게 되었다. 이 모든 것들이 연합해서 개인적인

---

132) 이에 대한 웨슬리의 분명한 설교로는 설교 50 "물질의 올바른 사용에 관하여"; 설교 51 "선한 청지기"; 설교 87 "부의 위험"; 설교 89 "더 좋은 길" 등이다. 웨슬리에 관해서는 H. Carter, Das Erbe Johannes Wesleys und die Ökumene, 1951, 139-160; L. D. Hulley, To Be and to Do. Exploring Wesley's Thought on Ethical Behaviour, 1988 참조.

믿음의 증언을 어렵게 만들고 있다.

다른 한편으로 세심한 사고와 개인적인 경험을 통해서 형성된 믿음이 "사람으로부터 사람에게로" 증언되는 것이 더 인상적이고 설득력이 있어 보인다. 목사의 설교는 그의 직업적인 의무사항에 속한다. 목사가 설교한 것은 그가 목사의 직업 때문에 설교해야 할 의무로서 그런 것이라는 의심은 더 이상 부정할 수 없게 되었다. 그러나 개인적인 증언은 그런 의심을 받지 않는다. 그러한 개인적인 증언은 어떤 이득과는 아무런 상관이 없는 것이 분명하기 때문이다. 그러므로 이 시대에는 교회의 목사나 직책을 가지고 있는 사람들의 전문적이고 직업적인 말보다 훨씬 더 중요한 것이 신빙성이다. 그밖에도 모든 그리스도인들은 그리스도에 대한 믿음과 입장을 고백하도록 부르심을 받았기 때문에, 이러한 사명을 지금까지보다 더 중요하게 여기고, 그러한 사명을 감당하도록 성도들을 세심하게 준비시켜야 하는 내적이고 외적인 근거가 충분히 있다. 지금까지 언급한 이유 외에도 대체로 비기독교적인 사회 안에서 살았던 다른 사람들에게 믿음의 내용을 이해시키고 그들의 삶에 분명하게 인식할 수 있는 관련성을 가져오게 하기 위해서는 언어적인 어려움도 있다. 철저한 준비 작업을 한 후에 믿음에 관한 대화를 나눔으로써 그러한 점들을 배워가야 한다. 일단 증언을 시작하면 언어적인 능력이나 증언의 용기는 점차 증가한다.[133] 성서적인 메시지를 공동체적으로 증언하는 것은 믿음의 증언을 왜곡할 수 있는 개인적인 사역의 위험을 막을 수 있다. 그렇지만 이 공동적인 증언의 경우에도 성서에서 나온 메시지가 개인적인 믿음의 이해와 경험과 철저히 결합되어야 한다. 믿음과 행동의 원리가 어떻게 해서 지켜졌는지, 각자는 기도를 함으로써 어떠한 경험을 했는지, 개인적인 어려운 상황 속에서 하나님이 함께 계셔서 도와주심을 —비록 기대했고 기도했던 도우심이 오지 않았다고 할지라도— 어떻게 느끼게 되었는지 등을 이야기해야 한다. 성서의 말씀을 개인적인 체험에 근거하여 해석함으로써 기독교의 메시지를 믿을 만한 그리고 진정한 것으로 입증할 수 있다. 바로 여기에 개인적인 믿음의 증언이 갖는 커다란 의미가 있다.

그렇게 개인적인 증언을 할 수 있는 용기를 선물로 받은, 그리고 이러한 사명을 위하여 의도적인 준비를 두려워하지 않는 살아 있는 그리스도인들은 다

---

[133] 교회의 성경공부나 특별한 훈련 프로그램을 통해서 그러한 준비 작업을 할 수 있을 것이다.

른 사람들을 아주 "정상적인" 차원에서 기독교의 실천적이고 실제적인 믿음과 만나게 할 수 있다. 오늘날에 기독교의 믿음 안으로 들어온 대다수의 사람들은 이처럼 단순하고 소박한 증인들을 통해서 그러한 믿음 안으로 들어온 것이다.

(3) 선포하는 직무(설교)로의 부르심

감리교회에서 선포의 직책은 부르심을 받은 목회자들에게 주어진다(독일의 감리교회에는 설교를 위한 특별한 훈련을 받은 평신도 설교자들이 있어서 주일예배에서 설교를 하기도 한다). 설교의 직무는 하나님의 백성에 속한 모든 지체들이 받은 사명 곧 예수 그리스도의 복음을 세상에서 증언하는 사명의 일부다. 그리스도는 모든 지체들을 특별한 책임을 감당하도록 부르셨다. 이것은 이미 지상의 예수에게서도 찾아볼 수 있고 또 모든 시대의 기독교 공동체들에서도 찾을 수 있다. 이러한 직분의 형태는 어떤 굳어진 도식에 따라서 일어나는 것이 아니라, 교회의 필요성과 하나님께서 주신 은사들에 상응하게 일어난다.[134] 그러므로 오늘날의 교회도 이러한 설교 직분을 하나님과 복음이 전달되어야 할 사람들 앞에서 책임적인 자세로 반복해서 수행되어야 하는 과제에 합당하게 형성하고 세운다. 그럼에도 불구하고 안수를 받은 목사는 감리교회와 다른 개신교회들에서 상당한 차이가 있음에도 불구하고 다음과 같은 공통적인 특징을 갖는다.

> 사도적인 직분의 뒤를 따라서 목사들은 하나님의 말씀의 선포와 교육을 통해서 그리고 성례를 통해서 그리스도의 몸을 세워가며, 예배와 목회적인 섬김 안에서 공동체의 삶을 인도한다.[135]

그러므로 안수를 받은 직분의 소유자들은 교회를 섬기면서 지체들로 하여금 그들의 직무를 다 할 수 있도록 훈련시킨다(엡 4:4). '교회에서 안수를 받은 직분이 정말로 필요할까'라는 물음에 대해서 다음과 같은 대답이 가능할 것이다: "그러한 직분으로 인하여 모든 지체들로 구성된 교회가 행동할 수 있

---

134) 고전 12:28-31; 엡 4:11-16; 막 1:16-20; 요 20:19-23; 21:15-23 등.
135) Vom Dialog zur Kanzel-und Abendmahlsgemeinschaft, 1987, 18.

게 되며 또 교회적인 사명을 성취할 수 있다. …"[136]

오늘날 감리교회의 목사직 이해에는 다음과 같은 세 가지의 전통이 흐르고 있다: 첫째, 바울 서신들에 나타난 교회 질서에 관한 전통이다. 여기서 직분은 -사명을 위임한 그리스도의 권위를 가진- 공동체 지체들의 동반자적인 관계 안에 뿌리를 내리고 있다. 둘째, 종교개혁적인 설교직분의 전통이다. 여기서는 안수를 받은 사람들이 말씀과 성례를 통해서 교회를 회집하고 돌보는 역할을 수행한다. 셋째, 감리교회의 순회설교자들의 전통이다. 그들은 연회에 의해서 각기 일터로 파송을 받는다.[137] 더 나아가서 앵글로 색슨 계열의 나라들과 그곳의 감리교회들에서는 영국 성공회의 직분 이해가 강력한 영향을 끼침으로써 안수가 중요시되고 또 목사의 직분이 세 개(준회원 목사, 정회원 목사, 감독)로 구분되고 있음을 고려한다면, 우리는 네 번째 전통을 여기서 말할 수 있을 것이다.

감리교회의 목사 직분은 교회의 법(교리와 장정)에 정확하게 규정되어 있다. 독일의 감리교회에서 목사 직분을 직업으로 갖고자 하는 사람이 가야 하는 길은 정확하게 정해져 있다. 목사가 되고자 하는 사람들이 먼저 청원을 하면, 그들이 속해 있는 모(母)교회(고향교회)는 청원자들의 개인적인 소명에 관한 증언과 관련해서 그 신빙성을 확인해서 청원자들을 감리교회에 천거한다. 천거를 받은 청원자는 목사의 지도와 감독 아래 보통 1년의 실습기간을 보내게 되며, 이 때에 그들은 소명의 확신을 지키고 심화시키면서 동시에 직업적인 능력을 발휘한다. 실습기간 동안에 부정적인 판단을 받은 후보자는 구역회의 천거를 받지 못하고, 감리교회 목사가 되는 길을 갈 수 없게 된다. 부정적인 평가를 받은 사람이 천거될 경우에 잘못된 기대와 평가로 인하여 나중에 더 큰 실망을 갖게 될 것이다. 긍정적인 평가를 받고 구역회의 천거를 받은 사람은 신학대학교에 들어가서 신학을 공부하고, 그 후에 다시 목회 실습기간을 갖게 된다. 이 경우에 신학을 마친 목사 후보자는 실습 교회에서 자신의 지식과 능력을 실천적으로 발휘하여야 하고, 지도하는 목사와 실습한 교회의 구역회의 평가를 한 차례씩 받는다. 개인적인 소명의 확신과 교회의 평가가 일치할 경우에 "실습 중에 있는 목회자"는 정식으로 "정회원(장로)" 목사로 안

---

[136] Dienstauftrag, 28.
[137] Dienstauftrag, 29.

수를 받고, 소속한 연회의 정식 회원이 된다.[138] 이처럼 목사로 안수를 받은 사람의 과제로는 하나님의 말씀의 선포, 성례전의 집례, 교회적인 여러 예식(결혼식, 장례식, 성인식 등)의 수행, 교회의 영적이고 조직적인 지도, 그리고 -교회 공동체와 함께- 세상 안에서 선교적인 사명을 성취하는 것 등이다. 그들은 목사의 직무를 수행하는 동안 내내 교회의 부름에 자신을 맡기며, 매년 감독으로부터 사역 교회와 사역 내용을 지시받는다.

목사들은 그리스도로부터 부르심을 받았고, 공동체와 교회의 책임 있는 회의에서 그 부르심의 확인을 받은 사람들로서 교회와 교회의 주인이 되시는 그리스도로부터 사명을 위임받아서 직무를 수행한다. 이것이 목사에 대한 기본적인 확신이다. 이러한 직무를 담당하는 사람들로서 목사들은 교회 공동체의 파트너이며, 하나님의 백성의 지체들로서 목사들은 교회 공동체 안으로 세워진 사람들이며, 교회 공동체와 동반자적인 관계를 갖고 있다. 안수를 받은 목사들이 교회의 전반적인 연합과 모임 안에서 기능을 가지고 있다는 것이 감리교적인 특징이다. 목사들은 구역회와 개 공동체, 연회와 총회 그리고 교회 전체 사이에서 중요한 연결고리 역할을 한다. 그들의 사명의 핵심이 되는 말씀과 성례를 통한 복음의 선포는 16세기 종교개혁의 유산이다. 이 종교개혁의 유산은 특히 독일의 감리교회에 강한 영향을 남기고 있다. 우리 교회에서 안수는 말씀 선포(word)와 성례의 집례(sacrament) 및 교회 지도력(order)을 위한 권한을 부여받는 것이다. 물론 이러한 권한은 구역회, 공동체의 평신도 지도자들 및 지방회, 연회 그리고 총회의 지도자들과의 충분한 협의를 통해서 실천되어야 한다.

감리교회는 처음부터 평신도들이 설교를 했다는 것이 두드러진 특징이었다(한국의 감리교회는 이 특징이 상당 부분 사라져버리고, 설교는 오직 안수를 받은 목사의 사명으로 제한되어버린 것을 부정할 수 없다: 역자 주). 그러나 설교하는 직무에 있어서 안수를 받은 목사와 설교할 수 있도록 교육받고 위임을 받은 평신도들이 상호 유기적으로 연결되어 있는 것이 독일감리교회의 현재 모습이다.

평신도의 설교를 독특한 방식과 권리를 가진 선포로서 발굴해내는 것이지, 단지 목사가 없을 때 대체수단으로 여기는 것이 아니다. 평신도의 설교는 말

---

138) D. M. Campell, The York of Obedience. The Meaning of Ordination in Methodism, 1988.

씀의 해석보다는 오히려 "말씀의 적용"에 초점을 맞춘다. 그것은 말씀의 적용이 일상생활의 경험과 예들에서 분명히 드러나기 때문이다. 어떠한 결단이 복음에 근거된 것이며 또 가능한 것인지, 구체적으로 삶의 영역에서 어떠한 행동모델이 믿음의 전망으로부터 생겨나는 것인지 등은 목사보다는 평신도들의 설교를 통해서 더 분명하게 드러날 수 있다. 목사들과 평신도들을 통한 다양한 종류의 설교는 서로에 큰 자극이 될 수 있으며 믿음과 실천적인 삶에 관한 대화와 생각을 촉구하게 된다. 그러므로 "목사-교회"로의 발전은 전혀 감리교적인 것이 아니며 또 가끔은 그러한 불평을 들을 수 있다. 이처럼 감리교적이지 못한 발전을 막기 위해서 목사들이 교회에 대한 전반적인 책임으로부터 비껴서라는 것이 아니라, 목사들이 모든 지체들과 함께 하나님의 동반자 관계에 있음을 알고, 그런 차원에서 사명을 감당하는 것이다.[139]

목사와 평신도는 교회의 여러 회의 차원에서도 교회의 섬김을 통해서 복음의 전파를 위한 책임을 공동으로 감당한다. 이 때 감리사나 감독은 지도하고 감독하는 특별한 과제를 갖게 되며 또 개 교회를 전체 교회와 연결하는 역할을 한다. 다양한 형태로 수행되는 선포의 직무에서도 교회의 모든 지체들의 연합(connexio)은 유지되어야 하며, 그럴 때에 비로소 성공적으로 수행된다.

2) 교회 - 복음의 사회적인 형태

두 가지 측면에서 교회는 이 세상에서 활동하시는 하나님의 도구다. 교회에는 복음이 맡겨졌고, 그래서 이 복음이 교회생활을 결정한다. 교회는 바로 이 복음의 사회적인 형태다.[140] 교회는 그리스도를 통해서 세상이 화해되었다는 메시지를 모든 사람들에게 증언해야 한다. 하나님의 뜻이 교회 안에서 구체적인 모습을 갖게 된다는 점에서 교회는 하나님의 행동을 위한 유용한 도구다. 우리는, 그리스도께서 화해를 이룩하셨고, 그리스도는 인간의 죄를 스스로 짊어지시고 십자가에 달리셨다고 믿는다. 그럼으로써 하나님께 대한 우리의 적대감이 죽었고, 우리는 살 수 있게 되었다. 그 결과 우리 스스로 화해

---

139) Richard Bondi, Leading God's People. Ethics for the Practice of Ministry, 1989.
140) 요 13:34-35; 고전 12:12-27; 엡 2:11-22; 설교 110("교회에 대하여"), 7-14; W. Klaiber, Rechtfertigung und Gemeinde, 70-74; Unterwegs mit Christus, 96-99.

를 경험하며 살고 있고 또 그렇게 살고자 한다. 자신의 죄를 인정하고 고백하는 것도 거기에 포함된다. "내적인 속죄사역이 없이는 어떠한 화해의 능력도 없다. 자신의 죄를 자기 비판적으로 다루지 않는 사람은 자기의 가치의식을 견고하게 하기 위하여 외적인 죄인의 기능을 영원히 필요로 한다."[141] 그러므로 그리스도가 모든 사람을 위하여 죽으셨다는 것을 안다고 하더라도, 우리의 교회생활에 있어서는 어떠한 화해도 일어나지 않을 수 있다. 우리들이 삶의 갱신을 위한 노력을 하지 않는다면, 그리스도의 화해는 우리의 삶에서 아무런 효력도 발휘하지 않은 채로 남아 있을 뿐이다. 잘못된 행동으로 인하여 세워진 인간들 사이의 장벽은 그 잘못에 대한 자기 고백이 없이는 결코 허물어질 수 없다. 무엇이 문제인지를 정확하게 인식하고, 그 문제들을 외면하지 않고, 해결책을 모색하는 곳에서 "신뢰의 영역"이 생겨난다. 이 신뢰의 영역에서 믿음은 교회의 특징으로서 꽃을 피울 수 있다.[142]

사도행전의 기록에 의하면(행 6:1-7), 매우 초기 예루살렘 초대교회에서는 헬라어를 사용하는 그리스도인들과 히브리어를 사용하는 그리스도인들 사이에 충돌이 있었다. 헬라주의 그리스도인들은 그들의 과부들이 일상적인 배려에서 소외를 당하고 있음을 보았다. 사도들은 이에 대해서 무엇이라고 말하고 있는가? 그들은 전체 교회를 소집하고, 그들 자신이 이러한 과제를 다 해결할 수 없음을 솔직하게 인정한다. 그들은 선포에 그들의 힘을 쏟아야 하고 또 그렇게 하고 싶어 한다. 그들은 말씀의 선포를 위하여 부르심을 받았기 때문이다. 이것이 문제 해결의 첫 번째 걸음이다. 자신의 잘못된 행동과 부족함을 인정하는 것이다. 문제가 해결되기 위해서는 두 번째 단계가 진행되어야 한다. 그래야 선포가 신빙성 있는 것이 되기 때문이다. 그래서 문제의 해결을 위하여 적절한 직무를 감당할 수 있는 적절한 동역자들을 선출하였다. 자신의 한계를 인정하는 것은 교회 안에서 교제를 파괴하는 것이 아니라, 다양한 과제들에 있어서 공동으로 책임을 감당하는 것이 중요하다.

교회가 사람들의 행동을 윤리적으로 평가해야 하는 기준은 다른 사람들에게 적용되기 이전에 교회 자신에게 먼저 적용되어야 한다. 다른 사람들에게

---

141) 중세의 속죄신학을 주장하는 사람들 중에서 어느 누구도 이런 것을 말하지 않았고, 사회심리학자인 Horst Eberhard Richter가 그런 말을 했다. Eine Welt oder keine. Wege in die Vernunft, Friedensforum vom 1. September 1989, 28.
142) W. Popkes, Gemeinde-Raum des Vertrauens, 1984, 126ff.

복음을 전파하고 스스로는 버림을 받지 않도록(고전 9:27) 자신의 삶의 모습을 변화시킬 수 있는 자세가 그리스도인들에게 있는가? 교회 안에 있는 여러 가지 갈등과 충돌을 복음의 빛 안에서 해결하고 있으며 또 그럴 자세가 되어 있는가? 서로 평화롭게 싸움을 해결할 수 있는 생명 공동체의 일원으로서 살고 있는가? 강자들과 영향력이 많은 사람들이 스스로의 힘을 관철하는 사회 안에서 폭력이 없는 다른 모습의 교제를 나누며 살고 있는가? 예수는 제자들의 공동체를 "독자적인 삶의 영역을 형성하고, 세상에서와는 전혀 다르게 살고, 다르게 교제하는 공동체"로 이해하였다. "예수께서 형성하기를 원하셨던 하나님의 백성을 철저히 대안 사회라고 부를 수 있을 것이다. 이 대안 사회 안에서는 이 세상 권력의 폭력적인 구조들이 아니라, 화해와 형제애가 지배해야 한다."[143]

새롭게 변화된 마음이 새로운 관계를 위한 조건인가 아니면 새로운 관계가 새로운 사람을 만들어내는 것인가 하는 오래된 물음은 단순하게 예 또는 아니오라고 대답할 수 없다. 발전을 믿는 낙관주의에 맞서서 세상에서 불의를 제거하고 사회를 변혁시킨다고 해서 하나님의 나라를 가져오는 것은 아니라고 말할 수 있다. 세상의 화해를 위한 하나님의 행동은 인간의 마음과 그리고 인간의 관계를 변화시킨다. 하나님의 영의 활동은 우리를 내면으로부터 새로운 사람으로 변화시킨다. 반면에 인간의 관계의 변화는 변화된 사람들, 그래서 다른 사람들을 사랑할 수 있고 또 다른 사람들과 연대할 수 있는 사람들을 통해서 일어난다. 변화된 사람들이 다른 사람들의 삶의 상황을 효과적으로 변화시킬 수 있다는 경험은 그들의 믿음과 증언을 진정한 것으로 밝혀주며, 그래서 다른 사람들을 믿음으로 인도할 수 있다. 그러므로 하나님의 주권에 자신을 굴복시키는 사람은 다른 사람들의 고난에도 참여할 자세를 가지고 있으며, 낯선 사람들의 짐을 함께 짊어질 수 있고, 스스로 아무런 책임도 없는 부정적인 행동의 결과를 자기의 것으로 감당할 수 있으며, 정치, 경제, 사회에서 정의롭지 못한 구조를 변화시키기 위하여 함께 노력할 수 있다. 이러한 삶의 모습은 우리를 항상 십자가 아래 머물게 함으로써, 우리는 우리의 연약함과 부족함을 경험하면서 동시에 모든 것을 변화시키는 하나님의 사랑을 경

---

143) G. Lohfink, Wie hat Jesus Gemeinde gewollt_ Zur gesellschaftlichen Dimension des christlichen Glaubens, 1989, 69f.; W. Klaiber, Proexistenz und Kontrastverhalten, JBTh 7, 1992, 125ff.도 참조.

험하게 한다. 그러므로 교회는 단지 선포에서뿐만 아니라, 사회적인 모습과 법질서에서도 "자신이 예수 그리스도의 교회라는 점을 증언할 수도 있고, 혹은 이러한 증언을 부정해 버릴 수도 있다."[144]

(1) 교회 – 하나님의 사랑의 영역

하나님의 사랑이 교회의 생명의 근원이며, 성도들 서로의 관계를 결정한다. 하나님의 사랑이 살아 있는 교회가 예수 그리스도의 살아 있는 교회다. 하나님의 사랑이 교회 안에서 경험될 수 있는 때에만, 교회는 하나님의 사랑의 증언이 될 수 있다. 이것을 "당연히" 교회에 관한 이상적인 묘사일 뿐이라고 여겨서는 안 될 것이다. 상호 관계에서 그렇게 인정하는 것은, 사랑이 없음을 교회의 어쩔 수 없는 현실로 인식하고 말하는 것에 불과하며, 그것은 예수께서 제자들에게 요청했던 유일한 계명을 어기는 것이며(요 15:12-17), 그러므로 죄다.

이 사랑과 겉으로만 평화롭게 보이는 태도와 혼동해서는 안 된다. 그러한 겉모양의 평화는 불의를 별로 해롭지 않은 것으로 여기며, 악을 덮어주고, 항상 강자의 편에 서며, 잘못을 간과해 버린다. 진실과 겸손은 사랑에 속한다. 나는 하나님과 이웃들의 용서로 말미암아 살며, 나는 유혹에 빠질 수 있으며, 다른 사람들을 죄 짓게 할 수 있음을 아는 겸손은 사랑에 속한다. 사도 바울은 근거 없는 그리고 거짓된 안전에 대해서 이렇게 경고하고 있다: "스스로 서 있다고 생각하는 사람은 넘어질까 조심하라!"(고전 10:12). 그리스도인들 사이에도 다툼이 있다는 사실을 부정하거나 비난할 필요는 없다. 그러나 불의를 행하기보다는 불의를 참아내는 것이 더 좋은 것이라고 하더라도, 그러한 양자택일이 항상 중요한 것은 아니다. 예수, 바울, 루터, 그리고 웨슬리도 그들이 경험했던 불의를 침묵하면서 견뎌내는 것으로 그치지 않았다. 그럼에도 불구하고 그러한 경우에도 사랑의 계명이 더 중요하다. 사랑의 계명은 사랑스러운 이웃에게만 아니라 낯선 사람들에게도 실천해야 하는(레 19:18-34), 그리고 더 나아가서 원수에게도 실천되어야 한다(마 5:44). 그것은 하나님의 자녀로서 자매들과 형제들 곧 하나님의 가족이 되는 사람들과의 교제에도 적용되어야 한다.

---

144) Christine Lienemann-Perrin, Taufe und Kirchenzugehörigkeit, 1983, 17f.

교회 안에서 경험할 수 없는 것은 다른 사람들에게도 신빙성 있게 실천될 수 없다. 그리스도인들은 서로 어긋나는 두 개의 얼굴을 가지고 있어서는 안 된다. 물론 낯선 사람들에게보다는 자기 가정 안에서 친절과 양보가 더 실천하기 쉬운 것은 어쩔 수 없을 것이다. 교회 내부적인 영역에도 있지 않은 어떤 것을 외부를 향해서 약속한 사람은 신뢰성에 더 커다란 구멍을 낸 것과 같으며, 이는 교회의 여러 사람들에게 큰 부담으로 작용할 것이다.

교회는 사랑을 경험할 수 있는 영역이 되어야 한다는 근본적인 요청은 일련의 구체적인 사례들을 통해서 더 설명될 수 있다. 서로를 용납하는 것도 사랑을 경험할 수 있는 영역을 실현하는 길에 해당된다. 그리스도께서 우리를 용납하셨다는 사실에서 우리는 용납의 모범을 보게 된다(롬 15:7). 자발적으로 호감이 가지 않는 비호감의 사람들에게도 선의로써 배려하는 자세가 적어도 요청된다고 할 수 있다.

다른 사람들을 높이 평가하는 것도 교회를 사랑의 체험 영역으로 만드는 길이다. 겉으로는 별로 재주가 없고 눈살을 찌푸리게 하는 사람들일지라도 그들의 가치를 높이 평가하는 것은 중요하다. "너희가 너희를 사랑하는 사람들만을 사랑한다면, 그에 대해서 어떤 감사를 기대할 것인가?"(눅 6:23) 여기에는 자신과는 전혀 다른 견해나 삶의 모양을 인정하는 것도 포함된다. 그리스도를 믿게 된 사람들이 적응할 수 있는 스펙트럼이 얼마나 좁아졌는지 모른다. 이 점에 있어서 우리 감리교인들에게는, 웨슬리가 본질적인 것과 임의적인 것 사이를 나누어 임의적인 것에는 관대해야 한다고 가르쳤던 것이 사라져버렸다. 이 점에서 교회는 성숙한 판단과 더 큰 관용을 실천하도록 노력해야 하는데, 그것은 실용적인 이유 때문이 아니라, 사랑이 그것을 요청하기 때문이다.

(2) 교회 – 하나님의 사랑의 증인

기독교 교회 공동체의 영역에서 사랑으로 가득 찬 관계들이 얽힌 사회적인 구조는 사랑의 윤리를 위한 가장 근본적인 뿌리다. 이 사랑의 윤리는 다른 사람들의 사랑에 참여하고, 낯선 사람들의 짐을 함께 짊어지고, 부정적인 행동의 결과들을 스스로 감당할 준비가 되어 있는 윤리다. 이러한 윤리는 십자가 아래 서 있다. 이러한 십자가 아래에서 그리스도인들은 연약함과 무력감 속에서도 모든 것을 극복하고 변화시키는 하나님의 사랑을 경험하고, 그 사랑의 증인이 될 수 있다. 교회는 스스로 받은 것과 교회의 중심에서 살아 있는 것을 다른 사람들을 위하여 살아감으로써, 복음을 계속해서 전파함으로써, 지체들이 바깥세상을 향하여 열심히 봉사함으로써, 자신의 존재를 알리게 될 때, 하나님의 사랑의 증인으로서의 역할을 하게 된다.

다음 장에서 우리는 교회의 사명에 관해서 분명하게 말하게 되겠지만, 그에 앞서서 여기서 우선 교회의 존재와 사명의 이러한 근원을 다시 한 번 분명하게 알아야 한다. 통일 이전의 동독에 있었던 교회의 지도부는 교회들에게 지원을 해주면서 다음과 같은 말을 했는데, 그 말은 그곳의 상황을 위해서뿐만 아니라, 감리교회의 선교적인 자기 이해를 위해서도 의미가 있다:

> 교회는 예수 그리스도 안에 있는 하나님의 사랑을 알았고 또 받기 시작했으며 그래서 … 그를 믿는 믿음에 이르게 되었다는 점에 있어서만 다른 인류에 앞서 있을 따름이다. 그러므로 교회는 일차적으로 그리고 궁극적으로 사람들을 하나님의 사랑으로 안내하는 것 이외의 다른 과제를 가지고 있지 않다. 그러므로 교회는 하나님의 사랑을 모든 인간과 온 세상에게 모든 방법을 다 해서 제시해주어야 한다는 것을 분명하게 알아야 한다. 더구나 이것은 다른 사람들이 단순히 우리의 선교 대상이 되지 않도록, 교회적인 전략의 필연적이고 새로운 근거로 인식되지 않도록, 우리의 선교적-목회적인 구도를 확증해 주는 것으로만 알지 않도록 해야 하고, 오히려 하나님의 사랑이 우리로 하여금 그렇게 하도록 강요하며, 다른 사람이 그 자신 때문에 우리의 마음을 찾도록 해야 한다.[145]

화해를 선물로 받았다는 사실에는 그 화해를 다른 사람들에게 선포하여 알려야 하는 사명과 결합되어 있다. 이렇게 선포함에 있어서 생겨날 수 있는 오해나 위험 그리고 고난을 결코 두려워해서는 안 되고, 일상의 삶에서 생겨나는 여러 갈등과 충돌을 조정하고 중재하는 것을 회피해서도 안 된다. 일시적인 감정, 문화적인 동질성, 같은 사회적 계층이나 민족 혹은 인종에 속해 있다

---

[145] 동독 감리교회의 직무서류 III/79에 첨가되어 있는 문건("기독교 공동체의 본질과 구조")에 나오는 말이다.

는 의식 등에 의해서 하나님의 사랑의 증언이 제약되지 않아야 한다. 그럴 때에만 하나님의 사랑의 증언은 신뢰성을 갖게 되며 다른 사람들에게 확산될 수 있는 힘을 갖게 된다. 위에서 말한 여러 가지 계층이나 동질의식, 감정 등의 기준에 따라서 사람들이 분류되고 다루어지거나 평가될 때에는 강력하게 저항하는 목소리를 높일 수도 있다. 그리스도인들, 공동체들, 교회들이 행하는 모든 것을 위한 궁극적인 기준은 하나님이 주신 사랑이어야 하며, 이 사랑은 어느 상황에서도 결코 거부될 수 없는 동기가 되어야 한다.

3) 교회의 파송(사명)

우리는 하나님의 선교로서의 교회에 관해서는 이미 앞에서 언급한 바 있다.[146] 지금부터는 선교적인 사역이 갖는 두 가지 기본적인 구도에 관해서 생각해 보려고 한다. 우리 교회는 이 두 가지 구도들을 잘 알고 있으며 또 수많은 활동이나 프로그램을 통해서 그러한 구도들을 이루어가려고 노력한다. 자기 나라 안이나 잘 알려진 사회에서 기독교의 메시지를 믿지 않는 사람들이나 단지 명목상으로만 그리스도인으로 남아 있는 사람들에게 전파하는 복음화가 그 하나의 구도이고, 다른 하나는 외국에서 복음을 전파하는 해외 선교다.

그러나 그에 앞서서 감리교회에 전형적인 선교적인 구조에 대해서 인식을 새롭게 해야 할 것이다. 이러한 감리교적인 선교구조는 감리교 운동의 처음부터 중요한 요소였음에도 불구하고 지금은 모든 감리교인들에게 잘 알려져 있지 않으며, 아마도 많은 목사들의 의식에서도 주변으로 밀려나 있지 않을까 여겨진다. 그것은 선교사역에 관한 파송의 원칙이다. 목사가 자기가 일한 교회를 선택하거나, 교회가 목사를 선택하지 못하고, 사역지는 파송으로 지시되며, 파송지에 있는 사람들이 목사의 사역에 맡겨진다. 그러므로 목사 안수식에서는 다음과 같은 문답을 주고받게 되어 있다:

> 당신은 당신에게 지시된 어떤 사역지에서도 근면과 성실로써 일하겠습니까?

---

[146] Ⅳ장의 3. 단락의 도입 부분("하나님의 선교로서의 교회")을 참조.

당신은 교회의 지도적인 형제자매들을 존중하고 그들과 동반자 정신으로 함께 일할 자세가 되어 있습니까?
당신은 우리가 서로 예수 그리스도에 의해서 형성된 사역의 공동체 안에서 살아가는데 일조하겠습니까?
이에 대한 대답: 예. 하나님의 도우심으로 그리하겠습니다.[147]

이러한 파송의 원칙은 웨슬리의 실천뿐만 아니라, 예수와 초대교회의 실천에 그 뿌리를 두고 있다. 웨슬리는 감리교회들에게 쉽게 옮겨 다닐 수 있고 동시에 강한 연대감을 주기 위하여 이러한 원칙을 실천하였다. 예수와 초대교회도 복음 선포의 사역을 행하도록 동역자들을 파송하였다.[148] 오늘날에 와서는 이러한 원칙을 그대로 시행하기에는 많은 문제가 있고 또 상황도 많이 변했다. 직장과 노동에 관계되는 법 규정도 그렇고, 함께 생활해야 하는 부부 중의 한 당사자 문제도 있고 또 개 교회들의 수준도 그 때와는 다르게 많이 성숙해져 있다고 할 수 있다. 그러므로 이러한 파송의 원칙에는 일정한 수정이 요구될 수밖에 없다.[149]

그러나 소수의 목회자들만 파송에 의무적인 책임을 갖는 것이 아니라, 교회의 모든 성도들이 파송(사명)을 인정하고 인식하고 감당할 때에만, 교회의 파송은 바르게 기능을 발휘하게 된다. 그럴 때에만 소위 지도적인 평신도들과 목회자들 사이에 자주 나타나는 긴장에 찬 대립과 갈등 대신에 동반자적인 협력이 나타나게 된다. 목회자들은 특별히 파송을 받았다는 의식을 갖고 책임적이어야 하고, 평신도들도 차원이 조금은 다르지만 모두 파송을 받았다는 의식 속에서 함께 협력해야 한다.

---

[147] LVO § 214, 4.
[148] 마 28:10-20; 요 20:19-23; 행 1:6-8; 8:14, 26; 10:17-20; 13:1-3 등.
[149] 이것은 독일뿐만 아니라, 미국의 감리교회에서도 마찬가지다. 미국의 감리교회 소속 한 신학대학교의 총장인 Donald E. Messer의 책, "Send Me? The Itinerary in Crisis", 1991에 잘 나타나 있다. 이 책에는 많은 감리교회 목사들의 목소리가 종합되어 있는데, 그들은 엄격하게 시행되는 파송제의 비인간적인 차원을 날카롭게 비판하며, 초기의 순회 설교자의 모습을 현대적인 시각으로 다시 보고 있다. 그들은 엄격한 파송제보다는 신학적으로 의식이 있고 책임감 있는 평신도들과 함께 만들어가는 융통성 있는 제도로의 개선을 요구하고 있다. 독일의 감리교회는 이미 이러한 방향으로 제도를 바꾸었다. 지금의 한국감리교회에서도 파송제라는 원칙은 그냥 종이규정으로만 지켜질 뿐이고, 실질적으로는 전혀 역할을 하지 못하고 있다. 교회들은 스스로 목사를 선택하고, 그에 따라서 감독은 규정상으로만 목사를 그 교회에 파송한다.

스스로 이미 받았으며 그래서 그로 말미암아 살고 있는 그리스도의 자유하게 하시는 사랑을 말과 행동을 통해서 증언하도록 이 세상에 보냄을 받았다는 사실은 감리교회적인 이해에 있어서 교회의 가장 중요한 특징이다.[150]

이 중요한 특징이 오늘 우리 교회의 현실 속에서도 과연 그렇게 체험되고 있는가?

(1) 복음화

교회의 모든 구성원들이 함께 그리고 다양하게 파송을 받았다는 사실은 믿지 않는 사람들에게 복음을 전파하는 것에도 적용된다. 우리는 이것을 복음화라고 부른다. 여기에는 두 가지가 핵심인데, 하나는 개인적인 구원을 제안하는 것이고, 다른 하나는 하나님의 뜻을 세상에 선언하는 것이다. 이러한 복음화는 한편으로는 개개인으로 하여금 하나님과 관계를 맺게 하는 것을 목표로 하고, 다른 한편으로는 사회 안에서 하나님의 나라를 선언하는 메시지를 선포한다. 이러한 두 가지 차원을 결합함으로써 기독교의 메시지는 두 가지 위험으로부터 벗어난다. 하나의 위험은 메시지를 개인적인 구원으로만 축소해서 이해하고 선포하는 것이다. 이러한 축소는 인간이 처해 있는 깊은 곤경에 눈을 감는 것이며 사랑의 계명을 어기는 것이다. 다른 하나의 위험은 세속화다. 이는 기독교의 메시지가 사회적, 경제적, 정치적인 주제에만 몰두하게 하는 것이다. 웨슬리 자신의 이론적이고 실천적인 해석에 따르면, "영혼의 구원"은 항상 그 두 가지 차원을 함께 가지고 있다. 하나님과의 관계를 새롭게 하는 것과 삶의 현실에서 인간 전체를 위하여 배려하는 것, 개인적인 확신 속에서 믿음의 토대를 새롭게 하는 것과 삶의 모든 영역에서 하나님의 은혜와 축복을 경험하는 것은 결코 별개일 수 없다.

그리스도께로 돌아와서 그와 함께 하는 삶을 살아가도록 초대하려는 사람들에게 접근하는 길은 언제나 그들이 처해 있는 문화적, 사회적, 정치적인 상황과 밀접하게 연결되어 있다. 복음화 프로그램에는 가능하면 많은 사람들의 주목을 끌 수 있는 방식이나 조치들[151]과 개인적인 차원에서 그리스도를 증

---

150) Diestauftrag-Amt-Allegemeines Priestertum, 8.
151) 노방전도, 천막집회, 라디오와 T.V 방송설교 등.

언하는 방식이 함께 진행되어야 한다. 물리적이거나 심리적인 압박을 가하여 회심시키려는 그 어떤 종류의 강제적인 방식은 선포의 내용과 합치될 수 없다. 그러나 매우 다양한 능력이나 소질 등이 있는 것처럼 복음을 전하는 다양한 방식들이 있을 수 있고, 그 방식들이 "오직 그리스도만 전파된다면"(빌 1:18), 함께 사용될 수 있을 것이다.

살아 있는 믿음이 없는 사람들에게 그리스도를 전파하는 사역에 있어서 감리교회는 다른 교회들이나 공동체들과 연합한다. 기독교의 분열은 복음의 확산을 가장 중요하게 여기는 그리스도인들에게는 특히 고통스러운 아픔이다. 1846년에 런던에서 복음연맹(Evangelische Allianz)이 결성되었는데, 이 바탕에는 교회들과 나라들의 경계를 넘어서서 그리스도인들이 연합함으로써 예수의 교회의 일치를 경험하고 드러내 보여주며, "예수의 세계적인 선교명령에 보다 적절하게 부응하려는" 희망이 깔려 있었다.[152] "이방인 선교"는 아프리카나 아시아와 같은 전통적인 선교지역에서만 일어나는 것이 아니고, 고향에서도 일어나야 한다. "오늘날은 모든 나라가 선교지역"이기 때문이다.[153] 감리교회들의 지도적인 인물들이 이 복음연맹의 설립에 참여하였고, 오늘날까지도 이 연맹 안에서는 감리교회의 목사들과 평신도들이 매우 적극적인 활동을 하고 있으며 또 지도적인 위치를 가지고 있다.

근래에 들어서 독일의 감리교회에서는 특히 "새로운 땅 선교"(Neulandmission)와 선교적인 교회를 구축하기 위한 프로그램이 활발하다. "새로운 땅 선교"는 교회의 지체들, 교회들, 구역회나 연회 등이 의도적으로 새로운 땅에 들어가서 믿음과 교회에서 멀리 떠나 있는 사람들에게 복음을 전해 주며, 믿음에로 인도하며, 그들을 교회 안으로 모이게 하려는 프로그램이다. 선교적인 교회를 구축하기 위한 프로그램은 함께 힘을 모아서 파송의 사명 의식이 분명한 교회를 만들고, 그 안에서 모든 지체들이 증언과 섬김의 사역을 감당하게 하려는 것이다. 독일에서 국가교회가 아닌 자유교회인 우리 감리교회는 구조적으로는 개신교회고 복음적인 교회다. 그러나 자라나는 젊은 세대는 이러한 복음적인 헌신을 점차 잃어가고 있다. 여기에는 단순히 사회학적인 이유만 있는 것이 아니라, 신학적인 이유도 있다. 그러므로 복음화의 방법만이

---

152) H. Hauzenberger, Einheit auf evangelischer Grundlage. Vom Werden und Wesen der Evangelischen Allianz, 1986, 176.
153) Hauzenberger, aaO., 176.

아니라, 복음화의 신학에 대해서도 깊은 성찰과 새로운 사고가 필요하다. 물론 수많은 연구서적들, 여러 차원의 회의들을 통해서 교회는 이러한 성찰과 사고를 시작한 지 오래되었다.[154] "복음화는 감리교인들의 의미에서 교회의 일차적인 사명이다."는 말은 감리교회에 분명하게 해당되는 말이다.[155]

(2) 해외 선교

독일감리교회의 선교문서의 제목이 "은혜 위에 은혜(Gnade um Gnade)"인 것은 결코 우연이 아니다. 선교의 사역이 자라나게 된 토양은 하나님의 넘치는 은혜와 사랑이다. 이 은혜와 사랑을 경험함으로써 선교사역이 자라나게 된다. 세상의 끝까지 함께 계시겠다는 약속과 하나님의 현존을 신뢰함으로써, 인간은 특별한 헌신을 할 수 있게 된다. 이러한 헌신이 자기 자신의 나라 안에서 일어날 것인지 혹은 해외에서 일어날 것인지는 각각의 경우에서 하나님의 사랑에 대한 응답의 문제다.

이러한 사역은 자기 자신의 교회를 넘어서 다른 교회들 그리고 세계적인 선교과제에까지 이르게 된다. 다른 한편으로 우리는 이미 우리 자신의 나라 안에서는 다양한 사람들을 향한 선교적인 활동에 참여하였다. 이미 오래전에 기독교화된 나라들이 점차 선교의 대상이 될 뿐만 아니라, 우리에게로 와서 우리와 함께 살고 있는 외국인들에게 우리는 복음을 전하고 사랑의 헌신을 해야 할 빚을 지고 있다(우리 한국의 경우에는 외국인 노동자들이 국내에 하는 해외 선교의 대상이라고 할 수 있다: 역자 주).

세계 선교가 추구하는 핵심도 사람들을 그리스도에게로 인도하는 것이다. 다른 나라들이나 지구촌의 다른 지역에서 그곳의 형제 교회들과 함께 선교 활동이 이루어진다. 해외 선교적인 사역은 단순히 믿음의 선포로 국한되지 않고, 병자들을 돌본다거나 사회적-교육적 활동을 하고, 부분적으로는 다양한 프로젝트를 전개하면서 진행된다. 하나님의 사랑을 증언하면서 그리스도 안에 있는 구원을 사람들에게 전달하는 것이 이러한 해외 선교에서도 중요하다. 다양한 기독교의 교회들뿐만 아니라, 다른 종교들의 대표자들과도 대화를 증진해야 하는 시대에 이러한 대화의 기초가 되는 것은, 교회로서 우리의

---

154) W. J. Abraham, The Logic of Evangelism, 1989는 이 영역에 관해서 최근에 나온 가장 중요한 감리교적인 신학적 산물이다.
155) G. Wainwright, Art. Methodismus, EKL III, 392.

사명은 그리스도를 구원의 길로 확실하게 제시하는 것이라는 확신이다.

우리는 예수 그리스도 안에 있는 유일하고 독특한 구원의 길을 사람들에게 전달해야 할 빚을 지고 있다. 그러나 유일하고 독특한 구원의 길을 말하는 것과 소위 기독교적인 절대성 주장을 동일시해서는 안 된다. 그리스도인들로서 우리는 다른 방식으로 하나님을 예배하는 사람들로부터 많은 것을 배운다. 이것을 부정하려는 사람은 기독교의 선교 역사에서 찾을 수 있는 경악스러운 오류와 악행을 부정해야 할 것이다. 그리스도를 선포해야 하는 사명을 부여받았다는 확신, 사랑의 겸손, 그리고 자신의 한계를 알고 모든 사람들의 오류와 죄악된 성품을 아는 소박함은 결코 따로 떼어서 생각할 수 없다. 모든 진정한 기독교적인 선교의 척도와 동기는 선교하려는 인간에 대한 사랑뿐이다. 우리가 얻고자 하는 사람들에게서 결단의 자유를 빼앗거나 혹은 제약해서는 안 된다. 그 정반대로 선교는 그들의 자유로운 결단을 원한다. 그리스도를 믿겠다는 스스로의 결단은 가장 자유스러운 결단이어야 한다. 강요된 결단은 의도적으로 거부하는 것이나 결단을 미루는 것보다 더 나쁘다. 강요된 결단은 진정한 결단이 아니며, 복음의 내용에도 어긋난다. 선교의 가장 첫 번째, 다른 모든 것을 앞서는 목표는 "모든 세상에서 말씀과 행위로써 예수 그리스도 안에 있는 하나님의 계시에 관하여 증언하는 것, 하나님이 인간과 화해하신 사랑의 행위에 관하여 증언하는 것"이어야 한다.[156] 다른 나라들에 파송된 선교사들은 단순히 주는 사람들로만 가는 것이 아니라, 오히려 그들 스스로 복음의 능력으로써 낯선 문화와 사회 안에서 만나게 되는 경험을 통해서 많은 것을 배우고 받는다. 특히 하나님의 말씀은 선교사들 자신의 문화에서 형성된 그리스도인과 교회의 형태와는 무관하다는 인상을 강하게 받는다. 그들은 그러한 나라들로부터 오는 사람들에게서 생생하고 도전적인 언어로 표현된 복음을 들을 수 있다.

국제적이고 선교적인 교회로서 감리교회에게는 선교와 교회 연합 운동은 서로 별개일 수 없다. 기독교의 교회들이 서로 대립적으로 활동하는 곳에서, 그들의 선포는 신빙성을 상실하고 만다. 그밖에도 교회들은 서로 반목함으로써 그들이 함께 속해 있고, 오직 그분을 위해서 섬기도록 부름을 받은 한 분 주님을 부정하게 된다. 감리교인들은 모든 믿지 않는 사람들에게 복음의 빛

---

[156] LVO, Abs. 5. 3. 2..

을 지고 있다고 생각하며, 모든 사람들 각자의 결단을 존중한다. 그가 어느 교회에 소속할 것인지 혹은 아예 어느 교회에도 속하기를 원하지 않는지에 대해서는 그 자신의 결단에 맡기고, 그 결단을 존중한다. 독일감리교회의 교리와 장정(헌법)에는 교회 연합 운동에 반드시 참여하도록 규정되어 있다. 또한 감리교회는 그 처음부터 이러한 교회 연합 운동에 적극적으로 참여하여 왔다.[157] 그러므로 다른 교회들과의 교제는 감리교회의 복음적이고 선교적인 활동에서 결코 포기할 수 없는 원리가 되었다.

> 우리가 하나님께서 세우신 다른 기독교 교회들과 함께 사역하고 함께 살아가고자 한다면, 우리의 선교는 교회 연합적이어야 한다. 우리는 그리스도와 함께 교제를 나누고 있는 다른 교회들에 속한 사람들과 함께 살아야 한다. 우리는 그리스도 안에 있는 모든 자매들과 형제들에 대해서 감사하며, 차이들 가운데서도 일치를 추구한다.[158]

그러므로 우리 감리교인들은 항상 그러했듯이 기꺼이 "하나님의 다리를 건설하는 사람들"이다.[159]

---

[157] 설교 39("관용의 정신").
[158] Gnade um Gnade, 19.
[159] 이 표현은 Friedrich Wunderlich 감독의 책 제목이다.

4. 세상 속에서의 교회

교회도 속해 있는 "세상에서"라는 진부하고 평범하게 보이는 장소 규정에는 구체적인 설명이 더 보충되어야 한다. 교회가 세상에 있다고 말하는 것은 동시에 세상에 대한 교회의 관계를 원리적이지만 나타낸다.

"세상 안에서 –세상으로부터가 아니고"는 교회의 본질적인 관계에 대한 "혼합된" 성격을 보여주는 차이를 분명하게 드러낸다. 교회가 살아가는 영역은 이 세상이지만, 교회의 근원은 "하나님으로부터" 온 것이다.[160] 교회는 하나님의 사랑의 통치를 이 세상에서 대신한다. 교회가 세상에 존재한다는 것은 하나님께서 위하여 그의 아들을 세상에 보내셨던 바로 그 사람들을 위하여 존재한다는 것이다. 교회가 세상과 구별된다는 것이 세상으로부터 물러가는 것은 아니다. 그러나 교회가 세상에 존재한다고 해서 교회와 세상 사이에 있는 흐름을 제거해 버리는 것은 아니다. 교회는 말씀을 통해서, 그리고 폭력 없이 지배하며 자매형제적인 사랑을 일으키는 하나님의 영에 의해서 세워졌다. 교회가 이러한 하나님의 영의 지배를 받고 있는 한, 교회는 이 세상에서 하나님의 통치를 대신한다. 교회는 사람과 전체 창조세계를 사랑하면서 하나님의 통치를 대신하며, 특히 약자들과 가난한 사람들을 위하여, 정의와 평화를 위하여 그러한 역할을 한다. 현실에 눈을 감아버리는 낙원주의도 아니고 너무 현실에 매몰되는 실망과 체념도 아닌, 하나님과의 교제와 하나님의 사랑의 뜻에 따른 삶에로 교회는 세상을 초대한다. 교회는 이러한 삶을 추구함으로써 비록 불완전하기는 하지만, 그래도 하나의 대안적인 사회가 된다. 이러한 교회는 세상의 규칙들[161]과는 다르게 사람들을 위하여 존재하며, 사람들을 섬기고자 한다. 기독교가 이 세상에서 어떻게 확장될 것이냐 하는 전략이 중요한 것이 아니다. 믿는 사람들의 공동체로서 교회가 하나님이 사용하실 수 있게 되는 것이 가장 중요한 것이다.

이러한 맥락에서 우리는 다음과 같은 두 가지 측면을 살펴보아야 한다. 한편으로 우리는 하나님의 나라라는 주제가 교회의 구체적인 형태나 교회의 실질적인 행동을 형성하고 변화시키는 효과를 전혀 보여주지 않고 있다는 인상

---

160) 요 15:19; 17:13-16; 요일 4:1-6.
161) 탐욕, 복수, 폭력 등. 롬 12:1-2 참조.

을 자주 받는다. 다른 한편으로는 비록 적은 수이기는 하지만, 그러나 점점 많은 수의 사람들이 반드시 필요한 새로운 행동을 위한 실질적인 척도가 무엇인지를 묻고, 이에 대한 정직한 대답을 찾고자 한다는 사실도 볼 수 있다. 우리는 의미 있는 삶에 대해서 점점 자주 묻고 있는 사회에서 살고 있다. 우리 시대의 사람들은 항상 밝은 대낮에 살고 있는 것은 아니다. 그들은 앞서 내려진 대답이나 다른 경우에는 쉽게 교체될 수 있는 이데올로기적인 의도나 목적으로는 만족하지 않는다. 그리스도인들과 교회는 이러한 사람들에게 도움이 될 만한 제안을 할 수 있는가? 적어도 그리스도인들은 올바른 질문을 말할 수 있으며 또 그 질문을 복음의 메시지와 연결시킬 수 있는가?

종교적인 기대는 높아졌다. 그러나 많은 사람들은 교회로부터 어떠한 대답도 더 이상 기대하지 않는다. 이러한 불신의 원인은, 교회가 더 이상 사람들을 중요하게 여기지 않고, 도리어 교회 자체의 존립과 확장에만 관심을 가지고 있다는 널리 알려진 인상에 있을 지도 모를 일이다. 교회는 그 스스로를 하나님의 나라와 동일시하기를 좋아하며, 그러한 자기 이해로부터 사회에서 힘과 지도력을 발휘하고자 한다.

그러나 이러한 것들은 교회에 대한 신약성서적인 기준들과 별로 혹은 전혀 일치하지 않는다. 하나님 나라는 현존하는 교회와는 분명히 차이가 있으며, 그러므로 하나님 나라를 바로 이해함으로써 교회는 자기비판적인 반성을 할 수 있을 것이다. 그러나 하나님의 나라라는 주제에 대한 이해는 신학으로부터 전적으로 사라져버렸다.[162] 혹은 하나님의 나라는 인간의 내면으로나 혹은 피안의 것으로 넘겨버렸다.[163] 그런 차원에서 루터는 주기도의 두 번째 간구를 특히 그리스도인들의 영적인 삶(회개와 칭의)과 연관시켜서 이해하였다. 그에 따르면, 하나님의 나라는 말씀과 믿음 안에서 여기에 임하며 또 그리스도의 재림에서 임한다.[164] 현재적으로 감추어진 하나님의 나라인 그리스도의 나라에서는 어떠한 세상적인 통치자도 없으며, 오히려 그리스도가 말씀과 성례를 통해서 그의 교회 안에서 다스린다고 루터는 이해한다. 그러므로 하나님의 나라는 미래에야 비로소 나타나게 될 것이고, 그 때에 모두가 지금은 감

---

162) TRE 15에 있는 "Herrschaft Gottes/ Reich Gottes"라는 항목의 논문 중에서 특히 V/3(종교개혁)과 VII(조직신학적)을 참조.
163) 눅 17:21에 대한 루터의 번역을 참조: "das Reich Gottes ist inwendig in euch."
164) BSELK 674, 7-28; 참조 652, 2-12.

추어져 있는 것을 보게 될 것이다. 칼빈을 따르는 개혁신학적인 전통도 하나님의 나라를 하나님께서 그의 영을 통하여 활동하고, 그렇게 그에게 속한 사람들을 다스리신다는 식으로 이해한다.

20세기의 신학도 하나님의 나라와 교회를 밀접하게 결합시키며, 더 나아가서는 하나라고 주장하였다. 예를 들면, 예수 그리스도를 하나님의 나라로 보아야 한다는 오리겐에게로 소급되는 전통과 연결해서 칼 바르트는 다음과 같이 말한다: "개신교 신학에서 매우 자주 그리고 별로 조심하지 않고 부정되는 다음의 문장이 팽개쳐져서는 안 된다: 하나님의 나라는 교회다." 그에 대한 근거를 바르트는 다음과 같은 말로 제시한다: "하나님의 나라는 예수 그리스도 안에서 세상에서 세워진 하나님의 나라 곧 예수 그리스도 안에서 실행된 하나님의 통치다." 물론 바르트는 교회가 완성된 형태의 하나님 나라가 아니라는 사실을 인정한다. "그러나 교회는 하나님께 복종하는 새로운 인류의 서술 안에서 하나님의 나라다. 하나님의 나라가 … 역사의 시간에서 잠정적으로 …실현되는 것처럼."[165] 하나님의 나라를 역사적인 실체와 직접적으로 일치시키는 것은 혁명의 신학이나 해방의 신학을 주장하는 사람들, 그 이전에 있었던 몇몇 종교사회주의자들이나 사회복음의 주장자들에게서도 찾아볼 수 있다.[166] 우리는 교회가 자기 과장을 하지 못하게 하고 또 하나님의 나라를 무의미한 것으로 만들지 않기 위하여 교회와 하나님의 나라를 동일시하지 않아야 한다. 이 둘 사이에는 일치가 아니라 상응의 관계가 있다. 이러한 상응의 관계는 특히 다음과 같은 두 가지 특징에서 분명하게 알 수 있다: 첫째, 교회는 그리스도를 교회의 머리로서 이미 지금도 인정하고 있다. 둘째, 교회는 사람들이 그리스도를 만날 수 있도록 초대를 받은 장소다. 이러한 상응은 세상적인 조건 아래서는 잠정적이고, 불완전하고, 단편적이고 그리고 오염된 형태를 가질 수밖에 없다. 그러나 이러한 상응은 하나님의 행동으로부터 성장한 것이기 때문에 진정한 것이다. 인간이 하나님의 영을 통해서 자유롭게 되어서 예수 그리스도의 복음을 믿고 또 이 세상 안에서 복음의 척도에 따라서

---

[165] K. Barth, KD IV/2, 742. 바르트를 의지하면서 H. J. Kraus는 이렇게 주장한다: "하나님의 나라는 교회다. … 그러나 이 교회는 하나님 나라가 아니다. … 교회는 인류에 앞서서 목표를 향하여 가며 바로 이러한 앞서 있음에서 우주적인 차원에서 도래하고 있는 하나님 나라의 예고다." (Reich Gottes: Reich der Freiheit. Grundriß Systematischer Theologie, 1975, 370.)

[166] H. A. Snyder, Models of the Kingdom, 1991이 이 주제에 대한 포괄적인 개관을 보여준다.

살아가게 될 때, 바로 거기에 하나님의 나라가 있다. 예배에서, 기도에서, 복음의 메시지를 들음으로써 그리고 성만찬을 행하는 곳에서 사람들은 미래적인 하나님의 나라를 미리 맛볼 수 있다. 하나님의 나라가 신약성서에서 식탁의 공동체로 묘사되고 있는 것은 결코 우연이 아니다. 그러므로 교회는 하나님 나라의 공간이다. 하나님 나라의 동역자들이 교회 안에서 사명과 보수를 받기 때문이다(고전 4:1l). 하나님 스스로 교회를 아들의 나라 안으로 옮겼다. 그러므로 교회는 그의 나라를 선포하고 믿음과 사랑과 소망 안에서 그의 나라를 섬긴다. 믿음, 사랑, 소망 안에서 하나님 나라는 현재적이 된다.[167] 그렇게 교회는 감리교회의 감독들이 기독교 교회의 특징으로 일컬었던 바로 그러한 존재가 될 수 있다: "교회는 소외되고 분열된 세상에 맞서는 대안 공동체" 곧 자기의 "원수들"까지도 사랑하는 사람들의 공동체다.[168]

1) 세상 – 하나님 통치(나라)의 장소

"세상"이라는 개념은 신약성서에서는 이중적인 의미를 가지고 있다. 한편으로 세상은 "하나님에 의해서 창조된 전체 세상"(이런 의미에서 교회도 세상 안에서 살고 있다)이거나 혹은 모든 인간의 전체적으로 일컫는다(교회에 속한 사람들까지 포함해서). 다른 한편으로는 세상은 –특히 요한의 문서들에서 그렇고 또 사도 바울에게서도 그렇다– 하나님을 떠난, 더 나아가서 하나님을 반대하는 세상, 교회에 대해서 적대적인 세상을 말한다.[169]

신약성서에서 그리스도인들은 "성도들"이라고 불린다.[170] 그들이 그렇게 불릴 만큼 완전해서가 아니라, 그리스도에게 소속되어 있기 때문이다. 그들의 머리가 되시는 그리스도께서 거룩하기 때문에, 그의 몸에 붙어 있는 모든 지체들도 거룩한 것이다.[171] 그리스도에게 소속된 지금부터 그리스도인들은 거룩성에 상응하는 삶을 시작할 수 있고 또 점차적으로 사랑에 의해서 지배

---

167) W. Pannenberg, Grundzüge der Christologie, 392.
168) Zum Schutz der Schöpfung, 28.
169) H. Balz, Art. kosmos, EWNT II, 765-773 참조.
170) 예를 들어서 롬 1:7; 고전 1:2; 3:17; 골 3:12; 벧전 2:9 등 여러 곳에서.
171) 설교 110("교회에 대하여"), WJW 3, 55f.도 그렇게 말한다.

를 받으며 살아갈 수 있게 된다. 바로 여기에 그리스도인들의 성화가 있다. 바로 여기에 그리스도의 몸인 교회의 커다란 풍요와 위대한 사명이 있다. 하나님의 사랑이 교회 안에서 거하며 지속적으로 확산되어야 한다. 교회에 속한 사람들은 하나님의 영으로 말미암아 자신을 그리스도의 형상이 되도록 함으로써 이기주의적인 자기매임에서 벗어나고 하나님의 영광을 위하여 그리고 다른 사람들을 섬기는 삶을 살아야 한다. 개인적인 성화가 사회적인 삶의 영역에까지 미쳐야 한다는 사실은 성화된 본질에 따른 당연한 것일 뿐이고, 다른 부가적인 요청이 될 수 없다.

하나님의 앞서 주시는 은혜(선행은총)는 믿음의 사람들로 하여금 주변 세상과 새로운 관계를 갖도록 한다. 그래서 "우리들 가운데 있는" 하나님 나라는 단지 "우리들 안에"만 있는 것이 아니다. 웨슬리에게서 찾을 수 있는 하나님 나라에 대한 이해가 경건한 개인주의로 흐르게 된다고 비난하는 것은 웨슬리의 신학에 정당한 것이 아니다. 성화와 하나님 나라는 손을 맞잡고 있다.[172] 그리고 하나님 나라는 사람에게 그의 개인적인 삶의 한계를 넘어설 것을 거듭 요청한다.

하나님 나라의 영원성에 대조되는 창조된 세상의 유한성 때문에 세상이 가치가 없는 것이라고 말해서는 안 된다. 그러므로 세상적인 것을 과소평가해서도 안 된다. 오히려 하나님이 창조하신 피조물들에 대한 사랑은 세상 사회를 변화시키기 위한 근원이 된다. 섬기고 관리하도록 부르심을 받은 그리스도인들은 삶에서 만나서 관계를 맺는 모든 사람들에 대한 책임의식을 갖게 된다. 웨슬리의 성화론에는 개인적인 삶을 넘어서는 다음과 같은 두 가지 전망이 들어 있다: 먼저 도래하고 있는 하나님 나라에 대한 전망이다. 하나님 나라는 그리스도인과 그들의 교회의 삶에서는 단편적이고 부분적이기는 하지만 이미 실현되고 있다. 다음으로는 사회, 민족 그리고 세상에 대한 전망이다. 이들은 사회적인 성화의 책임에서 결코 제외되어 생각될 수 없는 것들이다. "사랑 안에서 거룩하게 된 사람들, 영광의 맛을 본 사람들로서 그리스도

---

[172] 산상설교에 관한 아홉 번째 설교에서 웨슬리는 이렇게 말한다: "너희는 먼저 그의 나라와 그의 의를 구하라. 하나님이 우리 마음에서 통치하심의 결과는 의다. 의란 무엇인가? 이것은 다름이 아니라 사랑이다. 하나님의 사랑, 사람사랑이다. 이 사랑은 예수 그리스도께 대한 믿음에서 나와서 겸손과 온유와 온순과 오래 참음과 인내와 세상 부정과 하나님과 사람에 대한 올바른 마음씨의 총체이다. 이러한 마음은 모든 거룩한 행동들 곧 하나님께서 받으실 만하고 사람에게 유익을 주는 모든 사랑스러운 것이나 좋은 것이나 믿음을 토대로 한 행동과 사랑의 수고를 맺게 하는 뿌리다."(설교 29 "산상설교 IX", 20).

인들은 그리스도의 나라를 세상적인 사회의 길로 가져간다."[173] 하나님 나라의 힘과 기준을 사회 안으로 가지고 들어감으로써 그리스도인들은 사회를 변화시킨다. 예를 들어서 적대감을 화해로써, 분노를 평화로써 그리고 억압을 정의로써 변화시킨다. 개인적인 차원이나 내적인 차원에만 머무르는 것은 어느 경우에도 배제된다. "사랑은 너무도 당연히 개인적인 경건의 한계를 뛰어넘는다. … 개인의 내면 깊은 곳에 감추어져 있는 것은 곧바로 그룹으로 그리고 전체 사회로 옮겨간다. 이것은 구체적으로는 모든 사람들을 향한 선교적인 활동과 선한 행위들을 통해서 표출된다. 여기서 우리는 어떻게 웨슬리에게서 하나님의 영의 성화사역이 어떠한 경건주의적인 협소한 해석도 배제하는지를 보게 된다. 웨슬리에게 있어서 성화는 세상에서 말씀과 행위를 통한 선교로 발전되는 것으로 이해하기 때문이다."[174]

그러므로 성화는 일상생활에서의 예배로서 그리고 하나님 나라의 증언으로서 전개된다. 하나님 나라의 도래를 빌고 또 동료 인간들과 피조물들에 하나님의 신실하심을 기원하는 기도에는 항상 행동이 수반된다. 또 행동은 기도에 의해서 움직여져야 한다. 그러므로 믿음과 정치적인 책임, 하나님 나라에 대한 소망과 이러한 소망 가운데서 취하는 행동은 감리교적인 성화 이해에 있어서는 항상 함께 속한다.

기대는 항상 기존의 가능성을 뛰어넘는다는 사실은 경험할 수 있는 현실과 아직 기대하고 있는 현실 사이에 있는 긴장의 특징이다. 이러한 긴장은 자기의 행동을 과대평가하려는 위험으로부터 벗어나서 하나님의 행동을 신뢰하며 기대하게 한다. 잠정적인 것이기는 하지만, 그래도 하나님의 영에 의해서 가능해지고 유발된 그리스도인의 행동 안에서 하나님의 나라는 초기적으로나마 경험할 수 있는 현재가 된다. 자연과 역사까지도 그리스도 안에서 계시된 하나님의 행동을 통해서 그들의 의미의 지평을 얻게 된다. 그리스도 안에서 계시된 행동을 통해서 하나님은 근본적으로 사랑인 그의 나라를 완성하실 것이다.[175]

하나님 나라의 이해에 관련된 웨슬리의 문서들에서 찾을 수 있는 강조점은

---

[173] L. O. Hynson, To Reform the Nation. Theological Foundations of Wesley's Ethics, Grand Rapids 1984, 135.
[174] 웨슬리의 설교 4("성경적인 기독교")의 독어판 서문에 나오는 M. Meyer의 말이다.
[175] 롬 8:18-39; 11:25-36; 계 21-22.

이미 지금 그의 뜻을 관철하기 위하여 진행되고 있는 하나님의 행동에 놓여 있음이 분명하다. 특히 "하나님의 나라는 먹고 마시는 데 있는 것이 아니라, 성령 안에 있는 정의와 평화 그리고 기쁨이다."(롬 14:17)는 바울의 말씀을 받아들이면서 웨슬리는 하나님 나라의 현재를 강조할 수 있었다.

> 진정한 종교인 하나님의 나라는 외적인 규정에 있는 것이 아니라, 정의, 마음에 새겨진 하나님의 동일형상, 하나님과 사람에 대한 사랑에 있으며, 여기에는 모든 이성을 능가하는 평화와 성령 안에서의 기쁨이 수반된다.[176]

하나님의 나라에 관한 웨슬리의 언급에는 두 가지 의미가 들어 있는데, 그가 하나님 나라의 현재성을 강조하는 것도 바로 그러한 의미와 연관되어 있다. 하나님의 나라 혹은 하나님의 통치와 같은 개념들은 "미래에 하늘에서 누리게 될 행복한 상태를 말할 뿐만 아니라, 이미 여기 땅에서 누릴 수 있는 상태를 말하기도 하는데, 이는 하늘의 영광을 이미 소유하는 것이 아니라, 그것을 바르게 준비하는 것이다."[177] 매우 유사하게 그러나 더욱 분명하게 26번째 설교에서 웨슬리는 이렇게 말한다: "하나님의 나라는 여기 아래에서는 믿는 사람들의 마음에서 시작된다." 이러한 "은혜의 나라"는 인간의 영혼 안에서 예수 그리스도를 통한 하나님의 승리다. 그리스도는 "왕들 중의 왕이고, 주들 중의 주다." 이러한 은혜의 나라는 영광의 나라가 도래함으로써 완성된다. 그 때에는 "그리스도를 왕으로 받아들이고, 그의 이름을 똑바로 믿는 모든 사람들이 정의와 평화와 기쁨으로 채워지고, 영광과 행복으로 가득 채워질 것이고, 여기서부터 그의 하늘나라에로 옮겨질 것이고, 하늘에서 그와 함께 영원토록 다스리게 될 것이다." 이러한 종말적인 전망이 없는 것은 아니지만, 그러나 웨슬리는 종말적인 차원을 상세하게 서술하는 것을 주저한다.

그는 곧바로 하나님 나라의 현재에로 되돌아가며, 그래서 그 현재성으로부터 나오는 사명을 말한다. 웨슬리에게 중요한 것은, 하나님 나라가 인간과 세상을 새롭게 한다는 것, 영원한 나라의 도래를 위하여 기도하며, 하나님의 뜻

---

176) 롬 14:17에 대한 주석(Notes NT). 그밖에 설교 26("산상설교 VI")과 설교 29("산상설교 IX")도 참조.
177) 마 3:2에 대한 주석(Notes NT).

을 실현하는 것이다. "하나님의 나라가 도래한 곳, 하나님이 믿음 안에서 인간의 영혼에 거주하시는 곳, 그리고 그리스도가 사랑으로 말미암아 마음에서 다스리는 곳에서는 필연적으로 그리고 곧바로" 이러한 결과를 가져온다.[178] 그러나 웨슬리는, 인간이 자기의 행동을 통해서 하나님 나라를 속히 오게 할 수 있다는 행동주의에 결코 빠지지 않았다는 사실을 주목해야 한다. 복음을 통하여 인간들을 새로운 교제로 불러 모으고, 그들의 믿음과 사랑을 일깨우고, 그들을 그의 나라의 건설을 위한 동역자들이 되게 하시는 분은 하나님이다. 웨슬리는 하나님 나라에 관한 주제를 말할 때마다 이 점을 항상 강조하였다. 그리스도인들이 가고 있는 길은 하나님의 나라로 가는 길이다.[179] 그 길은 회개로부터 시작하며, 회개 후에 우리는 "하나님의 나라를 받을 수 있다." 또한 그는 "하나님의 사랑이 먼저 우리 마음에 부어졌고 그리고 그의 나라가 우리 안에 세워졌다."고 말한다. 그러므로 하나님의 나라는 현재적인 차원에서는 우리 안에 있는 그리스도의 나라 곧 "참된 종교"다.

이러한 개인적인 구원의 체험을 "실현된 종말론"으로 표현할 수 있다고 할지라도, 그것이 웨슬리가 미래적인 하나님 나라에 대한 기대를 현재 안에서 포기했다거나 혹은 하나님의 나라를 순전히 내면적이고 개인적인 차원의 것으로 만들어버렸다는 것을 결코 의미하지 않는다. 믿음으로 인하여 은혜로 의롭다고 인정을 받는다는 칭의에 관한 바울적이고 종교개혁적인 이해와 더불어 이러한 미래적인 차원을 확고하게 알고 있었던 웨슬리는 잘못된 방식으로 곧 사람이 핵심적인 기능을 담당하는 "하나님 나라의 사역"에 관하여 말하지 않는다. 웨슬리는 감리교인들이 외적이고 피상적인 경건생활에 머무르게 될 커다란 위험을 보고 있었다. 1771년의 한 편지에서 그는 감리교인들이 다음과 같은 사실을 잊고 있다고 탄식을 한다.[180]

> 하나님의 나라가 우리 안에 있으며, 그것이 우리의 기본원리가 되며 또 우리가 믿음으로 구원을 받았으며, 믿음은 모든 내적인 성화를 불러일으킨다.

---

178) 설교 26("산상설교 VI"), III, 8.
179) 설교 7("하나님 나라로 가는 길"), II, 1-13.
180) Letters V(ed. Telford), 289.

존 웨슬리는 그의 복음주의적인 설교에서도 이러한 그의 하나님의 나라 표상을 사용하였다. 그것은 "하나님 나라로 가는 길"이라는 그의 설교가 분명하게 보여준다. 그는 하나님 나라를 "참된 종교의 본질"로 소개하는데, 이 참된 종교는 외적인 형식이나 행동, 그리고 정통신앙이나 올바른 의견에 있는 것이 아니라, 의(하나님과 이웃에 대한 사랑), 평화(하나님과 구원의 확신) 및 성령 안에서의 기쁨(거룩함과 행복함)에 있다. 그는 하나님의 나라가 그리스도와 함께 그 당시처럼, 그렇게 오늘날에도 와 있다고 말한다.

> 그리스도의 복음이 선포되는 … 곳, 거기에 그의 나라는 와 있다. 여러분 중의 어느 누구도 거기에서 멀리 떨어져 있지 않다. 여러분이 "회개하라. 그리고 복음을 믿어라."고 여러분을 부르는 그 음성을 듣고자 한다면, 여러분 각자는 바로 이 시간에 그리로 들어갈 수 있다.[181]

인간에게 새로운 신분과 지위를 가져다주는 회개와 믿음은 삶의 실천으로 이어져야 한다. 그러므로 이 설교의 마지막에서 웨슬리가 다음과 같이 말하는 것은 너무도 당연하다.

> 당신은 지금 믿는가? 그렇다면 지금도 하나님의 사랑이 당신의 마음에 부어졌다. 당신은 그를 사랑한다. 그가 우리를 먼저 사랑하셨기 때문이다. 그리고 당신이 하나님을 사랑하기 때문에, 당신은 당신의 형제도 사랑한다. 그 때에 당신은 사랑, 평화, 기쁨으로 충만해지고, 또한 인내, 친절, 신실, 선함, 온유, 순결 및 동일한 영이 주는 모든 다른 열매들로 충만해진다.[182]

이중적인 의미(현재와 미래) 가운데 있는 하나님의 나라의 본질적인 내용과 총체적 개념이 사랑이라는 사실은 존 웨슬리의 하나님 나라 신학에 놓여 있는 가장 분명한 강조점이다. 교회와 그 지체들이 세상에서 갖게 되는 장소도

---

181) 설교 7("하나님 나라로 가는 길"), I, 1-13.
182) AaO II, 12.

이러한 강조점으로부터 주어진다. 하나님으로부터 멀어진 세상이 그로부터 돌아섰거나 혹은 그에 맞서 적대적일지라도, 세상은 하나님의 창조물이기 때문에, 세상도 하나님께 속해 있으며 그의 은혜 아래 서 있다.[183]

2) 교회의 섬기는 사명

구원을 창출하는 하나님의 현재를 경험하는 것 그리고 하나님의 나라가 지금 여기서의 삶을 위한 결정적인 의미를 가지고 있다고 확신하는 것, 이 두 가지는 봉사(Diakonie)의 원천이다. 하나님의 통치(나라)에 참여하는 것 그리고 하나님의 뜻을 실천하는 것은, 사회 전체의 인간들 사이에서 의와 사랑을 촉진하는 것을 포함한다. 프리드너(Th. Fliedner)의 디아코니 사역, 비허른(J. H. Wichern)의 사회적인 활동들 그리고 미국의 사회복음 운동 등, 이 모든 것들이 지난 세기 동안에 감리교의 사역을 강하게 형성했고 또 독자적인 사역의 형태로 이끌어갔다. 가난한 사람들과 권리를 박탈당한 사람들의 문제를 교회 자신의 문제로 만들지 않았다는 의식 속에서 또 자신의 삶에서 하나님의 선하심을 경험함으로써 사회 안에 있는 어려운 사람들을 받아들이면서, 그들에게 자신의 삶의 영역이나 혹은 특별히 세워진 기관들에서 필요한 도움을 베풀었다. 그럼으로써 교회는 칼 마르크스와 같은 비판자들이 제기한 비난을 부분적으로나마 대응할 수 있었다. 이러한 봉사를 통해서 교회는 기독교의 믿음은 거룩하게 보이는 것이 아니라는 사실을 분명히 드러냈다. 겉으로만 거룩하게 보이는 믿음은 인간이 처해 있는 고난의 늪을 내려다보기는 하지만, 그러나 실제적인 현실상황을 외면해 버린다.[184]

신약성서에서 디아코니(봉사; 섬김)는 예수와 그의 교회의 사명의 특징이다. "나는 섬기는 자로서 너희들 가운데 있다."고 예수는 제자들에게 말씀하셨다(눅 22:27). 그러나 그의 사역은 단지 그의 제자들이나 교회에만 해당되

---

[183] 웨슬리의 우주론에서 이원론적인 표상이 아무런 역할도 하지 못한다는 것은 특기할 만한 일이다. 그것은 하나님의 보편적인 은혜에 대한 그의 이해 때문으로 여겨진다.
[184] K. Marx, Zur Kritik der Hegel'schen Rechtphilosophie, MEW Band 1973, 378f: "종교는 억압받는 피조물에 대해서 한숨을 짓는 소리, 심장이 없는 세상의 감정, 영이 없는 상태의 영과 같은 것이다. 종교는 민중의 아편이다. 민중의 환상적인 행복인 종교를 제거하는 것이 민중의 현실적인 행복을 촉진하는 것이다. …"

는 것은 아니었다.

> 인자는 섬김을 받기 위하여 온 것이 아니라, 섬기기 위하여 그리고 그의 목숨을 많은 사람들을 위한 속전으로 주기 위하여 왔다.(막 10:45)

십자가의 죽음에서 완성된 사랑의 사역을 통해서 예수는 사람들을 하나님 나라에로 들어오게 하였다. 하나님 나라에로 들어올 수 있는 문은 예수의 사랑의 사역에 자신을 내맡기는 것뿐이다.

그러므로 다른 사람들을 섬김으로써 하나님의 나라에 자기의 자리를 얻어보려는 생각은 옳지 않다. 예수는 그런 생각을 전적으로 거부하였다(눅 10:35-36). 그 반대가 옳다. 하나님의 사랑을 체험하고, 그의 나라에 속해 있는 확신을 가짐으로써 다른 사람들을 섬기려는 동기가 생겨난다. 그러한 그리스도인은 그리스도인 됨의 가장 내면적인 본질인 사랑으로부터 생겨나는 방식을 실천하고 행동할 수 있다. 모든 기독교적인 봉사의 시작은 예수의 사랑이다. 예수 스스로 인간을 섬기는 자가 되었고, 하나님의 나라를 가까이 가지고 오셨다. 그러므로 그리스도인들의 섬기는 사역은 하나님의 나라를 가시적으로, 그러나 단편적으로 실현시키는 사건이다. 하나님의 나라를 그리스도인들을 통해서 계속될 뿐만 아니라, 인간과 창조세계를 향한 사랑으로 말미암아 일어나는 모든 섬김을 통해서 계속된다.

우리가 예수에게서 볼 수 있는 사랑의 사역의 흔한 형태가 식사의 교제라는 것은 결코 우연이 아니다. 예수는 인간을 그와의 식사교제에로 초대하고 또 공동체 안에서는 주님의 죽음을 기억하기 위하여 식사의 교제가 행해진다. 이러한 교제 안에서 모든 그리스도인들은 서로서로 굳게 결합한다. 주는 사람들과 받는 사람들, 부유한 사람들과 가난한 사람들, 건강한 사람들과 불편한 사람들, 영향력이 많은 사람들과 사회의 주변에 밀려난 사람들이 교회의 이러한 교제 안에서 함께 어우러져 산다.

도움을 받은 사람의 명예와 존엄성이 기독교적인 봉사의 본질적인 측면에 속한다. 존 웨슬리는 사람들, 특히 가장 가난하고 보잘것없는 사람들에게도 하나님의 사랑에 근거해서 하나님 앞에서 죄를 짓지 않기 위하여 감히 다툴 수 없다고 여겨지는 사람들과 동일한 방식으로 높여지고 존중되어야 한다는 점을 거듭 반복해서 강조하고 상기시켰다.[185] 하나님의 사랑을 받고 있는 죄인들과의 연대성으로 인하여 어떠한 종류의 낮추어보는 "자선(Caritas)"도 있어서는 안 된다. 우리가 가장 비참한 상태에 빠진 것이라도 하나님의 피조물이라는 사실을 알게 된다면, 우리는 그 피조물에 대한 올바른 입장을 갖게 될 것이다.

가장 가난하고 무시 받는 사람들과 연대하는 것은, 하나님의 무조건적인 사랑을 체험하는 것에 근거되어 있으며, 진정한 봉사의 특징이다. 이러한 봉사는 받은 것을 줄 뿐만 아니라, 줌으로써 또한 받는다. 이러한 봉사는 은사일 뿐만 아니라, 하나님의 사랑의 힘을 항상 새롭게 확인할 수 있는 은혜의 수단이기도 하다. 이러한 견해와 그로 인하여 형성된 태도로 인하여 웨슬리와 그의 공동체는 가난한 사람들에게 자기의 가치를 깨우치게 하는 데 성공할 수 있었다. 이러한 깨우침이 없이는 가난한 사람들은 사회적인 비참함으로부터 벗어날 수 없었을 것이다. 사랑의 사역은 주는 사람과 받는 사람을 모두 변화시킨다. 교회의 섬기는 사명을 바르게 인식함으로써 -이러한 봉사가 개인이나 그룹 혹은 제도나 기관을 통해서 실현되든지 간에- 예수 그리스도의 교회로서 그 정체성과 신뢰성이 논의의 중심에 서게 된다. 이것은 결코 교회의 주변적인 것이 아니라, 교회 본질의 문제다. 이 세상에서 예수의 제자들의 교회가 된다는 것 그리고 그것을 다른 사람들에 대한 태도에서 분명하게 드러나게 하고, 그럼으로써 그들이 치유와 구원을 얻게 하는 것은 간단한 것이면서도 동시에 가끔은 매우 어려운 것이다.

(1) 그리스도인들의 섬기는 삶

봉사는 사회적인 관계 영역에서 교회가 존재하는 것이다.[186]

교회는 이러한 봉사하는 삶을 통해서 교회적인 영역의 한계를 넘어선다. 교회가 살고 있는 세상을 위해서 그리스도인들은 "새로운 이해를 갖게 되었다. 다시 말해서 하나님이 세상을 사랑하시며, 그 세상을 위해서 그의 아들을 주

---

185) 설교 122("모든 사람을 기쁘게 하는 일"), II, 1; M, Marquardt, Praxis und Prinzipien, 33f.
186) Leitlinien zum Diakonat(1981), 1.3.

섰다는 사실을 발견한 것이다. 그러므로 교회는 말씀과 행위로써 세상에 복음을 전하고 선교를 한다. 사회적이고 봉사하는 행동은 이러한 새로운 관계의 표현이며, 하나님의 자비를 전달하는 것이다."[187] 그리스도인들이 받았고, 그래서 다른 사람들에게도 실천해야 하는 바로 그 동일한 사랑으로써 하나님은 세상을 사랑하신다. 이 사랑이 모든 사람들에게 결코 상실될 수 없는 그리고 결코 침해될 수 없는 존엄성을 주게 된다는 것을 그리스도인들은 확신한다. 모든 인간에 대한 이러한 가치평가로부터 "상호성의 윤리"[188]와 같은 어떤 것이 생겨나게 된다. 물론 이러한 상호성은 그리스도인들이 세상 사람들로부터 받은 모독과 차별을 그대로 암암리에 갚아주는 것에서 생겨나는 것이 아니다. 상호성의 윤리는 예수의 황금률에 그 뿌리를 두고 있다.

> 다른 사람들이 너희에게 행해 주기를 원하는 것을 너희도 그들에게
> 도 행하라!(마 7:12).

이로써 사람들이 서로 어울려 살 수 있는 새로운 출발점이 놓이게 되며, 사랑으로 말미암은 상호성의 근거가 세워진다.[189] 하나님과 결합함으로써 개개 그리스도인들과 기독교 공동체는 동시에 하나님의 사랑의 수혜자와 매개자가 된다. 그리스도인들은 사랑을 받는 원수들로서, 원수 사랑을 배울 수 있다. 그들은 용납된 죄인들로서, 이제 그들에게는 그들 자신의 권리가 중요한 것이 아니라, 하나님의 자녀들의 새로운 교제와 공동체가 중요하다. 그들은 자신들이 전적으로 하나님께 의존적인 존재임을 알고 있으며, 그러나 동시에 모든 인간을 위한, 특히 가난한 사람들을 위한(눅 6:20) 좋은 소식을 전달해야 하는 사명을 하나님으로부터 받았음을 알고 있다.

물론 이러한 길을 가는 것은 결코 쉽지 않다. 거기에는 많은 힘이 필요하고, 실망을 경험하기도 하며, 도저히 감사할 수 없는 상황을 겪기도 하고, 견딜 수 없는 짐을 지기도 하지만, 그런 것들이 없이는 도저히 그 길을 갈 수 없을 것이다. 그러한 길을 걸어가는 사람들은 하나님의 임재를 깊게 경험하고 또 다

---

187) T. Schaad, Wer glaubt, gehört zusammen, 17.
188) 감리교회의 감독들은 "창조의 보호"에 관한 서신에서 그렇게 말하였다.
189) Joachim Wiebering은 이러한 상호성의 윤리에 "파트너답게 사는 것"이라는 제목을 붙였다. 동일한 제목을 단 그의 책은 1985년에 동베를린에서 출판되었다.

른 사람들과의 만남에서 많은 경험을 하게 된다. 교회는 그러한 삶을 훈련하는 장이 된다. 교회에서 그리스도인들은 서로 깊은 유대감을 나누고 경험할 수 있게 된다. 감리교회의 사회신경의 서두에 이런 말이 나온다.

> 우리는 예수께서 주신 사명에 따라서 모든 사람들에게 복음을 전파하고 또 그들을 사랑의 교제 안으로 안내해야 한다. 우리는 그리스도 안에서 새로운 피조물이 되고, 우리들 서로 교제하고, 다른 그리스도인들과도 교제하고, 우리가 살고 있는 세상과 교제하며, 우리들을 하나님의 백성으로 드러내 보이도록 성령을 통해서 부름을 받았다. … 우리는 하나님의 용서하시는 사랑과 은혜에 대해서 감사한다. 이 사랑과 은혜는 우리를 살게 하며 또 심판한다. 이 사랑은 모든 사람들에게 결코 잃어버리고 침해당할 수 없는 가치를 부여한다. 그러므로 우리는 복음의 신실한 증인으로서 감당해야 할 사명을 늘 새롭게 해야 한다. 이 세상의 끝까지뿐만 아니라, 우리의 일상 삶의 깊이에 이르기까지.[190]

이러한 문장을 진지하고 바르게 고백하는 사람은 받은 은혜와 사랑에 감사함으로써 하나님이 주신 사명을 의무로 받아들이게 된다. 하나님을 신뢰하는 가운데 이러한 의무 속에서 서로 연대함으로써 그리스도인들은 세상에서 봉사하는 삶을 실천하는 힘을 얻을 수 있다.

감리교회의 첫 번째 사회신경(1908년)에도 언약체결이 포함되어 있었다. 교회의 이러한 자기의무는 특히 감리교 여성모임을 준비하게 되었다. 감리교 여성모임은 사회적인 어려움 속에 처해 있는 사람들과 직접 만남으로써 무엇이 문제인지를 잘 알게 되었다. 그들은 그 사람들이 고난의 상황에 처해 있음을 알고 있으며, 교회가 그들을 오랫동안 방치했다는 것도 알게 되었다. 그들을 사회적인 참여를 통해서 다른 사람들을 자극함으로써 그 시대의 사회적인 악을 제거하는 데 함께 동참하게 하였다.

봉사하는 삶은 사람들 가까이에서 사는 것이다. 이렇게 해서 "사회적인 사역을 위한 감리교 언약"이 생겨났다. 이 사람들에게 중요했던 것은 자기 나라

---

190) Soziale Grundsätze der Evangelisch-methodistischen Kirche, EmK heute 64, 1989, 4.

의 사회질서를 급격하게 변화시키는 것이 아니었다. 오히려 그들은 어떠한 질서도 정의를 보장하지 못한다는 사실을 깨달았다. 많은 가정들, 많은 그룹들과 계층들이 극심한 비참함 속에 빠졌고, 그리스도인들은 그것을 결코 외면해서는 안 되었다. 그래서 감리교회의 여성들에 이어서 곧바로 감리교회 내의 다른 그룹들과 운동들은 자기들의 사회 안에서 살고 있는 사람들과 연대하는 것을 교회의 의무로 알았으며, 그래서 가장 궁핍한 사람들을 찾아 나서기 시작하였다.

(2) 약자들을 위한 사역

약자들에 대한 사역은 실천의 형태가 각기 다를 수는 있지만, 결코 교회의 과제로서 논란이 된 적이 없다. 감리교회의 교회 규정에서도 마찬가지다. 교회는 "특별히 육체적인 고난 가운데 있는 사람들과 정신적인 어려움 속에 있는 사람들, 그리고 사회적으로 불의한 구조나 어려움 속에 있는 사람들"을 받아들여야 한다.[191] 아마도 그리스도인들이 약자들에 대한 사역이나 그들과 함께하는 사역에서보다 주님께 더 가까이 갈 수 있는 다른 길은 없을 것이다. 바로 이 점에서 감리교인들은 매우 가치 있는 유산 곧 사회의 극빈자들을 위한 웨슬리의 헌신에 참여해야 할 의무를 가지고 있다. "개개 그리스도인들의 선행에서 처음으로 나타나는 봉사는 웨슬리에게 있어서는 학교를 세우고, 가난한 사람들을 위한 약국을 개설하고, 교도소를 개혁하며, 노예제도를 폐지하는 것으로 나아간다."[192] 오늘날에는 약자들에 대한 사역은 부분적으로는 다른 목표그룹들이나 다른 형식을 갖게 되지만, 그러나 그 본질상 초대교회의 시대나, 중세시대 그리고 처음 감리교회의 극빈자 구호의 시대와 동일한 것이다.[193]

가난한 사람들을 위하여 복음을 선포하고, 그들을 돕는 행동은 본질상 서로 맞물려 있으며, 인간 지향적인 차원에서나 근본적인 형태에 있어서 서로 상응한다. 십자가의 말씀이 기독교 선포의 분명한 내용이듯이, 십자가의 말씀은 섬기는 사랑의 특징이며 동기다. 말씀과 행위, 증언과 섬김, 들을 수 있

---

191) LVO, 5.4: EmK의 봉사적인 사명.
192) G. Wainwright, Doxology, 392.
193) EmK의 봉사 활동에 대해서는 EmK-heute-Heft 77(1992년)에 나와 있다. 그밖에도 개체 교회들, 여러 가지 교회의 그룹들, 프로젝트, 구호기관들의 활동이 있지만, 이것들의 종합적 기록은 아직 없다.

는 복음과 볼 수 있는 복음이 결합될 때에 교회는 그리스도의 신빙성 있는 대리자가 된다. 교회는 자신의 생명을 많은 사람들을 위한 속전으로 내어주신 주님의 희생으로 인하여 생명을 얻었듯이, 예수를 따르는 중에서 희생을 감당할 준비가 되어 있는 사람들이 진정한 봉사를 할 수 있다. 믿는 사람들의 교제의 특징이라고 할 수 있는 받음과 내어줌으로 인하여 교회는 봉사적인 활동의 고향이며 지지점이 된다.

기독교적인 봉사는 하나님의 동일형상으로서의 인간 전체를 바라본다. 인간을 그렇게 바라보려고 노력함으로써 교회는 인간을 구분하려는 모든 범주들을 상대화시켜버린다. 그러므로 국적, 인종, 사회적인 계층 혹은 종교 등은 곤경에 처한 사람들을 도와야 할 경우에 어떠한 역할도 해서는 안 된다. 기독교적인 봉사의 특징은 자비다. 자비는 인간을 구별하지 않고, 오히려 모든 인간을 이웃으로 여긴다. 그리스도인들은 모든 인간 안에서 하나님의 동일형상을 보기 때문이다.

그리스도를 믿음으로써 실천되는 사랑은 선택적인 사랑이 아니며, 사랑할 만한 것을 우선시하는 사랑도 아니고, 오히려 연약한 사람들, 궁핍한 사람들을 사랑하는 사랑이다. 기독교적인 봉사의 이러한 특징은 우리를 향한 하나님의 사랑에 근거한 것이다. 여기에는 두 가지 차원이 있다. (1) 우리 스스로가 이러한 사랑의 수혜자다. 우리는 그런 사랑을 받을 가치가 있어서가 아니다. 우리가 특별한 자격을 가졌거나 업적을 행하였기 때문에 다른 사람들보다 먼저 하나님의 사랑을 받은 것이 아니다. 마치 우리가 하나님의 사랑을 받고 그와 교제를 나누는 존재로 예정된 것처럼 그렇게 우리는 사랑을 받았다. 모든 그리스도인은 이미 답변이 내려져 있는 질문을 스스로에게 제기하지 않을 수 없다. "당신이 받지 않고서 가진 것이 있는가?"(고전 4:7) 그러므로 기독교인들이 다른 사람을 도와줄 때에는 어떤 종류의 교만이나 무시도 있을 수 없다. 우리는 우리가 가지고 있는 것만을 나누어줄 뿐이다. 그리고 우리는 나누어 주기 위하여 가지고 있는 것이다.

(2) 하나님의 사랑은 사랑을 받은 것을 사랑할 만한 가치가 있는 것으로 만들어버린다.[194] 그러므로 하나님의 눈에는 사랑을 받을 가치가 없는 사람이라고는 없다. 기독교의 봉사는 이러한 하나님의 눈으로 사람들을 보면서 그

---

[194] M. Luther, Heidelberger These 28(BoA 5, 379).

들에게 가까이 다가갈 자세를 갖는 것이며 또 그럴 능력을 갖는 것이다. 그것은 예수에게서 분명히 드러나는 모습이기도 하다.

기독교인들이 특별히 심하게 궁핍한 사람들이나 장애를 가지고 있는 사람들에게 봉사하는 것은 결코 우연이 아니다. 그리스도인들은 이런 사람들을 자신들에게 맡겨진 것으로 인식하며 또 국가도 이러한 사람들을 자신들에게 맡기고 있다고 생각한다. 그러므로 봉사는 무시당하는 사람들의 편을 드는 것이 필요하고 의미가 있다면, 기꺼이 그들의 편을 드는 것이다. 부, 성공, 힘에 의해서 숨겨져 있는 사랑의 결핍을 겪고 있는 그러한 사람들도 하나님의 사랑을 필요로 한다. 사랑으로 받아들여짐을 경험함으로써 그러한 사람들은 자신들의 열등의식에서 벗어나서 스스로의 가치를 발견하고 삶의 상처에서 치유를 받게 된다. 그들은 자기 자신들이 하나님의 사랑을 받고 있는 사람들이라는 사실을 새삼 경험하게 되고, 그들의 숨겨진 재능을 새롭게 발견하게 된다.

그러나 우리가 유의해야 할 것이 있다. 만일 봉사가 원칙적으로 이 세상적인 행복으로만 시야를 제한할 경우에는, 봉사가 아무리 인간의 행복을 위한 것이라고는 하지만, 스스로의 사명을 부정하는 결과를 가져올 수도 있다. 인간은 하나님과의 새로운 관계를 맺지 않고서는 결코 구원을 받을 수 없다. 기독교의 봉사는 이러한 내적이고 궁극적인 목적을 그 근원과 더불어 결코 잊어서는 안 된다. 기독교 봉사의 역사적이고 영적인 근원이 가난하고 병들고 갇힌 사람들을 위한 예수의 사역에 있기 때문에, 그리스도인들은 그러한 사람들을 무엇인가를 주어야 할 사람들로만 보아서는 안 되고, 예수의 제자들이 되어서 살아가도록 도와주어야 한다. 재능은 궁핍에 도움이 되지만, 그러나 동시에 궁핍은 재능에 도움이 된다. 이러한 "다른 사람들을 위함"과 "서로 서로를 위함" 안에서 사랑은 생명력을 가지고 살아 있게 되며, 그리스도는 가장 보잘것없는 자매들과 형제들 안에서 분명하게 만나게 된다.

(3) 사회 안에서의 사역

감리교회 운동의 초기부터 감리교회의 사명을 요약적으로 드러내는 표어가 있었다. "인간의 영혼을 구원하고, 온 나라를 성화시키자."[195] 물론 이처럼

---

[195] 이 표어 자체가 웨슬리에게서 찾을 수 있는 것은 아니지만, 이 두 말의 결합은 웨슬리의 문헌들과 사회적-선교적인 활동에서 분명하게 읽어낼 수 있다.

짧은 문장에 반대하여 제기될 수 있는 많은 이의들에도 불구하고, 이 표어는 넓게 확대될 수 있는 감리교회의 사명을 잘 드러내고 있다. 여기서 드러나는 감리교회는 스스로의 구원에만 관심을 기울이는, 그래서 세상사를 외면하는 경건한 무리들의 작은 그룹이 아니었다. 오히려 이 표어는 세상 –그의 교회이기도 했다– 에 관한 웨슬리의 말씀을 그러한 과제로 바꾸어 말할 수 있었다는 사실을 분명하게 드러내고 있다. 세상과 거기에 살고 있는 사람들은 모두가 주님의 것이라는 사실은 성서적인 확신이기도 하다.[196] 하나님의 통치, 하나님의 나라는 창조된 실체의 전부를 포괄한다.

이러한 차원에서 우리는 하나님의 행동과 인간의 행동이 어떻게 함께 속하며 또 이 사회 안에서 그리스도인들과 교회의 사명이 무엇인지를 생각해야 한다. 그럼으로써 우리는 경건한 판타지나 따뜻한 내면이라는 자기가 선택한 세상 안으로 도피하려는 어떠한 시도도 거부한다. 우리는 우리에게 맡겨진 책임으로부터 결코 벗어나서는 안 된다. 그러므로 디트리히 본회퍼의 다음과 같은 말은 정당한 것이다: "세상과 하나님을 함께 사랑하는 사람만이 … 하나님의 나라를 믿을 수 있다." 이렇게 연결해서 볼 때에 기도와 행동은 두 개의 별개가 아니라, 그리스도인들의 서로 결합된 행동방식이다. "교회가 오늘날 하나님의 나라를 위하여 기도하는 시간은 교회로 하여금 이 세상에서 살고 있는 동시대 사람들의 번영과 타락 안으로 깊숙이 들어가도록 요청하며, 교회로 하여금 세상에 대해서 곧 비참함, 굶주림 그리고 죽음에 대해서 신실할 것을, 다시 말해서 세상의 자녀들이 될 것을 요청한다."[197] 그리스도인들의 사회적인 책임의 핵심적인 근거는 하나님과 그의 행동에 대한 믿음에 놓여 있다. 하나님은 창조자이시며, 예수는 모든 인간의 형제이기 때문에, 그를 믿는 모든 사람들은 사람들을 한 가족의 자매와 형제들처럼 대하여야 할 책임을 갖는다.

그리스도인들은 받은 자들이다. 그러므로 그리스도인들이 수행해야 할 사역의 내용은 예수의 사역 안에서 찾을 수 있다. 화해하시는 사랑 안에서 인간들을 진정한 그들의 소명으로 부르셔서 일하게 하시는 구원자로서 예수는 사람들을 서로서로 화해하는 자세와 입장으로 살아가게 하시며, 그럼으로써 그

---

196) 시 24:1; 고전 10:26.
197) D. Bonhoeffer, Dein Reich komme, Gesammelte Schriften III, 270-285. 이것은 본회퍼의 이 강연이 행해진 1932년과 마찬가지로 지금도 여전히 유효하다.

의 화해에 상응하는 삶을 살도록 부르셨다.[198] 하나님의 지키시고 화해하시는 행동은, 그의 나라의 보편성에 맞게, 의로운 사람이나 불의한 사람을 막론하고 모든 사람들에게 해당된다(마 5:45). 따라서 예수는 모든 사람들을 위하시며, 특히 버림을 받은 사람들을 위하신다. "그럼으로써 모두가 하나님의 나라에 참여할 수 있게 하려는 것"이다.[199] 그러므로 그의 원수들까지도 그의 사랑의 대상이 되며, 이러한 원수사랑은 원수들의 죄를 용서해 주는 데서 구체적으로 드러난다. 예수 그리스도는 인간을 위한 평화이며, 그는 "중간에 막힌 담 곧 원수 됨을 허물어 버렸다"(엡 2:14). 예수 그리스도는 하나님의 통치이며, 이 역사에서 그 통치의 핵심적인 실현이다. 예수 그리스도는 세상의 구원을 위한 하나님의 행동의 질적인 시간 곧 카이로스다.[200] 그러한 분으로서 예수 그리스도는 그리스도인들을 그의 새로운 사랑과 정의의 질서를 전하는 사자들로 부르셨다. 예수 그리스도와의 이러한 관계에서 그리스도인들은 말씀과 결단이 중요하며, 더 나아가서 하나님의 현존 안에서 신뢰하고, 이러한 신뢰부터 출발하는 행동이 중요하다는 것을 이해한다. 그리스도인들은 하나님의 행동을 알기 위하여 깨어 있어야 하고, 자기 정체의식을 분명히 가져야 하며, 하나님의 행동을 자신의 행동이 되게 해야 한다. 교회는 세상을 향하여 "모든 다양성 속에 있는 실재는 궁극적으로 하나, 곧 인간이 되신 하나님, 예수 그리스도 안에서 하나"라는 사실을 증언해야 한다. 창조 이래로 세상은 바로 이 예수 그리스도와 깊은 관계 속에 서 있는 것이다.[201]

하나님의 행동을 보면서 우리는, 어떻게 하나님께서 우리를 사용하시며, 그래서 인간을 위협하고 하나님의 창조세계를 침해하는 파괴적인 세력에 맞서서 싸우게 하시는지를 알게 된다. 하나님의 행동에 참여함으로써 다음의 두 가지가 일어난다: "옛 아담"은 하나님의 말씀을 통해서 죽었다; 그리고 하나님의 받아들이는 사랑을 통해서 새 사람이 자라난다. "그래서 하나님과 개인 사이의 관계만이 결코 중요한 것이 아니라, 인간의 상호 관계 안에 있는 하

---

198) S, Paul Schilling, Methodism and Society in Theological Perspective, New York/Nashville 1960, 특히 131f. 여기서 Schilling은 감리교회 전통 안에 있는 사회적인 의무에 대해서 설명하다.
199) T. Koch, Gesellschaft und Reich Gottes, in: Christlicher Glaube in moderner Gesellschaft, Band 28, 1982, 15.
200) P. Tillich, Systematische Theologie, Band III, 4123f. 참조.
201) D. Bonhoeffer, Ethik, 1988¹², 224.

나님의 통치가 또한 중요하다."[202] 루터에게서와 마찬가지로 웨슬리에게 있어서도 개인들 안에서 그리고 교회 안에서 하나님의 뜻을 실현하는 것만이 결코 중요한 것이 아니었다. 그들은 각기 나름대로의 방식으로 그리고 그들이 서 있는 사회와의 연관 속에서 사회적인 관계의 변화를 바라보았다. 학교체제, 의로운 경제 질서 혹은 공적인 책임 의식 등과 같은 주제들에 대해서 루터와 웨슬리가 비교할 수 있는 방식으로 접근하고 있는지를 알면 우리는 무척 놀라게 될 것이다. 물론 루터와 웨슬리 모두는 인간의 행동이 하나님의 나라를 가져올 수 없다는 사실을 잘 알고 있었다. 그렇다고 해서 그들이 기독교의 신앙이 가지고 있는 사회적인 과제를 의심한 것은 결코 아니었다.

교회는 속해 있는 사회 속에서 대안적인 사회로 살고 있다. 교회의 지체들은 교회와 사회에 동시에 속해서 산다. 교회는 의롭다고 인정을 받은 사람들, 화해된 사람들 곧 하나님과 평화 가운데 있는 사람들의 공동체다. 그리스도인들은 인간을 통해서 하나님의 사랑을 체험하였다. 이러한 경험이 그들의 행동을 결정한다. 그러나 사랑은 낯선 사람들, 생각이 다른 사람들, 생활이 다른 사람들과의 관계 안에서 그 힘을 보존하게 된다. 그러므로 그리스도인들의 사랑의 윤리는 정의, 평화 그리고 화해를 지향한다. 사랑의 윤리는 인간의 죄인 됨을 항상 고려한다. 사랑의 윤리는 체험된 용서로부터 출발하며, 자신의 죄를 고백하고, 자기비판을 수용하며, 다른 사람들의 약점에 관용할 수 있지만, 그러나 낯선 사람들의 죄를 헤아리며, 가능하고 의미가 있다면, 그 죄의 결과를 함께 감당할 자세를 갖추고 있다.

이처럼 매우 포괄적으로 이해되는 기독교의 사회봉사 사역은 항상 정치적일 수밖에 없다. 모든 사회에는 화해, 정의 그리고 관용으로 말미암아 자신들의 이익과 특권을 상실해야만 하는 인간이 존재하고 있기 때문에 화해, 정의, 관용을 위한 그리스도인들과 교회의 사역은 정치적일 수밖에 없는 것이다. 그러므로 불이익을 받는 사람들이나 변두리로 밀려난 사람들을 위하여 목소리를 높이는 사람은 적대감을 느낄 수밖에 없다. 그런 사람들을 위하여 일하는 사람들은 그들과 운명을 함께 나누어야 한다. 예수가 보여준 운명은 그런 것에 대한 무서운 대표적인 사례가 될 것이다. 오늘에 이르기까지 예수의 뒤를 따르는 무수하게 많은 사람들도 그러한 운명을 경험하고 있다. 사회적이

---

202) G. Seebaß, "Es komm dein Reich zu dieser Zeit und dort hernach in Ewigkeit", JbEB 29, 1986, 34.

고 정치적인 영향 때문에 기독교적인 봉사는 높은 자기비판을 통해서 순수성을 검증받아야 한다. 기독교의 사회봉사는 다른 운동들의 수레바퀴에 휩쓸려서는 안 되고, 인간의 행복 이외의 다른 목적을 추구해서도 안 된다. 교회는 민주적인 사회에서 윤리적으로 사용할 수 있는 모든 수단을 사용해서 가능하면 효과적으로 봉사의 사역을 감당해야 하며, 필요한 경우에는 정부나 관리들의 결정에 맞서서 저항할 수도 있다. 그리스도인들이 모든 차이들이 고통을 유발한다고 해서, 그 차이들을 없애고 평범해져버린다면, 결코 세상의 소금이 될 수 없다.

우리가 끝으로 말하고자 하는 이것도 웨슬리에게서 배울 수 있는 것이다. 다시 말해서 사회의 특성은 무엇이고, 그리스도인들이 섬기고자 하는 사람들은 어떻게 살고 있는지를 아는 것이 중요하다는 것이다. 이를 위해서 교회는 교회 바깥의 사람들과 접촉할 수 있는 기회를 활용해야 한다. 교회의 건물에는 – 상징적으로 말한다면– 두 개의 벽이 없어야 한다. 한편으로 교회는 보호하는 공간을 제공할 수 있어야 하고, 다른 한편으로 교회는 주변의 사람들을 바라보면서 그들과 접촉할 수 있어야 한다. 어떤 점에서는 병원들과 사회보호시설들이 그런 접촉점의 역할을 한다. 그러나 교회와 바깥에 있는 사람들의 연결은 제대로 되지 않는 경우가 많다. 교회는 교회적이거나 혹은 비교회적인 시설들 안에서 봉사 활동을 하기 위한 근거점이나 지지점이다. 교회로 돌아왔다가 사회로 나아가는 것은 기독교의 사회봉사가 생명력과 활력을 가질 수 있는 이중 운동이다. 이처럼 그리스도인들은 자신들의 사회봉사 사역을 통해서 사회를 관통하며, 그 사회 안에서 개개인과 보다 큰 집단의 행복을 위하여 활동하며, 그럼으로써 그리스도인들은 교회가 세상의 소금으로서의 과제를 바로 알고 실천할 수 있도록(마 5:14) 돕는다.

3) 교회의 윤리적인 사명

교회는 국가를 향하여 지속적으로 강력한 윤리적인 영향을 끼쳐야 한다.[203]

---

203) EmK의 사회신경, V. B, EmK heute 64, 17.

정치적인 경계가 의미를 상실하고 전제적인 체제가 유럽에서 힘을 상실한 시대에 공적인 활동을 위한 방향 설정의 욕구는 결코 작은 것이 아니다. 자유로운 결정이나 자유로운 행동이 자유롭다고 해서 그 자체로서 좋은 것이라고 말할 수 없다. 자유로부터는 선행도 나올 수 있고, 악행도 나올 수 있다. 시간을 두고 간다고 해서 어디로 갈 것인지를 아는 것은 아니다. 행동의 영역에서 있어서는 목적과 거기에 이르는 길의 결정은 항상 철저하게 생각해야 한다. 물론 교회라고 해서 그 목적과 길을 더 잘 알고 있다고 할 수 없다. 교회 스스로도 많은 잘못을 범했고 또 그에 대한 책임을 져야 한다는 점을 고려하면, 교회는 스스로를 너무 과대포장해서는 안 된다. 우리가 정직한 그리스도인이 되고자 한다면, 우리는 교회의 오류와 죄책에 대해서 고백해야 하며, 그러므로 우리의 윤리적인 원리가 절대적인 것이라고 주장할 아무런 근거도 권리도 없다. 공적인 영역에서 하나님의 뜻에 맞는 우리의 행동의 방향을 찾아가는 과정에서 우리는 비판적으로 우리들 자신으로부터 시작해야 하며, 그래서 진리를 위한 용기, 평화를 위한 희생, 미래의 세대를 위한 책임적인 자세가 결여된 곳이 어디인지를 스스로 물어야 한다. 그리스도인들과 교회의 죄는, 특히 최근의 독일 역사에서, 분명하게 규정되어야 하고 또 밝혀져야 한다. E. Herms는 독일의 역사에서 죄에 대한 물음은 두 가지의 형태로 제기되어야 한다고 지적하였다. "이미 범해진 … 죄에 대한 물음으로서, 그리고 오늘날도 여전히 우리가 범할 수 있는 죄에 대한 물음으로서."[204] 오늘날과 마찬가지로 이전에도 이러한 판단을 위한 척도는 모든 사회적인 질서를 위한 하나님의 뜻이다. 그것은 사랑의 형태로서의 정의[205]와 십계명의 사회 전체적인 의미를 말한다. 정의를 형성하고 보호하기 위한 개인적인 책임이 바로 인식되지 못하는 곳에서 죄가 생겨난다. 그밖에도 교회와 그리스도인들은 복음을 신빙성 있게 전하기 위한 책임을 또한 감당해야 한다.

죄, 고백, 회개를 구체적으로 규정하고 밝히는 것은, 용서의 길이 있고 또 죄를 잊어버리지는 않고 용서함으로써 살아가는 가능성이 있는 곳에서만 가능하다. 그것은 "예수 그리스도의 운명에서 드러난 하나님의 은혜의 뜻을 통해서 그리고 그 뜻 안에서 실질적으로 주어지며" 그리고 믿음의 체험으로써

---

204) Schuld in der Geschichte. Zum Historikerstreit, ZThK 85, 1988, 349-370(인용은 363).
205) 출 23:6; 사 9:6; 암 5:24; 잠 14:34; 31:9; 히 1:9 등.

증언될 수 있다. 그것은 "사적인 경우들에서 개별적인 양심의 죄의식에만 해당되는 것이 아니다. 그렇지 않다. 하나님께서 제공하는 은혜는 실제로는 항상 개인의 양심에 해당되기는 하지만, 그러나 개인들의 사적인 죄만이 아니라, 역사에서의 죄에게도 해당된다."[206]

이로써 우리는 교회가 일차적으로 스스로 지켜야 하는 척도를 어디와 연결해야 할 것인지를 이미 말한 셈이다. 윤리적인 척도는 성서에 있는 하나님의 뜻과 결부되어서 주어진다. 특히 사랑의 계명은 다양한 실천적인 측면들로 구체화된다. 각각의 상황에서 사랑의 계명은 정확하게 규정되어서 실천되어야 한다. 신약성서 시대와는 다르게 민주적인 국가에서 살고 있는 그리스도인들은 그들의 살고 있는 나라의 정치, 경제, 사회적인 구조들에 대한 책임을 나누어 갖는다. 가정이나 직업 혹은 공동체적인 삶에서의 의무들을 우선적으로 본다고 할지라도, 그리스도인들은 정치, 경제, 사회적인 책임에서 벗어나는 것이 아니다. 국가의 헌법을 통해서 그리스도인들은 스스로 "정부"의 한 부분이다. 바울은 이 정부를 3인칭으로 말하고 있지만, 오늘의 그리스도인들은 그들 스스로 정부의 한 부분이 되는 것이다.[207]

감리교인들은 교회의 윤리적인 의무를 일차적으로 교회 자체의 활동과 구조에 대해서 생각한다. 이러한 교회의 활동과 구조는 주변세계나 교회의 안팎에 있는 사람들과의 상호적인 관계와 관련되어 있다. 교회는 정치적인 영역에서는 물론이거니와 경제, 교육, 문화와 언론매체들의 특성들에 대해서도 책임을 함께 나눈다. 세상의 빛과 소금이 되어야 하는 사명은 이미 감리교 운동의 처음에서부터 그처럼 포괄적으로 이해되었다. 권력이 파괴적으로 또 불명예스럽게 사용되는 곳에서는 어디에서나 감리교인들은 다른 그리스도인들과 마찬가지로 희생자들의 대변인이 되어야 한다고 여겼으며, 직접적인 도움과 공개적인 활동을 통해서 어려운 사람들의 편에 서서 그들을 도우려고 하였다.[208]

---

206) E. Herms, aaO 370. J. Mehlhausen, Die Identifikation von Sünde in der jüngeren deutschen Geschichte, TfP 19, 1993, 3ff.도 참조.
207) 롬 13:1-7. 독일연방헌법 전문 제2단 20조에는 다음과 같은 말이 있고, 이것은 거의 모든 민주주의 국가 헌법에서도 찾을 수 있다: "모든 국가 권력은 국민으로부터 나온다. 국가의 권력은 국민에 의해서 선거와 투표에서 그리고 법률 제정, 집행 그리고 재판하는 특별한 기구를 통해서 시행된다."
208) 이러한 윤리적인 사명의 넓이에 대해서 존 웨슬리는 다음과 같은 유명한 말을 하였다. 감리교인들이라고 불리는 설교자들을 하나님이 세우신 목적이 무엇인가를 묻고 이어서 그에 대답한다: "어떤 새로운

감리교회의 사회적인 원리는 이러한 폭넓은 이해를 예시적으로 설명해 주고 있지만, 여기서 우리는 그것에 관해서 상세하게 다루지는 못한다. 특히 소수를 위한 공개적인 활동 –감리교회의 설교자들은 사형판결을 받은 사람들을 사형대에까지 동행하였으며, 라틴 아메리카의 기초 공동체의 사역 그리고 성화와 해방에 관한 신학적인 연결 작업에 이르기까지[209]– 은 원래적인 감리교회 신앙의 특징이었고, 지금도 그렇다. 물론 그렇게 활동하였던 사람들이 인정을 받지 못한 경우가 흔했고, 또 안정된 교회 안에서는 논란의 대상이 되기도 했다. 그러나 약한 사람들을 향한 이러한 활동이나 어떤 식으로 일어나든 간에 권력의 남용에 대해서 신학적–윤리적으로 비판하고 올바른 대안을 제시하고 실천해 나가는 활동은 결코 억압되어서는 안 된다. 그러한 활동은 복음의 이해를 바탕으로 한 것이며 감리교회에서는 항상 사랑의 실천과 실용적인 신학이 중요하기 때문이다.[210]

윤리적인 방향 설정을 위하여 독일의 감리교회는 여러 가지 경로를 통하여 입장을 공개적으로 표명한다. 대부분은 감리교회 최고 실행부의 위임으로 그리고 책임 하에서 이러한 문헌들이 작성된다.[211] 그밖에도 연회는 다른 정보를 제공하기도 하고 또 방향을 제시하는 문건들을 통과시키기도 하며, 감리교회가 참여하는 에큐메니컬 기관에서도 그러한 문헌들이 나오기도 한다. 감독의 메시지나 서신들도 감리교인들에게 중요한 윤리 문제에 대한 방향을 제시하며, 어떻게 행동할 것인지를 돕는다. 감리교 신학자인 M. D. Meeks는 "생명의 보존에 대한 물음"이라는 차원에서 국민적이고 국제적인 경제영역에 관한 많은 문헌들을 발표하였다.[212] 여기서 그는 국가와 경제의 새로운 방향 정립을 위하여 공헌해야 하는 교회의 사회윤리적인 과제를 위한 예를 제시하

종파를 형성하기 위한 것이 아니고, 민족을 개혁하고, 특별히 교회를 개혁하려는 것이며, 온 나라 위에 성서적인 거룩함을 확산하기 위함이다." (Large Minutes, Works³, Band 8, 299.) 이에 대해서는 L. O. Hynson, To Reform the Nation, 1984; T. W. Jennings, Good News th the Poor, 1990 참조.

209) T. Runyon(Hg.), Sanctification and Liberation, 1981.
210) 지금의 감리교회가 이러한 감리교회의 전통에 항상 충실한 것은 아니라는 사실은 여러 문헌들에서 드러나는데, 특히 EmK heute 52, 1987에 발표된 감독들의 "핵무기 위협과 의로운 평화에 관한 문서"와 감리교 신학자인 M. D. Meeks, God the Economist. The Doctrine of God and Political Economy, 1989를 참조.
211) 예를 들어서 "인위적인 태아조작과 생명과학에 대한 입장"을 표명한 EmK heute 54, 1987을 들 수 있다.
212)) God the Economist; ders., Gott und Ökonomie, in: Wirtschaftsrthik, Beiheft zur Berliner Theologischen Zeitschrift 1992, 13-28.

였다. 그는 "하나님의 경륜"이라는 성서적인 생각을[213] 근거로 해서 "하나님의 경제"를 다음과 같이 설명한다: 하나님의 경제는 "하나님께서 그의 피조물들에게 고향을 제공해 주려고 행한 행위들, 다시 말해서 죽음, 악, 죄에 맞서는 삶에 이르는 길을 그들에게 열어주려는 행위들"로 이루어진다.[214] 교회 자신은 "하나님의 경제"를 살아야 하지만, 그러나 "세상으로 하여금 특정한 삶의 영역에서는 시장의 논리와는 다른 논리가 있음을 확신하도록 설득해야 한다." 그리고 교회는 "다양한 종류의 경제적인 공동체의 건설을 위하여" 노력해야 한다.[215] 그러므로 교회는 이중적인 경제윤리적 책임을 가지고 있다. 한편으로 교회 스스로 생명의 보호를 위한 경제적인 활동의 모델을 만들어야 하고, 다른 한편으로 그것을 위하여 교회는 다른 공동체들과 결합하고[216] 대안적인 경제의 비전을 설명하고 확산시켜 나가야 한다.

교회의 이러한 구도와 공식적인 입장표명의 대상은 단지 교회들이나 개인적인 그리스도인들만은 아니고, 국가와 경제, 연구와 교육, 의료와 문화 등의 공적인 기관들이기도 하다. 그들의 결정은 많은 사람들의 생명과 권리에 결정적인 영향을 끼치기 때문이다. 정보를 습득하고, 자신의 사고와 행동을 검증하며, 책임의식을 가지며 필연적인 것이나 가능한 것을 행하는 것, 이 모든 것이 교회가 윤리적인 주제들에 대하여 입장을 밝혀서 이끌어가고자 하는 단계들이다. "우리는 우리 교회에 소속된 모든 사람들에게 우리들의 민주적인 국가와 자신들이 속해 있는 사회적인 그룹들 안에서 공개적인 의견 결집에 적극적으로 참여할 것을 호소한다. 그럼으로써 사람들이 우리의 윤리적인 견해에 귀를 기울이고, 우리의 견해가 중요한 비중을 차지할 수 있어야 한다."[217]

(1) 감리교회 - 자유교회

"자유교회"라는 표현은 매우 다양하게 해석될 수 있다. ("자유교회"나 "국가교회" 혹은 "민족교회"라는 말은 독일의 상황에서 나오는 것들이다. 전통적으로

---

213) 골 1:25; 고전 9:17; 엡 1:9-10; 3:2.9-10; 딤전 1:4 등.
214))Gott und Ökonomie, 18.
215) Meeks, aaO, 22-24.
216) "많은 문제들이 지역적으로는 해결될 수 없기 때문에, … 공동체들은 함께 조직해서, 마틴 부버가 세계적인 차원에 이르기까지 공동체들의 공동체들이라고 불렀던 어떤 것이 되어야 한다." (Meeks, aaO, 27.)
217) EmK heute 54, 8.

루터교회는 국가교회 혹은 민족교회로 불리며, 루터교회 목사들은 거의 관료에 가까운 의식과 삶을 산다. 루터교회 교인들은 태어나서 영아세례를 받으면서부터 교회에 적을 두고 있으며, 국세청은 루터교인들의 "교회세"를 수납하여 루터교회에 넘겨준다. 그러나 자유교회에 속한 성도들은 그러한 교회세를 거부하고, 스스로의 결단으로 교회를 선택하고, 그 교회에 스스로 헌금도 하면서 신앙생활을 한다. 지금 우리 한국의 교회들은 모두가 자유교회인 셈이다. 이 단락은 자유교회에 속한 독일감리교회의 입장에서 국가교회에 대조되는 자유교회의 자기이해를 다루고 있다: 역자 주)

① 대개 자유교회라는 표현은 "국가교회 혹은 민족교회에 대한 대립으로 이해"된다.[218] 그러나 이러한 대립은 독일감리교회의 출현에서는 별로 혹은 전혀 본질적인 역할을 하지 않았다. 다른 자유교회들(메노니트교회, 침례교회)과는 다르게 감리교회는 교리적인 대립이나 혹은 신자들의 박해를 피해서 도망하여 생겨나지 않았다. 그러므로 독일의 감리교회는 국가에 거부하는 입장을 가진 개신 교회가 아니다.[219] 감리교회는 개개인에게, 특히 약자들에게 평화롭게 살면서 직업을 가질 수 있는 공간을 제공하는 국가적인 질서를 보호하고 존중한다. 모든 국가적인 조치나 방침들로부터 사역의 자유를 확보하기 위하여 감리교인들은 자유교회 제도를 선호한다. 자유교회에서는 오로지 성도들이 교회의 형태와 사역을 결정한다. 독일에서 감리교회의 출현과 자유교회의 역사는 국가의 관리들에 의한 억압과 박해로 얼룩졌다. 관리들은 국가교회와 밀접한 관련 속에서 일을 했으며, 국가교회의 영향을 많이 받았다.[220] 물론 이러한 상황은 지난 수십 년 동안에 점차로 변하였고, 교회들의 연합 활동이 지속적으로 증가하였다. 그럼에도 불구하고 우리들의 집단적인 기억 속에는 국가와 교회의 너무 밀접한 결합이 평화에도, 인권을 지키는 데도 별로 도움이 되지 않는다는 경험이 남아 있다.[221] 국가 안에서 그리스도인이 사는 것을 위해서도 그들이 세상의 소금과 빛이라는 원리가 통해야 한다. 다시 말

---

218) H. Schwarz, Art. Freikirche, TRE 11, 550, 5-6.
219) 영국에서 이러한 문제의 역사적인 맥락에 대해서는 M. Edwards, The Place of Methodism in the Free Churches. A Short Historical Survey, in: ders., This Methodism. Eight Studies, London 1939, 115-128을 참조.
220) E. Geldbach, Freikirchen -Erbe, Gestalt und Wirkung, 1989, 108ff.; ders., Art. Freikirche, EKL³, I, 1359-1362.
221) K. Marti의 시집 "Schon wieder heute"(1982)에 있는 시 "스위스에 하나님 나라?(Reich Gottes in der Schweiz?)"는 우리에게 많은 생각할 점을 제공한다.

해서 정치적인 공동체의 행복을 위한 그리스도인들의 근본적인 공헌은 그들의 존재방식과 태도에 있다는 뜻이다. 그러한 존재방식과 태도를 통해서 그리스도인들은 하나님께서 이 세상에 계심을 증언하고 또 세상을 위한 하나님의 뜻에 관하여 증언한다. 그럴 때에 그리스도인들은 이러저러한 중요한 주제에 대해서 복음으로 검증을 받은 그리고 인간의 행복을 위한 발언을 할 수 있게 된다. 인간의 삶과 창조세계가 위협을 받거나 혹은 상처를 입고 파괴된다면, 그러한 발언은 항의(Protest)하는 성격을 갖게 된다. 교회의 발언은 사회와 국가 안에서 책임을 분명하게 인식하고 하나님의 뜻에 합당하게 행동하는 사람들을 격려하고 강화시켜야 한다.[222] 우리들의 사회참여의 목표는 궁극적으로 우리들 자신의 관심을 관철하는 것이나 우리들 자신의 삶을 촉진하는 것이 아니라, 우리의 섬김을 필요로 하는 사람들을 섬기는 것이다.

② "자유교회"는 특정한 기독교적인 확신을 가진 사람들에 의해서 자유롭게 결성된 교회라는 의미로 이해될 수도 있다. 오늘날에 이르기까지 믿음의 사람들은 그런 식으로 모임을 가지면서 그들의 방식대로 경건과 믿음의 삶을 살아왔다. 이는 민족교회적인 상황에서도 드물지 않게 일어난다. 물론 그곳에서는 이것이 결정적인 것은 아니지만, 그래도 대교회의 존재방식에 대해서 의식적으로 거리를 두면서 일어났다. 민족교회적인 전통에서는 교회소속은 당사자 자신의 결정과는 상관없이 주어진다. 그러나 자유교회는 그리스도와 함께 하는 삶을 위한 개인적인 결단을 포기할 수 없는 믿음의 자유를 강조하면서, 이러한 자발적인 교회의 모델이 복음에 근접해 있는 것으로 이해한다. 살아 있는 믿음을 발견한 사람들을 추구하는 자기결정의 자유는 민족교회적인 자기이해와는 합치될 수 없었다. 민족교회적인 자기이해에 따르면, 영아세례를 받은 모든 사람들은 교회의 입교인이 되며, 또 그들이 그 교회에 속하고자 하는지 여부에 대해서는 결코 묻지 않는다. 이러한 전제하에서 결단의 자유를 활용하는 사람들은 교회를 떠나는 사람들이었고, 자신의 개인적인 믿음으로 인하여 교회 안에 남아 있고 싶은 사람들은 아니다.

물론 자신의 어떤 추가적인 행동이 없이 그냥 있는 그 자리에 머물 수 있는 자기 결단을 인정해야 한다는 반론이 있을 수 있다. 이러한 반론에 대해서는

---

[222] 정치적인 공공성을 형성하는 데 교회가 참여하는 새로운 구도를 제기한 것은 미국의 감리교 신학자인 W. J. Everett였다: God's Federal Republic. 이 책의 독일어 번역판은 1991년에 나왔다.

나중에 보다 자세히 언급하게 될 것이고, 우선 여기서는 다음과 같은 두 가지만을 말하고자 한다. 첫째, 민족교회적인 상황에서는 기독교의 믿음에 대해서 독자적인 긍정 없이 교회의 성인 입교인이 될 수 있다는 인상이 생겨난다. 과거에 영아세례를 받은 모든 사람들이 교회 안에서 모여 남아 있는데, 그것도 믿음의 확신이나 삶을 살아가지 않고서 그렇다. 이것은 민족교회가 자신의 구조를 통해서 일으키는 인상이고, 이러한 인상은 교회의 실질적인 형태에 전혀 근거가 없는 것은 아니다. 둘째, 현실적인 민족교회의 상황에서 교회 소속에 대한 자유로운 결단은 교회에서 탈퇴할 때 사용된다. 민족교회에서는 교회 소속에 대한 구조적인 결단의 가능성이 없이, 태어나면서부터 이미 있었던 그 교회 안에서 믿음을 찾게 된다. 그러나 이러한 구조는 기독교 신앙의 본질적인 특징에 어긋나는 것이다. 하나님의 부르심에 대한 인간의 자유로운 응답과 그러한 응답을 가능하게 하는 것이 기독교 신앙의 본질에 속한다.

다른 한편으로 우리는 자유교회적인 오해에 대해서도 말해야 한다. 교회는 사람들의 자유로운 결성에 의해서 생겨나는 것이라는 오해다. 만일 그렇다면, 교회는 인간적인 결단과 행동의 산물이 될 것이다. 그러나 예수의 교회는 오로지 성령의 활동을 통해서 생겨나고 또 존재한다. 성령은 교회를 존재하게 하며, 그리스도의 몸으로 세우고, 하나님의 백성으로서 약속의 목표에 이르기까지 인도한다. 이러한 점에서 인간은 오로지 성령의 도구일 따름이며, 예수 그리스도의 교회는 오직 하나뿐이고, 그러므로 "새로운" 교회를 세우거나 혹은 기존의 교회를 분열하고자 하는 인간적인 생각에 좌우되지 않는다는 사실을 한 시도 잊어서는 안 된다. 사람들을 믿음으로 부르고, 교회 안에서 교제하는 삶을 살게 하라는 예수께서 부여한 사명과 독자적인 교회 형성을 위한 인간적인 결단은 매우 조심스럽게 구분되어야 한다. 사소한 이유로 인하여 너무 자주 교회들이 분열되었는데, 그것은 감리교회의 역사에서도 결코 예외가 아니었다. 이러한 분열은 나중에서야 어떤 식으로든 합리화하려고 하지만, 그것은 결코 바람직하지 않으며, 다시 연합함으로써 극복되기도 하였다.[223] 개인적인 신앙의 자유라는 개신교적인 원리는 오염과 남용으로부터 항상 보존될 수 있는 것은 아니었다.

③ 자유교회에 관한 감리교회적인 이해는 국가에 대한 대립이나 혹은 민족

---

223) K. Steckel, E. E. Sommer(Hg), Geschichte der Evangelisch-methodistischen Kirche, 32ff. 참조.

교회적인 구조에 대한 비판에 방향을 맞춘 것은 아니고,[224] 오히려 교회에 관한 우리 자신의 이해에 맞추어진 것이다. 교회는 하나님의 행동을 통하여 생겨났고 또 생겨나고 있다. 하나님은 사람들에게 은혜를 베풀고, 그들로 하여금 그의 사랑을 경험하게 함으로써, 그들로 하여금 믿음의 응답을 할 수 있게 한다.[225] 부르심과 응답, 사랑과 보답하는 사랑, 은혜 베풂과 신뢰 등은 하나님의 앞서 주시는 창조적인 행동과 인간의 받아들임과 반응이 서로 맞물려 있음을 드러낸다. 성도들의 삶의 역사에서 나타나는 많은 다양한 형태들에도 불구하고, 이러한 사건의 구조는 언제나 동일하다. 항상 하나님의 창조적인 사랑의 행동이 먼저 일어나고, 이 하나님의 행동은 새로운 하나님 관계를 가능하게 한다. 이러한 하나님의 행동에 의해서 해방된 인간은 신뢰하는 반응을 보이며, 이러한 인간의 신뢰하는 반응은 하나님의 행동이 자신에게 실제적인 현실이 되게 한다. 인간의 존재 전체에 해당하는 이러한 영적인 사건의 구조는 감리교회의 자기이해 안에서 나타난다. 용서의 선언으로서 그리고 자녀로 받아들여짐으로써 나타나는 하나님의 앞서 주시는 사랑은 복음의 선포와 세례에서 경험하게 되며, 성도들의 자유로운 응답은 개인적인 신앙고백과 교회 안으로 들어오는 것으로 나타난다. 이러한 사건은 그리스도인들의 삶에 나타나는 변화와 굳게 결합되어 있다. 그리스도인들의 삶의 변화는 전(前) 역사와 후(後) 역사를 가지고 있으며, 개인에 따라서 각기 상이하게 전개되고 의식될 수 있다. 그러나 그러한 변화는 하나님께서 자신을 믿는 사람들과 함께 하시는 "끝이 없는 역사"의 시작이라는 점은 누구에게나 동일하다. 성도들의 자유롭고 독자적인 응답에는 하나님의 구원사건을 고백적으로 긍정하는 것뿐만 아니라, 교회 안에서 자발적으로 함께 복음의 확산을 위한 사역과 사랑의 사역을 감당하는 것도 포함되어 있다. 이러한 의미에서 교회는 오로지 자유교회로서만 존재할 수 있다. 다시 말해서 자신의 부족함으로 알고, 하나님의 사랑을 알며, 또 그 둘을 아는 가운데 다른 사람들을 위하여 살려고 노력하는 사람들의 교제로서만 교회는 존재할 수 있다.

---

224) 이미 말했듯이, 우리는 국가와 교회는 서로 독립적이어야 함을 분명히 하며 또 민족교회적인 구조에 대해서는 확실한 근거에 의거해서 비판한다. 그럼에도 불구하고 우리의 교회 이해는 그런 비판으로부터 출발하는 것은 아니다.

225) W. Klaiber, Volkskirche und Freikirche -eine fruchtbare Spannung im Protestantismus, in: U. Hahn(Hg), Der Glaube hat Zukunft. Perspektive für eine evangelische Kirche von morgen, 1991, 156-166 참조.

이로써 감리교회는 스스로를 엘리트적인 "순전한 공동체"로 이해하고 있지 않음이 분명해졌다. 오히려 정반대다. 감리교회는 "소종파적인" 교회가 전혀 아니며, 어떠한 특별한 교리도 꺼리며, 모든 사람들에게 개방된 전형적인 교회다. 그러므로 감리교회는 교회들의 전체적인 조화 속에서 자신의 정체성을 분명히 인식시키는 데 어려움을 느낀다. 그런 점을 고통스러워하는 것도 감리교회적인 것이 아니고, 하나님의 사랑의 보편성을 불평하는 것도 역시 감리교회적인 것이 아니다. 감리교회가 하나님의 사랑의 도구로 사용되는 한, 감리교회로서의 정체성이나 존재를 결코 염려하지 않는다.

(2) 감리교회와 국가

우리는 여기서 국가 질서가 역사적으로 어떻게 발전되었는지 혹은 국가의 기원에 관한 다양한 이론에 대해서 언급하려는 것이 아니다. 정치적인 공동체의 많은 문제에도 불구하고 우리는 여기서 국가행위에 대한 신학적인 전망들에 대해서만 다루게 될 것이다.

웨슬리가 미국의 독립이 인정된 후에 미국에 있는 감리교적인 공동체들이 독립적인 교회가 되려고 한다는 사실을 알았을 때, 그는 그들에게 소위 "주일예배"[226]라는 예전과 "믿음의 조항"이라는 감리교적인 교리의 근본토대를 제공하였다. 1784년 감독 감리교회의 설립 이래 이 믿음의 조항들은 감리교회 안에서 기본이 되는 신앙고백으로 통한다. 이 믿음의 조항은 영국 국교회의 39개 조항들을 줄이고 개정해서 25개 조항들로 구성되었다. 웨슬리가 이 조항들에 새롭게 첨가한 유일한 조항은 "정부에 관하여"라는 조항뿐이었다(제23조).

> 하나님으로부터 오지 아니한 정부는 없기 때문에, 모든 그리스도인들은 양심을 위하여 그들이 살고 있는 나라의 정부와 법을 마땅히 존중하고 복종을 해야 하며, 그래서 평화로운 시민임을 입증해 보여야 한다.[227]

---

[226] "The Sunday Service of the Methodists in North America, with Other Occasional Services." 이 예전의 근본이 된 것은 "Book of Common Prayer"였다. 더 상세한 것은 N. B. Harmon, Art. Sunday Service, Encyclopedia of World Methodism, Band II, 2281-2283; F. Baker, John Wesley and the Church of England, 1970을 참조.
[227] 웨슬리의 본문은 곧바로 실천되었고 미국적인 민주주의의 정치적인 질서에 적용되었다.

사도 바울이 로마서 13장에서 한 말씀에 의지해서 웨슬리는 북아메리카에 있는 영국의 식민지에서 혁명적인 변화가 일어나는 것을 받아들이기 어려웠고, 미국의 감리교인들에게 새로운 정부에 복종할 것을 요구하였다. 웨슬리는 헌법적인 군주제를 확고하게 지지하는 사람이었다.

바울이나 루터와 마찬가지로 존 웨슬리는 기존 국가의 질서가 시민들의 행복을 위하여 봉사할 뿐만 아니라, 하나님의 뜻에도 합당한 것이라는 확신을 가지고 있었다. 인간사회의 자연적인 상태가 만인의 만인에 대한 전쟁이라는 토마스 홉스의 견해[228]에 동의하지 않는다고 하더라도, 죄의 조건하에 있는 인간사회에 대한 실질적인 평가는 인간 관계의 규정을 위하여 국가적인 질서가 필수적이라는 방향으로 나가지 않을 수 없다.

그러한 질서를 가진 공동체가 하나님의 뜻에 합당하다는 확신에는 국가적인 질서의 구체적인 형태가 내용적으로 하나님의 뜻에 부합되는 분명하게 말할 수 있는 목표를 지향해야 한다는 생각도 포함되어 있다. 사도 바울은 정부와 국민들 사이의 다양한 상호 행동에 관해서 말하면서, 국가의 권력에 분명한 윤리적인 목표를 제시한다. 이 목표에 의해서 국가의 권력은 평가되어야 한다. "권력을 가진 사람들 앞에서 선한 행위로 인하여 두려워해야 하는 것이 아니라, 악한 행위 때문에 두려워해야 한다. 너는 권세를 두려워하지 않으려느냐? 그러면 선을 행하라. 그러면 너는 권세로부터 칭찬을 받을 것이다. 권세는 네게 선을 이루는 하나님의 종이다. 그러나 만일 네가 악을 행한다면, 두려워하라. 권세가 공연히 칼을 차고 있는 것이 아니기 때문이다. 권세는 하나님의 종으로서 악을 행하는 자에게 형벌을 집행한다."(롬 13:3-4) 기독교의 역사에서 이러한 목표와 척도에 어긋나는 정부에 대해서 끊임 없는 저항과 항의를 가져오게 하는 뇌관이 이 말씀 속에 담겨져 있다.

잘 알려진 베드로의 항변에 따르면,[229] 그리스도인들의 양심은 한편으로는 복종하면서 법과 질서를 잘 따르게 하지만, 다른 한편으로는 국가의 질서에 대항하고 복종을 거부하게 이끌어갈 수도 있다. 감리교회의 견해에 의하면, 모든 시민, 특히 약자들의 권리를 보호하는 것은 선출되거나 임명된 관리의 권력유지보다 우선한다. 잘 알려져 있는 하나님의 뜻과 연결되어 있는 양심

---

[228] T. Hobbes, Leviathan, Kap. 13.
[229] "우리는 사람들에게보다는 하나님께 더 순종해야 한다."(행 5:29)

이 침해를 당할 때, 국가기관에 대한 복종은 한계점에 도달한다. 그러한 상황을 변화시키기 위한 "모든 법적인 가능성이 사라진다면, 우리는 불의한 것으로 여겨지는 법에 대해 불복종하는 한이 있더라도 개인의 권리를 인정한다." 그리스도인 스스로가 폭력을 포기해야 하고 "그의 불복종의 대가"를 스스로 감당해야 한다. 그리스도인들은 합법적으로 제정된 법률과 질서가 윤리적으로 타당할 경우에는 기꺼이 따를 것이다. 국가 공동체는 국민들의 내적인 동의와 적극적인 지지 없이는 하나님으로부터 부여받은 과제 곧 법과 자유 그리고 평화를 지켜야 하는 과제를 수행할 수 없다. "지구상에서 잘 다스려지기를 하나님은 원하신다. 그러나 하나님은 세상이 독재자들과 경찰국가에 의해서 다스려지는 것을 원하지 않으신다. 하나님은 선행을 칭찬하고, 그럼으로써 악행을 구분하는 국가를 원하신다. 국가의 행위 자체가 이러한 구분에 의거해서 평가될 때에만 국가는 신뢰를 받으면서 행동할 수 있다."[230]

그러므로 권력을 가진 사람들에게 그들이 행해야 할 의무를 상기시키는 예언자적인 사명이 교회의 중요한 과제에 속한다. 존 웨슬리의 확신에 따르면, 국가 권력을 가진 사람들은 그들의 결정에 있어서 "하나님께 책임적이어야 한다. 하나님은 어떤 권력자에게도 그의 부하들의 시민적인 자유나 종교적인 자유를 빼앗는 것을 허용하지 않는다. 권력의 정당성과 책임은 하나님과 분리될 수 없다. 그러므로 웨슬리는 어떤 종류의 권력 남용에도 반대하였다."[231] 물론 이러한 생각이 웨슬리의 문헌에서는 상세하게 논구되지 않고 있다는 사실을 우리는 알아야 한다. 웨슬리에게 있어서 국가의 권력은 기존의 국가의 형태와는 상관없이 하나님에 의해서 주어진 것이었다. 설교자들은 정치적인 의견 표명을 자제하라고 웨슬리는 자주 경고하였는데, 이 경고는 웨슬리가 영국의 입헌 군주제와 시민의 권리를 세상에서 가장 자유로운 질서들 중의 하나로 여기고 있다는 점에 근거된 것일 뿐만 아니라, 프랑스에서의 혁명과 왕권을 폐지하고 민주주의를 도입하려는 노력이 기독교에 반대하는 싸움과 결합되어 있었다는 사실에도 근거되어 있다. 다른 한편으로 웨슬리는 정부는

---

[230] E. Jüngel, "Jedermann sei untertan der Obrigkeit…"Eine Bibelarbeit über Römer 13,1-7, in: E. Jüngel, R. Herzog, H. Simon: Evangelische Christen in unserer Demokratie, 1986, 29.
[231] M. Marquardt, Praxis und Prinzipien, 132. 이러한 교회의 윤리적인 의무를 "바르멘 신학선언"의 5번째 테제에서도 발견할 수 있다. 그에 따르면, 교회는 "하나님의 나라, 하나님의 계명, 하나님의 정의를 상기시켜야 하며, 그럼으로써 다스리는 자들과 다스림을 받는 자들의 책임을 상기시켜야 한다."

시민들에게 하나님께 불복종할 것을 강요하지 않는 한, 그들에게 충성을 요구할 수 있다고 강조한다.[232]

이 마지막 유보사항에 대해서 독일감리교회가 발표한 사회적인 원리는 다음과 같이 말한다.

> 우리가 하나님과 결합됨으로써 척도가 생기며, 국가에 대한 책임의 의무를 가지며, 거리와 협력이 가능해진다. 이러한 윤리적인 근거에 실천적인 근거가 첨가된다. 어떤 정치적인 체제의 힘은 그 시민들의 건설적이고 비판적인 참여에 달려 있다.[233]

그리스도인들로서 우리는 다른 시민들과 함께 국가의 형태로 인정한 민주주의 안에서 살고 있다. 민주주의는 알려진 다른 정치체제보다는 인간에 대한 기독교적인 이해에 근접해 있다. 사회원리는 이러한 현실을 감안하고 있는 것이다. 오늘날 우리들은 다스림을 받는 사람들일 뿐만 아니라, 동시에 다스리는 사람들이기도 하다. 그러므로 우리는 사도 바울의 말씀이 민주주의적인 국가에서 살고 있는 교회에 어떻게 이해될 수 있는지 깊은 사고를 해야 한다.[234] 오늘날 그리스도인들의 정치적인 삶은 "세상의 일상생활에서 드리는 예배"에 속한다(롬 12:1-2). 하나님과의 결합 속에서 우리는 "국가가 사회적인 질서를 유지하는 중요한 기능을 가지고 있음을 인정하며, 우리들이 동역자들로 부름을 받았다고 알고 있다."[235] 그러나 국가 권력은 시민들의 명예와 권리를 보호하고 지키며, 평화롭고 의로운 공존을 위하여 필요하고 가능한 것을 행해야 하는 사명에 합당하게 집행되어야 한다. 권력의 남용과 오용은 가능한 방지되어야 한다. 이러한 남용이 여전히 나타난다면, 그것은 직위해제를 할 수 있는 도덕적인 근거가 된다. 그리스도인들은 이 점을 항상 기억해

---

[232] M. Marquardt, aaO, 151-158.
[233] Soziale Grundsätze, 17.
[234] 바울의 말씀이 지배를 받는 사람들에게만 주어진 것이고, 다스리는 사람들에게 주어지는 말씀이 없기 때문에, 이 말씀은 지난 역사에서 흔히 피지배층의 교육을 위한 것으로 오용되어 왔다. 이에 대한 책임을 사도 바울에게 돌려서는 안 된다. 로마서의 다음과 같은 문맥을 고찰함으로써 그런 오해를 가장 잘 막을 수 있다. 하나님은 그의 의를 선물로 주셨다. 그의 사랑은 율법을 성취하였다. 하나님의 구원 활동은 유대인과 이방인들에게 일어났다. 그러므로 하나님은 연약한 사람들로 하여금 그들의 무력함 속에 머물게 하기 위하여 권력을 가진 사람들의 편에 서 있는 것이 아니라.
[235] Soziale Grundsätze V. EmK heute 64, 17.

야 한다. 그러나 정치적인 자유재량이 더 이상 문제가 되지 않는다면, 또 하나님의 계명이 정치적인 영역에서 침해된다면, 특히 이러한 침해가 우연하거나 일시적인 것이 아니라, 의도적이고 계획적으로 일어나는 곳에서는 그리스도인들과 교회는 공개적인 입장을 표명해야 한다. 이러한 공개적인 입장 표명은 좁은 의미에서 국가 영역에만 국한되는 것이 아니라, 국가 안에서 권력을 집행하거나 잡고자 하는 정당들이나 정치적인 운동들에 대해서도 마땅히 일어나야 한다.

하나님의 두 가지 통치 방식에 관한 루터의[236] 구분에 입각해서 감리교인들은 다음과 같이 말할 수 있다: 한편으로 하나님은 죄와 그 결과들을 잠재우면서 세상을 통치하시고, 다른 한편으로는 죄책을 용서하시고 또 죄의 힘을 극복하심으로써 통치하신다. 죄와 그 힘의 극복은 복음의 활동을 통해서 일어난다. 복음은 성령을 통해서 인간의 마음을 새롭게 만든다. 죄와 그 결과들을 제한하고 잠재우는 일은 하나님의 위임하에서 죄의 힘을 사용하는 사람들을 통하여 일어난다. 하나님이 세상을 통치하시는 두 가지 방식의 구분은 소위 두-나라-이론의 형태 안에서 세상사의 영역에서 하나님의 말씀의 요청을 배제하고, 그러한 요청의 영역을 오로지 교회로 제한하는 결과로 이끌어가곤 하였다. 거꾸로 그러한 구분을 하지 않으면, 교회와 사회를 구분하지 않고 뒤섞어버리게 되는데, 이 경우에는 세상의 통치자가 교회의 최고 지도자가 되기도 하고 혹은 교회의 지도자들(감독)이 실질적으로 세상의 통치자 역할을 하기도 한다. 그것은 오늘날까지도 그렇다. 그러므로 세상에 대한 하나님의 두 가지 통치 방식 사이를 구분하면서도, 그 둘 사이를 분리시키지 않는 것이 중요하다. 앞에서도 언급한 바르머 선언의 제 5 테제는 간략하지만 분명하게 이렇게 말하고 있다: "우리는 국가가 자신에게 맡겨진 특별한 사명을 넘어서 인간 삶의 유일하고 전체적인 질서가 되어야 하고, 그래서 교회의 본분까지도 이루어야 한다는 잘못된 교리를 거부한다. 우리는 교회가 자신에게 맡겨진 특별한 사명을 넘어서 국가적인 방식, 국가적인 과제 그리고 국가적인 명예를 갖고자 하며, 그럼으로써 스스로를 국가의 기관으로 만들어야 한다는 잘못된 교리를 거부한다."[237]

---

[236] 특히 루터의 문헌 "Von weltlicher Obrigkeit"와 그의 산상설교 해석에서 그렇다. W. Härle, Luthers Regimentenlehre als Lehre vom Handeln Gottes(MJTh 1, 1987, 12-32) 참조.
[237] A. Burgsmüller/R. Weth(Hg), Die Barmer Theologischer Erklärung, 1983, 38.

우리는 다음과 같이 요약할 수 있다. 창조주와 구원주로서 하나님은 세상에서 두 가지 방식으로 행동하신다. 세상과 그 안에 있는 모든 것을 선하게 창조하신 분으로서 하나님은 인간의 죄에도 불구하고 세상을 지키시기를 원하신다. 그러므로 하나님은 그의 피조물들에게 생명보존을 위한 필수적인 모든 것을 지속적으로 주신다. 세상적인 기구들은 하나님의 이러한 보존하시는 사역에 봉사하여야 한다. 그들의 과제는 인간과 다른 생명체들의 생명영역을 보호하는 것이다. 이를 위하여 국가에, 정부에 권력을 집행하는 권리가 주어졌다(롬 13:1-2). 바울, 루터 그리고 웨슬리는 국가의 권력이 악용될 수 있다는 사실을 너무도 잘 알고 있었다. 그럼에도 불구하고 그들은 하나님께서 세상을 보존하시기 위하여 사용하는 도구로서 국가권력이 존재하는 것이 하나님의 뜻이라는 사실을 확신하였다.

하나님은 화해자와 구원자로서도 이 세상에서 행동하신다. 그리스도 안에서 하나님은 죄를 범한 세상을 자신과 화해하게 하시고, 모든 사람들에게 복음의 선포를 통해서 용서와 평화를 제공해 주신다. 하나님의 화해하시는 행동의 도구는 성도들의 교제 곧 교회다. 이러한 성도들의 교제를 지배하는 것은, 특정한 자세를 강요하고, 다른 자세를 금지하고 징계하는 율법이 아니라, 자유롭게 하고 새로운 삶을 가능하게 하는 복음이다. 교회에서는 사회에서 일반적으로 유효한 규칙들이 뒤바뀌기도 한다. 그래서 교회에서는 가장 힘이 강한 사람들이 대접을 받는 것이 아니라, "너희 가운데 첫째가 되고자 하는 사람은 모든 사람의 종이 되어야 한다"(막 10:44). 교회에서는 명령과 복종이 지배하는 것이 아니라, 자발적인 사랑의 행동이 지배한다. 예수의 모범과 말씀에도 불구하고 교회 안에서 항상 그런 모습이 바르게 나타나지 않기 때문에, 정기적으로 자기비판적인 검증이 요구되며 성령의 활동에 자신을 열고 내맡기는 일이 지속적으로 필요하다. 그렇게 될 때 불완전한 교회는 하나님의 손에 붙잡힌 도구가 되어서, 모든 사람들에게 구원의 사랑을 가져다 줄 수 있게 된다.

그리스도인들은 예수 그리스도께서 우리에게 선포한 하나님의 뜻을 받아들여서 정치적인 행동에서도 실현하려고 노력해야 할 것이다. 그러므로 그리스도인들은 기존의 법에 만족할 것이 아니라, 그 법이 정말로 인간을 섬기고 있는지 혹은 법 자체를 위해서 존재하고 있는 것인지를 검증해야 한다(막

2:27). 그리스도인들은 예수가 가르친 사랑의 계명을 가능한 넓고 구체적으로 이해하고 실천해서, 공적인 제도와 질서, 정치적인 결정과 그 집행이 사랑의 계명에 방향을 잡을 수 있게 해야 한다. 그리스도인으로서 경찰 공무원이 된 사람은 폭넓게 자신의 직무를 수행하고 권력을 집행하되, 그 자신이 섬기고 있는 제도와 기관이 궁극적이고 영원한 것이 아님을 분명하게 의식해야 하고, 그러한 직무수행을 통해서 하나님의 뜻과 이웃 사랑의 계명을 실천하고 있음을 알아야 한다. 물론 경찰로서의 직무수행이 개인적인 삶과는 다른 형태를 띠게 된다고 할지라도, 그러한 점을 잊어서는 안 된다. 그런 점은 학교나 회사, 법정이나 시청에서 근무를 하는 사람들에게도 마찬가지다. 그들 모두는 하나님의 뜻 아래 있으며, 하나님께 자신의 직무수행에 대해서 변호를 해야 한다. 그리스도인들로서 그들은 하나님의 영원한 나라의 증인이기도 하다. 그들이 증언하는 하나님의 나라는 모든 인간적인 질서와 제도, 나라에 한 계선을 그으며, 궁극적으로 폐지하게 된다.

이러한 맥락에서 우리는 또 다른 구분을 할 필요가 있다. 개체 그리스도인과 교회 전체 사이를 구분하는 것이다. 개개 그리스도인 시민들은 각기 자신의 견해와 확신에 따라서 개인적으로 다양하게 참여할 수 있지만, 그와는 달리 교회는 공개적인 의견 표명에 있어서 두 가지를 조심해야 한다. ① 교회는 -가능하면 다른 교회들과 함께- 조심스러운 의견결집 과정을 거쳐서 책임 있는 사람들이나 위원회를 통해서 분명한 의사를 표시해야 한다. 이러한 의사 표현은 행동영역에 제약을 두고 있기는 하지만, 그러나 그 자체로서는 모순이 없어야 하고, 성서적인 메시지에 분명히 연결되어 있어야 하며,[238] 결정을 위한 확실한 도움을 줄 수 있어야 한다. 독일감리교회의 사회적인 원리와 사회신경은 그에 대한 근본적인 입장과 주요한 핵심을 제공하고 있다.[289] ② 교회는 정치적이고 경제적인 활동의 윤리적인 측면에 집중적으로 관심을 가져야 한다. "우리는 국가가 교회를 조종하려고 해서도 안 되며, 교회가 국가

---

238) 성서의 개별적인 구절들에서 직접적으로 행동의 기준들이 도출되어야 한다는 뜻은 아니다. 혹은 모든 의견들이 성서구절에 의해서 "입증"되어야 한다는 뜻도 아니다. 사랑의 계명을 바탕으로 해서 또 문제가 되는 내용을 철저하게 이해를 해서 교회와 그 지체들을 위한 방향 설정이 되어야 하며, 국가와 사회 안에서 책임 있는 사람들에게도 방향 설정을 해주어야 한다. 그래서 그들이 윤리적으로 선하고 의로운 결정을 할 수 있게 해야 한다.
239) 사회신경은 1908년 미국의 감독 감리교회에 의해서 제정되었고, 총회에 의해서 공식적인 문헌으로 승인되었다. 그 이후 다른 나라의 감리교회들도 이 사회신경의 예를 따랐다. 1972년부터는 더욱 상세한 사회적 원리(Soziale Grundsätze; social Principles)가 공식적인 문헌이 되었다.

를 지배하려고 해서도 안 된다고 믿는다."²⁴⁰⁾ 국가의 개입이 없이 교회는 자기의 일을 처리해야 하는 것처럼, 교회는 또한 국가적인 혹은 정치적인 권력을 주장해서도 안 된다. 윤리적인 문제에 있어서 교회가 갖는 권위는 그런 권력 주장과는 관련이 없을 뿐만 아니라, 교회라는 제도의 자기 이익을 추구하지 않을 때, 교회는 비로소 높은 신뢰감을 갖는다.

교회적인 의견 표명의 방향과 기준을 보다 구체적으로 말한다면, 그것은 인간의 존엄성의 존중, 그리고 이러한 존엄성과 관련되어 있는 권리의 보호를 위한 책임이라고 할 수 있다. 구체적으로 그것은 자유로운 투표권, 동등한 선거권, 비밀 투표권, 표현의 자유, 종교의 자유, 집회와 결사의 자유, 정보의 자유, 개인적인 생활 영역의 보로, 인간의 존엄성을 지킬 수 있는 삶의 권리 등이다. 인간의 존엄성과 그로부터 출발하는 권리는 모든 사람들에게 주어져야 한다. 그것은 어떤 근원을 가진 사람이냐, 어떤 색깔의 피부냐, 어느 문화와 종교를 가진 사람이냐 하는 문제들과는 상관없이 모든 사람에게 주어져야 한다. 교회가 불이익을 받는 사람들 혹은 인간의 권리를 빼앗긴 사람들의 편에 서야 한다는 것은 의심할 여지가 없다. 시민으로서 그리고 사회형성의 과정에 참여한 사람들로서 감리교인들은 헌법에 보장된 기본권이 모든 사람들에게 예외 없이 그리고 모든 삶의 영역에서 실현되도록 자신들이 할 수 있는 모든 것을 행해야 한다.²⁴¹⁾ 그러므로 권력을 가진 자들에 대한 무비판적인 복종은 기독교의 사회윤리에서는 설 자리가 없으며 또한 다른 사람들의 희생을 감수하면서 자신의 이익을 추구하는 개인적이거나 집단적인 이기주의 역시 기독교 사회윤리에서는 아무런 자리를 차지할 수 없다.

특별한 상황에서 교회는 공개적인 의사를 표명할 뿐만 아니라, 국가적인 불의에 대해서는 행동을 통해서 저항할 수 있어야 한다. 이 경우에도 교회는 폭력을 사용해서는 안 되며, 비폭력적으로 위협을 받고 있는 사람들이나 고난을 받고 있는 사람들을 위하여 행동해야 한다. 그러한 결정은 책임 있는 위원회에서 내려져야 한다. 때로는 의견을 통일시키는 과정이 매우 어려울 때도 있다. 그러나 하나님의 뜻이 행동 기준이 될 때, 또 하나님의 말씀을 듣고 기도하는 가운데 행동이 일어날 때, 교회는 국가와 사회 안에서 윤리적인 책

---

240) Soziale Grundsätze, V, B.
241) Soziale Grundsätze, III. V.

임 의식을 분명하게 갖는 용기를 얻게 될 것이다.

교회는 정치적인 책임을 지고 있는 사람들을 위하여 간접적으로, 규칙적으로 중보기도를 함으로써 그리고 공개적인 복음 선포를 통해서 자기의 책임과 사명을 분명하게 인식해야 한다. 사랑으로 무장되고 형성된 섬김을 통해서 지체들이 다른 사람들과 사회에 봉사함으로써 교회의 윤리적인 선포는 신뢰를 얻게 되고 분명한 효력과 실체를 갖게 된다.

(3) 민족을 위한 교회

감리교회 운동은 그 초기부터 스스로를 누룩으로, 다른 사람들을 위하여 빛을 내는 빛으로 이해하여 왔다. 웨슬리는 이렇게 말했다.

> 여러분에게 당신의 빛을 선물로 주신 하나님의 진정한 의도는 그 빛이 빛나게 하는 것이다.[242]

1739년에 나온 일반적인 규칙들은 이러한 목표를 보다 구체적으로 설명한다.[243] 예배를 드리면서, 은혜의 수단을 사용하면서, 그리고 다른 그리스도인들과 교제하면서, 하나님의 사랑을 경험한 교회는 세상 안에서 결코 격리된 영역(게토)이 될 수 없으며, 오히려 하나님 나라의 기준에 따라서 세상에서 살고 행동하려고 노력한다. 교회는 주일마다 예배를 드리면서, 세상의 일상생활에서 섬기라는 하나님의 사명을 거듭 확인한다. 하나님 나라의 지평에서 볼 때, 이러한 삶은 교회를 하나님의 사역에 참여하는 동역자들의 교제라고 이해한다. 그들은 그들의 믿음, 지식 그리고 경험을 하나님의 뜻에 합당한 삶으로 실천해 가며, 자신들에게 맡겨진 분량에 따라서 책임을 감당한다. 이것이 하나님의 신실한 사랑에 감사하는 응답이다. 1972년부터 사회적 원리로 확대되었던 감리교회의 사회신경은 섬기는 의무를 다음과 같이 말한다.

> 우리는 모든 개개인이 사회 안에서 의미 있는 삶을 살아갈 권리를 위하여 노력한다. 우리는 개인과 사회의 행복과 번영을 위하여 공헌해

---

242) Notes NT(마 5:15).
243) 이 책 541쪽 이하를 보라.

야 하는 모든 사람의 권리와 의무를 위하여 노력한다. 우리는 불의와 곤경을 극복하는 것을 위하여 노력한다. 우리에게는 세계적인 평화를 위해 협력해야 할 의무가 있으며, 우리는 민족들 가운데서 권리와 정의를 위하여 노력한다. 우리는 불이익을 받고 있는 사람들과 삶의 가능성을 함께 나눌 자세가 되어 있다. 우리는 그런 것이 하나님의 사랑에 대한 응답이라고 믿는다.[244]

이것은 단순히 하나의 표어로만 그쳐서는 안 되고, 아무런 결과를 가져오지 못하는 결의가 되어서도 안 된다. 진정한 마음으로 이 사회신경을 고백하는 사람은 하나님께서 자신에게 주신 이러한 의무를 실천할 준비를 해야 한다. 하나님으로부터 받은 은혜에 감사하기 때문에, 또한 사람들을 향한 사랑 때문에 그래야 한다.

"민족교회"(Volkskirche)라는 두 개의 단어로(민족+교회) 결합된 이 표현을 어떻게 이해하느냐에 따라서 감리교회도 민족교회가 될 수 있고 그렇지 않을 수도 있다. 일반적으로 "자유교회"와 "민족교회"라는 두 개념들은 두 개의 서로 배타적인 교회 유형을 말하는 표현이다. "자유교회"는 그 구성원들이 각자의 신앙고백과 자유 결단에 의거해서 교회에 등록하는 교회를 의미하며, "민족교회"는 그 구성원들이 대체로 유아세례를 통해서 교회에 받아들여지고 또한 국가나 지역의 주민과 일치하는 교회를 말한다. 그러한 폐쇄적인 의미를 가진 "민족교회"는, 한 국가의 통치자가 주민의 종교를 결정할 수 없게 된 이후로, 유럽에서 점차 줄어들고 있다. 과거에 그런 의미로 생겨났던 국가교회는 모든 시민에게 종교의 자유를 보장하는 헌법의 민주화를 통해서, 그리고 현대 산업 국가들에 속한 국민들의 세속화와 잦은 거주 이동으로 인하여, 본래의 모습을 점차 상실하고 있다. 이러한 변화에 입각해서 볼 때, "민족교회"라는 개념은 낡은 것이 되거나 혹은 우리 시대에 더 적절한 다른 의미를 갖게 된다. 다시 말해서 "민족교회"는 민족의 교회가 아니라, 민족을 위한 교회가 된 것이다. 다양한 교파들에 속한 그리스도인들, 다른 종교를 믿거나 다른 세계관을 가지고 있는 사람들, 무신론자들, 불가지론자들 등이 한 민족을 구성하게 된 것은 이미 오래된 일이다. 이러한 맥락에서 "민족교회"라는 단어는

---

244)Soziales Bekenntnis, EmK heute 64, 1989, 23.

더 이상 한 민족 전체를 포괄하지는 못하지만, 그러나 힘과 능력이 미치는 한, 민족 전체를 위하여 섬길 자세가 되어 있는 교회를 일컫는 의미를 가지게 되었다. 이러한 의미에서 감리교회도 민족을 위한 교회다. 감리교회의 사회적인 원리, 섬기는 봉사기관들, 그리고 선교적인 사역이 그것을 보여주고 있다.

(4) 세계적인 교제와 창조세계

그리스도께서 이룩하신 평화는 하나님과 인간 사이의 평화, 그리고 인간들 사이의 평화를 포함하고 있다. 사람들이 자신들의 죄의 용서를 받아들이고, 하나님의 자녀들로 인정을 받으며, 이러한 평화를 실천하는 삶을 살아감으로써, 하나님과의 평화는 실질적인 평화가 된다. 우리의 평화가 되시는 그리스도는(엡 2:14) 평화를 만드는 사람들을 축복한다. 그러므로 제자들의 교제에는 분명한 목표가 주어진다.

> 예수 그리스도의 교회는 성령의 능력과 일치 안에서 소외되고 분열된 세상에 대해서 하나의 대안 공동체를 보여주어야 사명을 갖는다. 사랑을 나누며 평화를 이룩하는 제자들의 공동체는 모든 정부, 인종 그리고 이데올로기를 넘어서 있으며, 모든 '원수들에게' 손을 내밀고, 가난과 억압의 모든 희생자들을 배려한다.[245]

이러한 사랑의 윤리는 근본적으로 보편적이다. 사랑의 계명에는 어떠한 한계도 없기 때문이다.[246] 모든 정치적, 인종적, 경제적, 문화적, 성적, 종교적 혹은 그 밖의 모든 분열시키는 한계들은 사랑을 통하여 극복된다. 그러한 경계들은 하나님 앞에서는 더 이상 분리시키고 제한하는 기능을 발휘하지 못하며, 인간의 가치의 차별성을 정당화하지 못한다. 사랑의 윤리는 창조 세상에 대해서도 하나님의 뜻에 합당하게 행동하도록 인도한다. 하나님은 인간을 당신의 형상을 따라서 만드셨고, 그래서 인간에게 창조 세계에 대한 책임을 맡기셨다.[247]

---

245) 1987년에 발표된 독일감리교회의 감독회의의 발표문 "창조의 보전을 위하여", EmK heute 52, 1987, 124.
246) 그것은 웨슬리의 윤리에도 해당된다(IV장 475쪽 이하 참조). 물론 웨슬리에게는 오늘날과 같은 글로벌 전망이 아직은 없었다.
247) 창 1:26-27; 2:8-9; 잠 12:10.

창조 세계에 대한 청지기적인 윤리를 가지고 인간은 이미 발생한 훼손을 가능한 줄이고, 앞으로 일어날 위협적인 자연파괴를 가능한 한 회피하고 막아야 한다.

① 인간들 사이에 있는 하나님의 평화는 만나처럼 하늘에서 떨어지는 것이 아니다. 평화는 하나님의 영의 열매로서 성장하는데, 이 하나님의 영은 인간을 새롭게 만든다. 하나님의 평화는 다음과 같은 말씀을 하신 그분을 통하여 이 땅에 임한다. "주의 성령이 내게 임하셨으니 이는 가난한 자에게 복음을 전하게 하시려고 내게 기름을 부으시고 나를 보내사 포로 된 자에게 자유를, 눈 먼 자에게 다시 보게 함을 전파하며 눌린 자를 자유롭게 하고 주의 은혜의 해를 전파하게 하려 하심이라"(눅 4:18-19). 그리고 하나님의 평화는 하나님의 영이 머무르는 사람들을(벧전 4:14) 통해서, 그래서 그들 안에서 사랑, 기쁨, 평화, 인내, 친절, 선함, 신실, 온유 그리고 절제 등의 영의 열매가 자라는 사람들을 통해서(갈 5:22) 이 땅에 임하게 된다.

그러므로 평화를 이룩하는 것이 하나님이냐 사람이냐 하는 양자택일은 합당하지 않다. 하나님이 평화를 선물로 주시는 것이냐 아니면 사람은 그 평화를 이룩하는 것이냐 하는 양자택일은 합당하지 않다. 그리스도께서 의를 가져오는 것이냐 혹은 사람이 의를 확산하는 것이냐 하는 것도 옳지 않은 양자택일이다. 하나님이 타락한 창조 세계를 치유하시는 것인가 아니면 인간이 그 창조 세계를 보존하는 것이냐 하는 것도 옳지 않다. 오히려 우리는 다음과 같이 말해야 한다: 하나님께서 평화를 선물로 주시기 때문에, 그 평화는 인간 안에서 그리고 인간을 통해서 성장한다. 그리스도에 의해서 의롭다고 인정을 받은 사람들은 의를 위해서 일할 수 있다. 하나님의 행동은 우리의 행동을 불필요한 것으로 만들거나 불가능한 것으로 만들지 않고, 오히려 가능하고 의미 있는 것으로 만든다. 하나님은 의와 평화를 창조하시기 때문에, 그리스도인들은 다른 사람들과 함께 의와 평화를 위하여 일할 수 있는 것이다.

흔히 민족적인 관심사 때문에 국제적인 평화의 사역이 교회의 의무에서 뒷전으로 밀려나는 경우가 있다. 하나님의 뜻에 합당하고 또 평화에 이바지하는 것이 무엇인지를 바라보는 시각은 정부의 교묘한 홍보 전략이나 혹은 민족주의적인 감정에 의해서 왜곡되는 경우가 많이 있다. 그럼에도 불구하고 감리교회 운동의 매우 초기부터 그러한 민족적인 감정이나 정부의 선전에 맞서는 아주 분명한 확신과 활동이 있었다. 자기의 나라 안에서 어떠한 전쟁도 경험해보지 못했고 또 어떠한 전쟁에도 참여한 적이 없었던 존 웨슬리는 유럽의 여러 나라들과 나중에는 미국에서 일어난 전쟁과 그 전쟁에 참여한 사람들이나 주민들에게 어떤 결과가 일어났는지에 관한 보도를 접한 후에 1757년에 다음과 같이 기록하였다: "기독교와 인류 그리고 이성과 인간성에게 참혹한 부끄러움이 있다. 그것은 이 세상에서 일어나는 전쟁이다! 사람들 사이에 일어나는 전쟁이다! 그리스도인들 사이에 일어나는 전쟁이다!"[248] 웨슬리는 7년 전쟁으로 유발된 그러한 탄식으로 그친 것이 아니라, 전쟁과 그 결과에 대한 모든 책임은 항상 인간에게 있음을 분명하게 밝혔다. 세상과 하나님의 포괄적인 화해로 인하여 전쟁이 근본적으로 추방되는 것이 기대될 수 있을지라도, 책임적인 사람들을 움직여서 "미친 전쟁을 종식시키고 그 어떠한 무장 전쟁이라도 막기 위하여 적극적으로 개입하게 하는 데"[249] 필요한 모든 것을 행해야 한다.

감리교회의 총회는 기회가 있을 때마다 전쟁의 비극적인 결과에 대해서 주의를 환기시켰을 뿐만 아니라, 전쟁의 추방과 중지를 호소하였다. 특히 1944년의 총회에서 선언된 사회적인 신앙고백의 전쟁에 관한 단락이 깊은 인상을 남긴다. 그 때는 미국이 나치 독일과의 전쟁에 개입한 후였다.

> 기독교 신앙은 민족주의적인 것이 될 수 없다. 기독교 신앙의 지평과 효력은 전 세계를 아울러야 한다. 전쟁은 폭력과 증오 안에서 일어난다. 그러나 기독교 신앙은 이성과 사랑 안에 있다. 그러므로 교회가 주는 영향은 적대감과 편견을 제거하기 위하여 모든 것을 행하는 사람들의 편에서 발휘되어야 한다. 적대감과 편견은 그리스도의 영과 가르침에 정면으로 어긋난 것이기 때문이다. 전쟁은 결코 피할 수 없는 것이라고 말하는 것은 기독교적인 양심에게는 결코 충분한 것이 아니다. 새로운 과학은 모든 민족을 파괴할 수 있는, 말로 표현할 수 없는 공포를 가진 새로운 전쟁을 바라보는 그 어떤 생각도 넘어서야

---

248) Works³, IX, 221(원죄 교리에 관하여).
249) M. Marquardt, Praxis und Prinzipien, 159. 이 책의 158-161쪽에 전쟁에 관한 웨슬리의 입장이 설명되어 있다. 그밖에도 E. W. Gerdes, John Wesley's Attitude Toward War, 1960; B. K. Turley, John Wesley and War, MethHist 29, 1991, 96-111 참조.

한다. 예수의 방식과 전쟁의 방식은 두 개의 전혀 다른 세상에 속한 것이다. 전쟁은 야만적이고 원시적인 세력이다. 전쟁은 처음에는 자기를 버리는 위대한 것처럼 보이게 하는 열정을 일깨우지만, 그러나 마지막에는 참여하는 사람들을 배신하고 만다. 전쟁은 그러한 결정이 정당하고 의로운 것이라는 사실을 결코 입증하지 못한다. 전쟁은 승리자의 마음에는 교만을 남기고, 패배자의 마음에는 비참함을 남긴다. 만일 예수의 가르침을 전적으로 받아들인다면, 전쟁은 국제적인 분쟁의 해결수단으로는 결코 일어날 수 없다. 이러한 전쟁의 종식은 세상을 국제적인 폭군으로부터 해방시키는 것이다. … 이제 교회가 일어날 때가 되었다. 교회의 모든 힘으로써 국제적인 기구들에게 더 이상의 전쟁을 불가능하게 만들도록 촉구해야 할 때가 되었다.[250]

핵무기가 개발되고, 히로시마와 나가사키에 원자폭탄이 투하됨으로써 감리교 총회의 이러한 염려는 현실로 일어나버리고 말았다. 유엔이 결성되어서 1946년 런던의 감리교회 중앙 홀에서 첫 번째 모임을 가진 것은 감리교 총회가 촉구한 것에 대한 첫 번째 성취였다.

구약성서와 신약성서의 시대에 전쟁은 여러 민족들의 삶에서 하나의 당연한 과정으로 나타난다. 전쟁은 성서의 어느 구절에서도 이 세상의 시대를 위하여 분명하게 거부되지 않는다.

그러나 그리스도인들은 하나님의 평화의지로부터 나오지 않는 다른 행동들과 마찬가지로 전쟁을 좋은 것이라고 말할 수 없다. 감리교회의 사회원리에서는 이 점이 간단하지만 분명하게 표현되어 있다: "우리는 전쟁이 그리스도의 가르침과 모범과 결코 일치할 수 없음을 믿는다. 그러므로 우리는 정치의 수단으로서 전쟁을 거부한다."[251] 물론 그로부터 어떠한 결론을 이끌어낼 것이냐는 우리 감리교회 안에서도 논란거리다. 그럼에도 불구하고 민족을 넘어서는 조직으로서의 우리 감리교회는 민족의 한계를 넘어서 인간 관계를 맺고 향상시키는 특별한 가능성과 의무를 가지고 있다. 그래서 편견과 선입견 원수의식을 허물고, 더 나아가서 아예 생겨나지 않게 해야 한다.

---

250) Friedensbewegung der EmK - EmK als Friedensbewegung.
251) Soziale Grundsätze, Abschnitt VI, C.1, EmK heute 64, 21.

교회의 역사에서 생겨난 의로운 전쟁에 관한 교리는 결코 전쟁을 정당화하는 것이 아니고, 전쟁을 특정한 조건과 결부시킨다. 그러나 우리 시대의 대량살상무기를 고려할 때, 이러한 살상무기를 가지고 행하는 의로운 전쟁도 일어나서는 안 된다는 결론에 이르게 된다.[252] 무엇인가를 저지하기 위하여 군사적인 힘의 사용이 필요하다면, 그런 힘의 사용은 전쟁을 회피하기 위하여 그리고 국제적으로 인정을 받은 특별한 규칙에 따라서 일어나야 한다. 모든 국가의 군대는 가능하면 오직 방어를 위한 무장으로 속히 바뀌어야 한다. 평화를 유지하고, 무기를 사용하지 않고 충돌을 해결할 수 있는 국제적인 차원이나 국가적인 차원의 기구들이 만들어지고 강화되어야 한다. 민주주의적인 나라에서 살고 있는 그리스도인들과 교회들은 윤리적으로 제기할 수 있는 정치를 위한 책임을 외면해서는 안 되고 혹은 정치적인 자제를 신학적으로 정당화시켜야 한다. 무엇인가를 할 수 있음에도 불구하고 행동하지 않는 사람은 그 결과에 대해서 함께 책임을 져야 한다. 모든 그리스도인들은 공동으로 하나님의 뜻을 묻고, 자신들의 기도와 생각 안에서 항상 "원수들"을 포함시켜야 한다. 그 원수들의 태도가 비난을 받아 마땅할지라도 그래야 한다.

② 이 땅 위에 있는 사람들과 민족들의 화해에는 가난한 사람들, 굶주리는 사람들, 불의하게 갇히고 박해를 받는 자들이 정의를 경험하는 것도 포함된다. 우리가 굶주리는 사람들을 굶주리게 버려두고, 갇히고 고난을 받은 사람들을 바라보지 않는 것은 하나님의 뜻에 어긋난다. 이에 대해서 구약성서의 예언자들이나 예수는 추호의 의심도 하지 않았다. 서로 나누고 서로 위해주는 것은 사랑의 계명으로부터 나오는 당연한 결과다. 이것은 개인적인 삶의 영역에서만 그러는 것이 아니고, 여러 민족들과 지구촌의 부분들 사이에도 해당된다. 정의 없이는 평화도 이루어질 수 없다. 불의와 불이익은 항상 불만의 근원이다. 인간을 거부하고 억압하는 것은 하나님이 그에게 주신 존엄성을 해치는 것이다. 그러므로 교회가 정의, 평화, 창조의 보전을 위하여 협의하기 위하여 모이는 것은 너무도 당연하고 바른 것이다. 이러한 회의에서는 수많은 집회와 문서들 그리고 예배를 통해서 교회 안팎에 있는 사람들의 의식을 바꾸고자 한다. 그럼에도 불구하고 지금까지 행한 것보다 더 많은 것들

---

[252] 의로운 전쟁에 관한 교리의 근본적인 개정의 필요성에 대해서는 W. Trillhaas, Ethik³, 1970, 494-503을 참조.

이 실천되어야 한다. 경우에 따라서는 많은 아픔을 가져다주는 현실적인 여러 부분들에 대해서 많은 사람들은 여전히 더 배워야 한다.

우리 감리교회도 마땅히 참여해야 하는 교회일치 운동은 현존하는 경제제도와 세계의 경제-정치적인 힘의 분배 아래에서 고통을 당하고 있는 사람들을 생각해야 한다. 소위 제 3 세계라고 일컬어지는 나라들에 있는 우리의 자매 교회들을 통해서 알게 되는 정보는 분명한 것을 말하고 있다. 이 세상의 비참함을 알게 되면 우리는 포기할 수도 있겠고, 과도한 부담감을 느낄 수도 있고, 어찌할 바를 몰라서 당황할 수도 있다. 그러므로 다양한 교회들에 속한 그리스도인들이 선한 뜻을 가진 사람들과 협력하면서, 특별히 다급하게 여겨지는 분야에 집중적으로 헌신하는 것이 필요하다. 가능하면 정치적인 영향력을 행사하고, 개인적인 도움을 베풀며, 가능한 신빙성 있는 정보를 나누고, 그리고 이 세상의 가난한 나라들에 살고 있는 사람들에 대한 새로운 입장을 확산하는 일에 나서야 한다.

서구와 북반구에 있는 나라들이 지금 누리고 있는 부는 두 가지의 불의에 근거되어 있다는 사실을 안다면, 회개하고 자기 생각을 새롭게 정립하는 일이 필요하다. 하나는 "제 3 세계 국가들로부터 자원과 농산물을 실질적인 가치 이하로 구입하는 것"이고, 다른 하나는 "자연이 공해물질에 의해서 파괴되지만, 유발자 원칙에 따라서 공해물질의 생산자에 의해서 그것이 제거되어야 하지만, 그렇지 못하다는 것"이다.[253] 물론 이렇게 해서 산업화를 되돌리자는 것도 아니고, 환상적인 유토피아를 관철하자는 것도 아니고, 오히려 발전에 따른 희생을 온전하게 감당하자는 것이다. 정의가 없이는 평화를 위한 어떠한 길도 없다. 평화로운 공존 안에서만 우리는 더 많은 정의를 이루어갈 수 있다. 감리교회의 신학자 G. Wainwright는 다음과 같이 말한다: "진정한 평화, 샬롬은 정의를 포함한다. 그러나 불의를 대가로 지불하고 잠깐 동안의 안식을 샀다. 정의와 평화의 실패는 고난을 가져다주는 주요원인이다."[254]

③ 하나님은 창조주이시며, 창조의 세계를 보존하시는 분이시고, 세상의 구원자이시며, 완성자이시라는 믿음은 그리스도인들이 자연세계를 어떻게 보아야 할 것이냐에 대한 근본토대가 된다. 이러한 확신은 최근의 자연과학의

---

253) C. Oeyen, Plädoyer für eine Reform des Christentums, 121.
254) Doxology, 425.

통찰과 전적으로 일치한다. 자연과학은 "사물은 무엇이며, 왜 그리고 무엇을 위하여 존재하느냐?"라고 묻지 않고, 오히려 "사물은 어떻게 존재하느냐?"라고만 묻는다.[255] 그러므로 하늘과 땅의 창조주 하나님에 대한 기독교의 믿음은 감사와 경배로 제일 먼저 나타난다.[256] 모든 창조물은 하나님의 영으로 채워지고, 그러므로 거룩하다. 그러므로 세상은 오직 인간을 위해서만 존재하는 것이 아니다. 우리 인간은 오랫동안 그렇게 잘못 생각해 왔거나 혹은 암묵적으로 전제해 왔다. 인간 이외의 창조세계는 독자적인 존재의 권리를 가지고 있다. 하나님께서 그의 피조물의 찬송을 기뻐하시기 때문이다.[257] 창조세계는 하나님으로부터 나오는 빛을 반사한다. 물론 이 빛은 동료 피조물인 인간 위에도 빛난다. 인간 이외의 피조물도 창조세계의 한 부분으로서 하나님을 향한 질서 가운데 있고, 그런 점에서 모든 피조물은 마찬가지다. 하나님은 인간에게 특별한 사명을 주었는데, 그것은 다른 피조물을 배려하고 땅의 보존과 형성을 위하여 노력하라는 것이다. 그럼에도 불구하고 인간은 하나님이 그에게 선물로 주신 것들을 향유할 수 있으며, 하나님이 창조한 세상의 아름다움을 기뻐할 수 있다. 자연의 아름답고 즐거운 측면을 경험함으로써 인간은 긴장을 해소하고 안식을 누리게 되며, 일상의 삶에서 떠나 새로운 힘을 얻게 되고, 영혼의 폭을 넓히고 모든 의미들을 즐길 수 있다. 그러나 자연은 또 다른 생각하기 어려운 측면도 가지고 있다. 그것은 자연 재해와 생존의 법칙이다. 다른 생명을 희생 삼아서 자신의 생명을 유지하는 생존의 법칙이다. 자연은 낯설고 위협적인 존재로 우리에게 나타날 수 있다. 그러므로 우리 인간은 주변의 자연세계에 대해서 이중적인 경험을 하게 된다. 의미 있는 것이나 의미 없는 것, 아름다운 것이나 두려운 것, 생명을 주는 것이나 생명을 위협하는 것 등으로 우리는 자연을 경험한다. 우리는 자연과는 떨어질 수 없는 한 부분이다. 자연과학자들의 연구는 자연의 아름다움과 찬란한 질서, 그러나 동시에 자연의 폭력과 위대함을 밝혀내고 있다. 그러므로 자연은 오로지 인간을 위하여 창조된 것이므로 인간에게 유용하게 다루어야 한다는 생각은 하나님을 떠난 인간 중심적인 사고의 행동원리에 지나지 않는다. 그러한 인간 중

---

[255] Süßmann, Art. Naturwissenschaft und Christentum, RGG³ IV, 1378.
[256] 시 104:24 "여호와여, 주께서 하신 일이 어찌 그리 많으신지요. 주께서 지혜로 그들을 다 지으셨으니, 주께서 지으신 것들이 땅에 가득하니이다."
[257] 창 2:2-3; 시 19:2; 104 등.

심적인 사고에는 인간 이외의 창조세계는 "인간적인 삶이 연출되는 무대"에 지나지 않거나(Charles Birch), 혹은 우리가 필요한 것, 우리가 갖고 싶은 것을 얻기 위한 물질 창고에 불과하게 된다. 그러므로 신학의 과제는 인간의 삶과 창조세계와 같은 인간 이외의 삶 사이에 있는 근본적인 일치를 새롭게 발견해내는 일이다.

인간이 이것을 행할 수 있고 또 반드시 행해야 한다는 사실은, 인간이 창조세계에 의존적이면서도 동시에 그 안에서 독특한 지위를 가지고 있다는 사실에서 드러난다. 인간은 동식물과는 다른 존재다. 인간은 자신에게 주어진 생명세계의 한계를 넘어설 수 있으며, 그러므로 자신이 무엇을 행하느냐, 자신이 무엇을 일으키느냐에 대해서 생각해야 한다. 인간에게는 행동의 선택이 주어져 있기 때문에, 그래서 자연이 명령한 것을 단순히 행하는 것이 아니기 때문에, 자신의 삶을 의식적으로 인식하고, 받아들이고, 만들어 가야 한다. 그 동안 인간은 지배하라는 명령에 근거해서(창 1:28) 자연을 무자비하게 약탈하는 행위를 정당화하려고 했다. 창세기에 나오는 이 명령의 근본적인 의도는 전혀 다른 것이다. 주인이 된다는 것은 파괴한다는 뜻이 아니다. 주인이 된다는 것은 염려하고, 배려하고, 조심스럽게 다루고, 이용하고 그리고 보호하는 것이다. 주인으로서의 권리와 힘을 좋은 것을 만드는 데 이용하며, 파괴적인 폭력을 예방하라는 것이다.[258] 경작하고 보호하라는 것도(창 2:15) 일차적으로 생산하라는 것을 의미하지 않으며, 그러므로 추수의 원리가 될 수 없다. 동산은 인간을 위해서만 존재하는 것이 아니라, 인간이 동산을 위해서도 존재한다. 인간(adam)과 땅(adamah)은, 단어의 유사성이 보여주듯이, 서로 관련성을 맺으며, 인간과 동물은 adamah로부터 창조되었다.(창 2:7, 19)

생명의 기원에 관한 이러한 옛 이야기가 현대의 종(種) 연구에 의해서 확인된다는 사실을 아는 것은 흥미로운 일이다. 박테리아로부터 인간에 이르기까지 모든 생명체의 유전자는 동일한 네 개의 기본요소들의 합성으로 되어 있음을 현대 연구가 밝혀냈다. 동물들은 인간과 친척이며, 인간과 교제를 나눌 수 있다(창 2:18). 인간처럼 동물도 쾌락과 고통, 공포와 행복을 느낀다. 동물은 인간을 위협할 수 있고, 인간은 동물을 두려워하지만, 그러나 동시에 동물

---

[258] K. Koch, Gestalt die Erde, doch heget das Leben! Einige Klarstellungen zum "dominium terrae" in Genesis 1; in: Wenn nicht jetzt, wann dann?, FS H. -J, Kraus, 1983, 23-26.

을 무척 좋아한다. 가정에서 기르는 동물은 인간의 친구이며, 인간과 더불어 교제를 나눈다. 구약과 신약성서는 모든 피조물들에 대한 하나님의 사랑과 배려에 관하여 많은 증언을 하고 있으며, 또 더불어 살면서 많은 유익을 주는 동물들에 대한 인간의 사랑도 자주 말하고 있다.[259]

창조세계를 인간의 욕구를 충족시키는 도구로 만들었던 사고방식의 긴 역사를 여기서 모두 서술할 수는 없다.[260] 이러한 사고방식을 앞장서서 이끌어 온 것이 바로 기독교의 신학이기도 했다. 인간의 영혼은 불멸이라는 사상을 기독교 신학 안으로 받아들임으로써 인간이 동물과는 결코 비교할 수 없는 위대한 존재라고 확신하게 되었다. 외부 세계와 내부 세계를 구분하면서, 본래의 가치는 내부 세계에 있다(어거스틴)고 확신하였다; 프랑스의 철학자 데카르트에 따르면, 모든 존재하는 것들은 두 개의 상이한 그룹으로 나뉠 수 있는데, 하나는 연장된 것(res extensae)이고, 다른 하나는 사유하는 것(res cogitans)이다. 이러한 구분이나 다른 원리들로 인하여 인간 외적인 창조세계의 가치는 인간의 가치와는 비교할 수 없이 낮은 것이 되고 말았다. 기독교 신앙과는 아무런 관련이 없는 다른 발전 곧 농업과 동물양식의 산업화도 이러한 경향을 강화시켰다. 이러한 산업화는 고통을 받는 동료 피조물들에 대한 무감각증을 높였고, 실험을 하기 위하여 수백만의 동물들을 도살하였다. 이러한 사실들을 고려할 때 오늘날 우리는 창조세계에 대한 평가를 새롭게 해야 하며, 인간 이외의 피조물들에 대한 감각을 보다 강화시키는 일이 시급하게 요청된다.

이러한 전환이 요청되는 것은, 우리가 창조세계를 오만하게 남용했다는 책임을 져야 한다는 이유 때문만은 아니고, 자연이 우리에게 보복을 하고 있다는 이유 때문이기도 하다. 우리가 악용한 결과는 이미 오래전부터 우리들 스스로에게 돌아오고 있다, 산성비, 공기오염, 오존층 파괴, 숲의 황폐화, 우림의 멸종, 지하자원의 고갈 등은 지금은 재앙이 되고 있다. 이러한 재앙은 지난 수십 년 동안에 깊은 생각 없이 자연을 남용함으로써 일어난 것이고, 이 재앙이 어느 정도일지는 아무도 모르고 있으며, 이 재앙을 없애는 것이 가능하다

---

259) H. Löwe(Hg), Zur Verantwortung des Menschen für das Tier als Mitgeschöpf, 1992; E. Spiegel, Alles, was atmet … Neuere Literatur zur Tierethik, Theologie der Gegenwart 33, 1990, 55-64.
260) U. Krolzik, Die Wirkungsgeschichte von Genesis 1,28; in: G. Altner(Hg), Ökologische Theologie, 1989, 149-164.

면, 그것을 위해서 모든 사람들이 희생 제물을 드리지 않으면 안 될 것이다. 유명한 동물학자가 이 주제에 관해서 다음과 같이 말한 바 있다: "모든 측면에서 볼 때, 반대 진화에 적절하게 대처하기 위해서 앞으로 우리는 모든 지식과 능력을 쏟아 부어야 한다. 우리들이 유발한 환경의 변화는 엄청난 그리고 다양한, 전혀 예측할 수 없는 선택의 압력을 퇴행적으로 다른 많은 생명의 형태들에게 가할 것이다."[261]

일반 시민들에게는 별로 알려지지 않은 이러한 차원에서도 "시간이 촉박하다."[262]는 사실을 보여주기 위해서 우리는 여기서 그러한 예들을 들고 있는 것이다. 이러한 발전에 직면해서 그리스도인들이 스스로를 위해서나 다른 사람들을 위해서 새롭게 알아야 할 것은 윤리의식이다. 인간의 행동을 "땅의 생태구조와 일치"하게 만드는 윤리의식이다.[263] 그것은 단순히 농업이나 산업에만 해당하는 것이 아니고, 또한 동물들에 대한 생각을 새롭게 하고 물, 땅, 공기와 같은 생명의 기본적인 것들에 대해서 새롭게 생각하는 것에만 해당하는 것은 아니고, 우리의 삶의 거의 모든 영역에도 해당된다. 모든 것은 상호 연관성 속에 서 있기 때문이다. 그러나 말하는 것으로부터 실천하는 것으로 나아가는 길은 길고도 멀다. 옛 땅과 새롭게 관계를 맺기 위해서는 배움과 훈련이 필요하다. 우리는 우리가 행하는 것보다 훨씬 많은 것을 알고 있다(A. Schweitzer).

필요한 것은 자발적인 금욕이다. 이러한 자발적인 금욕은 우리 시대의 그리스도인들에게만 요청된 것은 아니고, 초대교회의 성도들에게도 중요한 덕목으로 요청되었다(딤전 6:6-10). 그러나 오늘날의 높아진 생활수준을 고려할 때에 이러한 자발적인 금욕은 특별히 오늘의 그리스도인들에게 요청된다. 강요 없이도 한계들을 존중하는 것이 필요하다. 우리의 행동가능성들에 한계를 설정해야 한다. 한계가 없이 모든 가능성을 사용하는 것은 삶의 근본을 위협하는 것이기 때문이다. 한계가 없는 것은 자유가 아니라 혼란(Chaos)이다. 창조세계를 위협하는 것은 학문적, 경제적, 기술적 발전 그 자체가 아니다. 물론 길게 볼 때에 어떠한 발전이 더 좋은 것에 공헌할 수 있는지 물어야 한다. 그러나 창조세계를 근본적으로 위협하는 것은 인간의 생각이다. 자신의 행동

---

261) Hubert Markl, "Die Natur schlägt zurück"(1987년 4월 12일자 Die ZEIT, 82).
262) C. F. von Weizsäker, Die Zeit drängt, 1986.
263) G. Altner, Schöpfung am Abgrund, 1977², 155.

이 가져올 결과들에 대한 책임을 고려하지 않고서 생명과 창조세계의 모든 영역 안으로 점점 더 깊숙이 파고들어가는 인간의 생각이 정말로 위험한 것이다.[264] 지금 우리가 이러한 것을 행하면, 우리가 보이지 않는 한계를 넘어서는 것을 막을 수 있을 것이다. 이러한 한계를 넘어가 버린다면, 우리는 결코 돌아올 수 없을 것이다. 선한 것과 위험한 것이 공존하고 있는 영역, 예를 들어서 생명공학 같은 영역에서 이러한 한계를 아는 것은 특히 어려운 일이다. 생명공학의 도움을 받으면 불치의 질병을 치유할 수 있을 것이지만, 그러나 생명을 파괴하는 결과가 산출될 수도 있을 것이다. 생명의 가능성을 보호하기 위하여 우리가 자발적인 금욕을 배우고 실천하지 않는다면, 우리의 삶의 토대는 조만간에 파괴될 수도 있을 것이다. 하나님의 동일형상으로 지음을 받은 인간은 모든 창조세계에 대해서도 궁극적으로 거절을 당할 수도 있을 것이다. 단순하고 간단하게 대답할 문제가 아닌 것만큼은 분명하지만, 그래도 우리는 다음과 같은 말을 분명하게 할 수 있다: 우리는 생명에 위협적인 과정에 대해서 신뢰할 수 있는 정보를 가지고 있어야 하며, 그럼으로써 우리는 근거가 확실한 판단을 할 수 있어야 한다. 또한 우리는 다른 사람들, 특히 연약하고 병들고 장애를 안고 있는 사람들에 대한 가장 합당한 사랑의 행동이 어떤 것이며, 모든 피조물을 존중하는 태도가 어떤 것인지에 대해서 물어야 한다. 그런 점에서 그리스도인들은 대안 사회를 형성해야 한다. 이 대안 사회 안에서 이런 것들이 교육되고 실천되어야 한다. 대안 사회를 형성하고, 자발적인 금욕을 실천함으로써 그리스도인들은, 비록 처음에는 그렇게 보이지 않을지라도, 비로소 자유를 얻게 될 것이고 또 생명에 봉사하게 될 것이다.

4) 궁극적인 완성을 희망하면서, 종말 바로 직전에 살고 있는 그리스도인의 행동

우리는 최선의 경우에도 오직 최종적인 것 바로 앞의 것에나 이를 수 있다는 것은 옳은 말이다. 성만찬에서 우리는 하나님께서 굶주리는 사람들과 목마른 사람들로 하여금 자신의 식탁에 참여하게 하시는 위대한 의의 표징을 보게 된다(사 55:1; 눅 6:21). 하나님이 모든 민족을 위하여 베푸시는 축제의

---

[264] G. Altner, Naturvergessenheit. Grundlagen einer umfassenden Bioethik, 1991.

창조적인 모형으로서(사 25:6-9) 성만찬은 모든 죽음의 세력을 넘어서는 생명의 승리에 대한 희망을 일깨우며 키워간다. 그리스도인들이 진지하게 "당신의 나라가 임하고, 당신의 뜻이 하늘에서처럼 땅에서도 이루어지기"를 하나님께 기도한다면, 그들은 자신을 이 세상에서 의를 위한 도구로 내어놓아야 한다.[265] "교회는 그리스도의 뒤를 따르면서 주님께서 주신 사명에 의해서 가난한 사람들과 연대하도록 부르심을 받았다. 그러므로 교회는 연약한 사람들을 위한 변호인이 되어야 한다."[266]

성령의 새롭게 하시는 능력을 신뢰하고, 시작되어 도래하고 있는 하나님의 나라를 희망함으로써 그리스도인들은 불의한 권력구조와 타협하지 않고, 고통 가운데 있는 사람들을 돕고, 온 지구촌에 평화가 이루어지도록 변화의 걸음을 내딛어야 한다. 믿음의 사람들은 이러한 종말론적인 시각을 가지고서 세상을 바라보아야 하며 또 그들 앞에서 전개되고 있는 상황을 예의 주시해야 한다. 그러므로 이러한 종말론적인 시각은 기독교적인 삶에 매우 중요한 것이다. 그리스도인들은 하나님과의 만남으로 인하여 살며, 그 만남으로써 "하나님이 가시는 모든 길의 영원한 목표"를 알게 된다. 그것은 "복음 진리가 나타나서 출현하고 밝히 드러나는 것이며, 믿음이 이러한 빛 속으로 들어가는 것이다."[267]

(1) 잠정적인, 의미 있는 행동

세상을 위한 기도를 하면서 우리는 다른 모든 그리스도인들과 함께 "당신의 나라가 임하소서." 그리고 "그 나라는 당신의 것이다."라고 말한다. 교회는 하나님의 통치를 기다리고 있다. 하나님의 나라를 만드는 것은 우리들이 아니고, 하나님 자신이 그의 나라를 완성하신다. "하나님의 나라"는 하나님의 새로운 세상을 향한 상징어이기도 하다. 역사에서 사람들이 그들의 행동을 통해서 더 나은 세상을 만들어보려는 많은 희망들이 절망으로 끝난 후에, 우리가 살아 계신 하나님을 기대하는 것은 충분한 근거를 가지고 있다. 우리의 행동은 하나님 나라의 완성 이전에 있는 행동이다. 본회퍼가 말한 것처럼, 우

---

[265] G. Wainwright, Doxology, 427-428 참조.
[266] Gottes Gaben andere Aufgabe. Die Erklärung von Stuttgart, 1988, Absn. 2.3, EKDTexte 27, 79..
[267] E. Herms, Die eschatologische Existenz des neuen Menschen, in: ders., Offenbarung und Glaube, 1992, 316.

리의 행동은 궁극적인 것에 있는 것이 아니라, 궁극적인 것 앞에 있는 것이다.[268]

하나님은 우리가 시작하는 것보다 앞서 시작하신다. 하나님의 미래는 우리의 목표보다 훨씬 더 멀리까지 미친다. 하나님은 삶의 양쪽 끝에 서 계신다. 세상의 창조에서 하나님은 모두를 위한 삶의 근거를 주셨고, 하나님은 그의 해방 사역에서 새로운 행동의 가능성을 열어주셨다. 그의 화해에서 하나님은 우리의 죄를 용서하셨고 우리를 그의 자녀 삼으셨다. 그의 영을 통하여 살리심으로써 하나님은 내적인 갱신을 시작하였는데, 이 갱신은 우리 삶의 모든 영역에까지 미친다. 이 모든 것이 하나님의 근본적인 행동이다. 하나님의 행동이 없이는 인간도 없고 하나님의 자녀도 없었을 것이다. 하나님의 이러한 행동은 우리에게 힘과 용기를 주셔서 화해와 치유를 가능하게 하셨으며, 그것을 위하여 우리를 제자들로 부르셨다. 또한 우리는 우리의 행동을 의미 있게 만드는 목표를 바라본다. 이 목표는 여러 단편적인 것들을 하나의 온전한 것으로 결집시키기 때문이다.

궁극적인 것 바로 앞에서 일어나는 행동에 관해서 아는 것은 두 가지의 의미를 가지고 있다. 한편으로는 우리에게 일을 맡기게 되는데, 하나님께서는 그 일 때문에 우리를 부르셨기 때문이다. 다른 한편으로는 궁극적이고 완성된 것을 만들고자 하는 과도한 부담으로부터 우리를 해방시킨다. 하나님께서는 죄를 극복하셨기 때문에, 죄와 그 결과에 대한 우리의 싸움은 의미 없는 것이 아니다. 그러나 세상에 있는 악은 결코 궁극적인 것이 아니기 때문에, 우리는 하나님의 사랑의 승리를 희망하고 기다린다. 그리스도와 함께 새로운 삶이 이 세상 안으로 왔기 때문에, 그래서 사람들 사이에서 사랑의 새로운 공동체가 시작되었기 때문에, 이러한 공동체로 들어오고 초대하는 것이 깊은 의미를 갖는다. 그러나 아직도 여전히 소외, 악 그리고 파괴가 존재하기 때문에, 우리는 하나님의 사랑의 교제가 모든 사람들에게 이르기를 희망하며 기다린다. 하나님은 세상과 사람을 구원하기 위한 행동을 시작하셨기 때문에, 우리는 사람들이 고난을 당하고, 상처를 입고, 치유되기를 원하는 곳에서는 구원과 치유가 가능함을 알게 된다. 질병과 죽음이 여전히 있기 때문에, 우리는 어떠한 죽음도 결코 해칠 수 없는 생명의 승리를 희망하며 기다린다. 믿음

---

[268] Ethik 1988[12], 128ff.

은 하나님의 통치를 경험하게 하며, 생명을 위한 용기와 예수의 뒤를 따라가는 힘을 준다. 그러나 질문, 불확실, 염려 등은 여전히 남아 있다. 우리는 하나님께서 그의 나라를 완성하실 그 때까지 우리의 희망과 인내에 양분을 제공해 주실 것을 기도하면서 함께 모인다.

웨슬리의 신학에서 하나님 나라의 이러한 미래적인 관점은 중요한 역할을 하지 못하고, 감리교적인 전통에서도 중요한 위치를 점하는 경우가 별로 없다. 그럼에도 불구하고 우리는 주기도에 대한 웨슬리의 해석에서 하나님 나라의 이러한 미래적인 차원의 중요한 해석을 발견하게 된다. 산상설교에 대한 그의 여섯 번째 설교에서 그는 다음과 같이 말한다.

> 그리스도의 "출현을 고대하고 있는 모든 사람들은 그가 시간을 재촉해 주실 것을 위하여 기도해야 한다. 그의 이러한 나라 곧 은혜의 나라가 속히 와서 세상의 모든 나라들을 삼켜버릴 것을 기도해야 한다. … 우리는 그의 영원한 나라, 하늘에 있는 영광의 왕국이 속히 올 것을 위하여 기도한다. 이 나라는 세상에서는 은혜의 왕국의 지속이고 완성이다."[269]

웨슬리의 신학은 완성된 하나님 나라의 신속한 도래를 위하여 기도해야 할 어떤 현재적인 위태로운 상황을 통해서 압력을 받고 있지 않다. 오히려 그의 나라를 향한 그리움, 이미 여기서 "믿는 사람들의 마음에서" 시작된 것의 성취를 향한 그리움이 웨슬리의 해석에 묻어 있다. 그러므로 죽은 사람들을 위한 장례예배에서도 다음과 같이 기도한다.

> 우리는 당신의 나라가 속히 임할 것을 간구합니다. 그럼으로써 우리는 당신의 거룩한 이름을 진정으로 믿는 믿음 가운데서 죽은 모든 사람들과 더불어 우리의 온전한 완성과 행복을 당신의 영원한 영광 안에서 몸과 영혼에 가질 수 있게 됩니다.[270]

---

[269] 설교 26("산상설교 VI"), III. 8.
[270] 설교 26("산상설교 VI"), III. 8.

웨슬리가 즐겨 강조하는 포인트는 하나님의 뜻을 행하고 그에 합당하게 살아가는 인간의 책임에 놓여 있다.

인간은 목표를 추구한다. 목표는 자주 바뀌기도 하며, 그러므로 잠정적인 것이다. 인간은 그가 추구하는 목표의 의미와 달성 가능성에 대해서 때때로 회의하기도 하고 확신을 갖기도 한다. 하나님의 영은 우리에게 하나의 목표를 제시하는데, 그것은 그의 나라에 참여하는 것이다. 그렇다고 해서 우리 스스로 세운 가까운 목표와 보다 먼 목표가 필요 없다는 말은 아니다. 목표가 없이는 의미 있는 행동도 불가능하다. 그러나 우리가 하나님의 영의 인도를 받는다면, 우리 모두가 지향하는 목표에는 공통의 방향이 있다. 개인적인 삶이나 교회적인 삶 그리고 사회적인 삶에는 불확실성이 있음에도 불구하고 우리는 하나님의 영이 우리를 목표에로 이끌어갈 것임을 믿는다. 시간을 통하여, 여러 사건들을 통하여, 그리고 우리들의 오류와 죄를 통해서도 하나님의 영은 우리를 완성을 향하여 이끌어간다.

이러한 확신은 현실성이 없는 환상적인 소망으로부터 생겨나는 것이 아니고, 그리스도의 십자가와 부활에 근거된 것이다. 하나님은 그리스도의 십자가와 부활에서 이미 새로운 세상을 시작하셨다. 이 새로운 세상은 "도래하신 분의 미래"(W. Kreck)를 기다린다. 이미 오셨고 또 앞으로 오실 그분의 뒤를 따르면서 우리는 그의 뜻에 합당하게 살아가려고 한다. 이러한 삶은 우리의 의지와 행동의 방향을 그분에게 맞추어서 바꿈으로써 시작된다. 이것은 결코 쉬운 일이 아니다. 우리는 선을 원하지만, 의로워지고 또 의롭게 행동하기를 원하지만, 우리의 삶의 세계에 있는 복잡함 앞에서 무엇이 선한 것인지 모르는 경우가 많이 있다. 또 다른 많은 경우에 우리는 무엇이 문제고, 무엇을 행해야 할 것인지를 정확하게 알고 있음에도 불구하고, 용기와 힘이 없어서 새로운 태도를 보여주지 못하기도 한다.

우리 그리스도인들은 이러한 어려움에 대해서 잘 알고 있다. 많은 경우에 "영으로는 원하지만, 육신이 약하다." 다른 많은 경우에는 용감하게 행동에 나서지만, 분명한 방향이 결여되어 있는 것을 곧바로 알게 되기도 한다. 믿음은 하나님의 뜻에 따른 행동에 맞서는 저항과 간단히 타협하지 않는다. 믿음은 이 세상에 하나님이 현존해 계시다고 생각한다. 하나님의 말씀을 함께 듣고, 하나님의 뜻을 이해하기 위하여 함께 노력하고, 함께 기도하고, "의로운 행동"을 위하여 함께 일어남으로써(본회퍼) 그리스도인들은 정직한 사람들에게 성공하게 하시겠다는 하나님의 약속을 받게 된다(잠 2:7).

이 모든 것은 하나님의 나라에 대한 기대 안에서 일어난다. 우리는 이 세상으로부터 떨어져 나와서 "하늘로 들어가는 것"을 희망하지 않는다. 이러한 말에 대한 성서적인 근거는 없다.[271] 오히려 하나님의 나라에 대한 희망은 이 세상과 그 창조주에 대한 신실한 행동이다. "이 세상이 그 안에서 다스리는 주들과 권세들의 것이 아니라고 선언하는 희망, 거듭 반복해서 불복종과 부적응을 고취하는 희망이다."[272] 그러므로 하나님의 나라에 방향을 설정한다는 것은 우리의 삶의 모든 영역에서 일어나야 하는 우리의 행동을 가르치는 것이며 그리고 동시에 행동하면서 희망하도록, 인내하면서 기다리도록 그리고 신뢰로 가득 찬 기도를 하도록 격려하는 것이다. 이러한 기도를 통해서 우리는 모든 창조세계와 더불어 우리 자신을 하나님의 보호하시고, 해방하시고, 완성하시는 행동에 내맡긴다.

하나님 스스로 그의 통치를 관철하실 것이라는 기대 때문에 우리가 그의 통치를 세우기 위하여 특별한 의무를 수행할 필요가 없다는 결론을 이끌어낸다면, 그것은 하나님의 행동과 인간의 행동 사이에 있는 올바른 관계를 바로 보지 못한 것이다. 그에 대해서 우리는 이미 앞에서 논의한 바 있다. 하나님 나라의 도래를 위하여 기도함으로써 하나님의 통치를 믿는 믿음으로 인하여 모든 그리스도인들이 갖게 되는 책임을 벗어버리는 것이 아니다.

(2) 악의 극복

기독교의 믿음은 악마를 믿지 않는다는 말을 종종 듣게 된다. 우리는 오로지 아버지 하나님과 그의 아들 그리고 성령만을 믿는다. 성령에 비교될 수 있는 그 어떠한 형태의 반대적인 세력도 있을 수 없다. 그러나 다른 한편으로 기독교의 믿음에는 이 세상에 악의 세력이 있다는 확신이 포함되어 있다. 이 악의 세력은 여러 가지로 하나님의 뜻에 맞서 있다. 하나님의 통치가 완성되는

---

271) 살전 4:17이나 고후 5:1-2도 그러한 근거가 아니다. "하늘나라에 가다"는 신약성서의 표현(마 5:20; 18:3; 19:23-24; 막 10:15)은 예수의 활동과 더불어 가까이 온 "하나님의 통치 안으로 들어간다"는 것을 의미한다.

272) K. Haacker, Das kommende Reich Gottes als Ansatz sachgemäßer und zeitgemäßer evangelischer Predigt, TheolBeitr 13, 1982, 244-256.

것을 바라는 희망은 이러한 악한 세력의 극복을 바라는 희망을 포함하고 있다. 하나님을 거역하는 존재, 허무한 존재는 도래하는 하나님의 나라에서 결코 있을 수 없다. 이 세상에서 숨겨진 채로 혹은 드러나게 불의를 일으키는 것은 명명백백하게 드러날 것이다. 이것이 중요한 것이다. 그리스도는 이 세상에 있는 모든 악을 이긴 승리자다. 그러므로 그의 나라에서는 악을 위한 어떠한 공간도 존재하지 않을 것이다.[273]

(3) 창조의 완성

방금 앞에서 말한 악의 극복이 말하는 긍정적인 측면은 하나님께서 창조한 모든 것의 완성이라고 할 수 있다. 하나님의 나라는 더 이상 능가할 수 없고, 그 무엇으로도 더 이상 훼손될 수 없는 하나님과의 교제 안에 있는 새로운 창조다. 이러한 완성은 죄로 인하여 오염된 이전 상태의 회복이 아니다. 그것은 새 창조다. 하나님에 의하여 창조된 것이 새로운 모습으로 이 새 창조에 참여한다.[274] 이러한 하나님의 나라에서는 더 이상 고통과 눈물이 없다(계 21:3-4). 그러나 하나님의 나라는 아무런 의식도 없는 파라다이스 상태가 아니므로 고통과 눈물에 대한 기억은 있으며, 피조물들이 상호간에 새로운 자비를 나누며 갖는 교제다. 물론 이 대목에서도 분명한 것은, 완성에 대한 기대는 우리가 시간과 공간에서 체험하는 것에 대한 우리의 생각을 뛰어넘는다는 것이다. 예수는 매우 구체적인 모습으로 하나님의 통치에 관하여 말씀하셨으며, 그럼으로써 우리가 하나님의 통치를 현재적으로나 미래적으로나 "전혀 다른 것(totaliter aliter)"으로 생각할 필요가 없음을 분명하게 보여주었다.

그러나 우리가 하나님의 통치의 미래의 완성된 모습에 관하여 말한다면, 공상적인 사고의 의심을 전적으로 배제할 수는 없을 것이다. 희망의 비전은 우리의 현재의 부족한 체험에서 나오는 것이 아니라, 그리스도와의 만남에서, 그의 선포에서, 그의 태도와 죽음 그리고 삶에 근거된 것이다. 그를 믿는 사람들에게는 모든 세상적인 저항에도 불구하고 그의 나라를 완성시키시는 하나님에 대한 신뢰와 희망이 주어진다. 기독교적인 희망이 고난의 불세례에 빠지는 곳에서 하나님은 그를 믿는 사람들을 인정하시고 믿음 안에서 보존하셨다.

---

273) 계 22:1-5; 빌 2:9-11; 롬 11:32; 고전 15:54-57.
274) 고후 5:1-5.

"성경적인 기독교"[275]라는 설교에서 존 웨슬리는 기독교의 확산과 복음이 세상으로 퍼져나가는 길에 관해서 말한다. 이 길에서 복음은 저항하는 세력들을 만나게 되고, 복음의 사자들은 박해를 받고 또 죽임을 당한다. "알곡들 사이에 가라지"가 자라난다. 이처럼 부정적인 측면을 말함으로써 웨슬리는 탄식을 하거나 기독교 신앙의 미래를 부정적으로 평가하지 않고, 오히려 "도래하고 있는 하나님 나라의 위대한 비전"을 전개시킨다.[276] 웨슬리에게 중요한 메시지는 그리스도와 더불어 시작되었고, 미래에는 온 세상을 뒤덮게 될 믿음의 나라에 관한 것이었다. 그리스도의 미래적인 나라에서 있게 될 삶은 이 창조세계를 새로운 것으로 변화시킬 것이고, 그리고 동시에 우리의 세상적인 삶을 완성할 것이다.

이러한 완성에는 단지 인간만이 참여하는 것이 아니라, 온 창조세계가 그러한 완성을 경험하게 될 것이다. 이것은 기독교적인 희망의 한 부분이다(롬 8:18-24). 하나님께서 그의 나라를 완성시킬 것이기 때문에, 믿음, 소망, 사랑은 영원한, 결코 사라지지 않는 토대를 가지고 있다.

---

[275] 설교 4("성경적인 기독교").
[276] 이 설교의 독어 판에 있는 M. Weyer의 안내 글에서 인용.

요약을 대신하여

나는 무엇을 믿을 수 있는가? 나는 무엇을 행해야 하는가? 나는 무엇을 희망할 수 있는가? 우리는 임마누엘 칸트의 표현을 조금 변경해서 이러한 물음을 제기했었다. 오늘날에도 신학은 이 물음들에 대답을 해야 한다.

나는 무엇을 믿을 수 있는가? 나는 누구에게 나 자신을 내맡길 수 있는가? 이 물음에 대한 감리교회 신학이 주는 대답은 이렇다: 하나님께서는 모든 인간을 그와의 행복으로 가득 찬 교제에로 부르시고 있으며 또 그러므로 하나님께서는 내가 그의 부르심에 따르기 위하여 움직인다면, 나를 받아주신다는 것을 나는 믿는다. 하나님의 은혜는 모든 사람에게 해당된다. 내가 누구이든지 상관없이 나는 모든 사람에게 해당되는 하나님의 은혜에 나 자신을 내맡길 수 있다.

나는 무엇을 행해야 하는가? 인간의 구원에 관한 한, 이 물음에 대한 전통적 개신교 신학의 대답은 다음과 같이 분명한 것이다: 당신은 아무것도 할 수 없고 또 해서도 안 된다; 하나님은 예수 그리스도 안에서 당신을 위하여 모든 것을 행하셨다. 그러나 신기하게도 신약성서는 "내가 구원을 받기 위해서 무엇을 행해야 하는가?"라고 묻는 사람에게 대답을 거절한다. 행 16:31에 의하면, 바울은 빌립보 감옥의 간수의 유사한 물음에 대해서 이렇게 대답한다: "주 예수를 믿어라. 그리하면 당신과 당신의 집이 구원을 얻으리라."

예수 스스로는 그에게 "선생님, 내가 영생을 얻기 위하여 무엇을 행해야 합니까?"라고 묻는 사람에게 이렇게 말한다: "네 주 하나님을 온 마음을 다 해서, 온 힘을 다 해서, 그리고 온 정성을 다 해서 사랑하라. 그리고 네 이웃을 네 자신처럼 사랑하라"(눅 10:25-28). 어떤 의미에서 존 웨슬리의 신학은 예수께서 주신 이러한 두 가지 대답을 하나로 묶어 보려는 위대한 시도며, 인간은 자신의 구원을 위해서는 아무것도 할 수 없음을 바울이나 종교개혁자들과 함께 확신하는 신학이다. 요한복음의 그리스도께서 니고데모가 제시한 유사한 –물론 명시적으로 제기되지는 않았지만, 그러나 당연히 전제되어 있는– 물음에 대해서 다음과 같이 대답한다: "만일 누군가가 새로이 태어나지 않는다면, 그는 하나님의 나라를 볼 수 없다"(요 3:3). 웨슬리는 요한복음의 그리스도께서 하신 이 말씀을 확신하였다.

하나님의 구원은 전적으로 선물이고, 은혜일 따름이다. 그러나 하나님은 인간을 그의 인격적인 상대방으로 창조하셨기 때문에, 하나님의 은혜는 인간의 행동을 하나님의 구원 활동과 밀접하게 연관시킨다. 복음의 메시지는 인간으로 하여금 믿음을 갖도록 촉구한다. 칭의와 성화는 우리를 위한 그리고 우리 안에 있는 하나님의 행동이다. 이러한 하나님의 행동으로부터 새로운 존재와 사랑으로 규정된 태도가 자라나서 전개된다. 거듭남에서 하나님은 우리 안에 새로운 인간 곧 하나님의 형상을 따라서 형성된 그리고 그리스도의 태도 안에서 살고 행동하는 새로운 사람을 만드신다. 하나님의 사랑은 우리의 마음 안에 하나님과 사람들을 향한 사랑의 불꽃을 점화한다. 이러한 사랑은 믿음으로부터 출발해서 전개되는 삶의 토대이며 근본규범이다.

"하나님의 구원 활동의 테두리 안에서 인간적인 것이 갖는 결정적인 의미"는 감리교회 신학의 본질적인 특징 중의 하나가 된다는 것은 의심의 여지가 없다.[1] 이것이 철저한 은혜의 신학이라는 토대 위에서 일어난다는 것은 이러한 원리에 새로운 색깔을 준다. 하나님의 은혜는 우리 인간의 행동에 언제나 앞선다. 그러므로 하나님의 은혜는 앞서가는 은혜다. 그것은 하나님의 은혜가 이미 구원의 길의 시초에서 작용하고 있다는 특별한 의미에서만 그런 것이 아니고, 매우 원리적인 의미 곧 의롭다 하는 그리고 거룩하게 하는 은혜로서 작용한다는 점에서도 그렇다. 이러한 은혜는 우리를 은혜의 작용에 참여하게 한다. 그러므로 체험된 은혜는 실천된 은혜가 되어야 한다. 이 은혜는 하나님이 우리를 받아들이셨다는 확신 안에서 실천되어야 하고 또 이웃을 향한 사랑의 삶에서 실천되어야 한다. 은혜는 우리 안에서 그리고 우리를 통해서 "믿음의 행위, 사랑의 수고, 소망의 인내"를 창조한다.(살전 1:3)

그러므로 "나는 무엇을 행해야 하는가?"라는 질문에 대해서 다시 한 번 답

---

1) A. Outler; in: Der Methodismus 90.

해 보자. 나의 삶을 받아들이시는 하나님의 인정을 온전하게 신뢰하고 받아들이는 것 그리고 하나님의 사랑이 나의 사랑이 되게 하는 것, 그 이상의 무엇을 더 행하겠는가!

나는 무엇을 희망할 수 있는가? 하나님께서는 나의 삶을 그의 사랑을 통해서 형성하시고 완성하신다는 것을 나는 희망할 수 있다. 하나님께서는 이 세상을 그의 통치를 통해서 구원으로 가득 찬 목표에로 이끌어 가신다는 것을 나는 희망할 수 있다. 이 목표에 이르면, 하나님은 모든 눈물을 씻겨주시며, 사랑이신 하나님이 모든 것 중에서 모든 것이 되실 것이다.

감리교회의 신학에서 윤리와 종말론은 매우 밀접하게 결합된다. 구원을 받은 사람들과 하나님이 나누는 완성된 교제를 설명하는 사랑은 우리 시대의 고난에 맞서는 구체적인 행동을 하기 위한 힘이다. 성령은 이 사랑을 우리의 마음에 부어주심으로써 미래적인 완성의 보증이며 선입금이다. 그러므로 그리스도인의 완전에 관한 웨슬리의 특별한 가르침은 매우 문제가 많다. 이 가르침의 성서적인 뿌리는 하나님의 은혜가 인간의 삶과 그들의 교제 안에서 실질적인 변화를 만들어낸다는 기대다. 그런 점에서 윤리는 하나님 나라의 전망에 그리고 하나님의 영이 주는 사랑의 권능 안에 근거를 갖는다.

그러나 이러한 요약으로 우리가 감리교회의 신학의 마지막에 말해야 하는 모든 것을 아직 다 말한 것은 아니다. 감리교회의 신학자 Ted A. Campbell은 다음과 같은 물음을 제기하고 있다: 웨슬리의 역사와 신학에 대한 학문적인 작업의 르네상스는 어찌하여 감리교회를 새롭게 하고 거듭나게 하는 결과를 가져오지 못하고 있는가?[2]

대답은 분명하다. 웨슬리의 신학과 그의 처음 후계자들의 신학은 "실천 신학" 곧 실천을 위한 신학이었다. 그의 신학은 그처럼 가르쳐지고 실천될 때에만, 효력을 발휘할 것이다. 그것은 우리가 저술하고 있는 "감리교회 신학의 개요"에 대해서도 마찬가지다.

---

[2] 그의 논문 "Is It Just Nostalgia? The Renewal of Wesleyan Studies", in: The Christian Century, 1990.4.18, 396-398.

"은혜의 보편성"은 세상을 잘못 정의된 하나의 공동체로 만들려는 목표를 가지고 있지 않다. 오히려 그것은 하나님의 보편적인 사랑의 전령들인 우리들에게, 우리보다도 앞서서 모든 한계들을 넘어서 온 세상의 사람들과 화해의 만남을 실행하고 계시는 바로 그분의 뒤를 따라갈 것을 요청하고 있다.

"개인적인 믿음"은 여러 신학적인 표현들 중의 하나가 아니다. 개인적인 믿음은 은혜의 실재를 경험하기 위한 문이다. 믿음 안에서 실존적으로 경험된 은혜는 삶으로 실천된 은혜가 되며, 칭의와 성화와 같은 오래된, 그러나 여전히 이해하기 어려운 개념들이 믿음 안에서 생명으로 가득 채워지게 된다. 이 생명은 하나님이 우리에게 선물하신 것이며, 우리 안에서 창조하신 새로운 생명이다.

"온전한 그리스도인"은 "전체성"이라는 유행 속에 있는 첨단의 표어가 아니고, 우리의 개인적인 삶, 교회 공동체 안에서 영위하는 공동의 삶, 그리고 사회와 세상에 대한 우리의 참여를 결정하고 채우는 사랑의 실재를 묘사하는 것이다. 우리가 이러한 실재를 하나님의 사랑의 결과에서부터 신학적으로 어떻게 발전시킬 것인지를 설명하는 것과 우리 스스로 실질적으로 형성해야 하는 실제 사이에 있는 차이를 완전히 극복할 수는 없다. 그러나 이러한 차이가 메워질 수 없는 간격이 된다는 사실로 인하여, "실천적인 신학"이라고 불리는 은혜의 신학이 외면되어서는 안 된다.

웨슬리는 그의 사람들에게 날카롭게 경고하면서 그에 대한 염려를 다음과 같이 말한 바 있다: "나는 유럽이나 아메리카에서 감리교인이 더 이상 존재하지 않을 수도 있음을 두려워하지 않는다. 오히려 나는 그들이 형식적으로는 기독교적이지만 그리스도인 존재의 힘을 더 이상 알지 못하는 단순한 죽은 소종파로 남을 수 있음을 두려워한다. 그들이 시작한 바 있는 가르침, 영 그리고 섬김의 자세를 잃어버릴 때 그러한 일은 분명히 일어날 것이다."[3]

---

3) Thoughts upon Methodism, Works³ XIII, 258(1786.4.8.).

| 부록 |

감리교회 교리의 토대와 신학적인 사명

1972년에 연합감리교회(UMC)의 총회는 "교리와 교리규범에 관한 연구위원회"의 보고를 받아들였다. 이 보고서는 감리교 신학자 아우틀러(Albert C. Outler)의 초안을 분명하게 드러내는 것이었다. 당시 독일감리교회의 중앙연회에서 위임을 받은 "신학과 설교직을 위한 상임위원회"는 이 문건을 독일어로 번역할 것인지 여부를 결정할 수 없었는데, 왜냐하면 이 문건의 근본적인 내용을 신학적인 이유로 인하여 수용할 수 없었기 때문이다. 그래서 이 문건과 동일한 구조로 된, 그리고 이 문건의 많은 표현들을 받아들여서 새로운 문건을 만들었는데, 이는 1977년에 열린 중앙연회에서 받아들여졌다. 이 새로운 문건의 제목은 "감리교회의 신학적인 사명(Der theologische Auftrag der Evangelisch-methodistischen Kirche)"이었다(EmK heute, 27).

1984년의 UMC 총회는 25명의 남녀 신학자와 평신도들로 연구위원회를 구성하여 1972년의 문건을 개정해서 새롭게 만들게 하였다. 미국의 연합감리교회에 소속하지 않은 감리교회에 속한 2명이 처음으로 이 위원회에 참석하도록 초대를 받았다. 이 위원회가 작성한 문건은 1988년 총회에서 수정작업을 통해서 절대적인 지지로써 통과되었다. 이 문건은 독일어로도 번역되어 출판된 바 있다(EmK heute 65, 1990).

이 문건은 다음과 같은 4부분으로 구성되었다.

1. 우리들의 교리적인 유산, 2. 우리 교리의 역사, 3. 우리 교리의 토대와 일반적인 규칙, 4. 우리의 신학적인 사명.

여기서는 이 중에서 3과 4항만을 수록하며, 나머지 1과 2항에 대해서는 위에서 언급한 문헌을 참조하기 바란다. 또 "감리교회의 사회적인 원리(Soziale Grundsätze der Evangelisch-methodistischen Kirche; EmK heute 64, 1989)"를 참조해 주기 바란다.

3. 우리 교리의 토대와 일반적인 규칙들

1) 교리의 토대[1]

(1) 감리교회의 신앙조항

제1조 거룩한 삼위일체에 관하여
살아계시고 참된 오직 한 분 하나님만이 계신다. 하나님은 영원하시고, 육체나 부분이 없으시고, 무한한 능력과 지혜와 선함을 가지고 계시며, 모든 눈에 보이는 것이나 보이지 않는 것의 창조자시며 유지자시다. 이러한 신성의 통일성 안에 동일한 본질, 동일한 능력을 가지고 계시며 그리고 동일하게 영원하신 세 인격이 계신다.

제2조 진정한 인간이 되신 하나님의 말씀 혹은 아들에 관하여
아버지의 말씀이시며, 참되고 영원한 하나님이시며, 아버지와 하나의 본질이신 아들은 동정녀 마리아의 모태에서 인간의 본성을 받으셨으며, 그래서 두 개의 완전하고 온전한 본성 곧 신성과 인간성을 가지셨다. 한 인격 안에서 두 본성은 분리될 수 없이 일치되었다. 그러므로 한 분 그리스도는 참 하나님과 참 인간이시다. 그분은 실제로 고난을 받으셨고, 십자가에 달리셨으며, 죽으셨고, 묻히셨다. 그래서 그분은 그의 아버지와 우리들을 화해시키셨으며 속죄의 제물이 되셨다. 그것은 오로지 원죄만을 위한 것이 아니라, 사람들이 개인적으로 범한 죄들을 위한 것이었다.

제3조 그리스도의 부활에 관하여
그리스도는 진정으로 죽은 자들 중에서 부활하셨으며 그래서 완전한 인간의 본성에 속하는 모든 것과 함께 그의 몸을 다시 받으셨다. 그리스도는 몸으

---

[1] 역자 주: 저자들은 감리교회의 신앙조항, 복음 공동체의 신앙고백, 존 웨슬리의 표준(교리)설교들, 존 웨슬리의 신약성서 주해 등을 감리교회의 교리적인 토대로 제시한다. 물론 웨슬리의 설교와 신약성서 주해는 여기서 제목만 말할 수밖에 없음은 당연한 것이다. 감리교회와 복음 공동체는 나중에 통합해서 지금의 독일감리교회가 되었다. 통합하기 이전의 두 교회가 고백한 신앙조항을 함께 나란히 비교해 보는 것도 흥미로운 일이다.

로 하늘에 올라가셨으며, 최후의 날에 모든 사람들을 심판하시기 위하여 다시 오실 때까지 항상 거기에 앉아계신다.

제4조 거룩한 영에 관하여

아버지와 아들로부터 오시는 성령은 아버지와 아들과 함께 하나의 본질을 가지셨고 존엄성과 거룩함에서 동일하시며 참되고 영원하신 하나님이다.

제5조 구원을 위하여 성경의 충분함에 관하여

성경은 구원에 필요한 모든 것을 가지고 있다. 그러므로 성경에서 발견할 수 없는 것이나 성경으로부터 입증될 수 없는 어떠한 것은 어느 누구에게도 신앙의 조항으로 짊어지게 해서는 안 되며 혹은 구원을 위하여 필수적인 것으로 보아서는 안 된다. 성서의 이름으로써 우리는 구약과 신약성경의 정경적인 문헌들을 말한다. 교회는 이 문헌들의 신빙성을 결코 의심한 적이 없다. 성경 문헌들의 이름은 다음과 같다:

　구약성경: 모세5경, 여호수아서, 사사기, 룻기, 사무엘상·하, 열왕기상·하, 역대기상·하, 에스라서, 느헤미아서, 에스더서, 욥기, 시편, 솔로몬의 잠언, 설교자 솔로몬, 솔로몬의 애가, 4명의 대 예언자들, 12명의 소 예언자들.

　공통적으로 인정을 받고 있는 신약성경의 모든 문헌들을 우리도 역시 받아들이며 정경적인 것으로 인정한다.

제6조 구약성경에 관하여

구약성경과 신약성경은 전혀 대립적이지 않다. 왜냐하면 구약이나 신약성경에는 인류에게 영원한 생명인 그리스도를 통하여 제안되어 있기 때문이다. 그리스도는 그 둘 곧 하나님이시고 인간이시기 때문에, 하나님과 인간 사이의 유일한 중보자시다. 그러므로 옛 언약의 조상들은 단순히 시간적인 약속들을 눈으로 보았을 뿐이고, 전혀 들을 수 없었다. 하나님이 모세를 통해서 주신 율법은, 제의적인 용도와 예배적인 행위에 해당하는 한, 그리스도인들을 묶지는 못함에도 불구하고, 또 어떤 국가도 모세 율법의 시민적인 규정들을 받아들일 필요가 없음에도 불구하고, 그럼에도 어떤 그리스도인이라도 소위 도덕법에 대한 복종에서 예외일 수 없다.

7조 원죄에 관하여

원죄는 아담의 후손이라는 데 있는 것(펠라기우스주의자들이 잘못 생각하는 것처럼)이 아니라, 인간적인 본성의 오염에 있다. 아담의 후손이 가지고 있는 이러한 인간의 본성은 자연적인 방식으로 생겨났으며, 그로 인하여 인간은 원래의 의(義)로부터 매우 멀리 떠나 있고, 그래서 본성적으로 계속해서 악으로 기울어져 있다.

제8조 자유의지에 관하여

아담의 타락 이후 인간의 상태는, 자신의 힘으로는 그리고 자신의 행위에 근거해서는 믿음을 가질 수 없고 하나님의 부르심으로 돌아서서 그 부르심을 따를 수 없을 정도가 되었다. 그러므로 우리는 하나님이 기뻐하시고 마음에 들어하실 선한 행위들을 할 힘이 없다. 그럼에도 불구하고 하나님의 은혜가 그리스도 안에서 우리에게 앞서 주어졌으며, 우리가 선한 의지를 가질 수 있도록 도와주고, 그래서 우리가 이러한 선한 의지를 가지고 있으면, 계속해서 우리와 함께 활동한다.

제9조 인간의 의롭다 하심(칭의)에 관하여

우리가 하나님 앞에서 의롭다고 여겨지는 것은 오로지 우리 주님이시고 구주이신 예수 그리스도의 공적 때문이고, 믿음으로 말미암은 것이지, 결코 우리 자신의 행위나 공적 때문이 아니다. 우리가 오로지 믿음으로 말미암아 의롭게 된다는 것은 매우 복되고 위로에 가득 찬 교리다.

제10조 선한 행위들에 관하여

선한 행위들은 믿음의 열매고 칭의에 뒤따른 것이며, 우리의 죄들을 제거하지는 못하지만, 그럼에도 불구하고 하나님의 강력한 심판을 억제할 수 있다. 선한 행위들은 그리스도 안에서 하나님의 마음에 들고 기쁘게 하며, 참되고 살아 있는 믿음으로부터 나오는 것이다. 그러므로 살아 있는 믿음은, 마치 열매를 보고 나무를 알게 되는 것처럼, 선한 행위들에서 분명하게 알 수 있다.

제11조 초(超)공적적인 행위에 관하여

하나님의 계명을 넘어서는, 그래서 초공적적인 행위라고 불렸던 자발적인 행위들을 가르치는 것은 무신론적인 교만일 수 있다. 왜냐하면 인간은 하나님 앞에서 지고 있는 의무에 해당하는 모든 것을 행할 뿐만 아니라, 그 이상 곧 인간 자신을 위하여 그의 의무 이상을 행하고 있다고 선언하기 때문이다. 그렇지만 그리스도께서는 "너희가 너희에게 요청된 모든 것을 행했을지라도, 우리는 무익한 종들이라고 말해야 한다."고 분명하게 말씀하셨다.

제12조 칭의 이후의 죄에 관하여

칭의 이후에 의도적으로 범해진 모든 죄가 성령에 맞서는 죄는 아니며, 그러므로 용서를 받을 수 없는 것은 아니다. 그러므로 우리는 칭의 이후에 죄에 떨어진 사람들에게 회개를 위한 갱신의 가능성을 거부해서는 안 된다. 우리가 성령을 받은 이후에도, 받은 은혜로부터 벗어나서 다시 죄에 빠질 수 있다. 그러나 하나님의 은혜를 통해서 우리는 다시 일어설 수 있으며 우리의 삶을 개선할 수 있다. 그러므로 성령을 받은 사람들은, 이 세상에 사는 동안 더 이상 죄를 범할 수 없다고 주장하는 사람들이나 자신의 죄에 대해서 참으로 회개하는 사람들에게 그 죄의 용서를 거부하는 사람들 모두를 우리는 배척한다.

제13조 교회에 관하여

그리스도의 눈에 보이는 교회는 믿는 사람들의 공동체다. 이 공동체 안에서 하나님의 순수한 말씀이 설교되며, 그리스도의 지시에 따라서 세세한 부분에 이르는 모든 필요한 것들이 갖추어진 성례전이 바르게 집행된다.

제14조 연옥에 관하여

로마가톨릭교회가 가르치는 연옥, 사죄, 형상과 성유물에 대한 숭배, 성인들에게 하는 기도에 관한 교리는 허황된, 인간에 의해서 고안된 것이다. 그것은 성경에 근거되지 않았고, 오히려 하나님의 말씀에 어긋난다.

제15조 공적인 예배에서 백성이 이해할 수 있는 언어의 사용에 관하여

교회의 공개적인 기도나 성례전의 집행에서 백성이 이해할 수 없는 언어를 사용하는 것은 초대교회의 관례에도 어긋나는 것이고, 하나님의 말씀에 분명하게 모순되는 것이다.

제16조 성례전에 관하여

그리스도께서 지시한 성례전은 기독교적인 신앙고백의 표징이며 특징일 뿐만 아니라, 우리를 향한 하나님의 선의와 은혜의 분명하고도 가시적인 표시다. 성례전을 통해서 하나님은 가시적인 방식으로 우리 안에서 활동하시며, 그를 향한 우리의 믿음을 살아 있게 하고, 더 나아가서 강화시키며 굳게 한다. 복음서에 의하면, 우리 주님이신 그리스도께서 지시하신 성례전은 두 가지로서 세례와 성만찬이다.

성례전이라 일컬어지는 다른 다섯 개 곧 견진성사, 고해성사, 성직수여, 혼인, 종부성사 등은 복음적인 성례전으로 볼 수 없다. 이것들은 부분적으로는 사도적인 교회에서 일탈하여 생겨난 것이며, 부분적으로는 성서에서 거룩하게 여겨지는 삶의 상황들을 반영하고 있기는 하지만, 그러나 세례와 성만찬과는 전혀 다른 종류의 것들이다. 하나님께서는 이런 것들을 위해서 어떤 가시적이거나 혹은 예식적인 행동을 지시하지 않았다.

성례전은 바라보거나 혹은 배회하도록 하기 위하여 그리스도에 의해서 시작된 것이 아니라, 영예롭게 사용되기 위한 것이다. 성례전을 영예롭게 받아들이는 사람들에게만 성례전은 복되게 작용한다. 불명예스럽게 성례전을 받는 사람들은, 바울이 고전 11:29에서 말하듯이, 스스로를 심판하기 위하여 받는 것이다.

제17조 세례에 관하여

세례는 신앙고백의 표시며 그리스도인들을 세례 받지 않은 사람들과 구분하는 특징일 뿐만 아니라, 거듭남이나 혹은 새로 태어남의 의미를 가지고 있기도 하다. 유아세례는 교회에서 시행되어야 한다.

제18조 주님의 성만찬에 관하여

주님의 성만찬은 그리스도인들 상호간을 아우르는 형제자매적인 사랑의 표시일 뿐만 아니라, 특히 그리스도의 죽음을 통한 우리의 구원의 성례다. 그러므로 정당한 방식으로, 존엄성 있게 그리고 믿음 안에서 성만찬에 참여하는 사람들에게는, 우리가 나누는 빵은 그리스도의 몸의 교제고, 축사된 잔은 피의 교제다.

성만찬에서 빵과 포도주의 본질이 변화되거나 혹은 전이된다는 교리는 성서에서 증명되지 않았으며, 도리어 성서의 명백한 말씀에 어긋나는 것이며, 성례의 본성을 파괴하는 것이며 많은 미신으로 나아갈 수 있는 동기가 된다. 그리스도의 몸은 성만찬에서 하늘의 그리고 영적인 방식으로만 주어지며, 받게 되고, 먹고 마시게 된다. 그리스도의 몸을 성만찬에서 받아서 먹게 되는 수단은 믿음이다.

성만찬 예전을 보존하고, 건성으로 거행하고, 떠받들고, 기도하는 것은 그리스도의 지시에 어긋나는 것이다.

제19조 성만찬의 두 가지 형태에 관하여

주님의 잔을 평신도에게 거부해서는 안 된다. 주님의 성만찬의 두 부분은, 그리스도의 제정과 명령에 따라서, 모든 그리스도인들에게 차별 없이 시행되어야 하기 때문이다.

제20조 그리스도께서 십자가에서 온전히 드리신 유일한 희생 제물에 관하여

그리스도께서 단번에 드리신 희생 제물은 온 세상의 모든 죄를 위한 완전한 구원, 화해 그리고 충분한 것이다. 그것은 원죄나 실제적인 죄를 막론하고 그렇다. 죄를 위한 다른 어떤 충분한 것도 없다. 그러므로 제사장 그리스도가 살아 있는 사람들과 죽은 사람들을 그들의 형벌이나 죄책으로부터 해방시키기 위하여 드리는 것이라고 말하는 그러한 미사성제는 신을 모독하는 인위적인 행위이며 위험한 사술이다.

제21조 성직자들의 혼인에 관하여

하나님의 법은 그리스도의 종들에게 독신서약을 하거나 혼인을 포기할 것을 명령하지 않는다. 그러므로 모든 그리스도인들에게처럼 그들에게도, 결혼을 하나님의 축복으로 여긴다면, 개인적인 결단에 의거해서 결혼을 할 수 있고 또 그럴 권리가 있다.

제22조 교회의 예배 관례와 행위들에 관하여

예배의 관례와 행위들이 모든 지역에서 동일하거나 혹은 같은 방식으로 일어나야 할 필요는 없다. 그것들은 지역과 시대 그리고 관습에 따라서 항상 다양했고 또 다양할 수 있으며, 변화될 수 있기 때문이다. 단지 하나님의 말씀에 어긋나는 어느 것도 도입되어서는 안 될 뿐이다. 자기 자신의 판단에 의거해서 의도적으로 자신이 속해 있는 교회의 예배 관례와 행동을, 그것이 하나님의 말씀에 어긋나지 않으며 또 합법적인 권위를 가진 사람들에 의해서 집행되고 또 일반적으로 받아들여지고 있음에도 불구하고, 공개적으로 깨뜨리는 사람에게는, 다른 사람들이 경각심을 가질 수 있도록 하기 위하여, 동일한 것이 행해져야 한다. 다시 말해서 그가 교회의 일반적인 질서를 해치고 연약한 형제들의 양심에 상처를 입힌 사람이라는 것이 공개적인 방식으로 천명되어야 한다. 모든 개 교회는 예배의 관례와 행위들을 도입하고, 변경하고 혹은 폐지할 수 있는 권리를 갖는다. 그렇지만 모든 것이 덕이 되도록 해야 한다.

제23조 정부에 관하여

하나님으로부터 오지 않는 정부는 없기 때문에, 모든 그리스도인들은 살고 있는 나라의 정부와 법을 양심적으로 합당하게 존중해야 하며, 마땅한 복종을 수행하고, 그래서 스스로가 평화로운 형제임을 입증해야 할 의무를 갖는다.

제24조 그리스도인들의 시간적인 재물에 관하여

그리스도인들의 재물과 시간은, 법과 소유의 요청에 입각해서 공동의 것은 아니다. 어떤 사람들은 그것을 잘못 생각하는 경우가 있었다. 그렇지만 모든 그리스도인들은 자기가 소유한 재물을 자발적으로 능력에 따라서 궁핍한 사람들과 나누어야 한다.

제25조 그리스도인들의 맹세에 관하여

우리는 한편으로, 우리 주님 예수 그리스도와 사도 야고보가 경솔하고 성급한 맹세를 금지했다는 것을 알고 있다. 그러나 다른 한편으로 정부가 진리와 이웃사랑 때문에 맹세를 요구한다면, 그러한 맹세가 예언자의 경고에 따라서 정의와 진리 안에서 일어난다면, 기독교는 누구에게도 이러한 맹세를 거부하라고 요구하지 않는다고 우리는 여긴다.

(2) 복음 공동체의 신앙고백

제1조 하나님
우리는 한 분이시고, 참되시고, 거룩하시며 살아 계시는 하나님, 영원하신 영, 눈에 보이는 것과 보이지 않는 만물을 창조하시고 주님이 되시며 보존자가 되시는 하나님을 믿는다. 그분은 능력과 지혜, 정의, 자비 그리고 사랑에 무한하시다. 그분은 그의 이름의 영예를 위하여 인간의 행복과 구원을 위한 자비로운 배려로써 다스리신다.
우리는 한 분이신 하나님께서 삼위일체 안에서 아버지와 아들과 성령으로 나타나심을 믿는다. 이 삼위는 구분은 되지만 결코 분리될 수 없으며, 본질과 능력에서 영원히 하나다.

제2조 예수 그리스도
우리는 참 하나님이시고 참 인간이신 예수 그리스도를 믿는다. 그분은 영원한, 육신이 되신 말씀이시고, 아버지의 태어나신 아들이시며, 성령을 통해서 동정녀 마리아에게서 나셨다. 그분은 하나님의 종으로서 사셨고 고난을 받으셨으며 십자가에서 죽으셨다. 그분은 묻히셨고, 죽은 자들 가운데서 살아나셨고 아버지의 오른편으로 올라가셨고, 그곳으로부터 오실 것이다. 그분은 영원한 구원자시고, 우리를 위하여 나타나시는 중보자시며, 언젠가는 모든 사람을 심판하실 것이다.

제3조 성령
우리는 성령을 믿는다. 성령은 아버지와 아들로부터 나오며, 그 두 분과 하나의 본질을 가지고 있다. 성령은 세상의 눈을 열어서 죄에 관하여, 의에 관하여 그리고 심판에 관하여 보게 한다. 성령은 복음에 대한 믿음을 통하여 인간은 성도들의 교제에로 인도한다. 성령은 믿음의 사람들을 위로하고 강하게 하며, 모든 진리 가운데로 인도한다.

제4조 성경
우리는, 구약과 신약으로 된 성경이 예수 그리스도 안에 있는 하나님의 구원의 계시에 관한 예언자적이고 사도적인 기본증언임을 믿는다. 성령은 이 증언을 우리로 하여금 하나님의 말씀으로 이해하게 하고, 믿음과 삶의 척도로 사용하도록 가르친다. 성경의 증언에 어긋나는 것은 신앙고백과 교리의 내용에 어긋날 수 있다.

제5조 교회
우리는, 거룩한, 사도적인 그리고 보편적인 교회, 모든 진정한 믿음의 사람들이 그리스도, 주님의 지배 아래서 이루는 교제를 믿는다. 이 교회 안에서 하나님의 말씀이 부르심을 받은 사람들을 통해서 큰 소리로 그리고 진실하게 선포되며, 성례전이 그리스도의 지시에 따라서 올바르게 거행된다. 성령의 인도 하에 있는 교회는 세상에서 예수 그리스도의 구원행동이 일어나는 장소와 기관이다.

제6조 성례전
우리는, 그리스도에 의해서 제정된 성례전이 하나님의 사랑과 부르심의 표시며 보증이 됨을 믿는다. 성례전은 우리가 그리스도의 말씀에 대한 복종 가운데서 시행해야 할 은혜의 수단이다. 성례전을 통해서 하나님은 우리에게 행동하시며, 우리의 믿음을 강하게 하시고 보존한다. 성경의 증언에 따르면, 두 개의 성례전이 있는데, 세례와 성만찬이다.

우리는, 세례가 예수의 죽음과 부활에 참여하는 것이며 그의 통치와 축복의 영역으로 들어가게 중계하는 것임을 믿는다. 우리는 아이들도 그리스도의 화해 아래 있으며 또 하나님의 구원을 위하여 부르심을 받은 사람들로서 기독교의 세례를 받을 수 있음을 믿는다. 그럼으로써 아이들은 교회의 특별한 책임 아래 서 있다. 아이들은 그리스도를 개인적으로 받아들이며 세례 안에서 그들에게 약속으로 주어진 구원을 믿음 안에서 붙잡도록 교육을 받아야 하고 인도를 받아야 한다.

우리는, 성만찬이 우리의 구원을 현재화하는 것이며 그리스도의 고난과 죽음을 기억하는 것이고 사랑과 교제의 표시임을 믿는다. 이 사랑은 그리스도께서 오실 때까지 우리를 그리스도와 결합시키고 또 서로서로를 결합시킨다. 떼어진 빵을 올바른 방식으로 영예롭게 그리고 믿음 안에서 먹고, 축사된 잔을 마시는 모든 사람들은 그리스도의 고난과 죽음의 열매에 참여한다.

제7조 죄와 자유의지

우리는, 인간이 그의 원래의 의를 상실했고, 우리 주님 예수 그리스도의 은혜가 없이 죄에 떨어졌음을 믿는다. 누구라도 새롭게 태어나지 않는다면, 그는 하나님의 나라를 볼 수 없다. 하나님의 은혜 없이, 자신의 능력으로 인간은 하나님께서 기뻐하시는 어떠한 선한 행위도 행할 수 없다. 그렇지만 우리는, 성령을 통하여 새로워진 인간은 하나님의 뜻에 순종하는 자유를 받았음을 믿는다.

제8조 그리스도를 통한 화해

우리는, 하나님께서 그리스도 안에서 세상을 자신과 화해시켰음을 믿는다. 그리스도의 십자가 희생은 온 세상의 죄를 위한 완전한 제물로서, 인간을 모든 죄에서 구원하신다. 그래서 인간에게는 다른 더 이상의 필요한 것이 없다.

제9조 칭의와 거듭남

우리는, 우리 자신의 행위나 공적을 통해서는 하나님으로 의롭다고 인정을 받을 수 없고, 오직 우리 주님 예수 그리스도를 믿는 믿음을 통해서만 의롭다 인정을 받을 수 있음을 믿는다.

우리는, 거듭남이 성령을 통하여 일어난, 하나님의 동일형상에 따른 인간의 갱신임을 믿는다. 거듭남으로써 인간은 믿음, 사랑, 소망으로 일깨워지며, 온 마음으로 하나님을 섬길 수 있게 된다.

우리는, 거듭난 사람도 하나님의 살아 있는 행위를 자기 자신 안에 가두어 놓고 왜곡시켜버리는 끊임 없는 위험 속에 있음을 믿는다. 그는 육과 세상의 도전을 받고 있으나, 그러나 항상 하나님의 지키시는 은혜를 신뢰할 수 있다.

제10조 선행 행위들

우리는, 선한 행위들이 믿음과 거듭남의 필수적인 열매임을 믿는다. 그렇지만 선한 행위들은 우리의 죄를 없애거나 하나님의 심판을 벗어나게 할 수 없다.

제11조 성화와 그리스도인의 완전

우리는, 성화가 성령을 통한 하나님의 은혜의 작품임을 믿는다. 거듭난 사람들은 성령을 통해서 그들의 생각, 언어, 행위에 있어서 점차적으로 죄로부터 정화되고, 더 깊은 죄 인식에 이르게 되면, 삶의 모든 영역을 예수 그리스도의 지배 아래 세워 놓는다.

우리는 하나님의 뜻에 대한 복종과 헌신 가운데 있는 삶을 그리스도인의 완전의 상태라고 마땅히 부를 수 있다. 그는, 우리의 이 세상 존재와 활동이 단편적인 것이라는 겸손한 의식을 갖는다. 그렇지만 우리는, 우리 안에서 선한 일을 시작하신 하나님께서 그 선한 일을 예수 그리스도의 날까지 또한 완성하실 것을 확신한다.

제12조 심판과 죽은 자들의 부활

우리는, 모든 인간이 지금과 최후심판 때에 예수 그리스도의 의로운 심판 아래 있음을 믿는다. 우리는, 죽은 자들이 부활할 것이고, 의인들은 영생으로, 악한 이들은 영원한 저주로 부활할 것임을 믿는다.

제13조 예배

우리는, 부활하셔서, 현재적으로 활동하시는 교회의 주님께서 그의 말씀을 통하여 성령 안에서 그의 공동체를 예배로 소집하시고, 경배와 찬양으로 인도하시며, 형제들을 향한 사랑의 섬김으로 격려하심을 믿는다.

복음의 선포는 예배의 핵심 부분이다.

예배하는 삶은 질서를 가지고 있으나, 그 질서는 어디에서나 동일할 필요는 없다. 모든 것은 하나님을 믿고 경배하는 표현이 되도록 일어나야 한다.

제14조 주님의 날

우리는, 주님의 날이 하나님에 의해서 개인적이고 공동체적인 예배를 위하여 그리고 노동으로부터의 휴식을 위하여 정해진 것임을 믿는다. 주님의 날은 영적인 성장, 기독교적인 교제 그리고 기독교적인 섬김의 날로 구별되어야 한다. 주님의 날은 주님의 부활을 기억하고, 우리의 영원한 안식의 모형이다.

제15조 그리스도인과 재물

우리는, 모든 것이 하나님께 속하며, 모든 형태의 재물은, 사적인 것이나, 사회적인 것 혹은 공적인 것을 막론하고, 하나님에 의해서 맡겨진 것임을 믿는다. 개인적인 소유는 우리로 하여금 기독교적인 사랑과 관용을 행하고, 세상에서 교회의 선교를 도울 수 있게 해준다.

제16조 정부

우리는, 정부가 하나님으로부터 권리와 힘을 받았으며 그리고 정부의 과제는 신적인 질서의 의미 안에서 인간의 권리를 확보하는 것에 힘쓰는 것임을 믿는다.

우리는 신적인 사명을 성취하기 위하여 모든 정부를 지원하고, 정부의 지시가 하나님의 뜻에 불일치하지 않는 한, 그에 순종하는 것을 우리의 의무로 여긴다.

우리는, 전쟁과 피 흘림이 그리스도의 복음과 영에 어긋나는 것임을 믿는다.

(3) 존 웨슬리의 교리 설교들

존 웨슬리의 53개의 교리 설교들에 대해서는 최근에 우리말로 번역된 「존 웨슬리의 설교」를 참조.

(4) 존 웨슬리의 신약성경 주해

이에 대해서는 J. Wesley, Explanatory Notes Upon the New Testament 1754(London 1976).

2) 일반적인 규칙

"일반적인 규칙"으로부터 감리교회의 각성운동 자체가 생겨났다. 이러한 "일반적인 규칙"은 감리교인들이 기독교를 얼마나 진지하게 삶으로 실천하고자 했는지를 보여준다. 그러나 이 규칙을 감리교회 윤리의 요약으로 볼 필요는 없고, 다만 웨슬리가 그의 모임에 속한 회원들에게 특별히 그 당시에 널리 유행되었으나 교회에 의해서는 충분히 진지하게 다루어지지 않았던 죄와 관련해서 주었던 특별한 충고로 보는 것이 좋을 것이다. 앞에서 언급한 "신앙고백"과 "일반적인 규칙"이라는 두 가지 문헌은 언어와 사상의 흐름에 있어서 생성 당시의 시대적인 특징을 그대로 보여주고 있으며, 우리는 그런 점을 고려해서 이 문헌을 읽고 이해해야 한다. —일반적인 규칙에서나 그 밖의 다른 경우에도 자주 쓰이는 "모임" 혹은 "신도회(society; Gemeinschaft)"라는 말은, 지금의 우리에게는 교회나 공동체와 같은 의미다. 그러므로 이 용어는 우리 감리교회의 역사적인 발전을 상기시키는 말이다.

1739년 말에 8-10명의 사람들이 런던에 있던 웨슬리를 방문하였다. 이 사람들은 자신의 죄에 깊은 자각을 가지고 있었으며, 그래서 진지하게 구원을 갈망하고 있었다. 이 사람들 외에도 그 다음날에 합류한 또 다른 2-3명의 사람들이, 웨슬리에게 상당 기간 동안 그들과 함께 기도하면서 가르침을 베풀어줄 것을 요청하였다. 그들은 미래의 진노에서 어떻게 벗어날 수 있을지에 대해서 웨슬리의 가르침을 받고자 하였다. 그들은 항상 그러한 진노가 그들의 머리 위에 머물러 있는 것으로 보았다. 이를 위하여 보다 많은 시간을 내기 위하여 웨슬리는 그들이 모두 함께 모일 수 있는 특별한 날을 정했고, 그 때부터 매주 목요일 저녁에 함께 모이게 되었다. 이 무리에는 다른 사람들도 참여하게 되었고, 그래서 그 수는 점점 늘어나게 되었다. 이들에게 웨슬리는 그들의 다양한 욕구에 따라서 시시때때로 여러 가지 충고와 가르침을 베풀었다. 모일 때마다 기도로 시작해서, 기도로 끝을 맺었다.

이것이 우리의 모임(신도회)이 시작하게 된 기원이었다. 이 모임은 유럽에서 생겨난 후 곧바로 미국에서도 확산되어 나갔다. 이러한 모임은 "하나님의 축복의 형식을 가지고 있으며 그러한 능력에 참여하고자 하는 사람들이 함께 기도하고, 서로 경고하고, 서로를 위하여 사랑을 일깨우고, 그럼으로써 영혼의 구원을 드러내기 위하여 서로 도움을 주고받기로 의견을 함께 한 사람들의 모임" 이외의 다른 것이 아니었다.

영혼의 구원을 드러내는 것이 다양한 회원들에게는 매우 진지한 현실이 되고 있음을 더 잘 경험할 수 있게 하기 위하여, 회원들의 다양한 거주 지역에 따라서 모든 모임은 속회라고 불리는 그룹으로 분할되었다. 하나의 속회는 대략 12사람으로 구성되었고, 그 중에는 한 사람의 속회 인도자가 있었다. 속회 인도자가 수행해야 할 의무는 다음과 같은 것이었다.

속회 인도자는 적어도 1주일에 한 번은 그의 속회에 속한 모든 회원들을 보아야 한다. 그럼으로써 첫째로는 그 회원이 하나님의 축복 가운데 얼마나 발전하고 있는지를 체험해야 하고, 둘째로는 상황이 요구하는 바에 따라서 그를 충고하고, 지시하고, 위로하고 혹은 경고한다. 세 번째로는 회원들로 하여금 설교자와 교회를 돕고 또 가난한 사람들을 돕게 이끌어간다.

속회 인도자는 1주일에 한 번은 설교자와 모임(신도회)의 행정 지도자들과 회합을 함으로써, 첫째, 설교자에게 병자나 무질서하게 사는 사람들 혹은 가르침을 받지 않으려는 사람들에 관하여 보고를 하고, 둘째, 지난주 속회에서 자발적으로 모아진 헌금을 신도회의 행정 지도자들에게 전달한다.

신도회에 들어오기를 원하는 사람들에게 기대하는 것은, 그들이 미래의 진노로부터 벗어나고, 죄로부터 해방되고자 하는 열망을 가져야 한다는 것이다. 이러한 열망이 실제로는 마음속에 있을 경우에는 그 열망의 열매를 통해서 드러나게 될 것이다.

그러므로 신도회의 회원이 되고, 또 회원으로 남고자 하는 사람들에게 바라는 것은, 그들이 축복(구원)을 받고자 하는 열망을 입증하는 것이다. 그것을 입증하는 방식은 다음과 같다.

첫째: 악한 것은 결코 행하지 아니하며, 모든 종류의 악을 피한다. 특히 대다수가 행하고 있는 다음과 같은 악을 피해야 한다.
- 하나님의 이름을 남용하는 행위.

• 주님의 날을 더럽히는 행위 −그것이 일상적인 일이나 혹은 상거래를 통한 것이든 불문하고.
• 술에 취하는 행위, 주류는 판매하는 행위나 사는 행위 혹은 그 유사한 것을 마시는 행위 −매우 필요한 경우를 제외하고.
• 노예를 소유하는 행위, 노예를 파는 것이나 사는 것.
• 싸움질, 불화, 말다툼, 형제와 소송하는 행위; 악을 악으로 갚고, 욕을 욕으로 보복하는 행위; 사고파는 상행위에서 많은 말을 하는 것.
• 세금을 지불하지 않는 물건을 사고파는 행위.
• 고리대금 행위, 다시 말해서 허용되지 않는 이자로 돈을 빌려주거나 차용하는 행위.
• 사랑이 없는 혹은 쓸데없는 말을 많이 하는 행위, 특히 정부 인사들이나 설교자들에 관하여 악담을 하는 행위.
• 다른 사람들로부터 대접받기 싫은 방식으로 그들을 대하는 행위.
• 우리가 하나님을 영화롭게 하지 못하는 것으로 알고 있는 행위, 예를 들어서 금이나 값비싼 의복을 입는 행위.
• 주 예수의 이름으로 즐길 수 없는 유흥을 허용하는 행위.
• 하나님의 지식과 사랑을 촉진시키지 않는 노래를 부르거나 책을 읽는 행위.
• 우유부단함과 자기 자신에 대한 불필요한 관대함.
• 세상에 재물을 축적하는 행위.
• 지불능력을 고려하지 않고 물건이나 돈을 차용하는 행위.

신도회에 머물러 있기를 원하는 사람들이 그들의 축복(구원)을 향한 소망을 드러내 보여주기 위해서는 다음과 같은 것이 더 요청된다.

둘째: 선한 행위를 행함으로써 그들은 그들의 소망을 입증해야 한다. 모든 점에서 자신의 능력에 따라서 자비를 베풀고, 어떠한 경우에도, 능력이 미치는 한, 모든 종류의 선을 모든 사람들에게 보여준다.
• 그들은 −몸과 관련해서− 하나님이 그들에게 주신 능력에 따라서 굶주리는 사람들에게 먹을 것을 주고, 헐벗은 사람들을 입혀주며, 병든 자와 갇힌 사람들을 방문하고 도움을 베푼다.

- 영혼과 관련해서- 그들은 주변의 모든 사람들을 가르치고, 바르게 하라고, 경고한다. 이 때 그들은 "우리가 기쁨을 갖고자 할 때에만 선을 행할 수 있다."는 열광주의적인 가르침을 무시한다. 더 나아가서 그들은 다음과 같은 방식으로 축복(구원)을 향한 소망을 입증해야 한다.
- 그들은 선을 행하되, 특별히 믿음의 동료들에게나 혹은 믿음의 사람들이 되고자 하는 이들에게 행해야 한다. 상행위를 함에 있어서 그런 사람들을 더 우선적으로 고려하고, 서로 사고팔아주며, 경우에 따라서 서로 도와준다. 세상은 세상에 속한 것을 사랑하고, 특히 그것만을 사랑하기 때문에, 그것은(믿음의 사람들이 서로 도와주고 사랑을 베푸는 일: 역자 주) 더욱 필요하다.
- 그들은 모든 힘을 다 해서 근면하고 검소해야 하며, 그럼으로써 복음이 모독을 당하지 않게 해야 한다.
- 그들은 우리 앞에 놓여 있는 경기에서 인내로써 달려야 한다. 그들은 자기 자신을 부인하고, 날마다 십자가를 짊어지며, 그리스도의 치욕을 기꺼이 감당하고, 인간의 말종과 쓰레기로서 대접을 기꺼이 받을 수 있어야 하고, 사람들이 아무런 근거도 없이 그리고 주님 때문에 그들에게 모든 종류의 악담을 하는 것 이상을 기대하지 않는다.

끝으로 우리의 신도회에 머물기를 원하는 사람들은 축복을 향한 그들의 소망을 입증해내기를 기대한다.

셋째: 그들은 하나님이 지시한 모든 은혜의 수단을 사용함으로써 그들의 소망을 입증해야 한다. 은혜의 수단으로는 다음과 같은 것들이 있다.
- 공적인 예배.
- 하나님의 말씀을 듣는 것, 하나님의 말씀을 읽고 해석하는 것.
- 주님의 성만찬.
- 가족과 더불어 그리고 은밀하게 기도하는 것.
- 말씀 안에서 연구하는 것.
- 금식과 절제.

이것이 우리 신도회의 일반적인 규칙이다. 하나님은 이 모든 것들을 그의 기록된 말씀 안에서 우리에게 지키도록 가르치신다. 이 하나님의 말씀은 우리의 신앙과 삶을 위한 유일하고 충분한 기준이다. 하나님의 영이 이 모든 규칙을 진정으로 각성된 모든 마음에 새겨 넣으심을 우리는 확신한다. 우리 가운데 있는 누군가가 이것들을 지키지 않거나 혹은 습관대로 그것들 중의 하나에 맞서서 살아간다면, 그것을 위하여 책임적인 변명을 해야 할 사람들 곧 그러한 영혼을 각성시킨 사람들에게 알려져야 한다. 우리는 그에게 그의 잘못된 길을 보여주고자 한다. 우리는 어느 정도로는 그에 대해서 인내를 가질 것이다. 그럼에도 불구하고 개선이 되지 않는다면, 그 사람은 더 이상 우리와 함께 머물 수 없다. 우리는 우리의 일을 행한다.

4. 우리의 신학적인 사명

신학은 우리의 삶에 나타난 하나님의 은혜로우신 행동에 관하여 생각하는 우리의 노력이다. 그리스도의 사랑에 대한 응답으로서 우리는 "우리의 믿음의 창시자요 완성자"이신 분과 더 깊은 관계를 맺고 싶어 한다. 그러므로 우리는 우리의 신학을 발전시켜서, 하나님의 현재, 평화, 능력, 그리고 사랑이라는 비밀스러운 실재를 세상에서 말한다. 이렇게 함으로써 우리는 하나님과 인간의 만남에 관한 우리의 이해를 보다 분명하게 표현하려고 한다. 그럼으로써 우리는 세상에서 일어나는 하나님의 행동에 더 잘 참여할 수 있게 되는 것이다.

신학적인 사명은 교회의 교리진술과 관련되어 있음에도 불구하고, 특별한 목적을 가지고 있다. 우리의 교리적인 진술은 기독교의 진리를 끊임 없이 변화되는 상황 속에서 인식할 수 있도록 도와준다. 우리의 신학적인 통찰을 작업해서, 검증하고, 새롭게 하며, 그리고 적용하는 것이 신학적인 사명에 속한다. 그럼으로써 우리는 "성서적인 성화를 세상에 확산시키도록" 하기 위한 우리의 부르심을 수행할 수 있게 된다. 교회는 교리진술들을 교회적인 정체성의 근본적인 부분으로 보고 있으며, 그러므로 공시적으로 변경하는 것을 교회법적으로 제한하고 있지만, 그러나 교회는 신학의 전체적인 영역 안에서 진지한 사고를 하도록 격려한다.

우리 감리교인들은 개인과 사회의 고난을 인식하고, 그래서 기독교 믿음의 뿌리로부터 분명하고, 확실하고, 효과적인 방식으로 그러한 고난에 대처하도록 부르심을 받았다. 신학은 교회를 돕는다. 그래서 신학은 세상의 고난과 도전이 무엇인지를 교회에 말해 주며 또 복음을 세상에 해석해 준다.

1) 우리의 신학적인 사명의 본질

우리의 신학적인 사명은 비판적인 요소와 건설적인 요소를 모두 가지고 있다. 믿음의 다양한 형태들을, 그것들이 진실하며, 적절하고 분명하며, 설득력이 있으며, 신빙성이 있고 또 사랑 안에 근거되어 있는 것인지에 입각해서 물어본다는 점에서 신학적인 사명은 비판적이다. 그것들이 복음에 합당한 믿음의 증언을 교회와 그리스도인들로 하여금 하게 할 수 있는가? 우리의 살아 있는 믿음 안에 반영되어 있는가? 그것이 인간의 체험의 빛 안에서 그리고 현재 인간의 지식의 수준에서 참되고 또 설득력이 있는가?

그러나 우리의 신학적인 사명은, 모든 세대가 과거의 지식을 창조적으로 수용해야 한다는 점에서 건설적이다. 모든 세대는 우리의 한가운데 계시는 하나님에 대해서 묻는다. 그럼으로써 하나님, 계시, 죄, 해방, 예배, 교회, 자유와 정의, 도덕적인 책임 및 다른 중요한 신학적인 관심에 관하여 늘 새롭게 묻고 생각한다. 전체적으로 중요한 핵심은, 복음의 약속을 새롭게 이해하고, 그 약속을 우리의 고통에 가득 찬 그리고 불확실한 시대 안에서 듣는 것이다.

우리의 신학적인 사명은 개인에게나 공동체에게나 모두 관련되어 있다. 우리의 신학적인 사명은 개체 그리스도인들의 섬김을 형성한다. 그 사명은 교회 안에 있는 모두 곧 성직자나 평신도를 막론하고 모든 사람들의 참여를 촉구한다. 교회의 사명은 제자로 부름을 받은 모든 사람들에 의해서 실행되어야 하기 때문이다. 믿음의 사람들은 예수 그리스도 안에서 우리에게 주어진 진리를 이해하는 일에 굶주려 있다. 신학적인 숙고는 주변적인 시도가 결코 아니다. 연구, 사고 그리고 기도를 통한 지속적인 훈련이 필요하다. "단순한 사람들을 위한 단순한 진리"에 대한 통찰이 신학적인 전문가들로 제한되어서는 안 된다. 모든 그리스도인들은 신학적으로 사고하도록 부르심을 받았다.

학자들의 역할은 하나님의 백성으로 하여금 이러한 부르심을 이루도록 돕는 것이다.

우리의 사명은 공동체와 관련되어 있다. 이 사명은 우리의 교회에 속해 있는 모든 그룹들의 체험, 지식 그리고 전통에 대화가 열려 있는 곳에서는 어디에서나 구체화된다. 이러한 대화는 모든 공동체의 삶에 속한다. 이 대화는 평신도와 목사들, 감독들과 행정인들, 직무자들과 신학교들에 의해서 촉진된다. 각종 회의들은 그들에게 주어진 영역 안에서 공식적인 결정을 함에 있어서 감리교회에 속한 그리스도인들을 위하여 대화하고 행동한다. 우리의 협의체적이고 대표적인 결정의 과정들은 개체 감리교인들에게 스스로 분명한 신학적인 판단을 내려야 하는 책임을 면하게 해주지는 않는다.

우리의 신학적인 사명은 우리의 삶의 세계와 육체성과 관련되어 있다. 이 사명은 하나님의 지고의 자기 계시 곧 예수 그리스도 안에서 일어난 성육신에 근거되어 있다. 하나님의 영원한 말씀은 육과 혈로써, 특정한 시간과 특정한 장소에 그리고 사람들과 전적으로 동일하게 됨으로써 우리에게 온다. 그러므로 우리의 신학적인 사고의 힘은, 우리가 하나님의 성육신을 만남으로부터 나오는 것이다. 그러한 만남을 통해서 우리는 교회와 세상의 일상생활에서 그리고 하나님의 자유하게 하시며 구원하는 행동에 참여한다.

우리의 신학적인 사명은 근본적으로 실천적인 성격을 가지고 있다. 이 사명은 개인에게 일상적인 결정을 내리도록 도우며, 교회생활과 사역 전체를 섬긴다. 극히 이론적인 사고의 과정이 신학적인 이해를 위하여 매우 중요한 공헌을 하지만, 그러나 우리는 그러한 이론적인 사고의 과정이 갖는 진리의 내용을 궁극적으로는 그 실천적인 의미에서 헤아린다. 복음의 약속과 요청을 우리의 일상적인 삶에서 드러내는 것이 우리에게는 중요하다. 신학적인 연구는, 우리가 무엇을 말하고 행동해야 할 것인지에 대해서 우리의 생각을 명료하게 할 수 있게 해준다. 신학적인 연구를 우리로 하여금 우리를 둘러싸고 있는 세상을 주목하도록 압박한다. 엄청난 인간적인 고난의 현실, 모든 살아 있는 것들이 직면해 있는 위협들, 그리고 인간의 존엄성을 해치는 상황들 – 이 모든 것들 때문에 우리는 거듭 새롭게 근본적인 신학의 주제들과 만나게 된다. 하나님의 본질과 활동, 인간의 자유와 책임의 관계, 그리고 모든 피조물들과의 조심스러운 그리고 적절한 교제 등이 그러한 주제들이다.

2) 주요한 신학적인 흐름들: 근원과 기준들

우리 감리교회는 예수 그리스도에 대한 신빙성 있고, 진리에 충실한 신앙고백을 하며, 교회의 삶과 증언의 핵심에 있는 살아 있는 실재를 제시해야 할 의무를 가지고 있다. 이러한 의무를 바르게 수행하기 위하여 우리는 성서적이고 신학적인 유산을 비판적으로 숙고해야 한다. 우리는 우리 시대 안에서 진리에 충실한 증언을 하고 싶기 때문이다. 이러한 노력을 함에 있어서 두 가지의 생각이 결정적으로 중요하다. 첫째, 우리는 어떤 근원으로부터 우리의 신학적인 진술들을 이끌어내는가 하는 문제다. 둘째, 우리는 어떤 기준에 근거해서 우리의 이해와 증언이 적절한 것인지를 검증하는가 하는 문제다.

기독교 신앙의 살아 있는 핵심은 성서 안에 계시되어 있고, 전통에 의해서 밝혀지고, 개인적인 체험에서 생명으로 일깨워지며, 이성의 도움으로 확고하게 된다고 웨슬리는 확신하였다. 이 중에서도 성서가 으뜸이다. 성서는 "우리의 구원을 위하여 필요한" 하나님의 말씀을 계시하기 때문이다. 그러므로 우리의 신학적인 과제는 비판적이고 건설적인 측면들에 있어서 특히 성서에 대한 조심스러운 연구에 집중한다. 웨슬리는 그의 성서연구를 위한 도움으로써 그리고 그의 믿음이해를 심화시키기 위해서 기독교의 전통을 활용하였는데, 특히 교부들의 문헌들, 초교파적인 신앙고백들, 종교개혁자들의 가르침 그리고 그 시대의 건설적인 경건문헌들을 활용하였다. 그러므로 전통은 진정한 기독교적인 증언을 위한 근원이면서 동시에 척도가 되었다. 물론 전통의 권위는 성서의 메시지에 대한 충실함에 의존되어야 한다.

성서에 근거되고 전통을 통해서 전달된 것이라고 할지라도, 기독교의 증언은 개인에 의해서 이해되고 또 개인적으로 수용되지 않는다면, 효력이 없는 것으로 남아 있을 수밖에 없다. 그것이 우리의 증언이 되기 위해서는 우리들의 사고와 체험 안에서 의미 있는 것으로 표현되지 않으면 안 된다. 기독교 신앙의 설득력 있는 설명은 이성을 활용해야 한다는 것이 웨슬리의 확신이었다. 이성을 활용할 때에만 사람들은 성서를 이해할 수 있고 또 성서의 메시지를 지식의 다른 영역들과 연결시킬 수 있다. 웨슬리는 성서의 증언이 인간의 체험 안에서 확인되어야 한다고 여겼다. 특히 거듭남과 성화의 체험에서, 그리고 일상적인 삶의 체험에서 얻을 수 있는 "건강한 인간적인 이성"의 통찰에서 확인되어야 한다.

웨슬리 자신의 신학 안에서 이러한 근원과 기준들이 연합해서 우리 감리교회에 지속적인 신학적인 사명을 위한 표준으로 작용한다. 이러한 사명을 성취함에 있어서 우리의 믿음의 근원에 관한 근본적인 증언이 되는 성서는 언급한 신학적인 근원들 중에서도 으뜸의 권위를 갖는다. 실천적으로 신학적인 사고는 전통, 체험 그리고 이성적인 연구에서도 출발을 한다. 특히 핵심이 되는 것은 이런 것들이다: 모든 네 가지의 주요 흐름들은 진리에 합당한, 진지한 신학적인 하나의 시각으로 모아져야 한다. 성서와 전승에 대한 진지한 연구로부터 성장하는 지식은 우리의 오늘날의 체험을 풍성하게 한다. 풍성하고, 창조적이고, 비판적인 사고를 할 때 우리는 성서와 기독교 공동의 역사를 더 잘 이해할 수 있게 된다.

3) 성서

우리 감리교인들은 다른 그리스도인들과 함께 성서가 기독교 교리의 근원이며 척도로서 으뜸이라는 확신을 가지고 있다. 해방하시는 은혜의 체험 가운데 살아 계시는 그리스도는 성서를 통해서 우리를 만나신다. 우리는, 예수 그리스도가 우리 가운데 계시는 하나님의 살아 있는 말씀이라는 사실을 확신한다. 우리는 살든지 죽든지 하나님의 말씀을 굳게 신뢰한다. 성령에 의해서 조명된 성서의 기록자들은, 그리스도 안에서 세상이 하나님과 화해하게 되었음을 확신하였다. 성서는 그 나름대로 예수 그리스도의 삶과 죽음 그리고 부활에 나타난 하나님의 자기계시를 설득력 있게 증언한다. 물론 그 외에도 하나님의 창조 활동, 이스라엘 백성의 순례의 길 그리고 인간의 역사 안에 있는 성령의 지속적인 활동에서도 하나님의 자기계시는 일어난다. 하나님의 말씀은 성령에 의해서 영감을 받은, 그러나 인간의 말씀을 통해서 우리에게 오는데, 우리의 마음과 의미를 그 하나님의 말씀을 위하여 열어 놓음으로써, 우리의 믿음이 생겨나서 자라나고, 우리의 이성이 심화되며, 그리고 우리는 세상의 변혁을 위한 가능성을 보게 된다.

성서는 그리스도인들에게는 거룩한 문헌들의 기준(정경)이다. 이 정경은 형식적인 차원에서는 고대교회의 초교파적인 협의체를 통해서 확정된 것이다. 우리의 교리의 토대는 구약성서 39권과 신약성서 27권으로 된 정경으로부터 출발한다. 우리의 교리적인 토대는 성서를 "구원을 위하여 필요한 모든 것"을 위한 근원으로 인정한다. 또한 "성령이 우리에게 성서를 믿음과 삶을 위한 척도로 사용할 것을 가르친다는 것"을 인정한다.[2] 우리는 성서를 믿음의 공동체 안에서 적절하게 이해할 수 있다. 우리는 개체의 본문들을 해석할 때에는, 그들이 성서 전체적인 증언 안에 서 있는 위치를 고려한다. 이를 위해서 우리는 성령의 인도를 받아서 학문적인 연구와 개인적인 통찰로부터 도움을 받을 수 있다. 한 본문에 대하여 작업을 할 때에, 우리는 그 본문의 원래 맥락과 원래의 의도에 관해서 무엇을 체험할 수 있는지에 대해서 항상 고려해야 한다. 이러한 이해 속에서 우리는 근래의 세심하게 작업된 역사적, 언어적, 본문적인 연구들에 접근하게 되는데, 이러한 연구는 성서에 대한 우리의 이해를 심화시킨다. 그러한 정직한 성서 읽기 작업을 통해서 우리는 성서적인 메시지의 진리를 우리 자신의 삶과 세상의 삶을 위한 넓은 폭으로 인식할 수 있게 된다. 그러므로 성서는 우리의 믿음을 위한 근원으로서 근본적인 척도가 된다. 모든 믿음의 진술들이 갖는 진리와 신뢰성은 바로 이 척도에 의해서 평가될 수 있다.

우리가 우리의 신학적인 사고에 있어서 성서가 갖는 우월성을 고백함에도 불구하고, 성서의 내용적인 의미를 파악하려는 우리의 시도는 전통, 체험 그리고 이성을 항상 함께 고려하지 않으면 안 된다. 성서와 마찬가지로 전통, 체험, 이성도 역시 성령이 사용하는 창조적인 도구로서 교회 안에서 매우 유효한 것들이 될 수 있다. 그것들은 우리의 믿음을 살아 있게 하며, 우리의 눈을 열어 하나님의 사랑의 기적을 보게 하고, 우리의 이해를 가능하게 한다.

우리는 영국 기독교의 가톨릭 교회적이고 종교개혁적인 본질에 뿌리를 내리고 있는 웨슬리의 유산을 깊이 생각함으로써, 우리가 성서를 해석하고 또 성서의 증언에 근거되어 있는 믿음의 진술들을 표현할 때에는, 이 세 가지의 근원을 의식적으로 사용하게 된다. 성서와 함께 이 세 가지의 근원은 우리의 신학적인 사명을 말하기 위해서는 필수불가결한 것이다.

전통, 체험, 이성의 밀접한 관련성은 이미 성서 자체 안에서 드러난다. 성서

---

[2] 앞에 나오는 복음 공동체의 신앙고백 제4조.

문헌들은 다양한 전통들을 증언하고 있다. 이로부터 초기 유대적-기독교적인 유산 안에서 해석을 함에 있어서 몇몇 긴장이 있었음을 알게 된다. 그렇지만 전통들은 성서 안에서 매우 밀접하게 엮어져서 하나님의 계시의 근본적인 일치를 표현하고 있다. 인간은 그들 자신의 삶의 다양함 속에서 이 계시를 받고 체험하였다.

그러므로 점점 발전되어 가고 있는 믿음의 공동체들은 전통을 하나님의 계시를 위한 표준적인 증언으로 보았다. 우리는 신학적인 이해에 있어서 이러한 네 가지 근원들이 보여주는 상호 연관성과 그들 상호간에 서로 분리될 수 없는 성격을 인식함으로써, 이미 성서의 본문 안에서 찾을 수 있는 근본적인 모형을 따르게 되는 것이다.

4) 전통-체험-이성

전통

신학적인 과제는 모든 시대에 혹은 각 사람들과 함께 새롭게 시작하는 것은 아니다. 기독교는 신약성서로부터 뛰쳐나와서 곧바로 현재로 나가지 않는다. 그 중간에 서 있는 수많은 "구름 같은 증인들"로부터 아무것도 배울 수 없는 것처럼 그렇게 할 수는 없다. 그리스도인들은 지난 수세기 동안 복음의 진리를 그들 시대를 위하여 해석하려고 하였다. 이러한 노력을 함에 있어서 전통은 과정과 내용이라는 전승의 두 가지 의미에서 중요한 역할을 하였다. 다양한 지역과 세대의 사람들이 복음을 받아들여서 전달해 주는 것은 기독교 역사에서 매우 역동적인 요소가 되었다. 각각의 시간적인 간격 안에서 실천되고 표현된 것들은 초기 기독교 공동체들의 공동적인 체험의 유산이 되었다. 이러한 전통들은 전 세계의 다양한 문화들 안에서 발견된다. 그러나 기독교의 역사는 무지, 잘못된 열심 그리고 죄가 뒤섞인 것이기도 하였다. 성서는 모든 전통들을 평가하는 척도가 된다.

교회의 역사는 전통의 극히 근본적인 의미 곧 인간의 삶을 변화시키는 하나님의 영의 지속적인 활동을 반영한다. 전통은 은혜를 통한 지속적인 감싸기의 역사다. 이 은혜 안에서 그리고 이 은혜를 통해서 모든 그리스도인들은 산다. 이 은혜는 예수 그리스도 안에 있는 하나님의 희생적인 사랑이다. 그렇게 이해할 때, 전통은 개체 전승들의 역사를 크게 능가하는 것이다.

이러한 전통의 깊은 의미에서 모든 그리스도인들은 공동의 역사에 함께 참여한다. 이 역사 안에서 기독교의 전통은 성서보다 앞서 가며, 그러나 그럼에도 불구하고 성서는 전통의 핵심적인 표현이다. 우리 감리교인들은 이처럼 풍성한 형식들과 힘을 가진 기독교 전승에 대해서 개방되어 있는 신학적인 사명을 추구한다.

다양한 전통들은 신학적인 사고와 형태를 위한 다양한 자료들을 활용한다. 우리 감리교인들에게 다양한 전승의 줄기들은 특별한 의미를 가지고 있는데, 그것들에는 우리의 교리유산과 공동체적인 삶의 독특한 형태를 위한 역사적인 근거가 담겨 있기 때문이다.

현재 우리는 모든 세계로부터 오는 전통들의 도전을 받고 있다. 이 전통들은 그것이 어떻게 억압당하는 사람들의 고난과 승리로부터 자라나는 것인지에 대한 기독교적인 이해의 차원을 강조하고 있다. 그것들은 가난한 사람들, 장애인들, 갇힌 사람들, 억압당하는 사람들, 그리고 배척당한 사람들에 대한 하나님의 특별한 관심과 사랑에 관한 성서적인 증언을 새롭게 발견하도록 우리를 돕고 있다. 우리는 그러한 사람들 안에서 예수 그리스도의 살아 있는 현재를 만나게 된다. 이러한 전통들은 예수 그리스도 안에서 모든 인간이 동등하다는 것을 강조한다. 복음이 우리를 해방해서, 인간 문화의 다양성을 이해하고 그것의 가치를 평가할 수 있다는 사실이 그러한 전통들에서 분명하게 드러난다. 개인적인 구원과 사회적인 정의가 서로 분리될 수 없다는 전통적인 이해가 이러한 전통들에서 강화되기도 한다. 그것들은 세계평화를 위한 우리들의 의무를 강조한다. 이러한 전통들을 비판적으로 평가함으로써 우리는 하나님에 관하여 새로운 방식으로 생각하게 되며, "샬롬"에 관한 우리의 시각을 넓히며, 하나님의 도우시는 사랑에 대한 더 커다란 신뢰를 갖게 된다.

전통은 한 공동체의 믿음의 유효성과 적절성을 평가하는 척도로 작용하게 된다. 공동체가 믿음 안에서 일치를 이룰 때, 그 공동체의 믿음은 유효적절한 것이 된다. 현재 우리에게 도전하고 있는 다양한 전통들은 진리와 유효성에 관한 서로 충돌되는 생각과 이해를 가지고 있을 수 있다. 우리는 성서의 빛에서 그러한 대립들을 검증하고 그것들을 우리 교회의 교리적인 입장에서 비판적으로 사고해야 한다. 우리의 교리규범들을 활용해서 그런 것들을 구분하고, 그리고 동시에 기독교적인 정체성의 새롭게 생겨나는 형태들에게 문호를 개방함으로써, 우리는 사도적인 믿음을 신실하게 붙잡으려고 한다. 동시에 우리는 하나님의 은혜의 역사를 더 넓은 기독교적인 전승 안에서 인식한다. 이 은혜의 역사 안에서 그리스도인들은 서로를 인정하고 사랑으로 용납할 수 있다.

체험

우리의 신학적인 사명은 우리로 하여금 웨슬리의 실천을 뒤따라서, 개인적이고 공동체적인 체험이 성서에 증언되어 있는 것과 같이 하나님의 은혜의 실재를 확인하는 것인지 여부를 검증한다. 우리의 체험은 성서와 교체적인 관계 안에 서 있다. 우리는 성서를 우리가 누구이든지 간에 우리를 돕는 조건과 사건들의 빛 속에서 읽으며, 또 우리는 성서적인 진술들의 도움을 받아서 우리의 체험을 해석한다. 모든 믿음의 체험들은 일반적으로 인간적인 체험에 영향을 미친다. 모든 인간적인 체험은 믿음의 체험에 대한 우리의 이해에 영향을 미친다. 개인적인 차원에서 체험이 개인에게 주는 의미는, 전통이 교회에 주는 의미와 같은 것이다. 다시 말해서 체험은 하나님의 용서하시고 강하게 하시는 은혜를 개인적으로 자기의 것이 되게 한다. 체험은 성서에 계시되어 있고 전통을 통해서 밝혀진 진리를 우리의 삶에서 믿을 수 있는 것이 되게 한다. 그러므로 우리는 기독교의 증언을 우리 자신의 증언이라고 주장할 수 있게 된다.

웨슬리는 믿음의 확신을 우리 주 예수 그리스도로 말미암아 하나님의 은혜에 대해서 "확고하게 신뢰하고 분명하게 확신하는 것"이라고 하였으며, 하나님의 손으로부터 모든 선한 것을 받는 흔들리지 않는 희망이라고 말하였다. 이러한 확신은 성령의 증언을 통한 하나님의 은혜로우신 선물이다.

이러한 "그리스도 안에 있는 새로운 삶"은, 우리 감리교인들이 "기독교적인 체험"에 관해서 말하면서 생각하는 그것이다. 이 체험은 우리에게 새로운 눈을 주어서, 성서 안에서 살아 있는 진리를 보게 한다. 이 체험은 성서의 메시지를 오늘 우리를 위한 메시지로 확인해 준다. 체험은 하나님과 창조에 관한 우리의 이해를 밝게 해주며, 우리로 하여금 윤리적으로 판단할 수 있게 인도한다.

기독교적인 체험이 갖는 개인적인 성격에도 불구하고, 거기에는 공동체 관련적인 성격도 있다. 우리의 신학적인 사명은 교회의 체험을 통해서도 그리고 보편적인 인간의 체험을 통해서도 규정된다. 성서적인 메시지를 이해하려고 노력함으로써 우리는 하나님의 해방적인 사랑의 선물이 창조세계 전체에 해당하는 것임을 알게 된다.

인간의 체험이 갖는 몇 가지 측면들이 우리의 신학적인 이해를 힘겹게 시험하고 있다. 하나님의 백성의 많은 지체들은 테러, 굶주림, 고독과 비참함 속에서 살고 있다. 출생, 죽음, 성장과 창조세계에서의 삶에 관한 일상적인 체험들이나 혹은 더 넓은 사회적인 관계들에 대한 인식이 진지한 신학적인 사고 안으로 함께 엮어져 들어오게 된다. 이러한 체험들을 새롭게 의식함으로써 우리는 성서의 진리를 더 잘 붙잡을 수 있고 또 하나님 나라에 관한 복음을 더 잘 평가할 수 있다.

신학적인 사고의 근원으로서 체험은, 전통과 마찬가지로, 매우 다양하다. 그러한 다양성은 우리로 하여금 복음의 매우 풍성한 약속들을 거듭 새롭게 설명하도록 촉구한다. 우리는 체험들을 성서적인 규범의 빛 속에서 해석하며, 마찬가지로 우리의 체험은 우리의 성서적인 메시지 읽기에 영향을 끼친다. 이러한 차원에서 성서는 기독교적인 증언을 신빙성 있게 제시하려는 우리의 노력의 중심에 서 있다.

이성

하나님의 계시와 하나님의 은혜에 대한 우리의 체험은 인간적인 언어와 사고의 능력을 넘어서는 것임을 우리는 알고 있다. 그렇지만 우리는 또한 모든 철저한 신학적인 작업이 이성의 세밀한 개입을 요청하고 있음을 알고 있다. 우리는 생각하면서 성서를 읽고 해석한다. 우리는 생각하면서 믿음의 물음들을 제기하며, 하나님의 행동과 그의 뜻을 이해하려고 노력한다. 우리는 생각하면서 우리의 증언을 형성하는 통찰들을 조직하며, 그것들을 서로 연결해서 표현한다. 이성의 도움을 받아서 우리는 우리의 증언이 성서의 메시지나 이 증언을 우리에게 전달해준 전승들과 일치하는지 여부를 검증한다. 우리는 우리의 사고능력을 활용해서, 우리의 증언을 인간의 지식, 체험 그리고 섬김과 광범위하게 연결시킨다. 모든 진리는 하나님으로부터 나오기 때문에, 계시와 이성, 믿음과 학문, 은혜와 자연 사이의 관계를 인식하려는 노력은 신빙성 있고 전달할 수 있는 교리를 발전시키는 데 매우 유용하다.

우리는 복음의 약속과 요청에 의해서 결정적으로 규정되어 있는 실재에 관한 전체적인 시각을 얻기 위하여 노력한다. 물론 그러한 노력이 모든 인간적인 사고의 특징이라고 할 수 있는 한계와 뒤틀림에 의해서 항상 제약되고 있음도 잘 알고 있다. 그럼에도 불구하고, 기독교의 믿음을 합리적으로 이해해 보려는 노력을 통해서 우리는 복음을 이해하고, 해석하고, 실천함으로써, 하나님의 길을 알고 그래서 그 길을 따르고자 생각하는 사람들에게는 그러한 과정이 추천될 수 있다.

신학적인 반성을 함에 있어서, 전통, 체험 그리고 이성의 수단은 성서의 연구를 위해서는 근본적인 것들이다. 물론 그것들이 믿음과 삶을 위한 성서의 우월성을 의심스럽게 해서는 안 된다. 이 네 개의 근원들은 각기 독특한 공헌을 하지만 궁극적으로 함께 작용한다. 우리 감리교인들은 살아 있고 적절한 기독교적인 증언을 찾아가는 데 있어서 이 네 개의 근원들의 인도를 받는다.

5) 교회의 신학적인 작업에 대한 현재적인 도전

거듭 해결책을 요청하는 역사적인 긴장과 충돌에는 항상 새로운 주제들이 첨가되는데, 이들은 우리로 하여금 새로운 신학적인 연구를 하게 한다. 하나님께서 모든 인간적인 삶을 지배하신다는 우리의 선포에 도전하는 문제들과 우리는 날마다 만나게 된다. 인간의 존엄성과 해방 그리고 의미를 위한 위대한 싸움으로부터 생겨나는 문제들, 다시 말해서 창조세계를 위한 하나님의 계획에 속한 노력으로부터 생겨나는 문제들이 특별히 중요하다. 신학은 이러한 관심사를 수용해서, 억압당하는 사람들의 외침이나 함께 고난을 당하는 사람들의 깨어 있는 분노를 표현하게 된다.

핵, 테러리즘, 전쟁, 빈곤, 폭력, 그리고 인종, 성, 계층과 세대에 근거한 불의의 위험들이 오늘날 광범위하게 퍼져 있다. 천연 자원의 남용과 우리 주변 세계의 불확실한 균형에 대한 무시 등은 하나님의 창조세계를 지키라는 우리의 소명에 어긋난다. 세속화의 과정은 고도 기술 사회를 관통하고 있으며, 삶의 깊은 영적인 차원을 인식하지 못하게 한다. 우리는 이러한 기존 문제들에 대한 기독교적인 응답을 찾고 있으며, 그래서 하나님의 치유하시고 구원하시는 사역이 우리의 말과 행동 안에서 효력이 나타날 수 있게 한다. 의롭지 못한 실천을 뒷받침하는 데 너무 자주 신학이 사용되기도 하였다. 우리는 복음과 일치되는 그리고 비판적인 되물음에 등을 돌리지 않는 응답을 찾고자 한다.

특히 지난 세기에 발전된 것처럼, 우리 교회가 전 세계적으로 확산된 교회라는 것은 우리 교회가 가지고 있는 풍성함 중의 한 요소다. 우리 교회는 특별한 신학적인 유산을 가지고 있는 교회다. 이 유산은 전 세계적인 교제 가운데서 삶으로 실천되는 유산이다. 여기에는 믿음의 이해가 나타나는데, 이 믿음의 이해는 수많은 나라들로부터 유래된 체험과 표현 형태들을 통해서 풍성해진다. 다양한 인종적인 출처에서 온, 다양한 언어를 사용하는, 다양한 문화적이고 민족적인 그룹들의 감리교인들이 서로서로에게 그리고 우리의 감리교회 전체에 행한 공헌들을 우리는 인정한다. 우리는 명백한 신학적인 이해와 생생한 선교적인 표현 형태들에 대한 공동의 의무를 가지고 있음에 대해서 감사하며 또 기뻐한다.

다양한 사람들이 모인 백성으로서 감리교인들은 복음에 대한 일치된 이해를 위하여 지속적으로 노력한다. 모든 다양함 속에서 우리는 공동의 유산을 통해서 그리고 하나님의 창조적이고 구원적인 행동에 참여하려는 공동의 소원을 통해서 함께 결합된다. 선교적으로 살고 활동하는 백성으로서 결집되도록 우리의 시각을 표현하는 것이 우리의 사명이다. 예수 그리스도의 이름으로 부름을 받은 우리는 다양한 형태들 안에서 일을 하며, 인내와 관용으로써 서로를 만난다. 이러한 인내는 진리에 대한 무관심이나 혹은 오류에 대한 관대한 인내로부터 나오는 것이 아니고, 우리 모두는 오직 부분적으로만 알고 있으며, 성령을 제외한 어느 누구도 하나님의 비밀을 철저히 파악할 수 없다는 통찰에 기인한 것이다. 그러므로 우리는 우리의 신학적인 사명을 지속적으로 수행해 가며, 또 영이 우리에게 하나님의 모든 백성과 함께 우리의 길을 걸어가도록 지혜를 주실 것을 확신한다.

6) 초교파적인 의무

기독교의 일치는, 우리가 세례를 통해서 그리스도의 한 몸의 지체들로서 결합되었다는 신학적인 이해 안에 근거되어 있다. 기독교의 일치는 우리 마음대로 세워진 것이 아니다. 기독교의 일치는 받아서 삶으로 실천되어야 하는 선물이다. 우리 감리교인들은 그리스도인들의 일치에 대한 신학적인, 성서적인 그리고 실천적인 사명에 반응한다. 우리는 기독교의 일치 문제에 대해서 지역적, 민족적 그리고 전 지구적인 차원에서 응답해야 할 의무를 가지고 있다. 교회들, 교회의 지체들 그리고 교회의 직분을 맡은 자들의 상호적인 인정을 통해서 하나님의 백성의 모든 지체들과 함께 성만찬을 거행함으로써 공동체성에 이를 수 있는 다양한 길을 우리는 걸어간다. 자기가 속한 교회에 대한 신실함은 예수 그리스도의 교회 안에 있는 우리의 삶에 항상 예속되어 있다는 사실을 우리가 알고 있을지라도, 우리는 감리교회의 책임 있는 사람들의 풍성한 체험을 진심으로 기뻐한다. 이러한 체험들은 교회의 집회와 회의 혹은 교파들 사이의 대화 그리고 다른 여러 형태들의 초교파적인 모임에서 나타났으며, 그래서 교회들과 백성들의 회복에 공헌을 하였다. 성령은 우리 안에서 일치가 가시적으로 나타나도록 어떻게 활동하는지를 우리는 보고 있다. 동시에 우리는 그리스도인들과 다른 종교에 속한 사람들 사이에 진지한 만남에도 개입한다. 성서는 우리로 하여금 모든 민족들을 위한 이웃과 증인이 될 것을 촉구한다. 그러한 만남은 우리의 믿음에 관하여 새롭게 성찰하게 하고 또 다른 종교의 사람들 속에서 우리의 증언을 위한 방향을 설정하게 한다. 그러면 우리는, 예수 그리스도 안에서 온 세상의 구원을 위하여 활동하신 그리고 모든 인간을 창조하신 하나님께서 "모든 것 위에 계시고, 모든 것을 통하여 계시고, 모든 것 안에 계시는 분"이심을 알게 된다(엡 4:6).

그러나 지구 위에서 서로에게 의존해 있는 사람들로서 우리는 우리 자신의 유산을 자기 비판적으로 고찰하며 또 조심스럽게 다른 전통들을 존중해야 할 필연성을 보게 된다. 교리적인 차이를 종교적인 공통성의 가장 작은 공통분자를 향하여 낮추는 것이 이러한 만남에서 우리가 추구하는 목표가 아니다. 오히려 이 모든 관계들을 인간적인 교제와 이해의 가장 높은 가능성의 차원으로 높이는 것이 목표다.

우리는 하나님의 도우심으로 모든 인간의 구원, 건강 그리고 평화를 위하여 공동으로 노력한다. 상대방을 존중하는 대화와 실천적인 공동작업 안에서 우리는 예수 그리스도에 대한 우리의 믿음을 고백하며, 어느 정도로 예수 그리스도가 세상의 생명이며 희망인지를 분명히 하는 일에 매진한다.

7) 결론

교리는 교회의 삶에서 생겨난다. 교회의 믿음, 교회의 예배, 교회의 삶의 질서, 교회의 논쟁들 그리고 교회가 섬기고자 하는 세상의 도전들로부터 교리는 생겨난다. 복음화, 교회 건설 그리고 선교는 진정한 체험, 합리적인 사고 그리고 심사숙고된 행동을 신학적인 정직성과 결합시키기 위한 끊임 없는 노력을 요청한다. 우리의 주님이며 구원자이신 예수 그리스도를 위하여 사람들을 얻기 위한 증언은 우리의 믿음을 갱신시키는 데 공헌할 수 있으며, 사람들을 믿음으로 인도할 수 있고 교회를 강하게 할 수 있다. 그래서 교회는 치유적으로 그리고 화해적으로 활동할 수 있다.

그렇지만 이러한 증언은 하나님의 비밀을 포괄적으로 설명할 수 없고, 이해할 수도 없다. 하나님의 기적적인 은혜가 우리들에게 그리고 다른 사람들에게 작용하고 있음을 우리가 체험하고 있음에도 불구하고, 또한 우리가 하나님 나라의 현재적인 표징을 기뻐하고 있음에도 불구하고, 하나님의 실재는 궁극적으로 우리를 침묵하게 하며 겸손하게 하는 비밀이라는 사실을 늘 새롭게 인식할 수밖에 없다. 그렇지만 세상에서 하나님의 구원사역에 우리가 참여하기 위하여 본질적인 것이 무엇인지를 더 크고 깊게 인식할 수 있다는 사실을 우리는 확신한다. 우리는 하나님의 정의와 자비가 궁극적으로는 밝혀질 것을 확신한다. 이러한 정신 속에서 우리는 우리의 신학적인 사명을 받아들이고자 하며, 그리스도 예수 안에서 우리에게 주어진 하나님의 사랑을 더 잘 이해하고, 이 사랑을 어디에서나 확산시키려고 노력한다. 우리가 누구이며 오늘의 세상이 필요로 하는 것이 무엇인지를 더 잘 이해함으로써, 그리고 우리의 신학적인 유산을 더욱 효과적으로 활용함으로써, 우리는 하나님의 백성으로서 우리의 소명을 성취하기 위하여 더 좋은 무장을 할 수 있을 것이다.

우리 가운데서 일하시는 능력을 따라, 우리가 구하거나 생각하는 것 이상으로 더욱 넘치게 주실 수 있는 분에게, 교회 안에서와 그리스도 예수 안에서 영광이 대대로 영원무궁하도록 있기를 빕니다. 아멘.(엡 3:20-21)

약어표

BGEmK	Beiträge zur Geschichte der Evangelisch-methodisti-schen Kirche. Hg.v.der Studiengemeinschaft für Geschichte der EmK, Stuttgart 1974ff(vorher: Beiträge zur Geschichte des Methodismus). 독일어로 발행된 감리교회의 역사에 대한 연구문헌 시리즈.
EmK heute	EmK heute. Material für die Gemeindearbeit in der Evangelisch methodistischen Kirche, Stuttgart 1975ff (vorher: Beiheift zu "Der Mitarbeiter", Stuttgart 1969ff). 독일어로 발행된 감리교회의 목회와 신학에 관한 연구문헌 시리즈.
Hymn	Charles und John Wesley의 찬송가들, "A Collection of Hymns for the Use of The People called Methodists" 1780(WJW 7,1983)에 따라서 인용함.
Journal - (ed. Curnock)	John Wesley의 일기, 1765년 5월까지는 WJW18-21, 1988ff에 따라서 인용하고, 그 이후부터는 N. Curnock, 1938년에 따라서 인용.
LVO	Lehre, Verfassung und Ordnung der Evangelisch-methodistischen Kirche [in Deutschland], Stuttgart 1993. 독일감리교회의 교리와 장정.
Large	Minutes of Several Conversations between the Rev. Mr.

Minutes	Wesley and others, from the year 1744 to the year 1789, Works³ VIII, 299-338.
Letters - (ed. Telford)	John Wesley의 서신들, 1755년까지는 WJW 25/26, 1980/82를 따르고, 그 이후부터는 J. Telford 편, 1931에 따랐음.
Minutes	Minutes of Some Late Conversations between the Rev. Mr. Wesley and other [1744-1747], Works³ VIII, 275-298.
MiD	Methodismus in Dokumenten. Eine Sammlung zum Verständnis von Glaube und Leben einer Freikirche, Zürich 1947ff.
MSGEmK	Mitteilungen der Studiengemeinschaft für Geschichte der EmK, Reutlingen 1962-67; NF 1980ff.
Notes NT	John Wesley, Explanatory Notes Upon the New Testament 1754(London 1976).
TfP	Theologie für die Praxis. Reutlingen 1975ff.
ThStBeitr	Theologische Studienbeiträge, Stuttgart 1988ff.
UMH	The United Methodist Hymnal, Nashville TN, 1989.
WJW	The Works of John Wesley (ed. Frank Baker), The Oxford/Bicentennial Edition 1975ff.
Works³	The Works of the Rev. John Wesley, 3rd edn., 14vols., London 1829-31, ed. Thomas Jackson.

감리교회 신학 연구를 위한 참고문헌(발췌)

아래의 참고문헌들은 감리교회 신학을 연구하기 위하여 중요한 것들만을 간추린 것이다. 영어 권역에서 나온 문헌들뿐만 아니라, 특히 독일 권역에서 나온 중요한 문헌들까지 간추린 것이기 때문에, 독일 권역에서 일어나고 있는 웨슬리 신학과 감리교회 신학 연구 흐름도 파악할 수 있을 것이다. 이 책에서 인용하거나 참고한 일반적인 신학문헌들은 이 참고문헌 목록에 수록하지 않았다.

1. 일반적인 문헌들과 사전류

Davies, Rupert E., Methodism (Penguin Books A 591),1963.

Fahlbusch, Erwin, Kirchenkunde der Gegenwart, Stuttgart 1971,146-168.

Geldbach, Erich, Der Methodismus, in: Frieling, Reinhard/Geldbach, Erich/Thöle, Reinhard, Konfessionskunde. Orientierung im Zeichen der Ökumene (Grundkurs Theologie 5,2), Stuttgart u.a. 1999, 219-221.

Hale, Joe, Art. Methodistische Kirchen, EKL³ 3, 1992,395-402.

Harmon, Nolan B. (Hg.), Encyclopedia of World Methodism, 2 Bände , Nashville TN 1974.

Hauzenberger, Hans, Art. Methodismus/Methodisten, ELThG 2, 1993, 1335-1337.

Klaiber, Walter, Art. Methodisten, Methodismus, LThK³ 7, 1998, 203f.

　-,　Art. Methodismus, Taschenlexikon Ökumene, Frankfurt am Main/ Paderborn, 2003, 181-183.

Lohffs, Friedrich, Art. Methodismus, RE³ 12, 1903,747-801.

Lüning, Peter, Art. Wesley, John, LThK³ 10, 1114.

Marquardt, Manfred, Art. Evangelische Gemeinschaft, RGG⁴ 2, 1999, 1709

—, Art. Methodismus, TRT⁴ 3, 1983, 266-269.
—, Art. Wesley, Charles, ELThG 3, 1994, 2154.
—, Art. Wesley, John, ELThG 3, 1994, 2155f.
—, Art. Wesley, John, Theologenlexikon² 1994, 286f.
Minor, Rüdiger, Die Evangelisch-methodistische Kirche, in: Hubert Kirchner (Hg.), Freikirchen und konfessionelle Minderheitskirchen. Ein Handbuch, Berlin 1987,91-112.
Noll, Mark A./Pfleiderer, Georg/Ward, W. Reginald/Wigger, John H./Pryce, Lynne, Art. Methodismus/Methodisten, RGG⁴ 5, 2002, 1177-1186.
Reller, Horst/Krech, Hans/Kleiminger, Matthias (Hg.), Handbuch Religiöse Gemeinschaften. Güersloh 2000⁵, 78-95.
Schmidt, Martin/Smith, E.L., Art. Methodismus I/II, RGG⁴ 4, 1960, 913-920.
Sommer, Ernst (Hg.), Der Methodismus (Die Kirchen der Welt 6), Stuttgart 1968.
Spoerri, Pierre, Art. Wesley, John, in: Metzler Lexikon christlicher Denker, Stuttgart/ Weimar 2000, 730f.
Tibusek, Ein Glaube, viele Kirchen, Gießen 1994, 220-230.
Tyson, John R., Art. Wesley, Charles, RGG⁴ 8, 2005, 1486f.
Urban, Hans-Jörg, Methodisten (Evangelisch-methodistische Kirche), in: Kleine Konfessionskunde³, hg. vom Johann-Adam-Müller-Institut, Paderborn 1996, 267-276.
Voigt, Karl Heinz, Die Evangelisch-methodistische Kirche, in: Hans-Beat Motel (Hg.), Glieder an einem Leib, Konstanz 1975,174-217.
—, Art. Evangelisch-methodistische Kirche, EKL³ 1,1986,1201f.
—, Art. Evangelisch-methodistische Kirche, in: Klücker, Michael/Tworuschka, Udo (Hg.), Handbuch der Religionen, 1997, II-2.2.2.5.
Ward, William Reginald, Art. Methodistische Kirchen, TRE 22, 1992, 666-680
—, Art. Wesley, John, RGG³ 8, 2005, 1485f.
Wainwright, Geoffrey, Art. Methodismus, EKL³ 3, 1992,391-395.

2. 존/찰스 웨슬리의 문헌들

The Works of John Wesley. Editor in Chief Frank Baker (WJW). 1975년에 Clarendon Press, Oxford에서 The Oxford Edition of the Works of John Wesley로 시작해서, 1984년부터는 Bicentennial Edition으로서 Abingdon Press, Nashville TN에서 이어받아서 2006년까지 16권이 출간되었다.

이 문헌에 아직 발간되지 않는 웨슬리 문헌들은 다음과 같은 것들이 있다.

The Works of the Rev. John Wesley, 3rd edn., ed. Thomas Jackson, 14 Bände, London 1829-31; reprint 1872 (Works³).
The Journal of the Rev. John Wesley, ed. Nehemiah Curnock, 8 Bände, London 1938.
The Letters of the Rev. John Wesley, ed. John Telford, 8 Bände, London 1931.
Explanatory Notes upon the New Testament, London 1755 (Nachdruck: London 1976).
Explanatory Notes upon the Old Testament 1, 1765; 2, 1767.
A Survey of the Wisdom of God in the Creation: or a Compendium of Natural Philosophy, 3rd ed. enlarged, 5 Bände, London 1777.

독일어 번역본:

Die 53 Lehrpredigten, Heft 1-9, Stuttgart 1986-1992, geb. 1993.
Die Kennzeichen eines Methodisten, bearbeitet und mit einem Nachwort versehen von Manfred Marquardt, Stuttgart 1996 (1981 als BGEmK 11).
Das Tagebuch John Wesleys, Frankfurt a.M. o.J. (Herold-Verlag).
Gedanken über die Sklaverei. Übersetzung, Erläuterung und Würdigung von Petra Hölscher, BGEmK 24, Stuttgart 1986.

Anthologien:
John Wesley, ed. Albert C. Outler, New York 1964 (pb 1980).

John Wesley's Sermons. An Anthology, ed. Albert C. Outler und Richard P. Heitzenrater, Nashville TN 1991.

John Wesley's Theology. A Collection from His Works, ed. Robert W. Burtner und Robert E. Chiles, Nashville TN 1954, repr. 1984³.

John and Charles Wesley, ed. F. Whaling, London 1981.

The Poetical Works of John and Charles Wesley, ed. George Osborne, 13 Bde, London 1868-72.

Charles Wesley, Short Hymns on Select Passages of the Holy Scripture, 2 Bde, Bristol 1762.

Frank Baker (ed.), Representative Verse of Charles Wesley, Nashville TN 1962.

The Unpublished Poetry of Charles Wesley, ed. ST Kimbrough, Jr. / Oliver A. Beckerlegge, 3 Bände, Nashville TN 1988-1992.

The Journal of The Rev. Charles Wesley, M. A., ed. Thomas Jackson, 2 Bde, London 1849.

Charles Wesley (1707-1788): Tagebuch 1738, übersetzt und kommentiert von Martin E. Brose (BGEmK 42),1992.

Charles Wesley's Earliest Evangelical Sermons, transcribed by Thomas R. Albin/ Oliver A. Beckerlegge, Ilford 1987.

3. 감리교 운동의 기원과 감리교회의 역사에 관한 문헌

Albright, R.W., A History of the Evangelical Church, Harrisburg PA 1956.

Behney, Y.B., The History of the Evangelical United Brethren Church, Nashville TN 1979.

Burckhardt, Johann Gottlieb, Vollständige Geschichte der Methodisten in England, Nürnberg 1795, neu herausgegeben und mit einer Einfürung versehen von Michel Weyer, Stuttgart 1995.

Deiss-Niethammer, Birgit, Das Verhältnis der methodistischen Freikirchen in Deutschland zu Staat und Gesellschaft in der Zeit der Weimarer Republik

(BGEmK 21), 1985.

Edwards, Maldwin, This Methodism, London 1939.

Ertl, Heimo, " Dignity in Simplicity". Studien zur Prosaliteratur des englischen Methodismus im 18. Jahrhundert, Tübingen 1988.

Heitzenrater, Richard P., Wesley and the People Called Methodists, Nashville TN 1995.

Jäckel, Ruben, Geschichte der Evangelischen Gemeinschaft, Bd. 1:1750-1850, Stuttgart 1892; Bd. 2: 1850-1875, Cleveland OH 1895.

Kibitzki, Jörg, Zwischen Restauration und Erneuerung. Die Bischöfliche Methodistenkirche in Deutschland von 1945 bis 1968 (BGEmK 37),1990.

Kimbrough, S T, Jr. (ed.), Charles Wesley, Poet and Theologian, Nashville TN 1992.

−, Methodism in Russia and the Baltic States. History and Renewal, Nashville TN 1995.

Maddox, Randy L. (ed.), Aldersgate Reconsidered, Nashville TN 1990.

Methodismus in Osteuropa: Polen - Tschechoslowakei - Ungarn (EmKG.M 51), Stuttgart 2004.

Norwood, F. A., The Story of American Methodism, Nashville/New York 1974.

Nuelsen, John L./Mann, Theophil/Sommer, I. W., Kurzgefaβ te Geschichte des Methodismus von seinen Anfängen bis zur Gegenwart, 2. Aufl. Bremen 1929.

Rack, Henry D., Reasonable Enthusiast. John Wesley and the Rise of Methodism, London 1992².

Rupp, Gordon, Die Confessio Augustana in methodistischer Sicht, in: Harding Meyer (Hg.), Augsburgisches Bekenntnis im ökumenischen Kontext, Stuttgart 1980, 111-122.

Rupp, E. Gordon/Davies, Rupert E. (ed.), A History of the Methodist Church in Great Britain, 4 Bde., London 1965 - 88.

Ruth, Lester, A Little Heaven Below: Worship at Early Methodist Quarterly Meetings, Nashville TN 2000.

Schmidt, Martin, John Wesley, Band 1: Die Zeit vom 17. Juni 1703 bis 24. Mai 1738, Zürich/ Frankfurt a.M. 1953; Band 2: Das Lebenswerk John Wesleys, 1966; Neuauflage Zürich 1987 unter dem Titel: John Wesley - Leben und Werk, Band 1: Aufbruch zur Veränderung; Band 2: Ruf in die Auseinander- setzung; Band 3: Christsein als Ganzes, 1988².

−, Der junge Wesley als Heidenmissionar und Missionstheologe, Gütersloh 1955.

Schuler, Ulrike, Die Evangelische Gemeinschaft, Stuttgart (emk studien 1), 1998.

Stacey, John (ed.), John Wesley: Contemporary Perspective, London 1988.

Steckel,K./C.E. Sommer (Hg.), Die Geschichte der Evangelisch-methodistischen Kirche, Stuttgart 1982.

Stemmler, Gunter, Eine Kirche in Bewegung. Die Bischöfliche Methodistenkirche im eutschen Reich während der Weimarer Republik (BGEmK 29),1987.

Strahm, Herbert, Die Bischöfliche Methodistenkirche im Dritten Reich, Stuttgart u.a.1989.

Streiff, Patrick Ph., Jean Guillaume de la Flehere/John William Fletcher 1729-1785 (BBSHST 51),1984.

−, Im Spannungsfeld zwischen etablierter Kirche und Erneuerungsbewegung, ThFPr 16, 1990, 30-35.

−, Der Methodismus in Europa im 19. und 20. Jahrhundert (EmKG.M 50), Stuttgart 2003.

−, (Hg), Der europäische Methodismus um die Wende vom 19. zum 20. Jahrhundert (EmKG.M 52), Stuttgart 2005.

Voigt, Karl Heinz, Freikirchen in Deutschland (Kirchengeschichte in Einzeldarstellung en 3/6), Leipzig 2004.

−, Hat John Wesley sich am 24. Mai 1738 „bekehrt"? (EmK heute 57), 1988.

−, Ökumenische Wirkungen der Wittenberger Reformation in den angelsächsischen Ländern, MSGEmK 10, 1989, Heft 2, 4-34.

−, Schuld und Versagen der Freikirchen im " Dritten Reich". Aufar-beitngs prozesse seit 1945. Einführung und Dokumentation, Frankfurt am Main

2005.
—, Warum kamen die Methodisten nach Deutschland? Stuttgart 1975,1984⁴⁻
Watson, David L., The Early Methodist Class Meeting, Nashville TN 1987².
Weyer, Michel (Hg.), Der kontinentaleuropäische Methodismus zwischen den beiden Weltkriegen (BGEmK 36),1990.
—, 150 Jahre Evangelisch-methodistische Kirche. Die Geschichte des Methodismus in den deutschsprachigen L?dern, Kehl am Rhein 2000.
Zehrer, Karl, Die Begegnung zwischen dem frühen Methodismus und der Aufklärung,MSGEmK 3, 1982, Heft 1, 3-20.
—, Evangelische Freikirchen und das " Dritte Reich", Berlin 1986.
—, Mit ruhigem Herzen vertraute er Gott. John Wesleys Leben und Wirken (1703-1791), Leipzig 2003.

4. 존/찰스 웨슬리의 신학에 대한 문헌

Berger, Teresa, Theologie in Hymnen? Zum Verhältnis von Theologie und Doxologie am Beispiel der „Collection of Hymns for the Use of the People Called Methodists" (1780), MThA 6, Altenberge 1989, (engl.: Theology in Hymns?Nashville TN 1995).
Borgen, Ole, John Wesley on the Sacraments, Nashville/New York 1972.
Brose, Martin E., Zum Lob befreit. Charles Wesley und das Kirchenlied (BGEmK 45), Stuttgart 1997.
Campbell, Ted A., John Wesley and Christian Antiquity. Religious Vision and Cultural Change, Nashville TN 1991.
—, The „Wesleyan Quadrilateral": The Story of a Modern Methodist Myth, in :Thomas A. Langford (ed.), Doctrine and Theology in the United Methodist Church, Nashville TN 1991,154-161.
Cannon, William Ragsdale, The Theology of John Wesley. With special Reference to the Doctrine of Justification, New York - Nashville 1974.

Carter, Henry, Das Erbe John Wesleys und die Ökumene, Frankfurt/Main-Zürich 1951.

Cell, George Croft, The Rediscovery of John Wesley, New York 1935.

Clemons, James T., John Wesley - Biblical Literist? RelLife 46,1977.

Collins, Kenneth J., The Scripture Way of Salvation. The Heart of John Wesley's Theology, Nashville TN 1997.

Coppedge, Allen, John Wesley in Theological Debate, Wilmore KY 1987.

Deschner, John (ed.), Wesley's Christology. An Interpretation, Dallas 1960 (repr. 1985).

Fowler, James, John Wesley's Development of Faith. In: Meeks, M. Douglas (Ed.), The Future of the Methodist Theological Traditions, Nashville TN 1985,172-192.

Gassmann, Ernst, Erfahrungsreligion. John Wesleys Botschaft (BGEmK 35), Stuttgart 1989.

Gunter, W. Stephen, The Limits of " Love Divine" . John Wesley's Response to ntinomianism and Enthusiasm, Nashville TN 1989.

Gunter, W. Stephen/Jones, Scott J./Campbell Ted A./Miles, Rebekah L./Maddox, Randy L., Wesley and the Quadrilateral. Renewing the Conversation, Nashville TN 1997.

Heitzenrater, Richard P., Mirror and Memory. Reflections on Early Methodism, Nashville TN 1989.

Hildebrandt, Franz, Christianity According to the Wesleys, London 1956.

-,   From Luther to Wesley, London 1951.

Hulley, Leonard D., To Be and To Do. Exploring Wesley's Thought on Ethical Behaviour, Pretoria 1988.

Hynson, Leon O., To Reform the Nation. Theological Foundations of Wesley's Ethics, Grand Rapids 1984.

Jennings, Theodor W., Jr., Good News to the Poor. John Wesley's Evangelical Economics, Nashville TN 1990.

Jones, Scott J., John Wesley's Conception and Use of Scripture, Nashville TN

1995.

Kimbrough, S T Jr., Lost in Wonder. Charles Wesley - The Meaning of his Hymns Today, Nashville TN 1987.

Klaiber, Walter, Aus Glauben, damit aus Gnaden. Der Grundsatz paulinischer Soteriologie und die Gnadenlehre John Wesleys, ZThK 88, 1991, 313-338.

Kraft, Thomas, Pietismus und Methodismus. Sozialethik und Reformprogramme von August Hermann Francke und John Wesley im Vergleich (EmKG.M 47), Stuttgart 2001.

Langford, Thomas A., Methodist Theology, Peterborough 1998.

—, Practical Divinity. Theology in the Wesleyan Tradition, Nashville TN 1983.

Lerch, David, Heil und Heiligung bei John Wesley, dargestellt unter besonderer Berücksichtigung seiner Anmerkungen zum Neuen Testament, Zürich 1941.

Leßmann, Thomas, Die Auslegung der Bergpredigt bei John Wesley, MSGEmK, NF 6/2, 1985, 5-29.

—, Rolle und Bedeutung des Heiligen Geistes in der Theologie John Wesleys (BGEmK 30), 1987.

Lindström, Harald, Wesley und die Heiligung (BGEmK 6)1961, 2.Aufl. (BGEmK 13),1982.

Maddox, Randy L., Responsible Grace. John Wesley's Practical Theology, Nashville TN 1994.

Marquardt, Manfred, Praxis und Prinzipien der Sozialethik John Wesleys, Göttingen 1986².

—, John Wesleys "Synergismus", in: Die Einheit der Kirche. Dimensionen ihrer Heiligkeit, Katholizität, Apostolizität. Festschrift P. Meinhold, hg. von L. Hein, Stuttgart 1977, 96-102.

—, Gewißheit und Anfechtung bei Martin Luther und John Wesley, ThFPr 14, 1988.

—, In der Liebe wachsen. Das wesleyanische Verständnis der Heiligung, Una

Sancta 54, 1999, 304-313.

Meistad, Tore, To Be a Christian in the World. Martin Luther's and John Wesley's Interpretation of the Sermon on the Mount, Oslo 1989 (M.A.-Dissertation Trondheim).

Nausner, Helmut, Die Bedeutung der Allgemeinen Regeln John Wesleys, MSGEmK 9, 1988, Heft 2, 4-23.

−, John Wesley - Christliche Vollkommenheit als Lebensthema, MSGEmK 9, 1988, Heft 1, 3-10.

Outler, A., The Wesleyan Quadrilateral - In John Wesley, in: Thomas A. Langford (ed.), Doctrine and Theology in The United Methodist Church, Nashville TN 1991.

−, Das theologische Denken John Wesleys, ThStBeitr 4,1991.

Rattenbury, J. Ernest, The Evangelical Doctrines of Charles Wesley's Hymns, London 1941.

Renders, Helmut, John Wesley als Apologet (BGEmK 38), 1990.

Rupp, Gordon E., John Wesley und Martin Luther - ein Beitrag zum lutherisch-methodistischchen Dialog, (BGEmK 16),1983.

Sangster, W.E., The Path to Perfection. An Examination and Restatement of John Wesleys Doctrine of Christian Perfection, London 1943 (1984).

Schneeberger, Vilem, Theologische Wurzeln des sozialen Akzents bei John Wesley, Zürich 1974.

Scott, Percy, John Wesleys Lehre von der Heiligung verglichen mit einem lutherisch- pietistischen Beispiel (SGNP 17), Gießen 1939.

Shelton, R.L., John Wesley's Approach to Scripture in Historical Perspective, WThJ 16,1981, 25-50.

Starkey, Lycurgus M., Jr., The Work of the Holy Spirit. A Study in Wesleyan Theology, New York 1962.

Stoeffler, F. Ernest, Tradition and Renewal in the Ecclesiology of John Wesley, in:Traditio -Krisis - Renovatio aus theologischer Sicht (FS W. Zeller), Marburg 1976, 298-316.

Stone, Ronald H., John Wesley's Life & Ethics, Nashville TN 2001.

Thomas, Wilhelm, Heiligung im Neuen Testament und bei John Wesley (MiD 10),1965.

Voigt, Karl Heinz, „Den Armen wird das Evangelium gepredigt". John Wesley - die Reichen und die Armen MSGEmK 7,1986, Heft 1, 5-19.

Vogt, Peter, „Keine innewohnende Vollkommenheit in diesem Leben!'s Zinzendorfs Einspruch gegen die Heiligungslehre John Wesleys, ThFPr 30, 2004, 68-82.

Wainwright, Geoffrey, On Wesley and Calvin, Melbourne 1987.

— Ekklesiologische Ansätze bei Luther und Wesley, in: R Manns/H. Meyer (Hg.), Ökumenische Erschließung Martin Luthers, Paderborn/Frankfurt /Main 1983, 173-183.

Watson, Phillip, Die Autorit? der Bibel bei Luther und Wesley (BGEmK 14),1983.

Weyer, Michel, Die Bedeutung von Wesleys Lehrpredigten für die Methodisten (BGEmK 26),1987.

Weyer, Michel/W. Klaiber/M. Marquardt/D. Sackmann, Im Glauben gewiß. Die bleibende Bedeutung der Aldersgate-Erfahrung John Wesleys (BGEmK 32), Stuttgart 1988.

Williams, Colin W., Die Theologie John Wesleys, Frankfurt/Main 1967.

5. 1800년부터 1950년 사이의 감리교회 신학

Abraham, William J., The Concept of Inspiration in the Classical Wesleyan Tradition, A Celebration of Ministry, ed. K.C. Kinghorn, 1982, 33-47.

—, The Wesleyan Quadrilateral, in: Th. Runyon (ed.), Wesleyan Theology Today, 1985, 119-126.

Chiles, Robert E., Theological Transition in American Methodism, Nashville /New York 1965.

Clarke, Adam, Christian Theology, London 1835.

Cushman, Robert E., John Wesley's Experimental Divinity. Studies in Methodist Doctrinal Standards, Nashville TN 1989.

Escher, Johann Jakob, Christliche Theologie, Band 1-3, Cleveland Ohio 1899-1901.

−, Katechismus der Evangelischen Gemeinschaft. Ein Inbegriff der christlichen Religionslehre, Stuttgart 1883.

−, Kleiner Katechismus, Stuttgart 1888.

Fabricius, Cajus, Die Bischöfliche Methodistenkirche, CConf 20, 1, 1931.

Flew, R. Newton, The Idea of Perfection in Christian Theology, London 1934.

Hänisch, Otto, Biblische Heilsgewißheit (BGEmK 33), 1988 (1934).

Langford, Thomas A. (ed.), Practical Divinity. Theology in the Wesleyan Tradition, Nashville TN 1983 (19926).

−, Wesleyan Theology. A Source Book, Durham NC 1984.

Nast, W., Der Kleinere Katechismus für die deutschen Gemeinden der BMK, Cincinnati 1868.

−, Der Größere Katechismus für die deutschen Gemeinden der BMK, Cincinnati 1868 (Bremen o.J).

Oden, Thomas C., Doctrinal Standards in the Wesleyan Tradition, Grand Rapids MI 1988.

O'Mally, J.Steven/Leßmann, Thomas, Gesungenes Heil. Untersuchungen zum Einfluss der Heiligungsbewegung auf das methodistische Liedgut des 19. Jahr- hunderts am Beispiel von Gottlob Füßleund Ernst Gebhardt (BGEmK 44), 1994.

Peters, John L., Christian Perfection and American Methodism, Nashville TN 1956 (1985^2).

Pope, William Burt, A Compendium of Christian Theology, Vol. 1-3, New York 1875/6 (1880^2).

Raedel, Christoph, Methodistische Theologie im 19. Jahrhundert. Der deutschsprachige Zweig der Bischöflichen Methodistenkirche (Kirche - Konfession - Religion 47), Göttingen 2004.

Richey, Russel E./Rowe, Kenneth E./Schmidt, Jean Miller, Perspectives on

American Methodism, Nashville TN 1993.

Schempp, Johannes (d.J.), Dogmatik, Reutlingen 1925.

—, Christenlehre für die Jugend der Evangelischen Gemeinschaft nach dem Katechismus von J.J. Escher unter Verwendung des Kleinen Katechismus von Dr. Martin Luther, Stuttgart 1938.

Sommer I. W. E., Die christliche Erfahrung im Methodismus (MiD 2),1949.

Spoerri, Theophil, Leitfaden für den Katechismus-Unterricht, Zürich 1930 (1965[5]).

—, Der Mensch und die frohe Botschaft. Christliche Glaubenslehre. 1. Teil Zürich / Bremen 1939; 2. Teil Frankfurt/Main 1952; 3. Teil (Fragment) Frankfurt/Main 1956.

Steckel, Karl, Die Bibel im deutschsprachigen Methodismus (BGEmK 25),1987.

—, Die Veränderung des Traktates zur „Christlichen Vollkommenheit" in den verschiedenen Kirchenordnungsausgaben der früheren Evangelischen Gemeinschaft(1803-1968); MSGEmK 11,1990, Heft 2, 5-27.

Sulzberger, Arnold, Christliche Glaubenslehre, Bremen 1898[3].

Watson, Richard, Theological Institutes, 4 Teile in 2 Bänden, New York 1851 (London 1858).

Weyer, Michel, Geschichtliche Orientierungshilfe in der Frage nach einem neuen Katechismus für die deutschsprachige EmK, MSGEmK 7, 1986, Heft 2, 4-31.

—, Heiligungsbewegung und Methodismus im deutschen Sprachraum (BGEmK 40),1991.

6. 최근의 감리교회 신학에 대한 문헌

Beck, Brian E., Connexion and Koinonia. Wesley's Legacy and the Ecumenical Ideal, in: R. L. Maddox (ed.), Rethinking Wesley's Theology for Contemporary Methodism, 129-141.

Bohren, Rudolf/Lönning, Per/Marquardt, Manfred, Herausforderung an die EmK. nstöße aus lutherischer, reformierter und methodistischer Sicht (EmK heute 42),1984.

Bonino, Jose Miguez, Theologie im Kontext der Befreiung, Göttingen 1977.

Buser, Maja, Taufe und Kirchengliedschaft in evangelisch-methodistischer Perspektive. Die neuen Texte der Generalkonferenz 1996, theologisch untersucht (EmK-Forum 8),1997.

Campbell, Dennis M., The Yoke of Obedience. The Meaning of Ordination in Methodism, Nashville TN (1988) 1997².

Castro, Emilio, Zur Sendung befreit. Mission und Einheit im Blick auf das Reich Gottes, Frankfurt/Main 1986.

Chilcote, Thomas F., United Methodist Doctrine, Nashville TN 1989.

Cobb, John B. Jr., Grace and Responsibility. A Wesleyan Theology for Today, Nashville TN 1995.

Collins, Kenneth J./Tyson, John H. (ed.), Conversion in the Wesleyan Tradition, Nashville TN 2001.

Cushman, Robert, Baptism and the Family of God, in: Dow Kirkpatrick (ed.), The Doctrine of the Church, Nashville/New York 1964, 79-102.

Davies, Rupert E., What Methodists Believe, London (1976) 1988².

Dunning, H. Ray, Grace, Faith and Holiness. A Wesleyan Systematic Theology, Kansas City MO 1988.

Felton, Gayle C., This Gift of Water, Nashville TN 1992.

Georg, Joachim, Gemeinschaft. Das dritte Kennzeichen des Gottesdienstes, Stuttgart 2001.

Gerechtigkeit. Internationale Gesprächsbeiträge zu aktuellen Gerechtigkeitsfragen (EmK heute 25),1992.

Gunter, W. Stephen/Robinson, Elaine (ed.), Considering the Great Commission. Evangelism and Mission in the Wesleyan Spirit, Nashville TN 2005.

Härtel, Armin, In seinem Auftrag, Dresden 1980.

–, Pluralität in der Kirche als Chance und Gefahr, ZdZ 31,1978, 208-213.

Hammer, Martin, Konsensbildung in der Evangelisch-methodistischen Kirche (BGEmK 31),1988.

Harnish, John E., The Orders of Ministry in The United Methodist Church, Nashville TN 2000.

Heitzenrater, Richard P. (ed.), The Poor and the People Called Methodists 1729-1999, Nashville TN 2002.

Jahreiß Ulrich/Klaiber, Walter/Marquardt, Manfred/Schmolz, Werner: Orientierungs- hilfe zur Frage Ehebeginn und Eheschließung (EmK-Forum 15),1999.

Jones, Ivor H./Wilson Kenneth B., Freedom and Grace, London 1988.

Jones, Scott J., United Methodist Doctrine. The Extreme Center, Nashville TN 2002.

Kemper, Thomas, Methodistisches Erbe und Theologie der Befreiung (EmK heute 66),1989.

Kirkpatrick, Dow (ed.), The Doctrine of the Church, Nashville/New York 1964.

Klaiber, Walter, Der Auftrag der Evangelisch-methodistischen Kirche. Ziele unserer Arbeit in den neunziger Jahren (EmK heute 70),1991.

– Bibel - Kirche - Ökumene, (Gesammelte Aufsätze, emk Studien 7), Stuttgart 2005.

–, Biblische Perspektiven einer heutigen Lehre von der Heiligung, ThBeitr 16, 1985, 26-39 (= Bibel - Kirche - Ökumene 40-57)

–, Dienen und sich dienen lassen - vom Gebrauch der Gnadenmittel (EmK heute 42),1986.

–, Die eine Taufe. Taufverständnis und Taufpraxis in der Evangelisch-methodistischen Kirche (EmK heute 53), 1987.

–, Freikirche - Kirche der Zukunft? ÖR 50,2001,442-455 (= Bibel - Kirche - Ökumene 267-282).

–, Gibt es eine methodistische Exegese? ThFPr 14,1988,1-13.

–, Das Leben teilen. Biblische Anleitung zu einer missionarischen Existenz, Stuttgart [2003].

—, Proexistenz und Kontrastverhalten - Beobachtungen zu einer Grundstruktur neutestamentlicher Ekklesiologie, JBTh 7, 1992, 125-144 (= Bibel - Kirche Ökumene 15-39).

—, Ruf und Antwort. Biblische Grundlagen einer Theologie der Evangelisation, Stuttgart 1990.

—, Volkskirche und Freikirche - eine fruchtbare Spannung im Protestantismus, in: Udo Hahn (Hg.),Der Glaube hat Zukunft. Perspektiven füreine evangelische Kirche von morgen. Moers 1991, 158-166.

—, Wo Leben wieder Leben ist. Bekehrung, Wiedergeburt, Rechtfertigung, Heiligung - Dimensionen eines Lebens mit Gott, Stuttgart 1991².

—, Zwischen Schwärmerei und Erstarrung. Vom Wirken des Heiligen Geistes in unserer Kirche (EmK heute 21), 1976.

Kober, Friedhelm, Berufen zu einer Hoffnung - Aufbruch in Gottes Zukunft - Konferenzreferat 1990, Amtsblatt der EmK in der DDR 1/1990.

Knierim, Rolf, Entwurf eines methodistischen Selbstverständnisses (MiD 9),1960.

Kupsch, Martin Gerhard, Krieg und Frieden. Die Stellungnahmen der methodistischen

Kirchen in den Vereinigten Staaten, Großbritannien und Kontinentaleuropa, Teil 1 u. 2 (EHS.T 455), 1992.

Langford, Thomas A. (ed.), Doctrine and Theology in The United Methodist Church, Nashville TN 1991.

—, God made known, Nashville TN 1992.

Leßmann, Thomas, Covenantgruppen - Verantwortete Nachfolge in der Tradition Wesleys, in: Raedel (Hg.), Lass deines Geistes Wirken sehn, 132-154.

Logan, James, Theology and Evangelism in the Wesleyan Heritage, Nashville TN 1994.

— (ed.), Christ for the World. United Methodist Bishops speak on Evangelism, Nashville TN 1996.

Maddox, Randy. L. (ed.), Rethinking Wesley's Theology for Contemporary

Methodism, Nashville TN 1998.

Marquardt, Manfred, Bekehrung - Wende zum Leben, in: Raedel (Hg), Lass deines Geistes Wirken sehn, 36-51.

—, Bleibende Aufgaben für die Ökumene aus freikirchlicher Sicht, in: Wolfgang Th?issen (Hg): " Unitatis Redintegratio". 40 Jahre Ökumenismus - Dekret - Erbe und Auftrag, Paderborn/ Frankfurt a. M. 2005, 223-237.

—, Christlicher Fundamentalismus - Versuch einer Verständigung, in: Freikirchen-Forschung 14, 2004, 14-35.

—, Fremde Gerechtigkeit und Recht der Fremden, ThFPr 20, 1994, 43-57.

—, Die Gemeinde und die Gnadenmittel, in: Systematisch Praktisch (FS für Reiner Preul), hg. von W. Härle, B.-M. Haese, K. Hansen und E. Herms, Marburg 2005, 189-198.

—, Gesetz und Evangelium als Grundlage ethischen Handelns. in: Lena Lybæk u.a. (Hg.): Gemeinschaft der Kirchen und gesellschaftliche Verantwortung. Die Würde des Anderen und das Recht, anders zu denken (FS Erich Geldbach), Münster 2004, 213-222.

—, Imago Christi als Leitbild der Heiligung. In: W. Härle/M. Marquardt/W. Nethöfel (Hg.), Unsere Welt - Gottes Schöpfung (FS E. Wölfel), 1992, 235-250 (=ThFPr 18,1992,17-35).

—, John Wesley et la question de l'esclavage - une contribution à la discussion contemporaine des droits de l'homme? in: Eric Junod/ Patrick Streiff (Hg): John Wesley. Actes du colloque à l'occasion du tricentenaire de la naissance du fondateur du methodisme, Lausanne (editions du CMFT) 2003, 53-59.

—, The Kingdom of God and the Global Society, in: M. D. Meeks:esleyan Perspectives, 161-177.

— (Hg.), Neues Leben schaffen? Möglichkeiten und Gefahren den Gentechnologie under künstlichen Befruchtung in biologischer, juristischer und ethischer Sicht (EmK heute 55),1988.

—, Die Vorstellung des "ordo salutis" in ihrer Funktion für die Lebensfürrungder Glaubenden. In: W Härle/Reiner Preul (Hg.), Lebenserfahrung, Marburger Jahrbuch Theologie 3, 1990, 29-53.

—, /Klaiber, Walter, Heiligung aus biblischer und evangelisch-methodistischer Sicht (BGEmK 27),1987.

—, /Sackmann, Dieter/Tripp, David, Theologie des Gotteslobs (BGEmK 39),1991.

Marsh, Clive/Beck, Brian/Shier-Jones, Angela/Wareing, Helen, Unmasking Methodist Theology, New York/London 2004.

Meeks, M. Douglas (ed.), The Future of the Methodist Theological Traditions, Nashville TN 1985.

—, God the Economist. The Doctrine of God and Political Economy, Minneapolis 1989.

—, Sanctification and Economy. A Wesleyan Perspective. In: R. L. Maddox (ed.) Rethinking Wesley's Theology, 83-92.

—, Weltgesellschaft aus christlicher Perspektive, Una Sancta 54, 1999, 3-15.

—, (ed.), What Should Methodists Teach? Wesleyan Tradition and Modern Diversity, Nashville TN 1990.

—, (ed.), Wesleyan Perspectives on the New Creation, Nashville TN 2004.

Messer, Donald E. (Hg.), Send Me? The Itineracy in Crisis, Nashville TN 1991.

Mohr, Helmut, Erneuerung durch den Heiligen Geist: die Bekehrung des Menschen, ThFPr 18,1992,3-16.

—, Methodismus und die charismatische Bewegung, MSGEmK 13,1992,2-22.

—, Welchen Sinn hat es, von Bekehrung zu sprechen? (Beiheft 15 zu „Der Mitarbeiter"), Stuttgart 1974.

Nausner, Helmut, Erbsünde - Rechtfertigung - Heiligung, in: Raedel (Hg), Lassdeines Geistes Wirken sehn, 13-35.

—, Methodistische Tradition, MSGEmK 5,1984, Heft 1,4-26.

—, Der offene Weg mit Gott. Heiligung (EmK-Forum 13), 1998.

Nausner, Michael, Der geöffnete Raum. Theologische Reflexionen über zwischenmenschliche Vergebung, ThFPr 31, 2005, 114-126.

Niethammer, Hans-Martin, Kirchenmitgliedschaft in der Freikirche. Kirchensoziologische Studie aufgrund einer empirischen Befragung unter Methodisten (KiKonf 37), 1995.

Oden, Thomas C., The Living God. Systematic Theology, Vol. I, San Francisco 1987; The Word of Life. Systematic Theology, Vol. 2, 1989.

Raedel, Christoph (Hg), Lass deines Geistes Wirken sehn. Beiträge zur Erneuerung der Kirche aus wesleyanischer Sicht (emk studien 6), 2003.

−   Das Abendmahl als Gnadenmittel der Christusnachfolge, in: ders.(Hg), Lass deines Geistes Wirken sehn, 52-85.

Renders, Helmut, Einen anderen Himmel erbitten wir nicht. Urchristliche Agapen und methodistische Liebesfeste (emk studien 4), 2001.

−, Die Sinfonie der Hoffnung. Von der Bedeutung der Eschatodiversität für die Verkündigung der christlichen Hoffnung, ThFPr 31, 2005, 141.153.

Rieger, Jörg, The Means of Grace. John Wesley and the Theological Dilemma of the Church Today, QR 1997, 377-393.

−   Ausgebrannte Christen? Neue Schöffung und die Ökonomie der Gnade im globalen Kapitalismus, in: Raedel (Hg), Lass deines Geistes Wirken sehn, 115-131.

−,/Vincent, John (ed.), Methodist and Radical. Rejuvenating a Tradition, Nashville TN 2003.

Rigl, Thomas, Die Gnade wirken lassen. Methodistische Soteriologie im ökumenischen Dialog (KKSMI 73), 2001.

Runyon, Theodore H. (ed.), Sanctification and Liberation, Nashville TN 1981.

−, Wesleyan Theology Today. A Bicentennial Theological Consultation, Nashville TN 1985.

−, Die neue Schöpfung. John Wesleys Theologie heute, Göttingen 2005.

−, The Earth as the Original Sacrament, ThFPr 31, 2005, 17-22.

Rupp, Gordon E., Die Zukunft der methodistischen Tradition (MiD 6),1959.

Sackmann, Dieter, Freiheit und Verbindlichkeit. Impulse aus unserer kirchlichen Tradition für unseren Weg als EmK heute, MSGEmK 8,1987, Heft 2,4-20.

—, Wesleys Klassen: ein Modell für verbindliche Gemeinschaft vom Evangelium her, ThFPr 16,1990,10-25.

Schaad, Theo, Wer glaubt, gehört zusammen. Ein Gesprächsbeitrag zur Identität der Evangelisch-methodistischen Kirche (EmK heute 73),1992.

Schäfer, Franz, Bekenntnis und Freiheit in der Kirche (MiD 13),1978.

Schilling, S. Paul, Methodism and Society in Theological Perspective, New York/Nashville 1960.

Schmolz, Werner, Gehet hin und lehret sie! Mission und Theologie im pastoralen Dienst (EmK heute 67),1991.

Schneeberger, Vilem, Schlichte Wahrheit - eine Aufgabe der Theologie? (Mission des Methodismus in Europa heute), CV 17, 1974, 47-61.

Sommer, C. Ernst, Die Kirche von morgen und heute (Beiheft 4 zu,, Der Mitarbeiter"), Stuttgart 1970.

Staples, R. L., Outward Sign and Inward Grace. The Place of Sacraments in Wesleyan Spirituality, Kansas City MO 1991.

Steckel, Karl, „Bekenntnis" in der Evangelisch-methodistischen Kirche, MSGEmK 2,1981, Heft 2, 17-30.

—, Zum Taufverständnis der Evangelisch-methodistischen Kirche (EmK heute 17),1975.

— Unterwegs zum Unverwechselbaren (EmKG.M 49), 2003.

Stokes, Mack B., The Bible in the Wesleyan Heritage, Nashville TN 1979.

—, The Holy Spirit in the Wesleyan Heritage, Nashville TN 1985.

Thomas, Wilhelm, Grund und Mitte des christlichen Glaubens (MiD 12),1973.

Voigt, Karl Heinz, Die charismatische Grundstruktur der EmK (EmK heute 28),1979.

—, Die diakonische Verantwortung der Evangelisch-methodistischen Kirche (MiD 11),1968.

—, Das Evangelium für Zeitgenossen. John Wesleys Antwort und unsere ntwort (EmK heute 39),1983.

—, Kirche mit Gemeinden aus Glaubenden und Suchenden. Wer kann

Kirchenglied in der Evangelisch-methodistischen Kirche werden? (EmK-Forum 11),1998.

―, Die missionarische Existenz der Gemeinde (EmK heute 40),1983.

―, Die Predigt durch Laien in der Evangelisch-methodistischen Kirche damals und heute (EmK heute 51),1987.

―, Verbindlicher Glaube. Verbindliche Gemeinde. Verbindliche Lehre. Kennzeichen der Methodisten in Mitteleuropa (EmK heute 41),1984.

Wainwright, Geoffrey, Doxology. The Praise of God in Worship, Doctrine and Life. Systematic Theology, London/New York 1980.

―, The assurance of faith: A Methodist approach to the question raised by the Roman Catholic doctrine of infallibility. OiC 22, 1986, 44-61.

―, Lehre und Meinungen. Notwendige Übereinstimmungen und zulässige Unterschiede aus wesleyanischer und methodistischer Sicht. In: Andre Birmele u. Harding Meyer (Hg.), Grundkonsens - Grunddifferenz, 1992,155-168.

Walther, Friedmar, Unser Leben - unser Dienst, Konferenzreferat 1983, Amtsblatt der EmK in der DDR, 11/1983.

Watson, David Lowes, God Does Not Foreclose. The Universal Promise of Salvation, Nashville TN 1990.

―, Wenn zwei oder drei in meinem Namen versammelt sind - Verantwortliche Nachfolge in der Gemeinde, Zürich 1990.

Watson, Philip S., The Concept of Grace. Essays on the Way of Divine Love in Human Life, London 1959.

Weber, Theodore R., Politics in the Order of Salvation. Transforming Wesleyan Political Ethics, Nashville TN 2001.

Wynkoop, Mildred B., A Theology of Love. The Dynamic of Wesleyanism, Kansas City MO 1972.

Zehrer, Karl, „Die Klassen Wesleys müssen wieder her"? ThFPr 15,1989,16-27.

7. 감리교회(UMC)의 공식적인 신학 문서들

The Book of Discipline of the United Methodist Church, Nashville TN 1992.

The Book of Resolutions of the United Methodist Church, Nashville TN 1992.

The United Methodist Hymnal, Nashville TN 1989.

The United Methodist Book of Worship, Nashville TN 1992.

Lehre, Verfassung und Ordnung der Evangelisch-methodistischen Kirche, Stuttgart 1993.

Kirchenordnung der Evangelisch-methodistischen Kirche (Hg. im Auftrag der Zentralkonferenz der EmK für Mittel- und Südeuropa), Zürich 1974/1978.

Evangelisch-methodistische Kirche - Agende, Stuttgart 1991.

Liturgie der Evangelisch-methodistischen Kirche (Hg. im Auftrag der Zentralkonferenz der EmK von Mittel- und Südeuropa) Band 1+2, Zürich 1981.

Gesangbuch für die Evangelisch-methodistische Kirche, Stuttgart 1969.

leben und loben. Neue Lieder für die Gemeinde, Stuttgart 1987.

Grundlagen der Lehre und der theologische Auftrag der Evangelisch methodistischen Kirche, EmK heute 65, 1990(auch in LVO 1993, I).

Soziale Grundsätze der Evangelisch-methodistischen Kirche, Neufassung 1989, EmK heute 64, 1989(auch in LVO 1993, I).

Gnade um Gnade: Gottes Mission und unser Auftrag. Missionserklärung der Generalkonferenz der Evangelisch-methodistischen Kirche, Mai 1988, EmK heute 61, 1989.

Zum Schutz der Schöpfung. Die nukleare Krise und gerechter Friede. Ein Grundsatzdokument des Bischofsrates der Evangelisch-methodistischen Kirche, EmK heute 52, 1987.

Vital Congregations - Faithful Disciples. Visions for the Church. Foundation Document. The Council of Bishops of the United Methodist Church, Nashville TN 1990.

An Invitation for Christians in the Methodist Tradition to Claim and Reaffirm the

Essential Apostolic and Universal Teaching of the Historic Christian Faith. In Proceedings of the Fifteenth World Methodist Conference, Nairobi, Kenya 1986, ed. J. Hale, 1987, 301-303.

유럽 감리교 협의회의 신학위원회가 발표한 문헌들:

Charisma und Erneuerung der Kirche, Zürich 1977.

Geschenkte Freiheit, Zürich 1979.

Dienstauftrag der Kirche/Amt/Allgemeines Priestertum, Stuttgart/Zürich 1981.

Der Mensch in den Veränderungsprozessen unserer Zeit, Zürich 1986.

Berufen - beschenkt - beauftragt, Das evangelisch-methodistische Verständnis von Kirche, EmK heute 68, Stuttgart/Zürich 1991.

Unterwegs mit Christus, Glaubensbuch der EmK, EmK heute 72, Stuttgart/Zürich 1991.

독일 감리교회가 발표한 문헌들:

Unser Verhältnis zu den Evangelikalen, EmK heute 23, 1976.

Stellungnahme der EmK zu den Konvergenzerklärungen über Taufe, Eucharistie und Amt, EmK heute 48, 1987.

Stellungnahme der EmK zu Fragen der künstlichen Befruchtung und der Gentechnologie, EmK heute 54, 1987.

Die EmK und die ökumenische Bewegung, EmK heute 56, 1988.

Das Leben bejahen - Verantwortung übernehmen. Stellungnahme der EmK zu 218 StGB, EmK heute 59, 1989.

Viele Gaben - ein Geist. Eine Arbeits- und Orientierungshilfe zur Begegnung mit der charismatischen Bewegung, EmK heute 76, 1992.

동독의 감리교회가 발표한 문헌들:

Wesen und Struktur christlicher Gemeinde. Eine Handreichung des Kirchenvorstandes der EmK in der DDR, EmK heute 31, 1980 (=Amtsblatt Ⅲ/79 der EmK in der DDR).

Zur theologischen Situation der EmK in der DDR (Jährliche Konferenz Karl-Marx-Stadt 1982; hektografiert).

Stellungnahme der EmK in der DDR zur Konvergenzerklärung der Kommission für Glaube und Kirchenverfassung des ÖRK - Taufe, Eucharistie und Amt, Amtsblatt der EmK in der DDR III/1985.

중부와 남부 유럽 중앙 연회가 발표한 문헌들:

Gesprächsgrundlage für Taufverständnis und Taufpraxis in der Evangelisch-methodistischen Kirche (Verhandlungsbericht März 1990 der 41. Tagung des Exekutivkomitees S. 66-70, Separatdruck 1990).

Heil und Heilung (Verhandlungsbericht März 1991 der 42. Tagung des Exekutivkommitees S. 63-66).

교파들 사이의 대화에 관련한 문헌들:

Die Kirche: Gemeinschaft der Gnabe, Abschluß -Dokument der gemeinsamen lutherisch-methodistischen Kommission, 1979-1984, Luth. Weltbund und Weltrat Meth. Kirchen, Genf 1984 (Meyer, Harding u.a. (Hgg.), Dokumente wachsender Übereinstimmung II, 1992, 231-257).

Vom Dialog zur Kanzel - und Abendmahlsgemeinschaft. Eine Dokumentation der Lehrgespräche und Beschlüsse der kirchenleitenden Gremien (Arnoldshainer Konferenz, EmK, VELKD), Hannover/Stuttgart 1987.

Methodistisch - Römisch-katholischer Dialog, 1971, 1976, 1981, 1986, 1991, in: Meyer, H.u.a (Hgg.), Dokumente wachsender Übereinstimmung I, 1983, 388-475; II, 1992, 507-525.

잡지와 연재물:

Amtsblatt der EmK (Stuttgart; von 1970-1992 separate Ausgabe Dresden);

emk aktuell (Stuttgart);

Friedensglocke DDR (Dresden, bis 1991);

für heute (Stuttgart);

Kirche und Welt (Zürich);

Der Methodist (Wien);

mitarbeiten (Stuttgart);

Mitteilungen der Studiengemeinschaft für Geschichte der EmK (Stuttgart);

Theologie für die Praxis (Stuttgart);

Wort und Weg (Stuttgart).

Beiträge zur Geschichte der EmK(Stuttgart);

EmK heute (Stuttgart).

| 역자 후기 |

　감리교인들은 누구인가? 그들은 무엇을 믿는 사람들인가? 장로교회 등 다른 교파에 속한 그리스도인들의 믿음의 내용과는 어떤 점이 다르고, 어떤 면에서 특이한가? 도대체 감리교회는 어떤 교회이고, 감리교인들은 어떤 그리스도인들인가? 이런 물음에 대해 지성적이고 신학적인 성찰을 하고 싶은 사람들에게 이 책은 시원한 대답을 해 줄 수 있을 것이다. 이 책은 오늘 우리 시대에 세계 최대의 개신교회 중 하나인 감리교회와 감리교인들이 누구인지에 대하여 신학적으로 성찰하고 반성하고 있기 때문이다.

　이 책은 단순히 웨슬리의 신학을 설명하는 것으로 그치지 않는다. 물론 감리교인들이 누구이고, 무엇을 믿느냐를 성찰할 때, 웨슬리의 가르침을 건너뛸 수는 없다. 그러나 웨슬리의 신학 자체만으로 오늘을 사는 감리교인들을 온전히 규정하고 설명할 수는 없다. 감리교회의 뿌리는 웨슬리 형제들의 신학과 찬송 이외에도 많이 있다. 무엇보다도 웨슬리에 앞서서 감리교회가 뿌리를 내리고 있는 곳은 성서다. 또 웨슬리 이전의 루터나 칼빈과 같은 종교개혁자들, 그리고 그보다 이전의 어거스틴과 같은 교부들 역시 감리교회에 생명수를 부어 주는 뿌리다. 더구나 오늘을 사는 감리교인들에게는 수백 년 전의 이야기를 하는 것으로 그칠 수 없고, 웨슬리 이후 오늘에 이르는 수많은 신학적인 발전 속에서 비로소 자기 정체를 파악할 수 있을 것이다. 그러므로 감리교회와 감리교인들의 정체를 제대로 파악하는 것이 결코 쉬운 일이 아니다. 한두 권의 책으로 해결할 수 있는 일도 아니다. 그러나 결코 포기할 수 있는 일도 아니다. 일생을 두고 기도하고, 연구하고, 토론하고, 저술하면서 자기 정체성을 찾아야 한다. 이 책은 감리교인들로서 자기 정체성을 찾으려는 사람들에게 도움을 주고, 감리교회가 아닌 다른 교회에 속한 사람들에게도 자기 정체성을 찾아 나서게 격려하며, 토론하면서 함께 하나님의 나라를 일구는 그리스도인으로 살아가는 감리교인들을 이해하게 하는 데 도움을 주려고 한다.

나는 신학을 시작하면서부터 뿌리에 관심이 많았다. 그래서 신약성서를 전공하게 되었다. 기독교인으로서 우리의 뿌리가 신약성서에 있다고 믿었기 때문이다. 그러나 감리교인으로서 기독교인이 된 역자에게는 신약성서와 함께 웨슬리의 신학 또한 뿌리일 수밖에 없고, 그래서 그 둘을 아우르는 길을 찾아서 학문의 길을 나섰다. 독일 유학을 마치고 귀국한 이후 저자들이 보내 준 이 책을 목회하는 동안 틈틈이 읽었는데, 그 때에 이 책은 뿌리를 찾으려는 역자에게 시원한 청량음료와 같았다. 성서 신학과 웨슬리 신학, 종교개혁자들의 신학, 그리고 현대 신학자들의 신학, 더 나아가 철학과 자연과학에 이르기까지 많은 지성과 영성의 물줄기들을 아우르면서 감리교회의 신학적 특징을 일목요연하게 정리해 주는 이 책은 역자가 오랜 세월 찾았던 바로 그것이었다. 이 책의 저자들은 내 스승이다. 내가 독일감리교신학대학교에서 수학할 때, 한 분(W. Klaiber 감독)은 신약 학자로서 역자의 학위 논문의 방향을 제시하여 주었고, 독일 감리교회의 감독이 된 이후에도 지속적으로 역자의 학문의 길에 신학적으로뿐만 아니라, 물질적, 인격적으로도 후원을 아끼지 않았던 분이다. 다른 한 분(M. Marquardt)께서는 웨슬리 신학과 조직 신학을 배웠는데, 그분의 해박하고 명쾌한 강의, 그리고 그분과 나누었던 친밀하고 진솔한 교제를 결코 잊을 수 없다. 그 두 분이 모든 것을 쏟아 부어 저술한 이 책을 번역할 수 있게 된 것만으로도 내게는 큰 기쁨이다.

이 책은 1993년 첫 번째 판이 나온 이래, 미국과 영국에서 영어로, 브라질에서는 포르투갈어로 번역되었으며, 불가리아어로도 옮겨져 세계의 감리교인들이 읽고 있다. 2006년 말에는 개정신판이 나왔는데 그 내용 면에서는 큰 변화가 없고, 단지 참고 문헌들을 수정하고, 표현을 순화하는 정도였다. 원서를 기계적으로 번역하는 대신에 우리나라 실정에 맞게 상당 부분을 내가 임의로 바꾸기도 하였고, 중간 중간에 주석을 달기도 하였다. 한국 독자들에게 어렵게 느껴지는 많은 문헌들을 각주에서 과감하게 삭제하였다. 웨슬리의 설교는 최근에 한국의 웨슬리 학자들이 7권으로 새롭게 번역 출판한 「존 웨슬리의 설교」(대한기독교서회, 2006년)에 따라 번호와 제목을 다시 매겼지만, 내용은 역자의 번역을 그대로 남겨 두었다. 그 동안 영어권에서 나온 웨슬리 신학이나 감리교 신학에 관한 책들이 국내에 많이 소개된 반면, 독일어권에서도 그 연구가 상당한 수준으로 진척되어 있다는 사실은 거의 알려지지 않았다. 내가 여러 해 전에 번역한, 이 책의 저자 중 한 분인 M. Marquardt의 「존 웨슬리의 사회윤리」(보문출판사, 1994년)가 국내에 유일하게 소개된 독일어권 웨슬리 연구가 아닐까 여겨진다. 그런 점에서 이 책에 첨부된 참고 문헌 목록은 좋은 자료가 될 것이다.

이 책의 원제는 「Gelebte Gnade」이고, "감리교회 신학의 개요"라는 부제가 붙어 있다. 우리말로 직역하면, "삶으로 실천된 은혜"라고 할 수 있다. 고민 끝에 이 번역서에 「감리교회 신학」이라는 제목을 붙이고, "하나님의 은혜를 실천하는 사람들의 신학"이라는 부제를 달았다. 하나님의 은혜를 삶에서 실천하는 사람들이 바로 감리교인들이기 때문이다. 이것은 또한 이 책의 내용을 한마디로 요약하는 말이기도 하다. 이 역서가 오늘의 한국 감리교회와 감리교인들에게 자기 정체성을 분명하게 밝혀 주는 등대가 되었으면 한다. 감리교적인 특성이 생생하게 선포되고 실천되는 살아 있는 감리교회와 감리교인들이 되었으면 하는 소망 하나로 나는 이 책을 무려 10여 년에 걸쳐 소걸음으로 번역하였다. 이 책이 빛을 볼 수 있게 해 주신 모든 분들에게 감사를 전한다. 특히 장애우들에 대한 하나님의 사랑을 웨슬리 정신으로 전파하며 성장하는 연수제일교회(김종복 목사님)의 도움에 감사를 드린다. 상당한 부피의 책을 기꺼이, 그리고 예쁘게 잘 만들어 주신 도서출판 KMC에도 감사하며, 함께 웨슬리 정신으로 신학을 하고 삶을 살아가면서 고민하는 동료 교수님들과 학생들에게도 깊은 감사를 드린다. 잘못된 번역이 있을까 두려움도 있지만, 세상 어디에 완전한 것이 있으랴 하는 마음으로 편하게 내놓게 되었다. 모든 감리교회의 목회자들, 신학생들, 그리고 평신도 지도자들이 이 책을 읽고 진정한 감리교회, 진정한 감리교회의 신학이 무엇인지를 깨닫고, 삶으로 실천하여, 다시 한 번 감리교회가 하나님의 은혜 중에서 도약하고 발전할 수 있기를 소망하면서….

2007년 3월
역자 조경철

감리교회 신학

초판 1쇄 2007년 3월 20일
    4쇄 2021년 3월 25일

W. 클라이버, M. 마르쿠바르트 지음
조경철 옮김

발 행 인 | 이 철
편 집 인 | 한만철

펴 낸 곳 | 도서출판kmc
등록번호 | 제2-1607호
등록일자 | 1993년 9월 4일

(03186) 서울특별시 종로구 세종대로 149 감리회관 16층
     (재)기독교대한감리회 도서출판kmc
대표전화 | 02-399-2008 팩스 | 02-399-4365
홈페이지 | http://www.kmcpress.co.kr

값 22,000원
ISBN 978-89-8430-340-9 03230